周易哲學의 理解

高懷民 著／鄭炳碩 譯

文藝出版社

大易哲學論

高懷民, 1978

서 문

필자가《주역》연구에 대해 가지는 개인적 소망은 두 가지가 있다. 하나는 한 편의 역학사(易學史)를 쓰는 것이고, 다른 하나는《주역》의 철학정신과 그 체계를 밝히는 한 편의 책을 쓰는 데 있다. 나는 중국문화가 이렇게 쇠락하게 된 가장 큰 이유는 철학정신을 잘 드러내지 못한 데 그 원인이 있다고 생각한다. 이런 철학정신의 부진은 중국철학의 주류인 역학사상이 올바르게 발양되지 못했기 때문이다. 역학은 왜 발양되지 못했는가? 그 중의 주요한 하나의 원인은 앞에서 말한《주역》에 대한 역사적인 연구와 철학정신을 탐구한 서적이 없었기 때문이다. 역학사 연구의 결핍은 복희씨, 문왕, 공자와 노자에로 이어지는 순수하고도 정채로운 철학정신이 후대의 점술(占術)과 풍수(風水) 등의 잡학에 덮혀버려 위대한 철학체계의 진면목이 가려지게 되는 결과를 가져오게 만들었다.《주역》의 철학정신과 그 체계를 논하는 연구의 결핍은 사람들이《주역》에 대해서 명확한 인식과 전체적인 이론구조를 가지지 못하게 하고 단편적이고도 편면(片面)적인 관점만을 가지게 만들었다. 여기에서부터 자꾸만 보편적인 철학에서 멀어지게 되고 그것의 장점을 드러낼 수 있는 기회를 상실하게 되는 것이다. 이런 생각에서 근자의 십여 년 간 필자의 주요 연구방향은 바로 이곳에 집중하였다. 역학사 방면에 관한 연구는 이미《선진역학사(先秦易學史)》와《양한역학사(兩漢易學史)》로 나왔고 앞으로도 계속 연구할 예정이다(필자의《송원명역학사(宋元明易學史)》도 이미 출간됨). 후자에 관한 연구가 바로《大易哲學論》이다.

요 근래에 나이가 들어가고 우환의 체험을 통하여 마음속에 느낀 바가 커지면서 나도 모르게 중국문화 자체를 진정으로 아끼게 되었다. 사실상 이전에 내가 중국문화에 대해 가졌던 인상은 한마디로 쉽게 파악하기 힘든 난해한 개념으로만 인식하여 왔다. 그러나 차츰 그것이 가지고 있는 본질적 정신이 구체적으로 나의 몸에서부터 작용하고 있다는 느낌을 가지게 되면서 일종의 책임감과 사명감 같은 것을 느끼게 되었다. 이런 느낌은 점점 강렬하여 어떤 때는 마치 고대 철인들의 걱정하는 소리까지 듣는 기분이다. 성인들의 도가 타락하였다는 걱정의 소리는 바로 나에게는 어떤 명령과도 같은 것이었다.

특히 이 문제를 곰곰히 생각하게 한 것은 특히 1971년부터 1974년까지 내가 서양문화의 원류를 직접 살필 수 있었던 그리스 유학시기였다. 당시에 나의 주요한 연구방향은 동서양의 철학을 비교하여 중국철학과 서양철학의 다른 점이 어디에 있는가를 밝히고 인류의 정신적 흐름이 어떻게 나아갈 것인가를 전체적으로 살피는 것이었다. 바로 이때 나는 진정으로 중국문화의 참정신과 역학정신의 위대성에 대하여 깨달은 바가 많았다. 이 책은 바로 그러한 새로운 깨달음 속에서 쓰기 시작하여 반년 만에 초고를 완성하였는데, 당시 나는 아테네의 $\lambda\upsilon\delta o\hat{\upsilon}\rho\delta o\upsilon\ \lambda o\delta o\theta\acute{\epsilon}\tau\iota\ \kappa\alpha\tau\sigma\sigma\alpha\rho\tau\alpha\nu\hat{\eta}$ 에 거주하고 있었다.

여기에서 독자 여러분들은 이 한 권의 책이 필자 개인에게 얼마나 중요한 의미를 가지고 있는가를 느낄 수 있으리라 믿는다. 1974년에 귀국하여 중국문화대학(文化大學) 철학과와 대학원에서 강의했던 4년 동안 나는 이 책을 두 번이나 고쳐썼다. 매번 고칠 때마다 많은 변동이 있었지만 여전히 더 많은 부분을 고쳐야겠다는 생각을 가지고 있다. 비록 필자는 나름대로 최선을 다하여 서한시대 이래로 상실해버린 복희씨, 문왕, 공자와 노자의 역학정신을 다시 발양하여 드러내었지만 여전히 매우 부족하기 때문에 진심으로 독자 여러분이 일깨워주고 지도와 편달을 아끼지 말아주기만을 바랄 뿐이다.

1978년 5월

華岡 중국 문화대학 철학과에서

高 懷 民

한국어판 서문

《주역》의 정신은 중국문화를 형성하는 가장 중요한 뿌리이다. 역사적으로 중국과 한국은 이미 상고시대부터 문화적인 교류를 통하여 왔기 때문에 역학(易學)에 대한 연구 역시 한국의 문화와 학술에 있어서 매우 중요한 부분 중의 하나라고 생각된다. 정병석 박사는 1980년대 초반에 내화(來華)하여 중국철학을 연구하였는데 당시에 나는 중국 문화대학 철학과 대학원에서 역경철학이란 과목을 개설하여 정군과 만나게 되었다. 정군은 《역경》에 대해 매우 깊은 흥미를 가지고 연구에 힘을 쏟아 본인을 지도교수로 하여 1990년에 박사논문을 완성하였다. 정군은 묵묵하게 《역경》에 대한 깊은 사고와 착실한 분석을 통하여 그것의 본질적 의미를 간파하였고, 그 중에서도 특히 《주역》의 인간관과 도덕문제에 깊은 관심을 보였다. 이 때문에 박사논문 역시 이런 문제를 중심으로 완성하여 학문하는 진실한 마음가짐과 연구의 진지한 태도를 모범적으로 보여주었다.

《대역철학론(大易哲學論)》이란 책이 처음 출판된 것은 지금부터 약 15년 전으로 필자는 역도(易道)의 이치 즉 역의 철학을 체계적이고 조리있게 표현하려는 의도에서 이 책을 쓴 것이다. 정군이 귀국하기 전에 본인에게 이 책을 한국어로 번역하고 싶다는 말을 처음 꺼냈을 때 나는 이렇게 빨리 번역작업을 끝낼 줄은 몰랐다. 참으로 이는 역학 연구뿐만 아니라 한중(韓中)간의 학술문화 교류에 미친 공헌이 적지 않을 것이다.

오늘날의 세계는 점점 혼란하여 도덕은 땅에 떨어지고 사람들은 제각기 자신들만의 이익과 향락을 위해서 경쟁하고 뛰어다니는 난장판이 되어버렸다.

이런 문제에 대해서《주역》의 철학은 전체 인류의 생존과 행복을 위한 정확한 방향을 제시하여 주고 있다.《주역》의 철학은 바로 이런 우환(憂患)의 뜻에 근거하여 군자와 소인, 길흉선악의 문제들을 말하고 있는 것이다. 이런 의미에서 정군은 이미 이것에 대한 깊은 공부를 하였고 또한 대학에서 가르침을 담당하고 있기 때문에 마땅히 이런《주역》의 교화(敎化)의 의미를 널리 펼쳐야 할 책임 또한 망각하지 말아야 할 것이다. 이런 의미에서 정군이 이 책을 번역한 의미는 참으로 격려할 만한 것이 아니겠는가?

계유년 여름에 臺北에서

高懷民

周易哲學의 理解

차 례

서문 / 3
한국어판 서문 / 5

서 론 ──────────────────────────── 13
제 1 절 도의 노래(道情酬唱) ──────────────── 14
제 2 절 《주역》철학의 원류 ───────────────── 17
제 3 절 《주역》철학체계의 개관 ─────────────── 21
제 4 절 본서의 취지 ──────────────────── 25

제 1 장 네 가지 기본인식 ─────────────────── 33
제 1 절 도(道) ──────────────────────── 33
(1) 도는 형이상학적인 것으로 모든 곳에 있다 / 36
(2) 도는 하나이다 / 39
(3) 도가 자연스럽게 유행하는 뜻 / 43
(4) 도의 변화생생하는 의미 / 46

제 2 절 상(象) ──────────────────────── 48
(1) 복희씨의 8괘철학 / 50
(2) 문왕의 64괘철학 / 56
(3) 몇 가지 중요한 괘도 / 62

　가. 〈설괘전〉 중의 오행상생괘도(五行相生卦圖)
　나. 맹희의 괘기도(卦氣圖)
　다. 경방의 팔궁괘도(八宮卦圖)

           라. 우번의 괘변(卦變)과 유염의 선천육십사괘직도(六十四卦直圖)
           마. 소옹의 선천역도(先天易圖)
       (4) 호체와 반상 / 82
   제 3 절   술(術) —————————————————————————— 87
   제 4 절   수(數) —————————————————————————— 99

제 2 장   우주만물의 핵심인 태극 ——————————————————— 117
   제 1 절   두 가지 함축된 의미와 두 가지 이해의 길 ——————— 117
       (1) 직각적 깨달음을 통한 태극의 파악 / 119
       (2) 이지적 사고를 통한 태극의 인식 / 122
   제 2 절   위대한 유행의 작용 ———————————————————— 127
       (1) 천하의 움직임은 하나에서 나온 것이다 / 127
       (2) 역도의 보편적 유행 / 136
       (3) 「역무체(易無體)」와 연관되는 문제들 / 149
           가. 「역무체」의 뜻과 「체(體)」와 「용(用)」을 분별하는 부당성
           나. 《주역》을 통해 본 서양철학 중의 「일(一)」과 「다(多)」의 논변
           다. 《주역》의 입장에서 본 서양철학의 「동(動)」과 「부동(不動)」의
               논쟁
           라. 「유체」와 「무체」의 토론
       (4) 역간(易簡)의 뜻 / 166
   제 3 절   「일물일태극(一物一太極)」의 의미 ————————————— 169
       (1) 광관물편 : 넓이로 본 태극 / 170
       (2) 심관물편 : 깊이로 본 태극 / 174

제 3 장   건곤과 만물의 생성 ————————————————————— 178
   제 1 절   우주 본질로서의 생명 —————————————————— 178
       (1) 생명의 제 1 단계 —— 건도의 변화 / 178
           가. 건원의 시동
           나. 물원질 : 시간과 공간의 출현
           다. 성명의 발생
       (2) 생명의 제 2 단계 —— 곤도의 변화 / 188

　　　　　　가. 건을 이어받는 곤
　　　　　　나. 형체 갖춤의 시작
　　　　(3) 「생생지위역(生生之謂易)」의 의미 / 192
　　　　(4) 성선설의 이론 근거 / 197
　제 2 절　건곤의 대립과 통일 ──────────────── 204
　제 3 절　불균형의 큰 작용 ───────────────── 215
　제 4 절　동(動)과 정(靜) ───────────────── 220

제 4 장　만물의 발생과 인도의 정립 ───────────── 226
　제 1 절　한줄기 상승의 길 ───────────────── 226
　　　(1) 철학적 형태의 변화로 본 인간의 진보과정 :
　　　　　천도사상(天道思想)→신도사상(神道思想)→인도사상(人道思想) / 227
　　　(2) 기질의 변화로 본 인간의 진보과정 :
　　　　　野(야만) → 質(질박함) → 文(장식함) / 239
　제 2 절　천지인 삼재가 병립하는 의미 ──────────── 249
　　　(1) 천지에 효도하고 그것을 본받아야 한다 / 251
　　　(2) 소아에서 대아로 / 254
　　　(3) 새로운 인생의 목표를 세움 / 257
　제 3 절　자연에의 순응과 만물의 애호 ──────────── 260
　　　(1) 자연을 위배하지 않고 따름 / 261
　　　(2) 자연에의 순응과 만물에 대한 애호 / 264

제 5 장　인간과 역의 도 ─────────────────── 270
　제 1 절　건·곤과 그 작용 ───────────────── 270
　　　(1) 건괘의 6효와 용구(用九) / 272
　　　(2) 곤괘의 6효와 용육(用六) / 281
　제 2 절　길(吉), 흉(凶), 회(悔), 린(吝), 무구(無咎)의 의미 ── 286
　제 3 절　위(位) ─────────────────────── 300
　　　(1) 당위(當位)의 괘 / 304
　　　(2) 부당위(不當位)의 괘 / 310

            (3) 승강(承剛)과 승강(乘剛)의 괘 / 312

    제 4 절 시(時) ─────────────────────────── 320
            (1) 시의 뜻이 중대한 12괘 / 320
            (2) 시를 얻어서 길한 괘의 예 / 334
            (3) 시를 잃어서 흉한 괘의 예 / 337
            (4) 시간의 변천에 잘 처하는 괘의 예 / 339

    제 5 절 감응(感應) ─────────────────────────── 342
            (1) 감응을 얻어서 길한 괘 / 348
            (2) 감응하여서도 불길한 괘의 예 / 350
            (3) 감응하지 않는 응괘의 예 / 352

    제 6 절 중(中) ─────────────────────────── 356
            (1) 중의 활용 ── 집중용권(執中用權) / 358
            (2) 중의 작용 ── 건중입극(建中立極) / 363

제 6 장 인성의 자각과 천명으로의 복귀 ─────────────── 373
    제 1 절 도덕적 인격의 제기 ───────────────────── 373
    제 2 절 존양(存養) ─────────────────────────── 379
            (1) 「성성존존(成性存存), 도의지문(道義之門)」의 의미 / 383
            (2) 「궁리진성(窮理盡性), 이지어명(以至於命)」 / 391
    제 3 절 법천지(法天地) ─────────────────────────── 397
    제 4 절 선보과(善補過) ─────────────────────────── 415
    제 5 절 지기(知幾) ─────────────────────────── 422
    제 6 절 수겸(守謙) ─────────────────────────── 427

제 7 장 천지합덕의 대인 ─────────────────────── 435
    제 1 절 군자 ─────────────────────────── 436
            (1) 군자와 소인 / 436
            (2) 군자의 도 / 443
    제 2 절 군자에서 대인으로 ───────────────────── 448

제 3 절 대인은 어떤 사람인가 ──────────────── 452
　　　── 사람을 넘어서는 사람이면서 사람들 중의 사람
제 4 절 대인의 임무 ── 천지의 화육(化育)에 참여함 ──────── 458
제 5 절 대인의 이상사회 ── 대동세계 ─────────────── 466

제 8 장 도가역의 철학체계 ─────────────────── 471

제 1 절 근본 도에 대한 논의 ──────────────────── 474
　　(1) 「유(有)」의 수립 / 474
　　(2) 「유」에서 「무」로 / 478
　　(3) 「유」「무」로부터 도에로 / 484
　　(4) 「도는 자연을 본받는다」 / 489

제 2 절 우주만물의 생성 ─────────────────── 493
　　(1) 「도가 1을 낳는다」 / 496
　　(2) 「1이 2를 낳는다」 / 499
　　(3) 「2가 3을 낳고, 3이 만물을 낳는다」 / 499

부록 : 후기 도가역의 우주만물 생성론 ───────────── 503
제 1 절 역위(易緯), 열자(列子)의 이론 ──────────────── 503
제 2 절 태극도의 사상 ────────────────────── 510

제 9 장 도가역의 주요정신 ─────────────────── 523

제 1 절 주관적인 입장 ──「큰 덕은 모두 도에서 나온다」────── 523
　　(1) 현람(玄覽) / 526
　　(2) 현동(玄同) / 530
　　(3) 현덕(玄德) / 534

제 2 절 노자의 현실에 대한 태도
　　　──「무위이무불위(無爲而無不爲)」───────────── 537
　　(1) 천하를 다스림 / 540
　　(2) 백성의 교화 / 543
　　(3) 섭생(攝生) / 546

제 3 절 인간의 마음에 대한 구원 ──────────────── 550
　　　　──「소박함을 보여주고, 순박함을 안아서 사심과 과욕을 적게 함」
　(1) 성(聖)과 지(智)는 해로운 것이다 / 550
　(2) 소박함에 돌아가서 헛된 욕망을 억누른다 / 553
　(3) 도가의 이상국가 / 558

제 4 절 노자의 세 가지 보물 ───────────────── 562
　　　　──「자애로움, 검약, 감히 천하에 앞서지 않음」
　(1) 자애 / 562
　(2) 검약 / 569
　(3) 감히 천하에 앞서지 않는다 / 574

제 10 장 주역철학의 현대적 가치 ─────────────── 579

제 1 절 인도의 중시를 통한 인류 구원의 길 ─────────── 580
제 2 절 인류의 도덕기준의 정립 ───────────────── 583
제 3 절 정신과 물질의 관통을 통하여 인류의 참된
　　　　진리를 열어줌 ─────────────────── 588
제 4 절 천지를 존중하고 본받음에 의해서
　　　　인류의 위대함을 보장함 ─────────────── 594
제 5 절 인간행위의 준칙을 밝힘 ───────────────── 597

결 론 ───────────────────────────── 601

　역자 후기 / 603

서 론

　현대의 찬란한 문명은 인간의 욕망을 무한대로 길러주어, 그들 스스로 그것을 진보라고 오만하게 말하지만 도리어 그들의 마음은 육체에 의하여 노예처럼 부림을 당하고만 있다. 이는 세상에 그것을 일깨워줄 수 있는 사람이 없기 때문이다. 이에 인간의 미망을 일깨울 수 있는 하나의 철학체계로서, 우리를 돌아볼 수 있는 주역의 세계를 논하려 한다.[1)]
　어느 습기찬 구름이 하늘을 가로막고 실 같은 가을비가 내리는 날이었다. 그때는 마치 잠시 해가 소리를 죽여서 낮이 멈춰버린 것 같았다. 필자는 창가에 기대어 멍한 생각 가운데 자꾸만 서글픈 생각이 들었다. 그 생각은 오락가락하는 사이에 일순간 나로 하여금 눈물까지 흘리게 하여 어떻게 감정을 주체할 길이 없게 만들어놓았다. 다시 마음이 편안하여진 뒤에 우주 속의 모든 일들은 모두 까닭이 없는 것이 아니라는 그런 생각에 지금 이 순간의 나의 심정 역시 무슨 원인에서부터 오는가를 생각하게 되었다. 이윽고 나는 단정히 정좌하여 골똘히 생각한 끝에 그 이치를 《주역》에게로 돌리게 되었고 이런 연유에서 이 책을 쓰게 된 것이다. 이어서 연극에 관한 이야기로부터 시작하도록 하겠다.

---

1) 저자는 서두에서 시 형식을 빌려와서 말하고 있으나, 역자는 이것을 풀어서 설명하는 방식을 취하였다.

제 1 절 도의 노래(道情酬唱)[2]

 세계의 동편에 있는 철학무대에서 일찍이 한 편의 멋진 연극이 상연되었다. 이 연극은 그 구성은 간단하지만, 그것이 가지고 있는 의미는 너무나 깊고도 컸다. 극중에서는 세 명의 주인공이 열연하였는데 그들은 동양인이라면 누구나 다 잘 아는 사람들이다. 그들의 뛰어난 연기는 최고의 수준이었다. 그러나 이상한 이야기일지 모르지만 그들의 연기가 너무나 뛰어났기 때문에 사람들은 모두 그들의 개인적인 연기에 도취되어 그 세 사람이 연합하여 노래하는 것에는 관심을 두지 못하였고, 이에 그 연극은 아직까지 하나의 통일된 명칭을 가지지 못하고 있다. 이 때문에 나는 잠정적으로 그 연극 속에 들어 있는 의미에 따라서 대략적으로 그것을 이름하여 「도의 노래(道情酬唱)」라고 이름지었다. 이 연극은 기원전 6세기 후반에 공연되어졌는데 당시의 무대 아래와 위의 상황은 이러한 것이다.

 막이 열림.

 공자는 작은 다리 위에 올라가서 그 아래로 흘러가는 물을 바라보면서 탄식하여 말하기를, "가는 것은 이와 같구나! 밤낮을 가리지 않는구나."[3]
 석가모니는 보리수 아래에서 일어나면서 그가 깨달은 바를 말한다. 깨달은 이후부터 석가는 천지를 돌아다니면서 법을 행하여 스스로를 「여래(如來)」라고 칭하였다.
 이것은 매우 재미있는 이야기로 공자가 「가는 것이 이와 같구나!」라고 하였는데 도대체 가는 것은 무엇이고, 어디로 간단 말인가? 부처가 여래라고 말하

---

2) 저자는 이 절의 제목을 「도의 노래(道情酬唱)」로 하고 있다. 이것은 시가(詩歌) 형식으로 된 산곡(散曲)의 하나인 황관체(黃冠體)의 다른 이름이다. 황관이란 말은 사실 도교에서 도를 깨달은 도사(道士)를 지칭하는 말로서 황관체가 가지는 성격이 어떠한 것인가를 이미 짐작할 수 있을 것이다. 황관체의 내용에는 세속을 초탈하는 내용과 세속에 찌들어 있는 사람들의 정신을 일깨우는 내용이 들어 있다. 이 때문에 사람들은 이 노래의 가사를 「도정(道情)」이라고 부르게 된 것이다.
3) 《論語》〈子罕篇〉「逝者如斯夫! 不舍晝夜」

는 것은 또 무엇을 가리키는 것이고, 어디에서부터 오는 것인가? 두 사람 중에서 한 분은 중국의 성인이고 또 다른 한 분은 인도의 성인인데, 그들은 마음속에 들어 있는 말들을 분명하게 전하지 않고 마치 은어(隱語)를 말하고 수수께끼를 말하는 것처럼 천하를 텅 비어 있는 계곡으로 보아 상황에 따라 적절하게 대응하였다. 무대 아래의 관중들이 마치 술에 취한 것처럼, 바보같이 그 두 사람의 호리병에 든 것이 어떤 약인지도 모르고 멍하니 쳐다보고만 있을 때, 또 한 명의 깊이 있고 뛰어난 철학자인 노자(老子)가 등장하였다. 그는 사람들이 두 사람의 이야기 속에 들어 있는 깊은 의미를 간파하지 못하고 있을 때에, 화룡점정하는 것처럼 간단한 한마디를 던졌다. 그것이 바로「도가도 비상도(道可道 非常道)」이다.

무대 아래의 관중들은 이때 비로소 몽롱히 취한 가운데에서 깨어나, 그 세 사람의 성인이 지금도 함께「도」를 노래하고 있음을 의식하게 된다. 그러나 엄청나게 많은 물음들은 여전히 그들의 두뇌 속에서 빙글빙글 돌고 있을 뿐이다. 그 물음들은 아래와 같다.

세 사람은 다 같이 도를 말하지만 왜 직접적으로 시원하게 드러내어 말하지 않는가? 공자와 석가 두 사람은「가는(逝)」것을 말하고「오는(來)」것을 말하지만, 도를 직접적으로 들어서 말하는 것을 꺼린다. 노자는 비록 도를 가지고서 말하지만 도라고 할 수 있는 것은 도가 아니라고 말한다. 마치 도는 언어나 문자를 통하여 설명할 수 없는 것으로 말하는데 이것은 무슨 이유인가?

도를 설명할 수 없는 것이라고 한다면 또한 현상의 모습 속에서 찾을 수도 없는 것이다. 그러나 공자는 가는 것을 말하고 석가는 오는 것을 말했는데 가고 오는 것은 모두 현상적인 상태에서 나온 것이다. 만약에 도를 현상적인 상태로서 표현할 수 있다고 말한다면 그것은 언어로서 설명가능한 것이다. 만약에 도는 현상적인 상태로서 표현할 수 없다고 한다면 공자와 석가가 말하는 가는 것과 오는 것, 그것과 도는 어떠한 관계가 있는가? 공자와 석가 두 사람이 현상적인 상태의 가고 오는 것으로써 도를 말하고, 또 도는 언어로 설명할 수 없다고 한다면 도는 도대체 어떠한 것인가?

공자가「가는 것(逝者)」이라고 말하였는데 가는 것이 있다면 반드시 오는 것이 앞에 있을 것이다. 그러므로 가는 것은 이와 같다 라고 한 것이다. 당연히 오는 것도 이와 같을 것이다. 석가가 말하는「여래」는 이미 오는 것이 있어 반드시 가는 것이 수반될 것이므로 여래라고 말하는 것이다. 이것은「여서(如逝)」와 같은 말이다. 그러므로 두 사람은 비록 가는 것을 말하고 또 오는 것을 말하지만 실제로는 가는 것과 오는 것의 전체적인 의미를 함께 포괄하고 있다. 그런데 두 사람은 약속이나 한 듯이 똑같이 전체적인 의미는 말하지 않고 한 부분만을 들어 말하는 것은 무슨 이유인가?

공자와 부처, 노자 세 사람은 똑같이「도의 노래」를 부르는 도를 얻은 사람들로서 도는 비록 파악하기가 매우 어렵지만 그것은 실재하고 있음을 분명하게 알고 있었을 것이다. 어떻게 분명하게 도를 인식할 수 있는가? 도로 들어가는 첩경은 도대체 어디에 있는가?

더욱 사람들이 이해하지 못하는 것은 도는 언어로 표현할 수 없다는 것이다. 만약 도라고 말하면 참된 도일 수 없기 때문에 세 사람은 입을 닫고 말하지 않았다는 것이다. 그 세 사람은 도를 언어로써 표현할 수 없다는 사실을 분명히 알고 있으면서도 도리어 무대 위에서 도를 노래하는 것은 그 세 사람의 마음속에 무엇인가 감춘 것이 있어서 그런 것이 아닌가? 그러면 말하지 않을 수 없는 속사정은 또 무엇인가?

이러한 일련의 문제들은 무대 아래의 관중들로 하여금 한 차례의 혼란과 소동을 일으키게 만들어 모두 각자의 사사로운 생각을 가지게 한다. 그러나 사람들이 그 혼란함과 소동 가운데에 있을 때, 무대 위의 상황은 또 약간의 변화가 있었다. 즉 공자는 무대의 한쪽을 점거하여서 인(仁)과 예(禮)를 말하면서 신나게 연설하고 있고, 석가모니도 무대의 또 다른 한쪽을 점거하여서 공(空)과 색(色)을 끊임없이 말하고 있었다. 노자는 조용히 다른 한쪽으로 물러나서 긴 성조를 늘어뜨리면서 "무는 천지의 시작을 이름하는 것이고 유는 만물의 어머니를 이름하는 것이다 …… 이 두 가지는 같은 곳에서 나와서 이름을 달리 하는데 함께 이름하여서 현(玄)이라 한다. 현하고 또 현한 것은 중묘의 문이라고 한다."[4]고 노래하고 있다.

무대 아래의 사람들은 큰 소동을 일으키면서 어떤 군중들은 공자 쪽으로 달려가고, 또 일부분의 사람들은 석가모니를 둘러싸고, 또 나머지 사람들은 노자 쪽으로 다가서고 있었다. 얼마 지나지 않아서 무대의 아래 위는 하나로 변하

---

4)《老子》제 1 장「無名天地之始, 有名萬物之母 …… 此兩者同出而異名, 同謂之玄, 玄之又玄, 衆妙之門.」

여 세 무리의 군중이 편을 이루게 되었다. 이때 사람들은 비로소 안정을 찾게 되었고, 세 사람이 부르는 도의 노랫소리만 울려퍼지고 있었다.

막이 내림

제 2 절 《주역》철학의 원류

「도의 노래(道情酬唱)」라는 연극이 공연된 후에 그것은 인간에게 세 가지의 큰 철학체계를 남겨놓았다. 바로 공자의 유가철학, 노자의 도가철학과 석가모니의 불교철학이다. 석가모니의 불교철학은 인도적인 여러 가지 요소에 근거하여 철학적 정신을 종교적인 방향에다 두고 있기 때문에 본문에서는 중점적으로 다루지는 않겠다. 공자와 노자의 양대 철학은 똑같이 중국에서 발생하였기 때문에 비록 학설의 강조점이 다르고 가르침을 행하는 방식에서도 차이가 있지만, 그 철학적 근원과 이론적 방향은 다 같이 중국의 고대로부터 전래되어온 「역(易)」의 철학을 계승하고 있다. 다만 다른 방향과 입장에서 이야기하고 있을 뿐이다. 그러므로 구별하여 말하면 유가와 도가의 두 학파이지만, 합하여 말하면 실은 역학(易學)이라는 일파이다. 그 둘은 비록 방향은 다르지만 그 지향점이 같기 때문에 역학 역시 이러한 발전경로에 따라서 방대하고도 심오한 철학체계를 구성하고 있는 것이다. 이 책에서 논하려고 하는 것은 바로 공자, 노자가 협력하여서 구축한 《주역》의 철학이다.

그러면 여기에서 우리는 먼저 《주역》철학의 원류를 종합적으로 살펴보도록 하자.

역학은 중국 원고(遠古)시대의 복희씨 당시부터 시작된다. 중국의 역사 발전과정으로 본다면 복희씨는 목축시대의 초기에 해당되는데, 약 기원전 4700여 년으로 중국 역사상의 첫번째 왕이다. 당시 사람들의 지력은 아직 개발되지 않았고, 다만 복희씨만이 높은 지혜를 가지고 있었기 때문에 철학적인 사고를 통하여 8괘(八卦)를 그려 역학의 체계를 생각할 수 있었던 것 같다. 8

괘는 여덟 개로 된 사상적 부호로서 역학에서는 일반적으로 「상(象)」이라고 말하는데 그것은 아래와 같다.

☰ ☷ ☳ ☴ ☵ ☲ ☶ ☱

이 여덟 개의 괘상은 바로 역학의 초기단계의 모습이다. 당시는 자연사상〔天道思想〕이 인간을 지배하던 시대이고 또한 문자가 아직 발명되지 않은 시대였다. 복희씨는 여덟 개의 괘상으로 여덟 가지의 자연계에서 가장 보편적인 현상들을 표상하였다. 8괘가 표상하는 자연현상이라는 것은 바로 하늘〔天〕, 땅〔地〕, 우뢰〔雷〕, 바람〔風〕, 물〔水〕, 불〔火〕, 산〔山〕, 못〔澤〕이다. 자연현상은 현상세계의 사물이고, 8괘의 부호는 형이상학적인 사유에서 기원한다. 복희씨는 8괘의 철학적 부호를 통하여 현상세계의 사물이 발생하는 형이상학적 근원을 설명하려는 것이다. 인류의 사상이 구체적인 기록 속에서 표현된 것으로 말하면, 복희씨가 8괘를 그린 사실은 인류의 밝은 미래를 비추어주는 하나의 서광(曙光)이라고 하여도 과언은 아닐 것이다.

上經三十卦

乾 坤 屯 蒙 需 訟 師 比 小畜 履 泰 否 同人 大有 謙 豫 隨

蠱 臨 觀 噬嗑 賁 剝 復 无妄 大畜 頤 大過 坎 離

下經三十四卦

咸 恒 遯 大壯 晉 明夷 家人 睽 蹇 解 損 益 夬 姤 萃 升 困

井 革 鼎 震 艮 漸 歸妹 豊 旅 巽 兌 渙 節 中孚 小過 既濟 未濟

복희씨 이후 3500년 즈음, 은주(殷周)가 교체하는 시기에 주의 문왕(文王)이 8괘를 중첩하여 64괘를 제작하였다. 그 시대에는 문자가 이미 출현하였기 때문에 모든 괘에 괘사와 효사를 덧붙여 역학의 면모는 완전히 일신하게 되는 것이다. 64괘와 그 명칭은 위(18쪽)와 같다.

문왕이 64괘를 만들고 괘효사를 지은 것은 원래「신도설교(神道設敎)」[5]하기 위해서이다. 왜냐하면 당시 사회는 종교적인 신도사상의 시대로서 사람들이 귀신의 힘을 믿는 시대였기 때문에 문왕은 이런 괘상을 이용하여서 길흉을 점치려 하였는데 이것이 바로「서(筮)」이다. 서는 비록 술수이지만 그러나 그것이 근거하는 것은 길흉회린(吉凶悔吝)하는 원인으로서의 원리원칙에 있다. 즉 복희씨의 8괘로부터 발전되어온 64괘의 철학에 근본을 두고 있는 것이다. 그러므로 표면적으로 본다면 문왕은 역학을 서술을 쉽게 행할 수 있는 도구로 바꾸어놓은 것으로 실제로는 서술을 통하여 역학을 발전시키고 보급시키려는 의도를 가지고 있었던 것이다. 문왕 이후에 역학은 더욱 정교하고도 광범위하게 사람들에게 인식되어진다. 더욱 중요한 것은 서술의 보급을 통하여, 복희씨는 단순히 만물 생성의 이론만을 말하는 역학을 인간사에도 적용시키는 것이다. 즉 철학적인 이론과 실제생활을 하나로 결합하게 만든 것이다. 이것은 주문왕의 역학에 대한 위대한 공헌으로 역사에서는 이것을 문왕의「연역(演易)」이라고 말한다.

문왕보다 약 500년 후에 공자가 출현한다. 이때는 이미 종교적인 신도사상이 쇠퇴하고 인간의 지력이 크게 발전한 시기로서, 이른바 인도(人道)사상이 출현하게 된다. 이때 사람들은 더 이상 맹목적으로 귀신을 신앙하지 않고 오히려 자신의 이성적 판단을 통하여 사물을 대하기 시작하는 때로서 공자의 역학에 대한 개혁이 시작된다. 그는 점서의 폐단을 배격하고 순수하게 철학적인 관점을 통하여 문왕의 괘효사를 해석한다. 공자는 자신의 그런 태도를 자칭「술이부작(述而不作)」이라고 하여, 괘효사의 길흉회린의 판단사를 무조건 배격하여 변경하지 않고, 이성적인 관점을 통하여 철학적으로 해석하고 있다. 이러한 방식은 복희씨와 주문왕의 역학사상을 동시에 함축하면서도 그것을 인도중

---

5) 관(觀)괘 〈단전(彖傳)〉에 나오는 말로서, 실제로 신이나 귀신의 존재를 숭상하거나 찬양하는 데 목적이 있는 것이 아니라, 점의 방식을 통하여 도덕적·교육적 효과를 노리는 의도를 가지고 있다.

심의 철학체계로 재정립하려는 것이다. 이것을 역사에서는 공자의 「찬역(贊易)」이라고 말한다. 공자의 역학은 〈십익(十翼)〉 가운데에서 나타나는데 이른바 〈십익(十翼)〉은 64괘상과 괘효사의 문자를 열 편의 문장을 통하여 해설한 것을 말한다. 〈십익〉은 아래와 같다.

〈단전(彖傳)〉 상·하
〈상전(象傳)〉 상·하
〈계사전(繫辭傳)〉 상·하
〈문언전(文言傳)〉
〈설괘전(說卦傳)〉
〈서괘전(序卦傳)〉
〈잡괘전(雜卦傳)〉

약 4000년의 기간 동안에 복희씨로부터 주문왕, 공자라는 세 분의 성인이 출현하여 함께 힘을 합해 역학이라는 위대한 철학체계를 만들어 나갔기 때문에 후대의 사학자 반고(班固)는 《한서 예문지(漢書藝文志)》 가운데에서 "역도는 참으로 깊구나! 세 분의 성인이 이어서 나오고 시대는 원고, 중고, 근고의 세 고대를 지났다."[6]라고 하였다. 세 분의 성인은 위에서 말하는 복희씨, 문왕, 공자를 말하고, 세 고대는 그 세 사람이 활동하였던 시대를 말한다.

공자는 복희와 문왕의 철학을 계승하여 집대성하였는데, 공자와 같은 시대의 노자도 《주역》의 연구에 힘을 기울였다. 그의 철학적 경향은 공자와는 다르다. 그의 주된 관심은 역학의 형이상학적 방면에 치우쳐, 근원으로서의 도를 철저히 탐구하여 또 다른 하나의 심오한 철학체계를 열었는데 바로 도가역(道家易)이다. 공자의 역학을 후대인들은 유가역(儒家易)이라고 말하는데 여기에서부터 역학은 유가와 도가의 두 분파로 나누어진다. 공자와 노자 두 사람의 역학에 대한 공헌은 똑같이 위대하지만 한 사람은 인도(人道)의 측면에 관심을 두고 있고 한 사람은 형이상학적 측면에 치중하여 각각 나름대로의 영역에서 뛰어난 관점들을 보여주고 있다. 그 두 사람의 노력이 있었기에 역학은 최고의 경계를 가진 철학체계로 발전할 수 있었던 것이다. 바로 공자와 노자 두 사람의 위대한 철학체계를 통하여 역의 위대함은 드러나는 것이다. 그러나 역

---

6) 「易道深矣, 人更三聖, 世歷三古.」

학의 발전사라는 측면에서 본다면 공자는 복희와 문왕의 관점을 계승하여 발전시켰기 때문에 후대인들에 의해서 역학의 정통으로 인정받는다. 반고가「주역은 세 분의 성인을 거친다」라고 말하여 노자는 언급하지 않고 있는데, 이것은 공자를 정통으로 보고 있다는 것을 말하는 것이다. 노자는 복희씨와 문왕의 입장에 기초하여 형이상학적인 방면으로 발전하여, 역의 또 다른 측면을 강조하고 있다. 그 두 사람은 마치 해와 달이 역학이라는 하늘에서 똑같이 운행하는 것처럼, 그 중 어떤 하나라도 결핍하게 되면 역학의 완전함은 상실되는 것이다.

《주역》의 철학이 공자와 노자에게로 발전되는 것은 마치 산의 최고봉에 오르는 것처럼 최고수준의 철학적 경지를 보여주고 있다. 이것을 더욱 분명하게 설명하기 위하여 역학의 변천을 간단한 도표를 통하여 설명하여 보겠다.

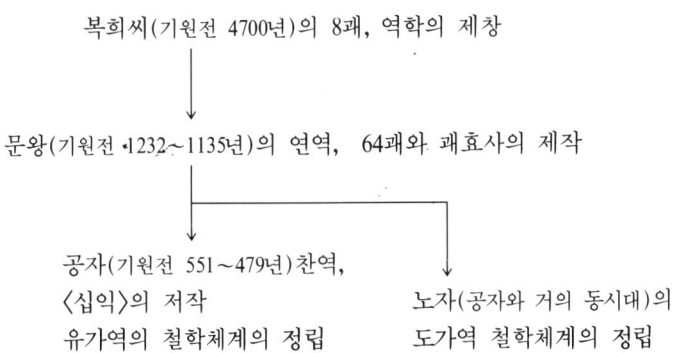

제 3 절 《주역》 철학체계의 개관

위에서 말한 주역철학의 원류는 공자와 노자에 이르러서 각각의 다른 철학체계로 건립되었지만, 마치 어떤 묵계가 있었던 것 같다. 동서고금을 막론하고 그 어디에서도 찾아볼 수 없는 그들 두 사람의 상세한 철학적인 내용은 뒤에서 구체적으로 말하기로 하고, 여기에서는 다만 두 사람의 다른 측면들만 대체적으로 설명하기로 한다. 먼저 전체적인 개념을 파악하고 난 후에 각론적인 구체적 내용들은 나중에 상세하게 파악하는 것이 유리할 것으로 생각되기 때문이다.

　공자와 노자의 역학사상의 출발점은 똑같이 「건원(乾元)의 시동(始動)」에서 나온 것이다. 건원의 시동이라는 이 말은 상당히 많은 해석을 필요로 하는 것이지만 뒤의 제3장에서 상세하게 이야기하도록 하고 여기에서는 다만 대강만 말하기로 하겠다. 「건원」은 공자가 만든 말로 「태극(太極)」과 구별하여서 말하는 것이다. 태극은 하나의 큰 자연적 변화의 작용으로 이른바 「시작(始)」이 없는 것이고 또 이른바 「움직임(動)」이 없는 절대적인 존재이다. 즉 시종(始終)과 동정(動靜)의 상대적인 의미가 없는 것이다. 건원은 태극보다 한 단계 아래의 것으로 「곤원(坤元)」과 상대되는 것이다. 곤원과 대조하여서 말하면 건원은 시작이고 움직임이다. 그러므로 공자는 건원의 이름을 만들어 「태극」이 지향점과 목적을 드러내기 시작하는 것(「생생(生生)」을 향하여 변화하는 것을 말함, 제3장에서 상세하게 설명함)으로 말한다. 공자는 여기에서 아래로 향하는(向下) 그의 변화생성하는 철학체계를 전개하고, 노자는 여기에서 유(有)로부터 무(無)로, 자연으로 들어가는 위로 향하는(向上) 현학(玄學)체계를 전개해 나간다.

　위에서 말한 내용이야말로 가장 기본적인 관점이다. 공자는 건원시동이라는 기본적 입장에서 출발하여 순순히 이어받는(順承) 성질을 가진 곤원으로 전개하고, 건원과 곤원이 부단히 작용하여 인간과 만물을 낳는 관점을 말한다. 이것이 바로 공자 철학체계의 하행적(下行的 : 위에서부터 아래로 향하는) 노선이다. 그런 후에 인간의 상행적(上行的)인 반성 즉 궁리진성(窮理盡性)하여서 천명(天命)에 도달하여 건원시동의 기본적 출발점을 파악한다. 여기에서 다시 태극의 자연적 변화의 단계로 돌아가는 과정을 말한다. 이것이 바로 상행적인 노선이다. 그러므로 공자의 철학체계는 상하(上下)와 왕반(往反 : 가고 돌아옴)이 상호 교차하는 이중적 노선을 보여주고 있다. 노자도 건원시동으로부터 출발하는데, 그는 건원시동을 유(有)로 간주한다. 왜 유라고 말하는가? 태극의 자연스러운 변화는 원래 의식도 지향점도 없기 때문에 유인줄 모른다. 건원에 들어가서 움직이기 시작하고 만물을 낳으려 하기 때문에 유가 된다. 유가 있고 나서 위로 무를 향하여 나아가는데 유로부터 무와 도로 나아가는 것은 바로 도로부터 자연의 의미를 드러내려 하기 때문이다. 「자연지도(自然之道)」는 노자의 철학체계에서 향상적 노선의 극치로서 공자가 아래로 인간을 향하여 나아가는 것과 같다. 그러나 노자도 공자와 마찬가지로 위로 자연의 도를 파악한 후에 다시 꺾어서 아래를 향하여 나아간다. 즉 "도는 1을 낳고, 1은 2를 낳고, 2는 3을 낳고, 3은 만물을 낳는다."[7]로 우주만물의 생성을 말하는 것이다. 노자의 현학적인 철학체계 또한 상하왕반의 이중적인 노선이다.

  공자와 노자의 철학체계가 각각 상하로 왕래하는 것은 위에서 본 것처럼 매우 멋진 대비를 보여주고 있다. 여기에만 멈추지 않고, 관점의 빼어남과 빈틈 없는 체계는 매우 세밀하고 조리가 있다. 공자도 그의 인도 중심의 철학체계 내에서 자주 건원의 자연 속으로의 적용을 말하고 있다(〈계사전〉의 「易」「簡」의 의미). 다만 간략하게 말하고 상세한 해석은 노자의 몫으로 맡겨두고 있다. 노자도 그의 현학체계 중에서 때로는 인간사를 말하는 데는 매우 간략하게 하고 세부적인 내용은 모두 공자의 몫으로 돌리고 있다. 그러므로 노자의 우주생성의 하행적 노선과 공자의 하행적 노선은 서로 연결되어 있다. 공자의 도로 돌아가는 상행노선 또한 노자의 상행노선과 하나로 통합되어져 있다. 두 사람의 학설은 왕복주류(往復周流 : 가고 오고하여 두루두루 전체적으로 운동 변화함)하는 체계일 뿐만 아니라 서로 연결되어져 하나의 큰 왕복주류의 체계를 이루고 있는데 그것이 바로 주역철학의 체계이다. 그것을 간략하게 도표로 표시하면 아래(24쪽)와 같다.

  또 서술의 편의를 위해서 필자는 공자와 노자의 학설을 어떻게 안배하였는 가를 설명하려고 한다. 여기에는 두 가지 문제가 있다. 그 중 하나는 그들의 역학체계가 어떻게 구분되고 합치하는가 라는 선후논술의 문제이다. 또 하나의 문제는 어떠한 방식으로 논술하느냐이다. 첫번째 문제는 매우 분명한데, 즉 양가의 학설을 함께 혼합하여 말해서도 안 되고 말할 수도 없다는 점이다. 이 때문에 필자는 각각 나누어서 논술하기로 결정하였다. 공자의 유가역은 역학의 발전경향에 따라서 나온 것이기 때문에 정통적인 것으로 간주되어 먼저 논술하였고, 노자의 도가역은 뒤에서 설명하기로 하였다. 두번째 문제에 대해서 필자는 여러 가지로 고심하였다. 왜냐하면 양가 모두 왕복주류하는 자연발전적인 노선을 가지고 있기 때문에 그 관점에 따라서 서술한다면 그것이 가지고 있는 본래적 정신을 그대로 보여줄 수가 있을 것이다. 만약에 방식을 바꾸어

---

7) 《老子》 제42장 「道生一, 一生二, 二生三, 三生萬物」

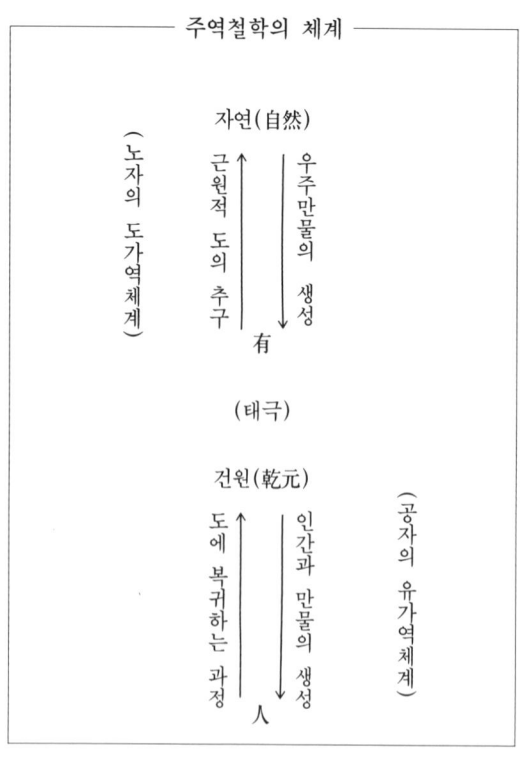

다르게 안배한다면 적지 않은 문제가 발생하기 때문에 마지막에 가서는 양가의 사상적 전개노선에 따라서 크고 작은 제목으로 구분하여 논술하기로 결정하였다. 아마 독자 여러분들은 각 장의 제목들을 보기만 해도 유·도 양가의 철학체계를 일목요연하게 파악할 수 있을 뿐만 아니라, 전체 주역철학의 핵심을 찾아낼 수 있을 것이다. 각 장의 안배문제에 관해서 말하면 제2장에서 제7장까지는 공자의 유가역이고 제8장과 제9장은 노자의 도가역으로 유가역이 더 많은 비중을 차지하고 있는데, 그것은 그 학설이 복잡하기 때문이다. 제1장은 주역철학의 도(道), 상(象), 술(術), 수(數)의 소개이고 마지막 제10장은 종합적 서술에 해당한다.

서양철학의 유입 이후에 중국인들은 이미 서양철학에 그 귀와 눈을 뺏긴 지 오래되었기 때문에 서술방식 역시 많은 부분에서 서양철학의 방식을 적용하고 있다. 예를 들면 본체론, 우주론, 인식론 등등으로 구분하고 있다. 이러한 영역 구분의 방식은 언뜻 보기에는 매우 분명한 것 같으나, 역학방면에 적용하기란 합당치 않은 부분이 많다. 역학의 참된 정신은 정체일관(整體一貫)의 변화작용이라는 의미에서 표현되어진다. 그러므로 역학의 철학체계는 자연적으로 하나로 이어지는 조리를 가지기 때문에 만약 서양철학적 방식으로서 역학이 원래부터 가지고 있는 전체 구조를 타파하고 본체론, 우주론, 인식론 등으로 안배한다면 그것은 아름다운 한 채의 건축물을 부수어서 다시 나무, 돌, 기와 등으로 구분하여 쌓아놓은 것이나 다를 바가 없기 때문이다. 그렇게 된다면 그 구별은 분명하지만 한마디로 바보짓이 아닐 수 없는 것이다. 동서양의 학술정신은 분명히 다르고 자기의 학설을 천명하는 각각의 타당한 방식이 있을 것이다. 서양인의 학술 연구방식으로 중국학술을 정리하려는 것은 비록 금세기 이래의 보편적인 방식이지만 필자는 여전히 그 대상을 분명히 구별하여서 결정하여야 한다고 생각한다. 만약 《주역》을 공부하는 학자가 그 원래 있는 방식에 의거하여서 그 철학정신을 살펴야 하는 데도 불구하고, 그 원래 있는 방식을 버린다면 올바른 철학정신을 발견하지 못할 것이다. 그러므로 맹목적으로 서양을 추종하는 것은 적절치 못한 것이다. 이 점은 현대의 학술계가 마땅히 주의하여야 할 점들이다.

제4절 본서의 취지

위에서는 주역철학의 원리와 그 철학체계의 윤곽에 대해서 간단하게 살펴보았는데, 여기에서는 이 책을 쓰게 된 취지가 어디에 있는가를 말하려 한다.

이 책의 저작은 고대의 학설을 드러내는 것을 물론 주된 취지로 삼아야 할 것이다. 그러나 필자의 어리석은 생각으로는 여기에 만족해서는 안 된다고 생각한다. 필자의 일관된 신념은 현대에서 옛것을 발양하는 데는 반드시 현대적인 관점으로 그 학술가치를 판단하여야 한다 라는 것이다. 옛것이 시대적 가치를 가지지 못한다면 그것을 말해보았자 무슨 소용이 있겠는가? 옛날의 학술이 만약 이 시대를 위해 필요한 것이라고 한다면 그것은 마땅히 다시 밝혀야 할 것이다. 그렇지 못할 때는 우리들의 책임을 다하지 못한 것이다. 주역철학을 그 발생적인 관점에서 말한다면 고대의 학설이고 중국의 전통철학이지만, 학술가치로 말한다면 오히려 「고금학(古今學)」이고 「세계학(世界學)」이다. 왜냐하면 주역의 철학은 시간과 공간의 제한을 받지 않고 있기 때문이다(시간은 어떠한 하나의 역사적 시대를 말하고 공간은 어떤 하나의 지역을 가리키는 것이다). 그것이 시공의 제한을 받지 않는다는 점은 두 가지 관점에서 볼 수 있다.

하나는 《주역》은 스스로 철학적인 한계를 설정하지 않고 있다. 그 사상 속에서 거절이나 배척이라는 말은 발견되지 않는다. 《주역》은 개방적인 철학으로 인간의 지혜가 미칠 수 있는 모든 이치와 사물을 포함하지 않는 것이 없다. 태극이나 음양의 의미로 우주의 모든 이치와 현상을 설명하는 데 구속되는 것이 없다. 생생(生生)이나 감응(感應)의 의미는 인간과 사물 가운데에 존재하는 실재의 상황이고, 천행건(天行健)이나 지세곤(地勢坤)의 의미는 모든 인류가 의심할 수 없는 생존의 도리인 것이다. 선보과(善補過), 지기(知幾), 시중(時中) 등의 의미는 인류가 스스로 추구하여 찾아야 할 중요한 방향을 말하고 있다. 주역철학이 수립한 이성적 천지(天地)는 무한히 개방된 것이고, 그것이 제정한 인도의 법칙은 고금의 어떠한 시대, 동서의 어느 지역에서도 실천되어질 수 있는 것이기 때문이다.

또 다른 하나의 입장은 주역철학 자체가 시간과 공간에 따라서 스스로 변통(變通)하여 올바르고 마땅한 것을 찾아나가는 능력을 가지고 있다는 점이다(또한 그것이 주역철학의 주요한 내용이다). 우리는 앞에서 이미 주역철학의 원류에 대해서 살펴보았는데, 그것은 천도(天道)사상이 인간을 지배하던 복희씨의 시대 역시 《주역》의 한 모습이고, 신도사상이 인간을 지배하던 문왕의 시대 역시 하나의 모습이고, 인도사상에 이른 공자와 노자의 시대 또한 하나의 모습이다. 이 세 가지의 역사시대는 약 4000여 년의 차이가 있어서 각각 다른 사회의 양상을 가지고 각각 다른 입장에서 반응을 보이고 있다. 그것의 철학적 본질은 여전하지만 시대에 따라서 형식의 변화라는 것은 매우 적합한 변화를 보여주고 있는 것이다. 공자와 노자 이후 역시 마찬가지이다. 한대에 이르면 시대적인 사상이 변하여 《주역》은 상수(象數)라는 모습으로 출현하고, 송대에 이르면 다시 태극도(太極圖), 하도(河圖), 낙서(洛書)의 모습으로 출현하게 되는 것이다. 이러한 천변만화는 결코 그 중심적인 본질을 벗어나지 않고 그것의 원래적인 철학정신에 영향을 미치지는 못한다. 그것의 모습은 마치 무대상의 주연배우가 연기하는 것처럼 하나의 연극이 끝나면 다시 화장하여 모습을 바꾸고 다시 등장하여 새로운 역할을 하는 것이나 마찬가지이다. 이런 입장에서 세계의 어떠한 다른 철학도 《주역》의 철학을 낙후된 것으로 규정할 수는 없다. 왜냐하면 《주역》은 변통할 수 있는 능력을 가지고 있기 때문이다.

시공의 제한을 받지 않는다는 것은 주역철학이 오늘날 다시 그 가치를 발휘하여야 한다는 것을 의미하는 것이다. 물론 이것은 결코 이 책이 쓰려고 하는 가장 큰 이유는 아니다. 이것보다 더 중요한 것은 현재 세계가 해결하여야 할 문제에 있다. 오늘날의 인류는 인간의 마음을 하나로 관통할 수 있는 위대한 철학사상을 너무나 필요로 하는 시대이기 때문이다. 이것이 바로 필자가 이 책을 쓰려하는 근본동기라고 할 수 있을 것이다.

근대 이래 서양의 과학은 신속히 발달하여 물질문명의 찬란한 성취를 이루었다. 우리는 결코 물질문명의 성취라는 사실을 무시하거나 부인할 수는 없다. 그것이 비록 인간의 지적 능력을 충분하게 표현하였지만, 그것은 오히려 심각한 결과를 낳게 만들었다. 현대의 인류가 스스로 이룩한 물질문명의 부정적인 측면에 의한 위기를 타개하려고 하나 그것은 이미 쉬운 일이 아니다. 오늘날의 인류가 물욕에 이끌려 날뛰고 있는 모습을 비유하면 마치 경사진 산꼭대기에서 돌이 굴러가는 것처럼, 스스로 멈추지 못하는 그런 현실이다. 생활의 향락을 위한 것이나, 순수한 학술연구를 위해서나 혹은 생존을 위해서 적을 무찌르는 것이나 혹은 인류를 구원하려는 선한 마음이나 기타의 어떠한 이유로 물질문명을 발전시켜온 과정은 처음부터 미친 듯이 발전하여 온 것이다. 대부분의 사람들은 이미 아래를 향하여 굴러 내려가는 돌멩이가 구르면 구를수록 더욱 빨라져 바닥에서 부서지는 상황을 의식하고 있다. 중간에서 멈추려 하나 사실상 뚜렷한 방법이 없는 것이다. 서양 과학문명이 앞장서서 인류를 오늘날의 상태로 끌고왔는데 서양의 철학자들은 무엇을 하였단 말인가? 철학은 과학발전을 지도하는 책임이 있다 라고 일반적으로 말한다. 우리들은 근세 이래의 철학은 과학을 따라서 바쁘게 쫓아다니기만 하였지 어디에서「지도(指導)」라는 말을 찾을 수 있다는 말인가? 사실상 근대의 서양철학은 완전히 과학을 제어하는 위력을 상실하여, 본말이 전도되어 철학이 과학을 이끄는 것이 아니라 오히려 과학이 철학의 나아가는 방향을 결정하는 꼴이 되고 말았다.

과학의 발전은 전문적이고 분화된 것으로 전체적인 측면의 고려라는 견제의 영향을 거의 받지 않기 때문에 자기의 뜻에 따라서 멋대로 나아갈 수 있었다. 과거에 인간들은 과학의 발전속도가 신속한 것을 위대한 진보로 생각하여 환호하였다. 왜냐하면 과학은 분명히 인류에게 매우 큰 번영과 더욱 높은 안락함을 가져다주었기 때문이다. 그러나 제2차 세계대전 말기 핵폭탄이 출현한 이후에 인간들은 그들 스스로 노력하여 발전시킨 과학기술이 점점 제어 불가능한 것으로 변하여 가고 있음을 느끼기 시작하였다. 그러나 세계의 갖가지 조화롭지 못한 복잡한 요소에 의해서 과학을 발전시키지 않을 수 없었기 때문에, 한편으로는 위기감을 가지면서도 또 한편으로는 과학을 발전시키지 않을 수 없는 「호랑이의 등을 타고서 내려오기가 힘든」 상태로 되어버린 것이다. 과거에 인류는 생존이라는 문제에서 어려움이 생기면 직접적으로 해결하는 방식을 가지고 있었는데 바로 전쟁이다. 그러나 지금은 어떠한가? 이러한 방법은 감히 쉽게 쓸 수 없는 것이다. 고도의 과학기술 문명이 발전된 상황하에서 작은 국가들 사이에서 여전히 재래적인 방식으로 다툼하는 것 이외에 엄청나게 큰 파괴력을 지닌 핵보유 국가는 감히 전쟁을 일으키지 못한다. 왜냐하면 파괴되는 대상은 적뿐만 아니라 자신들도 거기에 속하기 때문이다. 전쟁이라는 방식은 더 이상 통하지 않는 것이다. 나머지의 해결방식은 오로지 평화적으로 공존하는 방식밖에 없다. 이것이 바로 우리가 해결해야 할 문제이다. 우리는 반드시 평화적 공존을 이루어야 하지만, 그러나 아쉽게도 지금의 인류는 그런 평화 공존의 철학을 가지고 있지 못하다.

여기에서 독자 여러분들은 결코 내가 말하려는 뜻이 세계가 이미 더 이상 구원할 수 없는 말일(末日)에 도달하였다고 생각하거나, 혹은 인류의 자기구원이라는 방식이 더 이상 통하지 못한다라는 것으로 생각하여서는 안 될 것이다. 중국인들의 일관된 신념은 인간 스스로 행복을 구할 수 있는 열쇠를 가지고 있고 그 행복은 영원히 자신의 수중에 있다는 점이다. 또한 중국 고대의 성인들이 후대인들에게 가르친 교훈에 의하면 내일 세계가 멸망할지라도 오늘의 우리는 반드시 평상시와 마찬가지로 계획된 생활을 하여야 한다는 것이다. 현대문명의 발전이라는 측면에서 본다면 중국철학은 분명히 방관자라고 하여도 틀린 말은 아닐 것이다. 필자는 중국문화의 혈통을 이어받은 제삼자의 입장에서 보았을 때, 위에서 말한 서양과학의 놀라운 발전은 실은 과학이 선봉장 역할만을 담당하여 왔기 때문에 지금의 상황에서는 철학이 적극적으로 변화되어야 한다는 것을 요구하는 표현으로 받아들여진다. 바로 앞에서 하나의 큰 목표가 우리를 이끌고 있는데 그 목표라는 것은 무엇인가? 바로 인도(人道)의 철학 즉 인간중심적인 철학이다.

여기에서 필자가 말하려는 의미는 서양철학사를 살펴보면 그것이 거짓이 아니라는 것을 증명해줄 것이다. 서양철학은 고대 희랍에서부터 그 중심은 줄곧 초월에 있었다. 희랍철학의 중요한 문제는 존재, 일(一), 이데아, 제1형식 등이고, 중세기에 이르러서는 신이 중요한 문제가 된다. 근대의 데카르트에서부터 스피노자와 라이프니츠에 이르는 합리주의의 중심문제는 여전히 형이상학적인 본체문제에 머물러 있었다. 경험론자들 예를 들면 로크, 버클리와 흄 등은 철학적 중심문제를 형이하학적인 세계로 끌어내리는 데 힘을 쏟았다. 칸트는 철학의 발전과정 속에서 하나의 단계를 종합하는 철학자로 볼 수 있는데, 그의 철학체계 역시 이론적 측면에 치중하여 빼어난 분석력을 보여주고 있다. 또한 전통적인 신의 구속을 벗어나 있기 때문에 충분하게 인간 이성의 능력을 보여주고 있다고 할 수 있을 것이다. 헤겔의 철학은 인간의 현실세계에 더욱 더 접근해 있는데 그는 철학적 법칙을 응용하여 인간의 역사를 판단하고 있다. 그의 철학체계는 실제인생에 대한 깊은 관심을 표현하고 있고 역사정신을 통하여 신(神) 관념과 인간을 융합하고 있다. 확실히 철학이 인생과 접촉하고 있는 중요한 예이다. 이어서 19세기 무렵의 유명한 두 사람의 철학자 즉 쇼펜하우어와 니체가 표현한 철학은 인생에 대한 깊은 관심뿐만 아니라 실질적인 참여를 보여주고 있다. 이 두 사람 중에서 한 명은 비관적인 입장에서 말하고 또 한 사람은 격정이라는 측면에서 말하고 있는데, 중국인의 입장에서 본다면 모두 중용의 도에 합치하지 않는다. 그러나 그들은 확실히 철학을 인생에다 적용시킨다는 입장에서는 좋은 평가를 내려야 할 것이다. 19세기 이후에 세계는 이전에 비해서 더욱 복잡하고 분주하게 변하였다. 과학의 발흥과 생물학적 진화론의 성과로부터 스펜서의 철학이 일어났고 이어서 모르겐과 알렉산더 등의 철학이 출현하였다. 심리학과 생리학의 발전을 통하여 제임스와 듀이의 철학 역시 큰 주목을 받았다. 베르그송의 명성은 심리학적인 입장에서 큰 도움을 입었고, 물리학과 천문학의 발전에 따라서 양자론과 상대론 등의 과학이론도 나타났다. 또 과학적인 성과가 신무기의 발명에서도 그 위력을 드러내었는데 그것들은 모두 철학에 큰 충격을 던져주었다. 새로운 과학적 이론은 화이트헤드 철학을 발생하게 만들었고, 신무기의 등장은 세계를 위기에 빠뜨려 인간을 불안하게 하였다. 이로부터 실존주의가 등장하게 되고 그들의 철학은 더욱 인간의 세계에 접근하게 된 것이다. 그 외에 언급하지 않은 수많은 철학유파가 많지만 여기에서는 더 이상 말하지 않겠다. 어쨌든 서양철학의 발전경향을 살펴보았을 때 그 중심적인 문제는 초월계로부터 인간의 현실세계로 향하여 가고 있고 그 목표 역시 인간을 지향하고 있음을 알 수 있을 것이다.

그러면 그들은 지금 어디를 향하여 가고 있는가? 서양철학은 이미 인간의 문제에 접하였는데 그 중에서도 20세기 초의 베르그송은 생명력의 흐름을 우주본체로 파악한 후에 초월적인 서양의 전통철학을 완전히 전복시켜 놓았다. 그 외에도 현대의 많은 서양철학가들 역시 현실적 인간문제에 관심을 경주하고 있다. 그러나 중국인들의 입장에서 본다면 즉 인도(人道)철학의 성숙된 경계로서 말하면 그들은 여전히 초보적인 단계에 머물러 있다. 현대 서양철학은 여전히 과학적 방식에 근거하여 인간을 유형적으로 분석하고 추리하는데, 인심(人心)과 인성에 대한 깊은 깨달음과 천인합일의 더욱 높은 경계에는 미치지 못하고 있다. 그리고 과학의 기형적인 발전에 따른 위기가 도리어 출현하게 된 것이다. 과학적 위기는 인간 스스로 자초한 것이다. 중국인들은 호랑이 목에 방울을 매단 이야기를 자주하는데 그 방울을 푸는 자는 반드시 처음에 그 방울을 단 자일 것이다.[8] 그러므로 과학의 위기를 풀어야 하는 자 역시 인간이다. 바꾸어 말하면 지금 우리에게 가장 중요한 것은 인도의 철학을 건립하는 것이고 그것으로 인간의 마음을 바로 잡아주어야 하는 것이다. 인간의 마음이 바로 잡혀져 있을 때 그 위기의 원인을 파악할 수 있게 되고 그래야만 위기는 해소되어질 수 있는 것이다.

다만 뜨거운 가슴만 가지고 있고, 인도의 철학체계를 가지지 못한다면 세계는 구원되어질 수 없는 것이다. 세계는 결코 따뜻한 마음을 가진 사람을 가지지 못하는 것은 아니다. 슈바이처가 바로 좋은 예이다. 그는 문명세계를 떠나서 아프리카의 오지로 들어가 인술을 통하여 토인들을 도왔기 때문에 사람들은 그를 현대의 성인이라고 말한다. 그러나 만약 성인의 실천이라는 가치판단

---

8) 《指月錄》에 보인다.

의 관점에서 말한다면 필자가 생각하기에 그가 한 일은 크지 않지만 그가 남긴 것은 더욱 크다 라고 생각한다. 이것은 무슨 의미인가? 문명세계의 질병은 어떤 의미에서 아프리카 오지의 풍선처럼 부풀어오른 어린 아이의 질병보다는 더욱 심각하다. 왜냐하면 문명세계의 질병은 전체인류의 생사와 관련된 그러한 질병이기 때문이다. 슈바이처의 위대성은 사실상 정신적 감명에 있다. 그러나 나는 이러한 정신적인 감명이 오늘날의 물욕이 판을 치는 세계 속에서 우리가 요구하는 만큼의 효과를 낼 수 있을지 의심스럽다. 서양인들은 예수가 십자가에 못박힌 날부터 시작하여 이러한 정신적 감명을 고취시켰으나 오늘날도 여전히 사람들의 마음을 안정시키지 못하고 있다. 슈바이처가 행한 것은 분명히 예수가 한 것을 넘어서지는 못할 것이기 때문에 어떻게 정신으로 세상을 구원한다고 할 수 있겠는가? 이런 이유에서 필자의 어리석은 생각이지만 현대가 가장 필요로 하는 것은 따뜻한 마음을 통한 세계구원이라는 문제에만 머무는 것이 아니라, 인류의 마음을 하나로 관통할 수 있는 철학체계의 확립이 더욱 필요하다고 보는 것이다. 오늘날 인류가 직면한 위기를 다만 몇 사람의 열성적인 행동에 맡겨두는 것은 아무런 소용이 없다. 근본적인 문제는 물질문명의 과다한 발전을 따라가지 못하는 철학의 낙후에 있다. 여기에서 인류는 증상에 딱 들어맞는 철학체계를 통하여 인간의 마음을 제어하여야 할 것이다.

오늘날 인류의 상황은 마치 수차(水車)를 밟는 것과 같다. 수차의 바퀴가 신속하게 돌면 돌수록 빨리 밟지 않을 수가 없다. 빨리 밟으면 밟을수록 바퀴는 더욱 빨리 돌아간다. 설령 한두 사람의 계몽된 사람이 발걸음을 늦추어도 수억 명의 사람들이 급히 밟고 있는 것을 제지할 방법은 없는 것이다. 여기에는 높은 지혜와 안목을 가진 사람이 출현하여 전체를 관통할 수 있는 철학체계를 건립하여 모든 사람들이 따라갈 수 있게 하여야 할 것이다. 이렇게 하여야 사람들은 스스로 발걸음을 천천히 하게 되고 또한 결국에는 수차가 계속적으로 빨리 돌 수 없다는 사실을 스스로 파악할 수 있기 때문이다. 그러나 대책없이 하늘만 쳐다본다고 하여서 어디에서 그러한 위대한 철인을 만날 수 있겠는가? 또 언제 이러한 철학체계를 만들 수 있겠는가?

주역철학은 인도(人道)를 중심으로 하는 철학이고, 그것이 추구하고 해결하려는 것은 인간 스스로 노력하여서 생존하여야 한다는 문제이다. 이것이 바로 오늘날의 인류가 직면한 문제이다. 옛날 공자와 노자의 시대는 극심한 혼란기로서 당시의 중국은 흡사 현재처럼 각국이 분쟁을 하여 인간의 마음이 혼돈된 시대였다. 공자와 노자는 주역철학의 본질을 통하여 세계와 인간을 구원하려 하였다. 독자들은 여전히 앞에서 말한 「도의 노래(道情酬唱)」란 것을 기억할 것이다. 그곳에서 필자는 공자, 노자, 석가가 마음속에 숨겨둔 말이 있다 라고 하였다. 지금 그 세 사람의 말을 살펴본다면 공자는 탄식하면서 "나는 말하려 하지 않는다 …… 하늘이 무엇을 말하겠는가?"[9] 라고 하였다. 그러나 그는 한편으로는 가르침을 행하고 육경(六經)에 관해서 언급하는데 어떤 면으로 본다면 이것은 공자의 언행이 서로 모순됨을 보여주는 것이다. 노자는 한편으로 「도가도 비상도」라고 말하면서 한편으로는 계속적으로 도에 관해서 5000자로 말하는 것이다. 이것은 바로 노자의 언행이 모순됨을 말하는 것이다. 석가모니는 49년의 설법 이후에 마지막으로 말하기를, "내가 도를 이룬 이후로부터 열반에 이르기까지 아직 한 자도 말하지 않았다."[10]라고 하였는데 그러면 누가 그로 하여금 설법하게 하였단 말인가? 이것은 바로 석가모니의 언행이 모순됨을 말하는 것이다. 위에서 말한 세 사람은 모두 말과 행동이 모순된다. 그들은 마음속으로는 말하려 하지 않으나 입은 멈출 수 없었던 것이다. 마음에 진정한 고통과 충격이 없었다면 어찌 이와 같을 수 있었겠는가? 이러한 고충들을 사람들은 파악하여야 할 것이다.

필자가 우매하여 현대 인류세계가 직면한 어려움을 구할 능력은 가지지 못하지만 다만 고대 성인의 마음을 헤아려 이 책을 저술하여 일조하려 한다.

---

9) 《論語》〈陽貨篇〉「予欲無言 …… 天何言哉!」
10) 《涅槃經》「我始從成道, 終至涅槃, 未嘗說得一字.」

제 1 장
네 가지 기본인식

보통 우리들이 낯선 어떤 지방을 여행할 때는 그곳에 가기 전에 미리 그 지방의 습속을 알아보는 것을 잊지 말아야 한다. 왜냐하면 습속을 먼저 알아야 그 지방의 상황을 쉽게 이해할 수 있기 때문이다. 우리는 이 《주역》의 나라에 입경하기 전에 이런 중요한 일을 먼저 하여야 할 것이다. 《주역》철학은 지극히 특수한──기타 철학과 다른 습속을 가지는데 먼저 이것을 분명하게 하지 않으면 《주역》을 이해할 수 없을 것이다. 이 때문에 여기에서는 제1장의 서두에서 먼저 습속을 아는 일로부터 시작하려 한다. 먼저 알아야 할 기본사항에는 네 가지가 있는데 바로 도(道), 상(象), 술(術), 수(數) 등이다. 그것을 나누어 설명하겠다.

제 1 절 도(道)

무엇을 「도(道)」라고 하는가? 이 「도」는 중국인에게 골치아픔과 야릇한 흥미감, 그리고 또한 많은 격려를 던져주는 말이기도 하다. 한마디로 말하여 신비하고도 오래된 나라의 신비스런 것 중의 하나로서 황홀하게 빛나면서도 분명치 못한 것으로 파악하기 어려운 것이나, 사람들은 모두 진지하게 그것을 평생토록 추구하는 목표로 삼는다. 우리들은 동곽자(東郭子)가 장자(莊子)에게 「도」를 물어보는 것을 들어 알고 있을 것이다.

"동곽자가 장자에게 이른바 도라는 것은 어디에 있습니까? 하고 물었다. 장자는 이에 대해 말하기를, 없는 곳이 없다. 동곽자가 또 말하기를, 구체적으로 한정해서 지적할 수 없겠습니까? 장자는 이에 대해 땅강아지와 개미에게 있지. 어찌 그런 곳에 있습니까? 쓸모없는 들풀 같은 데 있지. 어찌 더욱 그런 데 있습니까? 벽돌 속에 있지. 어찌 자꾸만 더욱 심해지는 지요? 장자는 이에 대해 말하기를, 똥오줌에 있지. 동곽자는 더 이상 이야기하지 않았다."[1]

한 사람은 열심히 가르침을 얻으려 하고 한 사람은 약간은 황당하지만 뜻있는 농담으로 대응하고 있다. 당송(唐宋) 이래 여러 승려들이 걸어가면서, 서서, 앉아서, 누워서도 참선에 들어가는 것이 마치 꿈꾸듯이, 취한듯이 혼이 그 몸에 없는 것처럼 하여, 돌연히 어느날 시기가 무르익어서 한 잎의 노란 낙엽이 땅에 떨어지는 것을 보고 하하 하고 크게 웃으니 본래가 그러한 것처럼 「도」를 깨닫는다. 「도」라는 것은 이와 같이 사람을 놀리는 것이고, 「도」를 흠모하는 자는 위로는 하늘까지 올라가고 아래로는 지옥까지라도 달려가서 구하려 한다. 「도」를 깨달은 사람은 마음의 상태(意態)가 항상 똑같고 일거수 일투족의 모든 움직임에 「도」와 함께 하는 것이다.

문자상에서 말하는 「도」의 처음 뜻은 「걸어가는 길」[2]이란 의미로, 처음에는 평범한 일반명사로서의 길[路]이라는 의미만 가지고 있었다. 그러나 이 글자는 《주역》에 의해 철학의 영역에 들어온 이후 그것의 가치가 몇 백 배로 뛰어서 《주역》철학을 더욱 빛나게 해주는 것으로 변화하게 되었다. 이것이 언제 역학에서 이야기되기 시작하였는지 분명하게 말하기는 힘이 들지만, 그러나 역학의 발전사적 입장에 서서 말하면 은대의 말기에서 주대의 초기라고 할 수 있을 것이다. 그때는 문왕(文王)이 역을 발전시키는(演易) 시기로서 그것을 주로 점서(占筮)에 이용하였는데, 「서(筮)」는 길흉을 점쳐서 판단하는 일종의

---

1) 《莊子》〈知北遊篇〉「東郭子問於莊子曰, 所謂道, 惡乎在? 莊子曰, 無所不在. 東郭子曰, 期而後可. 莊子曰, 在螻蟻. 曰, 何其下邪? 曰, 在稊稗. 曰, 何其愈下邪? 曰, 在瓦甓. 曰, 何其愈甚邪? 曰, 在屎溺. 東郭子不應.」
2) 「所行道也」

술수이다. 그것이 근거하는 원리원칙을 일러「도」라고 하는 것이다. 그러므로 당시의 역학은「도」와「술(術)」의 두 부분으로 크게 나눌 수 있다. 후대의 장자가 자주 말하는「도술(道術)」[3]이라는 말은 여기에서 유래하는 말이다.「도」는 서술의 원리원칙일 뿐만 아니라, 또한 인간이 부딪힌 의심나는 문제를 푸는 것으로 여기에서「도」는 인간사를 지배하는 원리원칙이 되어버리는 것이다. 후대에 이르러 서술이 점점 쇠퇴하여 공자와 노자 등이 나타나서 이것들을 버리고 순수 철학적 입장에서《역》을 논하자,「도」는 또한 현상계 사물의 상대적인 것으로 되어버린다. 〈계사전〉에서 말하기를, "형이상자는 도라 하고 형이하자는 기(器)라고 한다."[4] 이것은 바로 철학상의 상대적인 뜻을 말하고 있다. 더욱 후대의 진한(秦漢)시대 이후로 도를 닦는 기풍이 일어난다.「도」의 주요한 의미는 수행경계상에서도 표현되어진다. 그러므로 만약 도의 의미에 관한 변천과정을 상세하게 설명하려 한다면 그것은 굽이굽이 천천히 흘러가는 하나의 큰 강줄기와 같은 것이다.

그러나 위에서는「도」의 명칭에 의거해서 말했지만 만약「도」의 실질에 관해 말한다면 그렇게는 말할 수 없을 것이다. 도는 항상 존재하는 하나의 변화유행(變化流行)하는 작용으로서 우주를 이루고 만물을 낳고 하여 어디에 있지 않은 곳이 없다. 이른바 "천지의 변화라는 것에 있어서 어느 것 하나 이 범위를 벗어나지 않고, 만물을 이루는 데 어떠한 것 하나도 남겨두지 않는다."[5] 「도」가운데에서 인간은 우월한 지혜를 이용하여 관찰, 추리, 반성을 통하여 도의 작용이 헛되지 않다는 것을 인식한다.《주역》의 철학이 처음 나타날 때 도 바로 복희씨가 도의 존재를 살폈던 것이다. 이 때문에《주역》철학의 네 가지 기본적인 인식조건 가운데에서「도」는 당연히 가장 중요한 것이고, 상, 술, 수 세 가지는 모두「도」를 표현하여서 나타내는 것이다. 마치 사람의 정신과 육체에 있어서 도는《주역》철학의 정신이고,《주역》철학의 실질내용이다. 옛 사람들이 이미 우리에게 보여준 것처럼 인간은 도가 낳은 만물 중의 하나라는 입장에 서서 어느 곳이든 존재하지 않는 곳이 없는 도에 대하여 간단명료하고도 완전한 정의를 내릴 수는 없는 것이다. 아래에서는 도의 여러 가지 함의를

---

3) 《莊子》〈天下篇〉참조.
4) 〈계사전〉「形而上者謂之道, 形而下者謂之器.」
5) 〈계사전〉「範圍天地之化而不過 曲成萬物而不遺.」

네 방면으로 귀납하여 설명하도록 하겠다.

(1) 도는 형이상학적인 것으로 모든 곳에 있다

도는 형이상학적인 것으로 모든 곳에 있다 라는 것은 「존재」적 입장에서 말하는 것이다(이것은 「존재」를 말하는 것으로, 「도」의 작용을 통하여 알 수 있는 것이다). 〈계사전〉은 「형이상」과 「형이하」라는 것으로 「도」와 「기(器)」의 상호 대비됨을 밝히는데, 여기서는 다만 「형」에 대해서만 말하고 그 글자의 뜻에 대해서는 언급하지 않고 있다. 여기에서 이 중요한 글자에 대하여 분명한 인식을 하여야만 비로소 「도」가 「형이상」이란 뜻을 이해할 수 있게 되는 것이다. 「형이상」의 「형」은 아래의 세 가지 뜻을 가지고 있다.

① 형상을 가지고 시공간을 점유하는 일체의 물질이다. 눈으로 볼 수 있고, 만질 수 있고, 분리할 수 있는 정밀하지 않은 물질일 뿐만 아니라 눈으로 볼 수 없고, 감측되지 않고, 나눌 수 없는 미세한 물질원소도 여기에 포함된다.

② 인간이성의 사고활동을 통하여 생기는 구체적 개념이다. 구체적 개념은 비록 물질은 아니지만 형체와 그것의 모습이 있는 것이다. 「도」에 대해서 말하면 제한적인 존재이기 때문에 「형」에 속하는 것이다.

③ 마음이 일으키는 의식작용. 대략적으로 말하여 생각으로 헤아려 찾는 것이고, 상세하게 말하면 마음의 순간적인 움직임이다. 종합하여 말하면 마음의 움직임 또한 「형」에 해당된다.

위의 첫번째의 뜻을 말하는 가운데 크거나 미세한 물질이 「형이상」이 아니라는 점에 있어서는 말할 필요가 없다. 두번째의 뜻에서 구체개념이 「형이상」이 아니라고 말하는 점은 예를 들면 공자가 말하는 "아침에 도를 들으면 저녁에 죽어도 좋다."[6]라는 말을 예로 들어보자. 「죽음」과 「삶」은 인간이 경험을 통하여 체득한 두 가지 개념이다. 「도를 들은」 사람은 그 두 가지 개념 속에 떨어지지 않고, 이 두 개념 때문에 근심하지 않고, 「죽음」과 「삶」은 이미 자기와는 무관한 것이기 때문에 「죽어도 괜찮다」라는 것이다. 노자의 "도를 도라고 할 수 있는 것은 불변의 도가 아니다."[7]는 것 또한 개념이 마음속에서

---

6) 《論語》〈里仁篇〉「朝聞道 夕死可矣.」

7) 《老子》제1장 「道可道 非常道」

막히는 것을 말하는 것인데, 말은 마음의 소리로 「가도(可道)」에 속하는 것이며 개념은 반드시 마음에서 형성되게 된다. 이렇게 되면 개념이라는 「형」의 장애 속에 놓여지게 되므로 「상도(常道)」는 아니게 된다. 세번째로 마음의 의식이 움직이는 순간은 「형이상」이 아니다. 더 나아가서 말하면 이것은 철학적 사고의 가장 정밀한 부분에 들어가 있기 때문에 옛날부터 이것을 말하는 데 매우 많은 힘을 들였다. 예를 들면 공자는 일찍이 "멋대로 억측하지 말고, 반드시 그러하다는 기대를 갖지 말고, 고집을 버리고, 사사로운 자기를 버려야 한다."[8]고 했는데,「의(意)」「필(必)」「고(固)」「아(我)」는 모두 의식의 작용으로 마음의 움직임에 갇혀 있는 것이기 때문에 공자는 그것들을 제거하려는 것이다. 장자는 비유로서 더욱 분명하게 이야기한다. 〈달생편〉에서 말하기를,

"발이 생각되지 않음은 신은 신발이 딱 맞기 때문이고, 허리가 생각되지 않음은 허리띠가 꼭 맞기 때문이요, 인간의 지혜가 시비의 분별을 잊어버림은 마음의 편안함 때문이다. 내부의 변화에 의식하지 않고 외부의 이끌림에도 관심이 없는 것은 사태의 완전함에 들어맞는 것으로, 그 적당함 혹은 그 편안함에 있어서도 그 편안함을 잊어버림은 바로 편안함을 잊어버린 편안함이다."[9]

소위 잊음은 마음의 의식이 움직이지 않음이다. 마음이 움직이지 않으면 자연히 「내부의 변화가 없어진다」. 마음속이 움직이지 않으면 자연히 「바깥에 이끌리지 않게」 되고, 자연히 「발을 잊고」「허리를 잊고」「시비를 잊게」 된다. 이렇게 철두철미하게 잊어버리는 것이 「편안함을 잊는 편안함」인데 바로 「형이상」이고 또한 「도」에 속하는 것이다.

「도」의 「편재(遍在)」라는 말은 「형이상」이라는 말에 따라 나오는 것이 된다. 「도」는 「형」 속에만 놓여 있지 않고 모든 유형 무형에 두루 존재한다. 여기에서는 「재(在)」자에 대해서 주의해야 하는데 「재」라는 말은 「이다」라는 뜻은 아니다. 앞에서 이미 장자가 동곽자가 물은 「도」에 대해서 「도」는 땅강아지, 들풀, 벽돌, 똥오줌에 있다고 대답했는데, 만약 「있다(在)」를 「이다(是)」로 바꾸어 쓴다면 「도」는 땅강아지이고 들풀이라는 말이 된다. 이것은 잘못된

---

8) 《論語》〈子罕篇〉「毋意 毋必 毋固 毋我」
9) 《莊子》〈達生篇〉「忘足 履之適也, 忘要 帶之適也, 知忘是非 心之適也, 不內變 不外從 事會之適也. 始乎適而未嘗不適者 忘適之適也.」

것이다. 왜냐하면 그렇게 된다면 도는 형이하의 어떤 사물 속에 한정된 유한한 존재가 되어「편재」가 될 수 없기 때문이다. 일반적으로 사람들은 장자의 그 글을 읽고서 대부분 앞부분에만 치중하는데 사실은 뒷부분이 더욱 중요하다.

"…… 동곽자가 말이 없이 조용해졌다. 장자가 말하기를, 그대의 질문은 근본적으로 본질에 이르지 못하였다. 시장을 관장하는 획이 시장의 우두머리에게 돼지의 살찐 정도를 알기 위해 돼지를 밟는 것에 대한 물음에서 돼지가 살찌는 것은 한결같이 않은데 아래로 발이 내려갈수록 돼지의 살찐 것을 알 수 있다는 것이다. 당신은 반드시 그러하다고만 말하지 마시오. 사물을 멀리하는 것은 없소. 지극한 도는 이와 같은 것이오 …… 즉 만물을 만물되게 하고 만물과는 어떠한 관계도 없다. 그러나 만물은 한계를 가지는데 그것이 소위 사물의 한계인 것이다. 무한계 속의 한계, 한계 속의 무한계인 것이다. 참과 빔, 병노(病老) 등의 현상 그것들은 진정한 부귀가 아니고 진정한 병노가 아니다. 또 진정한 본말이 아니고 진정한 생사도 아닌 것이다."[10]

「반드시 그러하다고만 말하지 마시오. 사물을 멀리하는 것은 없소」라는 말은 바로 장자가 정중하게 답하는 말이다. 그 뜻은 자네의 도는 반드시 어떤 곳, 어떤 사물 속에 존재한다는 사실에 너무 집착하지 말고 또한 보통의 사물들을 벗어나서 달리 어떤「도」라는 존재를 생각하지 말라는 뜻이다. 바꾸어 말하면 장자가 말하려는 뜻은 바로 도는 사물들에 편재해 있기 때문에 사물에서 도를 볼 수 있다는 것이다.「물물자(物物者)」아래에서는 도와 사물의 관계를 이야기하고 있다. 즉 사물에 존재하고 있는 것이지 도가 구체적 사물은 아니라는 것이다. 매우 멋진 이야기이다.「무한계 속의 한계, 한계 속의 무한계」[11]의 관계는 바로 불가에서 말하는「부즉불리(不卽不離)」이다.

---

10) 《莊子》〈知北遊〉「…… 東郭子不應. 莊子曰, 夫子之問也, 固不及質. 正獲之問於監市履狶也, 每下愈況. 汝唯莫必, 無乎逃物. 至道若是 …… 物物者, 與物無際, 而物有際者, 所謂物際者也. 不際之際, 際之不際者也. 謂盈虛衰殺, 彼爲盈虛非盈虛, 彼爲衰殺非衰殺, 彼爲本末非本末, 彼爲積散非積散也.」
11)「不際之際, 際之不際.」

(2) 도는 하나이다

중국철학에서는 서양철학에서처럼 「일(一)」자와 「다(多)」자의 논쟁이 없었다. 중국철학은 복희씨가 8괘를 그린 이후에 「일」자와 「다」자가 하나의 사상체계 속에서 융합되어 다루어진다. 일을 말하면 그 속에는 이미 다가 포함되어 있고, 다를 말하면 그 중에 이미 일이 존재하고 있는 것이다. 그런데 중국인들은 「도」를 말할 때 「일」자로서 말하고 「다」자로는 거의 말하지 않는다. 왜냐하면 다자는 도의 분별성이라는 입장에서 말하고, 일자는 도의 전체성〔整合性〕에 근거해서 말하기 때문이다. 도의 분별성이라는 입장에서 말하면 무수하게 나눌 수 있고, 사물 또한 무수하게 많아 갈수록 미세하고 소소한 데로 펼쳐지게 마련이어서 결국에는 사물 속에 빠져 도를 드러내지 못하게 되기 때문이다. 도의 전체성이라는 입장에서 본다면 만물을 하나로 통합하여 도의 전체적인 큰 작용을 파악할 수 있다. 이 때문에 도는 비록 일자이고 또한 다자이지만 공자, 맹자, 노자, 장자 등은 모두 도의 일이라는 측면을 강조하는 것이다.

  공자가 말하기를, "나의 도는 하나로 관통한다."[12]
  맹자가 말하기를, "도는 하나일 뿐이다."[13]
  노자가 말하기를, "성인은 하나의 도만을 굳게 지켜서 천하의 모범이 된다."[14]
  장자가 말하기를, "서로 해괴망측하게 상대되어 있으나 도의 입장으로 보면 하나로 통한다."[15]

중국인은 전체적인 활용(全體大用)을 숭상하는 민족이다.
가장 주의해서 볼 만한 예는 장자의 혜시(惠施)에 대한 비평인데 《장자》의 〈천하편〉에 혜시의 몇 가지 학설들이 실려 있다. 그중에서 "닭은 발이 세 개

---

12) 《論語》〈里仁篇〉「吾道一以貫之」
13) 《孟子》〈滕文公 上〉「夫道, 一而已矣」
14) 《老子》제22장 「聖人抱一爲天下式」
15) 《莊子》〈齊物論〉「恢恑憰怪, 道通爲一」

가 있다."16) "알에는 털이 있다."17) "수레바퀴는 땅에 닿지 않는다."18) "날아가는 새의 그림자는 움직이지 않는다."19) "아무리 날쌘 화살이라도 가지도 않고 멈추지도 않는 시간이 있다."20) "한 자의 채찍을 날마다 절반을 자를지라도 영원히 다 자르지는 못한다."21) 등은 모두 「다」자의 분석에 치우쳐서 말하는 것들이다. 이런 입장들에 대해서 장자는 어떻게 비판하고 있는지를 알아보자.

"…… 덕을 추구하는 데는 힘쓰지 못하고 외물의 분석에만 힘을 기울이고 있으니 그의 관점은 갈수록 좁아졌다. 천지의 도라는 관점에서 혜시의 능력을 살펴보면 그것은 한 마리의 모기나 등에가 발버둥치는 것과 같으니 무슨 쓸모가 있단 말인가? 대저 하나의 입장만 충분하게 할 수 있지만 전체로서의 도를 귀하게 하기에는 부족하다. 혜시는 사실 그것 때문에 편안하지 못하고 모든 사물에 정신을 산발시켜 다른 여념이 없으니 궤변으로 이름을 얻으려 한다. 애석하도다, 혜시의 재능이여! 그는 멋대로 하여서 참된 진리의 근본을 모른 채 바깥 사물만을 쫓아서 도에 돌아올 줄 모르니 이는 마치 울림을 피하여서 소리를 지르고 그림자를 피하려고 달려가는 것이다. 참으로 슬픈 일이다."22)

장자의 말은 중국철학의 전통정신을 잘 드러내고 있다. 장자는 혜시를 비평하여「덕을 추구하는 데는 힘쓰지 못하고 외물의 분석에만 힘을 기울인다」라고 말한다. 이것은 무슨 뜻인가?「덕」이란「얻음(得)」이다. 즉 천지의 도를 얻는 것을「덕」이라 하는 것이다. 그러므로「덕」의 정신은 위를 향하여 나아가 천지의 도의「일」자와 함께 하려 하는 데 있다. 반면에「사물」은 아래로 향하여「다」자의 분석에 힘쓰는 데로 나아가고 있다. 이 혜시의 학문은 위로

---

16)「鷄三足」
17)「卵有毛」
18)「輪不蹍地」
19)「飛鳥之景 未嘗動也」
20)「鏃矢之疾, 而有不行不止之時」
21)「一尺之棰, 日取其半, 萬世不竭」
22)《莊子》〈天下篇〉「…… 弱於德, 强於物, 其塗隩矣. 由天地之道, 觀惠施之能, 其猶一蚊一虻之勞者也, 其於物也何庸? 夫充一尙可曰愈, 貴道幾矣. 惠施不能以此自寧, 散於萬物而不厭, 卒以善辯爲名. 惜乎 惠施之才! 駘蕩而不得, 逐萬物而不反, 是窮響以聲, 形與影競走也, 悲夫!」

천지의 도로 나아가지 않고 사물의 분석과 이치의 사변에 기울어져서 이론을 수립하기 때문에 장자는「덕을 추구하는 데는 힘쓰지 못하고 외물의 분석에만 힘을 기울임」이라고 하여 혜시학설의 편협한 점을 비판하는 것이다. 그 아래의 문장에서「하나의 입장은 충분히 설명할 수 있지만 전체로서의 도를 말하기에는 충분하지 못하다」라고 말하는 뜻은 바로 중국철학의 정신이「도」는「일」이다 라는 입장을 강조하고 있는 것이다.「모든 사물에 정신을 산발시켜 다른 여념이 없다」라는 말은 혜시철학의 병폐를 지적하는 것이다. 여기에서「다른 여념이 없다」라는 말은 매우 주의해볼 만한데 그것은 바로 혜시가「다」의 분석에만 힘을 기울여서「일」자로서의 대도(大道)를 보지 못하였다는 의미로서 중국철학의 참정신과는 서로 배치되는 것이다.《장자》의〈천하편〉은 혜시를 비평하는 위의 말로서 끝을 맺는데 그 말들은 중국철학의 참정신을 함유하고 있기 때문에 혜시의 학설은 후대에 끝내 발전되지 못하게 된다.

「도는 하나이다」라는 뜻은 두 가지 측면에서 살펴보아야 할 것이다.

첫째로 전체의 입장에서 말하자면, 우주만물을 통관하는 것이「일(≡)」이다. 이 일은 절대적인 것으로 상대가 없다.《주역》은「一」이라는 부호로서 표시하는데 그것을「태극」이라 이름한다. 사실상 태극과 도는 다른 것이 아니다. 그 개념들을 구태여 나누어 설명하면「태극」은 철학체계의 근원이라는 입장에서 말하는 것으로 생생변화의 근본이고,「도」는 유행작용이라는 측면에서 말하는 것으로 생생변화의 법칙이다. 그러나 이 두 명칭의 사용에 있어서는 결코 엄밀한 구분이 없었다. 자주 이 두 명칭을 번갈아 바꾸어서 사용한다. 예를 들면〈계사전〉에 "천하의 움직임은 일(一)에서 근거한다."[23]에서「일」은 마땅히 태극의 부호인「一」이고 또「도」로서 말하여도 무방하다. 또「일음일양지위도(一陰一陽之謂道)」라는 구절에서 이 도를 또한 태극이라고 말할 수 없겠는가?「태극생양의(太極生兩儀)」에서「일음일양」은 원래가 태극의 화신이다. 또《노자》에서도 보이는데 "혼돈된 상태에서 이루어진 것이 있으니 천지보다 먼저 생겼다. 고요하고 소리도 없고 독립하여 있으면서 언제나 변함이 없다. 어디에나 안 가는 곳이 없으나 위태롭지 않아서 천하의 어머니가 될 수 있다."[24] 여기에서 말하는「도」는 실제로는「태극」이다.

---

23)「天下之動貞夫一者也」
24)《老子》제 25 장「有物混成, 先天地生, 寂兮寥兮, 獨立不改, 周行而不殆, 可以爲天下

다른 한편으로 전체 가운데에서의 개별체라는 입장에서 말하면, 또한 각각 하나의 「일」이 된다. 우주내의 모든 사물들은 전체로서의 「일」에서 나왔지만 어떠한 하나의 사물일지라도 그 자체〔自性〕로서 말하면 모두 하나의 모자람이 없는 원만함이다. 예를 들면 큰 태산과 가장 작은 터럭〔秋毫〕, 가장 오래 산 팽조(彭祖)와 가장 짧게 산 상자(殤子), 엄청나게 큰 곤이라는 물고기와 붕새, 아주 작은 매미와 비둘기[25] 등은 비록 엄청난 대조를 보이지만 하나하나 모두 평등하다. 불교에서는 바닷물로서 전체의 「일」을 비유한다. 즉 물거품으로서 개별존재의 「일」을 비유하는데 하나하나의 물거품 속에는 바닷물의 성질이 드러나기 때문이다. 송대의 유가들은 「일물일태극(一物一太極)」과 「인심(人心)이 하나의 소우주이다」라는 입장들을 말한다. 그런데 주역철학은 괘상으로 출발하기 때문에 64괘의 괘상이 각각 독립된 일이고 또한 총괄해서는 전체로서의 일이 된다.

전체와 개별체의 두 가지 입장으로 나누어 설명하는 것은 결국 물상(物象) 개념 속에서 설명하는 것이다. 만약 물상개념을 완전히 버린다면 형이상학적인 도는 시공을 초월하여서 전체도 없고 개별체도 없는 것이 될 것이다. 이것은 노자의 말을 빌려서 설명하면 "하늘은 일자를 얻어서 맑고, 땅은 일자를 얻어서 편안하며, 신은 일자를 얻어서 신령하고, 계곡은 일자를 얻어서 채우고, 만물은 일자를 얻어서 생성하고, 군주는 일자를 얻어서 천하가 바르게 된다."[26] 인용문 중에서 「하늘」「땅」「신」「계곡」「만물」「군주」 등은 모두 물상이다. 이런 물상의 집착을 버리면 나머지는 일이 아닌 것이 없다. 이 때문에 옛 사람들은 항상 「도는 일이다」라고 말하지 「다이다」라고는 말하지 않았다.

母. 吾不知其名, 字之曰道」
25) 위의 예들은 《莊子》의 〈逍遙遊〉와 〈齊物論〉에 보인다.
26) 《老子》 제39장 「天得一以淸, 地得一以寧, 神得一以靈, 谷得一以盈, 萬物得一以生, 侯王得一以爲天下貞.」

(3) 도가 자연스럽게 유행하는 뜻

「도」가 「유행」[27]한다는 뜻은 결코 그것이 본체상에서 나타난다는 의미가 아니라, 「작용」상에서 드러난다는 의미이다. 앞에서 이미 말한 것처럼 도는 형이상학적인 존재이고, 개념과 심지어는 의식의 활동을 초월해 있다. 즉 그것은 완전히 어떤 것에다 제한할 수 없기 때문에 구체적 실체가 없다고 말할 수 있는 것이다. 그러나 그것은 도리어 실상을 밝게 드러내주는 기능을 가지고 있어 우주만물을 관찰하면 만물은 변동하지 않는 때가 없지만 결코 그것은 맹목적으로 질서없이 어지럽게 마구 충돌하는 식의 변동이 아니라 일치된 조화성을 가지고 있다. 크게 말하면 해와 달과 사계의 변화, 동식물의 생사와 피고 짐, 작게 말하면 심리변화, 생리의 변화, 지각반응 등 모두 우리가 느끼지 못한다 하더라도 분명히 성질간에 서로 통하고 있는 것들이다. 그러므로 이런 만물변동의 상황들을 종합할 때 사람들은 형이상학적인 「도」의 존재를 인정하지 않을 수 없게 되는 것이다. 그러나 이 형이상학적 도는 분명히 일반적 사물을 벗어나 있는 존재는 아니다. 이것은 무슨 의미인가? 만약 사물과 도가 전혀 별개로 어떠한 관계도 없다면 도가 사물들을 부리는 것이 어찌 이렇게 밀접하게 조금의 간격도 없이 가깝게 있겠는가? 또 만약 「사물」이 독립하여 스스로 존재할 수 있다면 어떻게 도에 의해 명령되어 지는가? 만물은 변화중에 있고 그 바탕은 끊임없이 증감하고, 이 증감의 바탕은 어디에서 오고, 또 어디로 가는가? 이런 등등의 문제는 고대인들의 깊은 사고를 통한 것들이다. 《장자》의 〈천운편〉에서 말하기를, "하늘은 무심히 운행하고, 땅은 정지해 있고, 해와 달은 서로 다투어 교체하고 있는가? 누가 이 자연의 운행을 주재하고 있는가? 누가 그 질서 있는 체계를 유지하고 있는가? 누가 가만히 있으면

---

27) 여기에서 말하는 도(道)가 자연스럽게 유행(流行)한다는 유행의 의미는 일종의 형이상학적 유행이라고 말할 수 있다. 즉 도가 널리 행해져 스스로 가지 않는 곳이 없다는 의미이다. 바꾸어 말하면 도의 운동변화가 만물변동에 따라서 자연스럽게 널리 행해진다는 뜻으로 이른바 「주류운행(周流運行)」을 뜻한다. 그러나 결코 형이상학적 도 자체가 드러난다는 의미는 아니다. 그것은 구체적 현상세계(형이하의 기(器)세계)의 변화 속에 존재하기 때문에 인간의 특별한 체증공부를 필요로 한다고 말한다. 「유행」이라는 말의 적합한 우리말이 없기 때문에 아래에서는 「유행」이라는 원래의 말을 그대로 사용하려 한다.

서 이렇게 추진하게 하고 있는가?"²⁸⁾

　우리는 장자의 이 문장을 읽게 되면 만물의 바깥에 만물을 지배하는 힘이 있음을 상정하고 있다는 사실을 느낄 수 있을 것이다. 그러나 아무런 근거도 없이 사물 바깥의 힘을 가정한다면 그것은 이미 사물을 떠나서는 그 존재를 증명할 수 없고, 또한 끝내는 만물유전의 문제에 대해 답할 수 없는 것이다. 이 때문에 고대인들은 「사물」과 「도」의 합일이라는 곳에서 그것을 해결하려 하는 것이다. 그것은 바로 사물의 바깥에 도가 있는 것은 없으며, 「사물」의 변동 자체가 바로「도」의 존재이다. 이런 관점들은 멀리로는 복희씨가 그린 8괘 중에서 분명하게 표현되어 있고, 그것은 오랜 시간을 거쳐 오면서도 큰 이론(異論)이 없는 것이다. 공자가 말하기를, "도가 사람을 멀리하지 않는다. 사람이 도를 행하려 하는데 사람을 멀리한다면 그것은 도가 아니다."²⁹⁾라는 것은 바로 이 사상의 계승을 의미하는 것이다. 그러므로 전체 우주만물의 변화는 도의 유전이 아닌 것이 없는 것이다.

　위에서 말한 것들은 우주만물의 변동을 관찰하면서 말하는 것인데, 고대인들은 또한 「체증(體證)」의 방식을 취하여 말하기도 한다. 인간은 만물 중의 하나로서 인간이 인간인 까닭은 바로 도의 작용을 드러냄에 있다. 인간이 다른 존재와 구별되는 점은 높은 지혜를 가지고서 도를 인식하는 데 있다. 이와 같이 인간은 외물의 관찰에 의지하지 않고서 다만 스스로의 반성적인 내부적 추구로서도 도를 파악할 수 있는 것이다. 그들은 체증의 수양방식을 「성(誠)」자에다 두고 있다. 《중용》에서 말하기를, "오직 천하의 지성한 사람이라야 그 성을 모두 다 실현할 수 있고, 자기의 본성을 유감없이 다 실현할 수 있어야 모든 사람의 본성까지도 다 실현시킬 수 있고, 모든 사람의 본성을 다 실현시킬 수 있어야 사물의 본성을 다 실현시킬 수 있는 것이다. 사물의 본성을 다 실현시킬 수 있으면 천지가 만물을 화육하는 데 참여할 수 있고 천지와 같이 동렬에 설 수 있는 것이다."³⁰⁾ 맹자는 또 말하기를, "만물은 모두 나에게 다 갖추어져 있다. 스스로 반성하여 지성으로 하면 이보다 더 큰 기쁨은 없을 것

---

28) 《莊子》〈天運篇〉「天其運乎？ 地其處乎？ 日月其爭於所乎？ 孰主張是？ 孰維綱是？ 孰居無事推而行是？」
29) 《中庸》「道不遠人, 人之爲道而遠人, 不可以爲道」
30) 《中庸》제21장「唯天下至誠, 爲能盡其性, 能盡其性則能盡人之性, 能盡人之性, 則能盡物之性 能盡物之性則可以贊天地之化育, 可以贊天地之化育則可以與天地參矣」

이다."³¹⁾

위에서 말하는 내용 모두「내성체증(內省體證)」의 수양공부에 대해서 말한 것들이다. 인간이 성실하게 스스로를 반성하여 안으로 참된 도를 추구해 들어가 바깥 사물의 장애를 벗어던지고 우리의 의식이 처음으로 움직이는 가장 미세한 그 순간으로부터 도의 작용을 체득하게 되는 것이다. 여기에서 도가 유행한다는 뜻이 헛되지 않음을 알 수 있게 되는 것이다.

「도」의 유행하는 작용은 관찰을 통하여 우주만물의 변동 속에서 나타나고, 체증을 통하여 그 절실함을 인식할 수 있다. 그러면 이 유행의 작용은 어디에서부터 시작되는가? 라는 물음을 던질 수 있을 것이다. 《역경》은 그것을「자연」이라고 대답할 것이다. 무엇이 자연인가? 그러함을 모르고서 그러한 것이 바로 자연이다. 인간은 어떻게 생장하고 왜 또 늙어 죽는가? 왜 그런가의 이유는 모르지만 그런 것이다. 왜 아름다운 풍경을 보면 감정이 생기는가? 사물을 대하면 왜 감정이 생기는가? 그러한 까닭을 모르지만 그러한 것이다. 인간은 어떻게 이와 같은 인간인가? 왜 이와 같은 인간사가 있는가? 그런 까닭을 모르는 데도 그러한 것이다. 인간 자신에 대해서도 왜 그런지를 모르고서 그러하고, 그것을 미루어서 우주만물의 변동을 아는 것은 모두 그런 것을 모르고서도 그런 것이기 때문이다. 그러므로「도가 유행한다」는 것도 왜 그러한지를 모르지만 그러한 것이라는 것을 알게 되는 것이 바로「자연」이다. 도가의 역학에서는 도를「자연」으로 말하고, 유가의 역학에서는 건(乾), 곤(坤)의 두 작용으로 나누어서「이(易)」와「간(簡)」으로 설명한다. 이는 건의 자연스런 성질이고, 간은 곤의 자연스런 성질로 이름은 다르나 뜻은 똑같다.

오직「도」의 작용은 자연스런 유행이고, 절대적인 것으로 상대가 없기 때문에 그 세력은 강대하다. 그것에 필적할 만한 것이 없고, 우주내의 어떠한 사물도 이런 유행의 흐름을 벗어나는 것이 없다. 마치 도도하게 흐르는 큰 강의 흐름처럼 어떠한 작고 미세한 사물이라도 모두 자기도 모르는 사이에 그 흐름을 따라서 흘러가는 것이다. 장자는 그것을 비유하여 말하기를, "배를 계곡 속에 감추어 두고, 산을 못 속에다 감추어 두고서 견고하다고 생각할 것이다. 그런데 한밤중에 어떤 힘있는 자가 그것을 메고 도망가 버려도, 어리석은 자

---

31)《孟子》〈盡心 上〉「萬物皆備於我矣, 反身而誠, 樂莫大焉」

는 그 사실을 모른다."[32] 유가는 이 자연유행의 「도」를 인사의 덕목상에 적용하고 있다. 공자가 말하기를, "내가 인하려고 하면 그 인은 저절로 다가온다."[33] 맹자는, "인한 사람에게는 적이 없다."[34] 인을 행하려고 하는데(欲) 저절로 다가오는(至) 까닭과 「인자」가 「적이 없는(無敵)」 까닭은 바로 인의 덕이 도의 자연스런 유행의 작용에 합치하기 때문이고, 인간이 인의 덕을 행하는 것은 도를 따라서 행하기 때문이다.

(4) 도의 변화생생하는 의미

앞절에서 「도」의 자연스런 유행에 대해서 말했는데, 바로 전체로서의 「일(一)」의 뜻에 대해서 말한 것이다. 이런 관점에 의하면, 우주만물은 하나의 큰 유행하는 작용이고, 모든 개개의 사물의 변화는 이 작용 속에 들어가서 드러나지 않는다. 다시 개체사물을 다수로서 본다면 변화생성이 번잡하게 일어나도 천차만별한 여러 종류들 가운데에서 「도」가 찬찬하게 흘러 통하는 방향을 볼 수 있을 것이다. 「일」로서의 도의 자연유행이나 「다」의 입장에서 말하는 「도」의 변화생성이나 하나같이 모두 「도」의 불변적 본성이지만, 다만 의미로서 말하면 두 입장으로 나누어 이야기하지 않을 수 없는 것이다.

「도」의 변화생성이라는 의미에 대해서 말하려면 반드시 「음양」을 언급해야 한다. 음양설의 출현은 중국철학의 매우 뛰어난 업적이라 할 수 있다. 만물의 서로 얽혀 있는 번잡함을 통해서 고대의 성인들은 음양의 두 가지 성질을 파악하여, 중국철학을 다른 어떤 나라의 철학에 비교하여도 몇 천 년이나 앞선 성숙된 발전을 보여주었다(뒤에서 다시 상세하게 언급하겠다). 이 중에서 「양」은 도의 작용 중에서 앞으로 강건하게 움직여 나아가는 측면을 말하고, 「음」이란 도의 작용 중에서 양을 이어받아 뒤로 물러나는 성질을 말한다. 도는 하나의 큰 유행작용이고, 음양의 나눔은 이 도의 작용에 대한 진일보한 관찰과 분석이다. 도는 음과 양의 두 가지 성질을 가지고서 우주 전체로서의

---

32)《莊子》〈大宗師〉「夫藏舟於壑, 藏山於澤, 謂之固矣, 然而夜半有力者負之而走, 昧者不知也.」
33)《論語》〈述而篇〉「我欲仁, 斯仁至矣.」
34)《孟子》〈梁惠王 上〉「仁者無敵」

「일」자 가운데에서 나타나고, 또 만물 개개의「다수」중에서도 나타나는데, 바로 우주만물을 두루 통하여 크거나 작은 것을 막론하고 모두 음과 양의 두 성질을 벗어나지 않는다.

〈계사전〉에서 말하는「일음일양지위도(一陰一陽之謂道)」라는 구절은 두 가지의 뜻을 가지고 있다.

1) 도의 유행은「원도(圓道)」이다. 고대의 성인들은 천체의 질서와 인사, 물의 상태 등을 한곳에 치우치지 않는 원만한 도가 유전하는 운동 아닌 것이 없는 것으로 관찰하였다. 그러므로 태(泰)괘의 구삼 효사에서 "평평하기만 하고 기울어지지 않는 것은 없다. 가기만 하고 돌아오지 않는 것은 없다."[35] 라고 했고, 〈계사전〉에 말하기를, "두루두루 여섯 곳(상하사방 혹은 여섯 효)의 빈 곳에 모두 유행한다."[36] 라고 했다.「도」는 어느 곳에도 치우치지 않는 전체적인 보편적 흐름의 운동으로, 인간의 눈을 통하여 보면 자연은 진퇴도 있고, 가고 돌아옴(往反)이 있기 때문에 음양의 뜻은 여기에서 성립된다. 이것은 높은 단계의 본질적인 의미에서 말하는 것이다.

2)「도」는 만물 변화와 생성의 법칙이다. 이것은 우주만물의 생성을 말하는 것으로「도」는「일자」에서 내려와 음과 양의 두 가지 성질로 되는데, 양의 성질은 시작하는 움직임으로 먼저 발하는 것이고, 음의 성질은 이어받아 계승하는 성질이 있다. 이로부터 음양은 서로 교체하고 오고감으로써 변화가 전개되는 것이다.

〈계사전〉에서 말하는「일음일양지위도」의 뜻은 두번째에 그 핵심이 있다. 이 때문에 그 뒤에 이어서 "그것을 이어받은 것은 선이고, 그것을 이룬 것은 성이다."[37] 라고 하는 것이다.「계지자선(繼之者善)」이란 말은 변화 생성의 작용을 찬양하는 것이고,「성지자성(成之者性)」은 음양이 만물의 성분 중에 들어간 것을 말하는 것이다. 이로부터 음양의 구분은 바로 변화가 일어나고 생생(生生)의 작용이 나타나는 것이다.「음양」「변화」와「생생」은 실질적인 뜻으로는 다 같은 것이다. 구태여 구분하여 말한다면「음양」은 만물의 변화 생성(化生)이란 특성을 말하고,「생생」은 만물이 형태를 드러내는 기능을 말하

---

35)「无平不陂, 无往不復」
36)「周流六虛」
37)「繼之者善也, 成之者性也」

고, 「변화」는 만물이 나타났다가 사라지는 상태를 말하는 것이다. 《주역》은 「생(生)」을 중시하는 철학이기 때문에 특별히 「변화」 가운데에서 다시 「생생」이라고 하여 중첩하여 말하고 있다.

《주역》은 변화를 강조한다. 변화 생성의 뜻에 대하여 할 이야기는 분명히 많지만 뒤에서 상세히 이야기하도록 하고 여기서는 더 이상 말하지 않겠다. 다만 여기에서 우리가 특별히 강조해야 할 것은 절대로 위에서 말한 철학적 단계상의 구분에 의하여, 도의 자연유행의 뜻과 만물의 변화 생성을 별개의 것으로 갈라서 보아서는 안 된다는 것이다. 그 둘은 원래가 하나이고, 피차의 구분이 없다. 앞에서 제시한 동곽자가 장자에게 도를 물은 예문에서 말한 것처럼, 〈제물론〉에서 장자가 말하기를, "태어나자 죽어가고, 죽어가자마자 태어난다."[38]고 하였다. 생사(生死)는 「사물」의 변화이고, 도는 유행이고, 도와 사물 사이에는 어떠한 틈도 없다.

제 2 절 상(象)

「도」는 《주역》철학의 실질적 내용이고, 「상(象)」 「술」 「수」는 「도」를 표현하는 방식이다. 만약 하나의 생명존재로 비유한다면, 도는 《주역》철학의 영혼이고, 상, 술, 수는 그것의 세 가지 다른 모습인 화신(化身)으로 볼 수 있을 것이다. 그 세 가지 중에서도 「상」이 가장 중요하다.

이른바 「상」이라는 것은 오늘날 우리가 말하는 철학적 부호인데, 《주역》이 이런 철학적 부호를 가진다는 것은 인류의 문화창조라는 관점에서 보면 하나의 기적이다. 현재까지 존재한 모든 철학이론의 표현방식은 하나같이 언어와 문자 두 가지에만 의존하여 왔다. 부호와 도상은 거의 사용되지 않았고 다만 언어나 문자의 보조수단으로 사용되어졌을 뿐으로 결코 전 체계가 부호나 도식으로 표현되어진 것은 없었다. 있다면 《주역》밖에 없다. 《주역》이 처음 상을 만들 때는 문자가 없었기 때문에 부득이해서 그럴 수밖에 없었다. 하지만,

---
38)「方生方死, 方死方生」

이런 체계적인 상징들을 만들어 철학적 이론을 표현하고 있다는 것은 매우 특기할 만한 사실이다. 그것은 첫째로는 간단하면서도 명료하다. 왜냐하면 모든 괘상과 괘도는 이 두 가지 「—」과 「--」의 기본적 부호를 벗어나지 않는다. 우주만물의 위대한 법칙 역시 이 간단한 부호 중에 모두 포함된다. 두번째로는 변통에 능숙하다는 것이다. 괘상의 상반(相反), 상착(相錯), 상하(上下), 소장(消長) 등으로 더욱 깊고도 정미한 철학내용을 매우 편리하고도 타당하게 표현해내고 있다. 세번째는 가지런히 정리되어 있고, 보기도 좋다는 것이다. 가지런히 정리되어 있기 때문에 수많은 도상의 배열을 통하여 우주의 조화, 균형과 질서를 보여주고 있다. 또 보기가 좋기 때문에 사람들이 사색을 하는데 크게 지겹지 않게 한다. 이런 몇 가지 뛰어난 조건들이 「상」의 중요한 지위를 공고하게 하여서, 후대에 문자가 이미 제작되고 통용되었지만 여전히 그 지위를 대신하지 못하게 되는 것이다. 또한 문자로 철학적 이론을 서술한 것과 대조하면, 더욱 상의 간결하면서도 갖출 것을 다 갖추고 있는 훌륭한 장점을 발견할 수 있을 것이다. 이런 이유에서 상은 역경철학의 주요한 표현방식이 되고, 문자의 기능은 도리어 뒤에 놓이게 되는 것이다.

상의 종류는 8괘와 64괘 및 여러 형식의 괘의 도표 등 세 가지로 나눌 수 있는데, 이것들은 주역철학 발전의 전·후기의 다른 시기를 대표하고 있다. 8괘는 복희씨의 철학이고, 64괘는 주문왕의 철학인데 공자가 그것을 계승하였다. 여러 가지 괘도는 공자 이후의 여러 역학파에서 경쟁적으로 만든 새로운 학설로 볼 수 있다. 비록 역경철학이 공자, 노자 두 사람에 의해 대성되었지만, 복희씨의 8괘와 문왕의 64괘는 공자와 노자철학의 기초가 된다. 그리고 후대의 각종 괘도의 제작은 실제로는 모두 복희씨, 문왕, 공자, 노자의 철학을 크게 벗어나지 못한다. 그들은 특수한 부분을 더 발전시키거나 늘인 것에 불과하다. 이 때문에 본절에서 필자는 8괘 철학과 64괘 철학을 나누어 소개하여, 한편으로는 복희씨와 주문왕의 철학의 요지를 인식하게 하고, 또 한편으로는 공자와 노자가 어떻게 복희씨와 주문왕의 기초를 통해서 더 진보된 방대한 철학체계를 수립하였는가를 밝히려 한다. 후대의 각종 괘도는 너무 많기 때문에 그 중에서 중요한 몇 가지만 약간 인용하여 필요한 설명을 붙이려 한다. 하나하나 모두 설명할 수도 없고 또한 그럴 필요도 없기 때문이다.

(1) 복희씨의 8괘철학

본서는 서론에서 이미 복희씨의 시대를 말했고, 아울러 그의 8괘를 인용했었다. 그렇게 요원한 고대에, 인류문화가 여전히 암흑으로 뒤덮힌 시대에, 신기하게도 이런 체계적인 괘상부호가 출현하였다는 사실 자체는 분명히 의심스러운 소지를 가지고 있다. 지금 우리가 더욱 체계적인 철학이론으로 이런 괘상을 해설하는 것에 대해 어떤 이들은 "오늘날 현대인의 (오염된) 마음으로 옛 성인의 (깊은) 뜻을 훔치는"[39] 것 같다고 말할 수도 있을 것이다. 그러나 필자는 감히 그렇게 생각하지 않는다. 왜냐하면 아래에서 서술하는 8괘철학은 〈십익(十翼)〉에 근거하고, 또 공자는 문왕의 64괘상과 괘・효사에 근거하여 「이어받아 서술한(贊述)」 것이다. 문왕의 64괘는 또한 복희씨의 8괘에 근거하여 연역된 것이다. 이 때문에 가장 궁극적인 것으로 추론하면 8괘가 철학적 사상부호가 된다는 것은 너무나 분명한 사실일 것이다. 여기에서 우리는 복희씨가 어떤 사람이며, 그가 그린 괘에 관한 사건들의 상세한 전말은 역사학자에게 넘기고, 지금은 8괘철학에 대해서만 이야기하도록 하자.

다행스럽게도 〈계사전〉 중에는 8괘철학에 대한 풍부한 자료가 남아 있다. 자료 중의 하나는 상에 대한 설명이다.

"8괘는 상으로 말한다."[40]

"성인이 천하의 번잡한 것을 보고 그 모습에 따라서 사물들의 마땅함을 그리려 하였기 때문에 상이라고 한다."[41]

"성인은 상을 만들어서 뜻을 모두 다 전하려 하고, 괘를 통하여 사물의 실정을 모두 드러내려 한다."[42]

위의 인용문은 「상」이 가지고 있는 깊은 철학적 의미를 말하고 있다. 두번째 자료는 복희씨가 처음 괘를 그린 유래를 말하고 있다.

---

39) 「以今人之心, 劫掠古聖之意」
40) 「八卦以象告」
41) 「聖人有以見天下之賾, 而擬諸其形容, 象其物宜, 是故謂之象」
42) 「聖人立象以盡意, 設卦以盡情僞」

"옛날 복희씨가 천하를 다스릴 때에, 위로는 하늘에 있는 형상들을 관찰하고, 아래로는 땅에 있는 여러 형상들을 관찰하고, 새와 짐승들의 모습과 땅에 있는 (식물들의) 마땅히 그런 모습들을 살폈다. 그리하여 가까이로는 몸에서, 멀리로는 다른 사물에서 상을 취하여서 8괘를 그려, 깊고 오묘한 덕을 통하고, 만물의 상태를 나누어 구별하였다."[43]

이것은 복희씨가 처음에 괘를 그릴 때 관찰, 귀납 등의 사고활동을 통하여 그 철학체계를 완성한 것을 말하고 있다. 세번째 자료는 괘를 그린 순서를 말하고 있다.

"이 때문에 역에는 태극이 있고, 이것은 양의를 생하고, 양의는 사상을 생하고, 사상은 8괘를 생한다."[44]

이것은 8괘가 그려지는 순서를 말하는 것으로, 이 글에 근거하여, 우리는 8괘의 발생순서를 다음과 같이 나누어 볼 수 있다.

태극 : ━
양의 : ━ ╌
사상 : ⚌ ⚍ ⚎ ⚏
팔괘 : ☰ ☱ ☲ ☳ ☴ ☵ ☶ ☷

네번째 자료는 8괘철학의 내용이다.

"천하의 움직임은 일자에 근거한다."[45]
"한 번 음하고, 한 번 양하는 것을 일러 도라 하고, 그것을 계승하는 것은 선이요, 그것을 이루는 것은 성이다."[46]
"역이란 책은 인간의 일상사와 그렇게 멀지 않은 것이다. 《역경》의 도는 항

---

43) 「古者伏羲氏之王天下也, 仰則觀象於天, 俯則觀法於地, 觀鳥獸之文與地之宜, 近取諸身, 遠取諸物, 於是始作八卦, 以通神明之德, 以類萬物之情.」
44) 「是故易有太極, 是生兩儀, 兩儀生四象, 四象生八卦.」
45) 「天下之動貞夫一者也.」
46) 「一陰一陽之謂道, 繼之者善也, 成之者性也.」

상 변하는 것이다. 이런 변동은 하나의 형식에만 얽매이지 않고 괘의 육효의 모든 자리로 유행하여, 아래로 위로 정해진 상도가 없고, 강한 것과 약한 것이 서로 바뀌어 변역하여서 일정한 표준을 정할 수가 없이, 변화에만 따라서 적당히 응용되어진다."⁴⁷⁾

"효라는 것은 천하의 움직임을 본받은 것이다."⁴⁸⁾

이것은 앞의 괘상이 고정된, 죽어 있는 부호라는 것이 아니고, 우주간에 유행하는 작용을 대표하고 있음을 말하고 있다. 이상의 〈계사전〉에서 말하는 네 방면의 자료를 통해서 8괘철학의 윤곽을 어느 정도는 분명하게 이야기하였다고 생각한다. 「천하지동정부일자야(天下之動貞夫一者也)」 중에서 말하는 「일(一)」은 태극의 부호로서 「—」이다. 복희씨가 사방으로 관찰하고, 멀리에서 또 가까이에서 관찰한 우주 내의 만물이 각각 다른 모습들을 가지고 있지만 또한 공통된 성질을 가지고 있음을 말하고 있는데, 그것이 바로 변동이다. 만물은 변동 속에 놓여지지 않은 것이 없다. 변동 자체는 일종의 추상적, 보편존재의 작용으로 그것이 우주만물 속에서 유행하여 만물의 차별상을 있게 한다. 이 때문에 만물은 모두 이 크나 큰 움직임에 근거하거나 혹은 그 바름(貞은 正의 뜻으로 봄)을 얻게 되는 것이다. 복희씨가 「—」의 부호를 그린 것은 이 작용을 상징한 것으로, 후대인들은 이것을 「태극」이라 부르는데, 바로 우주근원의 뜻을 말하는 것이다.

태극의 「—」을 그렸다는 것은 하나의 큰 사건이다. 복희씨의 입장으로 말할 것 같으면, 그는 결코 처음부터 새로운 철학사상을 창조하려는 의도를 가진 것은 아니었다. 다만 당시에 문자가 없었고 그가 손 가는 대로 그린 가장 간편한 부호로 자신의 사상을 드러내고 싶었을 뿐이었다. 그러나 놀라운 일은 무의식간에 일어나는데, 이것이야말로 진정한 의미의 「천진(天眞)」이다. 인류의 지혜가 몇 만 년 전에서부터 지금까지 오는 데 있어서 복희씨가 처음으로 그것의 문을 열었다. 복희씨는 그가 대단한 일을 하였음을 스스로 몰랐으나, 그는 대단한 일을 하였다. 후대의 중국인은 그의 위대한 「일(一)」을 그려 인간의 지혜로운 사고의 문을 열었다는 사건을 칭송하여, 「일화개천(一畫開天：

---

47) 「易之爲書也不可遠, 爲道也屢遷, 變動不居, 周流六虛, 上下無常, 剛柔相易, 不可爲典要, 唯變所適.」
48) 「爻也者, 效天下之動也.」

일획을 그음으로써 새로운 세계를 연다는 의미)」이라고 말한다.

　태극의 「─」을 그린 것은 복희씨의 첫번째 일이었고, 동시에 그는 만물의 변동을 관찰하여, 만물의 변동이 결코 멋대로 혼란스럽게 변동하는 것이 아니라 나름대로 규율이 있는 움직임이라는 것을 발견하였다. 해가 뜨면 달이 지고, 추위가 가면 더위가 오고, 봄에는 꽃이 피고 가을에는 지고, 생장하고 늙고 하는 등등의 자연과 인간의 모든 현상들은 분명히 두 가지 작용이 서로 교체하여 변동하는 것이다. 한 번은 움직여서 올라가고, 가고, 나아가고, 생장하지만, 거기에는 또한 움직여서 내려오고, 오고, 물러나고, 노쇠함이 이어진다. 바꾸어 말하면, 어떠한 변동이라도 모두 그 반작용의 변동을 가진다. 복희씨는 이런 정(正)과 반(反)의 두 작용이 원래 태극의 「─」이 보편적으로 작용하는 표현임을 발견하였다. 이것은 전체로 말하면 하나이고, 나누어 말하면 둘이다. 그는 태극에 반작용이 있음을 표시하기 위하여 다시 하나의 부호 「- -」을 창조하였다. 「- -」는 짧은 두 개의 선으로 나누어진 것으로 두번째 움직임의 작용, 즉 반동의 작용을 표시한다. 이 정과 반의 두 작용, 「─」과 「- -」을 후대인들은 양의(兩儀)라고 말한다. 양의의 「─」와 「- -」는 본질적으로는 태극의 「─」이다. 그러나 논리적으로 태극의 「─」이 첫번째 단계의 의미이고, 「─」와 「- -」는 그 다음 단계이므로 「태극에서 양의가 생성됐다」라고 할 수 있다. 「─」의 부호는 양이라 하고 「- -」의 부호를 음이라 하는데, 우주만물의 모든 변동은 이 음양의 유행과 소장(消長: 줄어들고 늘어남) 아닌 것이 없고, 모두 이 두 가지 성질을 가진다. 이 때문에 〈계사전〉에서 말하기를, 「일음일양지위도(一陰一陽之謂道)」라고 하는 것이다.

　「─」과 「- -」은 모든 만물이 다같이 가지는 두 가지 성질이다. 복희씨는 이것을 한 걸음 더 나아가 표현하여, 「─」과 「- -」을 합하여 「==」과 「==」의 두 가지 다른 부호를 만들었다. 그런 후에 다시 「─」을 중첩하여 「≡」을, 「- -」을 중첩하여 「≡≡」을 그려, 음양의 두 작용을 대표하는 것으로 삼았다. 여기에서 다시 네 가지 부호가 더 만들어지는 것인데, 이것이 바로 「사상(四象)」이다. 사상 즉 「≡」「==」「==」과 「==」의 의미는 음양의 두 작용과 그것이 서로 교류하여 사물이 이루어지는 것을 설명하는데, 여기에서 철학적 내용은 사물들과 비로소 연관되어지는 것이다.

　이런 철학적 상징부호의 발전은 이치로 보면, 분명히 여기에서 멈출 수 있지만 복희씨는 여기서 멈추지 않고 사상에다 다시 획을 하나 더 첨가하여 여덟 개의 부호(☰ ☷ ☳ ☵ ☶ ☱ ☲ ☴)를 만들었다. 이것을 후대인들은 「8괘」라고 부르는데, 어떤 고대의 자료들도 사상으로부터 8괘가 어떻게 필연적으로 도출되어지는가에 대해서는 설명하지 못하고 있다. 이 때문에 우리는 이 문제를 추리를 통해서만 짐작할 수 있을 뿐이다. 사상은 만물이 각각 음양의 두 가지 성질을 가지고 있다는 것을 표현하는데, 사상을 대표하는 부호「—」과「--」은 언뜻 보기에 음과 양의 균형상태로 있는 것처럼 보인다. 그러나 사실상 만물이 가지고 있는 음과 양의 두 성질은 불균형적인 것이고, 영원히 균형적인 정지상태를 가질 수 없다. 그 원인은 음양의 두 작용은 항상 유행하는 변동중에 있기 때문에 만물은 변화를 가질 수 있기 때문이다. 8괘의 상은 모두 세 획을 가지는 홀수로서 균형을 가질 수가 없기 때문에, 자연히 불균형의 상태로 되는 것이다. 여기에서 우리는 고대 성인들의 사색의 깊이와 정밀함을 충분히 엿볼 수 있을 것이다.

앞에서 필자는 간단하게 8괘철학의 내용과 그 발전단계를 설명하였다. 또 필자는 생물학적으로 고대의 화석을 처리하는 방법처럼, 〈계사전〉으로부터 얻은 화석의 골격구조로부터, 그것의 외형 혹은 실제모습을 덧붙였다.

그러면 이런 철학사상들에 대해서 우리는 어떠한 느낌을 가질 수 있는가? 그 문제에 대해서 필자는 몇 가지를 이야기하려 한다.

1) 8괘가 대표하는 것은 완전한 하나의 철학체계이다. 비록 조잡하지만, 완전히 우주의 본질을 파악하고 있을 뿐만 아니라, 동시에 우주생성의 구조를 보여주고 있다.

2) 이 철학체계는 본체계와 현상계의 통일을 보여주고 있는데 중국철학에서 말하는 물심합일(物心合一)의 정신은 바로 여기에서부터 출발한다.

3) 복희씨가 이 철학을 정립한 순서는 처음에는 관찰로부터 시작하고, 그런 후에 이성적 사고를 통하여 깊이 있게 탐구하고, 다시 현상계의 사물 속에서 그것을 증명하는 방식을 사용하고 있다. 그 과정에는 약간의 과장이나 기만, 심지어는 약간의 가설조차 들어 있지 않다.

4) 이 철학체계는 사상에만 머물지 않고, 8괘에까지 미쳐 만물 속에 내재한 음양의 불균형이란 의미를 표현하고 있다.

5) 지극히 간단한 부호를 가지고 우주만물의 이치를 모두 설명하고 있고,

또한 분명하고도 체계적인 철학체계를 갖춘 것은 이것 이외에는 없다.

　이런 철학체계를 어떻게 평가해야 할 것인가? 기원전 48세기경에 존재한 이것에 관한 평가는 독자들 스스로 하도록 남겨두려 한다.

　마지막으로 몇 가지 상관되는 문제에 대해서 조금 더 이야기하도록 하겠다.

　1) 8괘의 철학적 상징부호는 분명히 우주만물의 도를 상징하고 있는데, 이 도는 구체적인 만물 가운데에 놓여 있기 때문에, 모든 괘는 각각의 사물을 가지고 상징으로 삼고 있다. 즉 ☰은 天, ☷은 地, ☳은 雷, ☴은 風, ☵은 水, ☲은 火, ☶은 山, ☱은 澤을 상징한다. 하늘, 땅, 우뢰, 바람, 물, 불, 산, 못 등은 다만 만물의 대표로서 취사선택한 것으로 철학적 이론과 만물의 합일을 말하고 있다. 그러나 이런 여덟 가지의 상징은 제멋대로 배합한 것이 아니라, 각각 그 괘상과 필연적 관계를 가지고 있다. 이 부분에 대해서 필자는 《선진역학사》라는 책에서 이미 상세하게 설명하였다.[49] 그러므로 여기서는 더 이상 설명하지는 않겠다.

　2) 8괘 모두 고유한 명칭을 가지고 있다. ☰은 乾, ☷은 坤, ☳은 震, ☴은 巽, ☵은 坎, ☲은 離, ☶은 艮, ☱은 兌로 부른다. 이 여덟 개의 명칭들은 모두 문자 발명 이후에 이루어진 것들이다. 이런 모든 명칭들을 문자학적으로 분석해보면, 모두 그 명칭과 괘상이 가지는 철학적 내용은 서로 상응한다. 이 부분 역시 《선진역학사》의 8괘명칭에 대한 해석부분을 참고해주기 바란다.

　3) 8괘의 배열이란 것 또한 중요한 문제이다. 필자는 이 문제에 대해 《선진역학사》에서 토론하였다. 복희씨가 시도한 처음의 배열순서는 후대에 전하지 않지만, 〈설괘전〉 중의 「상수장(象數章)」의 배열에 의하면, 분명히 ① ☰ ② ☷ ③ ☳ ④ ☴ ⑤ ☵ ⑥ ☲ ⑦ ☶ ⑧ ☱일 것이다. 이 순서도 필자가 이미 앞에서 설명하였는데, 8괘철학의 발생순서로 볼 것 같으면, 위의 것을 복희씨 당초의 괘로 보아야 할 것이다. ① 乾 ② 兌 ③ 離 ④ 震 ⑤ 巽 ⑥ 坎 ⑦ 艮 ⑧ 坤이라는 괘의 순서는 송대의 소강절(邵康節)의 배열법인데, 이것은 〈설괘전〉 중 「천지정위장(天地定位章)」에 근거하여 만든 것이다.

---

49) 《先秦易學史》(台北 : 東吳大學 中國學術著作 獎助委員會, 1975), pp. 58~84 참조.

(2) 문왕의 64괘철학

주대의 문왕은 복희씨의 8괘에 근거하여, 역학철학을 더욱 발전시켰는데 역사에서는 이를 「문왕의 연역(演易)」이라고 한다. 「연역」의 중요한 내용들은 8괘를 서로 중첩하여 64괘를 만들고, 모든 괘와 효의 아래에 괘사와 효사를 붙인 것이다. 문왕의 처음 의도는 길흉을 점치는 서술의 체계를 만들어서 당시의 종교적인 신도사회(神道社會)의 필요성에 부응하려 하였다. 그의 중괘(重卦)와 괘효사를 덧붙인 의도는 괘상 중에 포함된 철학사상을 점술 판단의 근거로 삼으려 하는 것이었으나, 8괘만으로는 부족하여 다시 그것을 중첩하여 64괘로 만든 것이다. 물론 8괘는 깊고도 심오한 사상을 가지고는 있지만 본래부터 괘상의 숫자가 적기 때문에 대체적인 것만을 드러낼 수밖에 없는 것이다. 문왕이 이런 괘상을 두 배로 하여, 그 수요에 따르게 함으로써 역경철학은 또 한번의 발전을 보게 되는 것이다. 본질적으로 말하면, 64괘철학은 다름아닌 8괘철학이지만, 양자가 구별되는 점은 다만 철학적 의미를 드러내는 데 있어서 더욱 세밀하고 깊게 인생의 문제와 관련된다는 점이다. 동시에 서술의 보급으로 인하여, 역학은 순수한 이론적 사고의 학문에서부터 점점 실생활에 응용되는 방향으로 나아가게 된다. 그러므로 문왕의 64괘철학은 역학을 실용적 가치가 있는 것으로 만드는 시작이 된다. 공자는 나중에 여기에서 역경철학을 한 단계 더 끌어올려서 인도(人道)의 문제를 다루는 데 적용하고 있다.

64괘 괘상에 대한 기본적인 의의에 대하여 여기에서는 간단하게 몇 가지 항목으로 나누어 설명하겠다.

1) 64괘는 8괘를 중첩하여 만든 것이다. 모든 괘는 6개의 효로 구성되어 있고, 아래의 세 효는 하괘(下卦) 혹은 내괘(內卦)라고 하고, 위의 세 효는 상괘(上卦) 혹은 외괘(外卦)라고 말한다. 하괘를 근본으로 보기 때문에 「정(貞)」이라 하고, 상괘는 「말(末)」이기 때문에 「회(悔)」라고 한다. 태(泰)괘를 예로 들면,

```
                        泰
(외괘 혹은 상괘) 회 ⎡ ― ―
                   ⎢ ― ―
                   ⎢ ― ―
                   ⎣ ―――  ⎤
                     ―――  ⎥ 정(내괘 혹은 하괘)
                     ―――  ⎦
```

2) 여섯 효의 아래 위의 자리를 「위(位)」라고 말한다. 아래에서부터 위의 효를 초(初), 이(二), 삼(三), 사(四), 오(五), 상(上)효로 부른다. 이는 "만물은 아래에서부터 자라난다."[50]는 입장에 근거하고 있다. 양의 효 「—」는 「구(九)」라고 하고, 음의 효 「--」은 「육(六)」(구와 육의 내력은 다음절에서 다룰 것임)이라 한다. 준(屯)괘를 예로 들어보면,

```
        屯
       --  上六
       —   九五
       --  六四
       --  六三
       --  六二
       —   初九
```

3) 괘의 초, 3, 5효는 양의 위이고, 2, 4, 상효는 음의 위이다. 양효가 양위에 있거나, 음효가 음위에 있는 것을 「당위(當位)」「득위(得位)」 혹은 「정위(正位)」라고 말한다. 이와 반대로 되면, 「실위(失位)」「부당위(不當位)」 혹은 「비위(非位)」라고 한다. 예를 들면,

☰ 小畜   괘사에 : "형통한다."
       〈단전〉: "부드러움이 득위하여서 상하가 응한다."[51]
       육사의 효가 득위함을 가리키고 있다.

☴ 渙   구오효사 : "(민심이) 흩어지는 때에 왕은 바른자리에 자리하니, 허물이 없게 된다."[52]
       〈상전〉: "왕이 허물이 없는 자리에 있는 것은, 위가 바르기 때문이다."[53]

☷ 否   육삼효사 : "부끄러움을 감춘다."
       〈상전〉: "부끄러움을 감춘다는 것은 위가 부당하기 때문이다."[54]

☳ 恒   구사효사 : "사냥하러 나가도 얻은 수확이 없다."[55]

---

50) 「物由下生」
51) 「柔得位而上下應之」
52) 「渙王居, 无咎」
53) 「王居无咎, 正位也」
54) 「包羞, 位不當也」
55) 「田无禽」

〈상전〉: "오래도록 자리가 바르지 않은데, 어찌 수확을 얻을 수 있겠는가?"[56]

4) 2와 5 두 효의 위를 「중(中)」이라 한다. 예를 들면,

☷☵ 解　구이효사 : "바르면 길하다."
　　　〈상전〉: "구이효의 바르면 길하다는 것은 중도를 얻었기 때문이다."[57]
☱☷ 萃　육이효사 : "당겨야 길하고 재난이 없을 것이다."[58]
　　　〈상전〉: "당겨야 길하고 재난이 없을 것이다 라는 말은 중이 아직 변하지 않은 것을 말하는 것이다."[59]

5) 초와 4, 2와 5, 3과 상이 각각 음양의 효가 다른 것을 일러 「응(應)」 혹은 「여(與)」라고 한다. 음양의 효가 같은 것은 「무응(无應)」 혹은 「무여(无與)」라고 말한다. 예를 들면,

☱☵ 困　구사효사 : "서서히 오고, 강철로 만든 차(구이효를 지칭)에 막혀서, 욕은 당하지만 끝의 결과는 좋다."[60]
　　　〈상전〉: "비록 위는 부당하나, 상응함이 있다."[61]
☰☲ 同人　괘사 : "큰 내를 건너는 데 유리하고, 군자가 바르게 되는 데 이롭다."[62]
　　　〈단전〉: "중정하면서도 상응한다."[63]
　　　이것은 구오와 육이의 양효를 가리키는 것이다.
☵☴ 井　구이효사 : "우물물이 온전히 퍼올라 오지 않고, 우물 속의 작은 고기들에게로만 쏟아진다. 두레박이 깨어져 물이 샌다."[64]
　　　〈상전〉: "우물물이 온전히 퍼올라 오지 않고 쏟아져버린다는 것은,

---

56) 「久非其位, 安得禽也」
57) 「九二貞吉, 得中道也」
58) 「引吉, 无咎」
59) 「引吉无咎 , 中未變也」
60) 「來徐徐, 困于金車, 吝, 有終」
61) 「雖不當位, 有與也」
62) 「利涉大川, 利君子貞」
63) 「中正而應」
64) 「井谷射鮒, 甕敝漏」

상응되는 것이 없다는 것이다."[65]

위에서 말한 다섯 가지가 가장 중요한 것들이고, 이외에 음효가 양효의 위에 있는 것을 「승강(乘剛)」이라 하고, 음효가 양효의 아래에 있는 것을 「우강(遇剛)」 혹은 「승강(承剛)」이라 한다. 음양의 효가 가까이에 붙어 있는 것을 일러 「비(比)」 「접(接)」 혹은 「제(際)」라고 한다. 초효가 효사 중에 있을 때 자주 「하(下)」 「본(本)」 「비(卑)」 등으로 말하고, 상효가 효사 중에 있을 때 「상(上)」 「말(末)」 「항(亢)」 등으로 말하는 것을 자주 볼 수 있을 것이다. 이런 문제들은 일일이 다 들 수 없을 정도이다. 《주역》을 참고하여 살펴보기를 바란다.

위에서 말한 64괘에 따라서 생기는 이론들은 사실상 철학사상이라 볼 수 없고, 다만 괘에 대한 기본적 지식일 뿐이다. 문왕의 철학사상을 알려고 하면 반드시 두 가지 입장에서 살펴보아야 하는데, 첫째로는 위에서 말한 기본조건의 변통과 응용을 통한 인식이고, 둘째로는 64괘의 배열순서에 대한 탐색문제이다. 전자의 것을 하나하나 서술하기에는 너무 복잡하다. 왜냐하면 64괘는 각각 다른 모습들을 가지고 있고, 384효는 각각 다른 시, 위, 응, 우 등의 관계를 가지고 있기 때문이다. 더욱이 공자가 역을 찬술한 이후에 문왕과 공자의 역경철학에 대한 학설이 하나로 융합되어지기 때문에, 필자는 이 부분을 뒤의 공자의 역철학 속에서 함께 서술하려고 한다. 비록 문왕철학의 상세한 내용은 알지 못한다 하여도 문왕의 64괘 배열만을 들어서 말하면, 그 대체적인 요점은 파악할 수 있으리라 믿는다.

문왕의 괘서(괘의 순서)는 탁월한 지혜의 표현이다. 64괘는 비록 복희씨의 8괘에 근거하여서 만든 것이지만, 괘서 중에 표현하고 있는 깊고도 완전한 철학사상은 복희씨처럼 문왕도 우주만물의 오묘한 이치를 깨달았음을 충분히 증명하고도 남음이 있다. 후대에 공자가 역을 찬술할 때 역시 문왕의 괘서를 그대로 계승하여, 조금의 개정도 하지 않은 것은 바로 문왕의 괘서에 대한 완전한 지지와 경의를 드러내는 것이다. 서한(西漢) 이래로 많은 역학가들이 64괘의 새로운 배열을 하였으나, 거의 모두 문왕의 괘서의 정미함과 깊이에는 비교될 수 없는 것이다. 문왕의 괘서는 오늘날의 《주역》체계에 실린 것과 같은 것으로 아래(60쪽)와 같다.

문왕의 64괘의 순서배열은 후대의 유가들에 의해서 많이 연구되어지는데, 〈십익〉 중 〈서괘전〉과 〈잡괘전〉은 바로 유가의 어떤 학자들에 의해 연구된 결과들이

---

65) 「井谷射鮒, 无與也」

周易文王六十四卦序

上經三十卦

| 乾(건) | 坤(곤) | 屯(준) | 蒙(몽) | 需(수) | 訟(송) | 師(사) | 比(비) | 小畜(소축) | 履(리) | 泰(태) | 否(비) | 同人(동인) | 大有(대유) | 謙(겸) | 豫(예) | 隨(수) |

| 蠱(고) | 臨(임) | 觀(관) | 噬嗑(서합) | 賁(비) | 剝(박) | 復(복) | 无妄(무망) | 大畜(대축) | 頤(이) | 大過(대과) | 坎(감) | 離(리) |

下經三十四卦

| 咸(함) | 恒(항) | 遯(둔) | 大壯(대장) | 晉(진) | 明夷(명이) | 家人(가인) | 睽(규) | 蹇(건) | 解(해) | 損(손) | 益(익) | 夬(쾌) | 姤(구) | 萃(췌) | 升(승) | 困(곤) |

| 井(정) | 革(혁) | 鼎(정) | 震(진) | 艮(간) | 漸(점) | 歸妹(귀매) | 豊(풍) | 旅(여) | 巽(손) | 兌(태) | 渙(환) | 節(절) | 中孚(중부) | 小過(소과) | 旣濟(기제) | 未濟(미제) |

다. 이들 괘서에 나타난 철학사상 중 가장 분명한 것이 몇 가지 있다.

1) 「생생(生生)」의 뜻을 표현함

건과 곤 두 괘는 첫머리에서 그 대강을 드러내어, 우주만물은 음양의 두 작용에서 생겨난다는 것을 밝히고 있다. 「☰」은 「☰」이며 또는 「─」이고, 「☷」은 「☷」이며 또한 「--」로서 문왕이 복희씨가 말하는 8괘 배열의 순서를 계승하고 있음을 나타내고 있다. 건, 곤 다음은 준(屯), 몽(蒙), 수(需), 송(訟), 사(師)…… 등의 괘이다. 준은 처음 생겨나는 뜻을 가지고 있고, 몽은 어리고 몽매함을 뜻하고, 수는 기다리는 뜻이요, 송은 싸움이 일어나고, 사는 싸움으로 인하여 군대를 일으키고…… 등등. 이후의 모든 것들은 서로 바뀌어 가면서 일어나는데 모두 인간과 사물의 여러 현상들을 기술하는 것이다. 이로 본다면 괘의 순서는 「생생」의 뜻과 긴밀하게 연결되어서 발전하게 된다. 〈계사전〉에서 "생하고 또 생하는 것을 역이라고 말한다."[66] "천지의 크나 큰 공덕을 일러서 생이라고 한다."[67] 라는 말들은 모두 이 뜻에 근거하고 있는 것이다. 공자가 건을 「건원」으로 곤을 「곤원」으로 말하는 것도 모두 이런 이유에서 나왔다.

2) 역도의 보편적 유행의 뜻을 표현함

전체 우주만물은 하나의 큰 보편적 작용으로, 바로 태극이다. 주류(周流)하기 때문에 왕복이 있고, 왕복하기 때문에 음양이 있다. 이 때문에 〈계사전〉에서 역도(易道)를 「주류육허(周流六虛)」라고 말한다. 노자는 "두루 행하여서도 위태하지 않다."[68] 라고 말한다. 지금 문왕의 괘서를 보면, 이 뜻은 더욱 분명하게 드러난다. 건, 곤, 준, 몽의 처음 생겨나서 생장해 나가는 과정에서부터 63번째의 기제괘에서 하나의 역도의 보편적 유행이 완성된다. 그러나 64번째의 미제괘는 또다른 역도의 새로운 유행이 시작함을 말한다. 이것뿐만 아니라 다시 준, 몽 이하의 여러 괘들의 기복(起伏), 궁함과 통함, 일어남과 쇠함, 귀·천 등의 변화를 자세히 살펴보면 역도의 보편적 유행의 의미를 파악할 수 있을 것이다. 64괘는 하나의 크나 큰 원도의 주류이다. 대원도 중에 소원도가 고리처럼 서로 연결되어 있어서, 우주만물의 모습을 매우 흡사하게 그리고 있다.

3) 「천인상응(天人相應)」의 뜻을 표현함

64괘의 괘서는 상, 하 두 부분으로 나누어지는데, 상경(上經)은 건(乾), 곤(坤)으로 시작하고 하경(下經)은 함(咸), 항(恒)으로 시작한다. 건, 곤은 천도로 음양이 서로 감응하여서 생성하는 뜻을 말하고, 함과 항괘는 인도(人道)부분으로 남자와 여자가 서로 감응하여 사람을 낳는 것을 말하고 있다. 남녀의 도가 바로 음양의 도이다. 문왕은 실제로 이런 뜻을 가지고서 괘를 배열한 것이다. 또 문왕은 64괘와 384효의 사(辭) 중에서 「천인상응」의 뜻을 항상 포함하고 있다. 예를 들면 준(屯)괘는 사물 생장의 시작이기 때문에 "나라를 세우는 데 유리하다."고 말한다. 박(剝)괘는 극한까지 궁구하는 뜻을 가지기 때문에 "계속 나아가는 데는 불리하다."[69] 라고 말한다. 겸(謙)괘는 겸손하며 마

---

66) 「生生之謂易」
67) 「天地之大德曰生」
68) 「周行而不殆」
69) 「不利有攸往」

음을 비운 까닭에 상대방 역시 그러하여 "바르고 길하다."(겸괘육이), 예(豫)괘는 자기 기쁨으로 가득 채우려 하기 때문에 다른 사람들에게는 호응을 얻지 못하여 「흉」하게 된다(예괘초육). 이런 것들은 모두 천리(天理)와 인사(人事)에 두루 통하는 뜻을 가지고 있다.

4) 「대립통일(對立統一)」의 뜻을 표현함

태극은 전체로서의 일(一)이고, 음양은 전체인 일의 나눔이다. 나누는 것으로 말하면 음양의 대립이고, 전체로서 말하면 「일」에 통한다. 우주만물은 모두 이러하여 각각 대립상을 가지고 있고 또한 통일상을 가진다. 이것이 역학에서 말하는 "모든 만물은 각각 하나의 태극을 가진다."[70]는 의미이다. 문왕은 이런 뜻을 표현하기 위하여 괘의 배열에 특별한 의미를 부여하는 것이다. 64괘의 배열순서는 두 가지 원칙에 의해 나누어진다. 하나는 상착(相錯)이고 다른 하나는 반대이다. 상착은 음양의 효가 대립하는 두 괘로서 「착괘(錯卦)」라고도 한다. 예를 들면 건(☰)과 곤(☷), 이(☲)와 대과(䷛) 등이다. 반대는 하나의 괘를 두 면으로 나누어보는 것으로 「반대괘」라고 말한다. 예를 들면 「䷂」은 위쪽에서부터 보면 준(屯)이고 아래쪽에서부터 보면 몽(蒙)이다. 또 예를 들면 「䷄」은 위쪽에서부터 보면 수(需)이고, 아래쪽에서부터 보면 송(訟)이다. 64괘 순서의 배열은 상착이 아니면 서로 반대되는 것으로 상착 혹은 서로 반대되는 두 괘상은 반드시 근접해 있다. 이것은 그 둘이 하나를 나누어서 있다는 것을 밝히고 있다. 건과 곤의 가고 옴, 혹은 밝음과 어두움은 모두 다 하나의 전체이고, 준과 몽, 수와 송 등은 여기에서 보고, 저기에서 보는 것으로 입장의 다름을 말하지만 그러나 괘의 체는 하나의 전체이다. 위의 네 가지 관점들은 다만 64괘의 배열상의 의미들을 간단하게 요약한 것으로, 그 상세한 문제는 뒤에서 다시 설명하겠다. 그러므로 여기에서 우리는 문왕의 괘의 배열이 포함하고 있는 철학내용의 풍부함을 충분히 엿볼 수 있었을 것이다.

(3) 몇 가지 중요한 괘도

복희씨의 8괘와 문왕의 64괘 순서 역시 두 가지의 다른 괘도이다. 이 두

---

70) 「物物各一太極」

개의 괘도는 《주역》철학에서 가장 중요한 기초가 되는 것들이다. 공자가 "찬술은 하되 새로이 짓지는 않는다."[71]를 말하여 완전히 문왕을 계승하여 역을 찬술하였기 때문에 괘도에 대한 새로운 창작은 없었다. 노자는 「상」을 넘어서서 「도」를 말하기 때문에 새로운 괘도를 만드는 데는 뜻을 두지 않았다. 후세에 괘도를 제작하는 기풍은 〈설괘전〉에서 근거하여 서한(西漢)의 상수역학(象數易學)이 일어난 후에 비로소 성행하게 된다. 《주역》의 철학이론은 복희씨, 문왕으로부터 공자, 노자에 이르러 이미 최고도의 발전을 이루어서 그들의 지혜의 빛이 너무 찬란하였기에, 후대의 사람들이 여기에 더 이상 새로운 빛을 내기가 쉽지 않았을 것이다. 이 때문에 공자와 노자 이후 역학연구는 점차적으로 방향을 바꾸기 시작한다. 원래 철학사상 위주의 역학이 점차 「술(術)」「수(數)」 위주로 변화하게 되는 것이다. 후세의 많은 괘도는 대부분 이 새로운 학술적 경향의 산물들이다. 그러므로 순수 철학적 내용으로 말하면, 후대의 괘도들은 8괘 혹은 64괘와는 서로 비교할 수 없을 정도로 차원이 낮고, 어떤 괘도들은 철학적인 것으로 볼 수 없는 것들도 많다. 그러나 역학을 「술수학」으로 간주하는 상황에서 그러한 괘도들은 술수방면에서 나름대로의 영향력을 가지고 있다. 아래에서 말하는 몇 가지 괘도는 그 나름대로의 「중요성」 때문에 뽑은 것이지, 결코 깊은 철학적 지혜를 가지고 있다는 의미는 절대 아니다. 즉 후세 역학사에서 비교적 영향력을 가지고 있는 것들을 가려 뽑았다는 의미이다. 이 책에서 인용한 몇 가지 괘도들은 실제적으로는 주역철학의 원래의 의미를 논하는 데는 큰 도움이 되지는 않는다. 그것은 다만 첫째로, 이전 주역철학의 면모의 한 부분이기 때문에 완전히 생략하고 살펴보지 않을 수는 없다. 둘째로 이런 괘도의 각종 형상의 배열과 각각 다른 기능을 통하여 괘상부호의 변동을 볼 수가 있다. 아래에서 다섯 대가(大家)의 괘도를 인용하여 설명하겠다.

가. 〈설괘전〉 중의 오행상생괘도(五行相生卦圖)

〈십익〉 중 〈설괘전〉은 여러 사람의 생각들을 모아놓은 것으로 대략 전국 중기에 이루어졌다. 그중에는 여러 종류의 괘도의 배열(《선진역학사》를 참조

---
71) 「述而不作」

바람)이 나타난다. 이것들이 모두 후세에 미친 영향은 매우 크다. 그중에서도 특히 제5장에서,

"상제는 진괘에서 나오고, 손괘에서 만물은 생장하여, 리괘에서 서로 나타난다. 곤괘에서 만물을 양육하는 사물을 내리고, 태괘에서 그 기쁨을 말하게 하고, 건괘의 방향에서 투쟁이 생긴다. 감괘는 끊임없는 노고를 말하고, 간괘는 하나의 완성을 말한다. 만물은 진에서 나온다. 진은 동방이다. 齊乎巽의 손은 동남쪽이다. 제라는 것은 만물이 하나같이 생장함을 말한다. 리라는 것은 밝다는 의미로서 만물이 서로 나타난다는 것은 남방의 괘이다. 성인이 왕좌에서 세상의 인심을 청취하여 정사를 펴는 것은 모두 이 괘에서 취한 것이다. 곤은 땅을 상징하며, 만물은 모두 이곳에서 양육되기 때문에 致役乎坤이라고 말한다. 태는 계절로 보면 바로 가을로서 만물이 성숙의 즐거움을 누리는 때이다. 그러므로 說言乎兌라고 말하는 것이다. 戰乎乾의 건은 서북의 괘로서, 음양이 서로 부딪치는 것을 말한다. 감이라는 것은 물이며 마치 북방의 괘로서 피로하여 만물이 모두 돌아가서 휴식해야 하는 괘를 상징하기 때문에 勞乎坎이라고 말한다. 간은 동북의 괘로서 만물은 이때에 하나의 완성을 종결하는 때이지만 또 한편으로는 새로운 하나의 시작이다. 그러므로 成言乎艮이라고 말한다."[72]

위에서 말하는 것들은 분명하게 하나의 둥근 원형의 괘도를 말하고 있다. 즉 8괘를 사계절의 괘와 팔방으로 배합하고 있는데, 이것은 역학사상 최초의 원형괘도이다. 위의 문장에서는 오행의 상생상극에 대해 직접적으로 말하고 있지는 않으나, 이 원도가 말하는 것에 근거하여 배열해보면, 바로 그것은 「오행상생도」라는 것을 충분히 짐작할 수 있을 것이다. 이 괘도는 분명히 오행상생의 사상적 영향 아래에서 만든 것이다. 오행의 「화생토(火生土)」에 부합하기 위해 곤(坤)괘를 서남쪽에 놓아두는 것을 서슴지 않는다. 그러나 건(乾)괘는 또한 억울하지만 서북방에서 태와 함께 금에 놓이는 수밖에 없다. 손(巽)괘는 나무를 상징하여 동남쪽에서 진과 함께 목에서 이웃한다. 가장 배치하기

---

[72] 「帝出乎震, 齊乎巽, 相見乎離, 致役乎坤, 說言乎兌, 戰乎乾, 勞乎坎, 成言乎艮. 萬物出乎震, 震, 東方也. 齊乎巽, 巽, 東南也, 齊也者, 言萬物之潔齊也. 離也者, 明也, 萬物皆相見, 南方之卦也, 聖人南面而聽天下, 嚮明而治, 蓋取諸此也. 坤也者, 地也, 萬物皆致養焉, 故曰致役乎坤. 兌, 正秋也, 萬物之所說也, 故曰說言乎兌. 戰乎乾, 乾, 西北之卦也, 言陰陽相薄也. 坎者, 水也, 正北方之卦也, 勞卦也, 萬物之所歸也, 故曰勞乎坎. 艮, 東北之卦也, 萬物之所成終而所成始也, 故曰成言乎艮.」

힘든 것은 간(艮)괘이다. 간은 산을 상징하며, 산 역시 흙이고 곤괘와 같이 서남방에 둘 수 없으며, 나머지 동북쪽은 또한 북쪽의 물과 동방의 나무 사이에 놓여서 흙과 그들은 상생관계가 없기 때문이다. 그러나 공교롭게도 마침 곤(坤)괘 괘사 중에 "서남쪽으로 가면 친구를 얻고, 동북쪽으로 가면 친구를 잃는다(西南得朋, 東北喪朋)."라는 말과 건(蹇)괘 괘사 중에 "서남쪽으로 가면 유리하고, 동북으로 가면 불리하다(利西南, 不利東北)."라는 말이 있기에 이것을 근거로 하여 간(艮)괘를 동북쪽에 두는 것은 문제가 없는 것으로 보고 있다. 그래서 그것은 「하나의 완성을 종결하는 때이지만 또 한편으로는 새로운 시작이다(所成終而所成始)」를 나타내는 것이다. 이렇게 되면 북방의 수(水)는 직접적으로 동쪽의 목(木)을 생하여서 오행상생이 마침내 이루어지게 되는 것이다. 이 괘도는 앞에서 말한 복희씨와 문왕의 철학사상의 입장으로 본다면 분명히 반동적인 것이다. 왜냐하면 복희씨와 문왕에서부터 공자에 이르기까지 모두들 건·곤을 우두머리로 하여 역을 말하는데, 이 괘도는 오히려 건·곤 두 괘를 모서리에 놓아두고 있다. 이런 것들은 당시의 오행사상이 얼마나 큰 영향을 주었는가?를 단적으로 드러내고 있다. 필자가 보기에〈설괘전〉이 전국시대 중기에 완성되었다고 보는 근거는 바로 여기에 있는 것이다. 왜냐하면 당시 오행사상이 한창 성행하던 시기이기 때문이다. 또 이것은 어떤 유가의 학자가(〈십익〉은 분명히 유가사상이다) 오행사상의 강력한 영향을 받고서 쓴 새로운 학설이라고 본다.〈설괘전〉의 작자는 문자로는 직접적으로 오행상생을 말하고 있지는 않지만——그 이유는 아마도 그것들은 유가의 참정신으로부터 위배된다는 비판을 두려워한 것 같다——실질상으로 완전히 오행상생의 팔괘도를 말하고 있는 것이다. 이 새로운 괘도는 바로 역학의 방향을 바꾸는 놀라운 시작이 된다. 이때부터 역학은 오행, 역시(曆時), 방위(方位), 간지(干支) 등의 잡학과 관계를 맺게 되는데, 서한의 맹희(孟喜)의 괘기설(卦氣說)은 여기에서부터 확대되어 만들어진다. 송대의 소옹(邵雍)은 이 괘도를 「문왕팔괘방위도」라고 말하는데, 그것은 스스로의 역학이론을 합리화하기 위해서 이다. 필자는 그 실질내용을 취하여 「오행상생괘도(五行相生卦圖)」라고 부른다. 지금〈설괘전〉의 문왕의 말에 근거하여 그것을 그려보면 아래(66쪽)와 같다. 그림 중에는 금, 목, 수, 화, 토 등의 오행상생의 상태를 밝히고, 사계와 방향을 말하지 않은 것은 아울러 보충하였다.

〈說卦傳〉중의「五行相生卦圖」

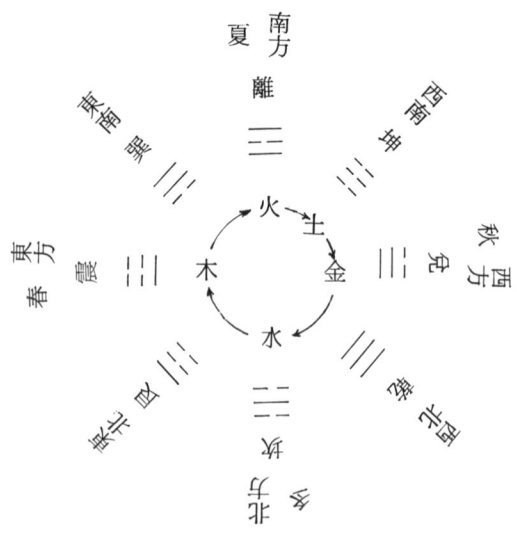

나. 맹희의 괘기도(卦氣圖)

맹희는 서한시대 선제(宣帝)년간의 사람으로 상수역학(象數易學)의 창시자에 해당된다. 그의 역학을 후대인들은「괘기(卦氣)」라고 한다. 맹희 본인의 저작은 이미 모두 실전되었지만 《신당서역지(新唐書曆志)》에「64괘용사배72후도(六十四卦用事配七十二侯圖)」가 실려 있는데, 그것을 맹희의 작품으로 보아「괘기도(卦氣圖)」라고 말한다. 괘기도는 앞에서 말한 〈설괘전〉 중의 「오행상생괘도」를 근거로 하여 더욱 확대한 것이다. 8괘를 다시 64괘로 확대하여 응용한 것으로 사시팔방 외에 12달, 24절기, 72후(七十二侯)를 다시 배합하여 공(公), 벽(辟), 후(侯), 대부(大夫), 경(卿)의 위를 더하였다. 그러나 여전히 감, 리, 진, 태를 사정괘(四正卦)의 사계절로 삼고 있다. 이것은 규모가 매우 큰 배합으로, 맹희는 이것을 재앙을 점치는 이론적 근거로 삼고 있다. 그 도를 수록하면 아래(67쪽)와 같다.

맹희의 이 괘도는 비록 점치는 데 사용되었지만, 그림 중의 64괘의 배열을 자세히 살펴보면 상당히 깊은 생각을 하였다는 것을 알 수 있을 것이다. 의심

孟喜六十四卦用事配七十二侯圖

常氣	月中節 四正卦	初侯 始卦	次侯 中卦	末侯 終卦
冬至	十一月中 坎初六	蚯蚓結 公中孚	麋角解 辟復	水泉動 侯屯內
小寒	十二月節 坎九二	雁北鄉 侯屯外	鵲始巢 大夫謙	野雞始雛 卿睽
大寒	十二月中 坎六三	雞始乳 公升	鷙鳥厲疾 辟臨	水澤腹堅 侯小過內
立春	正月節 坎六四	東風解凍 侯小過外	蟄蟲始振 大夫蒙	魚上冰 卿益
雨水	正月中 坎九五	獺祭魚 公漸	鴻雁來 辟泰	草木萌動 侯需內
驚蟄	二月節 坎上六	桃始華 侯需外	倉庚鳴 大夫隨	鷹化爲鳩 卿晉
春分	二月節 震初九	元鳥至 公解	雷乃發聲 辟大壯	始電 侯豫內
清明	三月節 震六二	桐始華 侯豫外	田鼠化爲鴽 大夫訟	虹始見 卿蠱
穀雨	三月中 震六三	萍始生 公革	鳴鳩拂其羽 辟夬	戴勝降於桑 侯旅內
立夏	四月節 震九四	螻蟈鳴 侯旅外	蚯蚓出 大夫師	王瓜生 卿比
小滿	四月中 震六五	苦菜秀 公小畜	靡草死 辟乾	小暑至 侯大有內

芒種	五月節 震上六	螳螂生 侯大有外	鵙始鳴 大夫家人	反舌無聲 卿井
夏至	五月中 離初九	鹿角解 公咸	蜩始鳴 辟姤	半夏生 侯鼎內
小暑	六月節 離六二	溫風至 侯鼎外	蟋蟀居壁 大夫豐	鷹乃學習 卿渙
大暑	六月中 離九三	腐草爲螢 公履	土潤溽暑 辟遯	大雨時行 侯恒內
立秋	七月節 離九四	涼風至 侯恒外	白露降 大夫節	寒蟬鳴 卿同人
處暑	七月中 離六五	鷹祭鳥 公損	天地始肅 辟否	禾乃登 侯巽內
白露	八月節 離上九	鴻雁來 侯巽外	元鳥歸 大夫萃	群鳥養羞 卿大畜
秋分	八月中 兌初九	雷乃收聲 公賁	蟄聲培戶 辟觀	水始涸 侯歸妹內
寒露	九月節 兌九二	鴻雁來賓 侯歸妹外	雀入大水化爲蛤 大夫無妄	菊有黃花 卿明夷
霜降	九月中 兌六三	豺乃祭獸 公困	草木黃落 辟剝	蟄蟲咸伏 侯艮內
立冬	十月節 兌九四	水始冰 侯艮外	地始凍 大夫既濟	野雞入水爲蜃 卿噬嗑
小雪	十月中 兌九五	虹藏不見 公大過	天氣上騰地氣下降 辟坤	閉塞而成冬 侯未濟內
大雪	十一月節 兌上六	鶡鳥不鳴 侯未濟外	虎始交 大夫蹇	荔挺出 卿頤

할 것도 없이 맹희는 한편으로 괘상과 절기와 월령을 합하려 하였고, 또 한편으로는 문왕이 말한 괘서의 의미를 바탕으로 하여 철학적인 성격을 표현하려 하였다. 철학성으로 따진다면, 맹희의 그런 배열은 자연히 문왕의 괘서에는 훨씬 미치지는 못하지만 몇 가지의 특기할 만한 점들은 있다.

첫째, 괘도는 동지의 중부(中孚)괘로부터 시작하여 그 다음에 복(復)괘를 두고 있는데, 바로 일반적으로 말하는 「괘기는 중부에서 시작한다」의 특성을 말한다. 이런 안배는 충분한 의미를 가지고 있다. 왜냐하면 동지 때 땅 위에는 모든 것이 얼어붙는 엄동의 때이지만, 땅 밑에는 미약한 양이 움직이고 있다. 중부의 괘상은 「☰☱」인데, 초, 2, 5와 상은 모두 양효이고 3과 4는 음효로서 바깥은 건실하고 단단히 막혀 있지만 속에는 부드러움을 감추고 있음을 상징하고 있다. 마치 과실의 핵(核) 속에 생기가 내재해 있는 것처럼 이 괘는 동지의 절기와 서로 부합하고 있다. 중부괘를 복괘의 앞에 두는 것은 일양이 다시 시작하기에 앞서서 내부에 생기가 숨어 있음을 말하는 것으로 매우 적절한 것 같다.

두번째, 동지의 중부는 하지의 함(咸)과 대응하고 있다. 중부 뒤 복의 일양이 비로소 나타나는 것과 함 뒤의 구의 일음이 양과 서로 대응한다. 이런 배열은 분명히 문왕이 상경을 건, 곤으로 시작하고 하경을 함과 항으로 시작하는 것을 모방한 것이다.

세번째, 중부와 복 다음은 준(屯)의 초생, 몸을 낮추어 아래에 자리하는 겸(謙), 남의 마음을 헤아려서 앞으로 나아가려 하는 규(睽)와 연결되고, 아래로 승(升)과 임(臨) 등이 연결된다. 임 아래에는 소과(小過)로서 정월의 괘인데, 절후로는 「춘풍이 얼음을 녹이는(東風解凍)」 때이다. 여기에서 사물이 생겨나와 지표상에 제법 많이 드러나고 있음을 말한다. 이 아래에 다시 몽(蒙), 익(益), 점(漸), 태(泰) 등의 괘와 연결된다. 마지막 몇 괘로 박(剝)괘는 구월의 상황으로 「풀과 나무가 노랗게 변하여 조락하는(草木黃落)」 절후로서 매우 타당한 배치이다. 다음으로는 간(艮)의 생기가 정지하는 의미가 있고, 또 그 다음은 기제(旣濟)로 절후는 「땅이 얼어가는(地始凍)」 때이다. 이것은 일년 중에 지면에 있는 생물의 생장과정이 완성되는 것을 의미한다. 그 다음은 서합(☰☱)으로 하괘는 움직이는 의미이고 상괘는 밝은 뜻을 가지고서 얼음이 아래로 흘러가는 의미를 취하고 있다. 다음은 대과(☰☱)로 음이 양을 덮고 있는 형상이기 때문에 절후는 「무지개가 숨어서 보이지 않는(虹藏不見)」때이다. 그 다음에는 순음의 곤이고 그 다음은 미제의 끝이면서 또한 시작을 말하고 있다. 그 다음은 건(蹇)으로 뜻은 다시 시작하려 할 때에는 반드시 매우 힘든 과정을 거쳐야 함을 의미하고 있다. 그 다음은 이(頤)로서 뜻은 휴양의 뜻을 가진다. 이의 괘상은 ☶☷로서 위는 멈추어 있음이고 아래는 움직이는 것으로, 이때는 11월 대설의 절기 후에 지면이 얼음과 눈으로 덮혀서 땅 아래의 생기가 휴식에 들어간 것을 의미한다. 여기에서 다시 중부의 시작에 다시 연결된다. 위에서 말한 것들을 종합해서 보면 맹희 역시 시생(始生), 변화와 끝에서 다시 시작하는 원도주류의 의미를 말하려 하는 것이다.

맹희가 말하는 64괘의 배열은 반드시 절기와 시령(時令)이 서로 부합해야 하는 제한을 가지고 있는데, 마치 문왕의 괘서가 상반과 상착의 제한을 받는 것과 같다. 그러나 문왕의 괘서에서 말하는 상반과 상착의 법칙 자체는 하나의 철학적 원리로 볼 수 있지만, 맹희가 괘상을 절기와 합하여 말하는 것은 완전히 억지로 갖다가 붙인 것으로 밖에 볼 수 없다. 그러므로 문왕의 괘서를 연구할 때 우리가 접촉한 모든 것에는 분명히 나름대로의 철학적 의미가 들어있음을 느낄 수 있을 것이다. 그러나 괘상의 배열은 그 배열 중에서 철학의의를 찾아야만 한다. 그러나 괘기 배열의 큰 실책은 건과 곤의 근본작용을 드러내지 못한 데 있기 때문에 철학적 의미에 의거하여서 배열한 것으로는 볼 수 없고, 배열중에 철학적 의미를 어느 정도 함유하고 있다고 말할 수밖에 없다.

그 다음에 괘기도 중에서 열두 달을 말하는 달의 「벽위(辟位)」의 12괘는 그 음양효의 소장(消長)을 괘상에서 가장 분명하게 표현하고 있다. 맹희는 이것으로 열두 달의 음양의 성함과 쇠함, 줄어듬과 늘어남 등을 설명하여 후대인들에 의해서 많이 인용되어지고 있다. 이 12괘를 「열두 달괘」혹은 「12벽괘」(「벽」은 군주의 뜻으로 열두 달을 주재한다는 의미이다) 라고 한다. 아래에서는 그것을 원도로서 배열하여 일년의 돌아가는 주기를 대표하게 하였다. 그것은 아래(71쪽)와 같다.

다. 경방의 팔궁괘도(八宮卦圖)

맹희보다 조금 후의 경방(京房)도 64괘 배열에서 새로운 양식을 선보이고

十二月卦圖

있는데, 그것이 바로 「팔궁(八宮)」이다. 이것은 팔순괘(八純卦)를 팔궁의 괘주 (팔순괘는 중괘의 여덟 개의 괘를 말함. 이 말은 경방이 처음으로 사용하였다)로 하여, 각각의 괘주는 나머지의 일곱 개의 괘를 거느린다. 그러므로 각각의 궁에는 여덟 개의 괘가 있으므로 팔궁은 64괘이다. 예를 들면 건궁의 괘주는 건(☰)이고, 초가 변하면 구(☰)로서 일세괘(一世卦)라 하고, 2효가 변하면 둔(☰)으로 이세괘라 한다. 마찬가지로 3효가 변하면 비(☰)로 삼세괘, 4효가 변하면 관(☰)으로 사세괘, 5효가 변하면 박(☰)으로 오세괘이다. 만약 계속해서 상효까지 모두 변한다면 곤의 궁으로 들어가버리기 때문에 상효는 변하지 않고 다시 돌아가서 제4효가 변하여 진(☰)괘가 되는데 이것을 유혼(游魂)괘라고 말한다. 다시 하괘의 세효가 변하여 대유(☰)괘가 되는데, 이것을 귀혼(歸魂)괘라고 말한다. 이런 식으로 하여 64괘는 모두 팔궁 속에 집어넣을 수 있다. 그 「팔궁괘도(八宮卦圖)」는 아래(72쪽)와 같다.

경방의 이런 배열법은 괘효상의 표면적 변화에 근거하고 있다. 이른바 일세, 이세, 삼세 …… 등은 그가 말하는 「세응설(世應說)」이다. 즉 일세괘와 일세효는 초에 있는데 그것은 4와 대응한다. 이세괘와 이세효는 2에 있으므로 5와 대응하고, 삼세괘와 삼세효는 3에 있으므로 상과 응한다. 사세괘와 사세효는

京房八宮卦圖

八宮	八純卦	一世	二世	三世	四世	五世	游魂	歸魂
乾宮	乾	姤	遯	否	觀	剝	晉	大有
震宮	震	豫	解	恒	升	井	大過	隨
坎宮	坎	節	屯	旣濟	革	豐	明夷	師
艮宮	艮	賁	大畜	損	睽	履	中孚	漸
坤宮	坤	復	臨	泰	大壯	夬	需	比
巽宮	巽	小畜	家人	益	无妄	噬嗑	頤	蠱
離宮	離	旅	鼎	未濟	蒙	渙	訟	同人
兌宮	兌	困	萃	咸	蹇	謙	小過	歸妹

4에 있으므로 초와 응하고, 오세괘와 오세효는 5에 있으므로 2와 응한다. 유혼괘는 4효를 세(世)로 하기 때문에 초와 응하고, 귀혼괘는 3효를 세로 하여서 상과 응한다. 팔순괘는 상효를 세로 하여서 3과 응한다. 경방은 여기에다 다시 「납갑(納甲)」 「세건(世建)」 「오행(五行)」 「육친(六親)」 「비복(飛伏)」 등의 이론을 가미하여 방대하고도 복잡한 점술을 만들어 재이(災異)를 점치고 길흉을 판단하는 데 사용하였다. 오늘날의 술수가들도 이것을 여전히 사용하고 있다. 그러나 만약 철학적 성질로서 말하면 이런 괘도는 실제적으로 이야

기할 만한 것이 못되고, 더욱이 맹희의 괘기도의 배열과 비교하면 훨씬 못 미친다. 구태여 이것의 장점을 말한다면, 괘도 자체가 아주 정제되어 있다는 미관상의 장점을 들 수가 있을 것이다. 후대의 많은 술수가들이 여러 가지 논거로 철학적 해석을 시도하였으나 모두 다 억지에 불과하고 근본도리는 아니었다.

라. 우번의 괘변(卦變)과 유염의 선천육십사괘직도(六十四卦直圖)

우번(虞翻)은 동한 말기의 유명한 역학가인데, 회계(會稽)사람으로 오나라의 손권(孫權) 아래에서 벼슬을 하였다. 그가 《역경》을 주석하는 이론근거는 「어떤 괘는 어떤 다른 한 괘에서 변해온 것(某卦自某卦變來)」이란 이론으로서, 보통은 「괘변(卦變)」이라고 말한다. 우번은 결코 괘변설로 괘를 배열하는 그림을 그리지는 않았다. 또한 그의 주석에서 어떤 부분은 도리어 서로 모순되는 부분도 존재한다. 그러나 이런 점에 대해서 어느 정도는 이해해야 할 것이다. 왜냐하면 당시에 그는 괘기설로써 경문을 모두 주해하려고 하였다. 《역경》의 괘효사가 모두 괘변에 의해서 생기는 것이 아니기 때문에 경의 해석에 제약을 받아서 여러 곳에서 스스로 자기모순을 범하는 경우가 많았다. 여기에서 우리는 그가 음양효의 변동법칙을 이용하여 괘도를 배열하려 한 의도를 간파할 수 있을 것이다. 그의 작업은 비록 완성되지는 못하였으나 그의 의도를 분명하게 알고 있기 때문에 후대인들이 괘변을 배열하는 기풍이 유행하는 데 큰 영향을 주게 된다. 예를 들면 《주역본의(周易本義)》의 앞에 수록된 주자의 괘변도는 바로 우번에서 연원을 두고 있다. 우번은 새로운 방식의 괘상배열을 하였고, 그것이 후대에 끼친 영향은 매우 크기 때문에, 필자는 그의 역주를 참고하여 약간의 수정과 보충을 하여 아래(74쪽)의 괘변도를 완성해 보았다.

우번 이후 많은 역학가들은 괘변을 연구하여 간명한 괘도를 만들려고 노력하였다. 남송 말년의 유염(兪琰)이 비로소 64괘를 마름모의 괘도 속에 압축하였다. 이것은 한꺼번에 음양효가 소식(消息)하는 상태를 분명하게 보여준다. 참으로 구조가 세밀하고 아름다운, 독자적인 경지에 오른 도표라고 말할 수 있다. 더욱이 이 괘도 중에는 건(乾), 곤(坤), 감(坎), 리(離)를 주축으로 하여, 동한의 위백양(魏伯陽)의 「빈모사괘(牝牡四卦)」 「감리이용(坎離二用)」의 설을 또한 속에 넣고 있다. 유염의 이 괘도는 한마디로 괘변 연구의 최고의

虞翻卦變圖(附虞氏注)

純陽卦一：

☰ 乾

純陰卦一：

☷ 坤

一陽五陰卦六：

䷗ 復　　　注：「陽息陰.」

䷆ 師

䷠ 謙　　　注：「乾上九來之坤.」

䷏ 豫　　　注：「復初之四.」

䷇ 比　　　注：「師二上之五.」

䷖ 剝　　　注：「陰消乾也.」

一陰五陽卦六：

䷫ 姤　　　注：「消卦也.」

䷌ 同人

䷉ 履　　　注：「謂變訟初爲兌也.」

䷈ 小畜　　注：「需上變爲巽.」

䷍ 大有

䷪ 夬　　　注：「陽決陰，息卦也.」

二陽四陰卦十五：

䷒ 臨　　　注：「陽息至二.」

䷣ 明夷　　注：「臨二至三.」

䷲ 震　　　注：「臨二至四.」

䷂ 屯　　　注：「坎二之初.」

䷚ 頤　　　注：「晉四之初.」

䷭ 升　　　注：「臨初之三.」

䷧	解	注：「臨初之四.」
䷜	坎	注：「乾二五之坤, 于爻觀上之二.」
䷃	蒙	注：「艮三之二.」
䷽	小過	注：「晉上之三, 當從四陰二陽臨觀之例, 臨陽未至三, 而觀四已消也.」
䷦	蹇	注：「觀上反三也.」
䷳	艮	注：「觀五之三也.」
䷬	萃	注：「觀上之四也.」
䷢	晉	注：「觀四之五.」
䷓	觀	注：「觀, 反臨也.」

二陰四陽卦十五：

䷠	遯	注：「陰消姤二也.」
䷅	訟	注：「遯三之二也.」
䷸	巽	注：「遯二之四.」
䷱	鼎	注：「大壯上之初.」
䷛	大過	注：「大壯五之初, 或兌三之初.」
䷘	无妄	注：「遯三之初.」
䷤	家人	注：「遯初之四.」
䷝	離	注：「坤二五之乾 …… 于爻遯初之五.」
䷰	革	注：「遯上之初.」
䷼	中孚	注：「訟四之初也. …… 此當從四陽二陰之例, 遯陰未及三, 而大壯陽已至四, 故從訟來.」
䷥	睽	注：「大壯上之三在繫, 蓋取二之五也.」
䷹	兌	注：「大壯五之三也.」
䷙	大畜	注：「大壯四之上.」
䷄	需	注：「大壯四之五.」
䷡	大壯	注：「陽息泰也.」

三陽三陰卦二十：

卦	注
泰	注：「陽息陰.」
歸妹	注：「泰三之四.」
節	注：「泰三之五.」
損	注：「泰初之上.」
豐	注：「此卦三陽三陰之例，當從泰二之四. 而豐三從噬嗑上來之三，折四於坎獄中而成豐.」
既濟	注：「泰五之二.」
賁	注：「泰上之乾二，乾二之坤上.」
隨	注：「否上之初.」
噬嗑	注：「否五之坤初，坤初之五.」
益	注：「否三之初.」
恒	注：「乾初之坤四.」
井	注：「泰初之五也.」
蠱	注：「泰初之上.」
困	注：「否二之上.」
未濟	注：「否二之五.」
渙	注：「否二之四.」
咸	注：「坤三之上成女，乾上之三成男.」
旅	注：「賁初之四，否三之五，非乾坤往來也，與噬嗑之豐同意.」
漸	注：「否三之四.」
否	注：「陰消乾.」

성과로 볼 수 있다. 그는 소강절보다 뒤에 생장하여 소옹의 역학에 깊은 찬사를 표하고 있었기 때문에, 그 괘도에서 건과 곤을 위와 아래에 두고, 거기에다 「음생월굴(陰生月窟)」「양생천근(陽生天根)」의 구절을 덧붙이고 있다. 또 소강절의 「선천(先天)」이란 말로 괘도의 이름을 붙여 부른다. 지금 이 괘변도를 소개하면 아래(77쪽)와 같다.

兪琰 先天六十四卦直圖

```
                                    否 ䷋ 三陰
                                 漸 ䷴
                              遯 ䷠   二陰
                           訟 ䷅
                        姤 ䷫      一陰
                     履 ䷉
                  同人 ䷌
               小畜 ䷈
            大有 ䷍
         夬 ䷪
      乾 ䷀ 六陽
                        家人 ䷤
                           无妄 ䷘
                              大過 ䷡ （continuation）
```

（이 페이지는 先天六十四卦直圖의 도표로, 乾(六陽)에서 시작하여 坤(六陰)으로 이어지는 64괘의 배열을 나타낸다.）

주요 괘 명칭:
- 六陽: 乾
- 五陽: 夬, 大有, 小畜, 履, 同人
- 四陽: 大壯, 需, 大畜, 兌, 睽, 革, 中孚, 家人, 離, 无妄, 訟, 姤
- 三陽: 泰, 歸妹, 節, 損, 豐, 既濟, 賁, 隨, 噬嗑, 震, 明夷, 臨, 頤, 屯(也), 解, 升, 坎, 蒙, 師, 謙, 復
- 二陽: 一陽:
- 五陰: 剝
- 四陰: 觀
- 三陰: 否
- 二陰: 遯, 旅
- 一陰: 姤
- 六陰: 坤

一陰: 姤
二陰: 遯, 訟, 巽, 鼎, 大過, 困, 未濟, 渙, 咸, 革, 離, 家人, ...
三陰: 否, 漸, ...
四陰: 觀, 晉, 萃, 艮, 蹇, 小過, ...
五陰: 剝, 比, 豫, 謙, 師, 復, ...
六陰: 坤

天根生一陽 / 月窟生一陰

마. 소옹의 선천역도(先天易圖)

송대는 한대 이후 다시 역학이 성행한 시대이다. 송대 역학에서 가장 유명한 사람이 바로 소옹(邵雍)이다. 소옹 역학의 기초는 그의 괘도에서 근거를 가지는데, 그중 가장 유명한 것이 4가지의「선천역도」이다(79, 80쪽 참조).

소강절은 복희씨의 이론을 빌려와서 그의 선천역도를 설명하고 있다. 그러나 실제로 복희씨는 8괘만 그렸지 64괘는 그리지 않았고, 또한 원형의 8괘를 그린 자취도 없고, 더욱 흑백의 네모진 칸으로 효상을 대신한 적도 없었다. 강절은 또 문왕의 이름을 빌려온 다른 종류의 두 가지 후천도도 있다. 하나는「문왕팔괘방위도」로서〈설괘전〉중의「오행상생괘도(五行相生卦圖)」이고, 다른 하나는「문왕팔괘차서도(文王八卦次序圖)」로서〈설괘전〉의 "건은 천이므로 아버지라고 한다."[73]라는 말을 근거로 해서 그린 것이다.

소강절의 역학은 송대 이후에 매우 높은 성가를 누려왔는데, 그 원인은 아마도 그가 선천역도를 바탕으로 하여 그것에 새로이「원(元), 회(會), 운(運), 세(世)」의 이론을 합하여 우주의 생성과 소멸이라는 문제를 끄집어내었기 때문일 것이다. 그러나 사실 그의 선천역도는 철학적 배열이라기보다는 수학적 배열이라고 하는 것이 더 적당할 것이다. 그가 역학적 도상을 창작하고 우주의 생성과 소멸이라는 방대한 사상체계를 말하는 것은 분명히 높이 평가하여야 하는 부분이지만, 선천역도의 수학적 배열을 기초로 하여 성립된 사상체계는 자연히 기계론적 경향을 가질 수밖에 없을 것이다. 이런 점들은 복희씨, 문왕, 공자와 노자의 철학과는 합치되지 않는다. 아래에서 필자는「선천역도」와 역경철학의 원지의 다른 점을 간단하게 설명하도록 하겠다. (어떤 이들은 소옹의 역도는 화산도사(華山道士) 진단(陳搏)에게서 전해받았다고 말한다. 이것은 그 진위를 철저하게 따져볼 내용은 아닌 것 같다.)

위의 선천역도 중의 8괘와 64괘차서도는 흰 칸이 대표하는 양효「—」와 검은 칸이 대표하는 음효「--」 등은 모두 이분법의 원칙으로 단계적으로 발전되어 이루어진 것들이다. 8괘의 단계에서는 자연히 건, 태, 리, 진, 손, 감, 간, 곤의 순서가 되고, 64괘의 단계에서는 자연히 건, 쾌, 대유, 대장, 소축, …… 관, 비, 박, 곤 등의 순서가 된다.

---

73)「乾, 天也, 故稱乎父」

제1장 네 가지 기본인식 79

邵雍先天易圖

〈伏羲八卦次序〉

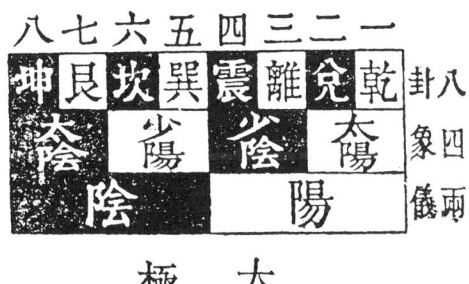

〈伏羲八卦方位〉

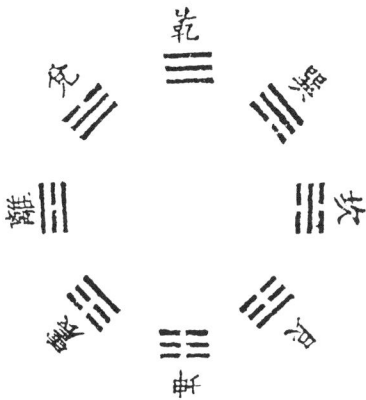

〈伏羲六十四卦次序〉

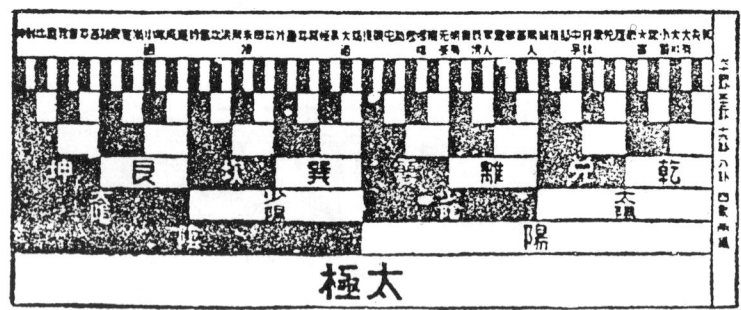

〈伏羲六十四卦方位〉

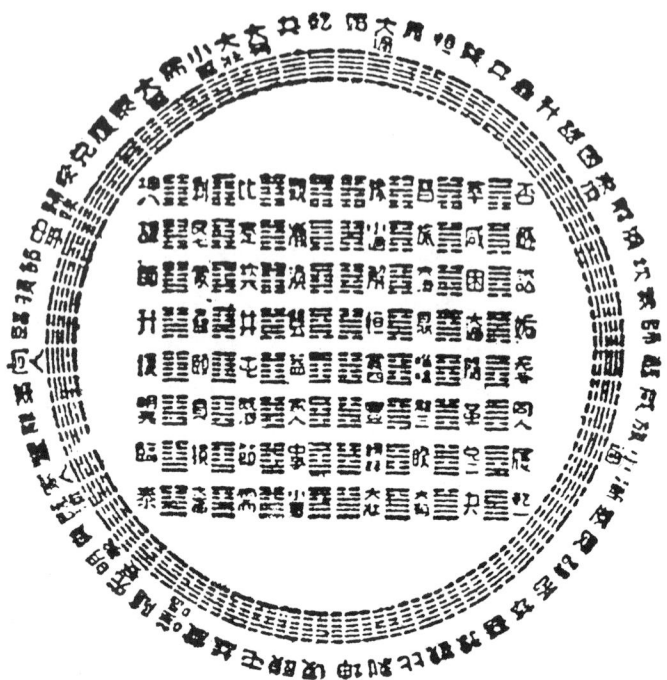

다른 하나의 8괘와 64괘의 방위도는 바로 위의 두 가지 순서에 근거하여 배열한 것이다. 건에 가까운 네 괘를 왼쪽에 두고, 곤에 가까운 네 괘를 오른쪽에 두어 8괘의 둥근 방위도를 만든다. 건에 가까운 32괘를 왼쪽에 배치하고, 곤에 가까운 32괘를 오른쪽에 배치하여서 64괘의 둥근 방위도가 만들어진다. 건에 가까운 32괘를 갈라서 아래에 네 줄로 배치하고, 곤에 가까운 32괘를 갈라서 네 줄로 위에 배치하여 64괘 방위도 속의 방도(方圖 : 네모진 도형)를 완성한다.

네 가지 괘도의 배열방식은 위와 같다. 괘상의 기본부호는 다만 「—」과 「--」두 종류밖에 없고, 또 서로 소장하는 발전법칙에 따르기 때문에 결과적으로 배열되는 64괘의 방위도는 원형이건 네모형이건 모두 좌우로 혹은 상하로 대칭과 균형을 이루고 있다. 괘와 괘, 효와 효가 서로 반대되거나 착종하여, 현대적인 관점으로 미루어 보면 이것은 수학배열의 필연적 결과이다. 그러나 송대 그 시대에 이런 복잡하고 오묘한 괘도를 나름대로 배열하였다는 것은 실로 놀라지 않을 수 없는 것이다. 한마디로「자연의 오묘함을 본받은(法象自然之妙)」것 같다. 예를 들면 방도 중에서 내부의 중심되는 네 괘는 진(震)과 손(巽)이 서로 배합한 것이다. 그리고 그 바깥의 12괘는 감(坎)과 리(離) 두 괘의 종횡의 상호배합으로 구성되어 있고, 바깥의 20괘는 간(艮)과 태(兌)의 종횡의 상호배합으로 구성되어져 있다. 가장 바깥의 28괘는 건과 곤의 종횡의 상호배합으로 구성되어 있어서 4, 12, 20, 28의 수는 모두 8의 사이를 두고서 상생(相生)하는 묘미를 드러내고 있다. 다시 그 상호배합을 구체적으로 말할 것 같으면 진과 손은 항(恒), 익(益)과 상응하고, 감과 리는 기제와 미제에 상응한다. 그리고 간과 태는 함(咸)과 손(損)에 상응하고, 건과 곤은 비(否)와 태(泰)에 상응한다. 그리고 원형의 도에서는 진과 손, 감과 리, 간과 태, 건과 곤 등이 서로 대응된다. 이런 여러 가지 입장들은 모두 다 고정된 부호가 고정된 방식의 배열 속에서 생기는 자연결과이다. 당시에 소강절의 역학을 숭상하던 사람들은 이것을 근거로 하여 역의 신비적인 면에 몰입하였던 것이다.

소강절의 역학은 그 체계가 매우 방대하여 여기에서 하나하나 자세하게 서술하기가 어렵다. 그러나 기본입장을 한마디로 말한다면 그의 역학은 실제로는 역학의 본질과 완전히 부합되는 것이 아니라는 것이다. 그 중에서 중요한 두 가지만 지적하여 말하면 다음과 같다.

첫째, 복희씨의 8괘는 태극이 양의를 생하고, 사상과 8괘를 생하는 발전과정을 역학철학의 기본지표로 삼는다. 괘상은 그것의 철학사상을 표현하기 때문이다. 우주만물의 변화하는 작용을 관찰하여서 태극이 있고, 이것의 작용에는 왕복소장이 있음을 보고 양의가 있음을 알게 되고, 양의가 서로 상호작용을 하여 만물이 생겨나는 것을 상징하여 사상의 존재를 말한다. 만물이 각각 음양의 차별이 있는 실정을 표현함에 의해서 8괘가 이루어진다. 그러나 소강절의 「선천역도」는 모든 단위마다 하나하나의 그림을 그려나가는 것을 원칙으로 삼는 까닭에 8괘, 16괘, 32괘에서 64괘에 이르는 배열을 하게 되는 것이다. 강절은 이런 원칙에 의거하여 자신의 철학사상을 발휘하지만 복희씨, 문왕과 완벽하게 부합되지는 않는다.

둘째, 「선천역도」에는 둥근 원으로 된 것도 있고 네모진 모로 된 것도 있어서, 역경철학의 「원도주류」와 「대립통일」의 의미를 분명하게 드러내고 있다. 그러나 괘상의 배열이 고정불변의 형식이 되고, 대칭과 균형이라는 것도 유행 혹은 유전(流轉)의 모습을 상실해버린다. 〈계사전〉에서 말하는 "하나도 빠짐없이 모두 만물을 이루어 나가는"[74] "어떤 일정한 형식이 없이 오직 변화함에 의해서 적당히 따라 나가는"[75] 뜻과는 거리가 있게 된다. 강절역학의 상세한 부분들은 많이 실전되었으나, 그 선천역도의 기계적 형식으로 미루어 보면, 그 철학 역시 기계론을 벗어나지 못한다. 역경철학의 정신은 살아 움직이는 활발한 「변화」를 주요내용으로 하는데 어찌 기계론이란 것으로 말할 수 있겠는가?

(4) 호체와 반상

앞에서 말한 8괘, 64괘와 각종 형식의 괘도는 「상」의 세 가지 중요한 종류들이다. 그것 이외에 또 호체(互體)와 반상(半象)의 이론이 있다. 그것들은 하나의 괘상이 가지고 있는 부분적 상을 해석하는 것이기 때문에 「상 가운데 있는 상(象中之象)」이라고 말한다. 비록 그것 자체만으로는 하나의 독자적인 상의 종류로 구별되는 것은 아니지만, 그것 역시 나름대로의 철학적 의미를 가

---

74)「曲成萬物」
75)「不可爲典要, 唯變所適」

지고 있기 때문에 이야기해야만 한다.

먼저 호체에 대해서 이야기해 보겠다.

호(互)는 서로서로 번갈아가며 넘나드는 교호작용(交互作用)을 의미한다. 즉 한 괘상 속에서 다른 괘상의 체와 교호작용을 하는 것을 말한다. 호체라는 개념은 서한 때의 경방(京房)에서 시작되어, 그 후에 정현(鄭玄), 순상(荀爽), 우번(虞翻) 등도 모두 이것으로 역을 해석하고 있다. 그러나 그 근원을 살펴보면 춘추시대에 이미 그 흔적이 나타난다. 예를 들면 《좌전》 장공 22년 진후(陳侯)의 점서에 관(䷓)과 지괘(之卦)인 비(䷓)의 괘가 나오는데, 두 괘에는 모두 간(艮)이 보이지 않는데도 산으로 해석하고 있다. 이는 바로 비(否)괘의 2에서 4효의 호체로서의 간 때문에 그런 것이다. 지금 정(鼎)괘를 예로 들어서 그것이 가지고 있는 호체괘를 살펴보기로 하자.

䷱ 鼎

    초에서 3은 원래 내괘로서 巽(☴)
    4에서 상은 원래 외괘로서 離(☲)
    초에서 4의 호체는 姤(䷫)
    초에서 5의 호체는 大過(䷛)
    2에서 4의 호체는 乾(☰)
    2에서 5의 호체는 夬(䷪)
    2에서 5의 호체는 大有(䷍)
    3에서 5의 호체는 兌(☱)
    3에서 상의 호체는 睽(䷥)

이렇게 보면, 하나의 정괘는 원래의 괘상과 내외괘 이외에 또한 일곱 개의 호체괘를 끌어낼 수 있는 것이다. 즉 하나의 괘가 10개의 괘로 될 수 있는 것이다. 정괘뿐만 아니라 다른 괘 역시 이와 같다. (다만 소수의 괘의 호체괘는 모두 같다. 예를 들면 건과 곤 등이 그러하다.) 이 때문에 64괘는 갑자기 10배로 불어나기 때문에, 후대인들은 이것을 비판하여 "천착하고 견강부회하여 상 바깥에 상을 만드는"[76] 격이라고 말한다. 그러나 우리는 이 때문에 호체의

---

76) 《日知錄》 제1권 「穿鑿附會, 象外生象」

철학적 의미를 완전히 무시할 수는 없다. 괘상의 의미가 어디에 있는가? 〈계사전〉에서 "팔괘는 상으로 뜻을 말한다."[77] "상이라는 것은 형용하는 것이다."[78] 라고 하였다. 괘상은 원래 철학적 상징부호로서 그것으로 우주만물의 실상을 설명하고 형용한다. 우리가 우주 속의 만물을 살펴보면, 그것은 사물 속에 사물이 들어 있고, 사물 바깥에 또 사물이 있음을 알 수 있을 것이다. 이것은 현대과학의 관점으로 말하면 더욱 적절할 것이다. 즉 사람의 바깥에 지구가 있고, 지구 바깥에 태양계가 있고, 태양계 바깥에 은하계가 있고, 이외에 우주와 대우주…… 등등이 있다. 사람의 내부에는 세포가 있고, 세포 속에는 원자가 있고, 원자 안에는 원자핵과 전자…… 등등이 있다. 이것은 수직적으로 놓고 말하는 경우이다. 인간에게는 인류가 있고, 동물에게는 동물류가 있고, 초목에는 또 그 류가 있다. 작고 큰 것, 정미한 것과 조잡한 것 등 여러 가지가 복잡하게 나열되어 있고, 각각 나름대로의 생기를 가지고 있다. 이것은 수평적인 측면에서 복잡다단한 상태를 말하는 것이다. 인간과 사물들은 서로 해치지만 서로 의탁한다. 복과 화는 서로 반대되지만 서로 이루어주고(相成) 서로 작용하여 섞이고, 서로 원인이 되어서 마치 고리가 연결되어 있는 것과 같다. 이것은 세번째의 상황설명이다. 그러면 이제 우리는 호체의 뜻을 살펴보기로 하자.

위에서 예를 든 정괘의 초에서 5의 호체는 대과이고, 호체로서의 대과 중에는 또 초에서 4효의 호체 구와 2에서 5효까지의 호체 쾌가 있고, 호체 구 중에는 또 2에서 4효까지의 호체 건이 있고, 3에서 5까지의 호체 건이 있다. 이런 것들은 대우주와 소우주가 여러 개 겹겹이 쌓여져 있는 모습들을 적당하게 설명하는 것이다.

정(鼎)괘는 각기 다른 10개의 괘상을 함유하고 있다. 다른 괘 역시 다르거나 같은 10개의 괘상을 함유하고 있다. 예를 들면 구(姤)괘는 건(乾)의 상 6개와 구(姤)의 상 3개와 손(巽)의 상 하나를 함유하고 있다. 또 규(睽)괘는 리(離)의 상 3개와 규(睽)의 상 2개와 태(兌), 절(節), 기제(旣濟), 미제(未濟), 감(坎) 등의 상 각 하나씩이 포함되어 있다. 이런 것으로 만물의 여러 가지 복잡다단한 모습을 표현해내고 있는 것이다.

또 서로 교호상착(交互相錯)하는 것에 대해서 말하면, 정괘의 호체 중에 리,

---

77) 〈계사전〉「八卦以象告」
78) 같은 곳 「象也者, 像也」

구, 대과 등이 있었는데, 리, 구, 대과······ 등 괘의 호체 중에는 또 정과 기타의 서로 교착하는 괘상이 있다. 그 중 같은 것도 있고, 다른 것도 있으며, 같고 다른 것이 많은 것도 있고 적은 것도 있다. 이런 것들은 만물이 서로 원인이 되고, 서로가 근거가 되어주는 것을 매우 적절하게 표현해낼 수 있는 것이다.

　우주내의 만사만물은 무궁하나, 괘상은 다만 64괘뿐이므로 한정된 64괘의 괘상으로 우주의 만사와 만물을 모두 다 형용하는 것은 불가능하다. 이 때문에 고대의 성인들은 역학을 하나의「변(變)」자에 근거를 두고 말한다. 즉 변화는 소수의 한정된 괘상을 많은 괘상으로 변화하게 하고, 유한을 무한으로 변화시키는 것이다. 괘상에「다(多)」와 무한의 변화가 있어야만이 비로소 잡다하고도 무궁한 우주내의 만물을 모두 다 형용할 수 있는 것이다. 그러므로 《주역》의 괘상은 변화의 다에 병통이 있는 것이 아니라 변화가 없으면 병통이 생기는 것이다. 변화가 없을 때 괘상은 죽어서 움직이지 않는 몇 개의 부호에 불과하게 되는 것이다. 그런 것이 어떻게 역학이 될 수 있겠는가? 우리는 이런 가장 기본적이고도 정확한 관점으로 호체를 볼 때 호체는 역학의「상」가운데에서 나름대로의 가치를 가지고 있다는 사실을 인정하지 않을 수가 없을 것이다.

　다음에는 반상(半象)에 관해서 말해보자.

　반상은 우번의 독특한 이론이다. 이 이론은 경문해석을 할 때 적용하지만, 그 뜻이 불확실한 까닭에 후대인들의 많은 악평을 듣게 되는 원인이 되기도 한다. 그러나 역을 말하는 사람이라면 누구나 한 번씩은 모두 언급하는 것들이다. 예를 들면 주진(朱震)의 《한상역전(漢上易傳)》에서는「견합(牽合)」이라고 일축하고, 초순(焦循)의 《주역도략(周易圖略)》에서는 우번의 《역경》해석을 "그 까닭들을 궁구하여도 해결하지 못하자, 반상을 만들어내었다."[79]고 하였다. 이들 혹독한 질책들은 말하자면 모두 다 인식태도상의 문제들이다. 즉 괘상에서 학설을 만드는 것은 바로「해경(解經)」하기 위해서이다. 그러나 만약 전통적 해석방법의 속박을 벗어나서「괘상은 철학사상을 표현하는」것이라는 본질적 의미를 직접적으로 인식하려고 한다면 우번의 반상설을 취하지 않을 수 없게 되는 것이다. 우리는 경문의 중요성을 알고 있다. 왜냐하면 그것은 철학적 내용을 담고 있기 때문에, 경문 해석의 목적도 또한 경문을 통하여 철

---

79)「求其故而不得, 造爲半象」

학사상을 해석하는 데 있다. 그러나 경전 자체만을 중시하는 태도가 너무 지나쳐 그것에만 집착하게 되면, 경문의 배후에 숨어 있는 가장 중요한 철학적 본의를 간과하기가 쉬운 것이다. 괘상이 철학사상을 표현하는 것은 직접적인 것으로 당초의 복희씨, 문왕이 8괘, 64괘를 만들어서, 연역(演易)한 의도 역시 이러하다. 만약 우리가 이런 인식태도를 가지고 본다면, 앞에서 말하는 주진이나 초순의 비평은 모두 타당한 견해는 아니다. 우번이 반상의 이론을 만든 근본적 이유는 경전을 해석하기 위해서 인 것이다. 그러므로 반상설은 확실히 《역경》의 철학사상을 드러내는 가치를 가지고 있고, 우번의 반상설에 대한 이론정립은 괘상에 대한 정확한 인식에서 나왔다는 것을 우리는 인정하지 않을 수 없게 되는 것이다. 필자는 이런 관점에서 반상을 평가해야 공평하고 객관적인 것이라고 믿는다.

그러면 반상은 무엇인가? 반상은 괘 중에서 서로 가까이에 있는 효로 상을 만들어내는 것을 말한다. 8괘는 세 개의 효가 있어야 괘상이 되고, 64괘는 각각 여섯 개의 효로 괘상을 만들기 때문에 두 개의 효로는 온전한 괘상을 만들지 못한다. 그러므로 반상이라고 말하는 것이다. 즉 반상이라는 것은 바로 「아직 완전한 형태를 이루지 못한 상(未成形之象)」이라는 의미이다. 아직 완전한 형태를 이루지 못한 상은 발전과정 속에서 완전한 형태의 상으로 나아가는 경향을 말하고 있다. 바꾸어 말하면, 반상은 하나의 사물 속에서 잠재되어 있는 것이 발전하여 나가는 추세를 상징하는 것으로 볼 수 있다.

우주만물은 변화하지 않는 것이 없고, 변화하는 까닭에 보이지 않는 가운데에서 음 혹은 양의 세력이 활동하고 있는 것이다. 마치 장자의 「배를 계곡 속에 감추고, 산을 연못 속에 감추고서 안심하다고 믿는다. 그러나 한밤에 힘이 있는 자가 이것을 짊어지고 가버렸으나 어리석은 자들은 이 사실을 모르고 있는 것」[80]처럼 반상은 바로 한밤중의 힘 있는 자를 상징하고 있다. 여기서 8괘 중의 건(乾)괘를 예로 들어보자. 건괘의 상은 ☰으로, 초와 2효는 태(☱)의 내반상(內半象)이고, 또 손(☴)의 외반상이고, 그 2, 3효의 양효 역시 똑같다. 건괘는 순양괘이다. 양의 성질이 지극히 성하게 되면 변하여 음이 된다. 태와 손은 건의 양 속에 잠재해 있다. 그러나 태와 손은 모두 음괘(건, 진, 감, 간

---

80) 《莊子》〈大宗師〉「藏舟於壑, 藏山於澤, 謂之固矣, 然而夜半有力者負之而走, 昧者不知也.」

은 양괘이고, 곤, 손, 리, 태는 음괘이다)로서 바로 건의 양괘가 변하여 음의 성질이 되는 것이다. 음양의 두 성질이 잠재적으로 상호변화하는 상태를 반상은 가장 적절하게 표현하고 있다. 이렇게 본다면 반상은 실재로는 괘상부호의 유동하는 뜻을 더욱 분명하게 표현한다고 할 수 있을 것이다.

제 3 절 술(術)

 술(術)은 서술(筮術)이라고 말하는데, 사람의 길흉을 점치는 방법으로 역경철학의 두번째 모습이다. 첫번째의 모습인 「상」은 복희씨에 의해서, 이 『술』은 주문왕에 의해서 이루어진 것이다.
 서술을 행하는 주요한 도구는 시책(蓍策)이다. 시(蓍)는 일종의 식물이름인데, 무리지워 생장하고, 가늘고 질긴 줄기가 긴 식물이다. 이 시초의 줄기를 꺾어서 50개의 똑같은 길이로 만든다. 이것을 가지고 계산에 적용하여 괘상을 만드는데, 이 괘상과 괘사의 이론에 근거하여 길흉을 판단하게 되는 것이다. 그러므로 만약 괘상이 서술에 응용되어지는 것으로 말하면 문왕에 의해서 역학이 서술에 이용되어지는 것이다. 그러나 문왕의 의도는 실은 여기에 있지 않았다. 왜냐하면 괘상 중에는 자연과 인간에 공통되는 도리를 함유하고 있기 때문에, 문왕은 서술의 보급을 통하여 사람들이 《역경》의 도리를 따라서 살아가도록 교화하려는 것이었다(역도에 따르면 길하고, 역도에 위배되면 흉하다). 공자가 나중에 문왕을 칭송하여 "신도로 가르침을 열었다(以神道設敎)."라고 말한 것은 바로 문왕의 참된 의도를 잘 드러내주고 있는 것이다. 이런 이유로 말미암아 문왕이 8괘를 중첩하여 64괘로 만들고 괘효사를 지은 것은 비록 그 발생과정으로 말하면 서술을 행하려는 것이었지만, 결과적으로 보면 역학은 그것을 통하여 크게 발양되고 발전되어지게 되는 것이다. 사람들은 이 서술의 점단(占斷)을 통하여 역경철학의 도리를 깨닫게 되는 것이다.
 서술은 매우 복잡하고도 방대한 체계로 설계되어 있다. 그 체계가 나타나게 된 역사적 조건과 상세한 설명은 여기서는 모두 말하기 어렵고, 다만 간단히 기술하도록 하겠다. 지금 서술을 통하여 길흉을 점단하려 한다면 그 과정은 아래와 같다.

서술의 시작

점치려는 자는 의관을 정제하여 천지의 귀신에게 향을 올리고 기도하여 마음속에 해결하지 못한 어려운 일이 있음을 표명한다.

이미 준비한 50개비의 시책 중에서 하나는 옆에 버려두고 사용하지 않는다. (50이란「대연지수(大衍之數)」를 말한다. 즉 우주의 만물이 아직 생겨나기 이전의 선천역도의 수이다. 하나를 버리는 것은 태극의 움직임을 상징하는 것으로, 우주만물은 이것에서부터 움직여 비로소 생겨난다.)

양손으로 나머지 49책을 나눈다(건곤, 음양 혹은 천지의 나눔을 상징한다).

오른손에 가지고 있던 시책을 놓고 왼손에 가지고 있는 시책 하나를 새끼손가락과 약지 사이에 끼운다(천과 지 이후의 사람을 상징하여 삼재(三才)가 된다).

왼손의 나머지 시책을 네 개씩 덜어내고 나면, 나머지는 1, 2, 3 혹은 4가 되는데, 그것을 약지와 가운데 손가락 사이에 낀다(네 개씩 나누는 것은 사계절을 상징하고, 나머지를 끼우는 것은 윤달을 상징한다).

오른손에 끼고 있는 시책을 가지고 역시 네 개씩 나누고, 나머지는 왼손의 가운데 손가락과 집게 손가락 사이에 끼운다.

왼손에 있는 책을 모두 책상에 놓는다. 이것이 제일변(第一變)이다.

다음엔 제일변 후의 나머지 시책을 가지고, 앞에서 행한 순서에 따라서 다시 되풀이 한다. 이것이 제이변(第二變)이다.

또 제이변 후의 나머지 시책으로 되풀이한다. 이것이 제삼변이다.

삼변을 통하여 손가락에 끼워두었던 책수를 모두 합한 것을「설여(揲餘)」라 한다. 그리고 넷으로 나눈 후의 시책을「과설(過揲)」이라 한다. 과설 혹은 설여의 책수에 의거하여 괘상의 초효를 만들어낸다. (괘를 그리는 순서는 아래에서부터 위로 그리는데, 이것은 만물이 아래에서부터 생겨나는 것을 상징한다.)

이와 같이 반복적으로 행하여 삼변(三變)마다 한 효를 얻기 때문에「18번 변하여 한 괘를 만든다(十有八變而成卦)」라고 말한다.

〔위에서 말한 것들은 연시법(演蓍法)이라고 말하는데 서술의 전반과정으로,

점을 치는 자가 친히 행하여야 한다.]

　괘상이 이미 만들어지면 서술을 주재하는 사람은 괘상 중에 노양, 노음, 소양, 소음의 효가 있는지를 살펴야 한다. 그런 후에 점법에 근거하여 괘, 효사를 결정하고서 길흉을 판단한다.
　서술완료.

　이상이 서술점의 전체과정의 대강이다. 어떻게 「과설」과 「설여」의 책수로부터 효상이 노양, 노음, 소양, 소음이 되는가? 라는 문제는 아래의 「수」에 관한 부분을 참고하기 바란다. 여기에서 우리는 마음속의 의문, 즉 이런 서술로 점치는 방법을 미신으로 보아야 하는가? 라는 문제를 제기하지 않을 수 없다. 역경철학은 순수한 이성적 사고에 의한 것이다. 지금 위에서 말하는 연시법을 살펴볼 때, 하나의 책을 놓아두고 사용하지 않는 것은 태극의 움직임을 상징하고, 시책을 둘로 나누는 것은 천지의 갈라짐을 상징하고, 하나를 손가락에 끼는 것은 삼재(三才)를 상징하였다. 그리고 네 개씩 나누는 것은 사계절을 상징하고, 나머지를 끼는 것은 윤달을 상징하는 것 등은 모두 일종의 견강부회이다. 역경철학을 이런 억지이론에다 끌어 연결시키는 것이 어떤 가치를 가진다는 말인가? 이 두 가지 문제는 모두 지극히 중요한 것들이다. 아래에서 나누어 설명하겠다.
　먼저 서술이 미신인가의 문제에 대해서 논하겠다. 어떤 사람들은 괘효사가 신묘(神廟 : 민간의 여러 신을 모셔놓은 사당) 중의 첨문(籤文 : 대나무로 만든 첨자 속에 씌어 있는 길흉의 점괘)과 비슷하다고들 말한다. 보기에 따라서는 비슷할지 몰라도 사실은 크게 다르다. 첨문은 다만 어떤 첨이 길하거나 혹은 흉하다라는 것을 드러내는 죽어 있는 문자일 뿐으로 배후에는 어떤 사상적 근거가 없다. 점치는 자가 하나의 첨자를 빼내었을(抽籤) 때 길흉의 판단은 이미 결정되어지는 것이다. 괘효사는 그렇지 않다. 괘효사 중에 길, 흉, 회, 린은 괘효의 상에 근거하고 있는데, 괘효상 중의 원칙은 그 변화의 상황에 의거하는 것이다. 또한 괘효의 상과 사는 다만 객관적 측면에 불과한 것이다. 사 중에서 말하는 길은 반드시 길한 것은 아니다. 사 중에서 말하는 흉도 반드시 흉한 것만은 아니다. 진(晉)나라의 공자(公子) 중이(重耳)가 점쳐서 진나라를 얻은 것을 서사(筮史)는 모두 불길하다고 하였으나 사공 계자(司空 季子)는 길하다고 생각하였다.⁸¹⁾ 남붕이 반란을 도모하여 점을 쳤는데,「노란 치마이다. 크게 길하다(黃裳元吉)」란 점이 나왔다. 이것을 자복혜백(子服惠伯)은 불길하다고 생각하였다.⁸²⁾ 이 때문에 서술 중에는 객관적 괘효상과 괘효사 이외에 또한 주관적 조건의 배합이 있는 것이다. 이 가운데에 더욱 중요한 것은 점을 주재하는 사람이 지혜로운가 그렇지 않은가의 문제이다. 점치는 사람은 한편으로는 괘효상과 괘효사를 판단하면서 또 한편으로는 점을 묻는 자의 상황을 깊이 관찰하고, 체계 있는 이지적 사고활동 —— 추리, 분석, 종합, 판단 —— 을 통하여 비로소 결정하는 것이다. 그러므로 서술점복의 판단은 살아 있는 것이지 죽은 것이 아니다. 이것은 〈계사전〉 중에서 매우 분명하게 이야기하고 있다.

"천하의 모든 복잡한 현상들을 극진히 하는 것들은 모두 괘 중에 존재하고 있고, 천하의 모든 활동을 고무, 격려하여 분발시키는 것은 모두 효사 속에 존재하고 있다. 그 적당한 도에 맞게끔 변화하게 하는 것들은 변화에 있고, 그것을 미루어 추진하도록 하는 것은 관통에 있고, 그 신명한 것은 사람에게 존재하는 것이다."⁸³⁾

이른바 「그 신명한 것은 사람에게 존재하는 것이다」라는 것은 바로 점을 주재하는 자의 중요성을 가리키는 것이다. 〈계사전〉에서는 또한 「성인지도(聖人之道)」를 말한다. 성인은 밝은 지혜로 깊은 통찰력을 가지는 사람으로 「깊고 오묘한 진리를 극진히 발휘하여 기미를 연판할 수 있기(極深而硏幾)」 때문이다.

"본래 역경은 성인이 그것으로 깊은 도리를 규명하여, 사리의 미미한 기미를 궁구하는 것이다. 사리의 미미한 기미를 궁구하기 때문에 천하 만민의 마

---

81) 《國語》〈晉語〉「公子親筮之, 曰 …… 尙有晉國 …… 筮史占之, 皆曰 …… 不吉 …… 司空季子曰 …… 吉 是在周易, 皆利建侯」
82) 《春秋左傳》「昭公十二年, 南蒯之將叛也, …… 南蒯枚筮之 …… 曰 黃裳元吉. 以爲大吉也. …… 示子服惠伯, 曰 …… 吾嘗學此矣, 忠信之事則可, 不然, 必敗」
83) 〈계사전〉「極天下之賾者存乎卦, 鼓天下之動者存乎辭, 化而裁之存乎變, 推而行之存乎通, 神而明之存乎其人」

음을 관통할 수 있고, 사리의 미미한 기미를 궁구할 수 있기 때문에 천하의 일들을 완성할 수 있다. 신묘한 것을 깨달았기에 빨리 나아가지 않아도 빠르고, 나아가지 않아도 목적에 도달할 수 있다."[84]

"공자가 말하기를, 역경은 무엇 때문에 만들어졌는가? 역경은 본래 지혜를 열고 직무를 성취하게 하는 것으로 천하의 모든 도리를 망라한 책인 것이다. 역은 바로 그런 것이다. 이런 까닭에 성인은 천하 사람들의 뜻을 통하여 천하의 일들을 완성하고, 천하 사람들의 의혹된 바를 결정한다. 이런 까닭에 점복에 사용하는 시초의 기능은 원활하고, 신묘하다. 괘의 작용은 일정한 형상이 있으면서 지혜가 갖추어져 있고 (그것의) 육효의 뜻은 변역으로 사람들에게 길흉을 알려준다. 성인은 (위의 세 가지) 공능으로 마음을 씻어주고, 은밀한 천도 속에 물러나와 들어가 있어서 보통 사람들과 똑같이 길흉을 같이 걱정한다. 이런 역경의 신묘함을 가지고 미래변화의 도리를 예측할 수 있는 것이다. 또 과거의 지혜를 모두 가슴 속에 가질 수 있는 것이다. 이것 이외에 누가 이러하겠는가? 고대의 총명하고 지혜를 가지면서도 무력에 의하지 않는 자만이 비로소 이와 같을 것이다."[85]

이렇게 본다면 서술은 다만 하나의 방편일 따름이다. 당시의 신도시대에 이런 관점은 사람들이 받아들이기에 충분한 것이었기 때문에 문왕은 이것을 만든 것이다. 이런 방편을 통한 교화와 인도라는 것에 있어서 사람들은 성인의 해설을 통하여 역도의 깊이와 보편성을 발견하게 되고, 이로부터 수신과 실천의 법칙을 명백하게 세우는 것이다. 그러므로 서술은 외견상 보기에는 길흉을 점치는 것으로만 보이지만, 실질적으로는 일종의 교화의 방식이다.

그 다음에는 역경철학의 정신을 서술이란 것으로 돌리는 것이 역경철학의 가치에 어떤 영향을 미치는가 라는 문제에 대해서 이야기해 보겠다. 여기에서는 반드시 먼저 기본적인 관념을 설명하여야 하는데, 바로 역경철학은 순수한 지식영역 속의 학문만은 아니다 라는 것이다. 그것이 제기한 모든 이론은 똑

---

84) 〈계사전〉「夫易, 聖人之所以極深而研幾也. 唯深也, 故能通天下之志, 唯幾也, 故能成天下之務, 唯神也, 故不疾而速, 不行而至.」

85) 〈계사전〉「子曰, 夫易何爲者也? 夫易, 開物成務, 冒天下之道, 如斯而已者也. 是故聖人以通天下之志, 以定天下之業, 以斷天下之疑. 是故蓍之德圓而神, 卦之德方以知, 六爻之義易以貢, 聖人以此洗心, 退藏於密, 吉凶與民同患, 神以知來, 知以藏往, 其孰能與於此哉. 古之聰明睿知神武而不殺者夫!」

같이 생활속의 문제들이다. 즉 그것은 실용적 철학이다. 이런 기본관점으로 본다면, 그것은 서술의 방향과 서로 위배되지 않는다. 왜냐하면 서술은 인간을 위해서 쓰임이 있고, 어려운 의문들을 제거해주고, 역경철학은 서술의 보급을 통하여서 그 실용성을 발휘할 수 있기 때문이다. 실제상황에서 역경철학이 어떻게 서술의 방도를 통하여서 그 교화를 행하는지를 살펴보자. 인간의 지력은 한계가 있다. 인간이 이 무한하고도 변화무상한 우주 가운데에서 해결하기 어려운 일을 당하지 않을 수는 없을 것이다. 마음속에 그런 해결하기 힘든 문제를 가지고 있지만, 지혜가 다하여 해결하지 못할 때는 모두 제삼자가 그것을 해결할 수 있는 의견을 제시해주기를 희망한다. 이것은 모든 사람에게 공통된 것이다. 이「제삼자」는 반드시 두 가지 조건, 즉 하나는 당사자가 조우한 경우를 이해하고 동정하여 해결하지 못하는 문제의 소재를 알고 있어야 하고, 둘째로는 입장을 객관화하여야 한다. 앞의 조건을 갖추어야 비로소 의견을 제시할 수 있는 자격이 있고, 두번째 조건을 구비해야 그 의견이 비로소 공정하게 가치를 가질 수 있는 것이다. 서술이 구비한 것이 바로 이 두 가지 조건으로, 그것은 한편으로 천지귀신을 빌려와서 사람들이 그 신명스러움이 자기를 알고, 자기를 동정하는 것을 믿게 해주는 것이다. 또 한편으로는 절대적인 객관적 공정성의 입장을 가지게 되는 것이다. 역경철학은 이런 유리한 조건 하에서 사람들에게 받아들여지는 것이다. 천지의 귀신이 인간을 이해한다는 경우를 말하는 것은 인간의 신앙에서 나온 것으로, 그 속에는「이와 같이 바란다」는 심리적 요소를 포함하고 있는 것이다. 그것을 실행에 옮길 때, 어떤 일에 대한 길흉의 논단이 만약 잘못되었을 때는 어떻게 하는가? 그러나 서술은 잘못이 없다. 왜냐하면 괘효상의 변화가 많고, 신묘한 작용이 정해진 형식이 없으며, 역의 도는 또한 인간의 마음에 두루 관통하여서 편재해 있기 때문이다. 점치는 자의 마음속의 풀지 못하는 어려움이 어떤 것이건 간에 모두 다 연관되어지는 것이다. 관련되어지기만 한다면 이것으로부터 길로 나아가고, 흉을 피하는 방법을 얻을 수 있게 되는 것이다. 예를 들어서 말하면, 남송의 유명한 사(詞)의 작가인 신기질(辛棄疾)이 젊었을 때 금나라가 점거한 북쪽 고향에서 남쪽 송의 조정으로 돌아가려 하였다. 그는 출발하기에 앞서서 서술점을 쳐보았는데 리(☲)괘가 나왔다. 리(離)는 남방에 속하는 광명의 괘로 괘사는「바르면 유리하다. 통한다(利貞, 亨)」이었다. 그는 리(離)괘를 보고는 바로 남으로 떠났다. 여기에서 이런 사건을 한번 음미해 볼 필요가 있다. 신기질이 당시에 남쪽으로 간다는 것은 분명히 오랜 시간 동안 생각한 애국심의 발로로서 결코 우연한 순간적 생각은 아니다. 그러므로 서술을 통하여 결단을 내렸다면 비록 점의 결과가 불길하였다 해도 결코 남쪽으로 가려는 그의 의지를 꺾지는 못하였을 것이다. 적어도 그로 하여금 더욱 장고(長考)하게 하여, 더욱 세밀한 계획을 세운 후에 다시 점을 치게 했을 것이다. 그러나 점쳐서 길한 괘를 얻었으므로 더욱더 믿음과 용기를 배가시키게 된 것이다. 만약 불길한 점괘를 얻었다면 물러나서 다시 한 번 생각하게 한다. 이런 의미에서 그것 역시 실재로는 인생에 대해 매우 깊이 있고 유익한 것으로 마음속의 어려운 문제들을 해결하는 데 유익한 방법인 것이다.

또 서술이 사람들에게 제시하는 길흉의 판단은 나름대로의 범위가 있는 것이다. 그것은 바로 정도와 공리(公理)의 일에 속하면 옳은 것이고, 사사로운 마음이나 욕구에 관계되면 그른 것이다. 《예기》〈소의편〉에 이것에 대한 적절한 말이 있다.

"복서에 대해서 물어 말하기를, 의인가? 지인가? 의라면 가하고, 지라면 불가이다."[86]

「의(義)」는 사람들 마음속에 공통되는 마음을 가리키고, 「지(志)」는 개인의 사사로운 마음을 말한다. 여기에서 우리는 주역철학을 서술에 주입시켜도 결코 그것의 철학가치를 손상시키지 않고, 오히려 서술을 철학화하고 있음을 알 수 있다.

이상은 이론적 입장에서 필요한 설명이다. 괘효사가 어떻게 괘효상에 의거하여서 길, 흉, 회, 린의 판단을 하는가 라는 문제를 가장 효과적으로 설명하는 방식은 예를 들어 설명하는 것이다. 아래에서는 준(屯)괘를 예로 들겠다. 먼저 그 경(經)과 전(傳)의 문장(괘효사는 「경」이라 하는데 문왕에서 나왔고, 단(彖), 상(象)의 말은 「전」이라 하는데 공자에서 나왔다)을 수록하고, 다시 필요한 해석을 붙이겠다. 독자들이 이 괘를 보면 고대 성인들이 어떻게 상에 근거하여 사를 붙이는가를 알게 될 것이다. 다른 괘들도 모두 이것에 근거하

---

86) 《禮記》〈少儀篇〉「問卜筮. 曰, 義與? 志與? 義則可問, 志則否」

여 보면 알 수 있을 것이다.

「경(經)」

☷ 屯 "크고 형통하고 이롭고 바르다. 함부로 나아가지 마라. 나라를 세우는 데 이롭다."[87]

초구 "나아가기가 힘들다. 태도가 바르면 유리하다. 나라를 세움에 이롭다."[88]

육이 "앞으로 나아가지 못하고 머뭇거린다. 말이 앞으로 나아가지 않는 모습이다. 도적이 아니고 구혼자이다. 여자가 바른 생각을 가져서 결혼을 허락하지 않는다. 10년을 기다려 결혼한다."[89]

육삼 "사슴을 쫓는데 안내인이 없다. 단지 숲속으로 들어갈 뿐이다. 군자는 기미를 보아 행동해야 한다. 가면 후회한다."[90]

육사 "말을 타고도 나아가지 않는다. 청혼을 한다. 가면 길하고 불리함이 없다."[91]

구오 "은혜를 내기가 힘들다. 작은 일이라도 바름을 가지면 길하고, 큰 일이라도 바름을 가지고서 안주하면 흉하다."[92]

상육 "말을 타고도 나아가지 않는다. 피눈물을 흘린다."[93]

「전(傳)」

〈단전〉에 말하기를, "준은 강과 유가 서로 섞여 어렵게 나오는 것이다. 위험 가운데에서 움직인다. 바르면 크게 형통한다. 우뢰섞인 비의 움직임이 천지에 가득 차 있다. 세상이 개벽하려 하여 아직 무지몽매한 때이다. 제후를 세워야 할 때도 아직 평안한 때가 아니다."[94]

---

87) 屯卦「元, 亨, 利, 貞. 勿用有攸往. 利建侯.」
88) 「盤桓. 利居貞, 利建侯.」
89) 「屯如, 邅如, 乘馬班如. 匪寇, 婚媾. 女子貞不字, 十年乃字.」
90) 「卽鹿无虞, 惟入于林中. 君子幾 不如舍, 往, 吝.」
91) 「乘馬班如, 求婚媾, 往吉, 无不利.」
92) 「屯其膏, 小貞吉, 大貞凶.」
93) 「乘馬班如, 泣血漣如.」
94) 屯卦「屯 剛柔始交而難生, 動乎險中, 大亨貞. 雷雨之動滿盈, 天造草昧 宜建侯而不寧.」

〈상전〉에 말하기를, "구름과 우뢰가 합하여 준괘가 된다. 군자는 그것으로 경륜한다."[95]

초구 "비록 나아가지 않아도 뜻과 행동에 바른 뜻을 지녀야 한다. 귀함에도 도리어 겸양하니 크게 백성을 얻으리라."[96]

육이 "육이의 어려움은 강을 타고 있기 때문이다. 10년이 지나야 결혼할 수 있는 것은 정상적인 현상은 아니다."[97]

육삼 "안내인이 없이 사슴을 쫓는다. 군자는 이를 버려야 한다. 가면 궁지에 빠져 후회할 것이다."[98]

육사 "구하여서 나아가면 상황이 밝아진다."[99]

구오 "준기고(屯其膏)라는 말은 은택을 베풀려고 하나 빛이 나지 않는다는 의미이다."[100]

상육 "피눈물이 흐르는데 어떻게 오래 갈 수 있는가?"[101]

「괘명(卦名)에 대한 해석」

준괘의 괘상은 내괘는 진(☳)이고 외괘는 감(☵)이다. 진은 우뢰로서 움직인다(動)라는 뜻을 가지고 있다. 감은 물이고 비(상체에서는 구름이라고도 한다)로서 위험이나 곤란을 의미한다. 그러므로 내외괘로 말하면 준괘는 두 가지의 의미를 함유하고 있다. 첫째로 초목이 아래에서 싹이 터서 움직이고, 위로는 비와 물이 젖어가는 것을 말한다. 또 하나는 물(物)이 아래에서 비로소 생하고, 바깥에는 험난함과 장애가 있음을 말한다. 屯은 원래 ㄓ으로 풀이나 나무가 금방 생겨나서 싹이 흙에서 나오는 것을 상징하고 있다. 이런 봄에 눈과 비가 섞여서 내리면 초목이 발생한다. 그러나 처음에 생길 때 그 체질은 약소하고, 지면은 매우 단단하며 또 봄의 추위가 아직 남아 있다. 이런 험난함에도 불구하고 살아나는 것이 이 괘상과 아주 부합하기 때문에 문왕은 「준」이란 괘명을 붙인 것이다.

---

95) 屯卦 「雲雷, 屯. 君子以經綸」
96) 屯卦 初九 「雖盤桓, 志行正也. 以貴下賤, 大得民也.」
97) 屯卦 六二 「六二之難, 乘剛也. 十年乃字, 反常也.」
98) 屯卦 六三 「卽鹿无虞, 以從禽也. 君子舍之, 往吝窮也.」
99) 屯卦 六四 「求而往, 明也」
100) 屯卦 九五 「屯其膏, 施未光也」
101) 屯卦 上六 「泣血漣如 何可長也」

「괘사의 해석」

"원(元), 형(亨), 이(利), 정(貞)." 원의 뜻은 크다, 시작의 뜻을 가지고 있다. 형은 통한다 라는 뜻이고, 이는 마땅하다(宜), 조화롭다(和)의 뜻을 가지고 있으며, 정은 바르고, 본래의, 진실함(固)이라는 뜻이 있다. 이 네 자는 원래 건, 곤 두 괘의 괘사로서, 건곤의 작용이 이 네 가지 성을 가지고 있음을 찬양하는 것들이다. 준괘는 시생(始生)의 괘로서 만물의 생기가 처음에 나올 때 천지의 조화에 편승하여 바르기 때문에 이 네 가지 글자를 취하여 뜻으로 삼은 것이다. 준은 천지의 생동하는 기미를 가지고서, 비록 체질은 약소하지만 그 세력은 무궁하여서 험난함을 뚫고 나간다. 그러므로 공자는 〈단전〉에서 "준은 강(剛)과 유(柔)가 서로 섞여 어렵게 나오는 것이다. 위험 가운데에서 움직인다. 바르면 크게 형통한다."라고 말을 붙인 것이다. 이것이 점(占)에 드러내는 뜻은 전도는 비록 어려움이 있을지 모르나, 바른 것을 지켜나아가면 끝내는 대통하게 된다는 것을 보여준다.

"함부로 나아가지 마라." 준의 생기는 비록 무한하나 금방 태어난 까닭에 몸체가 견실하지 못하여 재빨리 나올 수 없고 위험이 항상 도사리고 있다. 점(占)으로 말하면 무조건 조급하게 앞으로 나아가서는 안 된다. 봄날의 초목이 자연스럽게 생겨나는 것처럼 시간을 맞추어 나아가야만 한다.

"군주를 세우는 데 이롭다." 이것은 나무나 풀이 금방 생겨 나오는 것으로 난세의 평정을 비유하고 있다. 천하가 크게 어지러워 군웅이 할거하는 험난한 시대에 뜻이 있는 인사가 개국을 선언하는 때이다. 점이 드러내고 있는 것은 시기를 잘 파악하여서 올바르게 계획을 세워 행동하라는 것이다. 이런 혼란함 가운데에 공덕을 세우는 것을 말한다. 이 때문에 〈단전〉에서 말하기를, "우뢰섞인 비의 움직임이 천지에 가득 차 있다. 세상이 개벽하려 하여 아직 무지몽매한 때이다. 제후를 세워야 할 때도 아직 평안한 때가 아니다."라고 하는 것이다.

「효사의 해석」

"초구, 나아가기가 힘들다. 태도가 바르면 유리하다. 나라를 세움에 이롭다.": 반항(盤桓)이란 말은 배회하고 앞으로 나아가지 않는 모습을 말한다.

초가 막 생겨나서 위의 2와 3에 음효가 있고, 비록 위의 육사와 상응하고 있으나 육사는 감의 위험을 상징하고 있기 때문에 초의 양은 2와 3의 음에 가로막히고, 육사의 위험을 두려워한 나머지 앞으로 나아가지 못하고 배회하고 있다. 준이 막 태어나는 것을 상징하는 괘로서, 초구는 양으로 바른 자리를 차지하고, 적합한 시간에 편승하여서 끝내는 위험을 뚫고 앞으로 나아가게 된다. 이 때문에 「태도가 바르면 유리하다. 나라를 세움에 이롭다」라고 말한다.

"육이, 앞으로 나아가지 못하고 머뭇거린다. 말이 앞으로 나아가지 않는 모습이다. 도적이 아니고 구혼자이다. 여자가 바른 생각을 가져서 결혼을 허락하지 않는다. 10년을 기다려 결혼한다.": 「준여(屯如)」「전여(邅如)」「반여(班如)」는 모두 앞으로 나아가기가 힘든 모습을 형용하는 말들이다. 육이의 음효는 바른 자리에 위치하는 정절을 지키는 여자를 상징하고 있다. 위의 구오와 정응하기(짝이 맞기) 때문에 그곳으로 시집가려 하지만, 구오가 위험 속에 있는 상황이기 때문에 바로 이루어질 수가 없다. 그리고 초구가 점점 힘이 있게 되면서 육이에 접근하여 구혼한다. 남녀가 가까워지면 서로 즐거워하는 까닭에 육이는 매우 난처한 입장에 처하게 된다. 이 때문에 「앞으로 나아가지 못하고 머뭇거린다. 말이 앞으로 나아가지 않는 모습이다」(곤은 암말을 상징함. 육이는 음의 바른 자리에 위치하기 때문에 곤으로 말함)라고 말하는 것이다. 초구 또한 양으로 바른 자리에 위치하여, 결코 도적이나 불한당처럼 육이를 난처하게 만드는 것이 아니라, 구혼을 하는 까닭에 「도적이 아니고 구혼자이다」라고 말한다. 그러나 육이는 정조를 잘 지키는 여자로 구오와의 상응만을 생각하기 때문에, 끝내 초구에게 결혼을 허락하지 않고, 구오에게 시집가는 것이다(「字」는 결혼을 허락한다는 뜻임). 금방은 그 뜻이 이루어지지 않지만 나중에는 반드시 그 뜻을 이룬다. 「10년」은 오랜 시간을 비유하는 말이다. 이것을 점으로 말하면 이런 상황에 처하여서도 끝까지 옳은 도를 굳게 지키는 의지를 가지고 어떤 유혹이나 이익에도 동요하지 않아야 함을 말하고 있다. 그러므로 〈상전〉에서 「10년이 지나야 결혼할 수 있는 것은 정상적인 현상은 아니다」라고 말하는 것이다.

"육삼, 사슴을 쫓는데 안내인이 없다. 단지 숲속으로 들어갈 뿐이다. 군자는 기미를 보아 행동해야 한다. 가면 후회한다.": 육삼은 음의 효로서 진의 움직임의 극단에 처해 있는 상황으로 멋대로 조급하게 앞으로 나아가는 것을 상징하고 있다. 3에서 5까지는 간(산)의 호체이기 때문에 「사슴을 쫓는다」(鹿은 麓과 같은 뜻)라고 하는데, 상과 정응하지 않는다. 그러므로 「안내인이 없다」(虞人은 삼림을 관리하는 사람)라고 하는 것이다. 지혜로운 사람은 이런 상황에 임하여서 위험이 앞에 있음을 즉 기미를 알고 돌아온다. 만약 억지로 간다면 반드시 좋지 않은 결과를 가져오게 될 것이다. 이 점이 경계하는 것은 어려운 상황과 조우했을 때 마땅히 변통의 도리를 알아야 한다는 것을 강조하고 있다.

"육사, 말을 타고도 나아가지 않는다. 청혼을 한다. 가면 길하고 불리함이 없다.": 육사는 음의 효로서 정위이고 아래와 정응하고 있다. 그러나 위의 구오와 비근(比近)하고 있다. 비록 양자가 다같이 바르나 역시 서로 연모하는 감정이 없을 수가 없다. 그러므로 「말을 타고도 나아가지 않는다」이다. 그러나 초구와는 본래 정응하기 때문에, 몸가짐을 바르게 하여 서서히 다가오는 초구를 맞이하면 자연히 「길하여 어떤 불리함도 없을」 것이다. 〈상전〉에 말하기를, "구하여서 나아가면, 상황이 밝아진다."라는 말은 바로 육사가 구오에서 벗어나 초구를 맞이하는 밝은 지혜를 말하는 것이다.

"구오, 은혜를 내기가 힘들다. 작은 일이라도 바름을 가지면 길하고, 큰 일이라도 바름을 가지고서 안주하면 흉하다.": 「은혜를 내기가 힘들다」는 은덕을 베풀기가 힘들다는 뜻으로, 구오가 가장 높고 존귀한 자리에 있는 까닭에, 위에서 아래에 대한 말이다. 구오는 위치가 중정하고, 아래의 육이와 정응하기 때문에, 응당 모든 일이 순조로워야 함에도 불구하고, 어찌 「은혜를 내기가 힘이 드는가?」 왜냐하면 괘가 준괘이고, 전체 괘의 중점은 초구의 시생에 있기 때문에 구오에 시운이 불리하기 때문이다. 이때 역시 곤도(坤道)에 따라서 그 힘에 순응해야 하고, 건의 양의 기운에 따라서 멋대로 할 수는 없다. 만약 건괘의 강건정신을 가지고 억지로 행동한다면 이는 역천(逆天)이기 때문에 흉하다. 이것이 드러내는 점의 의의는 시의(時義)의 중요성이다.

"상육, 말을 타고도 나아가지 않는다. 피눈물을 흘린다.": 상육은 정위로서 아래의 어떤 것과 정응하는 것이 없이 구오의 강(剛)을 타고 있어 사사로운 뜻을 가지기 때문에「말을 타고도 나아가지 않는다」이다. 그러나 구오는 아래와 정응하고 있어서 사사로운 마음을 가지지 않는다. 만약 가지게 된다면, 괘의 극단에 있게 되어서 나아가도 돌아갈 곳이 없기 때문에「피눈물을 흘린다」라고 말하는 것이다. 이것은 극한 궁지를 말하는 것이다. 그러나 역도는 궁하면 변하고 변하면 통한다고 말한다. 이런 상황은 오래지 않으면 변동하기 때문에 〈상전〉에서「어찌 오래 갈 수 있겠는가?」라고 말하는 것이다. 〈상전〉의 말에 의해서 《주역》은 위급한 경지에 몰린 상황에 대한 안위의 뜻을 충분히 드러내고 있다. 참된 우주만물의 이치 또한 바로 이와 같은 것이다.

이상은 문자적인 해석에 따른 것이다. 만약 지혜로운 독자라면 이것에 대해서 나름대로의 더욱 좋은 생각을 끌어낼 수 있으리라 믿는다. 어찌되었던 간에 위의 해설 중에서, 독자들은 서술이란 것이 사실은 보통 사람들이 말하는 미신이 아니라는 것을 알아야만 할 것이다. 그것은 철학의 변모된 모습으로, 세계의 모든 철학 가운데에서 오직 역경철학만이 이런 놀라운 도구를 가지는 것이다.

제 4 절 수(數)

지금부터「수(數)」에 대해서 이야기하겠다. 역의 진리는「상」과「술」외에 이 세번째 방식에 의해서 드러난다.

수의 개념은 인간들이 사물의 형상을 보고 구별하는 그런 순간부터 생겨나는 것이다. 《좌전》에서 한간자(韓簡子)가 말하기를, "사물이 생겨나서 형상이 있게 되고, 형상이 있은 후에 번성하고, 번성한 후에 (많고 적음의) 수가 있게 된다."[102] 이것은 가장 원시적인 자연수로서, 처음에는 사물의 증감, 과다 등에

---

102) 《左傳》僖公 十五年「物生而後有象, 象而後有滋, 滋而後有數.」

대한 인식으로만 표현되어졌다. 그러나 후대의 사람들은 수에 대해서 더욱 많은 인식과 응용을 하게 된다. 복희씨의 8괘를 가지고 말한다면, 8괘는 상(象)이다. 그러나 이 상이 그 속에 가지고 있는 수의 의미는 매우 의미심장하다. 태극으로서의 「일(一)」은 하나의 큰 유행작용이고, 이 태극의 유행작용을 파악하였다면, 그것의 반작용이 있음을 알게 될 것이므로, 「—」과 「- -」의 대립이 생겨난다. 끊어진 두 개의 횡선 「- -」은 「—」과 구별되는 것으로 복희씨의 「수」에 대한 응용이다. 태극에서부터 양의, 사상, 8괘에 이르는 일련의 발전 속에서, 수의 의미는 중요하지 않을 수 없는 것이다. 이 때문에 8괘가 처음 만들어질 때 「상」과 「수」는 서로 함께 생겨났다고 말하는 것이다. 《역경》에서 수의 효용은 분명히 「서술」에서 시작된다. 서술에서 시초를 이용하여 하나의 괘상을 만들어내는 과정은, 오직 수만을 순수하게 사용하는 것으로 수가 괘상을 완전히 결정해버린다. 괘상이 길흉을 결정하기 때문에 수가 길흉을 만드는 결정요인이 되어버리는 것이므로, 우리가 「정수(定數)」라고 말하는 것은 바로 여기에서 그 연유를 찾을 수 있는 것이다. 서술 중의 수 가운데에서 중요한 것은 「7, 9, 8, 6」의 네 가지 수인데, 바로 음양노소의 수이다. 이것은 문왕이 정성들여 고안한 수로서 역도(易道)의 표현방식이다. 여기에서부터 수의 연역은 더욱 정밀해진다. 양한과 송명에 이르는 과정 동안 수의 발전이 역학사의 중요한 흐름을 구성하고 있다. 더욱이 수의 응용은 여러 잡학가들에 의해 점점 신비적인 측면으로 변하여 나갔다. 그것들은 무지한 사람들을 유혹하고 지배함으로써 도리어 철학적 이론의 위력보다 훨씬 높은 힘을 발휘하였다. 한대 이후 역경철학은 깊고도 신비한 것으로 보여졌고, 이 때문에 순수한 철학적 내용은 도리어 외면되어졌는데, 그 원인은 바로 「수」를 중시하는 입장들이 역학 중에서 주도적 세력을 가진 때문이다.

수의 발전과정은 마치 한줄기 긴 강처럼 복잡하게 각가(各家)의 잡학과 관계를 맺고 있다. 이런 상세한 사정들을 하나하나 논술하는 것은 결코 쉬운 일이 아니기 때문에, 여기서는 《역경》 중의 수가 직접 사용되어지는 범위를 한도로 하여서 설명하겠다. 그러므로 오행(五行), 간지(干支)와 역시(曆時) 등의 관계는 설명하지 않겠다. 그 내용을 몇 개의 항으로 나누어 간단히 설명하겠다.

1) 짝수와 홀수의 문제

홀짝수의 관념은 복희씨가 처음 괘를 그린 그때 이미 생겨났다. 「—」의 한 획은 홀수이고, 「--」의 두 획은 짝수이기 때문에 양은 홀수이고, 음은 짝수이다. 8괘로 발전되면 「—」은 「☰」이 되어서 하늘을 상징한다. 「--」은 「☷」이 되어 땅을 상징하기 때문에 천을 홀수로 하고, 땅은 짝수가 되는 것이다. 「음양의 수」와 「천지의 수」로 말하는 것들은 모두 이 홀수와 짝수에서 나온 것들이다. 이 때문에 옛사람들은 1에서 10까지의 자연수를 짝수와 홀수로 나누어 천지에 배분하였다. 〈계사전〉에서 "천일(天一), 지이(地二), 천삼(天三), 지사(地四), 천오(天五), 지육(地六), 천칠(天七), 지팔(地八), 천구(天九), 지십(地十)"이라고 말하고, 또 "천의 수는 다섯 개이고 지의 수도 다섯 개이다. 다섯 자리의 천수와 지수가 서로 합하여서 된다. 천수(1, 3, 5, 7, 9)를 합하면 25이고, 지수(2, 4, 6, 8, 10)를 합하면 30이다. 천수의 합계인 25와 지수의 합계인 30을 합하면 55가 된다. 이것이 변화를 이루어 신비스러운 작용을 하게 하는 것이다."[103] 다섯 개의 천수를 서로 합하여도 여전히 홀수이고 다섯개의 지수를 합하여도 여전히 짝수인데, 천지의 수를 모두 합하면 55로 홀수이다. 천지의 수를 모두 합한 것은 천지의 전체인 태극을 상징하는데, 이것은 바로 태극의 절대적이고 상대가 없는 뜻과 서로 부합된다. 음괘와 양괘는 또한 홀짝수로부터 나온 것으로, 8괘 중의 네 개의 양괘는 건, 진, 감, 간이고, 네 개의 음괘는 곤, 손, 리, 태이다. 전통적인 해석은 「☰」을 3개의 부호로 그린 홀수로 보아 양괘로 삼는다. 「☷」을 6개로 그려진 짝수로 보아 음괘로 본다. ☳ ☵ ☶는 각각 5개로 그려진 홀수로서 양괘이다. ☴ ☲ ☱는 각각 4개로 그려진 짝수로 음괘이다. 이러한 획을 그린 것으로 계산하는 입장은 비록 가능할지는 모르나 분명히 본의는 아니다. 필자가 생각하기에 「☰」의 양괘는 「—」의 홀수에서 나왔고, 「☷」의 음괘는 「--」의 짝수에서 나온 것이다. ☳ ☵ ☶의 세 괘는 각각 일양을 괘의 주로 삼기 때문에 양괘이다. ☴ ☲ ☱의 세 괘는 각각 일음을 괘의 주로 하기 때문에 음괘가 된다. 8괘의 부모와 자녀의 뜻으로 말하는 것 역시 여기에서 유래한다.

---

103) 〈계사전〉「天數五, 地數五, 五位相得而各有合. 天數二十有五, 地數三十, 凡天地之數五十有五, 此所以成變化而行鬼神也.」

2) 대연의 수

　대연(大衍)의 수는 바로 앞절에서 말한 연시의 수(演蓍之數)를 말하는 것으로, 「연(衍)」과 「연(演)」의 뜻은 같다. 〈계사전〉에서 말하는 "대연의 수는 50으로, 사용하는 것은 49이다. 둘로 나누어서 이(二)로 하는 것은 천지를 상징하고, 하나를 손가락에 끼는 것은 삼재를 상징하고, 넷으로 가르는 것은 사시를 상징한다. 나머지 손가락에 끼는 것은 윤달을 상징한다. 5년에 두 번 윤달이 있다. 그리고 나서 다시 끼고 놓는다." 이 방법에 대해서는 앞에서 이미 설명하였기 때문에 더 이상 설명하지 않겠다. 〈계사전〉에서는 더욱더 시초를 연산해 나간 결과를 통해 그 수를 확대하여, 노양, 노음의 삼변과설(三變過揲)의 책수를 계산한다. 전자는 36이고, 후자는 24이다. 건괘의 육효는 모두 양으로 양이 극성한 때로서, 6×36으로 216을 얻는다. 곤괘의 6효는 모두 음으로 음이 극성한 때로서, 6×24로 144를 얻는다. 둘을 서로 더하면 360이다. 일 년의 일수를 합한 것이다. 그러므로 〈계사전〉에서는 또한 "건의 책은 216, 곤의 책은 144, 도합 360으로 「당기의 수(當期之數 : 만 일 년에 해당하는 수)이다」 라고 하였다. 또 64괘의 효의 수는 모두 384개로서, 음과 양이 각각 반이다. 노양수의 36 곱하기 양효의 192를 하면 6912를 얻는다. 노음수의 24 곱하기 음효의 192를 하면 4608을 얻는다. 둘은 서로 합하면 11520을 얻는다. 〈계사전〉에서는 이것을 「만물의 수(萬物之數)」라고 말하는 것이다. 이들 숫자들은 오늘날의 관점에서 본다면 견강부회하는 점이 없지 않다. 그러나 그 당시의 사람들 역시 이것을 결코 모르는 것은 아니다. 옛사람들은 다만 이런 방법을 통하여 역도가 만물을 화생하는 일(一)에서 다(多)에로, 간단한 것에서 번잡한 것으로의 상태만을 설명하려는 것이다. 이른바 「대연」의 뜻이 바로 여기에 있다.

　그러나 여기에서 반드시 제기해야할 문제가 있다. 바로 「대연의 수」 50은 어디에서 나오는 것인가? 이 문제는 한대 이래의 역학가 예를 들면 경방(京房), 마융(馬融), 정현(鄭玄), 순상(荀爽), 요신(姚信), 동우(董遇) 등과 송대의 주희(朱熹) 등은 모두 각자의 견해를 말한다. 그들은 성력(星曆), 괘효의 수, 혹은 「하도(河圖)」와 「낙서(洛書)」에 근거하여 숫자를 더하고 빼고 하여 사실상 충분한 설득력을 가진 이론체계를 가지지 못하였다. 필자의 생각에는 이 50의 수는 마땅히 「7」의 수로부터 나온 것이다. 왜냐하면 시책에서 실제 사용하는 수는 49로 7의 제곱[乘方]이다. 여기에서 서술의 성격에 따라서 추리해 보면 서술의 용도는 천지의 귀신에 기구(祈求)하여 의난(疑難 : 의문나는 풀지 못한 문제)을 제거하고, 또한 천의 뜻에 근거하여 인사(人事)를 지도하려는 것이다. 7의 숫자는 고대에서는 천도와 밀접한 상관성을 가지는데, 일월과 오성(五星)을 합하여 「칠정(七政)」이라고 칭하는 것은 요순시대에 이미 시작된 일이다. 그러므로 주문왕이 서술을 만들어 시책을 가려 사용할 때 「7」이란 숫자로 하늘을 상징하려는 것은 지극히 자연스러운 일인 것이다. 그러나 일곱 자루 시책은 너무 적어서 많은 변화를 가질 수가 없는 것이다. 이 때문에 문왕은 8괘를 다시 곱하여 64괘를 만든 것과 같은 방식으로 7을 다시 곱하여 49를 만든 것이다. 49는 홀수로 둘을 나누면 똑같은 수가 없어서, 많은 변화를 낳게 한다. 그러나 49의 수는 완전수[整數]의 형태가 아니다. 만약 1을 더한 50은 비교적 완전하게 되고, 또한 1을 더한 50은 더욱 깊은 뜻이 있다. 즉 서술을 실행하지 않을 때 50이라는 완전의 수는 태극이 아직 변화하지 않은 것을 상징한다. 서술을 실행할 때 1을 빼면, 태극은 이미 움직이는 것을 상징하고, 움직여서 변화를 일으킨 후에 49책을 경영하기 시작한다. 이것은 매우 치밀한 생각일 뿐만 아니라, 고대의 종교사상이 주도하던 사회에서는 확실히 사람들이 납득할 만한 이유를 제시해주고 있다. 서술이 줄곧 역학 중에서 중요한 위치에 놓이는 것은 나름대로의 이유가 있는 것이다.

3) 노소음양의 수

앞에서 서술을 소개할 때는 다만 서술의 진행과정만 소개하였다. 어떻게 「남은 시책(揲餘)」과 「세었던 시책(過揲)」의 수가 효상의 노양, 노음, 소양, 소음을 결정하는가? 라는 문제에 대해서는 언급하지 않았다. 여기에서 그것을 말하도록 하겠다. 앞에서 말한 서술점의 순서에 의하면, 각각 세 번의 과정(三變) 이후에 남은 책수와 세었던 책수는 서로 대응하는 네 가지 상황이 생긴다. 첫째는 만약 세어진 수가 36일 때 나머지 수가 일변하여 남는 수는 5이고, 이변하여 남는 나머지 수는 4이고, 삼변일 때 나머지 수는 4일 경우이다. 두번째는 만약 센 수가 24일 때, 나머지 수는 일변은 9, 이변은 8, 삼변은 8일 경우이다. 세번째 경우는 만약 센 수가 28이면, 나머지 수는 일변에서는 5, 9, 9이고, 이변에서는 8, 4, 8이고, 삼변에서는 8, 8, 4이다. 네번째 경우는 만약 센 수가 32일때, 나머지 수는 일변에서는 9, 5, 5이고, 이변에서는 4, 8, 4, 삼변에서는 4, 4, 8이다. 이 네 가지 상황의 나머지 수는 36, 24, 28, 32로, 4로 나누면 9, 6, 7, 8의 네 가지 수가 나오는데, 9와 7은 홀수로 양수이고, 6과 8은 짝수로 음수이다. 양은 움직여 나아가는 성질이 있고, 음은 움직여 물러나는 성질이 있기 때문에, 7은 소양, 9는 노양, 8은 소음, 6은 노음이다. 동시에 위의 네 가지 상황 중에서 나머지 수는 다만 4, 5, 8, 9의 네 수이다. 이중 4와 5 속에는 각각 하나의 4만을 가지고 있기 때문에 홀수이다. 8과 9 속에는 각각 두 개의 4를 가지고 있으므로 짝수이다. 세번째 변의 나머지 수가 만약 모두 홀수이면 노양, 만약 모두 짝수이면 노음이다. 홀수 하나, 짝수 둘이면 소양, 짝수 하나, 홀수 둘이면 소음이 된다. 나머지 수와 센 수로 노소음양을 만드는 것은 서로 일치하기 때문에 센 수를 통해서 보든, 나머지 수로 보든 똑같다. 나는 혹시 독자들이 위에서 말한 내용들을 분명하게 이해하지 못할까 생각하여 《선진역학사》 속에서 만든 「연시수변표(演蓍數變表)」를 여기에 실으려 한다. 이것을 통해 본다면 아주 분명해질 것이다(105쪽 참조).

7, 9, 8, 6의 네 개의 수는 "양은 움직여 나아가고, 노양이 되면 음으로 되고, 음은 움직여 물러나고, 노음이 되면 양으로 변한다"[104]의 원칙에 따라서, 그것들의 변화순서는 7 → 9 → 8 → 6 → 7 …… 로서, 역도의 큰 흐름이 쉼이 없다는 것을 상징하고 있다. 그러므로 이 네 가지 수는 비록 서술에서 생겨났지만, 여기에는 진정한 철학적 생명이 포함되어 있는 것이다. 〈설괘전〉에서 말하기를 "이미 생겨난 것을 통해서 지나간 것을 세는 것은 따르는 순서요, 아직 생겨나지 않은 오는 것을 아는 것은 역(逆)이다. 이런 까닭에 역은 역수이다."[105] 실제로는 이것은 네 수의 흐름을 가지고 말한다. 〈설괘전〉에서는 어떻게 「역수(逆數)」라고 말하고 「순수(順數)」라고 말하지 않는가? 이것은 역(逆)이라는 것이 역도를 드러내는 것이기 때문이다. 양의 성질에 따라서 앞으로 나아가는 것에 의해서 움직임이 시작되지만, 만약 뒤로 물러나는 음의 성질이 없다면, 양의 앞으로 나아가는 성질이란 것은 드러날 수 없게 되는 것이다. 양의 「역」이란 성질이 있어야 비로소 음양이 왕복하여 변화가 생기게 되고, 만물이 생기고, 역도가 드러나는 것이다. 그러므로 「역은 역수이다」라고 말하는 것이다.

---

104) 「陽動而進, 及老變陰, 陰動而退, 及老變陽.」
105) 〈說卦傳〉제1장 「數往者順, 知來者逆, 是故易, 逆數也.」

演蓍數變表

	一變	二變	三變	易數	奇偶	陰陽老少別	備註
過揲*	四十四	四十	三十六	九		老 陽	第一種情況
揲餘*	五	四	四		三奇		
過揲	四十	三十二	二十四	六		老 陰	第二種情況
揲餘	九	八	八		三偶		
過揲	四十四	三十六	二十八	七		少 陽	第三種情況
	四十	三十六					
	四十	三十二					
揲餘	五	八	八		一 奇 / 二 偶		
	九	四	八				
	九	八	四				
過揲	四十	三十六	三十二	八		少 陰	第四種情況
	四十四	三十六					
	四十四	四十					
揲餘	九	四	四		一 偶 / 二 奇		
	五	八	四				
	五	四	八				

(* 過揲 : 센 시책, 揲餘 : 남은 시책)

4) 하도와 낙서의 수

「하도(河圖)」와 「낙서(洛書)」의 도형은 북송시대에 출현했는데, 일설에 의하면 화산도사 진단(陳搏)이 전한 것이라고 말한다. 그러나 이 두 그림의 이론은 실제로는 중국 고대수학의 변천에 의하여 생긴 것이다. 수학은 중국에서 매우 일찍이 발달하였으나, 서양처럼 독립적인 학문의 체계를 이루지는 못하고 있었다. 그 원인은 바로 역학에 의존해서 있었기 때문이다. 즉 수학은 줄곧 역에 의존해서 역과 같은 학문 분야에 속해 있었던 것이다. 중국 수학의 발생은 대체적인 몇 가지의 기원이 있다. 우선은 역법(曆法)으로 예를 들면 간지의 60갑자, (천체를 관측하던) 선기옥형(璿璣玉衡)으로 천체의 궤도를

360도로 나누고, 해의 그림자를 측정하는 것 등이다. 또 하나는 건축공사이다. 중국은 목재를 구하기 쉬운 까닭에 집, 교량 등을 건축한 역사가 매우 일찍이 시작되었다. 건축에 있어서는 설계도안, 건축자재의 계산, 측량 등을 필요로 하는 것이다. 그리고 또 하나는 토지측량이다. 중국의 문화는 중원지대에서 기원하는데 평원은 매우 광활하고, 농업발달이 매우 빨랐기 때문에 토지를 측량하고, 논밭을 구획 정리하고, 곡물을 분배하는 데는 모두 수학을 필요로 하는 것이다. 또 전쟁을 통한 수학의 기원문제이다. 중국의 인구는 많고, 대규모 전쟁의 발발은 일찍이 역사 속에서 그 기록이 나타난다. 여기에서 수학은 군사조련, 진을 치고 대열을 형성하고, 병영을 세우고 군대를 주둔시키는 것에 따라서 함께 발전해온 것이다. 위에서 말한 것들은 고대역사에 기록되지 않은 까닭에 상세하게는 알 수 없다. 그러나 삼대(三代) 이전에도 이미 수학이 상당한 수준에 이르고 있었다는 사실은 믿을 수 있는 것이다. 그러므로 전해오는 이야기 속의 《구장산경(九章算經)》은 황제(黃帝) 때에, 《주비산경(周髀算經)》은 주공시대에 상고(商高)가 지은 것으로 말하는데 무조건 의심할 필요는 없을 것 같다. 이것은 바로 구구단, 십진법, 직각삼각형의 정리(직각삼각형에서 직각을 이루는 짧은 변을 구(句), 긴변을 고(股), 빗변을 현(弦)이라 함) 즉 피타고라스의 정리 등이 이미 일찍이 유행한 원인이 된다. 그러나 중국의 수학이 이와 같이 고도로 발전은 하였지만, 괘상 부호라는 것의 변화가 매우 신축성 있고, 게다가 역경철학의 이론이 가지는 「모든 것을 다 포함하여 갖춘」성격 때문에 수학은 줄곧 역학에서 빠져나와 독립할 수 없었다. 더욱이 한대 이후 역학이 오행, 간지, 역법, 지도학(地圖學) 등의 잡학을 흡수한 후에 수학은 더욱 다양한 용도로 사용되어졌으나, 역학을 벗어나 독립할 가능성은 더욱 희박하게 되어버린다.

「하도」와 「낙서」는 바로 역학적 수학에 의거하여 나온 것으로, 그것의 본질은 어디까지나 수학적이면서도 역경철학의 이름을 빌려서 세상에 이름을 내고 있다. 송명시대의 많은 학자들이 철학적 입장에서 이 두 가지 도형들을 해석한 이론들은 충분치 못하고, 상당히 곡해되고, 견강부회하고 있는 것 같다. 이 두 개의 도형에 대해서 살펴보도록 하겠다. 먼저 「하도」의 도형은 아래(107쪽)와 같다.

그림에서는 검은 것과 흰 것으로 홀수와 짝수를 구분하고 있다. 선천수 1,

河　圖

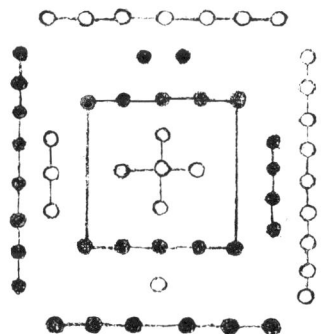

2, 3, 4, 5는 안에 자리하고 있고, 후천수 6, 7, 8, 9, 10은 바깥에 자리한다. 1과 6은 북쪽에, 2와 7은 남쪽에, 3과 8은 동쪽에, 4와 9는 서쪽에, 5와 10은 중간에 있다. 이러한 수의 배치들은 즉시 한대의 양웅(揚雄)과 정현의 말을 생각나게 한다.

양웅의 《태현경(太玄經)》: "1, 6은 수, 2, 7은 화, 3, 8은 목, 4, 9는 금, 5, 10은 토이다. 1과 6은 같은 일가이고, 2와 7은 같은 무리이고, 3과 8은 벗이 되고, 4와 9는 같은 길을 지향하고, 5와 10은 서로 보살펴준다."[106]

정현의 《역주(易注)》: "천지의 기는 각각 다섯을 가지고 있다. 오행의 순서로는 첫째로는 수로서 천수이고, 두번째는 화로서 지수이고, 세번째는 목으로 천수, 네번째는 금으로 지수이고, 다섯번째는 토로 천수이다. 이 다섯이란 것은 음에는 짝이 없고, 양에도 짝이 없으므로 합해야 한다. 즉 지의 6은 천의 1의 짝이고, 천의 7은 지 2와 짝하고, 지 8은 천 3과 짝하고, 천 9는 지 4와 짝하고, 지 10은 천 5와 짝한다."[107]

양웅과 정현이 말하는 것은 하도에 관한 것이다. 오행을 통하여 동서남북과

---

106) 《太玄經》「一・六爲水, 二・七爲火, 三・八爲木, 四・九爲金, 五・十爲土. 一與六共宗, 二與七爲朋, 三與八成友, 四與九同道, 五與十相守.」
107) 《鄭玄易注》「天地之氣各有五, 五行之次, 一曰水, 天數也, 二曰火, 地數也, 三曰木, 天數也, 四曰金, 地數也, 五曰土, 天數也. 此五者, 陰無匹, 陽無偶, 故合之 地六爲天一匹也, 天七爲地二偶也, 地八爲天三匹也, 天九爲地四偶也, 地十爲天五匹也.」

중앙의 방위를 드러내고, 천지수의 짝을 통하여 각 수의 배합을 보여주고 있는데, 이것은 한대에 이미 하도가 존재하고 있었다는 사실을 증명해주는 것이다. 더 소급해보면 《관자(管子)》〈유관편(幼官篇)〉에 실려 있는 사방 중앙의 수라는 것은 「하도」와 완전히 똑같다. 《예기》〈월령편〉의 봄〔春〕석 달에서의 「기수팔(其數八)」, 여름〔夏〕석 달에서 말하는 「기수칠(其數七)」, 가을〔秋〕석 달에서 말하는 「기수구(其數九)」, 겨울〔冬〕석 달에서 말하는 「기수육(其數六)」, 중앙에서 말하는 「기수오(其數五)」라는 것도 모두 「하도」의 수이다. 또 《여씨춘추》〈십이월기(十二月紀)〉의 사방의 수도 마찬가지이다. 「하도」의 사방 중앙의 수의 배열은 선진시대에 이미 생긴 것이라는 것을 알 수 있다. 이런 까닭에 중국인들은 일찍이 선진시대에 이미 이와 같은 배열방식을 발견하였고, 송대에 와서 흑과 백의 점으로 수를 표시한 것이 바로 오늘날에 전하는 「하도」의 모습이라고 말할 수 있을 것이다.

  그러나 이 그림은 확실히 정통적인 역경철학의 이론으로 해석하기는 힘들다. 양웅과 정현 이전에는 다만 숫자의 배치에 대해서만 말하고 철학적 해설은 하지 않았다. 송대에 하도의 형상이 그려진 이후에 역학자들이 철학적 해석을 시도하였으나, 하나같이 모두 만족할 만한 것이 되지 못했다. 예를 들면 명대의 래지덕(來知德)은 음양의 소장(消長)으로 해석하여, 양은 북쪽에서 생하고, 동쪽에서 자라고, 남쪽에서 성하고, 서쪽에서 극성하게 된다는 말은 비록 틀린 것은 없으나, 음은 남쪽에서 생하고, 서쪽에서 성하고, 북쪽에서 극성하고, 동쪽에서 끝난다는 말은 확실히 견강부회한 것이다라고 하였다(래지덕은 이것을 「河圖天地交」라고 말했다). 이렇게 되어버리는 이유는 「하도」의 진정한 내력을 수학적으로 보지 않고 철학적으로 해석하려고 하기 때문이다. 그것을 철학적으로 해석하는 경우 당연히 충분한 설명을 다하지 못하게 되는 것이다. 만약 수학적 배열이라는 관점에서 본다면, 도표 중의 흑백점의 숫자를 아라비아수로 바꾸어놓으면, 그것이 사방으로 뻗어나가는 네 계열의 숫자의 차이가 5인 수라는 것을 알 수 있을 것이다. 즉 북방은 1, 6(계속해서 11, 16, 21……)이고, 남방은 2, 7(계속하면 12, 17, 22……), 동방은 3, 8(계속해서 13, 18, 23……), 서방은 4, 9(계속해서 14, 19, 24……)이고, 중앙은 5, 10의 두 수는 네 계열의 수 가운데 응용되고 있다. 그것을 도표로 그려보면 아래(109쪽)와 같다.

제1장 네 가지 기본인식   109

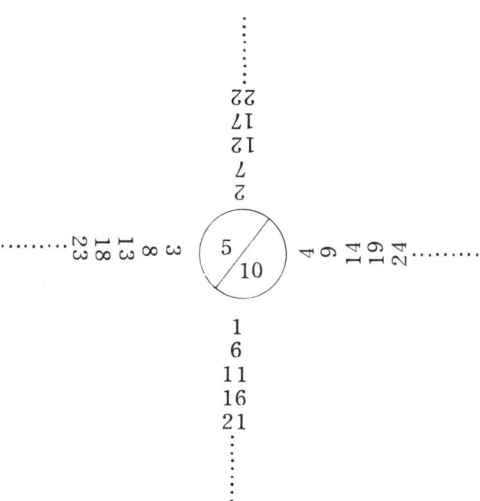

매우 교묘한 수학적 배열로서, 가장 재미 있는 것은 1, 6계열의 끝자리수는 항상 1, 6이고, 2, 7계열의 끝자리수는 항상 2, 7이고, 3, 8과 4, 9계열 역시 이와 같이 무한히 중복해 나가고 있다. 이런 질서 있는 급수배열은 자연스러운 가운데서 여러 가지의 다양한 숫자상의 관계를 발견할 수 있게 만든다. 현대인의 관점에서 살펴본다면 이상할 것은 없지만, 억지로 철학적인 입장에서 이론화하는 원인이 여기에서 생기게 되는 것이다.

洛　書

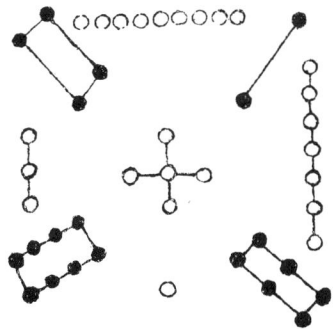

다음은 「낙서」에 대해서 말하겠다. 「하도」와 「낙서」는 쌍둥이 형제와 마찬가지이다. 이것들은 북송시대에 동시에 출현하였기 때문에 후대인들은 그것을 간단하게 「도서(圖書)」라고 한다. 「낙서」의 도형은 위(109쪽)와 같다.

「낙서」의 도상에는 5의 수가 중간에 있고, 1에서 9까지 나머지 여덟 개의 수는 각각 네 개의 방향과 귀퉁이에 있다. 이것들은 가로나 세로로, 혹은 대각선으로 서로 더하면 모두 15인 수학적인 배열도형이다. 이 배열도 똑같이 근원을 소급해보면 선진시대에까지 이른다. 예를 들면 《대대례(大戴禮)》의 〈명당편(明堂篇)〉에서 말하는 "二九四, 七五三, 六二八"이 바로 「낙서」의 수이다.

「낙서」의 방진(方陣)형태의 도형은 현대인의 관점에서야 당연히 숫자의 배열이라는 것을 파악할 수 있지만, 옛사람들은 이것을 「하도」처럼 신비한 것으로 보았다. 왜냐하면 1에서 9까지의 숫자를 배열한 것은 종횡이나 대각선으로 보아도 모두 15이기 때문이다. 지금 숫자로 흑백의 점들을 대신 그려보면 아래와 같다.

4	9	2
3	5	7
8	1	6

「낙서」의 괘상과 가장 쉽게 억지로 연결시키는 것들은 여덟 개의 수를 사방과 네 모퉁이에 나누어 배치하여, 쉽게 〈설괘전〉 중의 「오행상생괘도」와 연결시키는 것이다. 《역위(易緯)》 중에서도 이런 것들이 나타나는데 《역위》에서는 사방과 네 모퉁이 여덟 개 괘위를 「궁(宮)」이라고 말한다. 여기에다 중앙의 허위(虛位)를 더해 모두 「구궁」이라 하여, 「태일하구궁(太一下九宮)」설을 만들었다. 《역위》 중에서는 비록 분명하게 각 괘의 수를 말하지는 않지만, 「태일」의 진행과정을 통해서 보면 바로 「낙서」 중의 1, 2, 3, 4, 5, 6, 7, 8, 9의 자연수의 순서이다. 《역위》는 서한 말엽의 작품으로 「낙서」의 수배열과 8괘를 배열하는 것이 그때 이미 확정되었다는 것을 알 수 있을 것이다. 《역위건착도》의 문장과 정현의 주석을 말하고 아울러 도표를 그리면 아래와 같다.

《역위건착도》: "양은 움직여서 나아가면 7이 9로 변하여 기의 자라남을 상징한다. 음은 움직여서 물러나면 8이 6으로 변하여 기의 줄어듬을 상징한다. 그러므로 태일은 그 수를 취하여 구궁을 진행함으로써, 네 곳의 정방과 간방 모두 15에 합한다."[108]

정현의 주: "태일이라는 것은 북두성의 신이름으로 거처하는 곳을 일러 태일이라고 한다. 항상 8괘와 일진의 간지 속에서 움직이는데 천일 혹은 태일이라고 한다 …… 네 개의 정방과 간방(間方)에 팔괘신을 놓아두는 까닭에 궁이라고 한다. 천일의 하행은 마치 천자가 제후들을 시찰하고 사방의 큰 산을 돌아보는 것과 같아서 모두 행차하고 나면 돌아오는 것이다. 태일이 8괘의 궁으로 행차하면 각각의 것들은 중앙으로 돌아온다. 중앙이란 것은 북신이 거처하는 곳으로, 이 때문에 구궁이라고 말하는 것이다. 천수는 크게 나누어 양에서 나오고, 음으로 들어간다. 양은 자에서 일어나고, 음은 오에서 일어나기 때문에 태일의 구궁으로의 하행은 감궁에서 시작한다. 감궁에서 곤궁으로 옮겨가고 …… 그곳에서 진궁으로 옮겨지고 …… 그곳에서 손궁으로 옮겨지고 …… 행차한 것이 반이 되면 다시 중앙의 궁으로 돌아가서 쉰다. 여기에서 다시 건궁으로 옮겨가고 …… 그곳에서 태궁으로 옮겨가고 …… 그곳에서 간궁으로 옮겨가고 …… 그곳에서 리궁으로 옮겨가서 …… 행차가 완비되면, 태일천일의 궁에서 편히 휴식하고서 북두의 천자궁으로 돌아간다."[109]

위의 인용문에 따른 「태일」이 여행한 행선지를 도표로 그려보면 아래(112쪽)와 같다.

이것은 분명히 평형대칭되는 하나의 기하학적 도형이다. 이런 기하학적 도형을 보게 되면 「낙서」의 신비로운 장막도 분명하게 걷힐 것이다. 원래 고대

---

108) 「陽動而進, 變七之九, 象其氣之息也, 陰動而退, 變八之六, 象其氣之消也. 故太一取其數以行九宮, 正四維皆合於十五.」

109) 「太一者, 北辰之神名也, 居其所曰太一, 常行於八卦日辰之間, 曰天一或曰太一. …… 四正四維, 以八卦神所居, 故亦名之曰宮. 天一下行, 猶天子出巡狩省方岳之事, 每率則復. 太一下行八卦之宮, 每四乃還於中央, 中央者北神之所居, 故因謂之九宮. 天數大分, 以陽出, 以陰入, 陽起於子, 陰起於午, 是以太一下九宮從坎宮始 …… 自此而從於坤宮 …… 又自此而從震宮 …… 又自此而從巽宮 …… 所行者半矣, 還息於中央之宮. 旣又自此而從乾宮 …… 自此而從兌宮 …… 又自此從於艮宮 …… 又自此從於離宮 …… … 行則周矣, 上遊息於太一天一之宮, 而反於紫宮.」

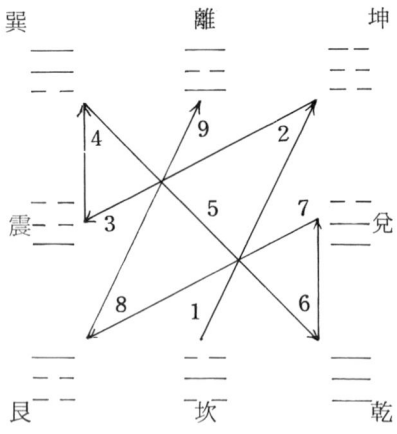

인들이 이런 숫자의 배열 중에서 1, 2, 3, 4, 5의 자연순서의 수만 연결하여도 여전히 이러한 재미 있는 도형을 만들 수 있음을 발견하였을 것이고, 이것을 통하여 「태일하구궁(太一下九宮)」이라는 것을 만들어낸 것이다. 또한 태일이 구궁으로 하행하는 것이 반드시 직선적으로 넘나드는 노선만을 적용하지 않고, 곡선 혹은 전환노선을 이용하여 진행하는 방식을 취하기도 한다. 이것을 통하여 건축학자들은 「미궁(迷宮)」을 설계하고, 군사전략가들은 「진도(陣圖)」를, 술수가들은 잡학과 융합하여 「기문(奇門)」을 만들어내었다. 위에서 말한 것들은 모두 「낙서」의 수학적 배열을 통하여 나온 것으로 철학적 적용이라는 것은 무리가 많기 때문에 강조해서 말하지는 않겠다.

5) 소옹의 선천역수

선천역수(先天易數)는 소옹의 독자적인 학문이기 때문에 특별히 소옹이라는 이름을 앞에 내걸었다. 앞의 「상」이라는 절에서 소옹의 「선천역도」에 대해서 말하였다. 선천역수라는 것은 「선천역도」의 8괘배열에 근거하여서 나온 것이다. 그 수는 건일(乾一), 태이(兌二), 리삼(離三), 진사(震四), 손오(巽五), 감육(坎六), 간칠(艮七), 곤팔(坤八)이다. 8괘에서 64괘로 발전할 때에는 8괘의 각 괘에다 다시 위에서 말한 순서대로 8괘를 더한다. 예를 들면 6효 건괘 자체외에 모두 쾌(夬), 대유(大有), 대장(大壯), 소축(小畜), 수(需), 대축(大畜), 태(泰)의 일곱 괘가 생긴다. 그러므로 건은 1의 1이고, 그 이하는 1의 2,

1의 3 …… 1의 8로 곤괘에서 8괘를 모두 더하면 그 수는 8의 8로 64괘가 하나의 순환을 완성하는 것이다.

선천역수를 배합하여 응용한 것으로 소옹은 원(元), 회(會), 운(運), 세(世), 세(歲), 월(月), 일(日), 진(辰)의 수를 말한다. 그것을 수로 나타내면 1원은 12회이고, 1회는 30운, 1운은 12세, 1세는 30년, 1년은 12달, 1월은 30일, 1일은 12진이다. 이것은 천도의 운행을 관찰한 수로서, 12와 30의 교체로 작용을 삼는데, 그것들은 차례대로 통속(統屬)관계가 된다. 즉 1원은 12회, 360운, 4320세, 129600년이다. 물론 또 다른 원이 있고 그 수를 서로 중복하여 무한정으로 할 수 있다.

"해가 지나는 경로를 일러 천의 원이라 하고, 달이 지나는 경로를 일러 천의 회라 하고, 별이 지나는 경로를 일러 천의 운이라 하고, 진이 지나는 경로를 일러 천의 세라 한다. 해가 해를 지나면 원의 원이고, 해가 달을 지나면 원의 회이고, 해가 별의 경로를 경과하는 것은 원의 운이고, 해가 진의 자리를 경과하는 것은 원의 세라는 것을 알 수 있다. 달이 해의 경로를 지나면 회의 원이고, 달이 달의 경로를 지나면 회의 회이고, 달이 별의 경로를 지나면 회의 운이고, 달이 진의 자리를 경과하면 회의 세라는 것을 알 수 있다 …… 원의 원은 1이고, 원의 회는 12, 원의 운은 360, 원의 세는 4320이다. 운의 원은 12, 회의 회는 144, 회의 운은 4320, 회의 세는 51840이다. 운의 원은 360, 운의 회는 4320, 운의 운은 129600, 운의 세는 1555200 이다. 세의 원은 4320, 세의 회는 51840, 세의 운은 1555200, 세의 세는 18662400이다."[110]

소옹의 아들 소백온(邵伯溫)도 말하기를,

---

110) 《皇極經世書》〈觀物篇〉50 「日經天之元, 月經天之會, 星經天之運, 辰經天之世. 以日經日, 則元之元可知之矣. 以日經月, 則元之會可知之矣. 以日經星, 則元之運可知之矣. 以日經辰, 則元之世可知之矣. 以月經日, 則會之元可知之矣. 以月經月, 則會之會可知之矣. 以月經星, 則會之運可知之矣. 以月經辰, 則會之世可知之矣 …… 元之元一, 元之會十二, 元之運三百六十, 元之世四千三百二十. 會之元十二, 會之會一百四十四, 會之運四千三百二十, 會之世五萬一千八百四十. 運之元三百六十, 運之會四千三百二十, 運之運十二萬九千六百, 運之世一百五十五萬五千二百. 世之元四千三百二十, 世之會五萬一千八百四十, 世之運一百五十五萬五千二百, 世之世一千八百六十六萬二千四百.」

"일원은 천지의 변화 가운데에서 1년과 같다. 원의 원에서부터 신의 원까지, 원의 신에서 신의 신 이후에는 수가 궁해버린다. 궁하면 변하고, 변하면 생하고, 생하고 또 생하여서 무궁하게 된다. 《황극경세서》에서는 다만 일원의 수를 밝히는 것으로 그 일단만을 말한 것이다. 그것을 유추하면 천지의 수를 궁구하여 알 수 있을 것이다."[111]

소옹은 위에서 말한 선천역수와 원회운세의 수를 서로 배합하여 우주의 생명과 인류와 국가의 명맥에 대한 학문체계를 만들었다. 소옹 역학의 진면목은 후세에 그 진수를 전하지 못하고 있다. 그의 저작으로는 《황극경세서》가 있으나, 일설에는 원저(原著)는 이미 분실하였고, 지금 전하는 것은 후대인들이 위조 혹은 개찬한 것으로 본다. 이 때문에 그의 주역사상에 대해서 대강만 파악하고 있을 뿐이지, 자세한 내용은 모른다고 할 수 있을 것이다. 후대인들에 의해서 전해지는 소강절의 역수를 통해서 볼 때, 그의 중요논점은 역도의 보편적 작용의 원리 속에서 역사철학의 원칙을 세우는 데 있다고 할 수 있을 것이다. 그러나 이런 원칙을 만약 위에서 말한 역수의 고정성이란 관점에서 본다면, 결국에는 변통성을 상실한 기계론에 빠지게 될 것이다. 그의 선천역도의 배열은 고정된 방식이고, 선천역수도 고정불변이고, 원회운세도 고정된 방식을 가지게 된다. 그것들을 바꾸어가면서 배합하는 것 역시 마찬가지이기 때문에 기계론에 빠지지 않는다는 것은 실제로 매우 어렵다. 그러나 소옹이 역도의 「변동불거(變動不居 : 하나에 머물러 변화하지 않음)」와 「불가위전요(不可爲典要 : 고정된 형식 속에 머물지 않다)」「곡성만물(曲成萬物 : 모든 만물을 하나도 남김없이 모두 생성시킴)」이란 이치를 깊이 깨달은 것임에는 틀림이 없다. 이 세상에 전하는 《황극경세서》를 통해서 보아도 소옹이 그의 학설에 근거하여 중국역사의 변천을 논한 것이거나 요의 원년을 갑진(甲辰, B. C. 2357)으로 추리해낸 점들은 결코 기계론에 빠져 있지 않는 것 같아서, 그의 원저작이 실전되지는 않았는가?라는 생각을 떨칠 수가 없다.

이상은 역수를 분류해서 말했는데 비록 계통적으로 연관하여 말한 것은 아니지만, 독자들은 그 중에서 충분히 변천되는 대략적 상황을 파악할 수 있으

---

111) 《性理大全》《황극경세서》4 〈관물내편〉 10「一元在大化之中, 猶一年也. 自元之元至辰之元, 自元之辰至辰之辰, 而後數窮矣, 窮則變, 變則生, 蓋生生而不窮也. 經世但著一元之數, 擧一隅而已, 引而伸之, 則窮天地之數可知矣.」

리라 믿는다. 대체적으로 말하여 복희씨의 8괘 속에서 말하는 수는 다만 원시 자연 속에서의 소박한 수관념이다. 문왕이 서술을 개창한 이후 수는 신묘불측한 관념으로 변한다. 이후의 수관념은 역학의 갖가지 경향에 따라서 서로 다른 의미들을 가지게 된다. 철학내용을 가지고 말하는 사람들은 수를 형이상학적인 것으로 보아서 사물의 이러저러한 원인적 요소로 보는 것이다. 예를 들면 《장자》의 〈천도편〉에서 "입으로는 말할 수가 없다. 수가 그 사이에 들어있다."[112] 서술의 점을 신봉하는 자들은 수를 객관존재에 대한 선천적 결정으로 간주하는데, 즉 정수(定數), 천수(天數), 명수(命數), 운수(運數) 등의 말을 예로 들 수 있다. 한대 이후에 길흉을 점치는 역학적 경향이 세상에 크게 유행한 까닭에 후자의 의미가 보편적으로 통용되었다. 그러나 수의 분야를 크게 두 부분으로 분리해서 보는 것 역시 분명한 것은 아니다. 《한지(漢志)》의 「수술가(數術家)」는 모두 한편으로는 술을 통하여 수를 말하고, 또 한편으로는 철학적 의미를 강조하기도 한다. 예를 들면 삼국시대의 관락(管輅)은 양한의 수술학(數術學)을 집대성한 「수술역가」(잠시 이 명칭으로 사용하지만, 그러나 그는 수도 말하고, 술도 말하고 역도 말한다)인데, 그는 한편으로는 수를 객관적 신비적인 것으로 보고, 또 한편으로는 수를 사물을 구성하는 인소로 간주하는 철학적 의미로도 보고 있다. 어떤 사람이 그에게 투명술(透明術)이 믿을 만한 것인가?를 물었다. 그는 대답하기를, "이것은 다만 음양을 피하여 숨는 수일 뿐이다. 진정으로 그 수를 얻으면, 사악(四岳)이라도 숨길 수 있고 강과 바다도 도피시킬 수가 있는데, 하물며 칠척의 몸뚱이를 속으로 떼어서 변화시키지 못하겠는가? 운무(雲霧)를 흩여서 몸을 숨기고, 금속과 물을 풀어 자취를 없애는데, 술(術)이 충분하며 수(數)가 이루어진 것으로 별다른 괴이한 것이 없는 것이다."[113] 그 사람은 다시 그에게 좀더 상세하게 말해달라고 하자 그는 "사물이 정(精)하지 않으면 신이 될 수 없다. 수가 묘하지 못하면 술이 될 수 없다 …… 해와 달을 숨기려는 것은 반드시 음양의 수이고, 음양의 수는 모든 수에 다 통하는 것이다. 새와 짐승이 변할 수 있는데 사람이 그러지 못하겠는가?"[114]라고 하였다.

---

112) 「口不能言, 有數存焉於其間.」
113) 《양한역학사》 pp. 274~75 참조.
114) 위와 같은 곳.

앞의 말은 수를 술수가들이 방술을 만들어서 추구하는 것이고, 뒤에 인용문은 수를 철학적인 음양변화로 말한다. 후대의 중국인들이 「수」에 대해 말하는 것은 대부분 위의 혼합적인 관념으로 말하고 있는 것이다. 앞에서 말한 소옹의 역수 역시 이런 혼합관념의 응용일 뿐이다.

제 2 장
우주만물의 핵심인 태극

제 1 절 두 가지 함축된 의미와 두 가지 이해의 길

　태극(太極)은 그 자체로 혼연한 일체로서 이것 혹은 저것이라는 구분을 할 수 없는 것이다. 지금 태극을 논하는데 그 두 가지 함의가 있다고 말하는 것은 우리가 태극을 연구대상으로 하고 있기 때문에 어쩔 수 없이 이렇게 이야기하려는 것이다. 그 연구를 시작할 때 이론적 맥락을 분명히 하려는 것은 필자가 서술하는 데 있어서나 독자가 이해하는 데에 각각 편리함을 얻게 하기 위해서이다. 내가 말하려는 태극의 두 가지 함축된 의미는, 첫째, 태극을 존재로 말하는 경우 우주만물의 「유(有)」와 「유」와 구별되는 「무(無)」는 모두 태극의 「일(一)」이다. 둘째, 「태극」을 「우주만물을 화생」하는 경우로 말하는 경우 이론적 사고라는 과정에서 태극은 「능생(能生)」(能產의 의미)의 지위에 있어서 제일근원이 된다.

　이 두 가지 의미는 서로 모순되지는 않지만 각각 다른 입장에서 태극을 말하기 때문에 이런 구분이 생긴 것이다. 두번째의 태극이 우주만물을 생화(生化)한다 라고 말하는 것은 결코 「능생」과 「소생(所生)」의 분리를 말하는 것은 아니다. 「능생」이면서 동시에 「소생」이다. 즉 「능생」 「소생」으로서 첫번째 의미의 태극을 드러내고 있다. 그러므로 첫번째에서 말하는 태극은 나누어진 것 가운데에서 합한 것을 말하고, 두번째 의미의 태극은 합한 것 가운데에서의 나눔을 말하고 있다.

위에서 말하는 두 가지 뜻을 서양철학으로 말하면 두번째 뜻은「우주론」의 관점을 가지고 있다. 그러나 첫번째 의미가「본체론」의 관점을 가지고 있다고 말할 수는 없다. 왜냐하면 서양철학에서 말하는「사고의 주체로서의 인간」은 「객관화된 개념」에 상대해서 말하기 때문이다. 그러나 역경철학은 그렇지 않다.「사고의 주체로서의 인간」과 태극은 하나고, 태극을 벗어나서 근본적으로 「태극에 상대해서 사유하는」조건은 생겨나지 않는다. 이것이 그 중의 하나이다. 두번째의 태극은 하나의 큰 유행작용을 말하는데 변동과 생생이 그것의 본성이다. 서양철학에서 본체가 불변성을 가지고 있다는 것과는 다르기 때문에 그것이 본체를 가지는가 라는 문제에 집착할 필요가 없는 것이다. 이런 입장에서 본다면 서양철학자들처럼 태극을 본체로 보는 관점은 타당하지 않다. (〈계사전〉에서 "역은 체가 없다(易無體)."라고 말한다.) 비록「본체」는 없어도 「작용은 있다」. 태극이 태극이 될 수 있는 것은「작용」의 입장에서 말하는 것이다. 이미 작용이 있다고 말하면「존재」가 있는 것이다. 이것이 바로 필자가 앞의 첫번째 의미에서 존재로 태극을 말하고, 본체로 태극을 말하지 않은 이유이다.

이 두 가지 태극에 대한 함의를 있는 그대로 말하면 바로 중국철학의 두 가지 연구방식, 더 구체적으로 말하면 중국인이 진리를 추구하는 두 가지 방식 혹은 첩경에서 나온 것이다. 중국인이 진리를 추구하는 방식과 서양의 방식은 다르다. 서양철학의 모형은 희랍에서 만들어지는데, 희랍철인들이 철학을 이성활동 속의 일로 간주한 이후 2000여 년 동안 서양사람들은 그것을 철학연구의 유일한 길이라고 생각하였다. (20세기 초에 베르그송(Bergson) 철학이 나타난 후 비로소 정식으로 직각(直覺)이란 방법을 철학에 도입한다.) 그러나 중국철학은 처음부터 두 가지 노선을 걸어왔다. 하나는 직각체오(直覺體悟 : 직관적 깨달음)의 길이고, 다른 하나는 이성적 사고의 길이다. 전자는 자신을 우주만물의 일체 가운데에 융합시켜 마음의 진실한 깨달음으로부터 우주가 어떤 것인가를 파악하고 그 진실이 어떠한가를 몸소 알게 되는 것이다. 후자는 자기 자신을 객관화시켜 우주만물의 생멸변화를 관찰하여 그것의 이치를 찾아내는 것이다. 이 두 가지 노선은 서로 상보적(相補的)으로 사용되어 중국철학에서 말하는 형상형하(形上形下)의 일체, 심물일원(心物一元)을 만들어낸다. 그들은 사물 속에서도 그것에 빠지지 않고, 도(道)를 말하면서도 기(器)를 벗어나지 않는데, 이것은 바로 이런 특질적인 정신을 배양하고 있음을 말하는 증거이다. 앞에서 말한 태극의 이중적인 함의 또한 중국인들의 두 가지 경로를 통한 우주진리에 대한 탐색의 결과이다. 여기에서 더 나아가 이 두 가지 철학적 경로에 대해 좀더 상세하게 설명하려 한다.

(1) 직각적 깨달음을 통한 태극의 파악

「직각」은 이성적 사고와 구별해서 하는 말이고, 「체오」는 직각적인 앎에 대한 참된 설명이다. 무엇을 「체오」라고 하는가? 마음의 올바른 깨달음으로써, 인간의 마음과 우주만물이 융합된 일종의 경험이다. 이런 경험은 반드시 몸소 실증하여 아는 것이기 때문에 「증지(證知)」라고 말한다.

인간은 우주 속에 존재하는 하나의 사물이기 때문에 생명의 발생과 형체의 변화라는 입장으로 말하면 다른 존재자와 크게 다르지 않다. 우주라는 이 거대한 조화의 용광로 속에서 인간과 만물은 부단히 생멸하고, 나누어지고 합하는 것이 서로 교체하고 있다. 보통 사람들은 다만 삶과 죽음이라는 인생의 한 단락 속에서 다른 존재들과는 완전히 다른 것으로 구별하고 있지만, 조금만 더 깊이 생각해보면 인간의 일상적 언행 속에서 한시라도 다른 사물들과 더불어 취산화합(聚散化合)하지 않는 적이 없다는 것을 알게 될 것이다. 만약 호흡을 가지고 말하면 숨을 들이키는 것은 바로 개체생명의 태어남(生)이고 숨을 내뱉는 것은 바로 개체생명의 사망을 말한다. 여기에서 지구를 둘러싸고 있는 일정한 대기 중에서 어떤이는 들이키기도 하고 내뱉기도 하여 서로 호흡하듯 이미 각자의 것을 분리하기 힘들게 되어버리는 것이다. 만약 다시 삶과 죽음이라는 단면적인 입장을 벗어나 인간이 죽어서 벌레로 되었다가 흙이 되고 공기로 변화되고……, 벌레, 흙, 공기 등이 각각의 조건에 따라서 화합하여 만물을 생성한다는 것으로 말하면, 인간이 어디에서 만물을 벗어나 자신만의 몸뚱이를 뽑아낼 수 있겠는가? 옛말에 "만물은 하늘에 근본하고, 인간은 조상들에게 그 근본을 둔다(萬物本於天, 人本乎祖)."라는 말에서의 뒷구절은 다만 인간의 자존심에 의해서 억지로 경계를 그은 말일 뿐이다. 사실 「조상(祖上)」

이라는 말 역시 「하늘에 근본하는 것(本於天)」으로 인간과 만물은 결코 분리할 수 없는 것이다.

이것이 바로 중국철학에서 인간이 직각적 깨달음의 능력을 가지게 되는 근거이다. 왜냐하면 인간은 만물 중의 하나이고 천(天)은 만물을 낳기 때문에 인간은 천지와 공통되는 성질을 가진다. 이런 공통되는 성에 따라서 근원을 추구해 올라가면(上達) 객체라는 소아(小我)의 껍데기를 벗어던지고 큰 조화의 용광로라는 공통성 속으로 돌아가며, 우주만물의 크나큰 근본을 체득해낼 수 있는 것이다. 이것이 바로 다름아닌 태극을 본 것이다.

직각적 체오는 이성적 활동이 아니기 때문에 논의를 통하여 얻을 수 있는 것은 아니다. 직각적 체오라는 것은 마치 「운무를 제치고 푸른 하늘을 보는 것」과 같다. 후천적인 인위적 사고가 인간의 선천적 본성을 덮고 있기 때문에, 만약 이런 후천적이고도 인위적인 내용들을 제거한다면 천성의 빛은 저절로 드러나게 되는 것이다. 이 말은 듣기에 옳은 것 같으나 실은 진실하지 못한 설명이다. 만약 그렇다면 제거된 후천적인 인위적 사상들은 어디로 가버리는가? 또 어떠한 힘으로 그것들을 제거할 수 있는가? 더욱 강력한 인위적 힘이 또다시 필요한 것이 아닌가? 마치 도둑을 쫓기 위해서 산적을 불러오는 것이나 다를 바가 없다. 이 때문에 그렇게 간단하게 말할 수는 없는 것이다. 필자가 보기에 직각적 체오의 드러남(다가온다 라고 말하기보다는 드러남이라고 말하는 것이 옳을 것 같다. 왜냐하면 다른 곳에서부터 나온 것이 아니기 때문이다)이란 것은 바로 인위적 사고의 「전환(轉換)」이다. 이렇게 말하여도 분명치 않기 때문에 《논어》에서 말하는 것을 예로 들어보자. 공자는 "사사로움, 그렇게 해야겠다는 억지, 고집, 이기심을 없애는 것"[1]이라고 하였다. 여기에서 말하는 의(意), 필(必), 고(固)와 아(我)는 모두 개인적인 것들에 근거하여서 생겨난 인위적 경향의 작용들이다. 만약 공자가 또다른 경향의 힘으로 이런 경향들을 밀어낸다면 새로운 경향의 힘 역시 또한 힘을 써야만 한다. 또다른 하나의 경향으로 이런 세력을 밀어낸다는 것은 그것 자체로 이미 「필, 고, 아」를 범하는 우를 저지르게 되어버리는 것이다. 여기에서 우리는 공자의 의도가 여기에 있지 않다는 것을 알 수 있을 것이다. 공자의 의도는 실제로는 의, 필, 고, 아의 인위적·심리적 경향과 작용들을 「놓아두려」는 데 있다. 이러한 심리

---

[1] 《論語》〈子罕篇〉「毋意, 毋必, 毋固, 毋我.」

적 경향들이란 것은 본래 사람에게서 생기는 것이다. 그러나 사람은 원래 태극의 작용이 드러난 것으로 이런 심리적 경향들의 근원을 소급해보면 모두 태극작용의 파생물이기 때문에 모든 존재자는 태극을 가지고 있다. 의, 필, 고, 아가 되는 까닭은 개체로서의 인간이라는 곳에 집착하기 때문이다. 그것들을 던져버리고, 집착에서 해방되면 순식간에 「무의, 무필, 무고, 무아」의 높은 경계로 전환하게 되는 것이다. 그러나 인위적 경향의 세력들이나 존재는 그전과 똑같지만 이때의 인위적 경향의 세력은 도리어 태극의 큰 흐름 속으로 들어가고, 존재도 태극으로서의 「일(一)」자 속으로 돌아가는 것이다. 이 때문에 여기에서 「제거」혹은 「구축(驅逐)」이라는 표현은 적절하지 않고, 오히려 「전환」이라는 표현이 정확하다. 《논어》의 이 말 역시 직각적 체오의 경험인 것이다.

직각적 체오의 경험은 기묘한 것이다. 여기에서 「기묘(奇妙)」라는 말로 형용하는 것은 결코 과장된 표현은 아니다. 왜냐하면 인간이 태극의 유행 속에서 인성(人性)을 부여받아 생명이 생겨 개별적 존재가 된 이후에 그 존재는 스스로에 묶이는 제한적 존재가 되고 그 사상은 집착되고, 오염되고 응결되어 버린다. 인간이 행하는 모든 분투와 노력, 성현의 가르침, 수양의 실천 등은 모두 이런 속박에서 벗어나려는 것이다. 만약 그것들을 던져버리고, 개별존재의 속박을 버리고 무차별적 태극의 자연스런 흐름 속으로 들어가면, 자유롭고, 가볍고, 맑은, 살아 숨쉬는 존재로 된다. 이런 해탈은 인성의 해탈이고, 인생의 가장 큰 바람의 달성이다(이런 마음의 바람이라는 것은 스스로도 모르는 것이다). 이런 경험적 순간에서 인간은 스스로 자각하지 못하는 사이에 생리적・심리적으로 무거운 짐을 내려놓은 듯한 상쾌함을 느낄 수 있을 것이다. 옛날 도를 닦는 사람들이 이런 경우를 만나 참지 못하고 한바탕 울거나 웃는 이유는 바로 여기에 있는 것이다. 직각적 체오를 한 상태의 느낌은 이미 「심신(心身)」의 존재가 없기 때문에 도저히 형용할 수가 없게 되는 것이다. 장자는 그런 경험을 "만물이 모두 비어 있는 것을 보면 텅빈 마음에 빛이 생겨나와 길상한 행복이 도래한다."[2] 라고 말한다. 여기에서 「길상지지(吉祥止止)」라는 말은 일체의 좋은 것을 말하는 것이다. 그러나 설령 장자라 할지라도 다만 이렇게 개괄적으로 형용할 수밖에 없고, 그 상세한 심정을 필설로 다 표현할 수는 없었을 것이다. 그것에 대해 꼭 물어온다면 다만 석가모니가 말하는 "물을 마

---

2) 《莊子》〈人間世篇〉「瞻彼闋者, 虛室生白, 吉祥止止」

셔보면 찬지, 따뜻한지는 저절로 알게 되는(如人飮水, 冷暖自知)"것으로 답할 수밖에 없을 것이다.

그러나 우리는 직각적 체오를 어떤 신비로운 것으로 볼 필요는 없다(비록 그것은 줄곧 신비로운 것으로 간주되었지만). 그것의 출현은 확실이 순간적으로 사유가 있는 것에서 사유가 없는 것으로 전환되어버린다. 본래 여기에서 말하는 「전환」이란 것은 계획적인 이론사고로서 얻을 수 있는 것은 아니지만, 전환에 앞서서 그것을 배양할 수 있는 노력을 기울여 「전환」이 도래하게 해야 하는 것이다. 왜냐하면 소위 「전환」이란 것은 위에서 말한 것처럼 개체에 집착하는 사유경향들이 더욱 강하면 「전환」의 가능성은 더욱 어렵고, 미약하면 할수록 「전환」은 쉬워진다. 그러므로 이지적 사고가 여기에서 정립할 수 있는 근거를 얻는 것이다. 〈계사전〉에서 "본성을 실현하고 보존하면 도의의 문에 들어간다(成性存存, 道義之門)." 또 "「이치」를 궁구하고 본성을 온전히 실현하면, 천명에 도달한다(窮理盡性, 以至於命)." 등은 바로 사람들이 「전환」의 실천 공부에 힘쓰도록 하게 하는 것이다. 유가에서 존양(存養)을 말하고, 도가에서는 청정무위(淸靜無爲)를 말하는데, 그 취지는 같은 것이다. 결론적으로 인간들은 이지적 사고의 힘을 빌려 개체에 집착하는 경향들을 감소시키고, 이런 경향들이 더욱 미미하게 될 때를 기다려 「전환」의 경계점에 도달하면 눈깜짝할 사이에 그것은 저절로 다가오게 되는 것이다. 즉 「달려가지 않아도 신속하고, 가지 않아도 도달하게 되는 것(不疾而速, 不行而至)」의 상태로 마치 꿈에서 깨어난 듯 하다. 그러므로 직각적 체오라는 것은 그것 자체로 말하면 지적 사고는 효력이 없지만, 그것을 이루게 하는 기초에서는 효력이 있기 때문에 「서로 도와서 이루는(相輔相成)」 것이라고 할 수 있다.

(2) 이지적 사고를 통한 태극의 인식

이른바 이지적 사고라고 하는 것은 관찰, 분석, 비교, 귀납, 추리 등의 심리 활동과 관련시켜 말하는 것임을 앞절에서 이미 말하였다. 태극은 직각적 체오를 통하여 깨닫는 것으로, 이지적 활동은 직각적 체오를 가능하게 하는 데 있어서는 단순한 보조적인 역할만 한다. 이렇게 말한다면 이지적 활동이 「태극을 인식하는」 문제에 있어서 마치 관여할 여지가 없는 것같이 보인다. 그러나 절대 그렇지 않다. 이지적 활동이 결코 태극을 인식하지 못하는 것은 아니지만 그렇게 「절실」하지는 못하다는 의미이다. 마치 먹어서 맛을 아는 것처럼 태극의 속으로 들어가서 체득하여 아는 것이 아니라, 다만 「인지(認知)」할 뿐인 것이다.

그것은 무슨 뜻인가? 예를 들면 우주만물이 끊임없이 변화하는 것을 관찰하여, 그것에서 우주만물의 근원인 태극도 필연적으로 변동하는 것으로 추리해서 아는 것이 바로 이지적 사고이다. 그러나 이런 추리를 통하여서 얻은 인지는 다만 이와 같은 것이 태극이라는 것만 알고 있지, 태극이라는 것이 도대체 어떠한 것인지에 대해서는 알지 못한다. 바꾸어 말하면 이지적 사고의 인식이라는 것은 직접적으로 정신이 아는 대상 속으로 들어가서 아는 것이 아니라, 간접적으로 추리하여 아는 것이다. 아직 그것에 대한 설명이 분명하지 않은 것 같아서 하나의 예를 들어보겠다. 서론에서 복희씨가 8괘를 그린 것은 태극에서 시작한 것이라고 하였는데, 그것은 〈계사전〉의 문장을 인용하여 근거로 삼았다. 여기에서 이지적 사고의 기능을 분명하게 하기 위해 다시 괘 제작의 동기를 말하는 문장을 인용하여 살펴보도록 하겠다.

"옛날 복희씨가 천하를 다스릴 때, 위로는 하늘에서 상을 관찰하고, 아래로는 땅의 본받을 만한 것, 조수의 문채와 땅의 마땅한 것을 관찰하였다. 가까이에서는 자기의 몸에서 취했고, 멀리로는 다른 사물에서 취했다. 신명의 덕을 통하고 만물의 실상을 유추했다."[3]

여기에서는 이지적 사고의 기능을 매우 분명하게 말하고 있다. 복희씨는 「하늘과 땅」「조수의 문채」와 「땅의 마땅함」 등을 보편적으로 관찰한 후에, 관찰 가운데에서 만물에 공통되는 이치를 찾아낸다. 그리고 나서 「근취제신(近取諸身)」「원취제물(遠取諸物)」하는데, 즉 다시 자신의 몸과 마음의 변화하는 상태를 돌아보아, 외재사물과 서로 비교하고 검증하여 본다. 이렇게 하여서 안과 밖, 나와 다른 사물들은 서로 상응하여 그 이치가 일치함을 알고 난

---

[3] 「古者庖犧氏之王天下也, 仰則觀象於天, 俯則觀法於地, 觀鳥獸之文與地之宜, 近取諸身, 遠取諸物, 於是始作八卦, 以通神明之德, 以類萬物之情」

후에 비로소「신명한 덕을 통하고」「만물의 실상들을 유추해내는」결과를 끄집어내는 것이다.「신명(神明)」이라는 것은 고대인들에 있어서 구체적인 형상은 없지만 빼어난 지혜를 가지고 있는 정신적인 실재존재로 간주하고 있다.「덕(德)」이라는 것은 얻는다는 의미이다. 천지의 본성을 얻는 것이 덕이기 때문에「신명지덕」은 바로「천성(天性)」이고「명(命)」이고 또 태극이다. 복희씨는 태극의 의미를 깨달은 후에, 태극이 바로 관찰한 만물들의 근원이란 사실을 알게 되는 것이다. 이때 다시 태극으로부터 만물을 돌아보면 만물은 다양한 모습을 가지고 왕성하여 구체적인 모습을 가지지 않는 것이 없다. 태극에서부터 8괘의 상을 유추해가는 것으로, 충분히 만물의 실정을 유추할 수 있는 것이다. 앞에서는 문자적 해석에만 의존하여 설명하였는데, 실은 더욱 상세한 인식을 필요로 한다. 바깥의 사물을 관찰하여서 이치를 얻는 것은 비교, 귀납의 활동이다. 바깥 사물의 이치를 자신에게 검증하여, 인간 자신의 체험을 바깥 사물의 이치 속에 집어넣으면 그 이치는 하나이다. 그런데 여기에서 좀더 따져볼 만한 문제가 있다. 왜냐하면 심신의 체험 혹은 느낌이라는 것은 지극히 개인적인 일이고, 그런 경향들은 개체로서의 소아(小我)에서 생기는 것이다. 만약 만물을 귀납하여 얻은 이치 속에 융합하는 것은 바로 소아의 집착을 깨뜨리고 만물과 일체가 되는 대아의 영역 속으로 들어가는 것이다. 만물의 이치를 얻는 것을 역학에서는「궁리(窮理)」라고 한다. 자기 자신을 만물에 이입하여 일체가 되는 것을 역학에서는「진성(盡性)」이라 하여 두번째의 단계를 말한다. 그러나 여기까지는 이지적 사고의 능력으로도 충분히 도달할 수 있다. 아래에서 말하는「신명의 덕과 통한다」는 이지적 사고능력으로는 감당할 수 없는 것이다. 왜냐하면「신명의 덕」이라는 것은 신명에서 얻은 것이기 때문에, 반드시 먼저 신명에서 얻은 것이 있어야「통」(通의 뜻은 융통, 관통의 뜻임)할 수 있는 것이다. 이지적 사고는 자기 자신을 몸소 관찰하고 살펴서 이치와 합하게 할 수는 있으나, 먼저「신명」의 경계에 들어가서 본성을 얻을 수는 없기 때문에 반드시 직각적 체오의 힘을 필요로 하게 되는 것이다. 즉 복희씨는 먼저 관찰을 통하여 만물의 이치를 얻고, 그 다음 자신의 구체적 체득과 경험을 통하여 소아를 깨뜨리고 물아일여(物我一如)의 경계로 들어가는 것이다. 이때 소아가 제거되면, 개체에 집착하는 경향도 소멸하게 된다. 여기에서 진정으로 태극의 영향 속으로 들어가서「천명」의 보편적 흐름을 체득하게 되는 것이다. 앞의 둘은 「궁리」와 「진성」이고 뒤의 것은 바로 「천명에 도달하는 것」으로 《주역》에서 말하는 「궁리진성이지어명(窮理盡性以至於命)」의 세번째 경계이다.

위에서 말한 것을 통하여 우리는 이지적 사고와 직각적 체오라는 두 가지 정신이 다르다는 것을 알 수 있었을 것이다. 이지적 사고의 정신은 주로 정밀한 분석에 있다. 관찰이 더욱 주도면밀하고, 비교가 더욱 세밀하고, 추리하는 것이 분명하면 더욱더 신빙성이 생기는 것이다. 이지적 사고는 연구한 대상들을 가장 단순한 작은 조각이나 점으로 만들어서 관찰, 비교, 귀납을 통하여 진리를 얻으려고 한다. 그러나 진리를 「진리의 모습에만 매달리지 않는 진리」의 본래 면목으로 드러내는 것을 망각해서는 안 된다. 그러므로 직접 진리의 본래 면목을 구체적으로 형성한다. 만약 길을 가는 것으로 비유한다면 이지적 사고는 한 걸음씩 나아가는 것으로 보폭이 작으면 작을수록 좋은 것이다. 왜냐하면 그렇게 해야 관찰하는 것이 더욱 세밀해지기 때문이다. 또 지나온 길을 통해서 다가올 길을 유추해낼 수 있다. 그러나 직각적 체오는 단번에 미래로 바로 들어가 버린다. 이지적 사고의 정신은 바로 직각적 체오가 결핍하고 있는 것이기 때문에, 양자는 상호 보조적인 작용을 하여야 하는 것이다.

다음에 주역철학에서 꼭 언급해야 할 부분으로는 이지적 사고와 더불어 병행해야 하는 「행(行)」의 공부이다. 「행」은 「실지로 하는 것」을 말한다. 이지적 사고를 통하여 태극을 인식할 수 있는 것은 분명하지만, 이지적 사고는 결국 사고의 활동일 뿐이다. 인간은 신체를 가지고 있고, 신체는 욕망의 요구를 가질 수밖에 없는 것이다. 이런 욕망의 요구에 의해서 이지적 사고의 활동은 그것의 기능을 완전하게 발휘하지 못한다. 인간은 이지적 사고를 통하여 개체적 소아를 제거하고 태극으로 돌아가는 것을 알고 있지만, 육체라는 것에 의해서 인간은 개체의 욕망에 따라 개체적 존재의 길로 들어서게 되는 것이다. 고대 중국의 철학자들은 이런 사실을 파악하여 「행」과 「사(思)」를 모두 강조한다. (《논어》〈위정편〉에 「배우되 생각하지 않으면 분명하지 않으며, 생각하되 배우지 않으면 위태롭다」[4] 라고 말한 것이다. 여기에서의 「學」은 바로 「行」의 뜻이다.) 이지적 사고가 목표로 해야 하는 것은 인간이 몸소 실천해서 이르는 곳이어야 한다. 이렇게 된다면 첫째로 이지적 사고의 효력이라는 것이

---

[4] 「學而不思則罔, 思而不學則殆」

헛되지 않고 행과 사가 함께 이루어지게 되는 것이다. 둘째로 실제적인 행위 후에 이지적 사고는 바로 자연적 삶 속으로 들어가게 되고, 이것을 기초로 하여 다시 태극으로 돌아가는 전환에 도달하게 되는데, 이것은 비교적 용이하다. 이러한 견해들은 매우 높은 수준을 보여준다. 유가와 도가 모두 행위를 강조하는 철학을 말한다. 공자가 주장하는 「인(仁)」의 목표는 다만 철학적 이론으로만 머물러 있는 것이 아니라, 말하면 바로 행위하고, 입으로는 말하면서 다리로는 사회 속에서 「인」을 행하는 것에 있다. 노자가 「무위(無爲)」를 주장하는 것 역시 다만 철학적 이론 속에만 한정되어 있는 것이 아니라, 말하면서 행위하고, 다리로는 이미 「청정무위」란 생활 속에 들어가 있는 것이다. 공자의 세간 정신과 노자의 출세간 정신은 이런 관점에서 분명히 나타나고, 둘의 입장은 완전히 같다고 하여도 무방할 것이다. 공자는 이지적 사고를 통하여 개체타파의 인식으로 인간 사회 속에서 소아를 대아로 변화시켜낸다. 노자는 이지적 사고를 통하여 얻어낸 개체제거의 인식을 통해 곧바로 대아로 변화하는데 인간 사회의 문제들에는 제한을 받지 않는다. 그들은 각기 다른 길을 가고 있지만 둘다 이지적 사고 가운데에서 개체적 소아의 집착을 제거하는 인식을 실천하고 있다. 이것이 바로 「수도동귀(殊途同歸 : 길은 각기 다르나 귀착점은 같다)」이다. 이렇게 본다면 서양철학의 전통 속에서 철학을 이성적 사고의 산물로만 보는 입장은 중국철학이 사와 행 양자를 모두 철학 속으로 집어넣는 것에 비해서는 더욱 완전하다고는 할 수 없을 것이다. 서양철학 속에는 「행위」라는 측면을 강조하고 있지 않기 때문에 직각적 체오라는 것은 중시되지 않는다. 중국철학은 「사고」와 「실천행위」를 모두 강조하기 때문에 실천행위에 의해서 직각적 체오라는 개념을 끄집어낼 수 있는 것이다. 이런 점에서 우리는 중국철학과 서양철학이 크게 다른 점을 파악할 수 있을 것이다.

제 2 절 위대한 유행의 작용

(1) 천하의 움직임은 하나에서 나온 것이다

고대 철학자 아리스토텔레스는 철학은 경이(驚異)에서 생긴다고 말했다. 아리스토텔레스의 입장은 인간의 구지심(求知心)의 발생이란 것에서부터 말한다. 즉 경이감은 곧 의문을 낳고, 의문이 있으면 해답을 찾기 위하여 사고한다. 즉 해답의 추구를 통해서 철학이 있게 된다는 것으로 결코 틀린 말은 아니다. 그러나 이 말은 절실한 느낌을 주지는 못한다. 그 이유로는 첫째, 아리스토텔레스 당시에 철학과 과학은 아직 분리되지 않았고, 이 말이 똑같이 철학과 과학에 적용되었다고 한다면, 오늘날 철학과 과학이 분리된 상태에서 이 말을 듣는다면 분명히 확실하지 못한 점을 발견할 수 있을 것이다. 둘째, 철학이 다만 경이감에서 생긴다고 주장한다면, 그 속에는 따져보아야 할 많은 문제점을 남겨두게 된다. 예를 들면 무엇에 대해서 경이감을 가지는가? 무슨 까닭으로 경이감이 생기는가? 세상은 변했고, 시대도 달라졌다. 고대인들이 가지는 경이감과 오늘날의 사람들이 가지는 경이감은 다른 것이다. 그러므로 저자는 다만 아리스토텔레스와 동시대의 중국철학자 장주가 한 말이 더욱 정확하다고 생각한다. 장자의 말은 아래와 같다.

"하늘은 어떻게 끊임없이 운행하는가? 땅은 어떻게 정지해서 움직이지 않는가? 해와 달은 어떻게 돌아가면서 빛나는가? 누가 이렇게 만들었는가? 누가 질서있게 하였는가? 누가 서로 다투거나 겹치는 것이 없이 운행하게 하였는가? 아마도 어떤 비밀스런 기관이 있어 그들로 하여금 그러하게 만든 것인지? 혹은 그들 스스로 돌기를 원하여서 정지하지 못하여서 그러한 것인가? 구름은 비를 위해서 인가? 비가 구름이 있어서 인가? 누가 비를 내리고 맑게 하는가? 누가 하는 일 없이 즐기면서 비와 구름을 생기게 하는가? 바람은 북방에서 생겨서 한 번은 서쪽, 한 번은 동쪽으로, 한 번은 하늘에서 쉬지 않고 돌고 있다. 이것은 누가 호흡하는 것인가? 이것은 누가 하는 일 없이 앉아서

부채질하는가?"5)

위의 인용문에서 장자는「경이」라는 말을 하지 않았다. 그러나 독자들은 모두 그가 말하는 경이의 상태가 어떤 것인지를 느낄 수 있을 것이다. 중요한 것은 장자가 여기에서 두 가지 사실을 밝혀낸 것이다.

① 경이로운 사물 : 하늘, 땅, 해, 달, 구름, 비, 바람, 이것들은 모두 자연계의 현상들이다.

② 경이로운 원인 : 위에서 말한 사물들의 변화무상함

인간들이 자연계의 변화무상함에 대해서 경이감을 가지고, 여기에서부터 그 원인을 추구하고 사고하는 것은 극히 자연스러운 일이다. 왜냐하면 인간 역시 자연계의 한 사물이기 때문이다. 인간이 자연계와 대립을 의식하는 순간부터, 자연계의 쉽게 관찰되는 보편적인 변화의 모습들이 우리 앞에 전개되는 것이다. 눈을 크게 뜨고 보면 : 해와 달의 오고감, 강의 흐름, 풀과 나무의 영고(榮枯), 비와 눈이 내리는 것, 사계절의 교체, 낮과 밤의 밝고 어두움 등을 볼 수 있다. 귀를 기울여 들으면 : 바람부는 소리, 눈 내리는 소리, 새의 지저귐, 벌레의 앵앵거리는 소리, 파도소리, 밤비 내리는 소리를 들을 수 있을 것이다. 자기 몸을 돌아보면 : 어제의 개구쟁이 소년이 오늘은 이미 늙고 병든 몸이 된 것, 방금 몸이 있는지를 모를 정도로 즐거움을 맛보다가 금방 무고(無告)의 고통 속에 빠져 있는 것이다. 심리적, 생리적인 급격한 변화 등의 무상한 자연현상은 억만년 전부터 인간과 함께 해온 것들이다. 이런 것들은 시간이 감에 따라 자연히 인간의 주의와 사고를 일으키게 만드는 것이다. 이것이 바로 세계의 모든 철학이 하나같이 자연철학에서부터 시작하게 되는 이유인 것이다.

역경철학은 자연계의 관찰과 사고에 의해 생긴 것이라고 이미 앞에서 말하였다. 복희씨는 우주만물에 대한 관찰을 통하여 태극을 인식한다. 그는 분명히 태극의 본래 면목을 직각적으로 체오한 것 같다. 그러나 앞의 글 속에서는 태극이 어떠한 존재인지에 대해서는 토론하지 않았다. 본절에서는 보다 근본적인 입장에서 복희씨가 말한 「━」이 도대체 어떠한 것인지? 일을 어떤 기초

---

5)《莊子》〈天運篇〉「天其運乎？地其處乎？日月其爭於所乎？孰主張是？孰維綱是？孰居無事推而行是？意者其有機緘而不得已邪？意者其運轉而不能自止邪？雲者爲雨乎？雨者爲雲乎？孰隆施是？孰居無事, 淫樂而勸是？風起北方, 一西一東, 有上彷徨, 孰噓吸是？孰居無事而披拂是？」

위에서 정초하고 있는지를 논의하려고 한다. 〈계사전〉 중에서 가장 중요한 한 구절의 말을 뽑아서 그것을 확대경으로 삼으려 한다. 그 확대경을 통하여 자세히 분석하도록 하겠다.

"천하의 움직임은 바로 일자이다(天下之動貞夫一者也)."

인용구 중에서 「천하지동」은 우주만물의 생멸변화를 말한다. 「일」은 전통적으로 숫자의 1을 말하지만 실은 「태극」의 「一」이다. 문제는 중간의 「정(貞)」이라는 아주 중요한 글자에 있다. 「정」의 뜻은 「바르다(正)」의 뜻이다. 이것을 동사로 사용하면 「취정어(取正於 : 바른 것을 취해 내다)」로 바로 「취법어(取法於 : 본받을 만한 것을 취하다. 본받다. 본보기로 하다)」의 뜻이다. 이 말을 현대어로 바꾸면 바로 「우주만물의 일체변동은 태극의 '一'을 본보기로 한다」는 뜻이다. 이 말의 중요성은 아래의 몇 가지에서 표현된다.

1) 「一」과 「천하지동(天下之動)」은 하나로 분리할 수 없는 전체이고, 나눌 수 있는 부분이기도 하다. 일은 능생(能生)이면서 소생(所生)이다. 「정」이란 글자의 사용을 통해서 양자는 둘이면서도 하나이고, 나누었지만 나누어지지 않은 것이다.

2) 「일」은 「천하지동」이 본보기로 하는 것이지만 그것 역시 「움직임」의 성질을 가지고 있다. 만약 「부동」이라면 어떻게 「천하지동」이 본받을 수 있겠는가?

3) 그러나 「일」의 동과 「천하지동」은 구별된다. 철학적 단계의 구별 외에 하나는 「절대적 변동」이고 하나는 「상대적 변동」인 까닭에 진일보한 인식을 필요로 한다.

4) 「일」의 동은 그 본연의 규율을 가지고 있어서 제멋대로 움직이는 것이 아니다. 그렇지 않으면 「천하의 움직임」이 본받을 수 없는 것이기 때문이다.

위의 네 가지 입장들은 「一」의 가장 중요한 특징들을 모두 말한 것이다. 아래에서 더 상세히 서술하겠다.

먼저 위의 첫번째 문제에 대해서 말하면 「일」과 「천하지동」의 관계는 둘이면서 하나이고, 하나이면서 둘인 존재이다.

《주역》에서는 객관적으로 존재하는 초월적인 본체를 말하지 않는다. 소위

「역은 본체가 없다(易無體)」이다. 서양철학에서는 희랍에서 현대에 이르기까지 항상 이성적 사유 속에서 객관적인 초월적 존재로서의 본체를 설정한다. 그러나 역경철학에서는 처음부터 이와 같은 가설은 존재하지 않았다. 《주역》에서는 다만 실재적, 직접적으로 현상계의 변동으로부터 출발하여 만물변동의 본성을 파악하여 「태극」의 「일」을 세운다. 그러므로 「일」과 현상계의 사물은 결코 격리되어 떨어져 있지 않다. 다만 전자는 사물의 본성이고, 후자는 사물의 성질이 드러난 모습으로 형이상의 세계와 형이하의 세계의 분별일 뿐이다. 사물의 본성이라는 형이상과 사물의 형체인 형이하라는 문제에 대해서 서양인들은 20C 이후에 과학적 접근(양자론의 연구)을 통해서 그것을 이해하고, 가능성을 인정하게 된다. 그러나 《주역》에서는 처음부터 그것을 하나로 파악하여 「음양의 만물생성(陰陽生萬物)」이라는 문제에 있어서 어떠한 의문(物性에서 物形으로 되는 과정은 坤道變化의 기능이다. 아래에서 상세히 논하겠다)도 발생하지 않았다. 이것과 서양철학에서 본체를 이성 속에 놓아두는 것과는 취지를 크게 달리한다. 《주역》의 이런 관점이 분명하게 표현되는 것은 괘상이다. 태극은 「—」, 양의는 「—」과 「--」이다. 양의의 「—」은 다름아닌 태극 「—」이고, 양의의 「--」는 두 개의 짧게 그린 「-」로서 뜻은 두번째의 「—」이라는 의미이다(이것은 복희씨 8괘철학에서 이미 말하였다). 그러므로 양의는 바로 태극의 화신이다. 8괘는 여덟 개의 자연계의 사물의 모습으로 여전히 두 개의 부호로서, 하나의 「—」이 변해서 된 것이다. 64괘는 인사와 사물계의 여러 현상을 대표하는 것으로 역시 두 가지 부호로 구성되어 있는데 역시 하나의 「—」이 변하여 된 것이다. 결론적으로 말해서 모든 우주만물, 형이상이든 형이하이든 실질적으로는 다만 「—」이다. 《주역》이라는 경전 속에서 「—」과 만물을 「일」로 표현하고 있는 것들이 너무 많아서 모두 거론하지는 않겠다. 이것의 가장 적절한 함의를 표현하는 말은 〈계사전〉의 「달려가지 않아도 빠르고, 가지 않아도 도달하는 것(不疾而速, 不行而至)」이라는 구절이다. 이 구절은 비록 서술(筮術)의 신비로운 작용에 관한 것이기는 하지만, 그것의 이론 근거는 바로 「만물이면서 일이고, 일이면서 만물인(卽物卽 —)」 것이다. 왜냐하면 어떠한 만물도 「—」 아닌 것이 없기 때문이다. 그러므로 의도적으로 「질(疾)」하고 「행」할 필요도 없이 저절로 빨라서(速) 도달하게(至) 되는 것이다. 이 말을 단순하게 신비적인 것으로만 해석하여서는 안 된다.

또 《주역》을 읽은 사람들은 주역철학 속에는 하나의 큰 방향이 있다는 것을 알게 될 것이다. 그것은 바로 모든 노력을 다하여 사람들이 「一」을 향해서 가도록 권하는 것이다. 이런 입장은 철학 자체가 가지는 자연적 요구일 뿐만 아니라 동시에 고대 성인들이 모두 깊이 생각한 문제들이다. 왜냐하면 인간의 지위라는 것은 「一」에서 화생한 후에 스스로가 「一」의 화신임을 자각하고, 즉 「분이미분(分而未分 : 나누어져서도 나누어지지 않음)」이라는 자각을 통하여 인간의 미래는 자연히 「一」로 돌아가려는 노력을 하게 되는 것이다. 인간이 「一」로 복귀하려는 것은 「一」이 인간을 화생한 것으로 말하면 거꾸로 돌아오는 길(逆反之路)이다. 여기에서 우리는 《주역》의 철학이 왜 「역(逆)」「반(反)」「복(復)」「래(來)」 등의 관념을 불변의 율칙으로 보는가 라는 이유를 자연히 알게 될 것이다.

"평평하기만 하고 기울어지지 않는 것은 없고, 가기만 하고 돌아오지 않는 것은 없다."[6]

"그러므로 역수이다."[7]

"만물은 성하여서 각각 그 뿌리로 돌아가려 한다. 뿌리로 돌아가는 것을 정이라 하고 이것을 일러 복명이라 한다."[8]

"종에서 벗어나지 않는 사람을 일러 천인이라 하고, 정에서 벗어나지 않는 사람을 일러 신인이라 하고, 진에서 벗어나지 않는 사람을 지인이라 한다."[9]

《주역》과 노장의 말들은 모두 「사람은 일에서 왔다가 일로 돌아가는」 자연의 근본법칙에 뿌리를 두고 있다. 이러한 「一」과 현상계의 만물이 하나이면서 둘이고 둘이면서 하나인 진의를 파악하면 그 양자를 하나로 보든, 둘로 보든 모두 성립 가능하게 된다. 그것이 하나로 관통하게 되는 것은 아무런 무리가 없다.

다음은 두번째에서 말하는 「一」이 「동(動)」의 성질을 가지고 있다는 점에 대해서 이야기하겠다.

---

6) 泰卦 九三 「無平不陂, 無往不復.」
7) 〈설괘전〉 「是故易, 逆數也.」
8) 《老子》 제16장 「夫物芸芸, 各復歸其根, 歸根曰靜, 是謂復命.」
9) 《莊子》〈天下篇〉「不離於宗, 謂之天人, 不離於精, 謂之神人, 不離於眞, 謂之至人.」

주역철학이 「一」은 동적 작용을 하고 있다는 사실을 인정하고 있다는 것에 관해서는 앞에서 이미 사물의 현상을 관찰하여 만물의 성질을 파악하고, 이지적 사고와 직각적 체오의 방법을 통해서 그런 사실을 알 수 있다고 말하였다. 여기에서 다시 또 부언치는 않겠다. 분명히 우리는 《주역》이란 책을 읽을 때 옛성인들이 「一」이 움직인다고 인정하는 것은 나름대로의 이유가 있음을 발견할 수 있을 것이다. 오히려 옛사람들은 과학적인 관점을 가졌다고 말하는 것이 나을지도 모르겠다.

과학적으로 말하면 하나의 절대적 운동은 그것이 정상적으로 운동할 때 운동 속에 있는 분자는 전혀 운동을 자각하지 못한다. 마치 사람이 배나 차 속에 있을 때, 가끔씩 차나 배가 가고 있다는 사실을 지각하지 못할 때가 있는 것과 마찬가지이다. 「一」은 절대이고 큰 변화의 흐름으로 모든 사물을 속에 담고 변화해가는 것이기 때문에 사람이 어떻게 「一」이 움직이고 있다는 것을 알 수 있겠는가? 과학적 해석에 따르면 배 혹은 자동차가 속도와 방향을 고정하여 놓았을 때 그 속에 탄 승객들은 그것이 지금 가고 있는지를 모른다는 것이다. 그런데 만약 속도와 방향이 바뀌면 그 속의 사람들은 한편으로는 감각을 통해서 알 수 있고, 또 한편으로는 자동차나 배 속에 있는 물건의 요동이나 흔들림을 통해서 안다는 것이다. 사실상 역경철학은 바로 이런 과학적 방법을 운용하고 있는 것이다. 해와 달의 교체, 사계절의 왕래, 인생의 생사, 만물변화의 강유 등은 모두 자동차나 배 속의 물건이 흔들리는 것과 같다. 만약 「一」이 동하지 않고 있다면, 어디에서 이런 요동이 있겠는가?

인간 스스로의 느낌으로 말하면, 무엇이라고 설명할 수 없이 어느 사이에 성인이 된 것, 이유없이 생기는 이성에 대한 감정, 끊임없는 의지와 투지로 사업을 이루려는 것, 어느 사이에 노쇠한 것이나, 이유도 알 수 없이 감정이 둔화되는 것 등 심리적, 생리적 활동의 다양한 변화는 모두 자기 스스로 만든 것들은 아닌 것이다. 만약 「一」이 움직이지 않는다면 어디에서 이런 변화가 생기겠는가? 중국 고대에는 「과학」이라는 독립된 명칭은 없었다. 옛성인들도 오늘날처럼 엄격하게 학문을 분화하지는 않았지만 사실은 이런 과학방법에 대한 운용은 이미 그들의 이지적 사고 속에 융합되어 있고, 이미 그들의 마음과 체험 속에 융합되어 있다. 그러므로 역경철학을 이런 정신으로 본다면 「과학적 철학」이라고 말할 수 있을 것이다. 「一」이 움직이는 성질을 가졌다는 의미는 결코 이 뜻을 벗어나지 않는다.

다음은 세번째의 「一」의 동과 「천하지동」은 인식론상의 구별이 있다는 점에 대해서 말해 보겠다.

철학적 내용의 단계로 말하면, 「동」이란 말로 태극 「一」의 유행의 의미를 형용하는 것은 타당하지 않다. 왜냐하면 「동」과 「정」은 상대해서 나온 의미들로서, 그것은 절대적 「一」보다 아래단계인 양의의 「一」과 「--」을 형용하는 것이다. 태극의 「一」은 절대적인 것이다. 상대가 없다는 것은 또한 「동」 혹은 「정」이란 것이 없다는 의미이다. 그러나 만약 철학적 내용단계에 의하여 다른 이름을 만드는 것에 집착하지 않고, 태극이나 양의라는 작용의 본질에서 말할 때는 「동」이란 문자를 사용하여도 관계가 없는 것이다. 왜냐하면 태극의 「一」과 양의의 「一」과 「--」은 원래가 하나의 작용이고, 양의의 「동」과 「정」(정의 뜻은 힘이 들어가지 않은 동이다)은 똑같이 태극이 작용하여 드러난 것이다. 이런 것은 괘상의 부호에서 살펴보면 가장 분명할 것이다. 괘상으로 본 「태극생양의」는 아래와 같다.

태극의 「一」과 양의 중의 「一」은 부호가 똑같다. 이것은 바로 그 둘이 사고의 내용적 관계에서는 상하의 구별이 있지만 실질적으로는 똑같은 작용이라는 것을 말하는 것이다. 다시 「동정(動靜)」의 입장에서 보아도 마찬가지이다.

그러므로 태극의 「一」의 「동」이라는 의미는 그것 자체에서 나온 것이 아니라, 양의 중의 「一」이 동한다는 측면에서 나온 것으로 즉 아래의 것에서 위를 보는 입장이다. 이러한 태도는 서양철학의 입장에서는 인정되지 않는 것이다. 왜냐하면 그들이 말하는 본체는 높은 곳에 초월적으로 존재하여 아래와는 단절이 되어 있다. 그러나 역경철학에서 이것은 충분히 성립된다. 왜냐하면 태극과 그 아래의 양의, 사상, 64괘는 원래 일체이기 때문이다. 그러므로 우리는 옛성인들이 태극과 양의의 부호를 다르게 그리지 않아서 후대인들의 생각을 혼란하게 만드는 지를 분명하게 알게 될 것이다. 사실은 여기에 참된 의미가 숨어 있는 것이다. 바로「태극과 만물은 하나다」라는 것이다.

우리가 지금 사고의 측면에서 문자에만 호소하여 태극이라는 것을 전적으로 논의하려고 한다면, 태극의「━」은 절대적인 것이고, 양의의「━」과「--」은 상대적인 것이기 때문에 양자는 분명히 구별해야만 할 것이다. 이것에 대해서 알아야 할 몇 가지 중요한 문제를 말하겠다.

① 「━」은「절대적 운동」이다. 그것은 무한한, 보편적으로 존재하는, 살아 있는 작용을 말한다.

② 「━」이 운동한다는 것은 현상계의 사물이 발생하는 곳에서 추리하여 알 수 있다. 사물이 이미 생겨났으면 생겨나게 하는 요소가 있기 때문에,「━」은 운동성을 가지고 있다.

③ 사물의 발생은 한때로 그치는 것이 아니다. 시간의 흐름에 따라서 생생하여 그침이 없다. 이런 이유에서「━」은 운동성을 가질 뿐만 아니라 또한 영원히 변동생생한다. 이것이 바로 유행의 뜻이다.

위의 세 입장을 종합하면 역의「━」과 불교의「진여(眞如)」는 다르다. 다른 점은 하나는 유행하는 데에 있고, 다른 하나는 유행하지 않는 데 있다. 불교의「진여」는 하나의 정지된 상태에 있기 때문에 그 경계를「밝게 빛나고 신비함(昭昭靈靈)」으로 형용하고,「대원경(大圓鏡)」으로 전식성지(轉識成智)를 비유하여[10] 깨닫지 못한 것과 그렇지 못한 것이 분명히 구별되어 있는 상황으로 명심견성(明心見性)을 비유한다. 그러나 《주역》의「일」은 그렇게 말하지 않는다. 즉 태극의「━」을 설명하기를, "도라는 것은 자꾸 변하면, 변동하여 한곳에 머무르지 않고, 모든 곳에까지 두루 흘러간다. 상하가 고정되어 있지 않고, 강과 유가 서로 바뀌어서 일정한 방식이 없고 오직 변화하는 것 그대로이다."[11] 또 "작용은 방향이 없고 본체가 없다."[12] 또 바로 말하기를,「달려가지 않아도 빠르고, 가지 않아도 도달한다」, 혹은 일반적으로 말하는「대화유행(大化流行)」으로 설

---

10) 불교에서 지체(智體)의 청정함을 비유하는 말이다.
11) 〈계사전〉「爲道也屢遷, 變動不居, 周流六虛, 上下無常, 剛柔相易, 不可爲典要, 唯變所適.」
12) 〈계사전〉「神無方而易無體.」

명하기도 한다.

마지막으로 네번째의 「─」의 운동은 리듬 혹은 규칙이 있는 움직임이다.
〈계사전〉에서,

"해가 가면 달이 오고, 달이 가면 해가 온다. 해와 달이 서로 밀어서 밝음이 생긴다. 추위가 가면 더위가 오고, 더위가 가면 추위가 온다. 추위와 더위가 서로 밀어서 세월이 된다. 가는 것은 굽히는 것이고, 오는 것은 펴는 것이다. 굽히는 것과 펴는 것이 서로 감통하여 이로움이 생긴다."[13]

이것은 모두 구체적이고 실재적인 관찰들이다. 이런 관찰을 통하여 만물의 움직임은 변화하지 않는 것이 없다는 것을 알게 되는 것이다. 이로부터 「일음일양지위도(一陰一陽之謂道)」라는 결론을 내리게 되는 것이다.

음양의 왕래는 움직임의 원칙이다. 그러나 《주역》에서 말하는 움직임은 결코 기계론적인 것은 아니다. 즉 그 원칙은 결코 불변하는 궤도의 순환이 아니라 원칙 가운데에서 자유로운 운동의 여지가 있음을 말한다. 이 자유로운 운동은 제한적이어서 비록 하나의 대원칙에 영향은 주지 못하지만 〈계사전〉에서는 "옆으로 가도 흐르지 않고(旁行而不流)" "모든 사물을 빠짐없이 이루어 남는 것이 없다(曲成萬物而不遺)"라고 하는 것이다. 노자가 말하기를, "하늘의 그물이란 크고 커서 비록 구멍이 크나 하나도 빠뜨리지 않는다."[14]

「천망(天網)」이란 것은 「─」의 원칙을 말하고, 「부실(不失)」은 어떠한 사물도 이것의 원칙이 조정하는 영향을 벗어날 수 없다는 것이다. 또 공자는 인간사회의 입장에서 본다. "선을 쌓은 자에게는 반드시 남은 경사가 있고, 악을 쌓은 자에게는 반드시 남은 재앙이 있다."[15] 「선」에는 남은 경사가 있고, 「악」에는 남은 재앙이 있다는 것이 바로 원칙이다. 그것의 효력은 비록 고정되어 있는 시간이 있는 것은 아니지만, 그러나 조만간 「반드시 있을 것이다」. 이러한 말들은 모두 「─」이 율동하고 있다는 대인식하에서 말하는 것이다.

「─」의 율동에 관해서는 해야 할 말이 무척 많지만 뒤에서 상세하게 말하기로 하고 여기에서는 간단하게 말하도록 하겠다.

---

13) 〈계사전〉「日往則月來, 月往則日來, 日月相推而明生焉, 寒往則暑來, 暑往則寒來, 寒暑相推而歲成焉, 往者屈也, 來者信也, 屈信相感而利生焉.」
14) 《老子》 제73장 「天網恢恢, 疏而不失.」
15) 坤卦〈문언전〉「積善之家, 必有餘慶, 積不善之家, 必有餘殃.」

(2) 역도의 보편적 유행

20세기 초에 아인슈타인은 「빛이 굽어서 간다는 이론」을 발표하였다. 이것은 과학자들의 검증을 통해 세상을 떠들썩하게 하여 인류 역사상 전대미문의 대발견으로 칭송받게 되었다. 여기에서 직선운동과 평면적 공간이라는 전통관념은 빛을 잃고, 굽어 있는 우주라는 새로운 관점이 생겼다. 이 문제에 대해서 중국사람들은 서양인들을 따라 갈채를 보냈고, 그 발견은 중국역사를 통하여 처음으로 알게 되는 것으로 생각하였다. 필자는 여기에서 결코 민족감정이라는 좁은 입장에서 견강부회하여 중국 고대의 옛성인의 지혜는 높이고, 아인슈타인을 비하하려는 것은 아니다. 그렇게 하는 것은 의미 없는 일일 뿐만 아니라 동양의 성인이나 서양의 성인 모두 인류의 영광이다. 우리는 절대 동이니 서니 하여 억지로 나누려고 해서는 안 될 것이다. 그러나 실재의 사실을 무시할 수는 없기 때문에 여기에서 분명히 지적하여 말하려는 것이다. 아인슈타인의 이런 발견은 이미 3000년 전에 중국의 주문왕이 말한 것으로 《주역》속에 분명하게 기록되어 있다. 내가 말하는 것은 태(泰)괘의 구삼 효사에서 나타난다.

"평평하기만 하고 기울어지지 않는 것은 없다. 가기만 하고, 돌아오지 않는 것은 없다."

효사에서는, "평평하기만 하고 기울어지지 않는 것은 없다. 가기만 하고 돌아오지 않는 것은 없다. 어려운 데도 바르게 하면 허물이 없을 것이다. 근심하지 않아도 진실하게만 하면 먹는 데 복이 있을 것이다."[16) 태괘의 상은 ䷊으로 구삼은 하괘의 양이 극도로 성함을 말한다. 그러므로 「기울어진다」 「돌아온다」라고 말하는 것이다. 양이 극에 이르면 음으로 변하고, 음이 극에 이르면 양으로 변하는 것이 역도의 법칙이기 때문에 「무평불피, 무왕불복」이라고 하여 상도의 법칙을 말한다. 상도가 이러하므로 「피」와 「복」의 나타남은 마땅히 수용하여야 하는 것이다. 인사에 있어서 정도를 지키고 어려움을 헤쳐나가면 「무구(无咎: 허물이 없음)」이다. 「근심하지 않고 진실되게 함(勿恤其孚)」은 점치는 자에게

---
16) 泰卦 九三: 「无平不陂, 无往不復. 艱貞, 无咎. 勿恤其孚, 于食有福.」

「무평불피, 무왕불복」이라는 법칙에 대하여 회의하지 말 것을 경계하는 것이다. 「우식유복(于食有福)」이란 이와 같이 하면 그 복을 향유할 수 있다는 것을 말하는 것이다. 이처럼 효사의 철학적 의의는 「무평불피, 무왕불복」이라는 구절에 있고 나머지는 점치는 자가 어떻게 행위하여야 하는가? 라는 것을 말하는데, 이 문제에 대해서는 상세히 언급하지 않겠다. 여기에서는 위의 두 구절에 대해서 상세하게 논하겠다.

먼저 알아두어야 할 것은 괘상의 문제이다. 소위 괘상이라는 것은 옛성인들이 이것으로 철학사상을 표현하는 부호로 삼았다는 것이다. 철학적인 사고의 내용이 앞서고, 괘상의 창작은 그 후에 있게 되는데, 「무평불피, 무왕불복」이라는 철학적 사고가 먼저 있고 난 뒤에 태괘 구삼의 경우로 표현해낸 것이다. 그러면 그 두 구절의 의미는 무엇인가? 「피(陂)」는 「파(頗)」자와 같은 자로서 「평(平)」의 반대의 뜻이다. 마찬가지로 「복(復)」과 「왕」도 반대의 뜻이다. 여기에서 말하는 「평」과 「피」는 시간을 말하고, 아래 구절의 「왕」과 「복」은 운동을 말하여 암암리에 시간을 합하여 말하고 있다(시간은 유행운동을 통하여 드러남). 그러므로 그 두 구절의 말은 실제로는 「공간(宇)」과 「시간(宙)」이라는 말과 긴밀하게 연결된다. 바꾸어 말하면 그 말들은 옛성인의 마음속의 「우주관」을 드러내는 것이다. 현대적인 용어로 표현하면,

　　「无平不陂」: 공간은 평면이 없음
　　「无往不復」: 시간은 직선이 없음

주문왕의 이 말은 핵심을 찌르는 말이다. 아인슈타인이 말하는 우주가 굽어 있다는 이론을 분명하게 설명하고 있다. 아인슈타인은 중력장을 그의 이론적 근거로 삼았는데 이것은 바로 과학적인 방법을 통해서이다. 주문왕은 철학적 입장에서 말하고 있기 때문에 중력장의 이론 같은 것은 없다. 만약 어떤 사람들이 내가 이 구절을 인용하여 멋대로 해석한 것으로, 혹은 옛사람의 말이 우연하게 오늘날의 관점과 맞아 떨어졌다고 말한다면, 나는 그들에게 《주역》이라는 책을 한번 펴보라고 권하고 싶다. 왜냐하면 눈이 가는 모든 곳에 자리하고 있는 「반복」「왕래」「주류」「진퇴」「강유」「궁통변화(窮通變化)」「영허소장(盈虛消長)」 등의 말들은 어떻게 해석해야 하겠는가? 위의 두 구절은 가장 적절하고 구체적

으로 역도의 보편적 유행의 의미를 표현하고 있는데 사실상 역경철학의 대부분은 이것을 벗어나는 것이 없다.

위에서 이미 주문왕의 이름을 말했는데, 괘효사는 그의 손에서 나온 것이다. 사실 주문왕의 사상은 그보다 3500년 이상 앞서는 복희의 사상을 계승한 것이다. 복희씨의 시대에는 아직 문자가 제작되지 않았기 때문에 그는 태극, 양의, 사상, 8괘의 부호로 그의 사상(이미 앞에서 말한 복희씨의 8괘철학을 말함)을 표현하고 있다. 「一」과 「--」의 왕복유행 가운데서 우주만물이 모두 유행한다는 의미를 확인하고 있다. 주문왕은 문자 사용 후에 생존하였기 때문에 문자를 사용하여 사상을 표현하고 있을 뿐인 것이다. 그러므로 이런 철학사상은 실제로는 복희씨에서 처음 나온 것으로 말하여도 무방할 것이다.

이런 문제에 대해서 사람들은 복희씨와 같이 그렇게 까마득한 고대에 이와 같이 깊은 철학이 나올 수 있겠는가? 라는 의심을 당연히 가질 수밖에 없을 것이다. 이것은 아주 큰 문제이다. 만약에 지금부터 6500여 년 전의 복희씨나 3000여 년 전의 주문왕이 현대의 아인슈타인보다 더욱 높은 지혜를 가지고 있었다고 말한다면 그것은 말도 안 되는 소리일지도 모른다. 필자가 생각하기에 이것은 개인적 지혜가 높고 낮음의 문제가 아니라, 중국인들이 진리를 추구하는 데 있어서 「통관(通觀 : 종합적인 관찰)」을 잘 이용하고, 서양인들은 「분석」이라는 입장을 잘 사용하는, 쌍방간의 철학적 방식의 차이점에서 나온 결과로 볼 수 있을 것이다. 그러나 이 문제가 다루는 범위는 너무 광범위하고, 또한 필자는 화제를 너무 먼 데에서 이끌어오기를 원치 않기 때문에 여기에서는 간단히 언급하려 한다. 다만 상고시대의 몇 가지 문제를 통하여 역의 보편유행이라는 입장이 삼대 이전에 이미 중국인들에게 보편적으로 받아들여진 것이라는 것을 증명하려 한다. 먼저 십간지(十干支)에 대해서 말하도록 하겠다.

〈십천간(十天干)〉
甲 : 풀과 나무가 종자의 껍데기를 쓴 채 생겨나려 하는 것을 상징함.
乙 : 초목이 어렵게 땅을 뚫고 나온 것을 상징함.
丙 : 밝게 드러나는 것으로, 초목이 점차 장대하게 자라난 것을 말함.
丁 : 왕성한 곳에 이르는 것을 말함.
戊 : 茂와 같은 뜻으로 가지와 잎이 무성한 것을 말함.
己 : 무성한 후에 바깥으로 생장해가는 것은 멈추었으나, 자기 몸을 충실하게

하는 것.
庚 : 更과 같은 뜻으로 결실을 맺어서 다시 생하는 것을 말함.
辛 : 新과 같은 뜻으로 열매가 다 익어서 종자를 만들어 새로이 생겨남.
壬 : 衽과 같은 뜻으로 종자가 땅 아래에 누워 자라남.
癸 : 揆와 같은 뜻으로 시서를 헤아려서 다시 생함

〈십이지지(十二地支)〉
子 : 孶와 같은 뜻으로 초목이 땅 아래에서 자라남.
丑 : 紐와 같은 뜻으로 초목이 굽어진 모습으로 땅에서 나옴.
寅 : 演과 같은 뜻으로 초목이 펴 나가서 생동함.
卯 : 茆와 같은 뜻으로 초목이 내밀어 나옴.
辰 : 뜻은 震, 伸의 뜻으로 진동하여서 퍼져 나오는 것을 말함.
巳 : 뜻은 「이미 그러한」의 의미로 초목이 여기에서 이미 성숙함을 말함.
午 : 忤와 같은 뜻으로, 생장하는 세력과 서로 반대되는 세력이 생기는 것 즉 생장의 세력이 멈춘 것을 말함.
未 : 味와 같은 뜻으로 결실이 있어서 맛이 생김.
申 : 펴져 이완됨.
酉 : 곡식(기장)으로 (땅에 뿌리는 제사)술을 만드는 것으로 酉는 술그릇이다.
戌 : 뜻은 滅의 뜻으로 사물의 형태가 소멸하는 것을 말함.
亥 : 核과 같은 뜻으로, 생기를 종자의 핵심에 저장해 두고서 재생을 준비하는 것임.
　(이상의 干, 支에 대한 해석은 《설문해자》《석명(釋名)》《사기》《한서》 등을 참고한 것이다. 저자의 《양한역학사》를 참고하시오.)

　간과 지의 발명을 역사책에서는 황제(黃帝) 때에 시작되었다고 하기도 하고, 혹은 복희씨 때 시작되었다고도 한다. 어쨌든 그들은 모두 「역도의 보편적 유행」이라는 철학사상의 영향 아래서 생긴 것으로 말하는 것은 의심할 여지가 없는 것이다. 이외에 오행의 상생상극설 역시 여기에서부터 생긴 것이다. 결론적으로 「역도의 보편적 유행」의 우주관은 복희씨가 괘를 그린 후에 생겨났다는 사실이 인정되어진다. 그것은 보편적으로 뿐만 아니라 중국의 상고문화에 깊은 영향을 주게 된다. 후대의 공자, 맹자, 노자와 장자의 글 속에서도 이런 사상들은 쉽게 발견된다. 그러나 여기에서는 일일이 예를 들지 않겠다.

이상은 「역도의 보편적 유행」의 뜻이 주역철학의 기본적 이론이라는 사실에 대해 말한 것이다. 지금부터는 주역철학 자체 속에서 말하는 구체적 내용들을 가지고 각각 다른 관점을 통하여 역도의 보편적 유행의 뜻을 살펴보면 그 중요성은 자연히 드러나리라 본다.

1) 「태극생양의」의 관점에서 본 「원도주류(圓道周流)」

태극이 양의를 생한다(太極生兩儀)는 것은 실은 태극이 바로 양의이다 라는 말이다. 태극은 하나의 큰 변화운행의 작용이다. 음양으로 나눈 것은 변화운행의 모습이다. 무엇을 일러 양이라고 하는가? 태극변화의 강건하고 나아가고 올라가는 측면을 말한다. 무엇을 음이라고 하는가? 태극변화의 유순하고, 물러나고, 내려오는 일면을 말하는 것이다. 이른바 「양동이진, 음동이퇴(陽動而進, 陰動而退)」이다. 음양의 구분은 실은 태극이 「변화운동」하여서 생기는 것이다. 그것을 도표로 표시하면 아래와 같다.

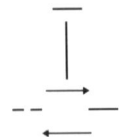

음양은 태극의 변화하는 작용인데 아래로는 4상, 8괘, 64괘에 미치는 것으로 서로 같지 않은 것이 없다. 또 이와 같기 때문에 〈계사전〉에서는 역도(易道)를 「두루두루 흐르지 않는 곳이 없음(周流六虛)」이라고 하고, 노자에서 「두루두루 흘러서 위태하지 않음(周行而不殆)」, 장자에서 「시작과 끝이 원과 같다(始卒若環)」라고 말한다.

여기에서 독자들은 도의 보편적 유행 즉 「원도주류」라는 것이 한 궤도상의 순환적 유전이라고는 오해하지 말기를 바란다. 앞에서 필자는 역도의 유행은 그 법칙 가운데에서 자유로운 활동의 여지가 있고, 자유로운 활동은 결코 그 방식에 영향을 미치지 않는다고 이미 말하였다. 「원도주류」는 법칙이고 유행 속의 굴곡적인 변화로 결코 고정된 궤도로 상상하면 안 된다. 다시 말하면 전체 우주는 하나의 크나 큰 주류로서 결코 인간의 지각을 통하여 알 수 있는 것이 아니다. 우주만물의 주류하는 상태로 본다면 지구는 한편으로 자전(自轉)하고 한편으로 공전(公轉)하는 것과 같다. 이외에 또 태양계를 따라서 도는 것이나 은하계를 따라서 도는 것이 있는 것과 같이 크고 작은 원도가 서로 연결되어 흐름이 멈추지 않는다.

위의 도표는 억지로 「원도주류」 속에 또 하나의 「원도주류」가 있음을 형용한 것이다. 그러나 실제로는 우주 속에 있는 인간사와 물리적으로 얽히고 설킨 복잡한 현상들은 어떠한 도표로도 표현할 수 없는 것이다.

2) 64괘의 괘서배열로 본 「원도주류」

주문왕의 64괘서는 다양한 의미를 포함하고 있다. 원도주류 역시 그 중의 하나이다. 그 배열을 살펴보면 건곤이 앞머리에서 대강을 말하고 나머지 62괘는 준, 몽으로 시작하여 기제, 미제로 끝나는 하나의 원도주류를 이룬다. 그러나 미제괘는 다음 주류의 시작으로 끝에 가서는 다시 시작되어 무궁함을 드러낸다. 이와 같을 뿐만 아니라, 준, 몽에서 기제, 미제의 사이에는 성쇠(盛衰), 궁통(窮通), 귀천(貴賤)의 뜻도 드러낸다. 즉 그것으로 자연, 물리, 인간사 각 방면의 변화를 모두 드러내어 원도주류의 상태를 형용한다. 〈서괘전〉의 내용을 통해서 보면 파도가 치는 것처럼 기복(起伏)하는 모습으로 모두 일곱 단계의 순환을 보여주고 있다. 〈서괘전〉은 공자의 문하에서 나온 것으로, 그 연속성을 말하려는 점에서 견강부회한 점이 없지 않으나, 문왕이 처음부터 괘서를 통하여 표현하려는 점이 이곳에 있었기 때문에 크게 의심을 둘 필요는 없을 것 같다. 〈서괘전〉에서 64괘의 뜻을 분류하여 그 원도주류를 드러내면 아래와 같다.

괘의 순서　　　　〈서괘전〉의 글

「상경 30괘」

乾坤二卦　☰ 乾
先立大綱　☷ 坤　천지가 있고 난 다음에 만물이 생긴다. 천지를 채운 것은 오직 만물이다. 그러한 까닭에 준괘를 놓은 것이다.

	屯	준이란 것은 가득 찬다는 의미이다. 준이라는 것은 만물이 처음 발생한다는 의미이다. 사물이 처음 생겨났을 때에는 반드시 무지 몽매하기 때문에 다음에 몽괘가 나오는 것이다.
첫 번 째 圓 道	蒙	몽은 몽매하여 물이 아직 어리다는 뜻이다. 아직 어리기 때문에 기르지 않으면 안 된다. 그러므로 다음에는 수괘가 놓인다.
	需	수는 음식으로 기르는 것을 말한다. 음식에는 자주 다툼이 생기기 때문에 다음에 송괘가 놓이는 것이다.
	訟	송은 반드시 많은 사람들이 어울리면 싸우게 된다는 의미이다. 이 때문에 다음에 사괘가 오는 것이다.
	師	사는 많다는 의미이다. 많은 사람이 모이면 반드시 친하게 되기 때문에 비괘가 다음에 오는 것이다.
	比	비란 서로 친하는 것이다. 서로 친하면 사물이 모이게 되기 때문에 소축괘가 뒤에 오게 되는 것이다.
	小畜	사물이 모이게 되면 예(禮)가 서기 때문에 리괘가 뒤에 온다.
	履	예를 차린 후에 편안해진다. 이 때문에 다음에 태괘가 오는 것이다.
	泰	태라는 것은 통한다는 의미이다. 그러나 사물은 항상 통할 수는 없는 것이기 때문에 다음에 비괘가 오는 것이다.
	否	사물이 언제까지나 막혀 통하지 않을 수 없기 때문에 동인괘를 다음에 받는 것이다.
	同人	다른 사람과 함께 협조하면 모든 것이 그에게 돌아오기 때문에 대유괘가 뒤에 오는 것이다.
	大有	그 가진 바가 성대하여도 넘쳐서는 안 된다. 그러므로 겸괘가 오는 것이다.
	謙	많이 가지고 있으면서도 겸손하면 모든 사람이 즐거워할 것이다. 그러므로 다음에 예괘가 오는 것이다.
	豫	예는 기쁘고 즐거운 것이다. 그러므로 모든 사람이 따르기 때문에 다음에 수괘가 오는 것이다.
두 번 째	隨	기쁜 마음으로 다른 사람을 따르면 애써야 할 일이 여러 개 생긴다. 그러므로 다음에 고괘가 오는 것이다.

제 2 장 우주만물의 핵심인 태극 143

圓道	䷑ 蠱	고는 일[事]이란 뜻이다. 일을 힘껏 하면 대업을 이룰 수 있기 때문에 임괘가 뒤에 오는 것이다.
	䷒ 臨	임이라는 것은 크다는 뜻이다. 사물이 크면 모든 사람이 우러러보기 때문에 관괘가 뒤에 오는 것이다.
	䷓ 觀	볼 만한 것이 있기 때문에 사람들이 모여드는 것이다. 그러므로 뒤에 서합괘가 오는 것이다.
	䷔ 噬嗑	합은 합한다는 의미이다. 쉽게 합하면 쉽게 흩어지기 때문에 다음에 비괘가 오는 것이다.
	䷕ 賁	비는 장식한다는 뜻이다. 장식이 지나치면 실질을 잃을 수가 있기 때문에 뒤에 박괘가 오는 것이다.
	䷖ 剝	박이란 깎아 먹는다는 의미이다. 사물은 영원히 깎아 먹혀지지는 않기 때문에 다시 아래로 돌아온다. 이 때문에 뒤에 복괘가 오는 것이다.

세 번째 圓道	䷗ 復	복으로 돌아가면 허망하지 않기 때문에 다음에 무망괘가 되는 것이다.
	䷘ 无妄	허망함이 없으면 덕을 쌓을 수 있기 때문에 대축괘가 다음에 오는 것이다
	䷙ 大畜	크게 쌓은 후에는 남을 기를 수가 있는데 이 때문에 뒤에 이괘가 오는 것이다.
	䷚ 頤	이라는 것은 기른다는 의미이다. 수양하는 바가 없으면 활동할 수가 없다. 그러므로 뒤에 대과괘가 오는 것이다.
	䷛ 大過	일은 언제나 지나칠 수가 없기 때문에 뒤에 감괘가 오는 것이다.
	䷜ 坎	감이란 어려움에 빠진다는 의미이다. 어려움에 빠지면 남에게 의지해야만 하기 때문에 뒤에 리괘가 오는 것이다.
	䷝ 離	리는 달라붙는다는 의미이다.

「하경 34괘」

	䷞ 咸	천지가 있고 난 뒤에 만물이 있다. 만물이 있으면 남녀가 있고, 남녀가 있으면 부부가 있다. 부부가 있은 후에 부자가 있

다. 부자가 있고 나서 군신이 있다. 군신이 있고 난 뒤에 상하가 있고, 상하가 있고 난 뒤에 예의가 만들어져 행하게 된다. 부부의 도는 언제까지나 지속되어야 하기 때문에 항괘가 뒤에 오는 것이다.

네 번 째 圓 道	䷟ 恒	항이란 오래 간다는 의미이다. 오래 한곳에 머무를 수가 없기 때문에 뒤에 둔괘가 오는 것이다.
	䷠ 遯	둔이란 것은 물러난다는 의미이다. 항상 숨어 있을 수는 없기 때문에 대장괘가 뒤에 오는 것이다.
	䷡ 大壯	사물은 영원히 장성할 수만은 없기 때문에 뒤에 진괘가 오는 것이다.
	䷢ 晉	진이라는 것은 나아간다는 뜻이다. 계속 나아가기만 하면 반드시 상처를 받기 때문에 뒤에 명이괘가 오는 것이다.
	䷣ 明夷	이라는 것은 상처입은 것을 말한다. 상처를 입으면 반드시 집으로 돌아가기 때문에 뒤에 가인괘가 오는 것이다.
	䷤ 家人	집안의 도가 막히면 서로 등진다. 그러므로 뒤에 규괘가 오는 것이다.
	䷥ 睽	규란 서로 등진다는 의미이다. 등지면 서로 괴로워하기 때문에 뒤에 건괘가 오는 것이다.
	䷦ 蹇	건은 어렵다는 뜻이다. 그러나 언제나 어려움만 있을 수 없기 때문에 해괘가 뒤에 오는 것이다.
다 섯 번 째 圓 道	䷧ 解	해란 것은 어려움이 해소된다는 의미이다. 어려움이 해소되면 방심하여 손실을 초래하기 때문에 손괘가 뒤에 오는 것이다.
	䷨ 損	손해가 계속적으로 있게 되면 반드시 더함이 있기 때문에 뒤에 익괘가 오게 되는 것이다.
	䷩ 益	계속 불어가면 터지게 되기 때문에 뒤에 쾌괘가 오게 되는 것이다.
	䷪ 夬	쾌란 터진다는 의미이다. 터지면 다른 곳에서 만나기 때문에 뒤에 구괘가 오는 것이다.
	䷫ 姤	구란 만나는 의미이다. 물이 서로 만나는 것은 모이는 것이기 때문에 뒤에 췌괘가 오는 것이다.

제 2 장 우주만물의 핵심인 태극   145

	萃	췌란 것은 모이는 것이다. 모이면 기세가 올라가기 때문에 뒤에 승괘가 오는 것이다.
	升	힘있는 데로 올라가 쉬지 않으면 곤경에 빠지기 때문에 뒤에 곤괘가 오는 것이다.
	困	위로 올라가 곤경에 빠지면 반드시 아래로 내려가야 하기 때문에 뒤에 정괘가 오는 것이다.

	井	우물은 깨끗하게 하지 않을 수 없기 때문에 다음에 혁괘가 오는 것이다.
	革	사물을 변혁시키는 데는 솥이 최고이다. 그러므로 뒤에 정괘가 온다.
	鼎	솥은 제사에 사용하는 것으로 장남이 물려받는다. 장남은 진의 상이기 때문에 정괘 다음에 진괘가 온다.

다섯번째 圓道

	震	진이란 것은 움직이는 것이다. 그것은 영원히 움직일 수 없고 멈추어야만 한다. 그러므로 뒤에 간괘가 오는 것이다.
	艮	간이란 것은 멈추는 의미를 가지고 있다. 사물은 영원히 멈추어 있을 수만은 없기 때문에 뒤에 점괘가 오는 것이다.
	漸	점이란 점차로 나아간다는 의미이다. 나아가면 반드시 돌아가게 마련이기 때문에 뒤에 귀매괘가 오는 것이다.
	歸妹	나아가 적당한 곳에 정착하면 크게 번성하기 때문에 뒤에 풍괘가 오는 것이다.
	豐	풍이란 것은 크다는 의미이다. 성대함이 극에 이르면 반드시 쇄하여 머물 곳조차 없어 방랑하기 때문에 뒤에 여괘가 오는 것이다.
	旅	유랑할 때에는 쉽게 아무도 그를 받아주지 않기 때문에 반드시 겸손하여야 한다. 그러므로 뒤에 손괘가 오는 것이다.

| | 巽 | 손은 받아들인다는 의미이다. 받아들이면 기뻐하기 때문에 뒤에 태괘가 오는 것이다. |
| | 兌 | 태는 기쁘다는 의미이다. 기쁘면 밖으로 발산하기 때문에 뒤에 환괘가 오는 것이다. |

여섯번째
圓道
———

渙　환이란 흩어진다는 의미이다. 사물은 영원히 흩어질 수 없기 때문에 뒤에 절괘가 오는 것이다.

節　절제하여 믿음을 주기 때문에 뒤에 중부괘가 오는 것이다.

中孚　마음속에 진실함을 가지고 있으나 조금 지나칠 가능성이 있기 때문에 뒤에 소과괘가 오는 것이다.

小過　조금 지나쳐도 반드시 일을 성취하기 때문에 뒤에 기제괘가 오는 것이다.

旣濟　세상의 일에는 궁극이 없기 때문에 뒤에 미제괘를 두어 64괘를 끝맺는 것이다.

제일 원도의 시작

未濟

3) 6효의 괘상으로 본 원도주류

　64괘의 각 괘는 여섯 개의 효로 구성되어 있는데, 아래의 효로부터 위의 효를 각각 초(初), 이(二), 삼(三), 사(四), 오(五), 상(上)효로 부른다. 먼저 초와 상의 명칭에 대해서 말해보자. 초효는 괘의 가장 아래에 위치하고 있다. 상효에 대하여 말한다면 이치상으로는 분명히 「하효(下爻)」라고 해야 옳을 것이다. 마찬가지로 상효는 괘의 변화의 끝에 있기 때문에 초효에 대응하여 말하면 마땅히 「종효(終爻)」 혹은 「말효(末爻)」라고 해야 옳을 것이다. 그러나 《주역》에서는 「상」「하」 혹은 「초」「종」의 대응을 말하지 않고, 도리어 「초」와 「상」이라는 서로 상응하지 않는 개념으로 명칭을 취하고 있다. 바로 여기에 깊은 의미가 숨어 있다. 「초」라는 것은 시생(始生)의 뜻으로 시간을 말하고, 「상」은 최고 높은 자리로 공간을 말한다. 6효의 변화는 만물을 상징하기 때문에 한편으로는 시간을 말하고 한편으로는 공간을 말하여, 괘상을 통하여 역도(易道)가 시간·공간 중의 변화 속에 들어 있음을 밝히려는 것이다. 두번째의 실질적인 뜻으로 말하면, 역도의 변화라는 것은 본래 시작과 끝, 상하가 없는 것이다. 「초」를 말하는 것은 모습이 현상계에 나타나기 시작한 것을 말한다. 그러나 모여서 흩어지고, 흩어져서 다시 모이고 하여 어디에 끝[終]이 있단 말인가?「상」이라고 말하는 것은 하나의 단계 속에서 지극히 극성한 상태로 발전한 위치를 말하는 것이다. 그러나 넓디 넓은 공간의 어디에 고정된 상하의 자리가 있는가? 이것은 바로 역경철학의 「초」와 「종」 그리고 「상」「하」의 대응이라는 입장을 취한 것이 아니라, 각각 그 일단을 취하고 있음을 말하는 것이다. 만물의 시공 속에서의 문제로 말하면, 이미 양자의 뜻을 모두 취하였다. 역도의 실질적인 의미로 말하면 시간의 흐름에는 시종이 없고, 공간에는 정위(定位)가 없음을 말한다. 역도의 변화는 시작하면서 바로 끝이고, 위이면서 바로 아래인 것으로, 일체는 「원도(圓道)」의 변화 속에 있다.

다시 괘상을 살펴보자. 괘상의 6효는 사실상 하나의 효와 같은 것으로, 하나의 유행작용을 여섯 가지의 변화로 나눈 것에 불과한 것이다. 이 때문에 건(乾)괘의 육효는 모두「용(龍)」으로 지칭하고 있다. 초구는「잠룡(潛龍)」이라고 말하여 사물이 처음 발생하는 것을 비유한다. 구이는「현룡(見龍)」이라고 하여 사물이 점차로 자라나는 것을 비유하고, 구오는「비룡(飛龍)」이라고 말하여 사물이 성장하는 것을 비유하고, 상구는「항룡(亢龍)」이라고 하여 사물이 이미 과도하게 성장하여 쇠하려고 하는 것을 상징하고 있다. 초구에서 상구에 이르는 것들은 시공간 중의 어떤 한 사물이 발생해서 성장하고 쇠퇴하여 가는 전과정의 여섯 단계의 변화를 말한다. 건은 태극의 강건하고 진취적인 일면을 말하며, 건괘 6효는 태극이라는 원도주류의 한쪽을 대표하고 있다. 도표로 나타내면 아래와 같다.

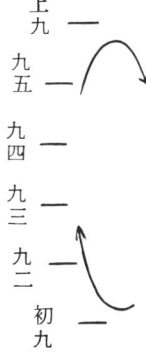

건괘 6효의 또 한쪽에 대응하는 것은 당연히 곤(坤)괘이다. 곤괘 6효는 유순반퇴(柔順反退)의 한 과정을 대표한다. 즉 건괘는 드러나는(顯) 면이고 곤괘는 숨어 있는(隱) 면을 말한다. 곤괘의 6효를 그려보면 하나의 시작과 끝이 서로 이어지는 원도주류의 모습이다.

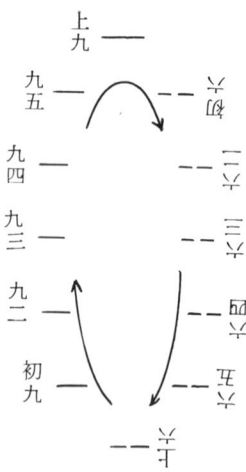

여기에서는 당연히 박(剝), 복(復)의 두 괘를 통하여 설명해야 할 것이다. 박의 괘상은 ䷖이고 괘사는 「가면 이롭지 못하다」,[17] 복의 괘상은 ䷗으로 괘사는 「그 도를 반복하여 7일이면 다시 돌아온다. 가면 이롭다」[18]이다. 박괘의 일양은 이미 극도로 발전하여, 더 나아가면 도리어 뒤로 물러나와야 한다. 그러므로 「가면 이롭지 못하다」이다. 복괘의 하나의 양이 생기면, 그 전도는 무궁하고 생기 역시 무한하기 때문에 「가면 이로운 것」이다. 그러나 복괘의 일양은 바로 박괘의 하나의 양이 회복된 것으로 박괘의 상구가 갉아 먹혀 없어져버린 것에서부터 계산하여 음의 6효로 들어가서 복괘의 초구에 이르는 것이 바로 일곱 단계이기 때문에 「그 도를 반복하여 7일이면 다시 돌아온다」(고대인들은 대자연 속에서 생활할 때 해가 뜨면 일하고 해가 지면 휴식하였기 때문에 「일(日)」로서 시간의 단락을 나누는 대명사로 사용한다)라고 말한다. 이 두 괘를 앞의 그림으로 표시하면 더욱 명백해질 것이다.

---

17) 「不利有攸往」
18) 「反復其道, 七日來復. 利有攸往」

제 2장 우주만물의 핵심인 태극   149

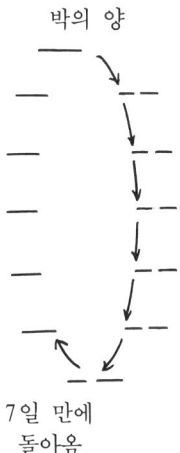

박의 양

7일 만에
돌아옴

　박·복괘의 일양의 상하 움직임은 매우 분명하게 역의 원도주류의 뜻을 밝힌다. 또 여기에서 공자가 박괘의 〈단전(彖傳)〉과 복괘의 〈단전〉에서 모두 「천도의 운행이다(天行也)」라고 말하는 이유를 알게 될 것이다. 천도의 운행은 원래부터 「원도주류」하는 것이기 때문이다.

(3) 「역무체(易無體)」와 연관되는 문제들

　태극으로서의 「一」은 유행작용이고, 이 작용은 유행 가운데에서 원도주류의 규율을 표현하고 있음은 이미 서술하였다. 여기에서 우리가 부딪히는 것은 바로 「일(一)」이 서양철학 속에서의 「본체(Substance)」와 같은 것인가? 라는 문제이다. 이것은 매우 중요하고도 의미 있는 문제이다. 또한 이 문제의 토론을 통하여 잘못된 인식을 바로잡는 동시에, 또 한편으로는 중서(中西)철학의 근본적인 차이점을 엿볼 수 있기 때문이다.
　오늘날 철학을 공부하는 사람들이라면 모두 서양철학에서 「본체」라는 말이 가지고 있는 중요성을 잘 알고 있을 것이다. 본체라는 말의 뜻은 현상계의 사물이 나오는 근원을 가리킨다. 본래 현상계의 사물은 계속 변동하여 포착할 수가 없다. 이치를 가지고 추측하면 마땅히 근원이 있을 것이다. 그런데 중국의 옛성인들이 만물을 관찰하여 공통되는 「운동」이라는 성질에 근원을 두는 것과는 달리 만물의 변동을 본 후에 이성 속에서 「부동(不動)」의 근원을 가설하여 그것을 실재적 존재, 즉 「본체」로 삼는다. 이런 이유에서 「본체」라는 말은 바로 사람들로 하여금 그 존재라는 것이 현상계의 사물을 초월하거나, 혹은 그 위에 또는 그 배후에 존재하는 것으로 생각하게 만들어버린다. 이 때문에 그것은 현상세계의 사물과 하나인 것이 아니라, 서로 대립되는 국면으로 되어버린다. 서양철학에서는 본체개념의 출현(희랍의 엘레아학파) 이후에 「일(一)과 다(多)」「동(動)과 부동(不動)」의 논쟁을 불러일으킨다. 이 두 문제는 모두 필연적으로 발생해야만 하는 것으로 서양철학의 「본체」와 「현상계」의 서로 모순대립을 대표하는 것이다. 그러나 역경철학에서는 사물을 떠나서는 도를 말하지 않으며, 변화와 생성을 벗어나지 않고 태극을 말하기 때문에 상하의 거리 혹은 사이가 없다. 또 동으로 동을 낳기 때문에 자연히 그런 두 문제는 발생하지 않고 옛날부터 지금까지 일과 다, 동과 부동의 논쟁이 없었다. 이것뿐만 아니라 역경철학은 한 걸음 더 나아가 본체〔體〕와 작용〔用〕을 나누는 주장들을 타파하고 「무체(无體)」의 의미를 말한다. 이것으로 「체」가 있다는 집착을 없애고 「이사무애(理事無礙)」의 단계에까지 이르는 것이다. 여기에서는 먼저 《역》에서 말하는 「무체」의 의미를 밝히고, 다음은 역경철학의 입장에서 서양철학에서 강조하는 「일과 다」「동과 부동」이라는 두 문제가 불필요하고 헛된 집착(전자는 불필요함, 후자는 헛된 집착임)이라는 것을 말하고, 마지막으로 서양철학이 강조하는 「본체」와 역경철학의 「무체」를 비교하여 토론해 보겠다.

가. 「역무체」의 뜻과 「체(體)」와 「용(用)」을 분별하는 부당성

〈계사전〉에 "신묘한 작용은 일정한 방향이 없고, 역은 형체가 없다(神無方而易無體)." 이것은 매우 중요한 말로서 「체(體)」와 「용(用)」을 나누어 역도를 논의하는 것이다. 「신묘한 작용은 일정한 방향이 없다」는 것은 역의 도가 「작용을 가진다」라는 것을 말하는 것이고, 이어서 「무체」라고 말한다. 이 말은 서양철학에서는 큰 문제가 될 것이다. 왜냐하면 「작용」이 있으면 그 작용은 어디에서 나오는 것인가? 라는 것이 문제가 되기 때문이다. 「본체」가 있지 않고서는 이 문제에 대해서 해답하기는 힘이 들고, 「무체」라고 한다면 이론적으로 어긋나는 것이 되어버리는 것이다. 그러나 《주역》에서는 이런 폐단이 없다. 앞에서 이미 말한 것처럼 서양철학에서는 본체를 이성적 사고에 의한, 어디까지나 이성적 사고를 통하여 나온 존재로 보고 있다. 역경철학은 그렇지 않다. 이성적 사고나 또 그것을 행하는 사람 모두 태극 속에 있고, 태극이 작용하여 나타난 것들이기 때문이다. 태극이라는 것은 바깥으로 한계가 없고 안으로는 어떠한 징후도 없는 것이다. 이것은 〈계사전〉에서 잘 말하고 있다.

"대체로 역이란 넓고도 크다. 먼 데를 가지고 말하면 막히지 않고 가까운 데를 가지고 말하면 고요하고 바르며, 천지의 사이를 가지고 말하면 모두 갖추고 있다."[19]

이런 입장에서 「본체」가 어디에 있겠는가? 라는 것이 첫번째 문제이다. 두번째는 우주만물의 모습이 나타나는 것은 모두 유행과 변동 가운데에 있고, 이 유행변동이 막히고 정지하는 때가 없기 때문에 그 「체」를 파악하려고 하여도 끝내는 성공할 수 없다는 것이다. 그러므로 어떤 관점에서 말하여도 태극은 「무체」라고 말하는 것이다. 비록 「태극」은 「무체」이지만 도리어 「작용을 가지고 있는데」여기서 「작용」이란 말은 현상계의 모든 변화를 가리켜 말하는 것이다. 비록 「무방」이지만 그것의 존재를 완전히 말살할 수는 없다. 「신무방이역무체」의 이론은 여기에서 성립되는 것이다.

《주역》에서 「무체」라는 관점을 분명하게 설명하려는 것은 몇 가지 혼란과 오해를 방지하기 위해서이다. 왜냐하면 「체」와 「용」을 구분하는 것은 상식적으로 받아들여지는 것들이다. 이런 상식적인 견해에 기울어지지 않고 분명하게 「무체」라는 것을 말하고 있는 것이 《주역》의 큰 특징이다. 주역철학에서 그것을 상세하게 말하고 있지는 않지만, 그러나 만약 역을 「유체」라고 했을 때 발생되는 폐단을 가히 짐작할 수 있기 때문이다.

1) 역이 만물을 생성시키고 변화시키는 기능을 가진다는 입장으로 볼 때 만약 그것을 「체」로 말하면 태극은 만물과 상대되는 것으로 되어 태극과 만물이 일체라는 의미를 잃어버리게 된다.

---

19) 〈계사전〉「夫易廣矣大矣, 以言乎遠則不禦, 以言乎邇則靜而正, 以言乎天地之間則備矣.」

2) 역의 유행작용이라는 관점에서 볼 때 만약「체」가 있다고 말하면 사람들은 그것에 대해 여러 가지 오해를 불러오기가 쉽다. 즉 마음속에 쉽게 집착이 생기게 된다. 태극이 하나의「원도주류」하는 흔적으로 집착하거나 도를「음양의 두 힘이 가고 오고 하는」도상(圖象)으로 집착하는 오류를 가질 가능성을 가지기 때문이다. 전자는 태극을 객관적 존재로 보아서 그것의「편재성(遍在性)」을 상실하게 되고, 후자는 역성철학이 이원론적이라는 오해를 낳게 한다 (사실상 많은 사람들이 이렇게 생각하고 있다).

3) 그러나 여기에서 가장 중요한 것은 중국문화의 근본정신에 위배되고 있다는 점이다. 중국문화는「무실(務實 : 구체적 실질에 힘씀)」「상리(尙理 : 이치를 존숭함)」의 문화이다. 태극이「체」를 가지지 않는다는 것은 바로 실천에서 얻은 것이다. 만약「작용」이라는 것이 반드시 근원을 가진다는 관점으로 억지로「체」를 세우는 것은 결코 실증에서 나온 것이 아니다. 이성 속의 가설에 의거하여 성립된 것이다. 이렇게 된다면「무실」「상리」의 문화정신과는 완전히 어긋나게 되는 것이다. 중국의 선진철학에서는 이런 문화정신과 위배되는 관점을 결코 용납하지 않을 것이다.

여기에서 우리는「역무체」의 주장이 얼마나 깊은 의미를 함축하고 있는가를 파악할 수 있을 것이다.

그 다음에 또 다루어야 할 두 가지 주장에 관한 문제가 있다. 즉 하나는「체용합일설(體用合一說)」이고, 다른 하나는「작용을 본체로 삼는 설(以用爲體說)」이다. 이 두 가지 주장들은 표현이 달라서 그렇지 실은 같은 내용을 말하는 것으로, 하나같이 역의 형이상학적 체계는「체」와「용」으로 나눌 수 없다는 입장에서 나온 것들이다(후자의 경우는 웅십력(熊十力)의 주장). 이런 두 가지 주장들은「체」와「용」을 하나로 말하여, 상식적 견해 속에 갇혀 있는 사람들을 깨닫게 하기 위해 설명하는 것으로는 가능하다. 그러나 억지로「체」를 말하는 것은 단순히 방법적 방편에 불과하다는 사실을 깨달아야 한다. 솔직하게 말한다면 그것은 타당하지 않은 것이다. 왜냐하면 첫째로「용」에 입각하여「체」를 밝힌다는 것은 본래「체」라는 것을 따로 분리해낸 것은 아니다. 그러나「체」와「용」이 하나라고 한다면「체」라는 이론은 반드시 있어야 하는가? 일단「체」라는 명칭이 서게 되면 비록「용」에 의지해서 생긴다고 하지만은 끝내는 관념상의 대립은 면하기 어려운 것이다. 둘째,「무체」라는 것을 분명히 알고서도 억지로 「체」의 이름을 세우는 것은 「무체」를 파악한 사람에 있어서는 쓸데없는 일이다. 「무체」를 아직 깨닫지 못한 사람에게 다만 이름에 의해서 생기는 집착의 폐단만 일으키게 하는 일이다. 불교의 《열반경(涅槃經)》에서 말하는 「상락아정(常樂我淨)」의 「아(我)」자는 「무아(無我)」로부터 나온 것으로 대승불교의 참 진리이다. 그러나 후대에 이 문제는 많은 논쟁을 불러일으킨다. 사람들의 느낌이란 것도 각각 다르고, 깨달음도 다르기 때문에 낳은 오해가 파생되게 된다. 이 때문에 《주역》에서는 직접적으로 「역무체」라고 말하는데 이것을 자세하게 따져보면 가장 완벽한 표현방법이라는 것을 알 수 있을 것이다.

나. 《주역》을 통해 본 서양철학 중의 「일(一)」과 「다(多)」의 논변

「일(一)」과 「다(多)」의 문제는 희랍철학에서 가장 중요한 문제 중의 하나이다. 그 시작은 엘레아학파가 변화하는 세계에서 「존재(Being)」개념을 말하여, 그것은 참된 실재이고, 나눌 수 없는 것이고, 불변하는 것으로 보아, 변화하는 잡다세계는 허환(虛幻)한 비존재로 보는 데서 시작된다. 후대의 플라톤에서 이 사상은 소크라테스의 개념설과 결합하여 유명한 이데아설을 만들어낸다. 플라톤의 생각은 엘레아학파에서 말하는 「존재」와 변화세계를 종합한 하나의 철학체계를 만드는 데 있었다. 그러므로 「일」과 「다」라는 문제는 반드시 종합적으로 관통하여야 하는 것이다. 그런데 변동하지 않고 나눌 수 없는 「일」이 어떻게 「다」와 서로 조화할 수 있는가? 플라톤은 두 가지 문제로 그것을 설명한다.

첫째, 「일」은 관념상으로는 「다」와 서로 분리할 수 없는 것이다. 왜냐하면 만약 「다」의 관념이 없다고 한다면 「일」이라는 것은 생각할 수 없는 것이기 때문에 「일」이라는 개념 자체에 이미 「다」라는 개념을 가지고 있다는 것이다. 바꾸어 말하면 「일」 속에 이미 「다」를 포함하고 있는 것이다.

둘째, 플라톤은 「하나임」이라는 개념을 제출하는데 이것은 이중의 의미를 가지고 있다. 본래의 「일(一)」의 존재와 「하나임」이라는 것이 가리켜 말하는 존재는 둘이면서 하나이고, 하나이면서 둘이다. 플라톤은 이런 입장으로 「일, 다」의 문제를 종합하여 그의 이데아를 비록 「일」이지만 또한 「다」라고 해석한다.

그러나 그의 이런 변증은 결국은 이지론적 활동에 의한 것으로 눈앞의 변화 무상한 현실세계를 설명하려 하면 관념에서 나와야만 하기 때문에 매우 어려운 문제가 되어버린다. 그러므로 끝에 가서는 결국 신의 영원함을 빌릴 수밖에 없었던 것이다. 신이라는 문제로 들어가버리면 그것은 바로 철학적 순수함을 파괴하는 것이 된다. 여기에 대해 아리스토텔레스는 그의 스승의 입장에 반대하여 새로운 학설을 수립하게 된다. 아리스토텔레스는 「질료(Matter)」와 「형상(Form)」을 융합한 학설을 제기하여 플라톤보다 더욱 세련된 입장을 보이고 있으나, 그것 역시도 완전무결한 것으로는 볼 수 없다. 즉 위에는 「형상」을 두고 아래에는 「질료」를 두는 이론을 제기하고 있다. 희랍철학을 통하여 「일」과 「다」의 문제는 아직 해결을 보지 못하고 중세신학으로 넘어가고 만다.

그러면 역경철학은 어떠한가? 여기에는 그러한 결점은 나타나지 않는다. 즉 「일」과 「다」는 일체로 서로 통하는 천의무봉(天衣無縫)의 상태이다. 태극의 「일」은 근본적으로 하나의 순수한 유행작용으로서 결코 정체되거나 장애받지 않기 때문에 「일」의 「일」됨을 방해하지 않는다. 그것은 유행하기 때문에 변화와 생생을 본성으로하여 「다」로 되는 것을 방해하지 않는다. 《주역》의 우주론은 태극에서 현상세계에 이르는 대립적인 상호관련이 아니라, 일체의 전개 즉 현상세계가 바로 태극의 「일」이다. 위에서 말한 플라톤의 「일」과 「다」라는 것도 같은 동체(同體)라고 말하지만, 그것은 어디까지나 이론적 사고 속에서 탐구한 것으로 실제의 사물을 벗어나 이론적으로 따진 것에 불과하다. 역경철학의 태극은 실재사물의 본성에 입각해서 나온 것으로 근본적으로 실재 사물을 벗어나지 않는다. 태극은 실재사물과 유리되어 탐구하지 않는 까닭에 충분히 현상세계의 사물 속에서 검증을 할 수 있게 되는 것이다. 플라톤의 「이데아」는 사물을 벗어나서 탐구하는 까닭에 현상계의 사물 속에서 검증을 얻지 못하게 되는 것이다. 문제의 핵심은 바로 여기에 있다. 그러면 《주역》에서 말하는 「일」과 「다」라는 것이 어떻게 둘이면서 하나인가? 당신이 일하고 휴식하는 것이 바로 생활의 태극이고, 숨을 들이쉬고 내뱉고 하는 것은 생명의 태극이고, 손바닥과 손등은 모두 같은 손이다. 몸의 앞이나 몸의 뒤 모두 같은 몸으로 눈앞에서 모두 검증되는 것이어서, 우리가 믿으려 들지 않아도 어쩔 수가 없는 것이다. 《주역》은 이와 같은 철학으로 그것은 이론적 측면에서만 탐구하는 것이 아니라, 동시에 「실제의 사태」 속에서 검증되는 「이사원통무애(理事

圓通無碍)」의 철학이다. 이런 이유로 중국철학에서 고금을 막론하고 「일」과 「다」의 논쟁은 찾아볼 수가 없는 것이다. 남송시대에 주희와 육구연(陸九淵) 두 사람의 학문방법에 있어서, 한 사람은 「즉물궁리(卽物窮理)」를 주장하고, 또 한 사람은 「반구기심(反求己心)」을 주장하여 의견대립이 있었다. 그들은 아호(鵝湖)에서 만나 쟁론을 벌였으나 해결을 보지 못했다. 그러나 주자는 「일물일태극(一物一太極)」을 말하고, 육구연은 「인간의 마음은 작은 우주이다(人心爲一小宇宙)」를 말하여, 「일」과 「다」의 융통성에 대해서는 이견을 보이지는 않았다. 그러므로 《주역》의 관점으로 볼 때 서양철학이 「일」과 「다」에 얽매이는 논쟁을 전개하여 가는 것은 분명히 편파적이고 억지강변을 세우는 불필요한 것이다. 우주의 진리는 본래 「일이면서 다이고」「다이면서 일인」 것으로 무엇 때문에 서로 반으로 갈라서 배척하는지를 모르겠다.

다. 《주역》의 입장에서 본 서양철학의 「동(動)」과 「부동(不動)」의 논쟁

「동」과 「부동」, 「일」과 「다」의 문제는 똑같이 희랍의 엘레아학파에서 제기된 것들이다. 제논(Zenon)은 운동의 부정에 대한 이론을 말했는데 그것은 근대 이후 칸트와 베르그송 등에 의하여 논파되었으나, 여전히 많은 사람들의 그것에 대한 흥미는 줄어들지 않고 있다. 제논의 변증을 서양인들은 우리의 시공관념 속에 근본적인 모순을 가지고 있다는 사실을 처음으로 밝힌 것이라고 말한다. 이것은 서양철학의 형식에 의거해서 말한 것이고, 《주역》의 관점에서 본다면 이런 모순을 가지고 있는 시공관념은 아마도 서양철학이 이론적 사유에만 치우쳐 실제는 생각하지 않는 폐단으로 볼 수밖에 없는 것이다.

그 합당한 이유는 이러하다. 시간과 공간 자체는 모순이 있는 것으로 보아서는 안 된다. 왜냐하면 우주만물은 모두 시간과 공간이 드러낸 것으로, 만물이 드러나게 되는 입장으로 말하면 설령 시간과 공간 자체가 모순이 있다고 하여도 그 모순이라는 것은 반드시 「조화」된 것으로 보아야 하는 것이다. 이것은 분명한 사실이다. 그러면 「우리의 시간과 공간 관념 중에 근본적 모순을 함유하고 있다」라는 말은 마땅히 「근본적 모순」이라는 것이 결코 「시간과 공간 자체」에서 생기는 것이 아니라, 인간의 시간, 공간의 관념 속에서 생긴 것으로 해석하여야 할 것이다. 바꾸어 말하면 「시공이 모순을 가지고 있다」라고 생각하는 이 모순은 인간의 이성에서 생겼다는 말이다.

그런 책임을 인간의 「이성」으로 돌린다고 말하면, 우리는 이성활동을 궁극적인 것으로 생각하는 입장들을 다시 한번 검토해 보아야 할 것이다.

1) 중국의 역경철학에서는 시간과 공간의 관념 속에 어떠한 「모순」을 가진다는 이론을 제출한 적이 없다. 즉 시간과 공간의 관념 속에 모순이 있다는 입장을 아직까지 본 적이 없다.

2) 서양철학에서 시간과 공간 관념에 모순이 있음을 말하는 것은 이성활동을 통해서 말하는 시간과 공간 관념으로, 그것은 현상세계와 서로 일치하지 않기 때문이다(제논의 변증).

이제 문제는 점점더 명확해진다. 중국철학과 서양철학의 이성활동의 운용문제라는 동이점(同異点)만 비교하여 보면 문제의 핵심은 파악될 수 있으리라 본다. 그것을 정리해 보면 아래와 같다.

《주역》의 시간과 공간에 대한 관점은 그것을 자연의 유행작용으로 보고, 또 양자는 분리할 수 없는 것으로 보는 데 있다. 괘상에서 말하는 「시(時)」와 「위(位)」는 시간과 공간이라는 개념을 인간사 속에 끌어들여 말하려는 의도를 가지고 있다. (공간은 인사 속에서는 「위」가 되기 때문이다. 「위」는 바로 공간이다.) 만약 근본적인 것으로 본다면 시간과 공간은 분리할 수 없는 일자이다. 건(乾)괘는 64괘의 처음으로 역도의 큼〔大〕을 파악하여서 성립한 것이다. 그러므로 건괘의 실제내용의 뜻을 가지고 본다면 가장 분명한 것이다. 잠(潛), 현(見), 비(飛), 항(亢)등 용의 여섯 변화는 시간의 변화를 말할 뿐만 아니라 위의 변화도 말하는 것이다. 그러므로 〈단전〉에서는 「시간이 6용을 타고 하늘을 부린다(時乘六龍以御天)」(「乘六龍」은 바로 육효의 위를 탄다는 의미이다) 라고 하여 시간과 공간은 원래 둘이면서 하나로 동시에 드러난다. 시간과 공간이라는 것은 불가분의 것으로 이 불가분의 시간과 공간은 사실 「도」의 자연스런 유행이다. 이 자연스러운 유행 속에서 그것들은 나눌 수 없는 것이다. 역경철학은 자연유행의 불가분이라는 관념을 통하여 현상계의 만물을 설명하고, 「생생(生生)」과 「변동불거(變動不居)」라는 이론을 제기하는 것이다. 불가분의 「시공」은 비록 현상계의 만물 속에서 「시」와 「위」로 나누지만, 그러나 본질적으로는 하나의 「유행작용」으로 그 틈이란 것은 있을 수 없고, 「모순」이란 것은 발견할 수가 없는 것이다. 이런 상태를 있는 그대로 말하면 심지어 「조화」

라는 말도 할 수가 없게 되는 것이다. 왜냐하면 본래부터 하나의 작용이기 때문이다. 여기에서 우리는 《주역》이 시간과 공간 관념 속에서 모순되는 것을 발견할 수 없다는 것이 실제로는「부동의 관념」이 그 사이에 끼어들 수 없어서 상하가 다같이 동일한 유행이고, 동일한 변동으로「모순」을 어디에서도 찾아볼 수가 없다는 것이다라는 사실을 분간해낼 수 있다.

서양철학은 이와는 달리 희랍의 엘레아학파로부터 시작하여 파르메니데스와 제논이 현상계의 사물이 변동하는 것을 파악하지 못하고 이론적 사고만을 통하여「부동」의 존재를 이성 속에서 만들어낸다. 그런 부동의 존재를 그들은 진실한 것으로 여기고 오히려「변동」을 허망한 것으로 보게 되는 것이다. 이와 같이 이성 속의「부동한 진실」과 현상계의「변동하는 비진실」이라는 서로 상응하지 않는 두 세계로 나누는 것이다. 그러나 인간은 변동하는 현상계 속의 사물이고, 자신의 이성 속에서는 또한「부동이 진실」이라는 관념이 생겨서 「변동」의 문제를 토론할 때, 자신도 깨닫지 못하는 사이에「부동」이라는 것을 인정하게 되어버리는 것이다. 제논의 변증은 바로 이런 상황하에서 나온 것이다. 제논이 든 변증내용은 모두「부동」이라는 관념의 영향을 받아서「변동」속에서「부동하는 점」을 가정하여 만든 이론이다.

◎ 어떤 하나의 사물이 거리가 떨어져 있는 목적지를 향해서 운동하려고 하면 반드시 먼저 그 사이의 중간점에 도달하여야 한다. 만약 이 점에 도달하려면 반드시 먼저 그 점과 출발점 사이의 다른 중간점에 도달하여야 한다. 이와 같이 무한정으로 이것을 되풀이 하기 때문에 그 사물은 영원히 목적지에 도달하지 못한다. 이렇게 되면 근본적으로 운동의 가능성이란 것은 없게 된다.

◎ 걸음이 매우 빠른 아킬레스(Achilles)가 거북이를 쫓아갈 때, 만약 거북이가 약간의 거리를 앞서서 달린다면 아킬레스는 영원히 거북이를 따라 잡지 못한다. 왜냐하면 아킬레스가 거북이가 있는 지점에 도달했을 때 거북이는 반드시 앞으로 어느 정도는 이동했을 것이고, 다시 그 자리에 갔을 때 거북이는 또다시 앞으로 갔기 때문이다.

◎ 날아가는 화살은 보기에 비록 운동하고 있는 것 같지만 이성적으로 판단해 볼 때 하나의 사물은 동시에 두 지점에 존재할 수는 없다. 그러므로 화살이 날아가는 과정 속에서는 영원히 하나의「지점」속에 정지해 있는 것이다.

이러한「부동의 점」이란 것을 가지고「변동」을 분할하는 것은 제논에게 있어서는 매우 자연스러운 것이었다. 심지어 그는 그의 이런 사상이 이성 중의 「가정」이라는 사실을 자각하지 못했다. 왜냐하면 그의 사상은 이미 완전하게 이성지상주의에 빠졌기 때문이다. 그러나 제삼자인 《주역》의 입장에서 본다면 제논의 변증은 근본적으로 성립할 수 없는 것이다. 적어도 그는 아래의 세 가지 오류를 범하고 있다.

1) 제논은 그가 든 변증의 사례에서 「점」을 가지고 변동을 분할한다. 이렇게 되면 그 「점」이란 것은 부동성의 성질을 가진다는 것은 분명한 사실이다. 그러나 변동하지 않는 「점」이라는 것은 변동하는 현상계가 가지는 것이 아니라 이성 속에서 나온 것이다. 변동세계와 상응하지 않는 이성적인 것을 변동세계 속에 응용하고 또 그것으로 변동을 부정하는 것은 오류이다.

2) 제논이 말하는 아킬레스, 거북이나 날아가는 화살은 모두 한「점」상의 찰나상에 있다. 이것이 과연 「불변」하는 것인가? 만약 움직이지 않는다면 변동세계의 뜻과 합치하지 않는다. 만약 「동(움직인다)」이면 「점」의 뜻은 존재하지 않는다. 그러므로 제논이 「점」으로 변동을 분할하는 것은 없는 것을 있는 것으로 보아서 만든 이론일 뿐이다.

3) 「부동의 점」이라는 것이 성립하지 않는다면, 아킬레스와 거북이의 경주라는 것은 다만 두 힘의 변화유행일 뿐이다. 양자의 속도가 빠르고 느린 것은 물질의 막히고 정체되는 정도가 큰가 작은가의 차이일 뿐이다. 속도가 다른 두 힘을 서로 비교하면 빠른 것이 더욱 느린 것을 따라내는 것은 필연적인 것이다.

이상은 필자가 역학의 입장에서 제논이 말하는 것을 살펴본 것들이다. 위의 세 가지 반박을 가지고 제논의 논증이 성립될 수 없다는 것을 설명한 것은 베르그송이 말하는 것보다 훨씬 더 근본적인 것이라고 믿는다. 베르그송이 제논의 아킬레스가 거북이를 쫓는 문제를 비판하는 내용은 서양철학자들 중에서는 그 문제에 관한 한 가장 분명하고 근거가 있는 것으로 간주된다. 그는 아킬레스와 거북이의 보폭을 모두 한 단위로 보고 있지만, 제논은 오히려 거북이의 보폭수만을 계산하고 아킬레스의 보폭수는 계산하지 않고 있다는 것이다. 이 견해는 전혀 잘못된 것이 발견되지는 않지만 여전히 서양철학의 이성지상주의적 분석이라는 전통적 방식을 면하지 못하여, 역경철학이 근본적인 입장에서 제논의 이론이 부당하다는 것을 비판하는 관점만 못하게 된다.

앞에서는 역경철학의 입장으로 제논의 이론을 살펴보았는데 여기에서 우리는 중서철학이 이성적인 사고활동이라는 입장에서 각기 다른 노선을 걷고 있다는 사실에 주의하여야 할 것이다. 간단히 말해서 서양철학은 눈을 감고 사고하여 눈앞의 사상(事象)들을 살피지 않고 완전히 이성에 맡겨버리는 입장이다. 중국의 《주역》은 눈을 뜨고 사고하는 것으로 눈앞의 사상을 통하여 오히려 이성으로 얻은 것을 검증한다. 이러한 이유에서 서양철학은 이성 속에서 「부동」의 존재를 말하지만 역경철학은 이런 것이 없다. 서양철학은 엘레아학파 이후 「부동」이 진실한 것이라는 사상이 강한 세력을 이루어, 아래로는 플라톤과 아리스토텔레스에 이르기까지 모두 이런 입장의 지배를 받게 되는 것이다. 그러나 엘레아학파가 남겨놓은 문제는 아직까지 해결되지 못하고 있다. 엘레아학파는 변동하는 현실세계를 부정하기 때문에 자연적으로 사람들에게 큰 설득력을 주지 못하게 되는 것이다. 즉 제논은 사람들의 입은 설득하였지만 사람들의 마음은 설득하지 못하였다. 플라톤은 전력을 다하여 이데아계와 현상계의 두 세계를 관통하여 하나의 큰 체계를 만들려고 하였지만 끝내는 양자를 견고하게 연결하는 자물쇠를 찾지 못했다. 아리스토텔레스는 이런 임무를 부여받아 스승의 학설을 크게 수정하여 질료와 형상이라는 (번갈아 변화하는 방식의) 이론을 끌어내었다. 이것은 아래에서 위로 한 단계 한 단계씩 변동해 가서는 최후의 「제1 형상」(즉 무질료 성분의 순수형상)에서는 「부동」한 것을 취하지 않을 수 없게 되는 것이다. 왜냐하면 만약에 「변동」이라고 한다면 여전히 위로 계속적으로 변동하여 이것은 「순수형상」이 되지 못한다. 순수형상은 「변동」할 수 없는 것이다. 순수형상이 이미 「부동」한 것으로 되어버리면 아래에서 위로 차례대로 변해 가는 동력은 어디에서 나오는 것인가? 아리스토텔레스는 그것을 「순수형상」이 유발하는 것으로 돌렸다. 왜냐하면 「순수형상」은 일체변동의 목적이기 때문이다. 이러한 구상은 매우 합리적인 것이다. 그러나 만약 이런 「부동의 동자」로서 순수형상의 유발이라는 논점을 성립시키려면, 오직 현상계가 아래에서부터 위로 변동해 가는 것만 설명할 수 있고 위에서부터 아래로 변화생성해 가는 것은 설명할 수 없게 된다. 이런 체계의 가장 아래에 있는 「질료」가 이유없이 생기는 것은 무슨 까닭에서 인가? 그 문제에 대해서 아리스토텔레스의 이론은 체계화되기는 하였지만 결코 완벽하지 못했고, 후대인들 역시 이런 상황하에서 더 이상의 보충을 하지 못했다. 희랍철학은 더 이상 활기를 잃고 끝내는 위에는「부동」하고 아래에는「동」하는 철학체계 속에서 잔류하는 것이다. 이것을 《주역》과 비교하면 차이가 엄청나게 크다는 것을 느끼게 될 것이다. 《주역》은 이 문제를 매우 가볍게 힘들이지 않고 처리하는데, 즉 위의「부동」의 본체라는 것이 없어서 상하가 다같이 움직이는 것으로 말한다. 바로 태극 → 양의 → 사상 → 팔괘의 과정이 마치 배가 물위를 지나가는 것처럼 경쾌하게 나오는 것이다. 그러나 양자의 근본적 차이라는 것은 다만 한쪽은「부동」이라는 존재를 가정하고 한쪽은 가정하지 않는 것일 뿐이다.

라.「유체」와「무체」의 토론

위에서 다룬 본체의「일」「다」「동」「부동」에 대한 문제는 희랍철학에서 많이 다루어지는 것들로 이미 말한 것과 같다. 여기에서 한걸음 더 나아가 더욱 근본적인 문제들에 대해서 다루어보겠다. 그것은 바로 희랍철학의「유체(有體)」(여기서의 뜻은 본체의 정립을 말함)와 《주역》의「무체(無體)」(본체를 정립하지 않음)에 대한 문제이다. 이런 서로 대립되는 두 가지 철학형태에 대해 어떻게 객관적 평가를 내려야 하는가? 중국과 서양철학의 비교로 말하면, 이것은 매우 중요하고 또 마땅히 더 일찍이 끄집어내어 토론해야 할 문제이지만 아직까지 이런 문제를 제기한 사람은 없었다. 이것을 서로 대비하여 보도록 하겠다.

근세 이래로 중국인들은 서양철학에 대해 이미 익숙해 있기 때문에 《주역》이 말하는「무체」관념에 대해서 오히려 더 많은 의문을 가질 것이다. 즉 태극의「일」이란 것이 하나의 유행작용이라고 한다면 이런 유행작용의「동인(動因)」은 어디에서 나오는 것인가? 서양철학은「동」의 시작이라는 원인을 추구하여「부동」의 본체를 세워 현상계의「동」의 근원을 만들었다. 그러나 역경철학은 오히려 현상계의「동」에만 머물러 있고 더 이상 근본적인 것을 추구하지 않으니 철저하지 못한 철학정신이 아닌가?

이 문제는 상당한 의미가 있는 것이다. 만약 이 문제에 대해 깊이 생각하지 않고 다만 상식적으로만 판단한다면 역경철학은 철학적으로 철저하지 못한 것으로 느끼게 될 것이니 말이다. 그러나 성실하고 진지하게 생각한다면 상황이 크게 다를 것이라는 것을 알게 될 것이다. 여기에서는 먼저 희랍철학의 본체가 어떻게 정립되어지는가?라는 문제를 먼저 검토해 보도록 하겠다.

　희랍철학이 본체를 정립하는 것은 인간 이성을 통하여서이다. 이것은 대략적인 입장에서 말하는 것이다. 그러나 더 자세히 살펴보면 그 이성활동은 두 가지의 경로를 통하여 취한 것들이다. 하나는 상상 혹은 가상(假想)을 통한 것이고 또 하나는 인과개념을 통해서이다. 전자는 엘레아학파가 따르는 노선이고, 후자는 아리스토텔레스 철학에서 처음으로 도입한 것이다. 그것들을 나누어 설명하면 아래와 같다.

　엘레아학파가 「존재」의 실체를 「상상」을 통하여 정립하였다고 말하는 것은 아마도 서양철학을 연구하는 많은 사람을 놀라게 만들 것이다. 왜냐하면 전통적으로 대부분 실체라는 것은 인간의 이성을 통하여 정립한 것이지 「상상」을 통해서 라고는 말하지 않기 때문이다. 그러나 압도적인 여론이 가끔씩 사람을 속일 수 있는 것이다. 이 문제를 근본적으로 생각하면 현상계의 사물은 변화무상한 것이고, 변화무상한 것은 허망하다고 말하고 「비존재」라고 말하는 것이 옳을지도 모른다. 그러나 이성활동의 노선을 따라서 만물의 근원을 추적해 보면 변동이라는 것 역시도 변동에서 일어난다. 어쨌든 간에 변동은 「부동」에서는 나올 수 없다. 그런데 「부동의 존재」를 만물의 근본으로 삼는 것은 정상적인 추리에 따라서 나온 것이 아니라 「변동」이 「비존재」라는 사실과 구별하기 위해서 상상 중에서 비로소 정립한 것이라는 것을 알게 될 것이다. 상상 가운데에서 「부동의 존재」를 정립하고 아울러 그것을 「진실」한 것으로 간주한 후에 다시 이성활동을 통하여 이런 상상의 성과를 옹호하여 성립되는 것이다. 이것은 바로 앞에서 말한 제논의 변증의 유래이기도 하다. 제논의 교묘한 궤변은 「부동의 존재」를 합리화하고 후대의 플라톤은 더욱 이런 사상을 계승, 그의 「이데아」와 결합하여 형이상학과 우주생성의 근본으로 삼았다. 플라톤학파의 제자들은 이후에 더욱 온 힘을 기울여 이데아계와 현상계의 연관문제를 해결하려 하였으나 이데아가 「부동」이라는 입장이 상상에서 나왔다는 것에 대해서는 조금의 의심도 하지 않았던 것이다. 그 후 중세에 있어서 플라톤의 「이데아」는 은연중에 「신」의 개념과 합치하게 된다. 교권지상(敎權至上)의 시대에 있어서 신의 존재는 비록 「상상」에서 나왔다고 분명하게 말했으나(아래의 토마스 아퀴나스의 말에 보임) 결코 신앙상에 있어서 필연적인 진실을 손상하는 것은 없었다.

그 다음의 문제는 본체의 정립은 인과개념에서 나온 것이라는 문제이다. 이런 노선의 근거는 「상식적 인식」의 근거에 있다. 상식적으로 만물의 변동은 반드시 그것을 변동하게 하는 「운동인」이 있고, 최후의 운동인은 반드시 그 자체로는 부동하면서 다른 사물을 변동하게 한다는 것이다. 이런 관점은 아리스토텔레스에서 시작한 것으로 그는 그것을 통하여 순수형상(아리스토텔레스는 그것을 신이라고도 함)을 설명한다. 중세의 신학자들은 보편적으로 인과개념을 사용하여 신존재 증명을 시도하는데, 그중에서 가장 분명하게 말하는 사람은 토마스 아퀴나스이다.

"운동하는 사물은 모두 다른 사물에 의해서 그렇게 된 것이다.――다른 사물 중에서 어떤 것들은 움직임을 추진당하는 것도 있고 움직임을 추진당하지 않는 것도 있다. 만약 움직임을 추진당하지 않는 것이라면, 우리는 반드시 하나의 부동의 원동체(原動體)를 가정해야만 한다. 우리는 그것을 신(神)이라고 부른다. 만약 어떤 것이 움직임을 추진당하는 것이라고 한다면 그것은 바로 다른 어떤 운동하는 물체에 의해서 추진당하는 것이다. 이 때문에 그것을 무한대로 넓힐 수도 있거나 또는 부동의 원동체에로 귀결시킬 수도 있다. 그러나 무한대로 그것을 넓혀간다는 것은 불가능한 일이기 때문에 부동의 원동체라는 것을 가정할 필요가 있는 것이다."[20]

토마스 아퀴나스가 말하는 「부동의 원동체」를 신학에서는 「신」이라 하고, 철학에서는 「본체」라 하는 것이다. 토마스 아퀴나스의 말을 통하여 그것은 「가상」을 통하여 성립된 것임을 분명하게 말하고 있다. 지금 토마스가 말하는 「하나의 부동의 원동체를 가정하는 것이 필요하다」라는 것을 진지하게 살펴보고서 그가 말하는 것이 타당하고 필요한지를 검토해 보자. 만약 하나의 운동하는 사물이 다른 사물에 의해 움직여진다고 가정하면 이 운동을 추진당하는 사물은 무엇에 의해서 운동을 일으키는가? 가능한 답은 두 가지가 있다. 하나는 동력이고 또 하나는 힘을 가지지 않는 부동이다. 후자는 아니고 분명히 전자가 운동을 일으킬 것이다. 바꾸어 말하면 움직임을 추진당하는 운동하는 사

---

20) Philipp Frank 著, 謝力中 譯의 《과학철학》에서 재인용한 것임.

물은 영원히 「동력」에 의해 움직임을 추진당하고, 「힘을 가지지 않는 부동」에 의해서 운동을 추진당하지 않는다. 그런데 토마스 아퀴나스는 영원히 운동을 추진당하는 것을 부정하여 「무궁한 데까지 그것을 확장해 가는 것은 불가능하다」라고 말하여 「하나의 부동의 원동체를 가정」하려 하는데 바로 「사실」을 부정하고 「사실이 아닌 것」을 믿으려는 것이다. 그러나 토마스 아퀴나스가 왜 「무궁한 데까지 확장하여 나가는 것은 불가능하다」라고 말하는가? 솔직히 말하면 그것은 그의 신앙 중의 「신」과 합치시키려는 의도에서인 것이다. 만약 「무한대로 확장하는 것」이 「가능한 일」이라면 그의 「신」은 그의 철학 중에서 근거할 만한 곳이 없게 되는 것이다. 토마스 아퀴나스의 「부동의 원동체」라는 것은 철학적으로 아리스토텔레스를 계승한 것이다. 아리스토텔레스의 순수형상을 「부동의 동자」라고 말하는 것은 보기에는 모순되는 것 같으나, 아리스토텔레스의 체계내에서는 큰 문제가 없다. 왜냐하면 아리스토텔레스의 제일형상은 그 자체가 동력을 발생하여 다른 사물의 운동을 일으키게 하는 것이 아니라, 목적인에 의해서 다른 사물들이 스스로 움직여 자기에게로 달려오게 하기 때문이다. 그러나 토마스 아퀴나스가 말하는 「부동의 원동체」는 그렇지 않다. 그것은 스스로 동력을 발할 수 있는 것으로 스스로 동력을 발생하면서도 「부동」이라고 말하는 것은 문제가 많은 것이다. 또 토마스 아퀴나스가 말하는 「무한하게 확장해 나가는 것은 불가능하다」라고 말하는 것은 어떤 근거에서인가? 조금만 더 생각해 보면, 그것은 상식적 견해에 근거하는 경솔한 단정에 지나지 않는 것으로 밖에 볼 수 없고, 우리는 그의 그런 결론방식에 동의할 수가 없게 될 것이다.

위에서 이성의 「가상」과 「인과론」이라는 두 가지 방식을 통하여 서양철학이 본체를 정립한다는 것을 설명하였다. 그러면 역경철학은 어떤가? 다른 점은 바로 여기에 있다.

첫째로 《주역》은 「가상」을 사용하지 않는다. 복희씨가 현상세계를 관찰하여 그것은 모두 변동하고 있다는 입장에서 태극의 「일」이 바로 이 변동이라는 사실을 인정하는 것이다. 이것은 순수하고 정상적인 추리에 의해서 나온 것이다.

둘째로 《주역》은 결코 인과개념을 부정하지 않지만 결코 멋대로의 결론은 내리지 않는다. 「무한한 데로 확장해 나가는」 운동은 비록 상식적으로는 사람들에게 「철학적인 결론이 없다는」 느낌을 가지게 할지는 모르지만, 그러나 인간의 지혜가 미치는 한에서 우주만물의 세계는 이와 같은 상태라고 하는 것을 인정하지 않을 이유가 없는 것이다. 무한대로 확장해 나가는 것을 말하는 것에는「부동의 원동체」라는 것은 있을 수 없고, 인간의 지혜가 미칠 수 없는 것은 불가지(不可知)에 속하는 것이다. 불가지에 속한다는 것은「모르는 것을 억지로 안다」고 하는 것이 아니다.

셋째로 우주만물의 변화무상에「부동하는 본체」가 있다는 관점은 결코 생각하기 어려운 심오한 철학은 아니다. 《주역》에서도 일찍이 이미 생각한 것이고 우리가 이미 《장자》의 〈천운편〉의 문자 중에서 말한 것이 아닌가?

"하늘은 어떻게 끊임없이 운행하는가? 땅은 어떻게 정지해서 움직이지 않는가? 해와 달은 어떻게 돌아가면서 빛나는가? 누가 이렇게 만들었는가? 누가 질서 있게 하였는가? 누가 서로 다투거나 겹치는 것이 없이 운행하게 하였는가? 아마도 어떤 비밀스런 기관이 있어 그들로 하여금 그러하게 만든 것인지? 혹은 그들 스스로 돌기를 원하여서 정지하지 못하여서 그러한 것인가? 구름은 비를 위해서 인가? 비가 구름이 있어서 인가? 누가 비를 내리고 맑게 하는가? 누가 하는 일 없이 즐기면서 비와 구름을 생기게 하는가? 바람은 북방에서 생겨서 한 번은 서쪽, 한 번은 동쪽으로, 한 번은 하늘에서 쉬지 않고 돌고 있다. 이것은 누가 호흡하는 것인가? 이것은 누가 하는 일 없이 앉아서 부채질하는가?"

여기에서 장자는 일체변동의 배후에는 아마도 하나의「원동체」가 있는 것으로 생각하는 듯하다. 그러나 장자의 관점은 결론적으로「원동체」상에 놓여 있지 않다는 것이다. 그러므로 여전히 "만물은 모두 하나의 생명의 씨에서 태어났으나, 각각 다른 형태로 변화해 가는데, 그 모습은 마치 둥근 고리 같아서 생사가 항상 반복되어 구별되지 않는다."[21]라는 천하는 유행하고 있다는 입장을 말하고 있다. 이것이 바로 역경철학의 정신을 드러내는 것이다.

《주역》의 관점에 의하면 우리가 현상계의 근원을 탐구하여 그것을 얻지 못한다고 해서, 부동의 본체라는 것을 가상하여 문제를 해결하려는 것은 차라리 나태한 방법이라고 보는 것이다. 중국인들은 인간의 지혜는 유한하지만, 또한 무한하게 발전할 수 있는 가능성이 있는 것으로 생각하였다. 인간이 본래 자기의 모든 지력을 이용하여 문제를 해결하지만, 한편으로는 또한 자신의 지혜

---

21) 《莊子》〈寓言篇〉「萬物皆種也, 以不同形相禪, 始卒若環.」

가 유한함을 겸허하게 받아들여야 하는 것이다. 인간의 지력으로 해결할 수 없는 난제에 부딪혔을 때 문제를 가슴에 품고 후대의 사람들이 해결해줄 때까지 기다리는 것이 정도라고 중국인들은 생각한다. 그런데 서양철학이 현상계의 근원을 탐구하는 데 있어서「인지가 다하여 궁한」단계에서 도리어「모르는 것을 억지로 아는 척」부동의 본체라는 것을 가상하여 해결한 것은 학문의 연구라는 길에서「여기에서부터 걸음을 멈추시오」라는 안내판이 서 있는 것이나 다를 바가 없는 것이다. 이 길은 마땅히 후대인들이 개척하여야 하는 것이다. 그러나 이런 안내판 때문에 이 도로는 여기에서 완전히 끊겨버리는 것이다. 있는 그대로 말하면 이것은 진정한 철학정신이라고 말할 수 없을 것이다. 서양철학은 희랍시대부터 일련의「존재」「순수형상」「신」「본체」등의 개념들에 대해 단순한 인식만을 하였지 내적인 분석이라는 더욱 깊은 연구는 실상 없었다. 이것은 바로 후대 사람들의 연구를 막아버린 증거인 것이다. 그러나 《주역》에서 말하는 태극의「일」은「무체」로 인간 이성 속에 어떤 하나의 구체적인 개념적 형태가 존재하지 않는다. 이 때문에 그것은 매우 심원한 것으로 더 이상 헤아릴 수 없는 것이 되어, 사람들이 무궁무진하게 연구하도록 만들어준다. 노자는 바로「태극」의「일」을 전력을 다하여 탐구한 사람이다. 노자의 현학(玄學)체계는 바로「일」로부터 전개되는 것으로 앞으로 나아가는 새로운 길을 개척하였다. 서양철학 중에는 노자와 같은 그런 현학사상 체계는 나올 수 없는 것이다. 그러나 노자는 비록 앞으로 크게 발전하였지만 여전히「여기에서 멈춤」이라는 안내판을 세우지 않았다. 그의 철학은「유」에서「무」를 끄집어내고 최후에는「자연」의 뜻으로 돌아가지만 결코「부동」의 본체는 정립하지 않았다.

위에서는 다만 이지(理智) 한 측면에 대해서만 말하였는데 중국인들이 본체를 세우지 않는 더욱 중요한 이유는 본론의 제 1 장에서 말한 직각체오의 관점 때문이다.「역무체」라는 것은 실은 직각적 체오 중에서 실제적 체험을 요구하는 경계이다. 또 노자의 말을 빌리면 "학을 하면 날로 불어나고 도를 하면 날로 줄어든다. 줄이고 또 줄이고 하여 무위에 이르고, 무위하여서 하지 못하는 바가 없게 된다(爲學日益, 爲道日損, 損之又損, 以至於無爲, 無爲而無不爲)."이다. 여기에서「무위이무불위」라는 것은 바로「무체」경지의 실제적 체험이다.

위의 비교에서 필자의 의도는 결코 중서철학의 우열을 비교하는 데 있었던 것은 아니다. 그것은 연구할 만한 문제로서 본체를 정립하고 정립하지 않고의 차별을 통하여 중서철학의 근본적 차이점을 파악할 수 있고, 또한 중국민족성의 다른 점을 찾을 수 있기 때문이다. 서양철학은 수천년 동안 그들의 「유체」라는 사유방식을 고집해왔고, 중국철학은 「무체」라는 동요할 수 없는 철학형태를 표현하고 있다. 이러한 비교가 혹 타당치 못한 점이 있을지 모르지만 독자들은 분명히 찬동하리라 믿는다.

(4) 이간(易簡)의 뜻

본절에서는 태극의 「일」이 변화유행하는 작용으로 먼저 그 변동의 성질을 인식하는 일에서부터 시작하여 보편적으로 유행하는 변동의 법칙에만 집착하여서는 「무체」의 뜻을 천명할 수 없다는 것을 논술한다. 만약 이런 맥락에 따라서 「일」을 「무체」에다 놓고 본다면 독자들을 마치 넓고 아득한 허공 속에 끌려가서 어디에도 기댈 곳을 만들어주지도 못할 뿐만 아니라, 철학적으로는 산만한 느낌을 가지게 만들 것이다. 지금 말하려 하는 것은 바로 넓고 아득한 무체로서의 「일」의 정신을 찾아내고, 파악할 수 없는 가운데에서 그것을 파악해내어 그 사상내용이 공허하게 되는 것을 방지하려 한다. 인간과 다른 사물 그리고 전체 우주는 똑같은 유행의 작용이다. 만약 하나의 철학체계가 여기에만 머물러 사람들로 하여금 허황하게 만든다면 이런 철학은 어떤 가치를 가질 수 있겠는가? 그런데 우주만물은 하나의 유행작용이고 진리 또한 이와 같다라고 하여서 역경철학이 가상 속에서 철학사상의 근본을 세우려는 것으로 오해하여서는 안 된다. 그것은 반드시 「무체」로부터 우리가 안심놓고 기댈 수 있는 근본을 찾아야만 한다. 그것은 어디에 있는가? 장자가 말하기를, "홀로 천지정신과 더불어 서로 왕래한다(獨與天地精神共往來)."라고 했는데, 「천지정신」이 바로 장자가 안신입명(安身立命)하는 곳이다. 그러면 이 「천지정신」은 또 무엇을 가리키는가? 실은 역경철학의 형이상학적 최고의 근본의미이다. 노자나 도가에서는 이것을 「자연(自然)」이라는 이름으로 바꾸어 말한다. 공자나 유가에서는 이것을 「이간(易簡)」이라고 말하는 것이다. 노자의 「자연」은 제 8, 9장에서 다루기로 하고, 여기에서는 「이간」에 대해서 말하도록 하겠다.

서론에서 필자는 공자의 유가역의 체계는 태극의 변동이 아래로 전개하여 가고 인도(人道)로 향하여 나아가는 것이라고 말하였다. 그러나 공자는 결코 태극「일」의 출처와 유래를 탐구하는 데 전혀 노력을 기울이지 않을 수는 없었을 것이다. 비록 태극의 움직임이 유가역 체계의 출발점이지만 공자는 결코 위를 향한 탐구에는 전력을 모두 기울이지는 않았으나 결코 그것을 완전히 무시하여 근본을 제시하지 않을 수는 없었다. 우리가 〈단전〉과 〈상전〉을 읽을 때(이 두 전은 공자의 손에서 나온 것으로 인정함), 건원, 곤원에서부터 출발하고 「태극」의 자연유행이라는 본질적인 입장에 대해서는 언급하지 않았다. 이것은 공자의 〈단전〉과 〈상전〉이 주문왕의 64괘에 근거하여 말하기 때문으로 이른바 「술이부작(述而不作)」한 것이며 결코 태극에 대한 전문적 분석은 하고 있지 않다. 그러나 우리는 〈계사전〉을 읽기만 하면 그 궁극적 의미를 찾을 수 있게 될 것이다. 〈계사전〉의 내용은 바로 아래와 같다.

 "건은 큰 시초를 맡고, 곤은 물을 이루게 한다. 건은 역으로 알고 곤은 간으로 할 수가 있다. 역은 쉽게 알고 간은 따르기가 쉽다 …… 이간하여서 천하의 이치를 얻게 된다."[22]

 「이간」이 나중에 한대인들에 의해 역의 세 가지 의미 중의 하나로 일컬어지는 것은 바로 여기에서 유래한다. 위의 네 구절을 살펴보면 「이」와 「간」은 결코 하나의 복합명사가 아니라 건과 곤의 작용을 나누어 설명하는 글자이다. 건은 만물성명(萬物性命)의 시작이라고 하는데 어떻게 그것이 그러함을 알 수 있는가?「이」 때문이다. 곤은 만물형체의 생성을 말하는데 어떻게 그런 능력을 가지게 되는가?「간」 때문이다. 이 「간」과 「이」란 두 글자는 유가역에서 건, 곤의 두 작용이 가지고 있는 근거를 탐구하여서 얻은 것이다.

 「이」「간」 두 자의 함의에 대해서 후대의 역학자들은 여러 가지의 해석을 하고 있다. 필자는 일찍이 《선진역학사》 중에서 몇 가지의 주석들을 끄집어내어 설명했는데, 그 뜻은 《예기(禮記)》〈악기편(樂記篇)〉에서 말하는 "훌륭한 음악은 반드시 쉽게 들을 수 있고, 훌륭한 예의는 반드시 간단하게 실행할 수 있다(大樂必易, 大禮必簡)."라는 말이 가장 잘 들어맞는 것으로 보인다. 음악이란 것은 자연에서 얻은 것으로 오음(五音) 12율(律)은 모두 사람이 만든 것

---

22) 〈계사전〉「乾知大始, 坤作成物. 乾以易知, 坤以簡能. 易則易知, 簡則易從 …… 易簡而天下之理得矣」

이다. 조화로운 연주는 드러나지 않고,「자연의 소리〔天籟〕」에 들어가서 성정(性情)과 심신의 유동(流動)에 들어맞게 하는 것이다. 이것을 들으면 편안하고 시원하기 때문에 「필이(必易)」라고 말한다. 예의를 행하는 것은 인류가 원시적인 야만생활 속에서 스스로 자각한 마음에서 생겨난 것으로, 예의절목을 제정하고 언행을 규범하여 야만에서 문명으로 들어가는 것을 말한다. 그러므로 예의의 요체는 겸손하고 겸양하는 데 있기 때문에「필간(必簡)」이라고 말하는 것이다. 이 때문에 청나라의 이도평(李道平)은 〈악기편〉의 그 두 구절을 인용하여 〈계사전〉의 말을 해석한다.

"대개 음악은 자연에서 나온다. 그러므로 건의 쉽게 주재함을 상징하기 때문에 반드시 이라고 말하는 것이다. 예는 경미한 곳에서 시작된다. 그러므로 곤의 쉽게 하는 능력을 상징하기 때문에 반드시 간하다고 말하는 것이다."[23]

경미하다〔徵眇〕라는 것은 바로 겸양 겸손에 있는 것으로 곤의 정신이다.

다시 〈계사전〉의 말로 돌아가면 그 뜻을 더욱 분명하게 될 것이다. 그것은 바로 건의 시동(始動)이라는 것을 자연히 알 수 있을 것이다. 곤의 성물(成物)은 겸손하게 건의 기능을 이어받아 이렇게 할 수 있는 것이다. 곤의 겸손한 성질 역시 자연에서 나온 것이다. 그러므로 건, 곤이라는 두 가지 작용의 성질은 실재로는 모두「자연」의 뜻에서 나온 것이다.

그러면 여기에서 이런 철학적 내용을 앞에서 말한「역무체」로 다시 돌아가서 살펴보도록 하자. 역경철학은 본래 파악할 수 있는 본체를 가지고 있지 않기 때문에 다만 유행의 작용에 대해서만 말한다. 그러나 유행 중에서 오히려「자연」의 율칙을 보여주는 것이다. 이「자연」이라는 것은 태극의「일」의 정신이고「일」의 유행을 지배하는 것이다. 이렇게 본다면「일」은 산만하여 파악할 수 없는 것이 아니라,「자연」을 가지고 있어서 철학적 귀착점이 될 수 있는 것이다. 유가의 역학에서는「자연」을「성명(性命)」의 입장에서 말하고 있다.「성명」은 태극의「일」이 인간과 개별적 사물에 들어간 것으로, 인간이 이런 개체 속의「일」을 체득하여 성심성의를 다하여 상달(上達)하면 바로「일」의 자연유행이라는 위대한 정신 속으로 돌아갈 수 있다고 말한다. 이런 경계에 도달한 사람이 바로「대인(大人)」이다. 공자는 "천이 무엇을 말하리오! 사시가 행하고, 만물이 이곳에서 생하니, 천이 무엇을 말하리오!(天何言哉! 四時行

---

23)「蓋樂出乎自然, 故象乾之易知, 而曰必易. 禮始於徵眇, 故象坤之簡能, 而曰必簡.」

焉, 百物生焉, 天何言哉!)"라고 말하였다. 이 말을 들어보면 공자가 얼마나 분명하게 천도의 자연유행을 파악하고 있는지를 알게 될 것이다. 또 말하기를, "내가 세상 사람들과 함께 있지 누구와 더불어 함께 있겠는가?"[24]라고 하였는데 이것은 그가 매우 적극적으로 자연유행의 덕에 따라서 실천하려는 정신을 표현하고 있는 것이다. 왜냐하면 사람이 태어나서 사람다운 행위를 하는 것은 사람이 어떤 것을 예견하여서 그렇게 하는 것이 아니라, 자연유행에 의해서 그렇게 되는 것이다. 사람으로 태어나서 마땅히 인사를 극진히 하는 것이 바로「자연」을 받들어 실천하는 것이다. 맹자가 말하기를, "내 어찌 변론하기를 즐겨 하겠는가? 부득이 하여서 그런 것이다"[25]는 것과 똑같은 정신이다. 이런 정신이 바로 역경철학이 말하려는 궁극적 의미로 보편적인 것 가운데에서 구체적인 파악을 하는 것을 말한다. 이것을 파악하지 못한 사람들은 이것을 공담(空談)이라고 생각하겠지만, 일단 파악하려 든다면「그 속에 들어가지 않고는 얻을 수 없는 것」이다. 인간세상이라는 것은 비록 풍파가 심하고 개별적으로 부딪치는 곤란 역시 크지만 정신 자체는 편안한 것이다.

제 3 절 「일물일태극(一物一太極)」의 의미

태극「일」의 중요한 의의는 크게 두 부분으로 나눌 수 있다. 하나는 우주만물의 총체를 하나의 태극으로 보는 것으로 이미 앞에서 말하였다. 두번째는 하나의 사물이 하나의 태극을 가진다는 것으로 뒤에서 이야기하도록 하겠다.

하나의 사물이 하나의 태극이라는 관점은 중국뿐만 아니라 인도철학 역시 이런 의미를 가지고 있으나, 서양 고대의 희랍철학에서는 크게 주의를 기울이지 않고 있다. 희랍철학의 발흥은 기하학과 밀접한 관계를 가지기 때문에「전체」와「부분」이라는 개념을 분명하게 구분하고 있다. 즉「전체」는 크고「부분」은 작고,「전체」는 완전하고「부분」은 불완전한 것이라고 말한다. 이런 관

---

24) 《논어》〈微子篇〉「吾非斯人之徒與而誰與?」
25) 《맹자》〈滕文公 下〉「予豈好辯哉? 予不得已也」

점들은 서양인의 입장에서는 더 이상 의심할 수 없는 필연적인 것이었다. 희랍에서 중세, 근대 17C의 라이프니츠(Leibniz)의 단자론(Monadism)에서 「모든 단자는 각각 전체 우주를 반영한다」라는 이론이 출현하여 「일물일태극(一物一太極)」과 유사한 학설이 나온다. 그러나 라이프니츠의 입장은 분명히 「일물일태극」이라는 입장과는 다르다. 라이프니츠의 단자론에서 모든 단자는 서로 교통하지 않고 무한히 많은 단자들이 갠지즈 강의 모래알처럼 따로 흩어져 있으나, 단자는 모두 신의 조정을 받기 때문에 단자들이 서로 일치하는 반응을 가질 수 있다고 말한다. 서로 영향을 줄 수 있다는 것은 「예정조화(Pre-established harmony)」에 의해서 그것이 가능한 것이다(즉 신이 각각의 단자들을 창조할 때 모든 단자 속에 서로 일치하고 상응하는 인소를 주입하는 것이다). 역경철학의 「일물일태극」이란 의미는 이와 다르다. 우주 속의 어떠한 사물이든지 모두 우주의 전체를 반영하고 있을 뿐만 아니라, 또한 사물과 사물들은 심정적인 상호 교통과 교감을 가진다. 이것을 횡적으로 말하면 사물들은 각각 태극일 뿐만 아니라, 또한 상호 교통하고 교감하는 결합하에서 이루어지는 태극이다. 종적으로 말하면 어떠한 하나의 태극이라는 것은 모두 여러 수많은 태극의 중첩 가운데에 존재한다. 이런 종횡 양방면의 관계가 바로 우주현상이 드러내는 「태극도」이다. 아래에서는 이런 두 방면의 입장에 근거하여 그것을 나누어 설명하겠다. 이른바 「광관물편(廣觀物篇)」은 바로 넓이라는 입장에서 말하는 것이고, 「심관물편(深觀物篇)」은 깊이라는 입장에서 말하는 것이다.

(1) 광관물편 : 넓이로 본 태극

북송의 정호(程灝)는 유명한 말을 남겼는데,

"고요한 마음으로 만물을 살펴보면 모두 스스로 얻는 바가 있고 사시가 아름답게 일어나 사람들과 더불어 같이 한다(萬物靜觀皆自得, 四時佳興與人同)."

이것은 매우 의미 심장한 말이다. 마음이 가볍고 정신이 맑은 날, 산꼭대기에 앉아 강물과 숲을 널리 바라보는 것도 좋고, 꽃과 풀 사이에서 몸을 숙여

곤충들이 돌아다니는 것을 자세하게 살펴볼 수 있을 것이다. 혹은 현대적으로 천문대의 망원경을 통하여 밤 하늘의 별들이 유유하게 움직이는 것을 살피거나, 현미경으로 생물체 내의 세포가 생동하는 모습을 살피는 것을 통하여 정호가 말하는 의미를 느낄 수 있으리라.

마찬가지로 그것은 장자가 혜시(惠施)와 더불어 고기의 즐거움에 관해서 토론하는 장면을 자연스럽게 떠오르게 만들 것이다.

"장자와 혜시가 호강(濠江)의 둑을 거닐고 있었다. 장자가 말하기를, 피라미가 유유히 돌아다니는 것을 보니 저것이 바로 고기의 즐거움이 아닌가? 하고 말했다. 혜시가 말하기를, 그대는 고기가 아닌데 어찌 고기의 즐거움을 아는가? 장자가 다시 말하기를, 그대는 내가 아닌데 어찌 내가 고기의 즐거움을 모른다는 것을 아는가? 라고 했다. 혜시가 말하기를, 나는 그대가 아니라 원래 당신을 모른다. 당신은 본래 고기가 아니니 당신은 고기의 즐거움을 모르는 것이다. 장자가 말하기를, 이야기를 처음으로 돌려보자. 자네는 내가 어찌 고기의 즐거움을 아느냐고 말한 것은 자네가 이미 내가 알고 있음을 알고, 나에게 물었던 것이기에 나는 지금 다리 위에서 고기의 마음을 알고 함께 즐기고 있네."[26]

넓은 우주 속에 만물은 번창하여 각각 자신의 독특한 성격과 품격을 가지고 있다. 만물의 동정 변화를 관찰하면 그것 자체 속에 스스로 원만자족함을 가지고 있음을 알게 될 것이다.

그러면 여기에 두 가지의 문제가 생긴다.

① 정명도는 어떻게 만물이 모두 자득(自得)하고 있음을 알고, 그리고 장자는 어떻게 고기의 즐거움을 아는가?

② 만물과 고기는 서로 다른 종류들인데, 어떻게 모두 즐거움을 똑같이 자득하는가?

앞의 문제는 사물과 사물이 서로 감통(感通)하는 문제에 대해서 말하는 것

---

26) 《장자》〈秋水篇〉「莊子與惠子遊於濠梁之上. 莊子曰, 鯈魚出遊從容, 是魚樂也. 惠子曰, 子非魚, 安知魚之樂? 莊子曰, 子非我, 安知我不知魚之樂? 惠子曰, 我非子, 固不知子矣. 子固非魚也, 子之不知魚之樂全矣. 莊子曰, 請循其本, 子曰, 女安知魚樂云者. 旣已知吾知之, 而問我, 我知之濠上也.」

이다. 명도와 장자는 모두 사람이고, 사람은 만물의 하나이기 때문에 감통을 통하여 만물의 「자득」과 「즐거움」을 알게 되는 것이다. 《역경》에서는 이것을 「응(應)」이라고 말한다. 역경철학에 의하면 태극이 만물을 생화하는 것은 건도의 변화로 성명(性命)을 낳고, 곤도가 그것을 이어받아서 형체를 더하여(다음 장에서 말함) 만물이 비로소 나타난다. 그러므로 만물의 형체적 차별은 곤도의 변화 속에서 일어나고 본성과 생명은 모두 건원에서 발생하는 것이다. 건도의 변화가 성명을 발생하는 것은 시간과 위치에 근거하여서이다. 시간과 위치는 모두 유행하기 때문에 유행에 따라서 차별이 생긴다. 그러므로 사람, 말, 개, 소, 초목들도 모두 지각을 가진다. 그러나 지각의 높고 낮음이 다른데, 즉 성분(性分)이 다르다는 것이다. 마찬가지로 인간과 인간의 성분도 각각 달라서 지혜로운 자와 바보의 구분이 생기게 된다. 비록 성의 「분(分)」은 다르지만 성의 「질(質)」은 똑같은 건원에서 나온 것이기 때문이다. 성의 바탕이 모두 같기 때문에 사람과 사물, 사물과 사물 간에는 서로 감통할 수 있다. 왜냐하면 성의 「분」이 다르기 때문에 만물의 감통의 정도가 민감하기도 하고 둔하기도 하여 정신적 지각의 높고 낮음이 구분되는 것이다. 명도가 만물이 「모두 자득하고 있다(皆自得)」라는 것을 아는 것은 명도와 만물의 성명이 서로 감응하기 때문이다. 장자가 「고기의 즐거움」을 아는 것은 장자와 고기가 성명으로 서로 상응하기 때문이다. 하나의 「응」자가 우주만물의 이산(離散)된 개별체를 하나로 연결해주는 것이다. 이것이 바로 주역철학이다. 앞에서 이미 말한 것처럼 양의, 사상, 팔괘는 모두 태극의 「화신(化身)」이다. 소위 화신이란 것은 다른 어떤 것이 생겨난 것이 아니고 그 자체가 분화한 것이다. 바꾸어 말하면 태극의 성은 바로 음양의 성, 즉 만물의 성이다. 이 「성」을 통하여 만물의 「평등」이란 뜻을 정초하는 것이다. 맹자가 말하는 「사람은 모두 요순과 같은 성인이 될 수 있다(人皆可以爲堯舜)」는 것이나, 불가에서 말하는 「개도 불성을 가진다(狗子也有佛性)」는 말은 모두 다 똑같은 입장에서 이야기한 것들이다.

 다음에는 두번째 문제에 관해 말하겠다. 만물은 각각 종류가 다른데, 어떻게 똑같이 즐거움을 자득할 수 있는가?의 문제이다. 이 문제와 위에서 말한 것은 서로 관련된다. 만물은 건도변화 중에서 이미 받은 「성분」이 정해지고 곤도의 변화를 통하여 형체를 더한 이후에, 그 성분은 더욱 분리되어서 개별체가 된다. 그러나 만물 성분의 「질」은 똑같은 태극에서 나왔기 때문에 성분의 차별이 어떠하든 간에 각각 「성질」의 원만자족한 상태를 본유(本有)하고 있는 것이다. 질이 완전한 상태로 남아 있기 때문에 형체가 이것에 따라서 즐거워할 수 있는 것이 바로 이 문제의 답안이다. 그러나 또한 만물의 성이 서로 감통할 수 있기 때문에, 개별체의 사물들이 그 완전한 자족의 상태를 본유하고 사물들이 서로 감통하여 조성된 결합체가 바로 태극으로, 이것은 완전한 자족의 상태이다. 예를 들어 말하면 하나의 먼지는 다른 먼지와 결합하여 한 덩어리의 돌이나 흙의 태극이 될 수 있고, 또 더 많은 먼지가 결합하여 지구와 기타의 별자리의 태극을 만드는 것이다. 한방울의 물은 다른 방울의 물과 결합하여 한 덩이의 얼음과 우박이라는 태극이 되기도 한다. 또다시 더 많은 물방울이 결합하여 연못과 호수라는 태극을 이루고, 더욱더 많은 물방울들이 결합하여 강과 바다의 태극을 이루는 것이다. 먼지와 물방울들도 서로 결합하여 크고 작은 여러 가지의 태극을 이루는 것이다. 이와 같이 하나의 먼지가 하나의 먼지이고 한 방울의 물이 한 방울의 물일 때 그것들이 가지고 있는 태극 「일」의 성이란 것은 그것의 「질」로 말하면 한 조각 돌덩이나 산, 지구, 별이 가지는 성과 같고, 한 덩이 얼음이나 우박, 연못이나 호수, 강이나 바다가 가지는 성과도 같은 것이다. 이것은 바로 하나의 먼지 혹은 한 방울의 물이라는 것은 성분의 「양(量)」이라는 입장에서는 매우 적으나 「질」은 역시 활발하고 생동하여 매우 완전한 자족의 상태 속에 있는 것이다. 「그대는 땅을 치면서 노인이 노래하는 것을 듣지 못했는가? 평범한 백성의 즐거움을 요임금이 천하를 가지고 있다고 하여도 어떻게 더 나은 것이 있겠는가? 그대는 숲속에서 지저귀는 작은 새들의 소리를 듣지 못했는가? 그들 스스로 자득한 것이다. 만리를 날아가는 대붕이라도 어떻게 이것보다 더 나을 것이 있겠는가?」 우주만물이 각각 다른 형태로 존재하고 있지만 각자 다른 형태와 방식으로 완전한 자족의 성과 자득한 즐거움을 표현하는 것이다. 장자와 명도는 이런 도를 밝히고 있는 것이다. 이것은 괘상을 통하여 드러내면 더욱 분명해질 것이다.

 64괘는 한마디로 말하면 하나의 큰 태극이다. 나누어서 말하면 64태극이고, 각 괘의 육효는 각각 하나의 태극인 것이다. 예를 들면 건(乾)괘 초구의 효사는 「물 속에 잠겨 있는 용이다. 함부로 날뛰지 말아라(潛龍, 勿用)」이다. 여기에서 「잠룡」의 시위를 알면 「물용」을 행하여야 하는 것으로 바로 곤괘 초효의 원만자족함을 얻게 되는 것이다. 전체 건괘의 작용은 용구(用九)에 있다. 「여러 용의 머리가 보이지 않는다. 이것은 길하다(見群龍無首, 吉)」라고 한다. 「견군룡무수」하면 전체 건도의 원만자족함을 얻게 되는 것이다. 기타의 각 괘도 모두 이러하다. 괘효는 모두 각각의 성을 가지고 있고, 성은 모두 평등한 것이다.

(2) 심관물편 : 깊이로 본 태극

「광관물편」은 눈을 사방으로 돌려 평면적으로 만물을 관찰하는 것이다. 관찰을 통하여 나타나는 것들은 빽빽하게 이어져 서로 결합된 무수한 태극이었다. 「심관물편」은 입체적으로 만물을 관찰하려는 것으로 여기에서 나타나는 것은 한 사물의 태극이 모두 중첩된 수많은 고리가 서로 겹쳐 연결된 태극 속에 있다는 사실이다. 만약 한 사람을 단위로 하는 태극을 말한다면 《대학》에서 "몸을 닦은 후에 집안을 가지런히 하고, 집이 가지런히 된 후에 나라가 다스려지고, 나라가 다스려진 후에 천하가 편안하게 된다(身修而後家齊, 家齊而後國治, 國治而後天下平)."라고 했다. 여기에서 일신 역시 태극이고 일가도 태극이지만 몸은 집 속에 있다. 나라와 천하도 각각 하나의 태극이다. 몸과 집은 나라 가운데 있고, 몸, 집과 나라의 태극은 천하라는 태극 속에 있는 것으로 몸, 집, 나라, 천하가 서로 둥글게 겹쳐 있는 태극도이다. 천하보다 더 큰 것을 유추해 볼 수 있다. 만약 천하를 하나의 지구 전체로 말한다면 지구의 한 태극 위에는 태양계의 태극이 있고, 태양계 위에는 은하계의 태극이 있고, 은하계 위에는 몇 개의 은하계를 합한 우주의 태극이 있고, 또 대우주의 태극이 있고, 그 이상의 것은 인간의 능력으로는 알 수 있는 것들이 아니다. 다시 인간의 육신 속에 들어 있는 작은 것들을 살펴보면 몸이라는 하나의 태극 속에는 무수한 세포의 태극이 있다. 각각의 세포 속에는 수많은 분자와 원자의 태극이 있다. 원자내에는 또 전자와 양자의 태극이 있고 더욱 미세한 것은 인간의 능력으로는 미칠 수 없는 것이다.

인간사의 입장에서도 마찬가지이다. 노자는 "재앙은 복에 기대어 있는 것이고 행복이라는 것은 재앙 속에 잠복해 있다(禍兮福之所倚, 福兮禍之所伏)."고

하였다. 복이나 재앙은 모두 각각 하나의 태극으로 서로 맞물려 돌고 돈다. 즉 복 가운데에서 재앙이 자라나고 재앙 속에서 행복은 자라나는 것이다. 태사공(太史公)이 《사기》를 지어 오랜 세월 동안 이름을 날리고 있는데, 그런 그가 책을 쓰게 된 의도를 추적해 보면 궁형을 받은 일에서부터 발단하는 것이다. 당의 현종(玄宗)이 천보(天寶) 연간에 온갖 향락을 다 누린 것은 안록산(安祿山)이 반란을 일으켜 천하를 도탄 속에 빠지게 만드는 원인이 된다. 한(鄲)으로 가는 도중에 꾼 짧은 순간의 덧없는 꿈일 뿐이다. 노생(盧生)이 온갖 부귀를 다 누리고 아름다운 산하와 태평성대를 구가하여도 결국에는 근심이 끊이질 않는 법이다. 다시 눈을 현대로 돌려서 말하겠다. 아랍 국가들이 석유반출을 금하고, 구미의 주부들이 식사 준비하는 것을 어려운 일로 생각하고, 아인슈타인이 학문적 위업을 성취한 것이나, 일본인들이 히로시마의 비극을 초래한 것들도 그러하다. 근세 이래 크고 작은 태극이 서로 연결되고 관련된 뜻은 더욱 인류가 깊게 깨달아야 할 것들이다. 개인적 태극의 행위 하나가 여기에서 전개된 무수한 태극의 화복과 연결된다는 것이다. 이런 태극도는 무수한 사례로서 예증할 수 있으나 모두 다 드러낼 수가 없는 노릇이다.

여기에서 말하려는 것은 서로 연결되어 있는 태극의 도식만이 아니다. 더욱 중요한 것은 각각의 태극이 모두 완전한 자족성을 가지고 각각의 완전한 자족성을 관통하는 가운데에, 위로는 큰 태극의 「도를 지향하는(向道)」 경향과 아래로 작은 태극의 「욕망을 지향하는(向欲)」 경향이 있다는 것을 말하고 있다.

「향도」와 「향욕」이라는 말은 중국의 전통사상 가운데에서 뽑아낸 말로서 뜻은 상행(上行)과 하행(下行)이라는 두 가지 경향의 세력을 말한다. 앞에서 말한 것처럼 우주는 무궁하게 많은 태극이 서로 중첩하고 엉켜서 이루어진 것이다. 각각의 모든 태극은 모두 상하 가운데에 있고 상하 양자는 모두 끝이 없다. 그러나 여기에서 우주를 포괄하는 일체 태극의 대작용이 보편적으로 유행하고 있다는 사실을 망각해서는 안 된다. 이른바 무수하게 많은 태극이라는 것은 태극의 대작용이 유행하는 중의 현상일 뿐이라는 것이다. 이들 현상은 한편으로는 이렇게 드러나고 또 한편으로는 끊임없이 저렇게 작용하는 유행인 것이다. 이런 유행의 세력들이 얽혀서 복잡한 사물의 태극에서 위로 혹은 아래로 표현되는 것이다. 「상」과 「하」라는 말은 당연히 인간의 입장에서 말하는 것이다. 《주역》의 우주생성론에 의하면 태극이 음양을 낳고, 음양이 만물을 낳는 것은 바로 대태극에서 만물의 하나인 인간에 이르는 하행하는 화생(化生)의 유행이다. 그런데 인간은 지혜와 자각을 통하여 거꾸로 위로 올라가서 정신이 대태극의 근본으로 돌아가는데, 이것이 바로 상행의 근본으로 돌아가는 유행이다. 인간의 입장에서 말하면 정신적 지각이 같지 않기 때문에 「상행」과 「하행」의 구분이 있게 된다. 유가철학은 특히 이 점을 강조한다. 공자가 "군자는 상달하고 소인은 하달한다."[27]라 하고, 맹자가 "대체를 따르는 것을 대인이라 하고, 소체를 따르는 것을 소인이라 한다."[28]라는 것은 바로 「향도」와 「향욕」의 구분이다. 맹자가 "혼자 음악을 듣고 취하는 것과 다른 사람과 함께 음악을 들어서 즐거움을 취하는 것 어느 것이 더 즐거우냐?"[29]는 것 역시 사람으로 하여금 위로 「향도」하기를 장려하는 것이다.

결론적으로 「일물은 하나의 태극을 가진다」는 의미는 한편으로는 모든 사물이 각각 원만자족한 성을 가지고 있고, 또 한편으로는 활발하게 생동하여 상하 좌우의 감응, 결합과 유행을 극진히 다하는 것을 말한다. 성의 바탕으로 말하면 각각의 성은 평등하게 서로 통하고, 성의 「나눔(分)」으로 말하면 크고 작고, 밝고 어두운 구별이 있다. 그런데 인간이 이와 같은 태극의 도식 속에서 자기라는 태극의 성과 기타의 크고 작은 태극의 성이 합하는 것을 귀하게 여기는 것이다. 이렇게 된다면 각각의 성에 따라서 그 완전한 자족성을 얻을 수 있는 것이다.

"공자가 실망스럽게 말씀하셨다. 인간은 조수와 같이 무리지어 살 수 없다. 나는 이런 세상 사람들과 함께 더불어 무리짓지 않으면 누구와 함께 있을까?"[30]

이 말은 공자가 자신의 태극을 인류의 태극에 감통하게 하여 그곳에서 원만자족성을 구하여 얻은 것을 말하고 있다.

"문밖에 나서지 않아도 천하를 알고, 들창문을 통하지 않아도 천도를 본다."[31]

---

27) 《논어》〈憲問篇〉「君子上達, 小人下達.」
28) 《맹자》〈告子 上〉「從其大體爲大人, 從其小體爲小人.」
29) 《맹자》〈梁惠王 下〉「獨樂樂, 與人樂樂孰樂?」
30) 《논어》〈徵子篇〉「夫子撫然曰, 鳥獸不可與同群, 吾非斯人之徒與而誰與?」
31) 《노자》제 47장 「不出戶, 知天下, 不窺牖, 見天道.」

이것은 노자가 천하의 태극을 자기의 태극 속에 집어넣은 것으로 여기에서 원만자족성을 구하여 얻은 것이다. 이런 일물일태극 및 그것의 교감감통과 중첩하고 뒤섞인 뜻은 매우 복잡하여 묘사하기가 힘들다. 또한 필자의 재주가 부족하여 말한 것은 너무 적고, 말해야 할 것은 너무 많이 남았다. 지혜로운 독자가 나중에 그것의 대의를 더욱 분명하게 밝혀주기를 삼가 바랄 뿐이다.

제 3 장
건곤과 만물의 생성

제 1 절 우주 본질로서의 생명

(1) 생명의 제 1 단계 ── 건도의 변화

건괘의 〈단전〉에,

"위대하도다 건원이여! 만물이 이곳에서 시작하여 하늘을 거느리고 있다. 구름이 가고 비가 와서 모든 사물이 형태를 이루어간다. 큰 밝음의 시작과 끝은 여섯 자리의 시간에 의해서 이루어진다. 시간이 여섯 용을 타고 하늘을 다스린다. 건도가 변화해서 각각 성명을 바르게 한다. 조화를 보존하고 합하는 것이 바로 이정(利貞)이다. 여러 가지의 사물 중에서 으뜸으로 나와서 모든 나라가 다 평안해진다."[1]

위의 인용문은 공자가 문왕의 건괘 괘사를 해석한 문장으로 〈단전〉이라고 말한다. 문왕의 건괘 괘사는 「건(乾), 원(元)·형(亨)·이(利)·정(貞)」이라고 했다. 후대인들은 문자에 의해서 보통 원(元)은 대(大), 형(亨)은 통(通), 이

---

1) 乾卦 〈彖傳〉「大哉乾元, 萬物資始, 乃統天. 雲行雨施, 品物流形, 大明終始, 六位時成. 時乘六龍以御天. 乾道變化, 各正性命. 保合太和, 乃利貞. 首出庶物, 萬國咸寧.」

(利)는 화(和) 혹은 의(宜)로, 정(貞)은 정(定) 혹은 고(固)로 주석한다. 이 네 글자는 건의 작용이 크게 형통하고 올바르고 만물에 이득이 된다는 것을 설명하고 있다. 그러나 위에서 인용한 공자의 〈단전〉을 보면 분명히 판에 박은 듯이 문자에 근거해서 해석하는 것이 아니라, 건의 작용이 시작되어 아래로 향하는 하나의 변화생생하는 철학체계를 전개해가고 있는 것임을 알 수 있다. 여기에서 주의해야 할 점은 아래의 다섯 가지이다.

① 「건(乾)」과 「원(元)」이란 글자를 합하여 「건원(乾元)」이란 것이 성립됨.

② 「건원」과 「천(天)」을 합하여(通의 뜻은 合의 뜻임) 천도에 의거하여 건도를 설명함.

③ 「구름」「비」「모든 사물」은 사물이다. 「대명(大明 : 日과 月)」은 시간을 가리키고 「육위(六位 : 육효의 위)」는 공간을 말한다. 물질, 시간, 공간은 모두 건도변화에서 생긴 것이다.

④ 건도변화는 「성명(性命)」을 창조한다.

⑤ 이 철학체계는 최후에는 「인도」에로 돌아간다. 그러므로 「여러 가지 사물 중에서 으뜸으로 나와서 모든 나라가 다 평안해진다(首出庶物, 萬國咸寧)」로 끝맺는다.

건, 곤 두 괘의 〈단전〉은 공자철학의 근원이다. 특히 건의 〈단전〉은 「대시(大始)」[2]이다. 공자철학의 중점은 「인간」에 있고, 정신은 「실천」에 있다. 우리가 《논어》를 읽을 때 왕왕 공자의 형이상학적 이론근거를 발견하지 못하는데, 지금 건과 곤의 〈단전〉을 읽으면 공자의 형이상학적 체계가 본원이 있을 뿐만 아니라 단계가 분명하다는 사실을 알게 될 것이다. 이런 간단하면서도 함축적인 작은 문장 속에서 우주만물의 생성과정을 핵심적으로 설명하고 있다. 공자철학을 이해하려면 반드시 여기에서부터 시작해야 근거를 잃어버리지 않게 되는 것이다.

가. 건원의 시동

먼저 우리는 여기에서 공자가 어떻게 「건원」이라는 이름을 만들었는가? 라는 문제에 대해서 살펴보자. 허신(許愼)의 《설문해자(說文解字)》에 "건은 위

---

2) 乾卦 〈단전〉 「大哉乾元, 萬物資始」

로 나오는 뜻으로 을(乙)에서 나온 것이다. 을은 물이 이른 것이다. 간(軋)의 발음이다."[3] 건(乾)자는 간(軋)의 소리와 을(乙)의 뜻을 취하여 된 글자이다. 을은 상형자로 갑골문에도 이 글자가 이미 보이는데 ⑀ 로 쓰고 있다. 《석문(釋文)》의 乙자에서 "봄에 초목이 굽어서 나오는 것을 표상하는데, 기를 속에 가져서 점점 강하게 하나하나 나온다."[4] 《사기》 율서에도 말하기를, "을이란 것은 만물이 분주하게 생하는 것을 말한다."[5] 그러므로 건자는 「생(生)」의 의미와 밀접하게 관련되어 있는 것이다. 64괘의 건상은 ☰이고, 8괘의 건상은 ☰이며, 양의의 「一」로서 만물이 이로 말미암아 생하는 큰 작용이 된다. 옛 사람들은 「봄에 만물이 (힘들게) 굽어서 나오는」을의 모습을 뜻으로 삼아 건자를 만들었다. 「원(元)」자는 갑골문에서는 兀 으로 「상(上)」과 「인(人)」의 합체자이며, 뜻은 「사람의 위(人之上)」로 「수(首 : 머리)」의 뜻이다. 《맹자》〈등문공편〉에 「용사는 그 원을 버리지 않아야 한다」[6]라고 하는 것이 본뜻이다. 「수」로부터 뜻을 유추하여 시작, 큼의 뜻으로 확장하여 가는 것이다. 그러므로 「건원」의 의미는 「생의 시작」이라는 뜻이 되는 것이다. 여기에서 우리는 공자의 기본의도를 볼 수가 있을 것이다. 본래 하나의 「건」자는 다만 우주만물을 생성하는 생기의 의미를 함유하고 있을 뿐으로, 그 작용 중에는 아직 움직여서 생하는 의미는 들어 있지 않다. 만약 「건」 아래에 「원」자를 붙이면, 건의 작용이 이미 움직여 시작한다는 것을 느낄 수 있을 것이다. 「원」자의 함의는 하나의 「→」와 같은 것을 표상하여 건의 작용을 만물의 생화라는 방향으로 끌고 간다. 그러므로 「건원」이라는 이름의 성립은 공자의 철학체계에 있어서 하나의 시작이 되는데, 마치 육상선수가 달리기 시작하는 첫걸음을 내디딘 것과 같다.

그러나 여기에서 새로운 문제가 발생하게 된다. 즉 우주만물은 모두 태극에서 나오는데, 공자는 태극이란 이름을 사용하지 않고 「건원」이란 말만 사용하고 있다는 것이다. 그 둘 사이에는 반드시 차이가 있을 것이다. 그 차이점은 무엇인가?

이것은 분명하게 밝혀야 할 문제이다. 태극은 전체적인 명칭으로 우주만물

---

3) 「乾, 上出也, 從乙. 乙, 物之達也. 軋聲.」
4) 「象春艸木冤曲而出, 含氣尙彊, 其出乙乙也.」
5) 「乙者, 言萬物生軋軋也.」
6) 「勇士不忘喪其元」

의 일체의 변화와 작용을 포괄하여 말하는 것이다. 위에서도 몇 번이나 말하였지만, 태극은 결코 객관적 존재가 아니고 「무체」의 절대적 자연유행의 작용이다. 만약 우주만물이 태극에서 생(生)한다고 말하여도 결코 불가능한 것이 아니라는 느낌이 들 것이다. 왜냐하면 우주만물은 모두 태극의 화신이기 때문이다. 그러나 만약 우주만물의 생성순서라는 입장에서 말하면 타당하지가 않다. 왜냐하면 우주만물은 비록 태극에서 생하지만 결코 태극을 벗어나서 달리 존재하는 것이 아니고, 여전히 태극 속에 존재하여 태극 자체가 되기 때문이다. 만약 태극을 분석하여 그 사이의 우주만물이 변화하고 발생하는 선후의 과정을 관찰하려 한다면, 이치상으로 「태극」에 비교하여 더욱 제한적인 명칭이 있어야만 하는 것이다. 공자는 이런 입장에서 「건원」이란 명칭을 만든 것이다.

그러면 「건원」의 뜻은 무엇인가? 위에서 인용한 〈단전〉의 「내통천(乃統天)」이란 세 글자를 통하여 보면 「천」과 「지」는 상대하고 있다. 만약 「건원」과 「천」을 합하여 보면 「건원」은 이미 「곤원」과 서로 상대되는 의미 속에 놓여 있게 되는 것이다. 여기에서 우리는 「태극」과 「건원」의 구별을 분명하게 할 수 있을 것이다.

1) 태극은 다만 자연유행의 작용만 말하고 있지 아직 「생생(生生)」의 경향은 없다. 건원에 비로소 「생생」의 경향이 나타나는 것이다.

2) 태극은 절대적인 것으로 상대적인 것이 없다. 또한 작용적 「구분」이라는 입장에서 말하는 것이 아니다. 그러나 건원은 태극의 작용 가운데에서 강건진취(剛健進取)의 일면으로 곤원의 유순반퇴(柔順反退)의 일면과 상대된다.

3) 태극은 시작도 끝도 없는 것이기 때문에 시작과 끝을 말하지 않으나 건원은 만물 생성의 시작을 말하고 있다.

여기에서 우리는 공자가 〈단전〉에서 「대재건원 만물자시(大哉乾元, 萬物資始)」라고 극찬한 의미를 매우 분명하게 파악할 수 있을 것이다. 공자는 여기에서 「건원」을 모든 변화와 생생이 시작되는 최초의 움직임으로 규정한다. 모든 우주만물은 이것의 처음 운동에서부터 전개되어 나가는 것이다.

「대재건원」이라는 구절은 《주역》이 「생생」의 정신을 인정하고 있다는 사실을 충분하게 표현하고 있다. 하나의 철학체계가 처음으로 전개되는 순간에 「위대하도다(大哉)」라는 말을 먼저 말하는 것은 마치 대부대가 출현할 때 먼저 그들을 상징하는 깃발을 들어올리는 것과 같다. 인도불학에서는 생성변화를 거짓된 환영으로 보아버리고 희랍철학 중에서도 어떤 이들은 생성변화를 비실재로 간주하여 《주역》과는 다른 관점을 가지고 있다. 하나의 철학정신이 정제된 몇 마디의 문장 속에서 표현되는 것은 지극히 자연스러운 것이다. 이 때문에 역경철학에서는 「생」의 철학을 중시하여 시작부터 생기넘치는 투로 「생을 찬송」하는 노래를 소리 높여 부르는 것이다.

나. 물원질 : 시간과 공간의 출현

《주역》의 철학은 일종의 용세지학(用世之學 : 현실세계에 적용될 수 있는 학문)이다. 그것이 어떻게 시(時)와 위(位)(위라는 것은 공간이 실제에 적용되어 짐을 말함)에 의해서 인도(人道)와 물리(物理)의 올바름을 얻을 수 있는가? 라는 문제는 그 논점이 치밀하고 상세하여 누구나 다 이해할 수 있게 설명하고 있다(이 책에서는 뒤의 제 5 장에서 말하겠다). 그런데 사람들은 물원질(物原質)과 시공의 발생문제에 대해서 대부분 소홀하게 취급하고 있다. 그것은 첫째로 《주역》은 서양철학처럼 시간과 공간을 독립적인 문제로 토론하지 않아 사람들의 주의를 끌지 못하기 때문이다. 두번째로 《주역》에서는 물원질·시간과 공간의 발생문제에 대해서 다만 건(乾)괘 〈단전〉에서만 간략하게 서술하고 있을 뿐이다. 또한 천도와 연결시켜 말하여 일반인들이 그것을 형이상학적인 관점으로 보지 않기 때문에 주의를 끌지 못한다. 그러나 현대적인 입장에서 평가할 때, 역경철학이 시간, 공간, 물질의 발생문제에 대하여 논의하는 것이 비록 많은 논술은 하고 있지 않으나 적어도 견해의 수준 자체는 확실히 뛰어난 측면을 가지고 있기 때문에 그것을 읽는 사람들의 탄복을 자아내게 한다. 조금 대담하게 말한다면 서양철학에서도 이만한 수준으로 논의하는 것을 찾기가 쉽지는 않을 것이다.

앞에서 인용한 건괘 〈단전〉의 문장을 상세하게 설명하기 위하여 한 구절 한 구절씩 설명하도록 하겠다.

「위대하도다, 건원이여. 만물이 이곳에서 시작하여 하늘을 거느리고 있다(大哉乾元, 萬物資始, 乃統天).」

「건원」은 만물 생성의 시작이라는 것을 이미 앞에서 말하였으므로 여기에서는 더 이상 말하지 않고, 「내통천」이라는 말에 대해서만 자세하게 설명하겠다. 「건원」과 「곤원」은 모두 다 순수하고 정밀한 작용으로 현상적으로 드러나지 않는다. 양자는 상대하여서 「태극」의 온전함을 이룬다. 그러나 「일물일태극」이기 때문에 어떤 사물을 막론하고 모두 건, 곤 이원의 작용을 드러낸다. 전체 우주의 큰 모습으로 말하면 「천」과 「지」는 「건원」 「곤원」의 두 작용이 구체적으로 드러나는 것이다. 공자는 여기에서 「천도(天道)」에 의거하여 「건원」을 말하고 「지도(地道)」에 의거하여서 「곤원」을 말한다. 위의 문장 속에서의 「천」과 곤괘 〈단전〉 중의 「지」는 모두 현상으로 나타난 천지이고 「통」은 합의 뜻이다.

「구름이 가고 비가 와서 모든 사물이 형태를 이루어 나간다(雲行雨施, 品物流形).」

여기에서는 건원과 천(天)을 합하여 추상적인 사유를 구체적인 것으로 전환시켜 천도의 구체적인 표현을 말하고 있다. 구름과 비라는 것은 천에서 발생한 것이다. 천이 생성하는 것은 구름과 비만 있는 것이 아니기 때문에 「품물」이라고 말하는 것이다. 그러나 여기에서의 품물은 현상계가 이미 생성한 여러 가지 사물의 모습(物象)을 가리키는 것이 아니다. 현상계의 여러 가지 물상이라는 것은 건원과 곤원이 공동으로 변화한 후에 생성되는 것이다. 이때에는 아직 곤원이 변화를 일으키기 전이므로 형상이 아직 갖추어지지 않고 있다. 그러므로 이때의 「품물」은 정신체이기 때문에 이어서 「유형」이라는 말을 사용하는 것이다. 공자는 천도에 근거해서 건원의 기능을 말하기 때문에 구름과 비 등의 유형하는 품물은 실제로는 구체적인 물질이 출현하기 이전의 아직 형태가 만들어지지 않은 물질상태라는 것을 말하고 있음에 주의해야 할 것이다. 이런 것을 필자는 「물원질」(현대 물리학에서는 에너지라고 말하는 것이다)이라고 말한다. 이 구절은 건원이 작용하는 초기에 만물의 전신인 「물원질」이 이미 발생한다는 사실을 설명하고 있다.

「큰 밝음의 시작과 끝은 여섯 자리의 시간에 의해서 이루어진다(大明終始, 六位時成).」

「대명」은 해와 달을 말하는 것이다. 「종시(終始)」라고 말하고 「시종(始終)」이라고 말하지 않는 것은 역의 원도주류를 말하여 마치고 다시 시작하는 의미를 표현하고 있다. 옛사람들은 이와 같이 문자의 순서를 거꾸로 하여 표현하는 것을 즐기는데, 예를 들면 「음양(陰陽)」이라고 하고 「양음(陽陰)」이라고 말하지 않는 것도 이런 이유에서이다. 「육위」라는 것은 6효의 위를 가리키는데 건괘는 효를 용으로 비유하여 여섯 용의 효를 말한다. 「위」는 공간개념이 인간사와 사물 속에 적용되어지는 것을 말하고, 인간과 만물은 공간 속에서 각각 그 위치를 가지기 때문에 「위」라고 하는 것이다. 하나의 괘는 육효로 구성되어 있다. 초에서 상까지의 여섯 개 단락은 「시」와 「위」가 다르기 때문에 「육위시성」이라고 말한다. 이 두 구절은 일월의 순환적인 운행에 의거하여 시간의 발생을 말한다. 아래에서는 시간의 발생과 동시에 공간의 「위」도 드러나는 것이다. 또한 「육위시성」이라는 말은 시간과 공간이 하나로 동시에 존재하며 불가분하다는 성질을 표현하고 있다.

「시간이 여섯 용을 타고 하늘을 다스린다(時乘六龍以御天).」

이 구절은 「인간」의 입장에서 말하는 것이고, 또한 「구름이 가고 비가 와서 모든 사물이 형태를 이루어 나간다. 큰 밝음의 시작과 끝은 여섯 자리의 시간에 의해서 이루어진다」라는 말의 결론이다. 위에서 건원의 작용은 천도를 통하여 세 가지 —— 물원질, 시간, 공간의 발생 —— 를 설명하였다. 그러므로 이른바 천도라는 것도 이 세 가지와 서로 상응한다. 물원질은 변화 중에서 가장 자연스럽게 시와 위를 얻게 되는데 이것이 바로 천도이다. 인간은 만물 중에서 가장 뛰어난 존재이기 때문에 마땅히 「시승육룡」하여서 천도를 부려 행하는 것이다. 그러므로 이 구절은 《주역》이 인도에 가장 큰 관심을 기울이고 있는 철학이라는 것을 보여주는 것이다.

위의 〈단전〉의 해석을 통하여 독자들은 《역경》에서 시간, 공간, 물질이 처음 발생하는 관점들에 대해서 알게 되었으리라 믿는다. 그것들을 세 가지로 나누어 설명하면 아래와 같다.

1) 건원이 움직이기 시작할 때 물원질, 시간, 공간은 이미 발생하지만, 이때는 곤원이 변화하기 이전으로 사물의 형체는 아직 나타나지 않는다.

2) 물원질, 시간, 공간은 동시에 나타나고 사실 세 가지는 분리할 수 없는 것이다.

3) 소위 천도라는 것은 물원질, 시간과 공간이 서로 적당하게 합하여 변화하는 것이다.

그러나 물원질, 시간, 공간이 처음 발생한다는 점에 있어서 따져보아야 할 문제가 있다. 그것은 태극 속의 물원질, 시간과 공간이 이미 존재하고 있는가? 라는 문제이다. 물론 그러하다. 왜냐하면 건원이라는 것은 태극의 유행하는 작용의 일부분일 뿐이다. 그러나 태극은 자체에서 있는 것이기 때문에 아직 만물을 생화(生化)하는 작용을 표현하지 않고 있다. 건원에서 생화의 기능을 드러내기 때문에 물원질과 시간, 공간은 건원에서 생긴다고 말한다. 태극에는 실제로 물원질, 시간, 공간의 요소들을 이미 포함하고 있지만 아직 드러나고 있지 않을 뿐이다. 건원이라는 것은 바로 물원질과 시간, 공간을 드러내기 때문에 비로소「건원」이라는 이름을 가질 수 있는 것이다. 그렇지 않으면「건원」은 아무런 의미도 없게 되는 것이다. 물원질, 시간, 공간은 《주역》에서 영원한 존재로 시작도 끝도 없는 존재이다. 다만 처음에는 혼연하여서 분리되지 않았다가 점점 그 작용이 드러나는 것으로, 인간이 그들을 물원질, 시간, 공간으로 구분하는 것이다. 그러나 물원질, 시간, 공간이란 것들이 아직 미분의 혼돈상태에 있을 때 우리는 그것을「무(無)」라고 말해서는 안 된다. 그것은 어디까지나「유(有)」이다.「유」라고 말할 때 이 혼돈상태의「유」를 더욱 소급해 보면 분명히「무」가 있을 것이다. 여기에서 노자의 현학적 철학체계가 성립한다. 공자와 노자의 철학체계는 서로 긴밀하여 사실상 간격이 거의 없다.「유」로부터「무」로 올라가는 것은 분명히 노자철학의 영역으로 들어가는 것이기 때문에, 여기에서는 더 이상 서술하지 않고 제8장에서 말하도록 하겠다.

(이외에 몇 마디를 더 첨가하려는 것은 몇몇 철학자들이 왕왕 중국철학에서는 시간과 공간의 문제를 다루지 않고 있다는 글들을 보았는데 이것은 그 사람이 《주역》을 보지 않았다는 증거이다. 또 오늘날 중국철학에 대한 연구정도가 어느 정도인가를 알게 해주는 것이다. 《주역》의 경과 전의 문장 속에서 분명히 발견할 수 있는데 어떻게 완전히 무시할 수 있는지 한심하다. 오늘날 철학을 연구하는 사람들은 대부분 서양철학에 대해서는 능하지만 중국철학에 대해서는 오히려 낯설다. 어떤 사람들은 완전히 이해하지 못하고, 어떤 사람들은 듣지 못했다고 하여서 없는 것으로 여기는 것은 모두 학문의 진정한 태도를 상실한 입장들이다. 시간과 공간문제를 다루다가 이런 생각이 나서 말하게 되었다. 모든 철학에 뜻을 가지는 사람들은 남을 이해하도록 노력하여야 할 뿐만 아니라 자신의 것도 잘 알아야 창조적인 것이 나오는 것이다. 여기에서 비

로소 진정한 중국과 서양의 융합이 가능하게 되는 것이다.)

다. 성명의 발생

물원질, 시간과 공간의 발생을 말하고 난 후에 〈단전〉에서는 계속하여 「성명」의 개념을 말한다. 공자가 말하는 순서에 따르면 먼저 물원질을 말하고 그 다음에 시간과 공간을 말한다. 왜냐하면 시간과 공간이라는 것은 물원질에 따라서 드러나는 것이기 때문이다. 물원질, 시간과 공간이 있어야 「변화」가 있게 되고, 변화 속에서 「성명」이 생기기 때문에 뒷문장에서 「건도변화는 각기 성명을 바르게 한다(乾道變化 各正性命)」라고 말하는 것이다. 여기에서는 「변화」라는 개념에 대해서 먼저 설명하려고 한다.《주역》에서 말하는 변화는 대부분 음양이 왕복하여 생생하는 작용을 가리켜 말한다. 〈계사전〉의 「강한 것과 부드러운 것이 서로 밀어서 변화가 생긴다…… 변화라는 것은 진퇴의 모습이다」[7]「강한 것과 부드러운 것이 서로 추동하면 변화는 그 속에 있다」[8]에서 말하는 것이다. 그러나 지금 말하려는 「건도변화」는 결코 음양이 상호변화하는 것이 아니라 건양(乾陽)의 작용 속에서 먼저 일어나는 변화이다. 즉 앞에서 말한 물원질, 시간과 공간이라는 세 가지가 작용하여 화합한 것이다. 건도변화이든 혹은 건곤의 음양이 왕복 변화하는 것이든, 모든 변화는 「운동」에서 생기는 것이다. 건양은 운동의 작용이고 곤음 역시 그러하다. 「변화」는 「생생」의 발생과정에서 말하는 것으로 양자는 본질상 같은 의미이다.

건도변화의 삼원소──물원질, 시간, 공간──는 모두 형이상학적 작용이고, 그곳에서 변화하여 생긴 「성명」이란 것은 자연히 형이상학적인 정신이 된다. 그러나 여기에서는 「각정성명(各正性命)」의 「각(各)」과 「정(正)」이라는 두 글자에 주의해야 한다. 그것들은 모두 중요한 의미를 포함하고 있다.

「각정성명(各正性命)」의 「각(各)」은 건도가 변화하여 성명을 발생할 때 성명이 이미 분별의 뜻을 가진다는 의미이다. 왜냐하면 건도변화는 물원질, 시간, 공간이라는 세 가지를 화합한 것으로 세 가지는 변화 화합 속에서 저절로 차별이 생기고 이 차별은 성명의 「차별적 양상」(형이상학적 양상)을 만드는

---

7) 〈계사전〉「剛柔相推而生變化 …… 變化者, 進退之象也.」
8) 〈계사전〉「剛柔相推, 變在其中矣.」

것이다. 그런 후에 곤원이 이런 차별적 양상의 「성명」을 이어받아 각각의 형체를 부여받게 되면 현상계의 다른 종(種)과 류(類)로 되는 것이다. 이런 이론은 매우 합리적인 것이다.

「각정성명(各正性命)」 중의 「정(正)」이라는 것에 대해 살펴보자. 물원질, 시간, 공간이 태극의 자연스런 유행 속에서 나오는 것이고, 이때 그것들은 생화하려는 뜻을 가지고 있고, 또 형체에 의해서 생기는 장애가 없기 때문에 세 가지는 합하였다가 나누어지고, 다시 나누어진 것에서 합하는 「자연적」인 것이다. 저절로 그렇게 되는(자연적) 것이라면 세 가지가 변화해서 합하는 것은 바로 각각의 올바름을 얻은 것이다. 또한 물원질이 비록 차별상을 가져서 각각 그 시(時)와 위(位)를 얻지만 이 차별은 자연히 생기는 차별로 「정(正)」이다. 그러므로 여기에서 생기는 성명은 「정성명(正性命)」이다.

그러나 현상계 속에 들어간 이후에 인간과 사물의 성명은 원래의 「정」을 상실하게 된다. 이런 「실정(失正)」의 원인은 결코 근원적인 단계의 건도변화에서 생기는 것이 아니라 건도변화 후(곤도변화는 뒤에서 말하겠다)에 생기게 된다. 이러한 배경을 알고 나면 지혜 있는 인간들은 건도변화가 만들어내는 「정성명」을 모범으로 삼아 노력하여 사람의 도리와 일을 처리함에 있어서 시, 위를 얻기 때문에, 건의 〈단전〉에서 「조화를 보존하고 합하는 것은 바로 이정이다(保合太和, 乃利貞)」라고 말하는 것이다. 「태화」라는 것은 바로 건도변화 중의 자연적인 화합을 말하는데, 그것을 「보존」하고 「합치」하는 것이다. 그러므로 공자는 사람들로 하여금 이런 「태화」의 건도를 보존하여 지키라고 말한다. 「바로 이정이다」란 것은 괘사의 말을 다시 밝히는 것이다.

위에서 말한 〈단전〉의 내용을 정리하면 「성명」은 건도의 변화에서 기원한다. 건도변화는 물원질, 시간, 공간 세 가지의 화합이기 때문에 우선적으로 알아야 할 점은 바로 「성명」이 단일한 정신체가 아니라는 것이다. 그 다음에 성명 중에는 「정신적 지각능력(靈智)」이 들어 있고, 이것 역시 물원질, 시간과 공간의 화합에서 나온 것이다. 이 때문에 세 가지가 화합하여서 나온 성명은 참된 것이고, 성명이 가지는 지혜 역시 참된 것이다. 이 때문에 우리는 물원질, 시간, 공간 중에 이미 「지혜」의 요소를 가지고 있고, 이 세 가지는 또한 태극의 자연스러운 유행에서 나온 것이라고 말할 수 있다. 그러므로 「정신적 지각능력」은 태극의 자연스러운 변화작용이 가지는 것이다. 이것의 근본을 추적해 보면 성명과 정신적 지각능력의 근원은 시작과 끝이 없는 태극 속에 들어가서 따질 수는 없는 것이다. 노자가 「현지우현(玄之又玄)」이라고 하는 말을 우리는 여기에서 이해할 수 있을 것이다.

(2) 생명의 제2단계 —— 곤도의 변화

곤괘 〈단전〉에서,

> 지극하도다 곤원이여! 만물이 모두 이곳에서 생긴다. 이에 하늘의 뜻을 순종하여 받든다. 곤은 두터워서 만물을 싣고 덕은 무궁한 것에 합하여 포함하는 것이 넓고 광대하여 만물이 모두 형통한다. 암말은 땅과 같은 종류로서 땅을 가는 것이 무궁하고 유순하고 이정하여 군자가 갈 곳이다. 먼저 앞서서 도를 잃어버렸으나 후에는 뒤따라 도를 얻는다. 서남쪽에서 친구를 얻는다는 것은 곧 동류와 같이 감을 말한다. 동북쪽에서 친구를 잃는다는 것은 마침내 경사가 있다는 말이다. 곧고 평안함의 길이라는 것은 땅의 무궁함에 응한 까닭이다."9)

문왕이 지은 곤괘의 괘사는 "곤은 크게 통한다. 암말의 곧음에 이롭다. 군자가 갈 곳이 있을 때에 먼저 잃어버리나 후에는 얻을 것이므로 이롭다. 서남쪽은 친구를 얻고 동북쪽은 친구를 잃을 것이다. 편안하면서도 곧으면 길하다."10) 곤과 건이 다른 것은 「이빈마지정(利牝馬之貞)」에 있다. 즉 곤은 유순한 덕을 가지고 있고 괘사는 곤의 이런 덕성을 주로 설명하고 결코 곤도의 생물(生物)하는 의미를 분명하게 드러내고는 있지 않다. 그러나 〈단전〉을 살펴보면 괘사에 의거하여 곤의 유순한 덕을 말하는 것 이외에 곤원의 만물생화를 크게 찬송하고 있다. 즉 여기에서 공자가 의도하고 있는 것은 건도의 변화가 「성명」을 창생하는 것을 이어받아 「형체」의 발생이라는 위에서 아래로 전개해가는 철학체계를 밝히려는 데 있는 것이다. 공자가 곤의 〈단전〉에서 해석하고 있는 강조점은 아래의 두 가지 문제로 설명할 수 있을 것이다.

---

9) 坤卦〈단전〉「至哉坤元, 萬物資生, 乃順承天. 坤厚載物, 德合無疆, 含弘光大, 品物咸亨. 牝馬地類, 行地無疆, 柔順利貞, 君子攸行. 先迷失道, 後順得常. 西南得朋, 乃與類行, 東北喪朋, 乃終有慶. 安貞之吉, 應地無疆.」

10) 坤卦 괘사「坤, 元亨利牝馬之貞 君子有攸往. 先迷, 後得主, 利. 西南得朋, 東北喪朋, 安貞吉.」

① 곤원의 순승(順承)한 덕.
② 곤도변화가 형체를 생성하는 것.

가. 건을 이어받는 곤

　공자는 건을 「원(元)」으로 말하여 만물의 성명이 시작되는 것으로 보고 있다. 또 곤에서도 원을 말하는데 이것은 만물의 형체를 만들어 나가는 시작을 말한다. 만물은 「성명」과 「형체」의 두 부분을 가지지 않는 것이 없다. 하나라도 결하면 「물(物)」이 될 수가 없다. 바꾸어 말하면 건, 곤의 두 작용은 만물의 생성변화에 있어서 하나라도 빠뜨릴 수가 없는 것이다. 그러므로 곤은 비록 뒤에 있지만 건과 똑같이 「원」을 붙여서 이름하는 것이다.
　공자가 곤원을 「지극하도다!(至哉)」라고 칭찬하는 것은 바로 「조형(造形 : 형체를 갖춤)」의 작용 때문이다. 곤의 조형이 있어야 만물은 형태를 드러내면서 생하기 때문에 「만물자생(萬物資生)」이라고 말하는 것이다.
　곤원의 「순승」을 말하는 것에는 두 가지 뜻이 있다. 첫째, 건의 작용을 그대로 계승하여 건도의 변화를 통하여 생긴 「성명」을 함양하고 보육(保育)하여 잃어버리지 않을 뿐만 아니라 여기에 형체를 더 보태는 것이다. 두번째, 건의 강건진취라는 성향을 누그러뜨려 조화시킨다. 즉 앞으로 나아가기만 하는 건의 세력을 완화시켜 뒤로 물러나게 한다. 이것은 언뜻 보기에는 건의 강건한 전진을 방해하는 것 같지만 실제로는 조장(助長)이다. 왜냐하면 만약 건이 강건함만 있고 완화하는 작용이 없다면 그 세력은 결국 강건하기만 하여서 붕괴되거나 단절될 것이다. 그러므로 곤의 작용은 바로 때에 알맞는 처방이 될 수 있다. 건이 극도로 강건하게 될 때에는 잠시 완화시켜 세력을 길러 다음 단계의 전진을 기다려야 하는 것이다. 이것은 「곤」이라는 자의(字義)를 통하여 살펴보면 알 수 있다. 곤자는 「신(申)」에서 나온 것으로, 「신」의 뜻은 펴나가다, 이완한다는 뜻으로 「굴(屈)」자와 상대되는 말이다. 굴은 건의 강건진취의 세력이고, 신은 곤의 펴고 늘이는 작용이다. 건과 곤은 태극상에서 말하면 선후가 없는 것으로 하나의 자연스러운 유행변화일 뿐이다. 그러나 사유의 과정으로 보면 만물이 생화하려는 경향이 있고 난 이후에 건의 강건함이 먼저 발하고 나서 비로소 곤이 그것을 이어받아서 일어난다. 즉 건은 하늘을 상징하고 곤은 땅을 상징한다. 구름·비·해·달은 모두 천도가 드러내는 것이고, 구름이나 비 등은 땅에 펼쳐지고, 해와 달은 지면을 비춘다. 이런 천도가 아래로 내리는 것은 마치 건도가 먼저 발하는 것처럼 땅이 천도가 아래로 내리는 작용을 이어받아 그것을 함축하여 만물을 발생시키는 것이다. 공자는 건괘의 〈단전〉 중에서 건원의 통천(統天)을 말하고, 곤의 〈단전〉에서는 곤원의 합지(合地)를 말한다.

나. 형체 갖춤의 시작

《자하역전(子夏易傳)》에서,

"곤은 건을 이어받은 것이다. 형체가 만들어지는 시작으로 여자의 도이다. 건이 부여한 것을 정성을 다하여 할 바를 잃어버리지 않는 것이다."[11]

위의 인용문은 곤도의 작용을 매우 훌륭하게 설명하고 있다. 「전기명(專其命)」의 뜻은 건에서 이어받은 것을 온갖 성의를 다하여 잃어버리지 않고 보존하여야 하는 것이다. 곤도의 「순승」에다 「전(專)」이라는 말을 덧붙인 것은 더욱 뜻을 충분하게 드러내려는 것이다.

앞에서 인용한 〈단전〉에서는 곤이 만물을 생하는 것에 대해 「곤은 두터워서 만물을 싣고, 덕은 무궁한 것에 합하여 포함하는 것이 광대하여 만물이 모두 형통한다(坤厚載物, 德合無疆, 含弘光大, 品物咸亨)」라고 하였다. 곤원은 땅과 합하기 때문에 지도라고 말한다. 땅이라는 것은 무한히 넓고 두터워 무한정으로 실을 수가 있다. 「무강(無疆)」은 바로 무한광대하여 무한히 실을 수가 있다는 것이다. 〈단전〉에서 말하는 곤의 덕은 세 가지가 있다. 첫째는 승재(承載 : 받아서 실음), 둘째는 용장(容藏 : 받아 담아서 저장함), 셋째는 조형(造形 : 형체를 갖춤, 혹은 만듦)이다. 승재와 용장은 건을 거역하지 않고 계승하는 조건이고 조형은 곤도변화의 창작이다.

여기에서 우리는 근세 이래 서양과학의 발전에 감사해야 한다. 오늘에 이르러서야 우리들은 질량과 에너지가 서로 전환이 가능하다는 것을 완전히 믿게

---

11) 「坤, 承乾也, 造形始也, 女之道也, 專其命而不失其作者也.」

되었기 때문이다. 실제로 양자와 에너지는 인간의 육안으로 볼 수 있고 없고 의 구분일 뿐이다. 그 둘은 원래 하나는 드러나고, 하나는 드러나지 않는 작용 일 뿐이다. 서양 고대철학에서 이 문제에 관해 토론할 때 질료가 어디에서 나 오는가?라는 근원이 중요한 문제였지만 모두 해답을 얻지 못하였다. 이오니아 학파의 학설 중에서 이 문제야말로 가장 골치아픈 문제였다(아낙시만드로스는 탈레스의 물이 만물의 근원이다 라는 입장에 동의하지 않고, 만물의 원질을 「무한자」로 보아서 이 문제를 해결하지 못하게 만드는 계기를 마련했다). 후 대에 플라톤도 이 문제에 상당히 큰 곤란을 겪었고 아리스토텔레스 역시 질료 의 내원문제에 대해 분명하게 대답하지 못했다는 비판을 받게 된다. 역경철학 에서는 처음부터 「질량」과 「에너지」가 서로 변화한다고 주장한다. 앞에서 말 한 건도변화 중의 「물원질」이 바로 현대과학에서 말하는 「에너지」이다. 곤원 이 물원질, 시간, 공간이 변화하여 합성된 「성명」을 받은 후에 「포함하는 것 이 광대(含弘光大)」하고 「만물이 모두 형통(品物咸亨)」하여 일체의 모든 사물 이 나타나는 것이다. 이런 「에너지」에서 「질량」으로의 전환은 「함홍(含弘)」 중에 있다. 《역경》에서는 비록 상세하게 「함홍」의 과정을 말하지는 않지만 그 러나 「에너지」에서 「질량」으로의 전환을 설명하는 것이 조리가 있고 분명하 다. 역경철학은 물질을 갑자기 튀어나온 불청객으로 설명하는 것이 아니라 에 너지에다 시간과 공간의 조건을 더하여 생성된다는 것을 곤도의 변화를 통하 여 설명하고 있다. 《주역》 이후에 어떠한 중국인도 이 문제에 대해서 더 이상 깊이 토론하지 않고, 다만 「질량」과 「에너지」가 서로 변화하는 것이 필연적이 라고 생각하였다. 현대과학의 관점을 통하여 보아도 역경철학은 일찍이 이미 이런 이치를 깨닫고 있었다고 볼 수 있을 것이다. 그렇다고 하여 지금부터 수 천 년 전에 중국의 철인들이 먼저 현대의 과학이 성취한 결과를 알고 있었다 라고는 말할 수는 없을 것이다. 필자가 보기에 그것은 중국인과 서양인이 각 각 다른 학문적 노선을 걷고 있기 때문이라고 생각한다. 중국인들은 실지로 광범위하게 관찰한 이후에 계속하여 그것을 마음속에 깨달은 뒤에 증명한다. 서양의 과학은 순전히 분석적 관찰에 의거한다. 바꾸어 말하면 《주역》은 「신 회(神會: 정신적 깨달음)」를 사용하고 과학은 「목시(目視: 눈으로 직접 보는 것)」의 방법을 이용한다. 이것은 각각 장단점을 가지고 있다. 즉 신회의 방법 은 더 빨리 깨달을 수는 있으나 상세한 것은 알 수 없다. 목시는 상세한 것은 알 수 있으나 빨리 깨달을 수는 없다. 어쨌든 주역철학의 입장으로 수백 년 동안의 과학발전을 살펴보는 것은 흡사 《주역》이 지적하였던 내용들을 증명하려는 것과 같다는 느낌이 든다. 「질량」과 「에너지」가 서로 변화한다는 입장을 인정하는 것은 다만 그 중의 하나일 뿐이다.

곤원이 건도변화의 성명을 이어받아 형체를 보태고 만물을 내는 과정이 바로 곤도의 변화이다. 곤도변화의 조형 이후에는 「구체적인 형태가 생긴 이후의(形而下者謂之器)」 현상세계에 떨어지게 된다. 다시 위에서 말한 입장으로 돌아가 말하면 생명의 기원은 그것이 아직 형태를 갖추기 이전에 이미 「건도」와 「곤도」 두 단계의 변화를 지나게 되는 것이다. 모든 단계 중에는 또한 변화의 순서가 있기 때문에 하나의 생명체는 연속적인 변화 속에서 나타나는 것이다. 이런 입장에서 보아야 우리는 비로소 한 생명의 신성함을 느낄 수 있는 것이다. 역경철학이 「생생」의 덕을 인정하고 「천지의 크나 큰 공덕을 일러 생이라고 한다(天地之大德曰生)」라고 말하는 것은 바로 여기에 근거하는 것이다.

(3) 「생생지위역(生生之謂易)」의 의미

필자는 서양철학을 공부할 때 항상 그것이 실제의 인간사회 속에 들어가 있지 않다는 것을 느꼈다. 서양철학은 다만 철학 속의 학문으로 실제의 인생과는 거리가 있다는 느낌이었다. 사실상 서양철학에서 말하고 있는 철학적 내용과 실제의 인생 간에는 일치되는 것이 없을 뿐만 아니라 서로 충돌하고 있다. 「생(生)」의 문제를 예로 들면, 고대 희랍철학에서는 변동생생하는 세계를 비실재로 간주하고, 움직이지 않고 생명이 없는 형이상학적인 세계를 실재로 파악하고 있다. 그러나 그들의 사회생활은 이것과는 서로 반대된다. 고대 희랍인들은 생동적이고, 활발하고, 객관을 중시하는 사람들이었고, 그들의 예술, 문학, 운동, 정치에는 모두 「생의 희열」로 충만해 있다. 중국은 그렇지 않다. 결코 철학적 내용과 인간의 삶이 서로 모순되는 일은 없다. 중국의 역경철학은 처음부터 생명을 찬송하고 「생생(生生)」이 선(善)이라는 것을 인정하여 실제의 인생, 사회생활과 철학적 내용이 완전히 일치된다. 《주역》이 공자와 노자에 이르러 유가와 도가라는 학파로 나누어지고, 다시 제자백가로 나누어지지만 어느 학파라도 「생생」의 덕을 찬송하지 않는 학파가 없다. 이것이 바로 중국 철학이 가장 친밀하게 느껴지는 점들이다.

공자는 건곤의 〈단전〉 속에서 건원을 「위대하도다!(大哉)」로 곤원을 「지극하도다!(至哉)」라는 말로 찬양하고 있다. 이것은 바로 「생생」의 입장에서 찬송하는 것으로 인간이 생각할 수 있는 최대의 찬양사이다. 아래에서는 다시 《역경》의 괘효와 다른 문장 속에서 「생생」의 뜻을 얼마나 중요시하고 있는지를 살펴보도록 하겠다. 물론 64괘 384효의 모든 효는 생에 대해 찬송을 하지 않는 것이 없지만 남김없이 전체적으로 하나하나 서술하기는 힘들기 때문에 다만 몇 가지만 들어서 뜻을 드러내려고 한다.

1) 8괘의 괘상으로 봄

8괘의 제작은 철학적 기원을 가지는데 바로 음양상생(陰陽相生)의 원칙이다. 이 문제는 제1장 제1절에서 이미 말하였다. 필자가 보기에 복희씨가 처음 그린 8괘의 배열순서는 〈설괘전〉의 마지막 장에서 말하는 배열순서임에 틀림이 없다. 즉 건(☰), 곤(☷), 진(☳), 손(☴), 감(☵), 리(☲), 간(☶), 태(☱)이다.

건과 곤은 우주의 모든 만물을 화생하게 하는 두 가지 중요한 작용이기 때문에 천과 지를 상징하여 앞머리에 놓는다. 그러면 진·손 이하의 육괘는 무슨 이유에서 이렇게 배열되고 있는가? 그 이유는 바로 「생(生)」의 의미에 있다. 〈설괘전〉 제10장에서 이것을 분명히 밝히고 있다.

"건은 하늘이다. 고로 아버지라고 부른다. 곤은 땅이다. 따라서 어머니라고 부른다. 진은 첫번째 구하여 남자를 얻기 때문에 장남이라고 말한다. 손은 첫번째 구하여 여자를 얻었기 때문에 장녀라고 말한다. 감은 두번째 구하여 남자를 얻었기 때문에 중남이라고 한다. 리는 두번째 구하여 여자를 얻었기 때문에 중녀라고 말한다. 간은 세번째 구하여 남자를 얻었기 때문에 소남이라고 부른다. 태는 세번째 구하여 여자를 얻었기 때문에 소녀라고 부른다."[12]

---

12) 〈說卦傳〉「乾, 天也, 故稱乎父. 坤, 地也, 故稱乎母. 震一索而得男, 故謂之長男, 巽一索而得女, 故謂之長女. 坎再索而得男, 故謂之中男. 離再索而得女, 故謂之中女. 艮三索而得男, 故謂之少男. 兌三索而得女, 故謂之少女.」

만물은 아래에서 위로 생장하기 때문에 괘상도 아래에서부터 생긴다. 원래 건곤의 두 괘를 부모로 상징한 후에 나머지 여섯 개의 괘는 양효와 음효의 아래에서 위로 올라가는 전후 순서에 따라서 각각 나이 많고 어린 남녀를 대표하게 하였다. 이것은 바로 8괘가 각각 「생」의 의미를 가득 담아 나타내고 있다는 것을 말하는 것이다. 후대인들도 〈설괘전〉의 글에 근거하여 「건곤의 부모가 여섯 자식을 낳는다(乾坤父母生六子)」라는 이름으로 그림을 그렸다.

☰ 乾 父

☷ 坤 母

☳ 震 長男　☵ 坎 中男　☶ 艮 少男

☴ 巽 長女　☲ 離 中女　☱ 兌 少女

2) 64괘의 배열에서 봄

64괘의 배열순서는 앞의 제1장 제1절 중에서 이미 말하였고, 아울러 그 중에 「생생」의 의미를 가지고 있다는 것을 간략하게 언급하였기 때문에 간단하게 요약하겠다.

① 건과 곤의 두 괘를 앞머리에 두는 것은 우주만물을 생성시키는 양대작용을 상징하고 있다. 그 이하의 62괘 준(屯), 몽(蒙), 수(需), 송(訟), 사(師) 등은 하나같이 상생(相生)의 경로를 통하여 전개해 나간다. 「준」자는 갑골문에서 ↀ으로 초목이 싹터서 흙 밖으로 막 나오려는 모습이기 때문에 시생(始生)이라고 말한다. 「몽」은 혼매(昏昧)하다는 뜻으로 하나의 사물이 막 태어났을 때에는 혼매하고 무지한 것이다. 그러므로 어린이들을 일러 동몽(童蒙)이라고 말하는 것이다. 「수」의 뜻은 기대하고 바란다는 뜻으로 어린 아이 혼자 자립하는 것이 힘들기 때문에 반드시 어른들의 양육을 받아야 한다. 따라서 〈서괘전〉에서는 수를 「음식지도(飮食之道)」라고 말한다. 「송」은 음식을 쟁탈하려다가 생긴 송사(訟事)를 말한다. 「사」는 송사에서 확대되어 군대까지 동원하여 전쟁을 일으키는 것을 말한다. 이런 것들은 〈서괘전〉의 작자가 각 괘에 대해

서 하나하나 설명하고 있다.

② 상경의 30괘는 건·곤에서 시작하고, 하경의 34괘는 함·항에서 시작한다. 건곤의 두 괘는 천도가 만물을 화생하는 시작이고, 함항의 두 괘는 소남소녀가 서로 감응하는 것을 상징하여 인도의 시작이 된다. 문왕은 이런 배열을 통하여 「인간이 하늘을 본받는 것(人法天)」의 사상을 드러내고 있을 뿐만 아니라, 더 깊은 뜻을 그 속에 넣어두고 있다. 현대 생리학에서의 생명기원에 대한 연구라는 것은 정자세포와 난자세포의 결합이라는 것에 치중하여 정자나 난자의 세포 속에서 신비를 벗기려고만 한다. 그러나 역경철학은 이런 관점에 있지 않다. 정자의 세포는 아버지에게서 나왔고 난자의 세포는 어머니에게서 나왔기 때문에, 인간의 생명과 그것이 가지는 특징은 그 부모에게로 소급하지 않을 수 없는 것이다. 아버지의 정자와 어머니의 난자가 가지는 결합의 시작은 분명히 젊은 청춘시절의 감응에서부터 시작되는 것이다. 한 생명의 시작을 추적해보면 마땅히 젊은 남녀시절의 상호감응으로까지 올라가야 할 것이다. 이때 한마음으로 서로 감응하는 것이 바로 새로운 생명의 시작인 것이다. 함·항의 두 괘가 하경의 처음이 되는 의미는 바로 여기에 있는 것이다.

3) 괘상의 명칭으로 봄

64괘의 각 괘는 6효로 구성되는데 「사물은 아래에서부터 생긴다(物由下生)」의 뜻을 취하고 있다. 제일 첫번째의 효를 「초」라 하고 순서대로 2·3·4·5·상효로 한 사물의 전체 발전과정을 구성하고 있다. 내괘는 본(本)이기 때문에 「정(貞)」이라고 말한다. 외괘는 겹쳐서 생긴 것이기 때문에 「회(悔)」라고 한다. 본괘가 주(主)이므로 「정」이라 하고 지괘(之卦)는 객(客)이므로 「회」라고 한다. 천지가 교감하여서 만물이 생하는 것을 「태(泰)」라고 한다. 천지가 교감하지 못하여 만물이 생기지 못하는 것을 일러 「비(否)」라고 한다. 물이 위에, 불이 아래에 있는 것을 「기제(旣濟)」라 하여 두 기가 상하에서 서로 교감하고 교감하면 생하는 것이다. 불이 위에, 물이 아래에 있는 것은 「미제(未濟)」로서 두 기가 각각 서로 교감하지 않기 때문에 생이 없게 된다. 준괘는 위험 속에서 움직이는 데도 「원형(元亨)」이라고 말하는 것은 생기(生機)가 왕성하기 때문이다. 기제괘는 6효가 모두 정위이면서도 「종란(終亂)」이라고 말하는 것은 그것의 생기가 극단에 도달해 있기 때문이다. 위의 것들은 모두「생」의 의미에서 이름이 생긴 것이다.

4) 〈단전〉에 나타나는 생의 의미

문왕의 괘효사, 공자와 그 문하에서 지은 〈십익〉 중에서 「생생」을 찬양하는 것들은 너무 많아서 일일이 들 수가 없다. 다만 〈단전〉만 살펴보아도 음양이 서로 교감하여 생성하는 모든 괘를 거론할 때마다 「천지(天地)」라는 말로서 찬양한다. 예를 들면,

☷☰ 泰괘는 건이 아래, 곤이 위에 있다.
〈단전〉에 말하기를, "천지가 교감하여서 만물이 통한다."[13]

☷☳ 復괘는 일양이 반복한다.
〈단전〉에 말하기를, "복에서 천지의 마음을 볼 수 있을 것인가?"[14]

☱☶ 咸괘는 소남소녀가 서로 감응한다.
〈단전〉에 말하기를, "천지가 감하여서 만물이 화생하고 성인은 사람들의 마음과 감통하여 천하가 화평하다. 그 감하는 것을 살피면 천지만물의 실정을 알 수 있을 것이다."[15]

☰☴ 姤괘는 일음과 양을 교류시킨다.
〈단전〉에 말하기를, "천지가 서로 만나서 만물이 아름답다."[16]

☳☱ 歸妹는 소녀가 장남을 뒤쫓아간다.
〈단전〉에 말하기를, "귀매는 천지의 큰 뜻이다. 천지가 교감하지 않으면 만물은 일어나지 않는다. 귀매는 사람의 종시이다."[17]

공자의 이런 찬양을 통하여 《주역》이 얼마나 「생생」의 뜻을 강조하고 있는가? 라는 것을 알 수가 있을 것이다. 그리고 또 공자가 《시경》이나 《예기》를 편찬할 때 관저(關雎)를 가장 앞에 두고 관혼례(冠昏禮)를 앞에 두는 것은 나름대로 깊은 의미를 담고 있는 것이다.

---

13)「則是天地交而萬物通也.」
14)「復其見天地之心乎.」
15)「天地感而萬物化生, 聖人感人心而天下和平, 觀其所感而天地萬物之情可見矣.」
16)「天地相遇品物咸章.」
17)「歸妹, 天地之大義也, 天地不交而萬物不興. 歸妹, 人之終始也.」

(4) 성선설의 이론 근거

필자가 여기에서 갑자기 유가의 성선설을 끄집어내는 이유는 그것의 이론 기초가「생생」의 의미에 근거하고 있기 때문이다. 진한(秦漢) 이래 공자와 맹자 등 정통 유가들의 진면목은 가리워져 드러나지 않게 되었고, 후대인들은 대부분「성선」과「성악」이라는 두 가지 입장을 맹자와 순자가 각자의 관점에 치우쳐 서로의 주장을 하는 것으로만 보았다. 이 때문에 그들은 맹자의「성선설」이《역경》의「성명」이라는 진리에서 나온 것이고, 순자의「성악설」은 인간의 후천적인 입장에서 나온 것이라는 사실을 모른다.《역경》의「생생」관념을 이런 문제와 연결시켜 다루기 때문에 분명히 분석해야 할 필요성이 있을 것 같다.

《맹자》〈등문공편〉에서 "맹자는 성선을 말했다 하면 반드시 요순을 든다."[18]《순자》〈성악편〉에서도 "맹자는 인간의 본성이 선하다고 말한다."라고 말한다.

위의 인용문을 통하여 성선설이 맹자철학의 중요한 부분이라는 것을 분명하게 알 수 있을 것이다. 다시 맹자와 당시의 학자인 고자(告子) 사이의 논변을 살펴보면 그의 성선에 관한 관점이 조금의 수정도 없이 확고하다는 것을 알 수 있을 것이다. 맹자는 어떤 관점을 가지고 있는가?

먼저「선」의 자의(字義)로부터 말해보자.

《주역》에서 말하는「선」은 두 가지 측면에서 말하고 있다. 하나는 상대적인 의미로 즉「선」과「악」혹은「선」과「불선」의 상대적인 것이다. 예를 들면 〈계사전〉에서 "선이 쌓이지 않으면 이름이 이루어지기에는 부족하고, 악이 쌓이지 않으면 몸을 망하게 하기에는 부족하다."[19] 또 곤괘〈문언전〉에서 "선을 많이 쌓은 집에는 반드시 경사가 남음이 있고, 불선을 쌓은 집에는 반드시 재앙이 남음이 있다."[20] 또 다른 하나는「선」하기만 하고,「악」이나「불선」의 상대적 대립이 없는 것이다. 예를 들면 〈계사전〉에 "한번 음하고 한번 양하는

---

18)「孟子道性善, 言必稱堯舜.」
19)「善不積, 不足以成名, 惡不積, 不足以滅身.」
20)「積善之家, 必有餘慶, 積不善之家, 必有餘殃.」

것을 일러 도라고 한다. 이것을 이어받은 것은 선이고, 이것을 이룬 것은 성이다."와 건괘 〈문언전〉에 "원이란 것은 선의 우두머리이다." 등이다. 이 두 가지 단계의 의미 중에서 전자는 일반적인 상식적 견해이고, 후자는 형이상학적인 철학적 이론단계에 속하는 것이다. 맹자의 성선설은 후자의 절대적 의미에서 성립되는 것이다.
　이어서 다시 〈계사전〉의 말을 살펴보도록 하겠다.

　"한번 음하고, 한번 양하는 것을 일러 도라고 한다. 이것을 이어받은 것은 선이고, 이것을 이룬 것은 성이다."

　이것은 《주역》의 「선」에 대한 직접적 화법의 정의이다. 음양의 두 작용이 왕복하여 만물을 화생하는데 이것을 이름하여 「도」라 하고, 이 음양화생의 도가 계속하여 단절하지 않으면 만물은 여기에서 생생불식하는 것이다. 이것을 일러 「선」이라고 하는 것이다. 여기에서 우리는 선의 함의를 파악할 수 있을 것이다. 「선」은 이미 음양화생의 작용을 형용하고, 음양화생의 작용은 오직 하나 「생(生)」이기 때문에 결코 「불생(不生)」의 대립이라는 것은 없다. 그러므로 「선」은 또한 절대적인 것이다. 다시 아래 구절의 「성지자성야(成之者性也)」라는 말을 살펴보면 더욱 분명해진다. 「성」이란 것은 만물이 생하여서 가지고 있는 것이다. 생의 작용이 선하다고 한다면 생이 만든 성이라는 것은 저절로 「선성(善性)」일 것이다. 이 구절의 말들은 많은 해설을 필요로 하지 않고도 분명해진다. 우리가 인식해야 할 점은 아래의 두 가지이다.
　① 「선」의 의미는 「생생」에서 나온다.
　② 「선성」은 절대적인 것으로 상대하는 것이 없다.
　그 다음 건(乾)괘의 〈문언전〉을 살펴보자.
　"원이란 것은 선의 우두머리이다 …… 군자가 인을 체득하면 큰 사람이 될 수 있다."[21] 여기에서는 「원(元)」자에 대해 정의를 내리고, 선이 생생의 뜻이라고 말한다. 이것에 대해서는 그 연원을 좀더 살펴볼 필요가 있을 것 같다. 건괘의 〈문언전〉은 공자가 건괘를 해석한 것을 제자들이 기록한 것으로, 「원」에 대한 정의는 결코 공자의 독창적인 견해에서 나온 것이 아니라, 전대 사람

---

21) 「元者 善之長也 …… 君子體仁足以長人」

들의 견해를 받아들인 것에 불과하다. 공자가 태어나기 13년 전에 노나라 성공(成公)의 어머니인 목강(穆姜)이 말하기를, "원은 몸체의 위이고 …… 인을 몸에 갖추면 사람들의 우두머리가 될 수 있다."[22] 공자가 21세 되던 해에 노나라 대부 자복혜백(子服惠伯)도 말하기를, "원은 선의 우두머리이다."[23] 공자의 「원(元)」자에 대한 해석은 목강의 「몸체의 우두머리」를 놓아두고 자복혜백의 「선의 우두머리」를 취하였다. 사실상 「몸체의 우두머리」와 「선의 우두머리」는 한 자밖에 차이가 없다. 그러나 그 한 글자는 매우 중요한 것이다. 앞의 문장에서 「건원」의 뜻을 해석할 때 「원」의 본의는 「수(首)」이고 그것을 「처음」「큼」으로 넓혀서 해석한 것을 기억할 수 있을 것이다. 목강의 「몸체의 우두머리」란 것은 「원」의 자의를 그대로 해석한 것이다. 즉 건괘는 인체의 머리처럼 64괘의 수괘로 보고 있다.

목강이 건을 「원」으로 해석하는 입장 속에는 결코 「생생」의 의미를 담고 있지 않고, 다만 「처음의 괘」라는 상태만 말하는 것이다. 그러나 그것이 「선의 우두머리」로 되어버리면 의미는 완전히 달라진다. 「선」의 음양화생의 덕을 형용하는 것으로 이 한 자의 변경은 건괘를 「시생(始生)」의 괘로 만들어 「생생」의 의미가 분명하게 드러나게 만든다. 동시에 목강의 「몸체의 우두머리」란 것과 연결되는 「인을 몸에 갖추면 사람들의 우두머리가 될 수 있다」라는 것은 의미상으로 융합되지 않는다. 「인」의 의미 속에는 낳고, 기르고, 키우고, 양육하는 개념을 포함하는 것으로 「몸체의 우두머리」란 말과는 잘 들어맞지 않는다. 그것을 「선의 우두머리」란 것으로 바꾸면 음양의 생화만물이라는 대자대비(大慈大悲)가 모두 표현되어 「인을 몸에 갖추면 사람들의 우두머리가 될 수 있다」라는 구절과 합치하게 되는 것이다. 이런 이유에서 공자가 그것을 단순히 취사선택하였다는 식으로 가볍게 넘어갈 문제가 아니다.

위에서 우리는 〈계사전〉과 〈문언전〉의 문장들을 통하여 「선」의 의미와 「생생」의 뜻이 밀접하게 상관하고 있음을 볼 수 있었다. 여기에서 한 걸음 더 나아가 살펴보면 어떤 이유에서 음양생생의 덕을 선이라고 말하는가? 라는 의문을 제기할 수 있다. 바꾸어 말하면 생생하는 것을 선으로 보는 것이 나름대로 이유가 있는 것이라면 그 이유는 무엇인가?이다.

---

22) 「元, 體之長也 …… 體仁足以長人」
23) 「元, 善之長也」

이 문제는 앞에서 말한 「건도가 변화해서 각각 성명을 바르게 한다」라는 입장에서 살펴보아야 할 것이다. 이른바 「성명을 바르게 한다」란 것은 건도변화를 통하여 발생한 성명이고, 변화의 바름[正]을 얻은 것이고, 또한 생의 바름을 얻은 것이다. 생의 바름을 얻었다는 것은 무엇인가? 건도의 변화 속에서 물원질, 시간과 공간이 자연스럽게 화합(변화하여 화합)하여 하나의 막힘도 없는 것이 「바름」이다. 이 바름이란 말로부터 실은 「선」이란 뜻이 나오는 것이다. 여기에서 우리는 공자가 남긴 깊은 의미가 하나의 하자도 없는 완벽한 것이라는 것을 알게 될 것이다.

건도의 변화에는 「바른 성명」은 있으나 「부정한 성명」은 없기 때문에 성 역시 「선성」만 있고 「불선한 성」은 없는 것이다. 이런 이유에서 성선설은 사실상 역경철학의 핵심문제에 그 근거를 두고 있는 것이다. 또 성선설은 역경철학의 음양생생의 근본적인 문제와 관계하기 때문에 마음대로 「성불선」 「성악」이라는 것을 그 속에 집어넣을 수는 없는 것이다. 이상은 순수한 형이상학적 입장에서 말하였다. 다음은 현상세계의 만물생생의 모습들을 주목하여 검증할 수 있다. 역경철학은 이사무애(理事無碍)의 융통한 철학이다. 인간사회와 사물들을 만약 인간과 인간, 사물과 사물이라는 피차의 관계 속에 놓고 본다면 당연히 추악한 일들을 보지 않을 수가 없을 것이다. 그러나 만약 우리가 만물이 큰 변화와 유행 속에서 생생불식하게 이어지는 것을 본다면 그것은 참으로 신선하고도 멋진 광경일 것이다. 우주 속의 만물이 막 태어났을 때에 그것은 모든 사람들을 기쁘게 만든다. 그것은 무슨 까닭에서 인가? 「성명의 바름」을 가지고 있기 때문이다. 중국의 고대인들은 이미 이런 「신생(新生)」의 의미를 정치사상 속에서 응용하고 있다. 《대학》에서 "탕임금이 반상에 쓴 글에서 진실로 날로 새롭고 날마다 새롭고 또 새로워야 한다고 말했다. 강고가 말하기를, 새로운 국민이 되어야 한다. 《시경》에서 주는 비록 오래된 나라이지만 천명은 새롭다고 하였다."[24] 정치사상적인 입장에서 말하는 「신민(新民)」 「유신(維新)」의 뜻은 철학적인 입장에서는 「생생」이다. 그러므로 주희는 《대학》 삼강령의 「재친민(在親民)」은 「신민」의 잘못이라고 주장하는 것이다. 주자의 이런 견해는 매우 근거가 있는 주장이다. 「친민」의 뜻은 다만 정치일면에 한정되어 있고 「신민」의 뜻은 매우 광범위하고 심오하다. 무엇을 일러 「신민」

---

24)「湯之盤銘曰, 苟日新, 日日新, 又日新. 康誥曰, 作新民. 詩曰, 周雖舊邦, 其命維新.」

이라고 하는가? 국민들의 생활이 항상 신선하다는 것은 《역경》의 생생불식의 사상에 꼭 들어맞는다. 사람들의 생활이 항상 신선함 속에 있다면 신선이라는 것은 기쁨, 즐거움을 낳게 한다. 나라를 다스리는 것도 이와 같이 하고 국민들을 위하여 행복을 도모한다면 이것은 선이 아니고 무엇이겠는가? 서양 철학자들은 일찍이 "태양 아래에 새로운 것은 아무것도 없다."라고 말하는데 비해 《주역》은 도리어 "태양 아래에 새롭지 않은 것이 없다."라고 말할 것이다. 역경철학의 가치는 바로 여기에 있다. 「생생」이라는 것을 주목하여 보면 우주 속의 모든 곳, 모든 때에 항상 생생하고 있다. 이것은 「생을 선으로 보는」입장을 인정하는 것으로 인간의 마음을 얼마나 흥분시키고 있는가? 또한 인간 세상에 얼마나 많은 생기를 불어넣었는가?를 묻고 싶다. 하나의 학설이 인류에 대하여 공헌한 것으로 평가한다면 어떠한 학설도 역경철학에 비견할 수 없을 것이다.

여기에서 우리는 맹자가 주장하는 「성선설」의 뿌리를 충분히 알 수 있을 것이다. 그것은 사실상 역경철학의 근본이론을 근거로 삼은 것으로 공자의 유가역을 그대로 전수받은 것이다. 공자의 사후에 《대학》에서는 「명덕(明德)」을 말하고 《중용》에서는 「천명지위성(天命之謂性)」을 말하는데, 이것은 하나의 정신을 그대로 계승한 것이다. 맹자는 바로 《대학》과 《중용》의 정신을 바로 이어받은 정통이다. 여기에서 우리는 맹자가 고자(告子)와 어떻게 논변하고 있는가를 살펴보자. 《맹자》에 나오는 고자의 기본입장은 「성무선무불선(性無善無不善)」론인데, 그가 맹자에게 말하는 견해는 아래와 같다.

첫째, "성은 마치 기류나무와 같고, 의는 마치 (기류나무로 만든) 술잔과 같다. 인성으로 인과 의를 만드는 것은 마치 기류나무로 술잔을 만드는 것과 같다."[25]

둘째, "성은 마치 웅덩이에 고여 있는 물과 같다. 동쪽으로 터 놓으면 동쪽으로 흐르고 서쪽으로 터 놓으면 서쪽으로 흐른다. 인간본성에 있어서 선과 불선의 구분이 없는 것은 마치 물이 동쪽 혹은 서쪽으로 흐르는 방향이 고정되어 있지 않은 것과 같다."[26]

---

25) 《孟子》〈告子篇〉「性猶杞柳也, 義猶桮棬也. 以人性爲仁義, 猶以杞柳爲桮棬」
26) 《孟子》〈告子篇〉「性猶湍水也, 決諸東方則東流, 決諸西方則西流. 人性之無分於善不善也, 猶水之無分於東西也.」

고자의 이 말들을 자세히 음미해보면 고자가 결코 성의 근원이라는 입장에서 말하는 것이 아니라, 이미 생한 성의 오염 가능성이나 가소성(可塑性)의 입장에서 말하고 있음을 알게 될 것이다. 이것은 바로 성의 근원을 벗어난 입장에서 토론하는 것으로 「성」의 「현실적 작용」이라는 측면에서 말하는 것이다. 현실의 작용에 떨어지면 자연히 「선」과 「불선」의 상대가 생기는 것이다. 맹자는 그것의 폐단을 지적하여 고자의 「성유기류(性猶杞柳)」론을 비판한다.

"그대는 기류나무의 본성에 따라서 술잔을 만드는가? 기류나무 결을 굽힌 후에 술잔을 만드는가?"[27]

기류나무를 이용하여 술잔을 만드는 것은 기류나무가 본래부터 가지는 본성에 따라서 만드는 것이라는 맹자의 말은 기류나무의 성을 「현상적 작용」으로 보는 입장에서 근원적인 선천적 성으로 전환시켜 놓고 있다. 그런 후에 맹자는 고자의 「성유단수(性猶湍水)」론을 비판하여 말하기를,

"물은 정말로 동서로, 상하로 흐르는 경향이 없는 것인가? 인간본성의 선이라는 것은 물이 아래로 흐르려는 것과 같다. 사람들이 불선한 자가 있지 않고, 물은 아래로 흐르지 않는 것이 없다. 만약 물을 팔꿈치로 쳐서 이마를 넘어 서게도 할 수 있고, 그것을 밀어 올리면 산 위에라도 가게 할 수 있는 것이 어찌 물의 성이겠는가? 그것의 세가 그럴 뿐이다. 인간을 불선하게 만들 수 있는데 그것의 성 역시 이와 같다."[28]

이 말 역시 물의 본성을 현상적 작용이라는 입장에서 근원적인, 선천적 성으로 전환시켜 놓고 있다. 다만 성을 근원적인 「성」의 입장에서 보면, 「성무불선(性無不善)」임을 알 수 있을 것이다. 그러나 고자는 또 「생지위성(生之謂性 : 사람이 태어나면서부터 가지는 것을 일러 성이라 한다)」이라고 말한다.

고자가 말하는 의도는 모든 만물이 태어날 때 가지는 성은 서로 같다는 의

---

27) 《孟子》〈告子篇〉「子能順杞柳之性而以爲桮棬乎? 將戕賊杞柳而後以爲桮棬也?」
28) 《孟子》〈告子篇〉「水信無分於東西, 無分於上下乎? 人性之善也, 猶水之就下也, 人無有不善, 水無有不下. 今夫水, 搏而躍之, 可使過顙, 激而行之, 可使在山, 是豈水之性哉? 其勢則然也. 人之可使爲不善, 其性亦猶是也.」

미이다. 이 문제는 성의 선불선을 논하는 것이 아니라 성의 무차별을 말하는 것이다. 고자가 만물의 성이 무차별이라고 말하는 것에 대해 맹자는 반대입장을 표명하고 논변을 전개해 나간다.

"맹자가 말하기를, 태어나면서부터 가지는 것을 성이라고 말하는 것은 하얀 것을 하얀 것이라고 하는 것과 같은가?하고 묻자 고자는 그렇다고 대답하였다. 맹자가 또 말하기를, 흰 깃의 흰 것과 흰 눈의 흰 것은 같고, 흰 눈의 흰 것과 하얀 옥의 하얀 것은 같은 것인가?라고 묻자 그렇다라고 말하였다. 맹자가 그러면 개의 본성과 소의 본성은 같고, 소의 본성과 사람의 본성은 같겠구만이라고 말했다."29)

여기에서 우리는 고자가 답변하는 것을 듣지는 못하였지만, 고자가 말문이 막혔다는 것을 알 수 있다(《맹자》 속에서 「告子曰, 食色性也……」라는 말은 또다른 문제이다). 맹자는 왜 고자의 「성무차별」을 반대하고 「성유차별」을 주장하고 있는가? 이것은 《주역》에서 나온 것이다. 앞에서 이미 건괘〈단전〉의 「건도가 변화해서 각각 성명을 바르게 한다」라는 말을 하였는데, 건도가 변화하여 성명이 생길 때에 바로 무차별이 생기는 것이다. 그러므로 「각(各)」이란 말을 하는 것이다. 맹자의 말은 바로 여기에서 나왔다. 여기에서 맹자의 말들은 모두 충분한 이론적 기초를 가지고 있고, 「성선」과 「성유차별」을 주장하는 것도 모두 공자의 「건도가 변화해서 각각 성명을 바르게 한다」라는 곳에서 나왔다는 것을 알 수 있을 것이다. 맹자는 바로 공자의 사상을 완전히 이해하고 있었기 때문에 이런 논의를 전개하는 데 큰 문제가 없었던 것이다.

「성선」의 문제에 관해 좀더 보충하면, 맹자의 제자 공도자(公都子)가 고자 이외의 여러 주장, 즉 「성이란 선하다고 할 수 있고, 선하지 않다고도 할 수 있다(性可以爲善, 可以爲不善)」의 입장을 인용하면서 가르침을 청했다. 맹자의 대답은,

"정(情)에 따르면 선하다고 할 수 있는 것으로 이른바 선이다. 불선함은 그 본바탕의 죄가 아니다."30)

---

29) 《孟子》〈告子篇〉「孟子曰 生之謂性也. 猶白之謂白與? 曰, 然. 白羽之白也, 猶白雪之白, 白雪之白, 猶白玉之白與? 曰, 然. 然則犬之性猶牛之性, 牛之性猶人之性與?」
30) 《孟子》〈告子篇〉「乃若其情, 則可以爲善矣, 乃所謂善也. 若夫爲不善, 非才之罪也.」

이 말들은 간단하지만 요점을 분명하게 잘 지적하고 있다. 「정(情)」이란 것은 「성(性)」이 심(心)에 발동한 것을 말하는 것으로, 정을 따르는 것은 바로 성을 따르는 것이다. 즉 「건도가 변화해서 각각 성명을 바르게 한다」를 따르고, 「한번 음하고 한번 양하는 것을 일러 도라고 한다. 이것을 이어받은 것은 선이고, 이것을 이룬 것은 성이다」를 따른 것으로 모두 근본으로 돌아가 태극, 건곤의 본래 의미에 존재하고 있다. 이것이 바로 이른바 「선」이다.

유가의 학문은 맹자 이후로는 크게 발전하지 못한다. 순자가 「성악설」을 말한 것은 완전히 후천적인 「교(敎)」와 「학(學)」의 이론에 근거를 두고 있다. 순자는 근본적으로 맹자의 「성선설」이 변화생생하는 선천적 절대의 의미에 근거하고 있다는 사실을 깨닫지 못하고, "인간의 본성은 악하고, 선한 것은 인위적인 것에서 나온 것이다."[31]라고 주장한다. 맹자를 이해하지 못한다는 것은 바로 공자를 이해하지 못한다는 것이다. 나는 항상 순자가 맹자 이후에 태어나서 맹자와 만나지 못한 것을 다행이라고 생각한다. 만약 맹자와 만났으면 우리는 반드시 맹자가 고자를 비판하는 것처럼 순자를 비판하는 것을 들을 수 있기 때문이다.

제 2 절 건곤의 대립과 통일

역도(易道)의 대법칙은 두 가지가 있다. 하나는 원도주류이고 또 하나는 대립하면서 통일하는 것이다. 원도주류라는 뜻은 건과 곤의 분리 속에서만 말하는 것이 아니라, 태극의 절대적 의미 속에서 말하는 것이다. 이 때문에 이 책에서는 태극을 다룬 곳에서 이미 서술하였다. 대립하면서 통일하는 뜻은 반드시 건곤의 분리라는 것을 전제조건으로 하여 말하는 것이다. 두 가지의 법칙은 동시에 일어나는 것으로 원도의 주류가 있으면 건곤의 왕복이 있고, 건곤의 왕복이 있으면 대립이 생기는 것이다. 대립이라는 것은 여전히 원도의 주류를 규범으로 삼고 있기 때문에 비록 대립하여도 통일한다. 근본적인 입장에

---

31)《荀子》〈性惡篇〉「人之性惡, 其善者僞也.」

서 말하면 원도주류와 대립통일이라는 것은 실은 하나의 자연법칙이지만, 사람들이 각각의 관점을 가지고서 역도를 논술하기 때문에 양자의 구분이 생기게 되는 것이다. 여기에서부터 대립하면서도 통일하는 입장에 관해서 말하도록 하겠다.

먼저 대립에 대하여 말하겠다. 대립의 뜻에는 두 가지가 있다. 하나는 반대이고 나머지 하나는 상대이다.

무엇을 반대라고 하는가? 바로 역도의 유행작용에 따라서 드러나는 정(正)과 반(反)의 두 가지 성질을 일컫는 것이다. 유행이 있으면 바로 「왕(往)」이 있고, 이곳에서 보면 「왕」이지만 저곳에서 보면 「래(來)」이다. 그러므로 반대의 뜻은 결코 유행작용 자체에서 생긴 것이 아니라, 관찰자의 입장이 서로 반대되는 곳에서 생긴 것이다. 지구는 태양 주위를 빙글빙글 돌고 있다. 중국이 낮일 때 미국은 밤이다. 바꾸어 말하면 주야의 상반이라는 것은 중국과 미국의 위치가 상반되기 때문이다. 그러나 여기에서 반드시 언급하여야 할 것은 반대라는 뜻은 선후가 없고, 오직 동시이다. 이쪽에서 가는 것은 저쪽에서는 오는 것이고, 중국이 낮일 때는 바로 미국이 밤일 때이다.《노자》에서,

"천하는 다 아름다운 것이 아름다운 것인 줄만 아니 이는 악일 뿐이고, 모두 선이 선인 줄만 아니 이는 불선일 따름이다. 그러므로 유와 무가 서로 생기고, 어려움과 쉬움이 서로 이루어지고, 장단이 서로 나타나고, 높음과 낮음이 서로 기울어지고, 음과 소리가 조화되고, 앞과 뒤가 서로 따른다."[32]

아름다움과 더러움, 선과 불선, 유와 무, 어려움과 쉬움, 장단, 고하, 전후 등은 모두 동시에 출현하여 뜻은 서로 반대되지만 서로 같은 근원을 가진다. 이것이 있으면 바로 저것이 있고, 이것을 잃으면 저것을 잃어버리는 것으로 플라톤의 「일(一)」과 「비일(非一)」의 논변도 이와 같다. 우주간의 어떠한 사물도 서로 반대되는 양면성을 가지지 않은 것이 없다. 역경철학도 이것을 분명히 말하고 있는데, 특히 64괘의 배열순서 속에서 표현하고 있다. 64괘는 소수의 반대가 없는 괘(乾, 坤, 頤, 大過, 坎, 離, 中孚, 小過의 여덟 개의 괘는 정반(正反)이 서로 같다) 외에 나머지 괘는 모두 반대괘의 순서로 배열한다. 반대되는 뜻을 포함한 것으로 가장 분명한 것은 태(泰)와 비(否), 박(剝)과 복

---

32) 《老子》 제 2 장 「天下皆知美之爲美, 斯惡已. 皆知善之爲善, 斯不善已. 故有無相生, 難易相成, 長短相較, 高下相傾, 音聲相和, 前後相隨.」

(復), 진(晉)과 명이(明夷), 손(損)과 익(益), 혁(革)과 정(鼎), 기제(旣齊)와 미제(未齊) 등이다.

상대(相對)는 무슨 뜻인가? 건양과 곤음이 서로 대립하는 것을 말하는데, 상착(相錯)이라고도 한다. 음양은 원래 태극의 변화로서 유전(流轉) 중에 왕래가 있기 때문에 음과 양으로 나누어진다. 이런 음양의 상대는 태극의 자체 성질의 차별에 의해서가 아니라 유전작용의 이동에 의해서 생긴 것이다. 음양은 서로 유전하기 때문에 양은 변하여 음이 되고, 음은 변하여 양이 되어, 마치 물을 끓여 수증기로 만들고, 수증기가 모여 다시 물이 되는 것과 같다. 한번은 바로 되고 한번은 거꾸로 되고, 한번은 드러났다가 한번은 숨어버리는데, 표면상으로는 다른 형태이지만 본질은 같은 것이다. 이런 뜻은 규(睽)괘 〈단전〉 중에서 가장 분명하게 드러난다. 규괘의 괘상은 ☲☱으로 아래는 태(兌)의 못이고 위는 리(離)의 불이다. 즉 못의 물이 아래로 스며들고 불의 성질은 위로 타 올라간다. 물과 불의 성질이 서로 위배된다. 사람으로 말하면 아래의 태는 소녀이고, 위의 리는 중녀(中女)로 두 여자는 뜻이 서로 다르기 때문에 어긋난다. 그러나 공자는 〈단전〉에서 오히려 그 뜻을 넓혀서 말하기를,

"천과 지는 비록 위치는 달라도 힘쓰는 일은 같고, 남과 여는 비록 구별은 있어도 그 뜻은 서로 통한다. 만물은 각각 달라도 각각 사용되는 이치는 비슷한 것이다. 규의 시용은 정말 위대하도다!"[33]

공자의 말을 분석해 보면 우주 속에는 절대적으로 위배되는 일이란 없다는 점을 파악할 수 있을 것이다. 물과 불이라는 서로 다른 성질의 어긋남과 여자와 여자 사이의 뜻이 서로 다른 어긋남은 실은 하나의 태극에서 나온 것으로 근본적으로는 같은 작용의 유행이다. 문왕은 64괘의 배열을 통하여 이런 의미를 표시하기 위하여 여덟 개의 반대가 없는 괘를 상착의 배열을 통하여 건의 뒤에 곤을, 이의 뒤에 대과를, 감과 리, 중부와 소과를 모두 서로 연접(連接)시킨다. 역학가들은 이 뜻에 의거하여서 「방통(旁通)」의 설을 말한다. 예를 들면 몽(蒙)괘 육오 〈상전〉에 말하기를, "어린아이의 길함이란 것은 순순히 따르는 데 있다."[34] 다섯번째의 효가 변하면 상괘는 손(巽)의 뜻이 되어버린다.

---

33) 睽卦 〈단전〉 「天地睽而其事同也, 男女睽而其志通也, 萬物睽而其事類也, 睽之時用大矣哉!」

34) 「童蒙之吉, 順以巽也.」

또 예를 들면 송(訟)괘의 초육의 효사에 말하기를「적게 말하는 것(小有言)」은 초효가 변하면 하괘는 태(兌)괘가 되어버리는데, 태는 말다툼하는 뜻을 가지기 때문이다. 한역(漢易) 가운데에서도 우번이 방통의 뜻을 가장 중시한다.

다음에는「통일」에 대해서 말하겠다. 통일의 뜻은 본래 대립에 의해서 생기는 것이다. 왜냐하면 대립이 없으면 통일은 없기 때문이다. 대립 중에서도 반대와 통일의 관계, 상대와 통일의 관계 또한 차이가 있기 때문에 구별하여 사용하여야 한다.

반대와 통일의 관계는 객관적인「대상(境)」과 주관적인「주체(體)」의 구별이 있다. 어떠한 시공간 속의 사물도 모두 유한한「주체」이고, 유한하다고 하면 그것을 넘어서는「대상」이 있기 때문에 관점은 모두 다르게 된다. 여기에서부터 객관적 대상으로「주체」를 보게 됨으로써 반대의 뜻이 생기게 되는 것이다. 어떠한「체」든 모두 그 자체는 하나의 태극이기 때문에 주체에 근거하여서 분별적인 대상을 제거하는 것이 통일이다. 강변에서 물이 흘러가는 것을 바라보며 찬탄하고, 피라미들이 노는 즐거움, 부러워하는 것 또는 가지 끝에 꽃이 피어 멋진 경관을 감상하여 마음에 즐거운 정이 일어나고, 멋진 시를 읽을 때 너무 감동하여 눈물을 흘리게 하는 것 등을 예로 들어 말할 수 있을 것이다. 만약 물과 꽃의「주체」로 말하면 물은 물이고 꽃은 꽃이다. 물과 꽃은 여전히 똑같은데 어떻게 탄식하고, 부러워하고, 슬퍼하고, 즐거운 감정이 있을 수 있는가? 인간은 각각 다른「대상」을 봄으로써 각각 다른 감정을 가지는 것이다. 소동파의 시「가로로 보면 고개가 되고 기울여서 보면 봉우리가 되네(橫看成嶺側成峯)」에서 고개가 되든 봉우리가 되든 보는 사람이 대상을 횡으로 보거나 측면에서 보는 것에 의해 달라진다. 산 자체라는 것은 본래 산이다. 어디에 고개가 있고 봉우리가 있는가? 《역경》이 표현하고 있는 일체양면의 관계가 바로 반대의 괘이다. 예를 들면 ☰☷는 이쪽에서 보면 태(泰)이고 저쪽에서 보면 비(否)이다. 하나의 괘 속에는 반대와 통일의 두 가지 뜻을 모두 가지고 있다.

상대간의 통일이라는 것은「감응(感應)」속에 표현되어 있다. 음양의 두 성질은 다르면서도 서로 감응한다. 서로 다르기 때문에 상대가 있고 서로 감응하기 때문에 비록 상대하여서도 하나로 합하려는 경향이 생기는 것이다. 〈계사전〉에서는 이것을「옆으로 각각 행하여도 멋대로 가버리지 않는다(旁行而不流)」

라고 말하는 것이다. 「방행(旁行)」이라는 것은 상대를 말하고, 「불류(不流)」라는 것은 비록 상대하면서도 교감하는 것을 말한다. 이것이 바로 앞의 역도의 보편적 유행이라는 절 속에서 말하는 음양왕복의 뜻이다.

  64괘의 뜻을 알려면 반드시 위의 것에 대한 인식이 있어야 할 것이다. 왜냐하면 이것은 우주만물 속에 유행하는 보편적인 경향이기 때문이다. 예를 들면 준(屯)괘의 육이, 육사와 상육의 세 효사에서는 모두 「말이 앞으로 나아가지 않는다(乘馬班如)」라고 한다. 육이는 위로는 구오와 응함이 있고 아래로는 초구와 이웃하고(比) 있다. 육사도 아래로는 초구와 응하고 있고 위로는 구오와 이웃하고 있다. 상육은 아래로는 구오와 이웃하여 음양은 자연적으로 가깝게 되어 즐거움을 느끼기 때문에 특별한 감정이 생겨나게 된다. 여기에서 세상의 여러 가지의 즐거움이나 번뇌 등의 문제들이 끼어들게 되는 것이다. 그것은 바로 상대하면서도 또한 통일되는 것에서 생겨난 것들이다.

  대립과 통일은 원래 분리할 수 없는 것이다. 그 둘은 역의 도가 하나이면서도 다(多)인 본래 모습의 표현이다. 통일이란 뜻에서 전체를 드러내기 때문에, 옛 사람들은 「원(圓)」이라는 말을 사용하는 것이다. 대립적이란 의미상에서는 다른 경향(유행하기 때문임)을 드러내기 때문에 「방(方)」이란 말을 사용한다. 원(圓)과 네모[方]가 서로 조화하지 않으면서도 조화한다는 것은 일찍이 중국문화 속에서 매우 중요하게 운용된 것들이다. 이른바 「서로 조화하지 않는다」는 것은 양자가 각각 그 작용을 모두 발휘하는 것이고, 이른바 「서로 조화한다」라는 것은 양자가 서로 간에 작용을 한다는 것을 말한다. 중국의 신강성(新疆城) 투르판의 무덤 속에서 발견된 당대의 채색 비단에 그려진 그림 속에는, 윗편에는 복희씨가 둥근 자(컴퍼스)를 들고 있고, 여와(女媧)씨가 직선을 재는 곡척(曲尺)을 들고 있는 그림이 있다.[35] 둥근 자는 건양의 덕을 대표하고 곡척은 곤음의 덕을 나타내는 것이다. 어떻게 건양의 덕은 둥근 것인가? 왜냐하면 건도가 만물이 화생하는 시작이 되는데 그때는 곤음의 계승이라는 것은 나

---

35) 대만의 고궁박물관에 소장되어 있음.

타나지 않았고, 건양의 유행은 태극의 「일(一)」에 합하였기 때문이다. 또 곤음의 덕은 왜 네모진 것인가? 왜냐하면 곤도는 건의 공덕을 이어받아서 물을 낳고, 그 기능이 지향하는 바가 이미 정해져 있기 때문이다. 그러나 「방」과 「원」의 작용은 또한 조화하면서 이루어진다. 건이 곤을 잃어버리면 그것의 작용은 나타나지 않고, 곤이 건의 작용을 가지지 못하면 어떠한 공덕도 받을 수가 없게 되는 것이다. 일반적으로 여와씨는 복희씨의 왕비라고 말하는데, 두 사람 중 한 명은 둥근 것을 재는 자를 가지고 있고, 한 사람은 직선을 재는 곡척을 가지고 있다는 의미는 바로 건양곤음이 대립하면서도 통일하고 있다는 뜻에 있는 것이다. 이런 「방」「원」의 뜻을 가지고 중국문화의 각 방면을 살펴보면, 예를 들어 하늘을 둥근 것으로 여기고, 땅을 네모난 것으로 보아 우주를 「방원」의 합으로 보고 있다. 또 건축형식에 있어서 위로는 둥글게 하고, 아래는 각지게 귀퉁이를 하는 것이나, 인간이 살아가는 데 있어서 덕은 원만하고 행위는 방정해야 하는 것, 기타의 정치, 예술, 군사, 심지어는 서예에 있어서도 모두 「방원(方圓)」의 조화로운 응용을 중시한다. 이런 것들은 독자들이 조금만 주의를 기울여도 파악할 수 있는 것들이다. 다음에 〈계사전〉에서 말하기를, "시초의 덕은 원만하고도 신묘하고, 괘의 덕은 방정하고도 지혜롭다."[36]고 했다. 위의 글은 서술(筮術)의 입장에서 말하는 것으로 50개의 시책은 아직 움직여 사용하지 않는 때에도 그 신묘함은 온전하여서 아직 방향을 드러내지 않기 때문에 「원이신(圓而神)」이다. 18변하여 괘를 만든 후에는 길흉이 이미 갈라져, 일의 방향이 이미 정해졌으므로 「방이지(方以知)」이다. 양자는 한번은 앞서고 한번은 뒤서고 하는 것으로 바로 건곤이 대립하여서 통일하는 상보상성의 뜻이다.

문왕의 64괘의 배열은 한마디로 가장 완벽한 배열방식을 가지고 있다. 앞의 「역도의 보편적 유행」이라는 일절 중에서 우리는 〈서괘전〉에 의거해서 말하였다. 마찬가지로 분명히 그것은 「대립하면서도 통일」하는 뜻도 표현하고 있다. 그것을 〈잡괘전(雜卦傳)〉에 근거하여 말해보겠다. 아래에서 수록한 64괘의 괘서에다가 〈잡괘전〉의 해석을 달아놓겠다. 뜻이 분명한 것은 놓아두고 불명확한 것에 대해서는 다시 설명을 덧붙이겠다(괄호 안의 문자가 설명하는 것임).

---

36) 「蓍之德圓而神, 卦之德方以知.」

문왕의 괘서　　〈잡괘전〉의 문장

「상경 30괘」

☰ 乾　　강건하다(剛).
☷ 坤　　유순하다(柔).
☳ 屯　　나타나지만 그 있을 장소를 잃지 않는다(見而不失其居也).
☶ 蒙　　섞여 있지만 두드러진다(雜而著).

(준의 뜻은 초목의 맹아가 생겨서 흙을 뚫고 나오는 것으로 생명체는 여전히 지하에 있기 때문에 「부실기거(不失其居)」라고 한다. 몽은 초목이 점점 자라서 생명체가 이미 지상에 나타난 것이다. 준괘는 땅의 위와 아래라는 대립이 있다.)

☵ 需　　나아가지 않는다(不進也).
☰ 訟　　친하지 않다(不親也).

(수는 기다리는 뜻, 구름이 하늘 위에 있는 것으로 서로 친하여 떨어지지 않는 뜻이다. 송은 구름이 비가 되어 하늘에서 내리는 것으로 친하지 않고 서로 배리(背離)되므로 뜻이 대립된다.)

☷ 師　　근심스럽다(憂).
☵ 比　　즐겁다(樂).
☰ 小畜　　적은 것이다(寡也).
☱ 履　　처해 있지 않다(不處也).

(소축의 하나의 음(陰)이 다섯 양(陽)을 모으기 때문에 모이는 것이 적다. 4는 2와 5 사이에서 부당의 위치이지만, 음으로 음의 자리에 있기 때문에 여전히 자리할 수 있다. 리(履)는 음으로 양의 자리에 있어서 비록 태(兌)로서 즐거워하지만 호랑이에게 물리지 않기 위해서는(리괘의 사에 호랑이 꼬리를 밟아도 물리지 않는다. 형통하다) 끝내는 머물러 있을 곳으로는 마땅하지 않다. 하나는 모으는 것은 적으나 처할 수 있고, 하나는 처할 수 없는 것으로 서로 대립하는 것이다.)

☷ 泰　　그 종류와 반대된다(反其類也).

☷☰ 否   그 종류와 반대된다.
☰☲ 同人   친하다(親也).
☲☰ 大有   무리이다(衆也).

(동인의 하나의 음은 육이의 중정의 자리에 거한다. 자기를 낮추어 아래의 사람과 같이 하는 무리와 친한 상이다. 대유의 하나의 음은 육오의 존귀한 자리에 있어서 무리들이 그의 명령을 듣고서 즐겨 복종한다. 하나는 자기를 낮추어 무리와 친하려는 것이고, 하나는 무리가 위로 자기와 친하려 하는 상대적인 뜻이다.)

☷☶ 謙   가볍다(輕).
☳☷ 豫   게으른 것이다(怠也).

(겸의 가벼움은 마음을 비운 까닭이고, 예의 태만함은 뜻으로 가득 차 있기 때문으로 서로 대비된다.)

☱☳ 隨   일이 없다(无故也).
☶☴ 蠱   바르게 정돈한다(飭也).

(일이 없기 때문에 따르고, 일이 있기 때문에 바르게 정돈한다. 둘은 서로 상대된다.)

☷☱ 臨   주다(與).
☴☷ 觀   구하다(求).
☲☳ 噬嗑   먹는다(食也).
☶☲ 賁   빛이 없다(無色也).

(유백민(劉百閔)의 《주역사리통의(周易事理通義)》에서 말하기를, "《고서의 의거례(古書疑義擧例)》에 서합은 식(食)이다. 비는 그 색(色)이다라고 하였다. 대저 「식」「색」을 상대로 문장을 이루는데, 「기(其)」자를 더하여서 문장을 분명하게 한다. 「기」자는 고문에서는 丌 로 쓰고 있는데, 학자들이 이것을 모르고 「무(無)」자로 바꾸어 버렸다. 곡해된 입장으로 인정하기 힘든 것이다." 유백민의 설이 맞다.)

☷☶ 剝   썩은 것이다(爛也).
☳☷ 復   돌아가는 것이다(反也).

(란(爛)은 썩어 문드러진 것으로 생기가 이미 다한 것이다. 반(反)이란 것은 새로 생기는 것으로, 생기가 다시 시작하기 때문에 서로 상대된다.)

☲☳ 無妄   재앙이다(災也).
☶☰ 大畜   때이다(時也).

(재해가 생기는 것은 때를 얻지 못함에서이다. 때를 얻으면 재해가 없다. 이 때문에 두 괘는 상대한다.)

☶☳ 頤   바른 것을 기르는 것이다(養正也).
☱☴ 大過   넘어지는 것이다(顚也).

(이의 바름을 기른다는 것은 덕행으로 마음을 기르는 것이다. 마음의 덕이 완전하면 넘어지지 않는다. 그러므로 두 가지 뜻은 상대된다.)

☵☵ 坎   아래이다(下也).
☲☲ 離   위이다(上也).

「하경 34괘」

☱☶ 咸   빠르다(速也).
☳☴ 恒   오랜 것이다(久也).

(함이란 것은 감(感)이다. 감응하는 일은 빨리 달리지 않아도 빠르고, 가지 않아도 도달하기 때문에 속(速)이라고 말한다.)

☰☶ 遯   물러난다(退也).
☳☰ 大壯   멈춘다(止).

(대장은 강(剛)으로 움직여 육오의 앞에서 멈춘다. 육오에 오르지 않음으로써 과도하게 강한 것을 자초하게 되는 상황을 면하여, 나아가면서도 멈출 곳을 알기 때문에 둔(遯)의 퇴와 서로 상대하는 것이다.)

☲☷ 晉   낮이다(晝也).
☷☲ 明夷   죽이다(誅也).

(진의 괘상은 불이 땅 위로 나온 것이기 때문에 낮이다. 명이는 밝은 것이 지하로 들어갔기 때문에 주(誅)이다. 둘은 서로 상대한다.)

제 3 장 건곤과 만물의 생성   213

☴☲ 家人　안이다(內也).
☲☴ 睽　　바깥이다(外也).
☵☶ 蹇　　어렵다(難也).
☳☵ 解　　늦추는 것이다(緩也).

(건의 상은 물이 산중으로 흘러 들어가는 것으로, 너무 험난하여 흐름이 급하다. 해의 괘상은 위험을 빠져나와 움직이기 때문에 흐름이 늦다. 그러므로 두 가지는 상대하고 있다.)

☶☱ 損　　성쇠의 시작이다(盛衰之始也).
☴☳ 益　　성쇠의 시작이다.

(손은 성함의 시작이고 익은 쇠함의 시작이므로 뜻이 서로 대대한다.)

☱☰ 夬　　쾌는 결단하는 것이다. 강한 것이 부드러운 것을 결단하는 것으로, 군자의 도는 자라나고 소인의 도는 줄어든다(決也, 剛決柔也, 君子道長, 小人道消也).

☰☴ 姤　　만나는 것이니 유한 것이 강한 것을 만나는 것이다(遇也, 柔遇剛也).

(쾌의 괘상은 하나의 음이 벗겨지는 데 있고, 다섯 양이 위로 올라가려고 할 때 음은 장차 척결되어질 것이기 때문에 「쾌」라고 한다. 구괘의 괘상은 다섯 양이 한창 성할 때 하나의 음이 아직 돌아오지 않고 양과 함께 즐거워하고 있기 때문에 「우(遇)」라고 말한다. 이 두 괘가 한 번은 만나고 한 번은 떨어지고, 한 번은 가고 한 번은 오는 것은 역도의 자연적인 유행의 뜻을 드러내고 있다.)

☱☷ 萃　　모이다(聚).
☷☴ 升　　오지 않는다(不來也).

(돌아오는 것이 췌이고 「오지 않는 것(不來)」과 상대된다.)

☱☵ 困　　서로 만나다(相遇也).
☵☴ 井　　통하다(通).

(서로 만난다는 것은 바로 서로 충돌하는 것이기 때문에 불통(不通)이다.)

䷰	革	옛것을 제거하다(去故也).
䷱	鼎	새것을 취하다(取新也).
䷲	震	일어나다(起也).
䷳	艮	멈추다(止也).
䷴	漸	여자가 돌아가는 것이니 남자를 기다려서 가는 것이다(女歸待男行).
䷵	歸妹	여자가 돌아갈 끝이다(女之終也).
䷶	豐	친한 친구가 많다(多故親).
䷷	旅	적은 것이다(寡).

(과(寡)는 친구가 적다는 것을 말한다. 〈잡괘전〉의 원문은 「豐多故親寡旅也」이다. 이것을 「豐, 多, 故親寡, 旅也(풍은 많은 것이고, 옛친구가 적은 것이 려이다)」로 볼 수 있다. 여기에서는 「豐, 多故親, 寡, 旅也」로 해석한 것이다. 두 뜻은 서로 통한다.)

䷸	巽	숨어 있다(伏也).
䷹	兌	드러나다(見).
䷺	渙	떠나는 것이다(離也).
䷻	節	멈춤이다(止也).
䷼	中孚	진실함이다(信也).
䷽	小過	잘못이다(過也).

(속에 진실함이 있으면 잘못이 없다. 그러므로 두 뜻은 상대한다.)

| ䷾ | 旣濟 | 정해진다(定也). |
| ䷿ | 未濟 | 남자의 궁함이다(男之窮也). |

(기제괘의 육효는 모두 당위이기 때문에 정(定)이라고 말한다. 미제의 육효는 부당위이기 때문에 궁이라고 말한다. 그러나 「남자의 궁함」이라고 말하고 「여자의 궁함」이라고 말하지 않는 것은 양성은 강건하고 음성은 유순하기 때문이다.)

제 3 절 불균형의 큰 작용

  기원전 6세기경에 그리스의 이오니아학파 철학가인 아낙시만드로스(Anaximander)는 만물의 유전변화에 대해서 말했다. 그는 만물은 상호 유전(流轉)하는 것이라고 생각하여 후대인들이 쉽게 이해하기 힘든 몇 마디의 말을 남겼다. "그것으로 변화하고 일체의 것들은 이것에 의해서 생겼다가 또 그것으로 예정된 것처럼 사라져버린다. 대개 모든 존재는 시간에 따라서 그들의 불공정(不公正/Injustice)으로 말미암아 피차 서로간에 보상하고 서로간에 반목을 구한다."라고 말한다. 여기에서 가장 이해하기 어려운 부분은 「불공정」이란 개념이 무엇인가?에 있다. 우리가 고대 희랍의 역사를 읽어보면 희랍인들이 공정한 권리를 중시하여 정치적으로 모든 사람들이 똑같이 참정권을 가지거나, 올림픽경기에서 공개적인 경쟁을 하는 것 등을 매우 중시하고 있음을 알 수 있다. 왜냐하면 희랍은 해상무역을 통해서 발전하였기 때문에, 무역을 통하여 정의와 공정성을 추구한 것이다. 그러나 여기에서 아낙시만드로스가 말하는 것은 인간사에 관한 것이 아니라 우주만물의 유전 변화에 관한 것이다. 아낙시만드로스 당시의 철학적 경향을 말하면 아낙시만드로스보다 앞서서 탈레스는 우주의 본질을 「물」로, 그보다 뒤에 출현한 아낙시메네스는 우주의 본질을 「공기」로 보았다. 그러나 아낙시만드로스는 결코 탈레스가 우주의 본질을 물로 보는 입장을 받아들이지 않았고, 또 기타의 다른 물질을 주장하지도 않았다. 그는 물 등의 물질보다 더욱 근본적인 것을 일종의 무형의 일정하지 않은 본질이라고 생각하였다. 그것을 「무한정자(無限定者)」라고 하였다. 「무한」의 의미는 두 가지가 있다. 하나는 질과 양(量)상의 무한(Infinity)이고, 또 하나는 무한계(Boundness)를 말한다. 전자는 끊임없이 무한히 변화하여 만물을 이루는 것을 말한다. 후자는 다른 물질로 변화하는 데 장애가 없는 것을 말한다. 그러나 「무한정자」가 어떻게 이런 물질로 변하고 그런 물질로 되는가? 아낙시만드로스가 말하는 근거는 「불공정」하기 때문이라는 것이다.

  이런 「불공정」의 뜻은 쉽고 분명하게 설명하기가 힘들다. 필자는 다만 그 학설이 주장하고 있는 만물 유전의 변화라는 입장을 간단하게 설명하려 한다.

예를 들면 「무한정자(To Apeiron)」가 이미 물로 변하였다고 한다면 다른 물질(예를 들면 공기나 불)의 입장에서 말하면 「불공정」한 것이다. 그러므로 다른 물질들은 물을 향해서 「보상을 받으려 하고」 「만족을 얻으려 하는」 것이다. 여기에서 물이 다른 물질로 변하는 일이 발생하는 것이다. 같은 이치로 예를 들면 「무한정자」가 공기로 변하면 물과 불 등의 기타의 물질은 또한 그것을 「불공정」하게 생각하여 공기에 대해서 보상을 얻고 만족을 얻으려 하여 공기는 다시 물과 불 등의 다른 물질로 변화하는 것이다. 만물은 바로 이러한 「불공정」의 상황하에서 서로 보상하고 만족을 구하여 변화가 생긴다는 것이다.

아낙시만드로스가 제기한 「불공정」의 골자는 바로 「공정」의 개념에 있다. 아낙시만드로스의 관점으로 보면 모든 만물이 자연계 속에 함께 존재하고 있다는 것은 마치 올림픽경기에 참가하는 선수들처럼 모두 공평한 권리를 향유하여야 한다. 만약 각각의 사물들이 균형되게 공정한 대우를 받고 존재해 있다면, 각각 자리만 지키고 앉아서 변동은 생길 수 없을 것이다. 만약 만물의 유전변화가 눈앞의 사실이라는 것을 인정한다면 우주본질로서의 「무한정자」는 결코 균형 있는 공정한 변화가 아니라, 불균형적, 불공정적으로 변화하는 것이다. 이것으로 인하여 만물의 유전변화가 생겨난다는 사실을 알 수 있을 것이다.

여기에서 나는 더 이상 깊은 이야기를 진행하지는 않겠다. 내 생각은 아낙시만드로스의 「불공정」이란 관념을 더욱 분명하게 한 후에 결점이 어디에 있는지를 드러내는 데 있다. 또 비교적인 관점에서 역경철학 역시 만물의 유전변화를 말하기 때문에 또한 이런 결점이 없는지를 살펴보도록 하겠다. 아낙시만드로스의 결점은 매우 분명하다. 첫째, 우주본질로서의 「무한자」가 어떠한 사물로도 변화할 수 있다는 것은 불공정에 의해서 일체 사물이 변화해 가는 것이다. 그러면 만물은 어떻게 각각 균형을 얻을 수 있겠는가? 이것은 아낙시만드로스가 「불공정」의 근원에 대해 결코 그 까닭을 밝히지 못한 것이다. 둘째, 만약 만물의 유전변화가 다만 「불공정」에 의해서 「보상받고」 「만족을 구하는」 것이라고 한다면 서로가 쟁탈하기만 하여 어떠한 규율이나 조화로운 변화운동은 생길 수가 없는 것이다. 우주만물의 변화를 살펴보면 어디에 만물 「피차간에 서로 보상받고 서로 만족을 구하는 것으로」 이루어지는 것이 있는가? 아낙시만드로스의 관점들은 이미 대부분 실전되어서 지금 볼 수 있는 것들은 단문과 단구들일 뿐이다. 이 때문에 우리가 아는 자료들만을 통하여 본다면 위에서 지적한 두 가지 결점은 설명하기가 어려울 것이다.

그러나 솔직히 필자는 아낙시만드로스의 높고도 깊은 생각에 탄복한다. 이오니아학파의 3대 철학가 중에서 필자가 생각하기에는 아낙시만드로스가 가장 뛰어나다고 생각한다. 그가 말하는「무한정자」를 한정이 없다는 의미로 볼 때, 그의 관점은 이미「물질」의 제한과 구속을 초월하여「정신」적인 경계에 들어가 있는 것이다. 물론 그가 말하는「무한정자」를《역경》에서 말하는「태극」의 개념과 동일시 할 수는 없지만,「초월적」인 의미와 만물이「변화」를 통하여 생긴다는 주장에서 본다면「무한정자」라는 것 속에는 이미「태극」이라는 개념과 거의 유사한 의미를 함유하고 있다. 무한정자와는 달리「태극」은 자연스러운 유행이라는 뜻을 말하여 유행에서 변화가 생겨 변화에 근원이 있다는 것이다.「태극」은「음」과「양」의 두 작용으로 나누어지는데, 양이 시작하면 음은 이어받고 양이 가면 음은 돌아온다. 이러한 왕복유행 속에서「불공정」이란 것도 결말이 나게(더 이상 없게) 되기 때문에《역경》에는 위에서 말한 첫번째 결함은 발견할 수가 없다. 이것이 두번째이다. 또 음양의 두 작용은「태극」의 분화이고, 그 둘은 가서 돌아오고 돌아와서는 간다. 비록 나누어지지만 합하고, 합하여 있지만 나누어지는 것으로 방행불류(旁行不流)하여 조화가 있고 규율이 있게 되는 것이다. 여기에서는 위에서 말하는 두번째 결함도 없게 되는 것이다. 이것이 세번째의 다른 점이다.

이렇게 본다면 아낙시만드로스가「무한정자」를 우주의 본질로,「불공정」을 만물의 유전변화의 원인으로 보는 입장은 매우 탁월한 견해임에 틀림이 없다. 다만 그는 모호한 설명을 하여 믿을 만한 완전한 근거를 제시하지 못하는 결점을 가지고 있다. 이 때문에 다른 사람들이 그의 이론을 이해하기에 매우 힘들게 되는 것이다. 그러나 아낙시메네스는 우주의 본질을 공기로 보는 주장을 하여 철학적 방향을 구체적인 사물 쪽으로 방향을 돌렸다. 또 오래지 않아서 엘레아학파에서는 우주의 본체가 완전히 변동하지도 않고 분리할 수도 없는 것이라는 주장을 하여 희랍철학의 주류는 끝내 아낙시만드로스와는 상반된 길을 가게 되는 것이다.

그러나《주역》의 관점에서 아낙시만드로스의 견해를 살펴보면 매우 친근감을 가질 수 있을 뿐만 아니라 서로 공통되는 점이 발견된다.《주역》에서「불공정」이라는 말은 음양왕복의 변화가 드러내는 필연적 현상이다. 독자들은 이 책의 제1장에서 복희씨의 8괘철학을 논술할 때 필자가 4상에서 8괘를 만들 때 하나의 획을 더 그린 것은 음과 양이 각각 반인 상태로는 만물이 음양의 불균형의 상태 속에 놓여 있다는 원칙에 들어맞지 않기 때문이라고 말한 사실을 여전히 기억하고 있을 것이다. 여기에서 말하는 「불균형」은 함의상으로는 아낙시만드로스의 「불공정」(물론 다르다. 「불균형」은 음양의 유전 중에서 서로 대등하지 않은 것을 말하고, 「불공정」의 강조점은 분배상태에 있다)과 비슷하다. 역경철학의 음양왕복은 두 개의 작용이 상대하여 유행하는 것이다. 「상대」한다는 것은 그들이 균형적 조건을 가지는 것을 말한다. 「유행」한다고 하는 것은 영원히 균형될 수 없는 상태에 있는 것이다. 이러한 이해는 매우 중요하다. 왜냐하면 「균형적인 조건」이 있기 때문에 음양의 두 작용은 영원히 「균형을 구하는」 의도를 가지게 된다. 영원히 「균형적인 상태」가 없기 때문에 두 작용은 영원히 「균형을 구하려는」 지향하에서 끊임없이 유행하는 것이다. 내가 이렇게 말하면 독자들이 혹시 모호하게 생각할까 보아서 낮과 밤을 예로 들어서 설명하도록 하겠다. 양이 돌아온 것을 낮이라 하고 음으로 바뀐 것은 밤이다. 낮의 시간에는 양이 성하고 음은 쇠하는 음양의 불균형 상태이다. 밤에는 음이 성하고 양이 쇠한 불균형 상태이다. 여기에서 밤낮이 교체하는 순식간에 분명히 음양 균형의 시간점이 있는 것은 아닌가? 라는 의문이 제기될 수도 있을 것이다. 그렇지 않으면 음양의 두 작용이 어떻게 서로 지나가면서 성쇠를 주고받을 수 있겠는가? 이런 의문은 우리가 좀더 냉정하게 생각하면 쉽게 파악할 수 있는 문제들이다.

 1) 음양 양자의 유행은 한곳에 머물지 않고 부단히 변동하여 어떤 정체된 시간점에서 존재하는 것을 허용하지 않는다. 양자가 모이는 교차점은 존재하자마자 존재하지 않게 되고, 있자마자 바로 없어지는 것이다.

 2) 사고의 논리적 과정이라는 입장에서는 설령 이러한 시간점이 있다고 하여도 공간적 요소를 무시할 수는 없을 것이다. 만물은 모두 태극이고 각각 유행하고 있다. 주야가 교체하는 순간에 우주 간의 무궁한 만물의 태극은 그 유행이 천차만별로서 공통된 음양의 균형이 있을 수 없는 것이다. 즉 설령 음양균형의 시간점이 있다고 하여도 또한 음양균형의 공간면은 있을 수 없는 것이다.

3) 음양이 유행중의 작용적 존재라고 한다면 그 유행중에는 분명히 앞으로 나아가려는 세력이 있을 것이다. 이 나아가는 세력경향은 절대로 작용이 어떤 점에서 멈추는 것을 허락하지 않을 것이다. 그러므로 비록 음양이 유행하는 속에서 어떤 하나의 서로 만나는 점을 상상할 수 있지만 실제상으로는 영원히 그런 점을 가질 수 없는 것이다.

우주는 이처럼 불균형의 존재이다. 상식적으로 생각한다면 어떻게 이와 같이 질서 있고 조화하여 제멋대로 흩어지지 않는가? 문제의 관건은 바로 한편으로는 이 불균형이「유행」속의 불균형이고, 유행을 추진하는 세력에 의해서 조정되고 있다. 다른 한편으로 음양의 두 작용은 모두「균형을 구하는」것을 향해서 유행하고 있다. 그러므로 사실대로 말하면「균형」혹은「공정」이란 것은 모두 영원히 만물유전의 하나의 기대 혹은 희망사항으로, 우주존재의 실정은 영원히 그것의 기대 혹은 희망을 향하여 달려가는 불균형의 상태이다.

역경철학의 이런「불균형」의 이론은 물리와 인사에 적용시켜 보아도 조금도 어긋나는 것이 없다. 현대과학의 발전을 통하여 이 뜻은 더욱 분명하게 드러난다. 크게는 지구의 회전운동 중에서 지축이 편각(偏角)을 가진다거나 지구의 공전궤도가 완전한 원형은 아니라는 사실을 들 수 있다. 작은 것으로는 원자와 전자가 변화 속에서 약동의 상태로 있다는 것 등은 충분하게「불균형」이론의 정확성을 증명해주는 것이다. 그리고 인간사에 있어서 이런 이론은 이미 옛 성인들의 말을 통하여 충분히 드러난다. 이런 것을 가장 분명하게 체득한 사람이 바로 맹자이다.

"하늘이 장차 이 사람에게 큰일을 맡기려 하면 반드시 먼저 그 마음을 고통스럽게 하고, 근육과 뼈를 피로케 하고, 살을 여위게 하고, 몸뚱이를 지치게 하여 행하려는 것을 멋대로 어지럽게 만들고 잘 되지 못하게 한다. 그것은 그의 심지를 격동케 하고 성정을 굳게 지켜 결핍한 능력을 증가시키기 위해서이다."[37]

맹자의 말은 사람이「가지고 있지 못하는 능력을 증가시키는 것(增益其所不能)」을 하기 위해서는 반드시 몸과 마음을 더욱 고생시켜야 한다는 것이다.

---

37) 《맹자》〈告子 下〉「天將降大任於是人也, 必先苦其心志, 勞其筋骨, 餓其體膚, 空乏其身, 行拂亂其所爲. 所以動心忍性, 曾益其所不能.」

고생하고 고통받는 것은 불균형의 도로서 바로 인간을 「불균형」 속으로 밀어 넣게 되면 인간은 비로소 「균형을 구하려는」 천성을 발휘하여 「증익기소불능 (增益其所不能)」하게 하는 것이다. 맹자는 또한 말하기를,

"덕성, 지혜와 높은 도술, 재주를 가진 사람들은 항상 근심(우환) 속에 있다."[38]

「근심」속에 있는 사람은 생활에서 균형을 얻지 못하는 사람이지만, 인간은 「균형을 구하려는」 천성을 가지고 있다. 이 때문에 점점 다른 면의 「덕성, 지혜와 높은 도술, 재주」를 증가하여 가는 것이다. 이를 근거로 하여 역사 속에서 직접 증명해 보면 사람들에게 존경받는 유명한 문학가, 예술가, 종교가들은 대부분 좋은 교육을 받지 못했고, 좌절을 통하여 불구가 된 어려움 속에서 분투한 것을 발견할 것이다. 이것은 바로 「불균형」의 환경 속에서 「균형을 구하려는」 정신을 통하여 성취된 것이다. 그러나 그러한 심신의 상태가 정상이고 생활이 모두 균형을 갖추어 걱정이 없는 사람은 성공하기가 힘이 드는 「편안만을 즐거이 혹은 탐닉하게 되는(宴安枕毒)」 것이다. 《주역》에 의하면 인생의 의의는 균형된 생활을 즐기는 데 있는 것이 아니고 균형된 생활을 이상으로 하여 달려가는 것이다. 이런 이상은 영원히 도달할 수도 없는 것이고, 행복은 바로 이런 분투의 과정 속에 놓여 있다는 것이다.

제4절 동(動)과 정(靜)

지금부터는 건, 곤을 분리하여 생기는 문제에 대해서 다루도록 하겠다. 이 문제는 매우 쉽게 오해할 가능성이 높은 문제이기 때문에 반드시 토론해 보아야 할 필요성이 있다.

오늘날 사람들은 「동(動)」과 「정(靜)」의 문제에 대해서 「동」이라는 것은

---

38) 《맹자》〈盡心 上〉「人之有德慧術知者, 恒存乎疢疾」

우리가 일상적으로 보는 운동 변화이고,「정」은 정지하여 움직이지 않는 것으로 생각한다. 이런 상식적인 견해를 일상생활에 적용하면 별로 문제되는 것은 없다. 그러나 만약 그런 입장으로 역경철학을 이해하려 하면 많은 착오가 생긴다. 그것은 무슨 말인가? 앞에서 말한 것처럼 역경철학 중에는「부동」의 존재라는 것은 없다. 태극은 하나의 큰 유행작용이고, 태극에서 전개되는 우주 속의 만사와 만물은 완전히 하나의「동적인 세계」로서 끊임없이 변동하고 유전하여 어디에서도「부동」하는 것을 찾아보기 힘들다. 그러나 이것은 결코 역경철학과 일상생활이 서로 분리되어 있다는 의미는 아니다.「동」과「정」이란 것을 《주역》에서는 상대적인 의미를 가지는 것으로 보지만 그것을 일상생활을 통해 보다 한층 더 깊게 인식하여 철학적으로 의미를 정립하고 있다.

아래에서 우리는 요즘 사람들이 즐겨 사용하는 통계적 방법을 적용하여 《주역》 중에 나타나는「정(靜)」자를 전부 찾아내어 그 뜻을 규명해 보도록 하겠다. 왜냐하면 《주역》 속에서「동」이라는 글자는 매우 많을 뿐만 아니라,「동」의 의미 역시 더 이상 따져볼 필요없이 인정되어지는 것이기 때문이다. 지금 소수의「정」자가 들어 있는 문구를 가려내어 보면「동」과「정」의 한계를 볼 수가 있을 것이다.

전체 《주역》 속에서「정」자는 자주 보이지 않는데 특히 괘효사 중에는 보이지 않고 있다.

곤괘 〈문언전〉 "곤은 지극히 유순하면서도 움직이는 것이 강하다. 또 지극히 고요하면서도 덕이 바르다."[39]

간괘 〈단전〉 "시간에 맞게 정지할 때는 정지하고, 시간에 맞게 행동할 때는 행동하여야 동정이 그 시기를 잃지 않는 것이다. 그 도는 광명한 것이다."[40]

〈계사전〉(상전 1장) "동정에는 상도가 있고, 강한 것과 부드러운 것은 판단된다."[41]

〈계사전〉(상전 6장) "대체로 역이란 넓고도 크다. 먼 데를 가지고 말하면 막히지 않고, 가까운 데를 가지고 말하면 고요하고 바르며, 천지의 사이를 가

---

39)「坤至柔而動也剛, 至靜而德方.」
40)「時止則止, 時行則行, 動靜不失其時, 其道光明.」
41)「動靜有常, 剛柔斷矣.」

지고 말하면 갖추어진다. 대체로 건은 고요할 때 하나로 집중되고 움직일 때 곧다. 이 때문에 크게 생한다. 곤은 고요할 때 닫히고 움직일 때 열린다. 이 때문에 넓게 생한다."[42]

여기에서 주의해야 할 두 가지 문제가 있다. ①「정」을 말하는 곳에서는 모두「동」과 서로 상대하여서 뜻을 드러낸다는 것이다. ② 건에도「동」「정」이 있고, 곤에도「동」「정」이 있다는 것이다. ①에 의하면「정」은「동」과 서로 반대되는 것으로「정」은「부동」이 된다. 그러나 ②의 건, 곤이 모두「동」「정」을 가진다는 말에서「정」을「부동」으로 간주하면 잘못이라는 사실을 곧바로 파악할 수 있을 것이다. 건은 완전히 유행하여 변화를 일으키는 작용으로「위대하도다, 건원이여. 만물이 이곳에서 시작한다」이다. 만약 건이「부동」의 성질을 가지고 있다면 만물은 어떻게 이것에 의지하여서 생할 수 있겠는가?「정」의 함의는 결코「부동」이 아니라는 것을 알 수 있을 것이다.「정」은 부동이 아니고 또한「동」과 서로 상대하는 것도 아니라면 도대체「정」이란 것을 어떻게 설명해야 하는가?

〈계사전〉에서는 여러 가지 명사들에 대해서 정의를 내리지만 오직「동」과「정」에 대한 것은 없다. 언뜻 보기에는 이상하게 느끼겠지만, 한번만 더 생각해 보면 결코 이상한 것이 아니라는 느낌이 들 것이다. 왜냐하면 태극은 하나의 유행작용이고, 우주만물은 모두 이 유행작용이 움직여서 만들어낸 현상이기 때문이다. 우주내에「부동」의 존재가 없다면 소위「동」은 어떻게 정의를 내릴 수 있겠는가? 정의를 내린다는 것은 의미없는 일이 아닌가?「동」이 이러하다면,「정」은 어떠한가?

다시 건괘에서부터 이야기해 보겠다. 위에서 인용한 〈계사전〉의 문장에서 건에는「동」도 있고「정」도 있다고 하는 것이 가장 중요한 인식이었다. 64괘의 건(☰)은 바로 8괘의 건(☰)이고 또한 양의의 ━로서 그 자체는「만물이 의거하는 시작」으로서의 동적인 작용이다. 건이「동」을 가지고「정」을 가진다는 뜻은 어렵지 않게 이해할 수 있고, 건의「동」가운데에「동」과「정」의 구분이 있음을 알 수 있다. 여기에서 다시 한번 반드시 따져보아야 할 문제는 이른바 건의 동이다. 그것은 본질상으로는 태극의 자연스러운 유행이고, 그

---

42)「夫易廣矣大矣, 以言乎遠則不禦, 以言乎邇則靜而正, 以言乎天地之間則備矣. 夫乾, 其靜也專, 其動也直, 是以大生焉. 夫坤, 其靜也翕, 其動也闢, 是以廣生焉.」

것이 있음으로 해서 만물을 화생하려는 지향을 가지는 것이다. 여기에서 만물을 생화하는 힘이 나타나서 원래 태극의 「자연유행」 상태를 벗어나기 때문에 「동」이라는 것을 말할 수 있는 것이다. (건이 「강건(剛健)」한 성질을 가진다라고 말하는 것은 「자연유행」에서 「힘을 드러내는 것(著力)」을 말하는 것이다.) 그러나 건의 강건한 세력은 결코 나아가기만 하고 영원히 돌아오지 않는 이와 같은 것이 아니라, 극성한 시기에 이르면 세력이 급속히 쇠하게 되어 강건한 세력은 휴식하고 또 아직 「힘이 드러나기」 전의 「자연유행」의 상태를 회복하게 된다. 그러나 건의 강건한 힘이 드러날 때 생기는 움직임은 오히려 휴식하는 단계 속에서 자라나 사물을 생성하는 것이다. 이런 건의 세력이 휴식하는 단계가 바로 곤이다. 소위 곤이란 것은 건의 작용을 이어받아 크고 넓게 물을 생성시키는 것을 말한다. 그 후에 곤의 작용이 쇠하고 건의 강건함이 다시 생기게 되어 반복이 끊어지지 않는 것이다. 그런데 여기에서 말한 건의 강건함이 쇠한 후에 다시 「자연유행」의 상태로 돌아간다는 것은 건의 입장에서 말하는 것이다. 그러나 사실은 건의 작용은 곤으로 전환되면서 연속적으로 작용이 일어나는 것으로, 건도의 변화가 곤도의 변화로 전환된 것이다. 그러나 곤의 입장에서 말하면 이때는 여전히 태극의 「자연유행」은 아니다. 그러므로 건의 작용(功德)에는 「작용하는 것」과 「휴식」의 때가 있고, 곤의 작용에도 또한 「작용하는 것」과 「휴식」의 때가 있는 것이다. 이것이 바로 건과 곤이 각각 「동」과 「정」을 가지는 까닭이다. 건의 「동」은 그 강건한 성질이 작용하는 것을 말한다. 건의 「정」이란 것은 강건한 세력이 쇠하고 휴식하여 곤의 작용이 일어나는 것이다. 곤의 동은 사물을 생하는 성질을 이어받아서 작용하는 것을 말한다. 곤의 「정」이라는 것은 사물의 생하는 성질을 이어받아 작용하는 경향이 휴식하고 건의 세력이 흥하는 것을 말한다.

양자는 상호교환하는 작용을 하는데, 그 작용은 「동」과 「정」이다. 건의 강건한 세력이 일어나면 움직여서 나아가기 때문에 「직(直)」이라고 말한다. 강건한 세력이 휴식하면 하나로 정성을 다하기 때문에 「전(專)」이라고 말한다. 곤의 세력이 일어나면 움직여서 물을 낳기 때문에 「벽(闢)」이라고 하는 것이다. 그 세력의 작용이 휴식하면 닫고서 감추기 때문에 「흡(翕)」이라고 말한다. 여기에서 우리는 「동」과 「정」의 의의를 파악할 수 있을 것이다. 「동」은 무엇인가? 태극의 자연유행과 대조하여 보면 「동」은 자연유행 속에 세력이 드러나는 것(건의 강건 혹은 곤의 생물을 막론하고)이기 때문에 「동」은 「세력이 드러나는 유행(著力的流行)」이다. 「정」은 무엇인가? 「동」의 힘이 다하여서 풀어지는(건의 강건 혹은 곤의 생물을 막론하고) 것이기 때문에 「정」은 「세력이 드러나지 않는 유행(不著力的流行)」이다. 그러므로 동과 정의 상호 대비는 오직 「세력이 드러나고」와 「세력이 드러나지 않는」 구별만 있을 뿐이고, 양자는 모두 동(절대적 동은 바로 유행의 뜻이다)이다. 즉 동은 「힘이 드러나는 움직임」이고 정은 「힘이 드러나지 않는 움직임」이다.

비록 여기에서 좀더 논의해야겠지만 건과 곤은 모두 하나의 「동」인데 왜 곤괘 〈문언전〉에서는 「지극히 고요하나, 그 덕은 방정하다(至靜而德方)」라고 말하는가? 그것은 건과 곤이 만물을 생화하는 사고의 과정을 살펴보면, 건은 시동(始動)이고 곤은 이어받기 때문이다. 건을 순승하는 것으로 말하면 「힘이 드러나지 않는 움직임」이고 「정」이다. 순승 이후에 곧바로 나오는 것이 사물이 생겨나는 것이다. 사물이 생겨나는 것은 「힘이 드러나는 움직임」이기 때문에 「지극히 유순하나, 그 움직임은 강성하다(至柔而動也剛)」인 것이다. 건과 곤의 두 작용은 모두 「동」이다. 《역위건착도(易緯乾鑿度)》의 말이 가장 잘 들어맞는다.

"양은 움직여서 나아가고 음은 움직여서 물러난다."[43]

여기에서 건양곤음은 각각 동, 정인데, 사실은 모두 유행하는 운동 중의 것들이다.

위에서 인용한 간(艮)괘 〈단전〉의 「시간에 맞게 정지할 때는 정지하고, 시간에 맞게 행동할 때는 행동하여야 한다」의 문장에서 「지(止)」는 「정」이고 「행(行)」은 「동」이다. 그러나 「지」는 절대적 부동이 아니라 상대적인 의미에서 말하는 것이다. 8괘 중에서 간(艮)은 지(止)의 뜻이다. 64괘 중에서 내괘나 외괘가 간의 상인 것은 모두 지(멈추다, 머물다)의 뜻을 함유하고 있다. 예를 들면 몽(䷃)괘의 〈단전〉에 「험하여 멈추다(險而止)」 비(䷕)괘의 〈단전〉에 「문명하여 그치다(文明以止)」 여(䷷)괘의 〈단전〉에 「멈추어서 밝은 것에 붙어 있다(止而麗乎明)」 점(䷴)괘의 〈단전〉에 「머물러서 손순하다(止而巽)」 건(䷦)의 〈단전〉에 「험한 것을 보고 멈출 수 있다(見險而能止)」 등은 모두 태극의 보편적 작용 중에서 상대되는 「지」의 뜻으로 우주 속에는 절대적

---

43) 「陽動而進, 陰動而退.」

「멈춤(止)」이란 있을 수 없는 것이다. 이런 뜻을 가장 분명하게 드러내는 것은 둔(☶)괘이다. 하괘의 상이 간인데, 〈단전〉에서는 「지」를 말하지 않고 「시간과 더불어 행한다(與時行也)」라고 말하여, 둔의 시와 더불어 행하는 것이 「지」이다. 「여시행(與時行)」이란 것은 무슨 뜻인가? 바로 「힘을 드러내지 않고」서 어떤 일을 하는 것으로 태극의 보편적 유행에 따라서 움직이는 것, 바로 「정」이다.

마지막으로 〈설괘전〉에서 말하는 8괘의 의미에 대한 장을 예로 들어보면 「동」과 「정」두 가지 의미를 더욱 깊게 토론할 수 있으리라 본다. "건은 강건한 것이다. 곤은 유순한 것이다. 진은 움직이는 것이다. 손은 들어가는 것이다. 감은 빠지는 것이다. 리(離)는 붙이는 것이다. 간은 그치는 것이다. 태는 기뻐하는 것이다."[44]

여기에서 건은 「건(健)」을, 곤은 「순(順)」으로 말하지만, 모두 「동」에 대해서는 말하지 않고 있다. 동을 말하는 것으로는 진(震)괘가 있는데 여기에 상당히 깊은 의미가 숨어 있다. 「건」이나 「곤」을 왜 「동」으로 말하지 않는가? 왜냐하면 양자는 모두 「동」도 가지고 있고 「정」도 가지고 있기 때문이다. 진은 완전한 「동」으로 태극의 자연유행 속에서 우뢰가 진동하여 소리를 내는 것으로, 「힘이 드러나는 움직임」이기 때문에 이때는 「정」이 없다. 여기에서 독자들은 비로소 분명하게 「동」 「정」의 두 가지 뜻을 구분할 수 있을 것이다.

---

44) 「乾, 健也. 坤, 順也. 震, 動也. 巽, 入也. 坎, 陷也. 離, 麗也. 艮, 止也. 兌, 說也.」

제 4 장
만물의 발생과 인도의 정립

제 1 절 한줄기 상승의 길

건원(乾元)이 하늘을 지배하고 곤원(坤元)이 땅과 짝을 짓고 천지가 조화하여 만물을 화생한다. 만물의 형체가 드러나기 시작하면서 우주는 삼분화──천(天), 지(地), 물(物) ── 된 국면을 드러내게 된다. 만물은 다양하여 각각 부여받은 본성이 다르다. 그 중 어떤 사물은 지각능력을 가지지 못하고 있으며, 어떤 사물은 비록 지각은 있으나 그것의 작용이 신통하지 못하다. 만물 가운데에서 가장 뛰어난 지각을 가진 존재는 오로지 인간일 뿐이다. 그러므로 「인간」은 자연히 만물 가운데에서 가장 빼어나게 튀어 나와서 「만물」을 대표하게 되는 것이다. 《주역》에서 천, 지, 인을 「삼재(三才)」라 하고, 천도(天道), 지도(地道), 인도(人道)를 「삼재지도(三才之道)」 혹은 「삼극지도(三極之道)」라고 말하는 것은 이런 이유에서이다.

인간이 어떻게 수많은 만물 중에서 가장 뛰어난가?라는 것을 역경철학에서는 결코 직접적으로 말하지 않는다. 《역경》은 인도의 정립이라는 문제의 기본적 관점을 인간이 다른 만물 존재에 비해서 탁월하다는 전제 위에서 말한다. 이 때문에 《역경》의 주요정신은 인도를 운영하는 문제를 집중적으로 다루고 있는데, 어떻게 인간세계를 타당하게 설명하고 있는가? 라는 것이 중심주제이다. 그러나 이미 말한 것처럼 《역경》은 결코 한 시대 한 사람의 손에서 나온 철학이 아니고, 복희씨가 괘를 그린 이후 공자와 노자를 거쳐서 하나의 철학체계로 완성되는 데에 4000년이란 오랜 시간이 걸렸다. 이런 장구한 발전과정 속에서 철학사상과 역사는 함께 전진하고 그곳에서부터 인간의 지위 역시 점점 상승하게 되는 것이다. 앞의 서론 속에서 간략하게 언급한 것 이외에 자세하게 설명할 여유가 없었는데, 여기에서 인도의 정립이라는 한 장을 만들어 더욱 분명하게 설명하려 한다. 이하의 두 절 중 하나는 인간의 진보과정을 《주역》에 근거하여 역경철학의 발전과정과 관련하여 살피려 한다. 또 한 절은 기타의 역사서를 근거로 하여 인간의 기질변화를 통한 인간의 진보과정을 살펴보려 한다. 이런 관점들은 물론 중국인의 관점에서, 중국역사를 활동배경으로 하여 말하는 것이다. 전체 인류를 개괄하지 못하였지만 중국을 통하여 다른 나라를 미루어보면 전체 인류의 진보과정 역시 이런 경향을 크게 벗어나지는 않을 것이기 때문이다.

(1) 철학적 형태의 변화로 본 인간의 진보과정 :
　　천도사상(天道思想) ⟶ 신도사상(神道思想) ⟶ 인도사상(人道思想)

"역의 도는 깊어서 사람들은 세 분의 성인을 보내었고, 세상은 삼대의 고대를 지냈다."[1]

이것은 반고(班固)의 《한서 예문지》 속에서 나온 말이다. 반고는 위대한 역사가의 안목으로 공자 이전의 역학 발전사를 세단계로 나누고 있다. 즉 상고(上古)의 복희씨, 중고(中古)의 주문왕, 근고(近古)의 공자(동한 초기에는 공자의 시대를 근고 혹은 하고(下古)라고 말한다)이다. 후대인들은 모두 반고의 입장을 따르지만, 반고의 말이 너무 간단하여 상세한 것은 말하지 않기 때문에 그의 말을 인용하는 것은 여기에만 그친다. 도대체 「삼성(三聖)」의 역(易)이 무엇인가?「삼고」의 역은 어떤 전개과정을 거쳤는가? 그들「삼성」과「삼고」의 역이「갱(更)」하고「역(歷)」하는 역사적 요소들은 무엇인가? 이런 문제들에 대해서는 아무도 언급하지 않았다.

---
1)「易道深矣, 人更三聖, 世歷三古.」

필자는 반고의 놀라운 식견에 탄복하였다. 공자 이전 역학의 발전상태를 나름대로 연구한 후에 나는 그의 논점이 너무 정확하여 어떠한 하자도 가지고 있지 않다는 사실을 인정하지 않을 수가 없었다. 다만 그가 조금밖에 이야기하지 않은 것이 애석할 뿐이다. 반고의 말은 충분하게 증명할 수가 있다. 우리가 역학 연구에 있어서 시대를 혼동하는 습관을 버리고 역사적인 사상 발전에 따라서 연구를 진행하기만 한다면 《주역》 속에서 이미 「삼성」 「삼고」의 역을 분명하게 구분하는 경계를 어렵지 않게 발견할 수 있기 때문이다.

    8괘의 부분──상고의 복희씨의 역
    64괘와 괘효사 부분──중고 주문왕의 역
    〈십익〉 부분──근고의 공자 역(십익은 모두 다 공자의 손에서 나온 것은 아니다. 그러나 철학적인 입장에서 십익은 공자의 철학에서 나온 것으로 말하는 것은 인정할 수밖에 없다.)

이 세 부분의 역학이 합해져 《주역》이란 책이 만들어지는 것이다. 즉 복희씨에서 주문왕까지의 약 3500년, 주문왕에서 공자까지의 600여 년이 바로 고대 세 단계의 역사시대이다.
    그러나 우리의 인식은 결코 여기에만 머물러서는 안 된다. 「삼성」과 「삼고」는 더욱 밀접한 관련을 가지고 있다. 그것은 바로 복희씨, 주문왕과 공자가 모두 탁월한 지혜를 겸비하여 철학적 내용들을 남겨놓아 각각 한 시대를 대표하는 인물이 되는 것이다. 위에서 제시한 《주역》의 세 부분이 바로 「삼성」이 성인이 되는 까닭이고, 「삼고」가 구분될 수 있는 원인이 되는 것이다. 바꾸어 말하면 「삼고」의 구분은 각 시대의 철학경향이 다른 것에 근거하고 있다는 것이다. 세 단계의 역사시대의 철학적 경향이 다른 것들은 무엇인가? 바로 《주역》에서 말하는 「삼성」의 활동내용에 의해서이다. 《주역》내용의 세 부분이 각각 대표하는 시대적 철학경향은 아래와 같다.

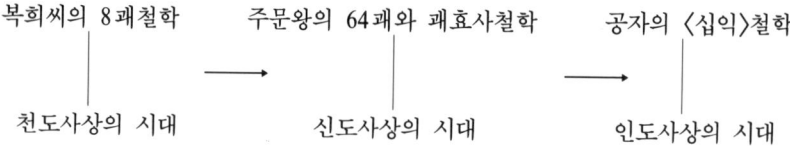

(「천도」「신도」「인도」라는 말은 자연히 중국인들의 의식형태에 근거하고 있다. 만약 서양철학적인 용어로 말하면 「자연철학」「종교적 철학」과 「인문주의적 철학」으로 바꿀 수 있을 것이다.)

복희씨의 시대는 「천도사상의 시대」로 보고 있는데, 그것은 당시의 사람들의 주된 철학적 대상이 천지의 자연현상을 위주로 삼고 있었다는 의미이다. 이 말은 보기에는 무척 독단적인 것같이 보일 것이다. 왜냐하면 근대 이래 역사 고증학에서는 이 문제에 대해서 의문을 제기하고 있다. 그중 중요한 의견을 두 가지 들 수 있는데, 첫째, 역사학에서는 실증을 중시한다. 복희씨라는 인물에 대해 의심하지만 오늘날 고고학의 입장에서는 실증할 방법이 없다. 둘째, 복희씨가 8괘를 그렸다는 것은 고대의 문헌에 근거하는 것이다. 그러나 고문헌이 이런 사실을 기재한 것은 고대인들의 전설에 의거한 것이다. 그러므로 현대인들의 입장에서 볼 때 전설은 당연히 믿을 수 없는 것이다. 필자는 결코 역사적 사실을 규명하려는 의도가 없기 때문에 위의 두 가지 문제에 대해서 상세한 해설을 피하려 한다. (더욱 상세한 것은 필자의 《선진역학사》를 참고하기 바란다.) 다만 현대인들이 복희씨가 8괘를 그렸다는 문제를 의심스럽다고 생각하는 것에 집착하면 오히려 이치에 어긋난다는 생각이 든다. 위에서 말하는 첫번째 의문에 대해서 말하면 역사적인 일은 분명히 실증을 중시하여야 하지만 그러나 실증에도 한계가 있다. 복희씨가 생존하던 원고시대는 전설에 의하면 「유목시대」의 창시자(「伏羲」라는 뜻은 희생으로 쓰는 소를 길들여 따르게 하는 것이다)이고, 지질학상으로는 「신석기시대」이다. 그때의 기물 제작은 전혀 발달하지 못하였다. 즉 원시적 형태의 기물이 일찍이 사라져 없는 상황 속에서 복희씨의 생존을 실증하라는 요구가 어떻게 이치에 어긋나지 않겠는가? 또 두번째의 문제에 대해서 말하겠다. 복희씨의 시대에는 아직 문자가 없었고, 문자가 없는 역사는 당연히 구전에 의거할 수밖에 없다. 「전설」이란 것은 본래 사실을 결핍하는 수가 많지만, 문자 발생 이전의 역사에서는 전설의 가치를 무시할 수가 없는 것이다.

그러면 8괘의 제작에 대해서 살펴보도록 하자. 8괘는 이미 어떤 특정한 현상을 가지고 있기 때문에 반드시 그것을 그린 사람이 있을 것이다. 이것은 의심할 수 없는 사실이다. 다시 8괘라는 괘상의 완벽함과 그것이 대표하고 있는 철학적 내용의 일관성(제 1 장에서 이미 말했음)이라는 점을 살펴보면 그것을 그린 사람은 반드시「한 사람」이고, 결코 각각 다른 시대의 여러 사람들에 의해 만들어진 것이 아니라는 것은 의문이 없는 사실 중의 하나이다. 또 각종 옛 문헌들에 기록된 것들을 종합하여 보면 8괘를 그린 사람은 오직 복희씨일 뿐이고 다른 사람은 없다. 이것 역시 의문을 가질 수 없는 사실 중의 하나이다. 그러나 더욱 중요한 것은 8괘 자체가 표현하고 있는 내용을 가지고 그것을 만들어낸 시대를 결정한다는 사실이다. 8괘는 ☰천, ☷지, ☳뇌, ☴풍, ☵수, ☲화, ☶산, ☱택이라는 하늘, 땅, 우뢰, 바람, 물, 불, 산, 연못 등의 여덟 가지 자연현상이다. 철학사상은 시대를 떠나서 존재할 수 없기 때문에 8괘를 그린 것은 천지라는 자연을 중심사상으로 삼던 원고시대라는 것을 증명해주는 것이다. 바로 전설 중에서 말하는 복희씨가 생존한 유목시대의 중심사상이다.

  고대의 문헌 속에 기재된 전설은 나름대로의 사리를 인정해주기 때문에, 필자는「복희씨가 8괘를 만들었다」라는 사실을 가능한 것으로 보려 한다. 중국민족의 문화라는 것은 매우 오래된 긴 흐름의 연속성에 있다. 중국인들은 오늘날의 이 땅에서 수십만 년의 역사발전을 하여 왔는데(북방인의 발견은 50만 년 이상이라는 것을 증명한다), 복희씨 시대에 이르러 이곳의 사람들의 인식능력은 이미 이성의 빛이 발하는 단계에 이른다. 이때부터 수만 년 동안 몸속에서 배태되어지고 자라난 대자연에 대한 탐구의 마음이 생기게 되는데 복희씨가 그의 뛰어난 지혜로 기선을 잡아가는 것이다. 당시에는 문자가 없었기 때문에 8괘라는 부호를 그려서 사상(思想)을 드러내었다. 8괘의 상을 취한 것은 결코 기물의 제작이나 인간관계, 사회국가의 제도에서 취한 것이 아니다. 그때는 이런 것들은 아무것도 생기지 않았다. 그때 인간들은 여전히 자연계의 보호 아래 생활하고 있었다. 하늘의 높고 요원함, 땅의 넓고 두터움, 우뢰와 바람의 질주, 물과 불의 재해, 산과 못의 깊음 등의 자연현상은 직접적으로 인간의 생존과 관계되는 것이다. 생존과 관계되는 것들은 당연히 마음속에서 망각할 수 없는 것이기 때문에 8괘 속에 표현되는 것이다. 이것이 소위「사상은 시대를 벗어나지 못한다」라는 의미이다.

  8괘가 상을 취한 대상은 완전히 자연의 현상들이다. 그것은「천도사상 시대」의 산물이라는 것을 증명해주고 있고, 동시에 사람의 지위는 그 시대의 사상 속에서는 여전히 중시되지 않고 있다는 사실을 증명하고 있다. 복희씨는 시대에 앞서서 우뚝하게 지자(智者)의 자태로서 8괘를 그렸지만, 그러나 보통 사람들의 중심되는 사상은 여전히 자연사상 속에 지배되고 있었다. 즉 「인도사상」은 아직 나타나지 않고 있었다.

8괘에서 64괘로 되었을 때 표현된 시대적·철학적 경향은 완전히 다르다. 첫째, 64괘의 명칭은 더 이상 자연현상에 관한 것만은 아니었다. 예를 들면 송(訟), 사(師), 비(比), 동인(同人) 등은 사회관계를 말하는 것이고, 겸(謙), 예(豫), 수(隨) 등은 개인의 도덕을 말하고, 함(咸), 항(恒) 등은 남녀의 애정, 가인(家人), 귀매(歸妹) 등은 가정, 정(鼎), 혁(革) 등은 국가에 관해서 말한 것이다. 분명하게 이 시대에는 이미 인간사회의 내왕이 빈번하게 되었을 뿐만 아니라, 도덕관념의 성립, 가정의 조직과 국가의 제도 등이 모두 성립되었다는 것을 말하고 있다. 둘째, 64괘와 괘효사는 서술을 행하는 데 응용된다. 귀신의 계시를 통하여 길, 흉, 회, 린을 점단한다. 이때 귀신의 권위는 지고무상한 것이었고, 인간은 귀신의 지배하에 놓여지게 되는 것이다. 64괘의 괘효사를 읽어보면 인간이 스스로의 입신과 처세를 위하여 노력하고 있지만, 한편으로는 오히려 은연중에 귀신의 감시를 분명하게 받고 있다는 것을 느낄 수 있을 것이다. 이것이 바로 주문왕의 시대이다. 이때의 사람들은 이미 천도사상을 벗어나서 「신도사상 시대」로 들어가게 된다. 이때 인도사상의 조짐도 동시에 나타나게 된다. 그러나 전체 사회는 신도사상의 분위기로 차 있고 천도사상의 분위기는 이미 옅어져 버렸다. 여기에서 신도사상이 발생한 원인을 요약하여 설명하려 한다. 천도사상의 시대에 인간은 어떠한 자각도 없이 자연의 위력 속에서 기생하고 있을 뿐이었다. 더욱이 고대의 사람들은 자기와 자연이 대립하고 있다는 것을 의심하지도 않았고, 점점 자연계와 대립하고 있다고 의식한 후에도 그들은 자연현상의 신비로움에 대해서 이성적으로 해석하지 못하고, 다만 경이와 경외의 감정만 가지게 되는 것이다. 복희씨의 8괘철학은 바로 인간이 대자연과의 대립이라는 의식 속에서 경이와 경외의 마음으로 자연현상을 관찰하고 분석하여서 성립한 것이다. 시대가 점점 내려오면 인간의 지혜는 더욱 진보하여 자연현상 속에 존재하는 물, 불, 산, 못 등에 대해 점차적으로 파악하게 되는 것이다. 그러나 천지의 고원(高遠)함과 광대함 그리고 우뢰와 바람이 일으키는 재해의 원인이 무엇인가라는 문제는 그들의 지혜가 미칠 수 있는 것이 아니었다. 생존 보장이라는 노력과 그것을 개선하려는 의도에 이끌려, 천지는 의지를 가지는 초월적 세력으로 변신하여 우주만물을 지배하고 인간에게 행복과 재앙을 줄 수 있는 존재로 요청되어진다. 여기에서 천신(天神), 지지(地祇), 인귀(人鬼)의 사상이 생겨나는 것이다.

　귀신의 뜻을 고문헌을 통하여 해석해 보자.「귀(鬼)」는 무엇을 말하는가? 《설문》에 말하기를, "인간이 죽어 돌아가는 곳을 귀라고 말한다."[2] 《예기》〈제법〉에서 "사람이 죽은 것을 귀라고 한다."[3] 또 〈제의(祭義)〉에서 말하기를, "생명 있는 모든 중생은 반드시 죽는다. 죽으면 반드시 흙으로 돌아가는데, 이것을 일러 귀라고 말한다."[4] 즉「귀」는 사람에서 나오는 것이다. 인간은 육체와 정신 둘을 가지고 있는데 죽어서 정신이 육체를 이탈하는 것이「귀」이다.「신(神)」이란 무엇인가?《설문해자》에 "천신은 만물에서 끄집어낸 것이다."[5] 서호(徐灝)의 전주(箋註)에서 말하기를, "천지가 만물을 생하고, 물에는 그것을 주재하는 것이 있는데 신이라고 한다."[6] 《설원(說苑)》〈수문편(修文篇)〉에 "신이라는 것은 천지의 바탕이고 만물의 시작이다."[7]「신」이라는 것은 천지를 벗어나서 생각할 수 없는 것이고,「신」은 천지에 의해서 성립되는 것이다. (「지(祇)」는「땅」의 신이다. 이것은 《옥편》에 보인다.) 간단하게 말하면「귀」는 인간에 가깝고「신」은 천지에 가깝다.「귀」는 정신화된 인간을 말하고,「신」은 구체화된 천지를 말한다.「귀신」은 인간과 천지 사이에 끼어서 교량의 역할을 담당하여, 인간과 천지 양자의 감정을 통하게 한다. 그러한 관계는 아래의 도식과 같다.

　　　　　천지 ── 신·귀 ── 인간
　　　　（天地）（神）·（鬼）（人間）

　이것은 역사적 사실이 이런 상황을 가장 잘 설명해주는데, 바로 《상서》의

---

2)「人所歸爲鬼」
3)「人死曰鬼」
4)「衆生必死, 死必歸土, 此之謂鬼.」
5)「天神, 引出萬物者也.」
6)「天地生萬物, 物有主之者曰神.」
7)「神者, 天地之本, 而爲萬物之始也.」

〈금등편(金縢篇)〉에서 말하는 주공의 이야기이다. 무왕이 병이 났을 때, 주공은 자기가 대신해서 아프기를 기도하였다. 그러나 그가 기도한 대상은 천지가 아니고 태왕(太王)·왕계(王季)와 문왕이었다. 주공은 죽은 그들 세 사람의 영혼에게 천지의 신에게 대신 말을 전해주기를 청하였다. 여기에서 우리는 귀신의 의미가 어떤 것인지를 알 수 있을 것이다.

그러므로「신도사상 시대」의 박두는 바로 인지(人智)의 진보를 의미하는 것이다. 과거「천도사상 시대」에는 인간들이 천지에 그들의 감정을 소통할 수 있는 방법이 없었고, 다만 자연의 조종을 받아들일 수밖에 없었다. 이제는 그들의 정성을 천지에 전하는 새로운 방법을 생각해내어 천지귀신에게 재앙은 피하고 복을 내려주기를 구한다. 동시에 이것은 인간의 지위가 높아진 것을 말하는 것과 같다. 과거의 8괘 철학에서는 인간의 지위라는 것은 생각할 수도 없었다. 비록 64괘 철학에서도 귀신의 권세가 가장 높은 것이었지만, 그러나 귀신의 의지는 결국 인간에 놓여져 있게 되는 것이다. 만물은 비록 모두 천지에 의해서 소생된 것이지만 인간만이 오직 천지와의 사이에 다리를 놓아서 왕래를 하기 때문에 인간은 분명히 만물 가운데에서 으뜸되는 존재이다.

주문왕의 시대는 결코「신도사상 시대」의 전성기는 아니다. 신도사상의 전성기는 마땅히 은상(殷商) 말기 무렵이다. 지금 볼 수 있는 갑골문의 복사(卜辭)는 반경(盤庚) 이후의 것이다. 그때가 비로소 신도사상의 전성기이다. (복의 방식은 상대 이전에도 이미 있었다. 산동성 자애(子崖)에서 발견한 복사가 바로 이것이다. 다만 그곳에서 발견된 것은 소와 양의 어깨뼈만 사용하고 있어서 신도사상은 상대 이전부터 시작되었음을 알 수 있다.) 주문왕 때 즉 은상의 마지막 왕인 폭군 주(紂)가 재위에 있을 때로서 당시의 신도사상은 여전히 일반사회를 풍미하고 있었다. 그러나 인간의 지혜는 더 이상 귀신의 지배를 달갑지 않게 생각하는 상황이었다. 주문왕은 일반사회인들의 심리를 읽고서 64괘를 서술(筮術)에 적용하였다. 그러나 사실상 서술의 길, 흉, 회, 린의 판단이란 것은 귀신의 이름을 빌리고는 있지만 그 표준은 완전히 사람들 모두에게 공통되는 이치에 있었던 것이다. 공자는 주문왕을 칭찬하여 말하기를, "성인은 신도로 가르침을 제정하니 천하가 모두 이에 따랐다."[8]「신도」는 당시의 시대적 철학경향을 말하고,「설교(設敎)」는 인지의 사용을 말한다. 공자

---

8) 觀卦〈象傳〉「聖人以神道設敎而天下服矣」

의 이 말은 매우 적절하다.

주문왕 이후 인간 지혜의 신속한 발전은 위에서 인용한 《상서》〈금등편〉의 주공에 대한 기록에서도 발견할 수가 있다. 주공이 태왕, 왕계, 문왕에게 기도한 것은 순수한 정성이라고 말할 수 있을 것이다. 이것은 그가 신도사상의 속박을 깊게 받고 있다는 것을 의미한다. 그러나 동시에 주나라 초기에 예악을 제작하는 등의 인간 지혜의 소산물 역시 그의 손에서 나온 것이다. 바꾸어 말하면 주공은 신도사상과 인도사상의 과도기에 존재하고 있었기 때문에 이중적인 색채를 드러내고 있는 것이다. 가장 분명하게 그런 색채가 드러나는 곳은 《상서》의 〈홍범편〉이다. 「홍범구주(洪範九疇)」는 주의 신하인 기자(箕子)가 무왕(武王)에게 말하는 것이다. 이 글을 후대인들은 주대에 다시 씌어진 것으로 보기도 하는데 그 내용은 주나라 초기에 나라를 다스리던 법으로 오늘날의 헌법과 유사한 성질을 가지고 있다. 홍범구주의 일곱번째 「명용계의(明用稽疑)」의 아래단에 임금이 풀기 어려운 일에 부딪혔을 때 어떻게 처리해야 하는가? 라는 것에 관해 기재하고 있다.

"당신께서 해결하기 어려운 큰 문제를 가지고 있을 때에는 먼저 스스로 생각하고 다음에는 대신들에게 물어보고, 다음은 백성에게 물어보고, 다음에 거북점과 시초점을 쳐서 물어보십시오. 만약 당신께서 찬성하고, 거북점이 찬성하고, 시초점이 따르고, 대신들이 찬성하고, 백성이 찬성하면 이것을 대동이라 하는 것이오. 그러면 당신의 몸은 평안하고 건강하고, 자손들은 번영하여 길하게 될 것입니다.

당신께서 찬성하고, 거북점이 찬성하고, 시초점이 찬성하면, 대신들이 반대하고, 백성들이 반대한다고 하여도 길할 것입니다.

대신들이 찬성하고, 거북점이 찬성하고, 시초점이 찬성하면, 당신이 반대하고, 백성들이 반대한다고 하여도 역시 길합니다.

백성이 찬성하고, 거북점이 찬성하고, 시초점이 찬성하면, 당신이 반대하고, 대신들이 반대한다고 하여도 역시 길합니다.

당신이 찬성하고, 거북점이 찬성하고, 시초점이 반대하고, 대신들이 반대하고, 백성들이 반대한다면 안에서 하는 일은 길하고 밖에서 하는 일은 흉할 것입니다.

거북점과 시초점이 다 같이 사람의 의견과 다르다면 가만히 있으면 길하고

움직이면 흥할 것입니다."⁹⁾

이것은 매우 분명하고도 과학적인 규정을 내리고 있다. 위에서는 천자가 국사를 논할 때에 큰 어려움에 직면하여 참고하는 조건을 다섯 가지로 규정하고 있다. ①「내심(乃心)」이라는 것은 천자의 뜻에 의해서이다. ②「경사(卿士)」는 대신들의 견해에 의해서이다. ③「서인(庶人)」은 백성들의 뜻에 의해서이다. ④「복(卜)」즉 귀복(龜卜)(「骨卜」을 제외함. 주나라 사람들이 복을 행할 때는 거북을 사용하고 뼈를 사용하지 않는다. 이유는 필자의 《선진역학사》에서 설명하고 있다). ⑤「서(筮)」는 바로 64괘의 괘상과 괘효사로 행하는 서술을 말한다.

위의 다섯 가지 결의(의문을 해결하는)하는 조건은 신도사상의 「복(卜)」과 「서(筮)」가 중요한 위치를 점하고 있다는 사실을 말하고 있고, 나머지 세 가지 항목은 모두 인간의 이성적 판단에 의한 것이다. 이것은 바로 인도사상의 세력이 점점 흥기하고 있음을 보여주는 것이다. 그런데 이런 경우들은 은대 갑골복사 시대에는 절대로 용납될 수 없는 것이다. 그때는 모든 것을 천지귀신의 계시에 따랐기 때문에 인간이성의 사용이란 것은 여지가 없었다.

그러나 시간이 지남에 따라 인도사상은 더욱 융성하여 춘추시대에 이르면 《춘추》《국어》《사기》 등의 여러 곳에서 인도사상이 만개하고 있음을 발견할 수 있을 것이다. 주나라의 조정이나 제후국에서는 식견이 있는 인사들이 공개적으로 귀신의 가치를 절하하고 인도를 높이는 말들을 하고 있다. 예를 들면,

 환공(桓公) 6년에 계량(季梁)이 수(隋)나라 군주에게 말하기를, "백성은 신에게 제사를 드리는 주인공입니다. 그러므로 성왕은 먼저 백성들을 잘 살게 해주고 난 후에 신에게 정성을 드렸습니다."¹⁰⁾

---

9) 「汝則有大疑, 謀及乃心, 謀及卿士, 謀及庶人, 謀及卜筮.
 汝則從, 龜從, 筮從, 卿士從, 庶民從, 是之謂大同. 身其康彊, 子孫其逢吉.
 汝則從, 龜從, 筮從, 卿士逆, 庶民逆, 吉.
 卿士從, 龜從, 筮從, 汝則逆, 庶民逆, 吉.
 庶民從, 龜從, 筮從, 汝則逆, 卿士逆, 吉.
 汝則從, 龜從, 筮逆, 卿士逆, 庶民逆, 作內吉, 作外凶.
 龜筮共違于人, 用靜吉, 用作凶.」
10) 「夫民, 神之主也, 是以聖王先成民, 而後致力於神.」

장공 32년에 대사 은(囂)은 괵공(虢公)이 신에게 올리자, 신이 토지를 준다는 말을 듣고 이어서 말하기를, "괵나라는 망할 것이다. 내 들었거니와 나라가 흥하려 함에는 백성들에게 군주는 국사를 물어보고, 망하려 함에는 신에게 묻는 것이다. 신은 총명하고 정직하여 한 가지 마음만을 가지고 있다. 그러므로 신은 인간에 따라서 화복을 행한다. 괵나라 군주는 나쁜 짓을 많이 하였는데 무슨 땅을 얻을 수 있겠는가?"[11]

희공(僖公) 5년에 궁지기(宮之奇)가 우공(虞公)에게 말하기를, "신이 듣기에, 귀신은 사람을 친하게 대하는 게 아니고 다만 덕을 친하게 지낸다 라고 하였습니다 …… 이와 같기 때문에 덕이 아니면 백성은 불화하고 신은 제사를 받지 않습니다. 신이 의거하는 것은 제사지내는 사람의 덕에 있습니다."[12]

또 희공 19년에 사마(司馬)인 공자 자어(子魚)가 말하기를, "제사지내는 것은 사람을 위하는 것이고, 백성은 신에게 제사를 지내는 주인공입니다."[13]

이런 말들은 모두 그 시대를 대표하는 것들이고, 이와 같이 인도사상이 막 일어나는 중에 공자가 연이어 나타난다.

공자의 출현은 확실히 「인도를 위하여 헌신하는」 정신을 띠고 있다. 그의 철학은 항상 「인간」에 놓여 있어서 「인도」를 높이 들어올리고 있다. 예를 들면 자로(子路)가 그에게 「귀신 섬기는 것」에 대해서 물었을 때 그는 "사람도 아직 섬기지 못했는데 어떻게 귀신을 섬기겠는가?"[14]라고 말한다. 장저(長沮)와 걸닉(桀溺)이 공자가 세상을 피하는 것을 모른다고 풍자하자, 공자가 말하기를, "인간은 조수와 더불어 살지는 못한다. 내 이런 세상 사람들과 함께 하지 않으면 누구와 함께 살겠는가? 천하에 도가 있다면 나는 나와서 이 세상을 변화시키려 하지 않을 것이다."[15] 공자의 「도」에 대한 주장은 바로 "도는 사람에게서 멀리 떨어져 있지 않다. 사람이 만약 도를 행하여 사람을 멀리 떠나 있으면 도라고 할 수 없는 것이다."[16]이다.

---

11) 「虢其亡乎! 吾聞之, 國將興, 聽於民, 將亡, 聽於神. 神, 聰明正直而壹者也, 依人而行, 虢多涼德, 其何土之能得?」
12) 「臣聞之. 鬼神非人實親, 惟德是依 …… 如是則非德, 民不和, 神不享矣. 神所馮依, 將在德矣.」
13) 「祭祀, 以爲人也. 民, 神之主也.」
14) 《논어》〈先進篇〉「未能事人, 焉能事鬼?」
15) 《논어》〈微子篇〉「鳥獸不可與同群, 吾非斯人之徒與而誰與? 天下有道, 丘不與易也.」
16) 《중용》「道不遠人, 人之爲道而遠人, 不可以爲道.」

제 4 장 만물의 발생과 인도의 정립 237

공자가 일생동안 한 일을 두 방면으로 나누어 보면 하나는 어떻게 하면 구시대의 신도사상을 제거하고 사람들이 인도사상을 따르게 하는 것인가 라는 것이다. 또 하나는 어떻게 새로운 「인도사상의 시대」에 인간이 인간다운 도리를 할 수 있는 이론을 성립하려는 노력을 들 수 있을 것이다. 그것을 요약하면 아래와 같다.

신도사상을 제거하고 인도사상을 전환시키려는 공자의 노력은 다음과 같다.

① 공자는 서주(西周) 이래의 서술의 점 등을 버리고 이성적인 사고를 통하여 길, 흉, 회, 린의 근거들을 설명한다. 이것은 〈단전〉〈상전〉〈문언전〉 등에 나타난다.

② 「천」「지」「신」 등의 원래 신도사상의 의미가 함유된 개념들을 철학적인 의미로 변화시켰다. 예를 들면,

"하늘의 운동은 건전하고 군자는 그것을 본받아 자강불식한다."[17]

"땅의 형세는 순순하다. 군자는 그것을 본받아 두터운 덕으로 다른 것을 용납한다."[18]

"태는 작은 것이 가고 큰 것이 오는 것으로, 길하고 형통하다. 이는 하늘과 땅이 서로 교호하여 만물이 통하는 것이다."[19]

"천지의 변화를 범위로 삼아 잘못을 저지르지 않고 만물을 곡진하게 이루어 남김이 없고, 낮과 밤의 도를 통달해 안다. 이 때문에 신은 방향이 없고 역은 체가 없다."[20]

"음양의 측정할 수 없는 변화를 일러 신이라 한다."[21]

"공자가 말하기를, 기미를 아는 자가 신인가!"[22]

③ 그는 몸소 솔선수범하여 언행상으로 볼 때 귀신에 대한 표현은 이러하다. 예를 들면,

---

17) 乾卦〈상전〉「天行健, 君子以自強不息.」
18) 坤卦〈상전〉「地勢坤, 君子以厚德載物.」
19) 泰卦〈단전〉「泰, 小往大來, 吉亨, 則是天地交而萬物通也.」
20) 〈계사전〉「範圍天地之化而不過, 曲成萬物而不遺, 通乎晝夜之道而知, 故神無方而易無體.」
21) 〈계사전〉「陰陽不測之謂神.」
22) 〈계사전〉「子曰, 知幾其神乎!」

"번지가 인에 대해서 묻자 공자가 말하기를, 사람이 마땅히 하여야 할 일을 다하고, 귀신을 존경하되 멀리하는 것을 지혜로운 자라고 할 수 있을 것이다."[23]

"공자는 괴상한 것, 힘이 강한 것, 어지러운 것, 신비한 것들에 대해서는 말하지 않았다."[24]

"조상에게 제사지낼 때에는 마치 조상이 있는 것처럼 하고, 신에게 제사지낼 때에는 마치 신이 있는 것처럼 지낸다. 공자가 말하기를, 내가 만약 부득이 하여서 다른 이가 주재하도록 하면, 마치 제사에 참여하지 않았는 듯한 마음을 가진다."[25]

"공자가 말하기를, 살아 있을 때는 예로서 모시고, 돌아가셨을 때에는 예로서 장사지내고, 예로서 제사지낸다."[26]

새로이 다가온 인도사상의 시대에 새로운 법칙을 성립하는 데 공자는 대부분의 정력을 소비하였다. 그는 사람들에게 어떻게 인도를 행하고, 부모, 형제, 친구들에 대해서 어떤 태도를 가져야 하고, 군신의 관계, 신하와 백성의 뜻과 부부 사이의 의미, 군자와 소인의 뜻을 말한다. 그는 사람들에게 군자나 대인이 될 것을 장려하여, 일상생활 속에서 어떠한 방식을 취하여야 하는가?를 상세하게 말하고 있다. 이런 내용들은 우리가 《논어》《예기》《춘추》《주역》을 읽을 때 분명하게 알 수 있을 것이다. 여기에서는 그것들을 예로 들어서 설명하지 않고 제6장과 제7장에서 서술하려고 한다.

결과적으로 공자에 이르러「인도사상의 시대」가 진정으로 시작된다고 할 수 있을 것이다. 이때부터 인간은 자신의 이지적 능력에 대해 자신감을 가지게 되고, 모든 행위와 판단을 이성에 근거하여 판단하고 행위하는 것이다. 이것은 바로 인간이 신도사상에 비해 다시 한 단계 더 올라선 것을 말한다.「신도사상 시대」에도 인간은 비록「수출서물(首出庶物 : 나와서 만물의 우두머리가 되는)」존재였지만 여전히 귀신에 기대어 있었다. 그러나 이때에 이르면 인간은 완전히 자신의 독립적 능력에 의지하게 되는 것이다.

---

23) 《논어》〈雍也篇〉「樊遲問仁. 子曰, 務民之義, 敬鬼神而遠之, 可謂知矣.」
24) 《논어》〈述而篇〉「子不語, 怪力亂神.」
25) 《논어》〈八佾篇〉「祭如在, 祭神如神在. 子曰, 吾不與祭, 如不祭.」
26) 《논어》〈爲政篇〉「子曰, 生事之以禮, 死葬之以禮, 祭之以禮.」

(2) 기질의 변화로 본 인간의 진보과정 :

野 ──→ 質 ──→ 文
(야만) (질박함) (장식함)

앞에서 철학적 경향의 변화를 통한 인간의 진보과정을 살펴보았는데, 그것은 바로 인간 이성이라는 관점에서 말한 것이다. 즉「천도」「신도」「인도」라는 철학적 경향들은 인간 이성의 진보라는 입장에서 말하는 것들이다. 여기에서 다시 각도를 바꾸어 인간의 기질적 변화라는 입장에서 인간의 진보과정을 살펴보도록 하겠다. 인간의 기질변화라는 것은 인간이 진보의 과정 속에서 이성의 자각에 따라서 생기는 것으로, 자각심이라는 것이 매우 중요한 역할을 한 것이다. 여기에서 표현되는 진보의 과정은 세 단계로 나눌 수 있다. 바로「야만(野)」에서「질박함(質)」으로, 다시「질박함」에서「장식함(文)」으로의 과정이다.

앞의 절에서 근거한 것은 주역철학의 발전사이다. 즉 복희씨, 주문왕, 공자의 사상을 세 부분으로 나눈 것이다. 이 절에서 필자는 중국역사의 한 부분을 잘라서 역사책에 기재된 글들을 인용하여 의거로 삼으려 한다. 독자들은 필자가 제목을 너무 벗어났다고 비판하지 말기를 바란다.

B.C. 1122년에 주문왕이 군사를 일으켜 은나라의 폭군 주(紂)를 정복하기 위해 맹진(孟津)에서 제후들을 모았다. 전설에는 당시의 제후들이 뜻밖에도 800명이나 모였다고 한다. 무왕은 그곳에서 놀라운 말을 하고 있다.

"천지는 만물의 부모이고, 사람은 만물의 영장이다."[27]

무왕이 먼저 천하의 제후들에게 이 말을 한 의도는 주를 치는 이 전쟁이 인간 본질의 존엄성을 보호하기 위해서라는 것이다. 무왕이「인간은 만물의 영장이다」라는 것을 슬로건으로 삼은 것은 그런 관념이 이미 인간의 마음속에 자리잡고 있음을 간접적으로 말해 주는 것이다. 당시의 천자인 주는 천하인들이 모두 우러러보는 위치에 있으면서도, 인간의 본성을 모독하는 일을 저질러

---

27)「惟天地, 萬物父母. 惟人, 萬物之靈.」

사람들의 원성이 들끓었고, 인심은 그에게서 이미 이탈하였다. 무왕은 천하의 인심이 요구하는 것에 부응하기 위하여 정의의 군대를 일으킨 것이다. 《상서》의 〈태서(泰誓)〉 3편 중에서 무왕이 주의 죄를 따지는 문제를 기재하고 있다. 〈태서〉 상편에,

"지금 상왕(商王) 수(受)는 위로 하늘을 공경하지 않고, 아래로는 백성들에게 재앙을 내리게 하였다. 그는 술에 빠지고 여색에 미쳐 갖은 포악을 감행하고 있으니, 사람들을 죄로 다스림에 그 일족까지 연루시키고, 관리를 임용함에는 인물의 재능에 관계없이 세습적으로 하고 있다. 오로지 궁실과 누각과 큰 연못, 사치스런 옷치장으로 그대들의 만백성을 불태워 죽이고, 임신한 부인의 배를 가르는 일까지 서슴지 않고 자행하고 있다."[28]

〈태서〉 중편에 또,

"오늘날 상왕 수는 무도한 일을 힘써 행하며 나이 많은 원로들을 버리고 죄인들과 함께 하며 방탕한 술주정에 방종과 포악을 일삼았다. 그 밑의 신하들은 이에 동화되어 붕당을 만들어 서로 적대시하며, 권세를 휘둘러 위협하며, 서로 상대방을 파멸시키고 있다. 이에 무고한 사람들이 하늘에 호소하여 그 추악한 덕이 분명하게 드러나고 있다. 하늘은 백성들에게 은혜롭고 임금은 하늘의 뜻을 받들어야 한다. 하나라를 다스리던 걸은 하늘의 뜻을 따르지 못하여 지상의 여러 나라에 해독만 끼치니 하늘은 이에 성탕에게 명을 내려 도와 하나라의 운명을 폐기시켰던 것이다. 수의 죄는 걸의 죄보다 더 심하다. 어진 사람을 파멸시켜 허수아비로 만들고, 직언하고 보필하는 신하를 때려 죽이며, 자기는 천명을 지니고 있다고 하여 공경스러운 덕은 행할 가치도 없다고 말하며, 제사는 무익한 것이라 말하고, 난폭해도 괜찮다고 말하고 있다."[29]

---

28) 「今商王受弗敬上天, 降災下民, 沉湎冒色, 敢行暴虐, 罪人以族, 官人以世, 惟官室, 臺榭, 陂池, 侈服以殘害于爾萬姓. 焚炙忠良, 刳剔孕婦.」

29) 「今商王受力行無度, 播棄犂老, 昵比罪人, 淫酗肆虐, 臣下化之. 朋家作仇, 脅權相滅, 無辜顧天, 穢德彰聞. 惟天惠民, 惟辟奉天, 有夏桀弗克若天, 流毒下國, 天乃佑命成湯, 降黜夏命. 惟受罪浮于桀, 剝喪元良, 賊虐諫輔, 謂己有天命, 謂敬不足行, 謂祭無益, 謂暴無傷.」

또 〈태서〉 하편에서,

"오늘날 상의 왕 수는 오륜을 업신여기고 항상 게으르며, 공경하는 마음이 없이 스스로 하늘과 절연하여 백성들과 원수가 되고 있다. 겨울 아침에 물을 건너는 사람을 보고 그 정강이가 유별나다 하여 잘라보고, 현인의 심장을 쪼개어 보는 등 함부로 횡포를 자행하여 사람을 죽임으로써 온 세상에 해독을 퍼뜨려 통탄하게 하고 있다. 사악한 자들을 높이고 믿으며, 스승이요 보호자인 사람을 내쫓고, 법과 형벌을 파기하였으며, 바른 사람들을 가두어서 노예로 삼고, 하늘과 땅에 제사도 지내지 않으며, 종묘사직의 제사도 받들지 않고, 기묘하고 음란한 재간으로 여인들을 즐겁게 하고 있다."[30]

앞에서 이미 말하였지만 은과 주가 교체하는 시기는 신도사상이 인간의 마음을 지배하는 시대였으나, 그 세력은 한계에 달하여 인도사상이 이미 배태되어 발생하기 시작하는 때였다. 은나라의 주가 천지에 대해 불경한 것은 신도사상이 쇠락해가는 징표이다. 주는 천자의 지위에 있는 자로서 천하인을 대표한다. 신도사상이 여전히 전체 사회 속의 사람들 마음을 뒤덮고 있을 때 그가 솔선하여 귀신을 불경하는 것은 바로 천하사람들의 신앙과는 완전히 배치되는 것이다. 적어도 신도사상은 인간이 천도사상의 시대에서 발전하여 출현한 것으로 인간 지혜의 진보를 의미하는 것이다. 천도사상 시대에 인간과 만물은 똑같이 천지자연의 조종을 받고 있었기 때문에 홀로 서기가 불가능했던 것이다. 신도사상 시대에 이르면 인간은 천지귀신과의 교통이라는 것을 요청하여 자구책을 도모한다. 이때 인간은 이미 「만물의 영장」이라는 것을 분명하게 표현하는 데도 불구하고 주가 공공연하게 천지를 공경하지 않고 사욕을 멋대로 드러내는 것은 마치 진보한 인간의 자각적인 지혜를 모독하고 「다른 사물과 똑같은」 지위로 다시 후퇴하는 것이나 마찬가지이다. 바꾸어 말하면 주는 인간의 자각적인 지혜를 말살하고, 인간의 「수출서물」의 경계를 포기해 버린 것이다. 이렇게 되면 스스로 타락한 것을 즐기려는 것일 뿐만 아니라 또한 모든 인류의 존엄을 해치는 것이다. 더욱이 천자의 제위에 있는 자로서 어떻게 그

---

30) 「今商王受狎侮五常, 荒怠弗敬, 自絶于天, 結怨于民. 斮朝涉之脛, 剖賢人之心, 作威殺戮, 毒痛四海, 崇信姦囘, 放黜師保, 屛棄典刑, 囚奴正士. 郊社不修, 宗廟不享, 作奇技淫巧以悅婦人.」

런 일이 용납되어 질 수 있겠는가? 위의 인용문에서 무왕이 그의 죄를 질책한 주요내용은 바로 여기에 있는 것이다. 무왕이 반드시 이길 수 있었던 조건은 바로 주가 분명히 패할 수밖에 없었던 원인에 있었던 것이다. 위에서 장황하게 설명한 부분들은 은과 주가 교체하는 시기에 있어서 중국 역사가 인간의 고귀한 본성에 대한 존엄성이 더 이상 경멸되는 것을 용납하지 않는 단계에 이르렀음을 말하는 것이다. 또 누구라도 인간의 고귀한 본성을 존중하지 않는다면 실패하게 될 것이라는 것을 설명하는 것이다. 또 은주의 교체기보다 더 이전으로 올라가서 사마천은 《사기》에서 황제(黃帝)로부터 우리가 믿을 수 있는 역사가 시작된다고 말한다. 먼저 〈오제본기(五帝本紀)〉 속의 황제에 대한 기록들을 살펴보기로 하자.

"헌원(황제의 이름)의 시대에 신농씨 후손들의 세력은 쇠약하였고, 당시의 세력이 강성한 제후들이 서로 침략하여 세력이 약한 집단을 침략하고 괴롭혔으나 신농씨의 후손들은 그러한 힘을 가지지 못했다. 이때 헌원은 군대를 이용하여 조공을 오지 않는 제후들을 정벌하자 제후들이 모두 와서 복종하였다. 그런데 그중에서 치우가 가장 포악하였는데 아직 정벌하지 못하였다(나중에 패사시킴). 염제가 제후들을 침범하여 애를 먹이자 제후들이 모두 헌원에게 귀순하였다. 헌원은 군대를 정비하고, 모든 기후조건들을 살피고, 오곡을 파종하고, 백성을 안무하고, 강역을 규획하고, 여러 맹금들을 훈련시켜 전쟁에 사용할 수 있도록 하여 염제와 판천의 들에서 전쟁을 하였고, 세 번의 격돌 끝에 목적을 달성하였다. 치우가 난을 일으켜 헌원의 명령을 듣지 않자 제후의 군대들을 징발하여 치우의 군대와 탁록의 들에서 전쟁을 벌여 치우를 생포하여 죽였다. 그러자 제후들이 모두 헌원을 천자로 모시니 신농씨를 대신하여 황제가 되었다. 천하에 순종하지 않는 자는 가서 정벌하고, 순종하는 자는 놓아두었다."[31]

---

31) 「軒轅之時, 神農氏世衰, 諸侯相侵伐, 暴虐百姓, 而神農氏弗能征, 於是軒轅乃習用干戈, 以征不享, 諸侯咸來賓從, 而蚩尤最爲暴, 莫能伐. 炎帝欲侵陵諸侯, 諸侯咸歸軒轅, 軒轅乃脩德振兵, 治五氣, 蓺五種, 撫萬民, 度四方, 敎熊羆貔貅貙虎, 以與炎帝戰於阪泉之野, 三戰然後得其志. 蚩尤作亂, 不用帝命, 於是黃帝乃徵師諸侯, 與蚩尤戰於涿鹿之野, 遂禽殺蚩尤. 而諸侯咸尊軒轅爲天子, 代神農氏, 是爲黃帝. 天下有不順者, 黃帝從而征之, 平者去之.」

황제가 천하를 얻는 전체적 과정을 살펴보면 몇 구절을 제외하고는 전체가 무력전쟁에 관한 것이다. 더욱이 「천하에 순종하지 않는 자는 가서 정벌하고, 순종하는 자는 놓아두었다」라는 말은 그 시대가 「힘으로 복종시키는」 시대였다는 것을 분명하게 보여준다. 황제 이전에는 체계를 갖춘 사료의 기술이 없는데, 어떤 이유에서 그 전의 시대가 더욱 무력에만 의존하고 있다고 말하는가? 왜냐하면 사마천이 황제에 대한 역사 서술을 전욱(顓頊)제, 곡(嚳)제, 요(堯)제, 순(舜)제를 합하여 하나의 본기(本紀)로 한 것은 그가 한편으로는 황제의 계통에 근거하고 동시에 또한 제(帝)의 덕에 근거하고 있다는 것이다. 바로 황제가 고대 제왕 중에서 유덕자(有德者)라는 것을 말하는 것이다. 덕이 있는 황제가 여전히 정벌에 힘을 쓰고 있다는 것을 보면 황제 이전의 상황은 충분히 미루어 짐작할 수 있을 것이기 때문이다. 그러나 위에서 말하는 황제에 관한 문장과 본기 속에서 요와 순의 문장을 비교해 보면 완전히 다르다. 아래는 〈오제본기〉 중에서 요와 순이 천하를 다스리는 문장을 실었다. 문장이 너무 길어서 중요한 구절만 인용하겠다.

"요임금 방훈(放勳)은 그 인자함이 하늘만큼 크고 그 지혜는 신과도 같았다. 사람들은 그를 태양처럼 가까이 하려 하고, 구름을 보듯이 올려 보았고, 부귀하여서도 교만하지 않았다. 황색의 관을 쓰고 비단옷을 입고 백마가 이끄는 붉은 마차를 타고서 크나 큰 덕행을 닦아 구족과도 모두 친하였다. 구족이 이미 화목하여 백성들을 이치에 맞게 중재하여, 백성이 모두 밝게 되어 만국을 모두 하나로 조화시켰다. 희씨와 화씨에게 명하여 천의 지시를 공경하고 순종하도록 하고, 해와 달과 별의 운행을 계속 관찰하도록 하여 신중하게 백성들이 경작하는 시간을 맞추도록 지도하였다…… 만약 시서에 따라 각종 농사일을 해 나가면 여러 가지 일들이 모두 잘 되어 나갈 것이다. 누가 나를 대신하여 이 일을 계속해 나갈 수 있겠는가? 라고 요가 말했다. 방제(放齊)가 말하기를, 아드님이신 단주(丹朱)가 매우 총명하니 어떠한지요? 라고 말했다. 요가 말하기를, 안 되오, 그는 완고하고 흉악하여 등용할 수가 없소. 요가 다시 누가 가능하겠소? 라고 말했다. 환두(讙兜)가 공공(共工)이 널리 힘을 모아서 일을 잘 할 수 있으니 임용하면 어떻겠느냐고 했다. 요가 말하기를, 공공은 말은 잘하지만 임용하면 일이 엉망이 되고, 보기에는 공손한 듯 하나 실제로는 하늘까지 욕할 사람이라서 불가라고 말했다. 요가 또 말하기를, 아! 사방의 제후들이여, 하늘을 뒤덮을 듯하고 모든 산과 구름을 잠기게 하는 엄청 난 홍수 때문에 만백성이 근심하는데 누가 그것을 다스릴 수 있는 능력이 있는가? 그러자 모두가 말하기를, 곤(鯀)이 가한 줄 압니다. 요가 말하기를, 곤은 명령을 저버리고 단체를 해칠 인물이다. 안 된다. 그때가서 결정하는 것 이 어떨런지요? 그래서 요는 제후들의 말을 듣고 곤을 임용하여 쓰기를 9년 이 지났으나 그 일은 성공하지 못하였다. 요가 말하기를, 아! 제후들이여, 짐 이 제위하여 70여 년이나 되었으니 당신들 중에서 천의 명령에 따라 나의 직 위에 올라서 천자의 자리를 통치할 자가 없는가? 영수들이 따라서 말하기를, 저희들은 덕이 미천하여 제왕의 직위에 걸맞게 그 직위를 담당할 수가 없습니 다. 요가 말하기를, 주위에 모든 사람들을 천거하여 보아라. 모두가 요에게 말 하기를, 어떤 홀아비가 민간에 있는데 우순(虞舜)이라는 사람입니다. 요가 말 하기를, 그런가 짐도 들었는데 그 사람은 어떤가? 제후들이 말하기를, 소경의 아들인데 아버지는 고집이 세고 우매하며, 어머니는 옳은 말을 하지 못하고, 동생은 오만하지만, 그는 온갖 효도를 다하고 착하여 사악한 짓을 하지 않습 니다. 요가 말하기를, 내 그를 시험해 보겠다……"32)

"순은 나이 스물에 효행으로 세상에 이름을 날렸다. 마침 그때 요임금이 누 가 자신을 계승하여 천자가 될지를 물으니 사방의 제후의 수령들이 하나같이 우순을 천거하자 요임금이 가하다 라고 생각하였다. 그래서 요임금은 그의 두 딸을 순에게 시집보내어 우순의 가정내에서의 덕행을 관찰하고, 또 아홉 명의 아들을 우순과 만나게 하여 그의 사리적 덕행을 살펴보았다. 순은 규수(嬀水) 변에 살았는데 집안에서 행동이 매우 근엄하여, 요의 두 딸은 그들이 황제의 딸이라고 하여 감히 시어머니와 시동생들에게 교만하지 않고 높은 부덕을 갖 추게 된다. 요의 아홉 아들은 순과 더욱 감정이 돈독하게 되었다. 순은 역산 (歷山)에서 농사를 짓고 있었는데, 역산의 사람들은 전답을 양보하고 다른 사

---

32) 「帝堯者, 放勳. 其仁如天, 其知如神, 就之如日, 望之如雲. 富而不驕, 貴而不舒, 黃收 純衣, 彤車, 乘白馬. 能明馴德, 以親九族, 九族旣睦, 便章百姓, 百姓昭明, 合和萬國. 乃命羲和, 敬順昊天, 數法日月星辰, 敬授民時…… 信飭百官, 衆功皆興. 堯曰, 誰可順 此事? 放齊曰, 嗣子丹朱開明. 堯曰, 吁, 頑凶, 不用. 堯又曰 誰可者? 讙兜曰, 共工 旁聚布功, 可用. 堯曰, 共工善言, 其用僻, 似恭, 漫天, 不可. 堯又曰, 嗟, 四嶽湯湯洪 水滔天, 浩浩懷山襄陵, 下民其憂, 有能使治者? 皆曰 鯀可. 堯曰, 鯀負命毀族, 不可. 嶽曰, 异哉, 試不可用而已. 堯於是聽嶽用鯀, 九載, 功用不成. 堯曰, 嗟, 四嶽, 朕在位 七十載, 汝能庸命踐朕位. 嶽應曰, 鄙德, 忝帝位. 堯曰, 悉擧貴戚及疏遠隱匿者. 衆皆 言於堯曰, 有矜在民間, 曰虞舜. 堯曰, 然, 朕聞之, 其何如? 嶽曰, 盲者子, 父頑, 母 嚚, 弟傲, 能和以孝, 烝烝治不至姦. 堯曰, 吾其試哉……」

람의 땅을 침범하지 않았다. 그는 뇌택(雷澤)에서 고기를 잡았는데 뇌택의 사람들은 서로 자리를 양보하였다. 강변에서 도자기를 구웠는데 그 도자기들은 하나같이 튼튼하고 훌륭하였다. 1년 만에 거처하는 그곳에 촌락이 이루어지고, 2년 만에 읍을 이루고, 3년 만에 큰 도시가 이루어졌다…… 순은 큰 산기슭에 들어갔을 때 비록 큰 바람과 우뢰와 비를 만났으나, 그는 조금도 두려워하거나 당황하지 않았다. 이에 요는 순이 충분히 천하를 받을 만한 자격이 있음을 알았다. 요가 늙어서 순으로 하여금 천자를 섭정하게 하고 각 지방을 순찰하였다. 순은 관리로 천거되어서 일을 20년이나 하고, 섭정하기를 8년 후에 요가 죽었다. 3년상을 마치고 단주(丹朱)에게 양위하였으나 천하인들이 모두 순에게로 돌아갔다. 그런데 우, 고요, 설, 후직, 백이, 기용, 수, 익, 팽조는 이미 요임금 때부터 등용되었으나 아직 전문적 직책은 없었다. 이 때문에 순은 시조묘에 가서 신령의 계시를 기다리고, 사방의 제후들의 의견을 듣고, 사대문을 열어서 사방의 소리를 보고 청취하였다. 또 12주의 지방장관들에 명하여 제왕의 덕은 어떠해야 하는가를 토론하도록 하여 들었다. 그들의 결론은 넓고 높은 덕을 행하고, 아첨하는 소인을 멀리하면 남만이나 서이가 자연적으로 무리를 이끌고 귀순한다는 것이었다…… 온 천하가 모두 순임금의 공을 추켜세웠다. 이에 우는 구소의 음악을 지어 연주하니 기이한 것들이 모두 감동되어서 모였다. 천하가 이렇게 문명한 것은 모두 순임금부터 시작되는 것이다."[33]

〈오제본기〉의 글은 사마천 한 사람의 손에서 나온 것이다. 그러나 요와 순이 천하를 통치하는 것은 한마디로 덕화(德化)이다. 그들은 덕으로 일어났고 덕으로 천하를 통치하여, 황제(黃帝)가 힘으로 천하를 정복하는 것과는 완전히 다르다. 물론 여기에서 황제는 개국의 단계에 있다. 개국의 단계에 있을 때는 아무래도 힘으로 정복하는 것을 완전히 버릴 수는 없는 것이다. 요, 순은

---

33) 「舜年二十, 以孝聞. 三十而帝堯問可用者, 四嶽咸薦虞舜. 曰, 可. 於是堯乃以二女妻舜, 以觀其內, 使九男與處, 以觀其外. 舜居嬀汭, 內行彌謹, 堯二女不敢以驕貴事舜親戚, 甚有婦道, 堯九男皆益篤. 舜耕歷山, 歷山之人皆讓畔. 漁雷澤, 雷澤之人皆讓居. 陶河濱, 河濱器皆不苦窳. 一年而所居成聚, 二年成邑, 三年成都…… 舜入于大麓 烈風雷雨不迷, 堯乃知舜之足授天下. 堯老, 使舜攝行天子政, 巡狩. 舜得舉用事二十年, 而堯使攝政, 攝政八年而堯崩. 三年喪畢, 讓丹朱, 天下歸舜, 而禹, 皐陶, 契, 后稷, 伯夷, 夔, 龍, 垂, 益, 彭祖, 自堯時而皆擧用, 未有分職, 於是舜乃至於文祖, 謀于四嶽, 辟四門, 明通四方耳目. 命十二牧論帝德, 行厚德, 遠佞人, 則蠻夷率服…… 四海之內, 咸戴帝舜之功, 於是禹乃興九招之樂, 致異物, 鳳皇來翔, 天下明德皆自虞帝始.」

이미 있는 것을 계승하였고, 이미 이루어져 있는 것을 보존하려는 군주의 입장에서는 분명히 덕으로 교화하는 데 힘을 쏟지 않을 수 없었을 것이다. 그러나 요와 순임금의 행위를 살펴보면, 전체적으로 어떤 다른 느낌을 가지지 않을 수 없을 것이다. 그것은 바로 적극적으로 인간본성의 고귀함이란 문제를 향하여 나아간다는 것이다. 더욱이 요임금이 제위를 계승하려는 사람을 선택하려고 하는 입장에서, 그는 자기의 아들인 단주나 공공, 제후의 영수나 힘이 있는 사람을 선택하지 않고 효자로서 민간에 소문난 순을 선택하였다. 이것은 그가 이미 인성의 본질을 깨달았고 인류사회의 존재는 무력으로 정벌하거나 살상하는 것을 수단으로 삼아서는 안 된다는 사실을 알고 있었기 때문이다. 이 때문에 그는 「힘」을 버리고 「덕」을 숭상하는 것이다. 다시 황제와 요순시대의 신하를 임용하는 과정을 살펴보도록 하자. 중국역사에 있어서 가장 고대의 인물로 이름난 그 사람들이 우리들에게 주는 느낌은 각각 다르다. 황제가 건국 이후에 그의 신하들이 문자와 배·수레를 발명하고, 잠사를 발명하여 옷을 만들고, 역법을 창제하였던 것들이 사람들에게 주는 느낌은 「재주」는 성하지만 「덕」은 성하지 않다는 것이다. 그러나 요순시대의 군신들은 산림과 홍수를 다스리고 교화와 농사를 일으키고, 사법을 명확히 하는 문물의 발명이라는 문제에 있어서도 한 일이 많지만, 역사에서 특별히 강조하는 것은 그들의 협화(協和 : 협동하고 조화)하는 덕이다. 당시에 인재가 넘쳐흘렀다고 말하는 것이 사람들에게 주는 인상은 「덕」이 성하다는 것이다. 그러므로 필자는 황제에서 요순까지 이르는 시대를 중국 역사상 매우 중요한 시기라고 생각한다. 인성의 자각이라는 것도 여기에서 시작되고, 도덕사상의 정립도 이때부터 시작된다. 황제가 건국한 것은 B. C. 24~25세기로 이때는 인성의 자각시기이고, 요순시대는 이미 인성의 시대를 분명하게 드러내고 있다. 황제 이전은 무력을 숭상하여 인간의 기질이라는 것은 여전히 「야만(野)」의 단계에 놓여 있다. 이후에 점차적으로 「야만」의 기질을 변화하여 사람과 사람이 서로 아끼고 정성을 다하여 대하는 단계로 발전한다. 이것이 바로 「질박함(質)」의 기질로서 요순시대에 드러난다. 후대의 유가들이 요순을 극진하게 존중하는 원인이 바로 여기에 있는 것이다.

　순은 나중에 요임금이 물려준 것처럼 천하를 우(禹)에게 물려주어, 모두 「선양(禪讓)」의 방식을 취했다. 우 이후에 정치는 가천하(家天下)의 국면에 접어들어 천자가 나라를 다스리는데 일가일족의 사념을 버리지 못하게 되는 것이다. 그러나 역사적으로 보아 하나라 사람들의 태도는 여전히 소박함이 남아 있다는 느낌이 든다. 요·순·우 이래의 풍기들은 본문에서 하나하나 예를 들어서 설명하지 않더라도 사서를 읽기 좋아하는 사람이라면 하대의 조정이나 민간의 풍기가 어떠한지를 알 수 있게 될 것이기 때문이다. 이런 것들은 공자가 《예기》〈표기편〉에서 말한 것들을 살펴보면 더욱 분명하다.

"하의 질박함과 주의 장식함은 모두 지극하다. 하의 장식함은 그 질박함보다 못했고, 주의 질박함은 그 장식함보다 못했다."[34]

「질」과 「문」의 구분은 본래 잘라서 말할 수는 없다. 다만 인간이 진보과정 속에서 점차적으로 변화하는 것으로, 공자의 말과 위에서 인용한 《사기》의 문장을 대조하여 살펴보자. 여기에서 우리는 요·순·우시대에는 「질」이 가장 뛰어난 시대이고, 하·상 양대는 「질」에서 「문」으로 변하여 가는 과도기이다. 서주가 흥할 때 이르러 「문」이 가장 성한 시대로 들어가는 것이다. 서주의 초기에 문이 가장 성하다고 말하는 것은 문·무·주공이 인성의 바름에 의거하여 몸소 실천하였을 뿐만 아니라, 또한 인간의 바른 성정을 예악의 제도를 통하여 천하의 사람들이 모두 알도록 하고, 견해를 가지게 하고, 그것을 지켜 실천하게 한 것을 가리킨다. 더욱이 반드시 언급해야 할 것은 서주 초기의 「문」은 다만 이로운 것만을 드러내고 폐단은 드러나지 않았으며 오로지 선한 것만 나타나고 악한 것은 보이지 않았다는 것이다. 후세에 서주의 「문」을 계승하여서도 사벽하고 교활하고 괴팍한 마음이 생기게 된 것은 이미 「문」이 쇠한 상태에 이르렀다는 것을 말하여 주는 것이다. 공자가 말하기를, "빛나도다, 문이여 나는 주를 따르겠다!(郁郁乎文哉, 吾從周!)"는 것이 의미하는 것은 문·무·주공시대의 사람들이 「문」한 것이지, 춘추시대의 사람들이 「문」하다는 것을 말하는 것은 아니다. 위의 황제에서 서주에 이르는 역사과정의 검토를 통하여 우리는 아래의 세 단계의 순서를 열거할 수 있을 것이다. 그것은 바로 중국인들을 기질적으로 표현한 것들이다.

---

34) 「虞夏之質, 殷周之文, 至矣. 虞夏之文, 不勝其質. 殷周之質, 不勝其文.」

야만 (野) ⟶ 질박함(質) ⟶ 장식함(文)
(황제 이전)　(요, 순, 우 이후)　(주 이후)

「야」라는 것은 여전히 상당한「물성(物性)」의 성분을 가지고 있음을 의미한다.「질」이란 것은「물성」이 점차로 사라지고,「인성」이 발로하는 것을 말한다.「문」이라는 것은「인간」이 그 성을 인위적 조직이나 제도상에서 표현하여 문화적으로 장식하려는 것이다. 이 세 단계는 인간의 진보과정을 그대로 드러내준다.

여기에서는 「야」「질」「문」이라는 세 단계의 과정에서 말하고, 앞에서는 「천도」「신도」「인도」라는 세 단계의 과정으로 말하였는데, 이것은 각각의 다른 관점에서 인간의 진보과정을 살핀 것이다. 우리는 기타의 다른 관점으로부터도 역시 많은 인간의 진보형식을 발견할 수가 있을 것이다. 위의 두 가지 인간의 발전과정은 반드시 시대적으로 서로 꼭 들어맞는 것은 아니지만, 큰 방향은 분명히 서로 같고, 단계도 거의 일치하고 있다. 총괄적으로 말하여 인간이 「다른 만물과 구별할 수 없는」 지위에서 「만물의 영장」이라는 단계로 발전해 나가는 과정을 말하는 것으로, 이것은 인류가 발전해 나가는 전체적 방향인 것이다. 역사의 진화라는 것은 인간의 입장에서 보면「인간의 지위」가 단계적으로 발전해 가는 한편의 상승의 역사를 말하는 것이다. 다른 존재들과 거의 같은 단계에서 인간은 점차적으로 다른 사물들보다 뛰어난 지혜를 이용하여 천지와 겨루는 단계로까지 발전해 가는 것이다. 오늘날 인간은 더욱 기염을 토하여 항상 귀가 따갑도록 하는 말은 인간이 천지를 정복한다는 말이 아닌가? 그러면 다시 한번 물어보자. 이런 방향에 따라서 인간이 만약 그런 「패도(霸道)」적인 태도로 나아가면 도대체 어디까지 갈 것인지를? 우주는 무한하고 천지도 무궁하다고 해서 인간이 무작정 위로 초월만을 추구한다면 무슨 의미가 있겠는가! 또 인간은 이와 같이 영원히 멈출 줄도 모르고 오직 위로만 상승할 수 있는 능력이 있는가? 이런 문제는 중요하다. 역경철학은 이러한 입장에 대해서 인간만이 오직 다른 만물을 넘어서야만 한다는 지위를 요구해서는 안 되고, 또한「패도」적인 마음상태를 가져서도 안 되며, 그런 것은 의미가 없고 불가능한 것으로 보고 있다. 인간은 높은 지혜를 자각한 상태에서 우주 속에서의 지위가 올라가는 데 따라서 소아(小我)를 벗어나 대아(大

我)의 상태가 되어 만물을 끌어안고 사랑하며, 만물과 더불어 발전하여야 할 것을 강조한다. 이것이 바로 다음절에서 말하는 천지인 삼재가 어울려 함께 서는 뜻이다.

제 2 절 천지인 삼재가 병립하는 의미

건(乾)괘의 〈문언전〉에,

"대저 대인이라는 것은 천지와 그 덕을 합한 것이다."[35]

〈계사전〉에 말하기를,

"역이란 책은 말하는 범위가 매우 넓어서 모든 것을 다 포함하고 있다. 인도도 있고, 천도도 있고, 지도도 있어서 삼재를 합하여 두 배로 하면 6이 된다. 육효라는 것은 다른 것이 아니라 삼재의 도이다."[36]

〈계사전〉에서 또 말하기를,

"여섯효의 움직임은 삼극의 도이다."[37]

〈설괘전〉에서 말하기를,

"이 때문에 하늘의 도를 세워서 음과 양이라 하고, 땅의 도를 세워서 유와 강이라 하고, 사람의 도를 세워서 인과 의라고 한다."[38]

---

35) 「夫大人者, 與天地合其德.」
36) 「易之爲書也, 廣大悉備, 有天道焉, 有人道焉, 有地道焉, 兼三才而兩之, 故六, 六者非它也, 三才之道也.」
37) 「六爻之動, 三極之道也.」
38) 「是以立天之道, 曰陰與陽, 立地之道, 曰柔與剛, 立人之道, 曰仁與義.」

「삼재」는 「삼극(三極)」과 같은 말이다. 「극(極)」자의 본의는 집의 가장 높은 곳을 가리켜 말한다. 여기에서 「높다(高)」라는 뜻을 취하여 천, 지, 인 세 가지가 우주의 최고 지위에 위치하고 있음을 말한다. 「재(才)」자는 「材」라는 글자와 같은 뜻으로 재질의 뜻을 가지고 있다. 즉 우주내의 만사만물은 모두 천, 지, 인 세 가지로 구성되어 있다는 것을 말한다. 「삼재」로 말하든 「삼극」으로 말하든, 모두 「인간」의 지위가 중요함을 강조하고 있다. 건의 〈문언전〉이나 〈계사전〉〈설괘전〉은 모두 공자학파에서 나온 것으로 공자의 철학을 소개하고 있다. 위에서 이미 말한 것처럼 인도사상의 출현 이후에 인간은 천지와 병립하는 존재로 상승한다. 「삼재」와 「삼극」의 구호를 외치는 것은 「수출서물(首出庶物)」을 말하는 것과 같은 의미로, 모두 「인도사상 시대」가 다가왔다는 이정표를 세우는 것이나 마찬가지이다.

인류는 「천도」「신도」「인도」의 과정을 통하여 마침내 수많은 만물 중에서 초월하여 천지와 병립하게 된다. 이런 과정은 마치 자녀가 부모의 양육 속에서 자라나 성인이 되는 것과 똑같다. 가장 이른 때 즉, 자녀가 아직 어린 시기에는 다만 부모만 있고 자신이 존재한다는 것을 모르는 때가 있는데, 이것이 바로 「천도사상」의 시대로서 부모가 바로 천지이다. 나중에 더 커서 작은 마음속에 여러 가지 환상이 자라나 다양한 신화를 만들어 주위의 신기한 세계를 해석하여 간다. 이것이 바로 「신도사상의 시대」이다. 지금은 어른이 되어 신체적으로 성숙하여 독립된 생활이 가능하게 되면 부모를 대신하여 어떤 일을 하려는 자각이 생겨나게 되고 가정 속에서 중요한 역할을 담당하게 되는 것이다. 여기에서 인간은 천지와 더불어 삼재가 된다. 바꾸어 말하면 인간은 조급하게 나아가 천지와 다툼을 벌이는 것이 아니라, 삼재가 내재적으로 조화하는 감정 속에서 관계를 이룬다. 그러므로 자기의 자녀가 성인으로 자라는 것을 희망하지 않는 부모가 있을 수 있겠는가? 이것은 우주진화의 현상을 깊이 있게 관찰한 것으로, 이런 잘 드러나지 않는 중요한 인식을 확실하게 《주역》은 파악하고 있는 것이다. 후세의 사람들이 인류가 만물의 영장이라는 구호를 통하여 「제천(制天)」혹은 「우주의 정복」을 외치는 것은 역경철학의 입장에서 본다면 그것은 미친 짓이고 무지한 짓이다. 우주는 하나의 조화로운 전체이기 때문에 만약 인간이 우주의 폭군처럼 전체 우주를 자신의 조종하에 두려는 생각을 품는 것은 「우주가 조화로운 관계로 연결」되어 있다는 사실을 파악하지 못하였기 때문이다. 이런 생각은 참으로 이롭지 못하다. 역경철학은 사람들이 극단적인 길을 가지 않도록 가르친다. 즉 한편으로는 인간이 더욱 고상한 품격을 가지도록 하고 또 한편으로는 천지만물이 분열하지 않도록 하는 조화에 진력하고 융화하도록 만든다. 그러므로 우리가 천, 지, 인 병립의 뜻을 논하려면 반드시 아래의 몇 가지 문제들에 주의해야 할 것이다.

(1) 천지에 효도하고 그것을 본받아야 한다

나는 《효경》의 첫머리에 나오는 "효라는 것은 부모를 모시는 것에서 시작하고, 다음에는 임금에게 충성하면 마침내 입신하게 된다."[39]라는 구절에 대한 당현종(唐玄宗)의 주석은 부당하다는 생각을 하게 된다. 당현종의 주는 이러하다.

> "효를 행하는 것은 부모를 섬기는 것을 시작으로 하고, 군주에게 충성하면 충효의 도가 드러나므로 이름을 날리고 양친을 영화롭게 하기 때문에 마침내 입신한다고 말하는 것이다."[40]

원문의「시」「중」「종」의 시간적 단계를 살펴보면「사친(事親)」「사군(事君)」「입신(立身)」이라는 세 단계이다. 현종이「종어입신(終於立身)」의 문장을 주석한 것은「사친」「사군」으로부터「종어입신」하는 과정의 단계로 말하는 것이 아니라, 완전히「사친」「사군」함으로써「종어입신」하는 것으로 말하고 있다. 매우 타당하지 못한 것이다. 나는 효도의 구분을「시」「중」「종」의 세 단계로 나누는 것은 그 의미가 점차로 확대되어 가는 세 단계의 경계를 밝혀서 말하는 것이라고 본다. 즉「사친」은 부모에 대한 효이고,「사군」은 군왕에 대한 효이고,「입신」은 천지에 대한 효이다.「사친」은 자녀된 입장에서 말하는 것이고,「사군」은 신하된 입장에서 말하는 것이고,「입신」은 전체 인류의 입장에서 말하는 것이다. 이 세 단계의 의미는 매우 분명함에도 불구하고

---

39)「夫孝, 始於事親, 中於事君, 終於立身.」
40)「言行孝以事親爲始, 事君爲中, 忠孝道著, 乃能揚名榮親, 故曰, 終於立身也.」

당현종의 「입신」에 대한 주석은 완전히 천지에 대한 큰 효를 버려버리고 효도를 「사친」과 「사군」에만 한정시켜 놓고 있다. 이 중간에 인간이 천지에 대해서 효성을 다해야 하는 의미를 강조하지 않고 버려둔 것은, 그가 천자라는 신분에 의한 사심이 영향을 미쳐서 그렇게 된 것으로 볼 수 있다. 그러나 이렇게 되면 대효(大孝)의 본질적 의미를 완전히 상실하게 되는 것이다. 이런 문제를 《효경》의 본문을 통하여 점검해 보기로 하자. 〈개종명의장(開宗明義章)〉 뒤에 바로 이어서 〈천자장(天子章)〉〈제후장(諸侯章)〉〈경대부장(卿大夫章)〉〈사장(士章)〉〈서인장(庶人章)〉이 있다. 이것은 효도를 「사친」에서부터 「사군」에 이르는 것을 말하는 것인데, 〈서인장〉의 뒤가 바로 〈삼재장(三才章)〉이다. 〈삼재장〉의 원문은,

"증삼(曾參)이 말하기를, 굉장하다, 효도의 위대함이여! 공자가 말하기를, 효도라는 것은 하늘이 영원불변의 도리를 가지는 것과 같고 땅이 가지는 순승(順承)의 의미에 상당하는 것으로 백성들은 마땅히 이것을 실천해야 하는 것이다. 천지의 영원불변한 도리를 백성들은 본받아야 한다. 하늘이 우주를 비추는 법칙을 본받고, 땅이 만물을 길러주는 덕을 선용하여서 천하를 따르게 하면 그 교화는 엄격할 필요가 없이 이루어지고, 그 정치는 엄격할 필요가 없이 다스려질 것이다……"[41]

위의 인용문을 읽기만 하면 효도라는 것이 「사군」보다 더욱 광범위하고 「사천지(事天地)」의 경계에까지 확대된다는 것을 알 수 있을 것이다. 이런 확대가 비로소 효도의 「마지막」이다. 그러므로 특별히 제일 앞에서 「굉장하다, 효도의 위대함이여!」라는 말을 덧붙이는 것이다. 그리고 이 의미는 다만 성인이 천하를 다스려야만 이해할 수 있기 때문에, 2장의 뒤편에서 천하를 다스리는 성왕의 입장을 말하는 것이다.

역경철학에서는 「사친」「사군」의 효도에 관해서 말하는 것은 매우 드물고 제일 강조하는 부분은 천지에 대해 효성을 다하는 것이다. 앞에서 이미 말한 것처럼 인간은 천지의 양육 속에서 점차적으로 성장한다. 이것은 마치 자식이

---

41) 《효경》〈삼재장〉「曾子曰, 甚哉, 孝之大也. 子曰, 夫孝, 天之經也, 地之義也, 民之行也. 天地之經而民是則之, 則天之明, 因地之利, 以順天下, 是以其教不肅而成, 其政不嚴而治……」

부모의 양육을 받은 것과 똑같다. 자식은 어느 정도 심신이 성숙했을 때, 어느 날 갑자기 부모가 이전에 보여준 한마디의 말이나 행위가 자신을 사랑하는 마음에서 나오지 않은 것이 없다는 것을 깨닫게 될 것이다. 이때 자식들은 부모에 대해서 보답하려고 한다. 인간의 천지에 대한 태도 역시 마찬가지이다.「인도사상의 시대」의 임박은 바로 인간의 지혜가 성숙함을 말한다. 이때 천지의 만물에 대한 것을 살펴보면 전체가 인애(仁愛)로 가득 차 있음을 비로소 발견하게 되는 것이다. 인간은 죽어야만 하고, 죽고 또 태어난다. 만물은 역시 훼손되고 또 생겨난다. 개별 존재의 입장에서는 생사와 생성소멸에 대해서 천지의 불인(不仁)을 원망할 수 있지만, 보편 존재의 입장에서 보면 생생불이하고 무한한 이루어짐의 모습인 것이다. 이것이 바로 천지의 크나 큰 인애의 정신이다. 여기에서 인간은 천지에 대해서 친화감을 가지게 되고, 천지에 보답하여 도우려는 생각을 가지게 되는 것이다. 이러한 이해를 가지고서 《주역》책을 펼치면 자연스럽게 문자 속에 스며 있는「삼재」의 정신을 맛볼 수 있을 것이다. 이미 앞에서 인용한 것이다.

"하늘의 운행은 강건하고, 군자는 그것을 본받아 스스로를 닦는 데 쉼이 없어야 한다."

"땅의 형세가 순하고 두텁다. 군자는 그것을 본받아 두터운 덕으로 만물을 실어야 한다."

역경철학은 결코 억지로 천지를 본받으라고 하지 않고 인성의 자각에 호소하여 말한다. 천지의 화육 속에서 성장한 이후 자연스럽게 천지에 대해서 효도를 다하라고 요구하는 것이다. 효도를 다하라는 것은 천지를 모범으로 삼아 본받으라는 것으로, 천지의 덕을 사람의 덕으로 삼으라는 것이다. 그러므로 공자는 "대인은 천지와 더불어 그 덕을 합하는 사람이다."라고 말하는 것이다. 이 천지의 덕을 실행하는 것은 천지를 도와 행하는 것으로 바로「천지의 화육에 참여하여 돕는 것(參贊天地之化育)」이다.

천지를 모범으로 삼아 본받으라는 것은 바로 천지에 대해서 효도를 다하라는 것이다. 그러나 이것은 결코 인간이 영원히 천지의 아래에서 굴종하고 있으라는 의미는 아니다. 그것은 잘못된 태도이다. 자식이 어찌 영원히 부모의 무릎 위에만 있을 수 있겠는가? 부모와 자식은 하나의 조화 있는 가정을 이루고, 천지와 인간 역시 조화로운 우주를 구성한다. 인간은 천지를 본받아 가는 속에서 진보를 구한다. 마치 자식이 부모의 가르침 속에서 진보를 구하는 것과 똑같다. 이 때문에 천, 지, 인 삼재가 병립하는 의미는 결코 인간이 천과 지와 인간을 삼분하려는 의미가 아니다. 그것은 다만 인간이 성장하기만 하면 「천지를 도와 천지의 작용에 참여하는 것(參贊天地)」의 능력을 가지게 되어 천지의 도를 분담할 수 있게 된다는 뜻이다. 그러나 기본적인 사상은 여전히 「천지와 합일」하는 데 있다.

(2) 소아에서 대아로

《주역》은 8괘로 부모와 자녀를 상징한다.

"건은 하늘이다. 고로 아버지라 부른다. 곤은 땅이다. 따라서 어머니라고 부른다. 진은 첫번째 구하여 남자를 얻기 때문에 장남이라고 말한다. 손은 첫번째 구하여 여자를 얻었기 때문에 장녀라 한다. 감은 두번째 구하여 남자를 얻었기 때문에 중남이라 한다. 리는 두번째 구하여 여자를 얻었기 때문에 중녀라 한다. 간은 세번째 구하여 남자를 얻었기 때문에 소남이라 부른다. 태는 세번째 구하여 여자를 얻었기 때문에 소녀라고 부른다."[42]

전체 우주를 하나의 가정으로 축소하는 것은 결코 괘상에서 음양의 효의 위치에 비견하여서 배합한 것만은 아니다. 실제로는 인간의 심성을 확대한 깊은 의미를 포함하고 있고, 우주의 참된 존재에 대한 진일보한 인식인 것이다. 이것은 앞서서 「천도사상의 시대」의 초기에 인간은 개인의 살아 있는 목숨을 가장 중요하게 생각하여 「배고프면 음식을 찾고 배부르면 나머지를 버리는」[43] 생활방식은 지극히 개인주의적인 것이었다. 나중에 「신도사상의 시대」에 가면 가정 속에서는 선조에게 제사를 지내고, 국가에는 사직(社稷)의 제사가 있어

---

42) 〈說卦傳〉, 원문은 제3장 주 12) 참조.
43) 「饑則求食, 飽則棄餘.」

서 비교적 개인주의가 전체의 사회적인 것으로 확대되었다.「인도사상의 시대」에 이르면 인간의 지혜가 각성되면서 인간과 만물이 똑같은 근원에서 나왔고, 천지인의 만물을 일체로 보는 시각을 가지게 된다. 이런 사고의 전환은 인간의 마음을 크게 넓혀 마치 구름이 개이고 난 뒤의 넓고 푸른 하늘과 같은 것으로 된다. 여기에서 인간이 사방을 돌아보았을 때 하나의 풀과 나무, 한 마리의 짐승과 벌레, 산과 강 모두가 정에 끌리고, 뜻이 들어 있지 않은 것이 없음을 자각하는 것이다. 즉 모든 일체의 것들과 절실한 관계를 가진다는 것을 알게 되면서 세계는 유정(有情)한 것으로 되는 것이다. 이렇게 되면 고립적 개인의 생활방식과 가족과 국가라는 공동체적 소속감은 더욱 미미하게 느껴지게 되는 것이다. 이때 개인과 우주가 다같이 크다고 느낄 때, 개인은 소아(小我)이고, 우주는 대아(大我)로 되어 우주 속의 만물은 대아의 부분 아닌 것이 없게 된다.「천, 지, 인 삼재」의 의미는 바로 여기에 있다.

위에서 우리는「천지인이 전체적으로」조화한다는 뜻을 지적했는데, 여기에서 강조하고자 하는 것은 인간이 천지의 큰 은혜에 의해서 보호되고 길러진다는 사실뿐만 아니라, 직접적으로는 인간과 천지는 분할될 수 없고, 천지 속에서 인간을 빼놓을 수 없는 존재라는 사실이다. 즉「천」「지」가 없으면「인간」은 있을 수 없고,「인간」이 없으면 천지도 똑같이 의미가 없다는 것을 직접적으로 느끼게 하는 것이다. 이것은 무슨 의미인가? 자식과 부모를 가지고 비유해 보자. 한 가정 속에서 부모는 자식을 낳고 자식은 태어난다. 자식은 원래 부모가 낳았기 때문에 생긴 것이다. 그러나 부모가 부모일 수 있는 까닭은 바로 자식을 낳을 수 있기 때문이다. 만약 자식을 낳지 못하면 부모의 능생(能生)의 의미는 없어지고 부모라는 말도 존재하지 않을 것이다. 만약 천지간에 사람이 없다면(「삼재」의「인간」은 만물을 대표함), 천지는 생할 수 있는 성질이 없어진다. 천지가 능생의 성질을 가지지 못하는 것이 바로 천지의 불교(不交)이다. 불교하면 변화하지 않고 변화하지 않으면 존재할 수 없고, 존재하지 않으면 어디에「천」과「지」의 이름이 있겠는가? 이것은 말놀이가 아니고 또한 감정적인 것도 아니고 있는 그대로의 진리이다. 이 때문에 천지인 세 가지는 일체 중에서 서로 대대하고 의지하는 존재로서, 존재하면 같이 존재하고 망하면 함께 망하는 것으로 세 가지의 지위는 실제로 다같이 중요하다. 이러한 인식은 인간의 입장에서 말하면 참으로 엄청난 격려를 주는 것으로 눈을 크게 뜨고 천지를 살피면 어느 곳이라도 내가 있지 않은 곳이 없는 것이다. 자기 한 사람의 마음으로부터 천지의 마음을 살피고, 자기 한 사람의 뜻으로 천지의 뜻을 알고, 자기 한 사람의 감정으로부터 천지의 감정을 생각하여야 한다. 그러므로 인간이 스스로 과감하게 소아의 사사로움과 사념의 울타리를 부수는 것이야말로 인류 역사상 가장 큰 마음의 혁명이 아니고 무엇이겠는가?

《주역》을 읽을 때 사람들은 모두 하나의 분명한 느낌을 가지게 되리라 믿는다. 그것은 바로 개별적으로 고립된 인간은 없다는 것이다. 입체적으로 말하면 인간은 천지 중에 있고, 횡적으로 말하면 인간은 만물 속에 있다. 인간은 만물 속에 있고, 인간과 천, 지, 만물은 한시라도 분리하여 떨어지지 않는다. 이런 상하로 천지를 관통하고, 사방으로 만물을 관통하는 소아를 대아로 변화시키는 정신이 바로 「도(道)」이다. 이런 관점에서 《주역》에는 천지의 조화를 위배하는 말을 찾을 수 없고, 또 교만하고 오만한 말을 찾아내기는 힘들다. 예를 들면 송(䷅)의 괘상에 천지의 조화를 위반하는 것을 「끝내는 흉하다(終凶)」[44]라고 말한다. 또 예(䷏)의 초육효에 기쁜 모습을 밖으로 교만하게 드러내는 것을 「흉(凶)」[45]한 것으로 말한다. 위로는 천지를 공경하지 않고, 아래로 만물에 대해서 동정을 가지지 않으면 《주역》에서는 결코 「길하다(吉)」「이롭다(利)」라는 말을 하지 않는 것이다.

여기에서 인간이 천지를 받드는 근본적 이유가 단순히 소아로서의 개인적 일신에 복과 은혜를 주기를 바라는 입장에 있는 것이 아니라, 인간은 천지라는 큰 몸〔大體〕의 한 부분이기 때문이다. 인간이 천지를 존경하지 않는 것은 바로 인도를 바르게 보지 못한 것이고, 자기의 생존을 정중하게 생각하고 있지 않다는 것이나 마찬가지이기 때문이다. 그러므로 인간이 만물에 대해서 관심을 가지고 동정하는 것은 결코 그들이 인간에 유리해서가 아니라, 본질적으로 그것은 인간 자신에 대한 애정인 것이다. 왜냐하면 만물과 인간은 원래 일체이기 때문이다. 결론적으로 말하면 이러한 천지만물이 일체라는 깨달음 속에서 인간은 오로지 묵묵하게 정성을 기울여 자기 마음속에 이미 가지고 있는 천지만물과 서로 공통되는 정신을 체득하여 몸소 실천하는 것이다. 공자가 말하기를, "천이 무엇을 말하겠는가? 사시가 이곳에서 행하고 만물이 이곳에서

---

44) 訟卦 「訟, 有孚. 窒惕中, 吉. 終凶.」
45) 豫卦 「初六 鳴豫, 凶.」

생하는데 천이 무엇을 말하겠는가?"[46] 이 말은 바로 공자의 깨달음을 말한 것이다. 노자가 말하기를, "낳으면서도 있지 않고, 해 주어서도 자랑하지 않고, 자라게 하면서도 주재하지 않는다."[47] 이 말 역시 그의 깨달음을 말하는 것으로, 이런 것들이 바로「대아」이다.

(3) 새로운 인생의 목표를 세움

인간의 삶은 되돌아보고, 앞으로 내다보는 두 가지 입장에서 살펴볼 수 있을 것이다. 험난하게 지나온 길을 되돌아보고 오늘 다시 되살려 분투하는 마음을 가지는 것은 쉽지 않다. 아직 오지 않는 요원한 곳에 있는 목표를 동경하게 되면 자연히 고무되어 다시 분발하는 마음이 생겨 앞으로 나아가게 되는 것이다.

앞에서 말한 것들은 한마디로 지나온 길을 되돌아보게 하는 것으로서, 인간이 지나온 역정과 인간의 지혜가 진보해온 것을 말한 것으로 그것들은 분명히 사람에게 분발하게 하는 마음을 가지게 하였을 것이다. 지금은「천, 지, 인의 삼재」가 인간의 미래에 대해 어떤 영향을 주는지를 말하여 보기로 하자.

인간이 다른 만물과 구분되는 차이를 있는 그대로 말하면 인간은 미래를 생각하지 과거를 생각하지 않고, 이상을 실현하려는 노력을 하지 단순히 추억 속에만 머물러 있지 않다는 것이다. 인간이 과거로 소급해 가면 가장 궁극처에서는 만물과 인간이 하나인 곳에 이르게 된다. 미래로 향하여 보면 만물과는 이상적인 목표가 다르기 때문에 갈수록 차이가 벌어지게 될 것이다. 맹자가 말하기를, "인간이 금수와 다른 점은 거의 드물다. 범인은 그것을 버리고 군자는 그것을 보존한다. 순임금은 사물의 도리를 깨닫고 인류을 관찰하여 (천성적인) 인의에 따라 행하였지, 인의를 (자신에게 유리하다고 하여서) 억지로 행하지는 않았다."[48] 금수와 인간은 지나온 길로 보면 똑같은 생명을 가지고 있다. 다른 점은 인간은 생활 속의「인의」의 덕을 발견하고, 금수는 그

---

46)「天何言哉! 四時行焉, 百物生焉, 天何言哉!」
47) 《노자》제10장「生而不有, 爲而不恃, 長而不宰.」
48) 《맹자》〈離婁篇〉「人之所以異於禽獸者幾希, 庶民去之, 君子存之. 舜明於庶物察於人倫, 由仁義行, 非行仁義也.」

것을 모른다. 인간은 생명 속의 「인의」의 덕을 발견하여 그것을 이상으로 삼아 실천하여 그의 본성으로 삼은 반면에, 다른 동물들은 여전히 물성(物性)의 지배하에 놓여 있다. 인간이 만물을 대표하여 「만물의 영장」이 될 수 있는 까닭은 바로 여기에 있다. 맹자가 말하는 「인의」는 바로 주역철학에서 나온 것이다. 《주역》의 말은 바로 이러하다.

"옛날 성인이 역경을 지을 때 성명의 이치에 따랐기 때문에 하늘의 도를 세워서 음과 양이라 하고, 땅의 도를 세워서 유와 강이라 하고, 사람의 도를 세워서 인과 의라고 한다."[49]

「음」과 「양」이란 것은 천도가 유행하는 법칙이고, 이것이 없으면 천도라는 것은 말할 수 없는 것이다. 「유」와 「강」이란 것은 지도변화의 법칙으로 이것이 없으면 지도라는 것은 말할 수 없는 것이다. 「인」과 「의」라는 것은 인간 행위의 법칙으로 이것이 없으면 인도는 말할 수 없는 것이다. 그러나 위의 인용문에서 중요한 것은 역시 앞의 두 구절이다. 성인이 이런 천지인의 도를 말하는 것은 자기 멋대로 만든 것이 아니라 「성명의 이치」에 따라서 만들었다는 것이다.

제3장 중에서 이미 말하였지만 「성명」의 발생은 건도의 변화에서 생겼다. 이때 곤도는 아직 출현하지 않았다. 그러나 이미 태극의 「一」이 아니고 건곤이 서로 대립하는 상태에 들어가 있는 것이다. 건의 시작이 있으면 반드시 곤이 계승하기 때문에 이미 건곤의 유행하는 법칙 속에 들어가는 것이다. 법칙이 있기 때문에 「이(理)」를 말하는 것이다. 이런 건곤의 음양이 태극에서 바로 나와 천도에서 분별되어 표현된 것이 바로 음과 양이고, 지도상에서 표현된 것이 유와 강이고, 인도상에서 표현된 것이 인과 의이다. 여기에서부터 인의의 덕은 바로 위의 태극에서 나온 건곤과 연결된다. 즉 천지의 음양, 강유의 도와 인도의 인의는 하나의 법칙이라는 것이다. 이것은 참으로 고상하고도 위대한 한 폭의 깃발로 인간의 밝은 미래를 천지의 도와 합일하는 곳에다 세워놓은 것이다.

---

49) 「昔者聖人之作易也. 將以順性命之理, 是以立天之道, 曰陰與陽, 立地之道, 曰柔與剛, 立人之道, 曰仁與義.」

인과 의는「나와서 만물의 우두머리가 된」후의 인간이 새롭게 분투해야 할 목표를 제시하고 있을 뿐만 아니라, 동시에 인간과 만물의 한계를 긋는 것이다. 그것은 바로 인의를 행하는 사람이라야 비로소 천지와 덕을 짝할 수 있는 「삼재」로서의 인간이다. 인의를 행하지 못하는 사람은 비록 인간의 모습을 갖추고 있기는 하지만「삼재」로서의 인간이 될 수 없고, 맹자가 말하는 여전히 물성 속에 고정되어 있는「금수」와 차이가 없는 존재이다. 왜냐하면 다른 동물과 구별이「거의 드문」인성을 결핍하고 있기 때문이다.

이런 관점에서 서양인들은 중국인들이 종교적 신앙을 가지지 않는 것에 대해 경이롭게 생각하는데 실은 중국인들이 대신「철학적 신앙」을 가지고 있음을 모르고 있는 것이다. 중국인들도「신도사상의 시대」에서 천지 귀신의 존재를 믿었다. 그러나 역사의 변천과정을 통하여 신도사상은 곧 도태되고 천, 지, 귀, 신이라는 명사들이 철학적 의미로 점차적으로 바뀌게 된다. 중국인들의 종교적 신앙 역시 점차적으로 철학적 신앙으로 바뀌게 된다. 역경철학은 중국인들을「철학적 신앙의 민족」으로 만든 가장 큰 동력이 된다. 서양의 종교적 신앙 속의「신」이라는 것은 인간과 멀리 떨어져 높은 곳에 자리하고 있고, 인간은 신앙 속에서 위를 향하여 올라가려는 마음을 가진다. 이런 위로 향하여 올라가려는 마음이 인간을 고무하여 움직이는 힘을 생기게 하는 것이다. 중국인들의 철학적 신앙 속의 인과 의는 성명과 더불어 같은 하나로서 인간의 마음속에 존재하기 때문에, 바깥을 향하여 나아가려는 것이 필요 없고, 내성(內省)하여 자각하면 얻을 수 있는 것이다. 바깥으로 구하려면 도리어 얻지 못한다. 이것이 바로 맹자가 말하는「인의에 따라 행하였지, 인의를 억지로 행하지는 않았다(由仁義行, 非行仁義)」라는 의미이다. 이런 뜻을 대부분의 서양인들은 쉽게 이해하지 못한다. 그러나 일단 이해할 수 있으면 곧 중국인들의 철학적 신앙이라는 것이 얼마나 견고하고 강인한 것인가를 발견할 것이다. 실제로 이런 철학적 신앙은 결코 서양인들의 종교적 신앙보다 약한 것이 아니다. 《주역》이 중국인들을 위해 세운「철학적 신앙」, 즉 인의의 이상적 목표는 오랜 시간 동안 중국인들에게 은혜를 베푸는 것이다.

제 3 절   자연에의 순응과 만물의 애호

주의 무왕(武王)이 상(商)나라를 제압하고 주의 죄를 말할 때「폭진천물(暴殄天物 : 하늘과 하늘이 만든 만물을 함부로 파괴했다는 의미)」이라는 말을 하였다. 하늘을 멋대로 파괴한다는 것은 무슨 뜻인가? 역천(逆天)을 말한다. 만물을 멋대로 파괴한다는 것은 무슨 말인가? 사물들을 학대하고 어지럽게 했다는 말이다. 무왕은 한편으로는「인간이 만물의 영장이다」라고 말하면서, 또 한편으로는「폭진천물」의 죄가 크고 추악하다고 말한다. 이것은 인간이 만물의 영장이 될 수 있는 까닭이 역천에 있지 않고 순천(順天 : 하늘을 따름)에 있으며, 폭물에 있지 않고 애물(愛物 : 만물을 애호함)에 있음을 말하는 것이다. 주무왕의 이런 구호는 바로 《주역》에 근거해서 말하는 것이다. 《주역》에서는「순천」과「애물」을 인간의 위와 아래에 대한 두 가지 태도로 보고 있다. 왜냐하면 인간은 만물의 영장이고 천지와 만물의 중간에 존재하고 있기 때문에, 위로는 천지를 바라보고 아래로는 만물과 붙어 있기 때문에 위를 따르고 아래를 사랑하여야 비로소「만물의 영장」이 될 수 있는 자격을 갖춘다는 것이다.

이러한 위를 따르고, 아래를 애호하는 사상은 역경철학의 거대한 영향력에 의해 중국인들의 보편적인 인생태도로 자리잡게 된다. 성현이 되려고 하는 지식인들은 정치, 사회, 가정 속에서 이것을 준칙으로 삼아 받아들이지 않는 사람이 없게 되는 것이다. 정치적인 입장으로 말하면, 조정의 대신들은 위로는 천자를 따르고, 아래로는 부하들을 아끼고, 지방관리들은 위로는 조정에 따르고, 아래로는 백성을 아껴야 하는 것이다. 사회적으로는, 위로는 노인들을 따르고 아래로는 후배들을 애호하고, 가정 속에서는 부모를 따르고 아래로는 자제들을 아껴야 하는 것이다. 오늘날 중국인의 정신 역시 이런 사상 위에 서 있다. 이런 정신의 보편적인 전개를 통하여 역경철학의 가치를 살펴보면, 하나의 철학사상이 인류문화에 끼치는 영향이 얼마나 깊은지를 충분히 알 수 있을 것이다.

아래에서는 두 절로 나누어 설명하겠다.

(1) 자연을 위배하지 않고 따름

먼저 간단하게 「천(天)」의 의미에 대해 설명하도록 하겠다. 근세 이래 중국 고대의 「천」 관념에 대해 연구하는 사람은 매우 많고, 또 그것을 문제로 하여 토론하는 것을 쉽게 볼 수 있다. 그러나 그들이 사용한 연구방법은 거의 천편일률적인 것으로 몇 권의 고전들을 옆에다 놓고서는 그중에 있는 모든 「천」자를 찾아내어 다시 그 함의를 해석하고 몇 가지로 귀납하여 어떤 시대의 「천」자는 어떤 의미를 지녔다고 결론지어 버린다. 이런 연구방법은 다른 학문 분야에 적용할 만한 가치가 있을지 모르나, 철학적 연구방법에 적용하는 것은 옳지 않다고 생각한다. 왜냐하면 철학적 입장에서 「천」자를 연구한다고 한다면, 그것의 함의를 말해야 할 뿐 아니라 또한 그것이 어떤 이유에서 그런 함의를 가지는가 하는 것도 말해야 하기 때문이다. 위에서 말한 방법은 확실히 전자만 만족시킬 수 있고, 후자는 만족시킬 수 없을 것이다. 필자는 고대의 「천」 개념을 확실하게 이해하기 위해서는 역사적인 사상의 변천과정을 통하지 않을 수는 없다고 본다. 어떠한 사물의 발생이나 한 명사의 출현은 반드시 시대적인 상황을 벗어날 수는 없다. 「천」이란 개념 역시 역사적 변천과정을 따라서 나온 것이고, 그것의 함의 역시 자연히 역사적 사상의 변화에 따르는 것이기 때문이다. 그러므로 역사적 시대에 따른 사상은 각각 다르고 「천」자의 함의 역시 그것에 따라서 차이가 생기는 것은 당연한 것이다.

「천」자의 함의는 역사적인 시대라는 관점에서 보면 단계로 나누어 설명할 수 있지만, 일반적으로 네 가지의 의미를 가지고 있는 것으로 말한다. 소위 세 단계의 시대라는 것은 앞에서 말한 「천도사상의 시대」 「신도사상의 시대」 「인도사상의 시대」이다. 이른바 네 가지 함의는 위의 세 시대에 따라서 생기는 것이다. 「천도사상의 시대」의 「천」은 대자연의 천으로, 머리 위의 푸르고도 망망한 하늘의 모습이다. 8괘 중의 「삼위천(三爲天)」이나 《설문해자》에서 말하는 「종일대(從一大 : 하나의 큰 것이라는 상형에서 온 것의 의미)」라는 것은 모두 이때의 「천」의 뜻이다. 「신도사상 시대」의 「천」 개념은 천이 의지를 가지고 길흉화복을 내리는 것으로 말하는데, 제사나 복서 속에서 기구와 기도의 대상인 「천」 개념이 여기에 속한다. 「인도사상 시대」의 「천」은 인간의 지혜가 진보한 까닭에 두 가지 의미로 나누어진다. 하나는 외재적 입장에서 말하는 것으로, 「천」이 우주운행의 법칙이라는 것을 의미하고 〈십익〉 중의 「천」자는 대부분 여기에 속한다. 예를 들면 「하늘의 운행은 강건하고, 군자는 그것을 본받아 스스로를 닦는 데 쉼이 없어야 한다」 등이다. 다른 하나는 내재적인 입장에서 말하는 것으로, 「천」은 심성(心性)의 체득을 통하여 얻는 것을 말하며 이것은 건도의 변화로부터 성명을 생하기 때문에 성명과 우주의 법칙이 하나가 된다. 내재적으로 성명의 이치를 체득하는 것은 바로 우주의 법칙을 얻는 것이다. 이로부터 외재적인 「천」의 변화에 심성이 내재하게 되는 것이다. 맹자가 말하기를, "심을 완전히 다 실현해내면 그 본성을 알 수 있고, 그 성을 알면 천을 알게 된다. 그 심을 보존하고 본성을 보존하는 것은 천을 섬기는 도리이다."[50] 심성을 통하여 천에 도달하는 것은 바로 심성의 천이다. 이 뜻은 공맹과 노장 이후의 중고 시기와 불교의 전래 이후에 더욱 많이 언급된다. 특히 송·명의 유가는 심성 중의 천 개념을 많이 이야기한다. 위에서 말하는 것을 종합하면 고대의 「천」의 함의는 하나의 의미로만 규정하기 힘들기 때문에 마땅히 아래와 같이 나누어 보아야 할 것이다.

```
천도사상 시대 —— 대자연적 천
    ↓
신도사상 시대 —— 의지적 천
    ↓
인도사상 시대 ┬ 우주법칙으로서의 천(외재적 입장에서 말함)
              └ 심성의 천(내재적 입장에서 말함)
```

「우주법칙으로서의 천」과 「심성의 천」은 고대 경전의 여러 부분에서 「도」의 뜻과 서로 합치하고 있다. 예를 들면 《좌전》에서 말하는 「위천불상(違天不祥: 천을 위반하면 상서롭지 못함)」에서의 「천」은 바로 「도」의 뜻과 상통한다. 또 《논어》에서 공자가 말하는 "하늘이 무엇을 말하겠는가! 사시가 이곳에서 행하고 만물이 이곳에서 생하는데 하늘이 무엇을 말하겠는가?"라는 것 역시 「도」의 의미를 가지고 있다.

---

50) 「盡其心者, 知其性也, 知其性則知天矣. 存其心, 養其性, 所以事天也.」

위에서 말한「천」의 함의는 비록 네 가지로 구분하지만 이 네 가지 함의는 모두 공통된 정신을 가진다. 어떠한 함의에 있어서나 모두「천」에「따라야」하고 위반할 수는 없다는 것이다. 이런 이유는 매우 분명하다. 즉 네 가지 함의의「천」은 모두 보편존재라는 특성을 가지고 있기 때문이다.「대자연의 천」이라는 것이 비록 땅과 대립하고 있지만, 그것은 높고 높은 곳에서 만물을 비추고 있기 때문에 어떠한 사람도「하늘 아래」라는 상태를 벗어날 수는 없기 때문이다.「의지적 천」은 능히 사람을 살릴 수도 있고, 죽일 수도 있고, 화복을 내릴 수 있어서 우리가 모르는 가운데에서 항상 시공을 통하여 인간의 일체를 감시한다.「우주법칙으로서의 천」과「심성의 천」이라는 것은 더욱 사람과 밀접하다. 인간 중 누가 우주법칙에 의해서 생하지 않았는가? 누가 심성을 가지고 있지 않은가? 그러므로 사람이 살아가는 과정에서의 모든 언행은 그것이 크건 작건 모두 천도를 드러내지 않는 것이 없다.「천」은 이와 같이 사람들을 벗어날 수 없게 하고, 또한 인간 역시 천으로부터 생명을 얻는 것이다. 이 때문에 인간은 오직「순천」이란 하나의 길만을 갈 수가 있는 것이다.《상서》〈대우모편〉에서 말하는 "순리를 따르는 자는 길할 것이고, 어긋나는 행동을 하게 되면 흉할 것이다."[51]라는 것과《좌전》의「위천불상(違天不祥)」이라는 것은 같은 뜻이다.

　중국의 고대인들은 항상「인간」의 역량은 작은 것으로,「천」의 힘은 큰 것으로 말한다. 인간이「천」속에 있는 것은 마치 봄날의 태양이 두루 비치는 가운데에서 자라는 것과 같다. 한 포기의 풀이나 나무가 매우 무성하게 자랐다 하여도 결국은 봄날의 태양이 비치는 속에 있기 때문이다. 스스로 무성하게 생장하기 위해 태양의 윤택함과 영양을 버린다면 얼마나 오랫동안 말라 죽지 않고 버틸 수 있겠는가? 오늘날과 같이 과학이 발달한 시대에서는 이런 이치는 더욱 분명하게 드러난다. 오늘날 인간들은 입만 열면 우주를 정복하자고 외친다. 그러나 인간이 우주의 모든 별들을 다 가 보았다 하더라도, 여전히 우주운행의 법칙을 벗어날 수는 없는 것이다.「천」이란 것은 인간이「따르지 않으면」안 되는 것이다. 장자가 말하는 것이 옳다.

　"지금 대장장이가 쇠를 달구는데 쇠가 뛰면서 말하기를, 나를 막야 같은 보

---

51)「惠廸吉, 從逆凶.」

검으로 만들어주시오 라고 한다면 대장장이는 틀림없이 상서롭지 못한 쇠로 생각할 것이다. 마찬가지로 지금 사람의 형체를 타고 나서 말하기를, 나를 사람으로 있게 해주오 라고 한다면 조화자는 반드시 그를 상서롭지 못한 사람으로 여길 것이다."[52]

이 때문에 여기에서 우리는 주무왕이 주를 정벌하려고 할 때 주의 죄를「역천」이라고 말하는 이유를 분명히 알 수 있을 것이다. 왜냐하면 주는「역천」이라는 죄를 범하였기 때문에 모든 중국인들이 일어나서 그를 징벌하는 것이다. 무왕이 주를 토벌한 것 이외에 탕이 걸(桀)을 토벌할 때도 역시「순천응인(順天應人)」이라는 구호하에서 성공한 것이다. 삼대 이후에 인간들이 비록 영악해지고 비뚤어졌다고는 하나 여전히「천명에 의거하여 행한다」는 명목에 의거하지 않을 수 없었고, 역대의 새로운 왕조가 일어날 때에도 하나같이 예외가 없었다. 여기에서 맹자가 왕도(王道)와 패도(霸道)에 대해 말한 것이 생각날 것이다. 맹자의 왕도에 대한 정의는「덕으로 인을 행하는 것」이고, 패도의 정의는「힘을 방패로 삼고서 인을 가장하는 것이다(以力假仁)」. 전자는「순천」하는 것이고, 후자는 인간의 힘에 의지하면서도 그것을 천명이라고 속이는 것이다. 인간의 힘을 숭상한다는 것은 아직「역천」의 정도에는 미치지 않았으나, 이미 인간의 교만함과 헛된 망상을 표현한 것이기 때문에 맹자는 이것을 취하지 않는다. 중국인들이 특히 겸손의 덕을 강조하는 원인은 바로 여기에 있는 것이다.

(2) 자연에의 순응과 만물에 대한 애호

인간이 오랫동안 노력하여 만물 중에서 가장 빼어난 최고의 존재로 되었지만, 결코 멋대로 다른 사물을 업신여겨서는 곤란하다. 도리어 만물을 아끼는 마음을 가져야 한다. 마치 두 사람이 싸움을 하여 승패가 이미 결정되었을 때 이긴 편이 이긴 기분으로 진 사람을 능멸하지 않을 뿐만 아니라, 오히려 일으

---

52) 《장자》〈大宗師篇〉「今大冶鑄金, 金踊躍曰, 我且必爲鏌鋣, 大冶必以爲不祥之金. 今一犯人之形, 而曰人耳人耳, 夫造化者必以爲不祥之人.」

켜 세워주고 상처를 치료해준다면 승자의 광채가 저절로 더욱 빛나게 되는 것이다. 인간의 고상한 인품보다 더 훌륭한 것이 어디에 있겠는가?

중국인들이 다른 만물을 아끼는 관점들은 내재적이고 진정한 것이다. 그렇게 되는 원인은 바로 「태극생음양」하여 만물을 생하는 《주역》의 영향 때문이다. 이런 물아일체의 인식을 통하여 자연스럽게 만물에 대한 애정이 생겨 나오는 것이다. 맹자는 제선왕이 소를 죽여 종에 바르는 일을 보고 차마 참지 못하는 마음을 거론하여 말하기를, "이런 마음이라야 충분히 왕이 될 수 있는 것이다."53)라고 하였다. 맹자는 이런 것을 일러 「불인인지심(不忍人之心 : 차마 참지 못하는 사람의 마음)」이라고 말한다. 이런 「불인인지심」은 모든 중국인들이 인정하는 것이다. 이 때문에 맹자는 그것을 자신의 철학적 이론 기초로 삼는 것이다.

"사람들은 모두 (다른 사람의 불행에 대해) 차마 참지 못하는 마음을 가지고 있다. 선왕은 차마 참지 못하는 마음을 가지고 있기에 차마 참지 못하는 정치를 하게 되는 것이다. 차마 참지 못하는 마음으로 불인인지정을 행하면 천하를 다스리는 것이 손바닥 위에 올려놓고 움직이는 것과 같다."54)

「불인인지심」은 작은 것으로 말하면 인류를 범위로 하고, 크게 말하면 만물 존재에까지 미친다. 탕임금이 사냥할 때 그물을 세 방면으로 열어놓는다거나, 공자가 주살을 쏘아도 잠자는 것은 쏘지 않았다 라는 이러한 마음이 사람노릇, 처세, 치국, 평천하를 실천할 수 있는 근본이 되는 것이다.

나는 서양사를 읽을 때마다 항상 서양인들의 만물에 대한 관념이 중국인들과는 다르다는 것을 느낀다. 물론 현실적인 입장에서 보면 서양인들의 동식물에 대한 애호나 고대 유물의 보존이라는 문제에 있어서는 중국보다는 앞선다. 그러나 근본적인 것을 따지고 본다면 그것은 희소가치가 있다는 입장에서 생각하고 있다는 것이다. 즉 희귀 동식물이 애호를 받는 것은 그것이 멸종의 위기에 있기 때문이다. 고대 유물이 적당한 보존을 받고 있다는 것은 그것이 없어지면 다시는 회복할 수 없다는 이유 때문이다. 만물을 사랑하는 동기가 결

---

53)《맹자》〈梁惠王 上〉「是心足以王矣.」
54)《맹자》〈公孫丑 上〉「人皆有不忍人之心. 先王有不忍人之心, 斯有不忍人之政矣, 以不忍人之心, 行不忍人之政, 治天下可運之掌上.」

코 「본래적으로 만물을 사랑하여야만 한다」는 입장에서 나온 것이 아니라는 것이다. 그러므로 서양인들은 높은 산을 보면 정복하고 싶고, 바다를 보면 그것을 정복하고 싶고, 앞에 있는 사물을 보면 항상 「정복하겠다」라는 마음을 먼저 가지는 것이다(근세 이래 서양인들이 신대륙을 발견하고 남북극을 탐험하고 우주개발에 착수하는 것 등은 모두 이런 마음에서 생긴 것이다). 중국인들은 그렇지 않다. 높은 산, 넓은 바다, 넓은 광야와 숲을 보면 우선 먼저 항상 그것을 그대로 놓아두고 감상하고 즐기려 한다. 그런 후에 나의 정신을 사물의 광경 속으로 집어넣어 「물아일여(物我一如)」의 경계를 맛보려 하지 그것을 「정복하겠다」라는 마음은 먹지 않는다. 중국인에게 있어서, 물정(物情)과 인정(人情)은 똑같은 것이다. 이런 「유정세계」의 깨달음이야말로 중국인들이 가지려고 하는 최고의 법문(法門)인 것이다. 또한 중국과 서양회화의 다른 점을 예로 들어 말하면, 서양화는 인물을 주로 그린다. 그들이 자주 그리는 그림들은 역사상의 어떤 유명한 사람을 배경으로 하여 그린 것이 많다. 중국화는 지금까지도 여전히 산, 물, 대나무, 정자, 개울 등의 풍경들에 심취해 있다. 중국인들이 일상적으로 마음에 두는 것은 대부분 이런 사물들 속에 놓여 있다. 중국인들의 이런 미묘한 「감물심(感物心 : 사물을 느끼는 마음)」에 대해서는 한 권의 책이라도 쓸 수 있지만, 여전히 분명하게 말하지 못하는 것은 그것이 마음으로만 이해할 수(意會) 있고, 말로 전하기에는 어려움이 많기 때문이다. 필자가 앞의 제2장에서 인용하였던 장자와 혜시가 호강변에서 고기의 즐거움에 대해서 말하는 것의 주요논점 중의 하나는 물정과 통한다는 것이고, 다른 하나는 물정과 통할 수 없다는 것이다. 장자가 이런 이야기를 쓴 깊은 의도는 사람은 주위의 사물세계에 대하여 반드시 「근본에 따라서」 서로 감통하는 정을 느껴야 한다는 것을 말하는 것이다. 후대에 소강절(邵康節)이 주석한 글에서 말하기를, "자기의 본성을 완전히 실현하여야 다른 사물의 성을 실현할 수가 있는 것이다. 고기가 아니라도 그러하고 천하의 모든 사물도 그러하다. 장자라고 한다면 다른 사물의 정과 관통할 수 있다고 말할 수 있다."[55] 소옹의 주석은 매우 훌륭하다.

장자의 「지어락(知魚樂)」과 맹자의 「불인인지심」은 똑같은 근원에서 나온 것이다. 다만 하나는 한가로운 정서를 드러내고 다른 하나는 현실적 일을 처

---

55) 「此盡己之性, 能盡物之性也. 非魚則然, 天下之物皆然. 若莊子者, 可謂善通物矣.」

리하는 입장에서 나온 것으로, 산수를 사랑하고 꽃이나 나무를 사랑하는 것은 모두 같은 근원에서 나왔다. 이것은 인성과 물성이 서로 관통하는 감응 속에 있다는 것을 설명하는 것이다. 인간이 다른 사물을 아낀다는 것은 사물의 이치를 버리고 제멋대로 하여서는 안 된다는 것을 말하는 것이다. 만약 만물을 아끼는 마음이 없이 자기 멋대로 하는 것은 바로「사물을 무시하는」것이 된다. 인간과 만물은 똑같이 이성 속에서 다루어야 하는 것이고, 이치에 의거하여서 존재하는 것이다. 만물이 모두 각각의 본성을 가지고 올바로 작용하도록 가만히 버려두는 것이야말로 만물 애호라는 의미를 도덕적인 단계로까지 끌어올리는 것이다. 노자가 말하기를, "(만물을) 발육 생성케 하며, 생성하고도 소유로 하지 않으며, 하고도 내세우지 않고 자라게 하여도 주재하지 않는 것을 현덕이라 한다."[56] 공자가 말하기를, "재화를 땅에 버리는 것은 나쁘지만 반드시 자기만 위해서 감추어 두어서는 안 된다. 힘을 몸에서 내지 않는 것은 나쁘지만, 반드시 자기만 위해서 사용하는 것은 더욱 안 된다."[57]라는 것들은 모두 근본적인 심성 속에서 도덕의 뜻을 세우는 것이다. 《주역》의 〈계사전〉에 사물을 애호하는 뜻을 한 구절의 말로 압축하고 있다. 그것은「개물성무(開物成務 : 사물들이 자기 본성대로 작용을 이루도록 함)」이다. 여기에서「개(開)」라는 글자는 발전, 해석, 투시, 분별의 뜻을 가지고 있다. 즉 물의 성질에 따라서 작용에 이르는 것을 말한다. 인간의 만물에 대한 태도는 반드시 이와 같아야 한다. 한편으로는 그것들을 제어하여 이용하고, 한편으로는 아끼는 마음이 있어야「만물을 무시하는 태도」나「만물을 마음대로 난폭하게 다루는」뜻이 그 속에 들어가지 않게 되는 것이다.

 본절에서는「자연[天]에의 순응」과「만물의 애호」의 뜻을 말하였는데, 이것은 여기에서 뿐만 아니라 독자들은 이미 이 두 가지의 뜻이 인도를 세우는 큰 단서가 됨을 알 수 있을 것이다. 그러나 다시 한번 언급해야 할 것은, 이 두 가지의 의미가 맹자 이후에는 과거처럼 그렇게 분명하지가 않다는 것이다. 순자가 말하는「천」은 다만 외재적 자연의 천만을 말하는 것으로 심성적인 천이란 것은 알지 못한 채 맹자의 성선설을 무리하게 비판하고 있다. 그는 인간이「사물존재」를 주재하는 의미를 너무 강조하여 인간의 천이나 물에 대한 친화

---

56) 《노자》제10장「生之, 畜之, 生而不有, 爲而不恃, 長而不宰, 是謂玄德.」
57) 《禮記》〈禮運篇〉「貨惡其棄於地也, 不必藏於己. 力惡其不出於身也, 不必爲己.」

감을 모두 상실해 버린다. 순자의 주장은 〈천론편(天論篇)〉 한곳에서 집중적으로 말하고 있다.

"천(자연)을 오로지 숭배하여 사모하기만 하면 누가 그것을 있는 대로 보아서 그것을 기르고 제재하겠는가? 천에 순종하여서 그것을 찬양하기만 하면 누가 천의 변화와 질서를 파악하여서 이용하겠는가? 천의 변화를 올려 보면서 그것의 은덕만을 기대한다면 누가 계절의 변화에 적응하여 그것을 사람들에게 봉사하게 하겠는가? 만물에 근거하여 그것을 중시하기만 한다면 누가 지혜를 펼쳐서 그것을 변화시키겠는가? 만물의 변화불측함을 생각하고 보기만 하여서 누가 만물을 다스려 만물을 충분하고 합리적으로 이용되게 할 수 있겠는가? 만물이 생장하는 이치만 숭상한다면 누가 만물이 이루어지는 이치를 잡을 수 있겠는가? 인간이 가져야 할 노력을 버려두고 천의 은택만을 생각하면 만물의 실정을 잃어버리게 될 것이다."[58]

순자가 「천」과 「만물」을 논하는 것은 모두 근본적인 의미 속에서 말하는 것은 아니다. 공자와 맹자가 심성과 상통하는 것으로 말하는 천과 만물의 의미는 여기에서부터 분명하지 않게 된다. 송대 유가들에 와서야 심성으로서의 「천」 관념은 회복된다. 그러나 송대 유가들은 심성으로서의 천 관념에 대한 「사고(思)」와 「양성(養)」에만 전력을 기울이지, 「행(行)」의 문제에 대해서는 소홀하다. 그리고 「만물의 작용」이라는 방면에 대해서 더욱 「행(실천)」이 부족하다. 그러므로 송대 유가의 학문은 사람들이 피곤하고 생기가 없는 것으로 만들어, 공자·맹자·노자·장자처럼 원만하게 통하고, 조화하고, 생기활발한 기상을 보여주지 못하고 있다. 예를 들면 장재(張載)의 《서명(西銘)》에서 말하기를, "하늘(乾)은 아버지라 일컫고 땅(坤)은 어머니라 일컫는다. 나는 여기서 아득하게 작지만 하늘·땅과 한데 섞여져서 그 가운데에 있다. 하늘과 땅의 가득 찬 것은 나의 몸이고, 하늘·땅을 이끌고 나가는 것이 나의 본성이다. 백성은 나의 동포이고 만물은 나의 짝이다."[59] 위의 장재의 말을 실제의 상황

---

58) 「大天而思之, 孰與物畜而制之? 從天而頌之, 孰與制天命而用之? 望時而待之, 孰與應時而使之? 因物而多之, 孰與騁能而化之? 思物而物之, 孰與理物而勿失之也? 願於物之所以生, 孰與有物之所以成? 故錯人而思天, 則失萬物之情.」

59) 「乾稱父, 坤稱母, 予玆藐焉, 乃混然中處. 故天地之塞吾其體, 天地之帥吾其性, 民吾同胞, 物吾與也.」

속에서 실천한다는 입장으로 말한다면, 공자나 맹자가 천하를 주유하면서 도를 실천하는 정신을 결핍하고 있음을 알 수 있을 것이다.

  비록 중국인들이 역경철학의 영향을 매우 깊게 받았지만, 「순천」과 「애물」의 뜻은 이미 일찍이 민족성 속에서 자라난 것이다. 근대 이래 서양의 물질문명이 고도로 발전하여 인간의 위력이 하늘을 찌를 듯한 상황 속에서 인간은 이미 위로는 「역천」이라는 오만함을 범하고, 아래로는 「만물을 마음내키는 대로 다루는」 방자한 행위를 하고 있다. 인간은 이미 고상한 자기 규제 혹은 조정이라는 덕목을 상실한 지가 오래이다. 필자는 이런 것을 보고 마음 아파하지 않을 수가 없는 것이다. 이런 인간들에 의해 조성된 광기 어린 행위는 재앙을 불러일으켜 이제는 더 이상 제재할 수 없는 지경에 이르렀음을 걱정하지 않을 수 없는 것이다. 여기까지 이 책을 쓰고 나니 필자는 진실로 역경철학을 빠른 시일내에 세상에 소개하여 세상 사람들에게 「인도」의 정의를 말하여야겠다는 느낌이 든다.

제 5 장
인간과 역의 도

제 1 절 건·곤과 그 작용

전체 우주의 작용과 변화는 하나의 「도(道)」에 의한 것이다. 이른바 「입천지도(立天之道)」 「입지지도(立地之道)」 「입인지도(立人之道)」라는 것은 천, 지, 인을 나누어서 말하며, 비록 이름은 삼분되지만 그 오묘한 작용은 하나이다. 천지의 도가 유행하는 것은 저절로 그러한 것이지 인력으로 좌우할 수 있는 것은 아니다. 인도는 인간이 자신의 선천적인 지각능력을 통해 천과 지의 도를 체득하여서 인간됨의 원칙을 만들고, 천지와 합일하여 큰 변화의 흐름 속에 들어가는 것이다. 그러므로 《주역》의 입장에서 보면 인간세상은 인간이 온 힘을 다하여 「부도(不道 : 상도를 준수하지 않는)」[1]를 제거해가는 것이라고 말해도 무방할 것이다. 인간의 성명은 건도의 변화에서 나온 것으로 자연스러운 변화의 소산이다. 그러나 성명에 의해서 개체가 생겨난 뒤에 곤원에서 형체가 생겨, 개인이라는 개별 단위체의 존재가 된다. 여기에서부터 인간과 인간 사이는 점차적으로 분리된다. 또 인간은 개별체로서 생존하기 위한 여러 가지 필요성에 의해 그것을 조직화하고 체계화하지 않을 수 없게 되는 것이다. 즉 한편으로는 다른 사람의 침해를 막아야 하고 또 한편으로는 더 나은 생존을

---

1) 《좌전》〈僖公二年〉「今虢爲不道」와 《도덕경》 제 55장 「物壯則老, 謂之不道, 不道早已」에서 나옴.

위한 보장을 획득하여야 하는 것이다. 이렇게 하여서 두려움과 사사로운 욕심, 탐욕, 분노, 탈취, 기만 등의 마음들이 다투어 생겨나는 것이다. 이러한 마음들은 올바른 성명에서 나온 것이 아니다. 즉「건도변화, 각정성명(乾道變化, 各正性命)」이라는 곳에서 나오는 것이 아니라 형체가 갖추어지고 난 후의 후천적인 것이다. 선천적 도의 유행이란 입장에서 본다면 참된 도가 아닌 정체되고 막혀 있는 부도이다. 그러나 이런 막혀버린 부도의 사념은 오히려 모든 개인적인 육체적 욕망에 적합한 것이다. 육체적 욕망은 더욱 탁하게 되어서 아래로 흐르려 하기 때문에 사념이 일단 생기게 되면, 그것의 흐름은 더욱 강해지고 마침내는 고칠 수 없는 습관이 되어 개인의 근기(根器)를 이루게 된다. 장자의 "잠들었을 때에는 멋대로 꿈꾸고, 깨어났을 때는 신체가 풀려서 자유롭다."[2]는 것이 되는 것이다. "사물에 따르기도 하고 거스르기도 하여 멋대로 행위하는 것이 끝에 가서는 말이 달리는 것과 같아 멈추기 힘들다."[3] 맹자가 말하는 "그 마음은 멋대로 버려두고 구할 줄을 모른다."[4]는 것들은 모두 사념의 물욕이란 세력에 대해서 말하는 것이다. 물론 인간이 천지에 의해서 생겨났고 일체의 생각이라는 것이 옳거나 그르거나 모두 천지에서 나온 것이라고 생각할 수 있다. 이와 같다면 인간들은 손을 놓고 관여하지 않으며 머리를 맡겨두고 그것이 옳으면 그것이 옳고, 나쁘면 나쁜 것으로 따르면 얼마나 쉽겠는가? 이것은 말하기에는 쉽지만 「도」의 힘이 워낙 강해 어쩔 도리가 없고, 인간들이 스스로 타락의 맛이 어떠한지를 맛보게 놓아두지 않는다. 인간들은 이와 같은 퇴폐적인 생각들을 충분히 가질 수 있지만 그러나 결코 그렇게 실행하도록 놓아두지 않는다. 인간의 마음에 있어서 성명이라는 것은 절대로 완전하게 상실되어 버리는 적이 없다. 불가에서 말하기를, "(불교의 교리를 믿지 않는) 일천제도 불성을 가지고 있다(一闡提也有佛性)."라고 말하는 뜻이 여기에 있다. 노자가 말하는 "하늘의 그물은 워낙 크고 또 커서 듬성듬성하나 어떤 것도 빠뜨리지 않는다."[5] 역도라는 큰 그물을 빠져 나가는 존재는 없다. 이러한 인식을 가지고 역경철학을 살펴보면 건원의 뜻이 왜 「선(善)」이라는 기초에 있는지,「일음일양지위도」라는 말이 「선」이라는 기초에 근거하고 있는

---

2) 《장자》〈齊物論〉「其寐也魂交, 其覺也形開.」
3) 《장자》〈齊物論〉「與物相刃相靡, 其行盡如馳.」
4) 《맹자》〈告子 上〉「放其心而不知求.」
5) 《노자》 제 73 장「天網恢恢, 疏而不失.」

지 라는 원인을 분명하게 알 수 있게 될 것이다. 왜냐하면 인간은 정도에 따라 행해야 한다는 것을 자각하여야 할 뿐만 아니라, 당연히 그렇게 해야만 한다. 전체 우주는 하나의 조화로운 작용 속에 있기 때문에 이런 대세에 따르지 않는 다른 선택은 있을 수 없다. 그러므로 사람들은 처음부터 하나의 길을 갈 수밖에 없는 것이다. 그것은 바로 인간의 뛰어난 지혜를 발휘하여 도의 유행으로 막히고 부도한 것을 제거하고 사념이 생기지 않도록 하여 본성의 바름으로 돌아가게 만드는 것이다. 여기에서 말하려는 것은 역의 도가 인간세계에서 유행하는 법칙을 서술하고 인간이 어떻게 역도를 파악하여 그 옳은 것을 상실하지 않을 수 있는가? 라는 문제를 서술하고 있다. 행복하고 평화로운 인간세계는 여기에서부터 성립되는 것이다.

전체 우주는 하나의 큰 유행작용이고 인간은 각각 하나의 작은 유행작용이다. 인간은 우주의 대유행작용의 맥박이 뛰고 있는 것을 체득하여 자기의 작은 유행작용과 합일할 수 있는 것이다. 이것이 바로 역도의 바름이다. 대유행작용의 맥박이 약동하는 성질은 두 가지가 있다. 하나는 건이고 다른 하나는 곤이다. 소유행작용도 건과 곤의 두 가지 유행작용을 가지고 있다. 이 때문에 《역경》은 건과 곤의 두 괘로부터 원칙을 세운다. 먼저 근본을 세우고 난 후에 준, 몽, 수, 송 …… 이하의 62괘의 각기 다른 상황들을 드러내어 인간들이 어떻게 그것에 대응해야 하는가를 말하고 있다. 먼저 건, 곤 두 괘와 그 작용을 살펴보기로 하자.

(1) 건괘의 6효와 용구(用九)

☰ 건(乾)은 크게 형통하여 바르다.
　　초구　　잠겨 있는 용이다. 함부로 나서지 말라.
　　구이　　나타난 용이 들판에 있다. 대인이 나타나기에 이롭다.
　　구삼　　군자가 종일토록 부지런히 노력하고, 저녁에도 근신한다면 위태로운 일이 있어도, 허물이 없을 것이다.
　　구사　　혹은 뛰어서 물 속에 있으니, 허물이 없을 것이다.
　　구오　　날아가는 용이 하늘에 있는 것으로 대인을 나타내기에 적합하다.

상구   너무 높이 올라간 용은 후회가 있다.
용구   건의 육효의 덕이 머리가 되어서 고정된 것이 없어 길하다.[6]

　건 괘사의 「원형이정(元亨利貞)」에서 「원」의 뜻은 크다(大), 처음(始)의 뜻이고, 「형」의 뜻은 통하다(通)라는 뜻이다. 「이」는 조화(和), 마땅함(宜)의 뜻을 가지고 있고, 「정」은 바름(正), 확고함(固)의 뜻을 가지고 있다. 이 네 글자는 건의 작용 성질을 말하는 것이다. 건의 작용은 만물을 생성하는 시작이다. 공자가 〈단전〉에서 "위대하도다 건원이여! 만물이 여기에서 시작하고 하늘을 거느린다."라고 하는 것처럼 큰 시작이다. 건도가 변화하여 성명을 낳고, 그 작용은 만물에 내재하여 유통하고 변화하기 때문에 통(統)이라 한다. 건의 작용은 태극이 작용하기 시작하여 저절로 생겨난 유행이고, 시간, 공간, 물원질이 자연적으로 화합하여 성명을 낳기 때문에 화이고 의인 것이다. 건의 작용이 낳은 성명은 순전히 선천적으로 그러한 것이고, 결코 후천적인 장애나 막힘이 조금도 없기 때문에 정이라고 말하는 것이다. 이런 작용의 유행은 그 세력이 강대하여 이것을 따르면 길하고, 이것과 위배되면 흉하기 때문에 고(固)라고 말하는 것이다. 주문왕은 건의 유행작용을 원형이정이라는 네 글자로 형용하고 있는데 그 함의는 무궁하다. 동시에 이 네 글자는 「원형」 「이정」으로 나누어 사용하기도 한다. 「원형」은 대형(大亨)으로, 예를 들면 대유(大有)괘, 고(蠱)괘는 모두 「원형」이라 말하고, 여(旅)괘, 손(巽)괘는 모두 소형(小亨)으로 말한다. 「이정」은 「의어정(宜於正 : 정에 합당하다, 정에 알맞다)」의 뜻이다. 예를 들면 곤괘의 「암말의 곧음에 유리하다(利牝馬之貞)」, 비(否)괘의 「군자의 마음 곧은 것에 불리함(不利君子貞)」, 동인괘의 「군자의 마음 곧은 것에 이롭다(利君子貞)」 등을 들 수 있다. 건의 〈문언전〉에 "건원이란 것은 시작하여 형통하는 것이다. 이정이란 성정이다."[7]라고도 말한다. 고대에

---

6) ䷀ 「乾   元亨利貞.
    初九   潛龍, 勿用.
    九二   見龍在田, 利見大人.
    九三   君子終日乾乾, 夕惕若, 厲, 无咎.
    九四   或躍在淵, 無咎.
    九五   飛龍在天, 利見大人.
    上九   亢龍, 有悔.
    用九   見群龍無首, 吉.」
7) 「乾元者, 始而亨者也, 利貞者, 性情也.」

는 문자가 적었기 때문에 하나의 문자를 원의에 근거하여 여러 가지로 활용하고 있다. 이런 예들은 많이 있다. 〈문언전〉에서는 「원형이정」을 「인의예지(仁義禮智)」의 사덕에 나누어 설명하는데, 이것은 바로 인도를 천도에 적용한 것이다. 후대인들은 또 「춘하추동」의 사시(四時)에 배합하기도 한다. 이런 것들은 모두 건의 근본적인 뜻에서 응용한 것으로, 독자들은 어렵게 생각하지 않아도 알 수 있을 것이다.

6효의 효사는 건의 유행작용을 시간·공간의 과정 속에 집어넣은 것으로, 6효는 한 생명체의 성장 혹은 어떤 사물의 발전으로 볼 수 있을 것이다. 그 뜻은 아래와 같다.

"초구는 잠겨 있는 용이다. 함부로 나서지 말라." 건괘의 6효는 용으로 비유하고 있다. 왜냐하면 옛 전설 속에서 용은 자주 변화하는 것이기 때문에 날 수도 있고, 물 속으로 들어갈 수도 있고, 뛸 수도 있고, 용맹함을 보여주는 것으로, 양강(陽剛)의 성질을 두루 갖추고 있기 때문이다. 초구의 효는 괘의 가장 아래에 자리하여 물 속에 들어가 모습을 드러내지 않은 것을 상징하고 있다. 이것은 때가 아직 이르지 못하여 포부를 펼 때가 아니기 때문에 「물용(勿用)」이라고 말한다. 효사는 일반적으로 위의 구절로 상(모습)을 드러내고, 아래 구절은 뜻을 말하는 형태를 취하고 있다. 그러므로 상을 보기만 하면 뜻을 알 수 있는 것이다. 어떤 것들은 상을 말하는 것을 생략하기도 하고 뜻을 말하는 것을 생략하기도 한다. 여기에서의 효사 「잠룡」은 바로 상을 말하는 것이고, 「물용」은 뜻을 드러내는 것이다. 〈문언전〉에서 "초구에 말하기를, 물 속에 잠겨 있는 용이니 함부로 쓰지 말아야 한다는 것은 무엇을 말한 것인가? 공자가 말하기를, 용은 덕이 있으면서 숨어 있는 것이다. 세상에 의해 바꾸지 말며 이름을 이룰 수 없다. 세상을 피해 숨어 살아 근심하지 말고, 옳다고 보아주지 않는다 하여 근심하지 말라. 세상이 편안하면 나가 행하고 근심될 때는 나서지 마라. 확실히 뽑을 수 없고 동요하지 않는 것이 바로 잠겨 있는 용의 뜻이다."[8]

위의 인용문은 사람들이 초구의 잠겨 있는 용의 상을 보고 당시 시위(時位)의 상황이 포부를 펼치는 때가 아님을 말한다. 자신의 재능을 감추어 드러내지 않고, 자기 한몸의 선을 닦는 데만 힘써야 하고, 누구에 대해서도 원망하지

---

8) 乾卦〈문언전〉「初九曰, 潛龍, 勿用. 何謂也? 子曰, 龍德而隱者也, 不易乎世, 不成乎名, 遯世无悶, 不見是而无悶, 樂則行之, 憂則違之, 確乎其不可拔, 潛龍也.」

말고, 시기를 기다려야 한다는 것이다.

"구이는 나타난 용이 들판에 있다. 대인이 나타나기에 이롭다." 두 개의 견(見)자는 똑같이 현(現)자이다. 구이는 초구의 위에 있어서 마치 용이 물로부터 나와 들판 속에서 모습을 드러내는 것이기 때문에「나타난 용이 들판에 있다」라는 상으로 말하는 것이다. 구이의 효가 하괘의 중간에 있는 것은 사람들이 중도에 따라서 실천하면 상하의 옹호를 얻는 것과 같기 때문에「대인」의 덕이 있다 라고 말하는 것이다. 그러므로 뜻을 드러내는 것으로「대인이 나타나기에 이롭다」라 하는 것이다. 즉 이때의 시와 위는 이미 자신의 포부를 펼칠 시기가 왔기 때문에 마땅히 대인의 덕을 표현하여야 하는 것이다. 구오의 효사에도「대인이 나타나기에 이롭다」라고 말하는데, 그것은 구오가 상괘의 중간에 있고 전체 괘의 가장 존엄한 자리에 있기 때문이다. 그런데 이 효는 하괘의 중간에 있어서 젊지만 큰 인물이 될 그릇으로 비유하여 말한 것이다. 〈문언전〉에 "구이에 말한 나타난 용이 들판에 있으니 대인이 나타나기에 이롭다 라는 말은 무슨 뜻인가? 공자가 말하기를, 용은 덕이 있고 중정한 자이다. 일상의 말에 믿음이 있고, 일상의 행동에 삼가함이 있고, 간사한 짓을 막아서 그 정성스러운 마음을 두며, 세상을 착하게 하여도 자랑하지 않고, 덕을 넓혀 변화시킨다. 나타난 용이 들판에 있으니 대인이 나타나기에 이롭다 라고 한 것은 임금의 덕이다."⁹⁾「대인」은 덕을 가장 잘 닦은 사람이다. 그런 자가 사람을 다스릴 수 있기 때문에 군덕(君德)이라고 말하는 것이다. 구이는 아직 존위(尊位)에 자리하지 않았으나, 군덕의 상이 있기 때문에 이런 상황에 처하면 마땅히 언행을 갈고 닦으며 심성을 보존하고 기르는 데 스스로 힘써야 한다. 〈문언전〉에서 또 말하기를, "용이 들판에 나타났다 라는 것은 때에 안주하는 것이다(見龍在田 時舍也)."에서「사(舍)」는 동사로 시에 따라서 안주한다는 뜻이다. 구이의 효는 하괘에서 중을 얻은 것으로 좋은 기회가 분명히 왔기 때문에, 마땅히 시위에 편승하여 일어서야 하므로「시사」라고 하는 것이다.

"구삼에 군자가 종일토록 부지런히 노력하고, 저녁에도 근신한다면 위태로운 일이 있어도 허물이 없을 것이다." 이 효사는 시상(示象 : 상을 드러내는 것)을 생략하고, 다만 시의(示意 : 뜻을 드러내는)만 말하고 있다. 구삼의 효는

---

9) 乾卦 〈문언전〉「九二曰, 見龍在田, 利見大人. 何謂也? 子曰, 龍德而正中者也, 庸言之信, 庸行之謹, 閑邪存其誠, 善世而不伐, 德博而化, 易曰, 見龍在田, 利見大人, 君德也.」

하괘의 상에 위치하여 하괘의 최고위가 되어 제후의 자리로 비유된다. 제후는 한 나라의 수장으로 아래 백성들이 우러러보는 존재이지만, 위로는 천자가 있어서 자칫 잘못하면 쉽게 의심을 받기 때문에 삼효는 위험한 자리가 된다. 위험을 피하는 방법은 오직 경계하고 근신하여 반성해야 하는 것이다. 「건건(乾乾)」은 성실하게 노력하는 것을 멈추지 않는 모습으로 조석으로 마음을 경계하고 반성하는 노력을 하면, 비록 자리가 위태롭더라도 허물이 없을 수 있게 되는 것이다. 이 효는 뜻을 얻어서 행한 후에 자신에 대한 성과가 높으면 높을수록 더욱 닦고 익힘을 게을리 하지 않아야 함을 말하는 것이다. 〈문언전〉에서 말하기를, "구삼에 말하는 군자가 종일토록 부지런히 노력하고, 저녁에도 반성한다면 위태로운 일이 있어도 허물이 없을 것이다 라는 것은 무슨 뜻인가? 공자가 말하기를, 군자는 덕으로 나아가고 업을 닦는다. 충신은 곧 덕으로 나아가는 근거가 된다. 말을 닦고 그 근거를 세우는 것은 곧 사업에 있기 때문이다. 이르는 곳을 알아서 그곳에 이르러 더불어 기미를 발견할 수 있다. 멈출 곳을 알아서 그곳에 멈추면 더불어 함께 의리를 보존할 수 있다. 이런 까닭에 윗자리에 있어도 교만하지 않고 아랫자리에 있어도 근심하지 않는다. 그러므로 항상 부지런하여 그때를 알아서 반성한다면 비록 위험하다 하더라도 허물이 없을 것이다."[10]

구삼효는 상하의 괘가 교체하는 곳에 자리하고 있다. 하괘에 대해서는 상위에 자리하기 때문에 「교만하지 말라」고 경계한다. 상괘의 측면에서 보면 하위에 처해 있기 때문에 「근심하지 말라」고 경계한다. 그러면 어떻게 교만하지도 않고 근심하지도 않을 수 있는가? 오직 진덕수업(進德修業)해야 한다. 이런 이유에서 이 효는 한편으로는 「시」와 「위」를 분명히 알아야 하고, 또 한편으로는 「일이나 사태」를 신중하게 처리해야 하는 것이다. 시와 위를 분명하게 파악하면 위에서던 아래에서던 두려워하지 않게 된다. 일을 신중하게 처리하면 비록 위태로워도 허물이 없게 된다. 〈문언전〉에서 말하기를, "하루 종일 부지런하게 일을 처리한다."[11] "하루 종일 부지런하게 시간과 더불어 행한다."[12] "구

---

10) 乾卦 〈문언전〉 「九三曰, 君子終日乾乾, 夕惕若, 厲, 无咎. 何謂也? 子曰, 君子進德修業, 忠信所以進德也, 修辭立其誠所以居業也. 知至至之, 可與幾也, 知終終之, 可與存義也. 是故居上位而不驕, 在下位而不憂, 故乾乾因其時而惕, 雖危无咎矣.」
11) 「終日乾乾, 行事也」
12) 「終日乾乾, 與時偕行」

삼은 거듭 강하여 중이 아니다. 위로는 하늘에 있지 않고 아래로는 벌판에 있지 않다. 그런 까닭에 부지런하게 그 일을 처리하여서 반성하면 비록 위험하더라도 허물이 없는 것이다."[13] 등의 뜻은 모두 여기에 있다.

"구사는 혹은 뛰어서 못 속에 있으니 허물이 없을 것이다." 구사의 효는 상괘의 아래에 있다. 그것이 상괘로 뛰어오르려면 아래로부터 올라와야 하기 때문에 「뛰어서 못 속에 있다」라고 하는 것이다. 「혹」이라는 것은 구사의 도약이 필연적인 것이 아니라는 것을 말하는데, 상황에 따라서 그렇게 되기 때문에 구사는 의심스러운 자리[疑位]가 된다. 그런 의구심이 있기 때문에 한편으로는 하괘를 떠나서도 하괘를 버리지 못하고, 한편으로는 시의를 신중하게 지키므로 허물이 없을 것이라고 한다. 〈문언전〉에 말하기를, "혹은 뛰어서 못 속에 있으니 허물이 없는 것이다 라는 것은 무슨 말인가? 공자가 말하기를, 오르고 내리는 것이 일정함은 없어도 간사한 일을 하는 것은 아니다. 나가고 물러나는 것을 항상 하지 않는 것도 무리를 떠나는 것은 아니다. 군자가 덕으로 나가고 업을 닦는 것은 그때에 맞추려고 하는 것이다."[14] 구사효는 위의 구오의 존위와 가깝고 그것은 구삼의 진덕수업한 것이 여기에서 때를 얻어 올라온 것으로, 결코 아첨하여서 무엇을 얻으려는 것이 아니라 올바른 생각에서 나온 것이다. 시간에 맞게 행할 뿐이다. 그러므로 〈문언전〉에서 또 말하기를, "혹약재연이라는 것은 스스로 시도하는 것이다."[15] "구사는 거듭 강하고 중이 아니다. 위로는 하늘에 있지 아니하고 아래로는 들판에 있지 아니하고 가운데로는 사람에 있지 않다. 그런 까닭에 혹시라고 말하는 것이다. 혹시라고 말하는 것은 의심하는 것이다. 이 때문에 허물이 없다."[16] 또 "혹은 뛰어서 못 속에 있다는 것은 건도가 이제 변혁된다는 것이다."[17]라고 말하는 것들은 하괘에서 상괘로 도약하는 일대 변혁의 사건으로, 「진덕수업」하던 중에 지금 시를 만나서 스스로 시도하고 있다는 의미이다.

---

13) 乾卦〈문언전〉「九三重剛而不中, 上不在天, 下不在田, 故乾乾因其事而惕, 雖危无咎矣.」
14) 乾卦〈문언전〉「九四曰, 或躍在淵, 无咎. 何謂也? 子曰, 上下无常, 非爲邪也, 進退无恒, 非離群也, 君子進德修業, 欲及時也.」
15) 乾卦〈문언전〉「或躍在淵, 自試也.」
16) 乾卦〈문언전〉「九四重剛而不中, 上不在天, 下不在田, 中不在人, 故或之. 或之者, 疑之也, 故无咎.」
17) 「或躍在淵, 乾道乃革.」

"구오는 날아가는 용이 하늘에 있는 것으로 대인을 나타내기에 적합하다." 구오의 효는 건괘의 존위를 얻어서 강건하고 중정의 자리에 있어 성왕인 대인이 뜻을 얻어 행하는 상이다. 그러므로 〈문언전〉에서 말하기를, "구오에서 날아가는 용이 하늘에 있으니 대인을 나타내기에 적합하다는 말은 무슨 뜻인가? 공자가 말하기를, 같은 소리끼리 서로 응하고 같은 기운끼리 서로 구한다. 물은 습한 곳으로 흐르고 불은 마른 데로 번진다. 구름은 용을 쫓고 바람은 범을 쫓는다. 성인이 일어나자 만물이 모두 우러러본다. 하늘에 근본하는 것은 위와 친하고 땅에 근본하는 것은 아래와 친하다. 이는 바로 각각 그 종류를 따르기 때문이다."[18] 공자는 구오를 해석하면서 이미 「성인」의 뜻을 밝히고 있다. 이른바 성인이란 것은 사람들 가운데의 성인이다. 많은 사람들이 성인을 따르는 것은 마치 구름이 용을 따르고 바람이 호랑이를 따르는 것처럼 각각 그 종류를 따르는 것이다. 그러므로 다시 아래에서 대인의 덕을 특별히 설명하여 말하기를, "대체로 대인은 천지와 더불어 그 덕을 합하고, 일월과 더불어 그 밝음을 합하며, 사시와 함께 그 시절을 합하고, 귀신과 더불어 그 길흉을 합한다. 하늘보다 앞서도 하늘을 어기지 못하며, 하늘보다 뒤져도 하늘의 때를 받든다. 하늘도 또한 어기지 않는데 하물며 사람이겠는가? 하물며 귀신이겠는가?"[19] 〈문언전〉에서 또 말하기를, "날아가는 용이 하늘에 있다는 것은 바로 하늘의 덕에 자리하고 있다는 것이다."[20] 결론적으로 말하면 구오의 효는 천인합덕의 자리로 인도의 완성을 상징한다.

"상구는 너무 높이 올라간 용은 후회가 있다." 상구의 효는 괘상의 극에 이른 것으로 너무 높이 올라갔기 때문에 「항(亢)」이라고 말하는 것이다. 「유회」라는 것은 마음에 뉘우친다는 뜻이 있음을 말하는데 왜 후회를 하는가? 첫째, 전체 괘의 가장 높은 자리는 구오이고 상구는 비록 구오의 위에 있지만 중(中)을 잃어버려서 따르는 백성이 없게 된다. 〈문언전〉에서 말하기를, "상구의 너무 높이 올라간 용은 후회가 있다 라는 것은 무슨 뜻인가? 공자가 말하기

---

18) 乾卦 〈문언전〉「九五曰, 飛龍在天, 利見大人. 何謂也? 子曰, 同聲相應, 同氣相求, 水流濕, 火就燥, 雲從龍, 風從虎, 聖人作而萬物覩, 本乎天者親上, 本乎地者親下, 則各從其類也.」
19) 乾卦 〈문언전〉「夫大人者, 與天地合其德, 與日月合其明, 與四時合其序, 與鬼神合其吉凶, 先天而天弗違, 後天而奉天時, 天且弗違, 而況於人乎? 況於鬼神乎?」
20) 乾卦 〈문언전〉「飛龍在天, 乃位乎天德.」

를, 귀하면서도 지위가 없고, 높으면서도 백성이 없고, 어진 사람이 아랫자리에서 도와주는 사람이 없다. 그런 까닭에 움직이면 후회함이 있는 것이다."[21] 둘째, 상구는 이미 괘상의 궁극에 이르러 움직이면 쇠퇴하게 된다. 그러나 양의 성질은 강건하게 나아가는 성질이 있기 때문에 부득불 움직여 나아가게 된다. 그러므로 〈문언전〉에 말하기를, "너무 높이 올라간 용은 후회함이 있다는 것은 궁지에 몰린 재앙이다."[22] 셋째, 상구는 구오를 넘어서 궁극에 이른 것으로 전진할 줄만 알고 위험을 잊어버리는 것, 욕심으로 결국 망하는 것을 상징하고 있다. 〈문언전〉에서 또 말하기를, "항이란 것은 나아갈 줄만 알고 물러설 줄은 모르는, 있는 것만 알고 없는 줄은 모르는, 얻는 것만을 알고 잃어버리는 것을 모르는 것을 말한다."[23] 상구의 효가 괘상 속에서 인간들에게 계시하려는 것은 이런 과실들이 있기 때문에 「유회」라고 말하는 것이다. 그러나 반드시 언급하여야 할 것은 《역경》속에서 「회(悔)」와 「린(吝)」은 이미 과실을 범하였다는 것을 말한다. 그러나 「회」는 길에 가까운 것이고 「린」은 흉으로 나아가는 것이기 때문에 효사에서는 회라 말하고 린이라고는 말하지 않는다. 《역경》은 사람들이 반드시 잘못을 범하지 않는 것을 기대하는 것이 아니라, 잘못을 범한 후에 후회하고 개선하는 것을 가르치고 있다. 어느 누가 잘못이 없겠는가? 그것을 고치려는 것이 중요한 것이다. 그러므로 〈문언전〉은 그것을 특별히 강조하여 말하기를, "진퇴존망을 알고서 바른 것을 잃어버리지 않은 사람은 오직 성인뿐이다."[24]고 하였다.

이상의 건괘 육효는 모든 일과 사물에 적용할 수 있다. 그러나 중요한 것은 역도의 유행 속에서 모든 각각의 효가 다른 시와 위를 가지고 있고, 시위에 근거하여 행위하는 것이 바로 정도라는 사실을 인식하는 데 있다. 그런데 《주역》은 사람들이 여전히 그 핵심을 파악하지 못할 것을 고려하여 건곤의 두 괘를 말한 후에 다시 「용구(用九)」 「용육(用六)」을 말한다. 다시 육효 변화의 요지를 종합하여 설명하는 것이다. 지금 건괘의 용구라는 의미를 살펴보자.

---

21) 乾卦〈문언전〉「上九曰, 亢龍, 有悔. 何謂也? 子曰, 貴而无位, 高而无民, 賢人在下位而无輔, 是以動而有悔也.」
22) 乾卦〈문언전〉「亢龍有悔, 窮之災也.」
23) 乾卦〈문언전〉「亢之爲言也, 知進而不知退, 知存而不知亡, 知得而不知喪.」
24) 乾卦〈문언전〉「知進退存亡而不失其正者, 其唯聖人乎!」

"용구는 건의 육효의 덕이 머리가 되어 고정된 것이 없어서 길하다."[25)]

앞의 제1장의 수(數)에 대한 일절 속에서 우리는 「9」라는 것이 노양(老陽)의 수이고, 양은 움직여 나아가고, 7에서 9로 변화고, 9는 음으로 변하는 것을 말한다. 고로 9는 「변화」의 뜻을 가지고 있기 때문에 「용구」는 바로 「용변(用變)」이다.

「견(見)」은 「현(現)」자와 같다.

「군룡(群龍)」은 6효를 가리킨다.

「무수(無首)」의 두 글자가 가장 중요하다. 이 두 자에 대한 주석은 매우 많은데도 불구하고 정확하게 해석한 사람은 거의 없는 듯하다. 예를 들면 왕필(王弼)은 "대체로 강건한 것으로 인간의 우두머리에 처해 있으면 다른 것들이 함께 하지 않으려 한다."[26)]라고 하여 노자가 말하는 "감히 천하에 앞서려 하지 않는다(不敢爲天下先)."라는 뜻과 은연중에 합치하고 있다. 건의 덕이 바로 강건, 진취의 성질 속에 있는 것을 모르고 우두머리가 되는 성질을 버려버린다면 어떻게 건이라고 하겠는가? 이런 것이 바로 왕필이 노자를 통하여 《주역》을 해석하는 단점이라고 사람들에게 비판당하는 부분들이다. 「수」자의 원의를 「머리(頭)」(《광운(廣韻)》이라는 책에 보임)라는 뜻을 응용하여 선(先), 시(始), 상(尙)의 뜻으로 해석할 수 있다. 건괘의 육효는 시위가 다르기 때문에 행위에 있어서 중시해야 할 덕목도 각각 다르다. 초구의 시위에서는 「물용(勿用)」을 가장 중시해야 하고, 구이의 시위에서는 「이견대인(利見大人)」을 가장 중시해야 한다. 육효의 변화 가운데에서 어떤 하나의 효가 가장 중시되어야 한다는 것이 처음부터 고정되어 있지 않다는 것이 바로 「무수(無首)」의 뜻이다. 즉 건도의 중요한 요체는 시위에 따라서 그 마땅한 것을 행하는 것으로, 〈계사전〉에서 말하는 "정해진 일정한 방식이 될 수 없고 오직 변화하는 것 그대로 일 뿐이다."[27)]라는 것이 바로 「무수」의 뜻이다. 이 때문에 공자는 〈상전〉에서 "용구는 하늘의 덕이 머리가 되지 못함을 말한다."[28)] 〈문언전〉에서 또 말하기를, "건원의 용구는 천의 법칙을 드러낸 것이다."[29)]라고 말하는 것이

---

25) 「用九, 見群龍无首, 吉」
26) 「夫以剛健而居人之首, 則物之所不與也.」
27) 「不可爲典要, 唯變所適」
28) 「用九, 天德不可爲首也」

다. 왜냐하면 천도는 변화를 법칙으로 하여 고정되어 변화하지 않는 것이 없기 때문이다. 「무수」의 뜻을 파악하는 것으로는 공자가 〈단전〉에서 말하는 것이 적합하다. 즉 "때가 여섯 마리의 용을 타고서 하늘을 부린다(時乘六龍以御天)."이다. 시간에 맞게 위(位)에 처해 있으면 변화 속에서 도의 옳은 것을 얻기 때문이다.

마지막에 「길(吉)」자는 판단어로서 이렇게 행하면 통한다는 의미이다.

위에서 말한 것들을 살펴보면 「용구」가 말하려고 하는 함의는 매우 핵심적이면서도 적절하게 잘 표현하고 있다. 이 짧은 6자의 문장은 《역경》이 강조하는 변화의 법칙을 하나도 남김없이 온전하게 말하고 있는 것이다.

(2) 곤괘의 6효와 용육(用六)

☷ 곤(坤)은 크게 형통하다. 암말의 바름을 지켜야 유리하다. 군자가 나아감에 앞서면 미혹되고, 뒤에 서면 주인을 얻어서 이롭다. 서남쪽에서 친구를 얻고, 동북쪽에서 친구를 잃는다. 바른 것을 따르면 길하다.

초육 서리를 밟으니 딱딱하게 굳은 얼음이 이르른다.
육이 곧고 바르고 크다. 익히지 않아도 불리함이 없다.
육삼 아름다움을 안에 숨겨 바르게 된다. 혹은 왕사에 따르고 이루는 것이 없어도 끝이 있다.
육사 주머니를 동여맨다. 허물도 없고 명예도 없다.
육오 황색치마이다. 크게 길하다.
상육 용이 들에서 싸워 그 피가 검고 누렇다.
용육 영구히 바르고 견고한 덕을 지키는 것이 유리하다.[30]

---

29) 「乾元用九, 乃見天則」
30) ☷ 「坤 元亨, 利牝馬之貞. 君子有攸往, 先迷, 後得主, 利. 西南得朋, 東北喪朋. 安貞, 吉.
    初六 履霜 堅氷至.
    六二 直, 方, 大, 不習, 无不利.
    六三 含章可貞, 或從王事, 无成有終.
    六四 括囊, 无咎无譽.
    六五 黃裳, 元吉.
    上六 龍戰于野, 其血玄黃.
    用六 利永貞.」

곤도 똑같이 「원형이정」의 성질을 가지고 있지만, 다만 곤은 건을 이어서 나온 것이고, 건을 이어받은 것을 본성으로 삼기 때문에 그 「정」이라는 것은 「빈마지정(암말의 정숙함)」을 지켜야 유리한 것이다. 곤의 성질은 이어받는 (順承) 것으로 앞서서(先)는 안 되고 마땅히 뒤에 있어야 하기 때문에 「앞서면 미혹되고 뒤에 서면 주인을 얻어서 이롭다」라고 하는 것이다. 괘사는 문왕이 지은 것으로 문왕의 서주(西周)는 기(岐)에 자리하고 있는데 은나라의 도읍을 향해서 하나는 서남쪽에, 다른 하나는 동북쪽에 있었다. 당시에 은의 주(紂)는 폭악무도하여 천하 사람들의 마음은 이미 그를 떠나버렸고, 현명하고 재능이 있는 사람들은 모두 동북쪽의 은을 버리고 서남의 주로 귀순하였다. 이것이 바로 「서남쪽에서 친구를 얻고 동북쪽에서 친구를 잃는다」라는 말이다. 「바른 것을 따르면 길하다」라는 것은 주나라로 귀순하는 것은 정도에 따르는 것이기 때문에 길한 것이라는 의미이다. 곤의 순한 덕은 바로 신하의 도로서 신하의 입장에서 말한 것이다.

"초육은 서리를 밟으니 딱딱하게 굳은 얼음이 이르른다." 초육은 효의 위치가 괘의 가장 아래에 있어서 음기가 응결하기 때문에 서리로 비유하고 있다. 음양의 소장(消長)이란 것은 자연스러운 변화의 모습으로 양이 극도에 도달하면 다시 음이 시작되기 때문에 음의 도는 계속적으로 증가하고 자란다. 이런 입장에서 오늘의 「서리를 밟는다(履霜)」는 사실을 통하여 앞으로 「딱딱하게 얼은 얼음을 생각할 줄」 아는 추리가 가능하게 되는 것이다. 이런 자연스럽게 다가오는 자연적 변화의 작용은 인간사에 있어서도 마찬가지이다. 그러므로 공자는 〈문언전〉에서 말하기를, "선을 쌓은 집에는 반드시 남아돌 복이 있고, 불선을 쌓은 집에는 반드시 남아돌 재앙이 있다. 신하가 그 군주를 시해하고 아들이 그 아비를 시해하는 것은 그 원인이 일조일석에 생긴 것이 아니라, 그 유래가 오랫동안 쌓인 결과에서 나온 것이다. 이것을 일찍 분별하여 처리하지 못했기 때문이다. 역에서 말한 서리를 밟으니 딱딱한 얼음이 이르른다는 것은 모두 교훈을 말하는 것이다."[31]

"육이는 곧고 바르고 크다. 익히지 않아도 불리함이 없다." 「직(直)」 「방(方)」과 「대(大)」는 곤의 성질이다. 《자하역전(子夏易傳)》에 말하기를, "곤은

---

31) 坤卦〈문언전〉「積善之家必有餘慶, 積不善之家必有餘殃, 臣弑其君, 子弑其父, 非一朝一夕之故, 其所由來者漸矣, 由辯之不早辯也. 易曰履霜堅氷至, 蓋言順也.」

건을 이어받은 것이다. 형체가 만들어지는 시작으로 여자의 도이다. 건이 명한 것을 정성을 다하여 잃어버리지 않고 할 바를 다하는 것이다."[32] 「전기명(專其命)」이란 것은 바로 곤의 「바른」 덕을 말하는 것으로, 건의 덕을 이어받아 건의 작용을 잃어버리지 않는 것이다. 「바른 방향」이라는 것은 곤의 작용이 건을 이어서 생겨나는 것을 말한다. 즉 물을 생하는 정해진 방향으로 나아가는 것으로 다른 주저함이 없음을 말한다. 「크다」라는 것은 곤이 "두터워서 다른 사물을 싣고 덕이 무궁하여 합치한다(厚載物, 德合无疆)."라는 것을 말한다. 위의 세 가지는 곤도가 스스로 가지는 성질로 학습을 통하여 생기는 것이 아니기 때문에 「익히지 않아도 불리함이 없다」라고 말하는 것이다. 〈문언전〉에서는 그 뜻을 인간사에 응용하여 인간은 응당히 "경으로 마음을 바르게 하고 의로 행동을 곧게 하여야 한다(敬以直內, 義以方外)."라고 말하여 직·방의 덕을 「경」과 「의」에 연결시키고 있다. 육이의 효는 위가 바르고 중을 얻었기 때문에 곤덕이 크게 발휘되는 것으로 말하고 있다.

"육삼은 아름다움을 안에 숨겨 바르게 된다. 혹은 왕사에 따르고 이루는 것이 없어도 끝이 있다." 육삼의 효는 하괘의 상에 있기 때문에 남보다 뛰어나게 두각을 나타낸다. 그러나 삼효의 위치가 높은 데 처하여 위험하다. 곤은 또한 선행하면 미혹되기 때문에 높은 자리에서 남보다 앞서고자 하는 마음을 가져서는 안 된다. 반드시 속으로 훌륭한 덕을 가지고 암말의 정숙함을 지키며, 시기가 오기를 기다려 군왕을 보좌하여 일을 이루어야 하는 것이다. 〈상전〉에 "아름다움을 안에 숨겨 바르게 된다는 것은 때를 기다려 드러내려는 것이다(舍章可貞, 以時發也)."라고 말한다. 「종(終)」이라는 것은 일을 완성시켜 끝내는 것을 말한다. 여기에서는 상을 드러내는 시상을 생략하고 뜻만 드러내어 말하고 있다. 〈문언전〉에서는 그것이 「땅의 도리」「아내의 도리」「신하의 도리」임을 말하고 있다.

"육사는 주머니를 동여맨다. 허물도 없고 명예도 없다." 육사의 효는 의구스런 자리이다. 아래에서부터 뛰어 올라와 위의 천자와 친하려고 신속히 나아가려는 태도는 곤의 바른 도가 아니다. 그러나 육사의 효가 여기에 이르러 이렇게 하지 않으면 안 될 때, 마땅히 취해야 할 행동은 바로 앞에서 말한 주머니를 동여매듯이 신중하게 스스로의 지혜를 감추어야 하는 것이다. 그렇지 않으

---

32) 《자하역전》「坤, 承乾也, 造形始也, 女之道也. 專其命而不失其作者也.」

면 권세를 부리려 한다는 의심을 초래하고 심지어는 군주를 가까이 하려는 것으로 의심을 받아서 피해를 보게 되는 것이다. 그러므로 「허물도 없고 명예도 없는 것」이 유일하게 좋은 길인 것이다. 이 효사도 역시 시상을 생략하고 뜻만 드러내어 말하고 있다. 〈문언전〉에 말하기를, "천지가 변화하면 초목이 무성해진다. 천지가 막히면 현인은 숨는다. 역에 말하기를, 주머니를 동여매면 허물도 없고 명예도 없다 라는 것은 근신하라고 말하는 것이다."[33] 「천지변화」 「천지폐(天地閉)」라는 것은 득시(得時)와 실시(失時)를 말하는 것으로 육사의 효가 여러 음효 속에 놓여 있는 실시의 때이기 때문에 반드시 주머니를 동여매고 근신하여야 하는 것이다.

"황색 치마이다. 크게 길하다." 「황」이라는 것은 중(中)의 색이고, 「치마」는 아래를 장식하는 옷이다. 육오의 효는 존귀의 자리에서 중을 얻은 모습으로, 비록 높은 자리에 처해 있으면서도 순종의 덕을 잃지 않고 겸손하고도 공손한 태도로 아랫사람을 대하고 또 좋은 이야기는 받아들여 처리한다. 이런 태도로 처리하면 불미스런 일이 있을 수 없기 때문에 「원길(元吉)」 즉 「대길」이라고 말하는 것이다. 〈문언전〉에 말하기를, "군자는 황이라는 중을 얻어 사물의 이치에 통하고 바른 위치로서 몸을 갖는다. 아름다운 것이 그 안에 있어서 사지에 그 덕이 나타나 훌륭한 사업이 된다. 아름다움의 극치이다."[34] 「황중통리(黃中通理)」의 「이(理)」는 만물이 역도의 법칙을 따름을 말한다. 육오의 효는 비록 존위에 있으나 자신의 순덕(順德)을 잃지 않았기 때문에 결과가 모두 좋을 수 있는 것이다.

"상육은 용이 들에서 싸워 그 피가 검고 누렇다." 상육은 곤괘의 극에 이르러 용감히 돌진하여 앞서거나 강함을 자랑하려 하는데 이것은 곤의 순한 성질을 위배한 것이다. 곤이 극으로 나아가면 양을 불러들일 가능성이 높고, 더 나아가면 반드시 양과 만나 싸우게 되므로 「용이 들에서 싸운다」라고 말하는 것이다. 《음부경(陰符經)》에서 곤괘 상육의 땅을 일러 "땅이 살기를 드러내자 용과 뱀이 땅에서 일어난다."[35]라는 것이 바로 이것이다. 그것을 인간사회에 적용하면 악한 세력이 극도로 커지게 되면 반드시 선한 세력이 일어나서 대항

---

33) 坤卦〈문언전〉「天地變化, 草木蕃, 天地閉, 賢人隱. 易曰, 括囊无咎无譽, 蓋言謹也.」
34) 坤卦〈문언전〉「君子黃中通理, 正位居體, 美在其中而暢於四支, 發於事業, 美之至也.」
35) 「地發殺機, 龍蛇起陸」

하게 되어 끝내는 선악의 세력이 싸움하게 되는 것을 말하는 것이다. 「현황(玄黃)」이라는 것은 천지의 색깔로 나누어 말하면 하늘은 검고 땅은 누렇다. 「기혈현황」이라는 것은 음양이 교전한 상태가 비참하고 대단한 열전이었음을 극단적으로 말하는 것이다. 이 효의 뜻은 〈문언전〉의 "음기가 극성해서 양이 아닌가 의심할 정도이다."라는 말로 잘 표현된다. 그것은 바로 곤도의 순한 덕을 위배하여 초래한 결과이다.

"영구히 바르고 견고한 덕을 지키는 것이 유리하다."

곤의 6효 뒤에 「용육」이 있는 것은 건의 6효 뒤에 「용구」가 있는 것과 같다. 「6」은 노음의 수로서 음이 노(老)에 이르면 양으로 변하기 때문에 「용육」이라는 것은 바로 「용변(用變)」이다. 그것은 곤괘의 6효의 뒤에서 곤의 6효 변화의 대원칙을 드러내고 있기 때문이다. 그러나 건과 곤은 다르다. 건의 성질은 강건하고 나아가는 것이기 때문에 시위에 따라서 「견군용무수(見群龍無首)」하면 길하게 된다. 곤의 성질은 순순하게 이어받는 것으로, 앞서서는 안 되고 뒤에 있어야 하기 때문에 어떠한 시위에 있건 모두 순덕을 지켜야만 하는 것이다. 이 때문에 곤괘의 용육은 다만 「이영정(利永貞)」이라는 세 글자로 뜻을 다 밝히는 것이다. 「정」이라는 것은 「빈마지정」을 가리키고, 「영정」은 영원히 「빈마지정」의 순덕을 지키는 것을 말한다. 이러한 뜻은 곤괘의 6효를 통하여 보면 더욱 분명해진다. 즉 초육효의 「이상지견빙(履霜知堅氷)」에서부터 육이효의 「불습(不習)」, 육삼효의 「종왕사(從王事)」, 육사효의 「괄낭(括囊)」, 육오효의 「황상(黃裳)」은 모두 곤의 순한 덕을 파악하는 것과 긴밀하게 연결되어 있는 것이다. 상육의 효는 곤의 순한 덕을 위배하였기 때문에 「용이 싸우는」 좋지 않은 일이 생기는 것이다. 여기에서는 곤도가 비록 육효를 따라서 변화하여 행하는 방법이 각각 다르지만 「빈마지정」이라는 반드시 준수해야 하는 기본적 사항을 위배해서는 안 된다는 것을 강조하고 있다.

제2절 길(吉), 흉(凶), 회(悔), 린(吝), 무구(無咎)의 의미

오늘날 사람들은 「길, 흉, 회, 린, 무구」라는 일련의 말들을 다만 점술에서만 사용하는 것으로 보아 철학과는 거리가 먼 것으로 생각하고 있다. 그러나 실은 《주역》에서는 그것을 단순하게 점술에서 사용하는 개념으로만 보지 않는다. 앞에서 이미 말하였지만 《주역》의 표현방식 중의 하나가 바로 「술(術)」이다. 길, 흉 등의 개념은 비록 처음에는 서술 속에서 나왔으나 그것의 본질은 여전히 철학적인 것이다. 즉 그것들은 《주역》의 도리가 인간사 속에서 변화하는 가운데, 따르고(順), 위배하고(逆), 통하고(通), 막히는(塞) 상황들을 말하는 것이다. 즉 어떤 사람이 행위함에 있어서 도에 합하는가? 합하지 않는가? 라는 것과 도에 합치하는 과정이 어떠한가? 라는 것을 위의 개념들로서 평가하는 것이다. 그러므로 역도가 인간사회에서 변화하는 것을 언급할 때는 이런 몇 가지 개념들이 가지는 의미들을 분명하게 설명하지 않을 수 없게 되는 것이다.

당연히 《역경》 중에서 인사가 통하고 막히는 것에 대한 평가어로는 이 몇 개에만 한정되어 있지 않다. 또한 「위태로움(厲)」 「가면 유리하다(利有攸往)」 「가면 불리하다(不利有攸往)」 「큰 내를 건너는 데 유리하다(利涉大川)」 「큰 내를 건너는 데 불리하다(不利涉大川)」 「대인을 보는 데 이롭다(利見大人)」 「이로운 바가 없다(无攸利)」 「불리함이 없다(无不利)」 등의 개념들이 있는데 길, 흉의 개념과는 정도의 차이만 있을 뿐이다. 예를 들면 「크게 길하다(元吉)」 「끝내는 길하다(終吉)」 「작은 일에도 길하다(小事吉)」 「끝내는 흉하다(終凶)」 「후회가 없다(悔亡)」 「조금 후회한다(小吝)」 「큰 허물이 없다(无大咎)」 등은 모두 쉽게 이해할 수 있는 것들이기 때문에 더 이상 설명하지는 않겠다. 길, 흉, 회, 린, 무구 등의 다섯 가지 기본적인 판단어에 대해서는 분명한 이해를 가져야 한다.

먼저 설명해야 할 것은 바로 이런 몇 가지의 판단어 혹은 평가어가 모두 역도의 유행이라는 뜻에 근거하여 나온 것이라는 사실이다. 〈계사전〉에서는 이것들에 대해서 매우 분명하게 말하고 있다.

"길, 흉, 회, 린이라는 것은 움직임에서 나오는 것이다."[36]

"이런 까닭에 역이란 것은 상이다. 상이란 것은 형상하는 것이다. 단이란 것은 재료이다. 효란 것은 천하의 움직임을 본받은 것이다. 이런 까닭에 길흉이 생기고 회린이 드러나는 것이다."[37]

길, 흉, 회, 린 등의 배후에도 유행하는 역도가 있다. 「단(彖)」「상(象)」「효(爻)」등은 역도를 표현하는 부호이고, 인간은 이런 부호를 통하여 역도가 유행하는 상황(즉 길, 흉, 회, 린 등의 차별상)을 파악할 수 있게 되는 것이다. 〈계사전〉에서 또 말하기를,

"변동하는 것은 이익을 가지고 말하고, 길흉은 상황에 따라서 옮겨간다. 이 때문에 사랑과 미움이 서로 공격하여 길흉이 생기고, 멀고 가까운 것을 서로 취해서 뉘우침과 부끄러움이 생기고, 진정과 거짓이 서로 감통해서 이해가 생긴다. 대체로 역의 상황은 가까우면서도 서로 얻지 못하면 흉하다. 혹 해로울 때는 뉘우치고 또 부끄러운 것이다."[38]

위의 인용문의 뜻은 매우 복잡하게 보여질 수가 있다. 그것은 역도의 기본적인 입장에서 이해해야 비로소 쉽게 구별할 수 있는 것이다. 「변동이이언(變動以利言)」이란 말에서 「변동」이란 두 글자는 음양의 변동을 말하는 것이다. 역도를 절대적인 음양에서 말하면 혼연하여 하나이고, 크게 나누어 말하면 음과 양이다. 음양이 변동하고 서로 교감하여 만물을 낳는 것이다. 그러므로 〈계사전〉에서 또 말하기를, "변동하여서 이로움을 다한다(變而通之以盡利)"고 하는 것이다. 「길흉이정천(吉凶以情遷)」중의 「정」자는 음양의 참된 본질을 가리키는 것으로, 음양이 변동하고 교류하는 속에서 길흉의 뜻이 성립되는 것이다. 이 「정」자는 바로 〈문언전〉에서 말하는 "육효가 발휘하여 모든 실정들을 남김없이 드러낸다(六爻發揮, 旁通情也)."이고, 그 아래의 "이 때문에 사랑과

---

36) 〈계사전〉「吉凶悔吝者, 生乎動者也.」
37) 〈계사전〉「是故易者, 象也. 象也者, 像也. 彖者, 材也. 爻也者, 效天下之動者也. 是故吉凶生而悔吝著也.」
38) 〈계사전〉「變動以利言, 吉凶以情遷, 是故愛惡相攻而吉凶生, 遠近相取而悔吝生, 情僞相感而利害生. 凡易之情, 近而不相得則凶. 或害之, 悔且吝.」

미움이 서로 공격하여 길흉이 생긴다."라는 것은 바로 〈계사전〉의 "강한 것과 부드러운 것이 서로 마찰하고 팔괘가 서로 움직인다(剛柔相摩, 八卦相盪)."이다. "멀고 가까운 것을 취해서 회린이 생긴다."에서 음양의 「유응(有應)」「무응(無應)」「당위」「부당위」와 「승(乘)」「승(承)」「비(比)」「여(與)」의 관계를 말한다. 「진정과 거짓이 서로 감응하여 이해가 생긴다」에서 「정(情)」이란 것은 음양의 본성을 말하고, 「위(僞)」는 음양의 자연스러움을 위배하여 후천적으로 나온 인위적 작용을 말한다. 전자를 따르면 「이익」되고, 후자에 의거하면 「해롭다」. 「대체로 역의 상황은 가까우면서도 서로 얻지 못하면 흉하고, 혹 해로울 때는 뉘우치고 또 부끄러운 것이다」에서 음양변동이 자연스럽게 조화하여 순응하면 상득하고, 「불상득」하는 것은 양자가 어긋나서 서로 조화하지 못하게 되는 것으로 흉이라 하는 것이다. 서로 조화하고 따라가지 못하면 많게 혹은 적게 서로 해치게 되는데, 이것이 바로 「회」이고 「린」이다. 위에서 〈계사전〉의 구절을 한 구절씩 요점적으로 해석하였는데, 「길, 흉, 회, 린, 무구」 등의 말들을 분석해 보면 깊은 철학적 의미를 가지고 있음을 분명하게 파악할 수 있으리라 본다.

그러나 깊이 생각해 보면 이런 평가적인 의미들은 다분히 이론적이고 피상적이다. 만약 이것들을 실제의 인간사나 물리세계에 응용할 때는 더욱 엄밀한 활용을 요구하고, 분명한 추리와 연역을 필요로 하는 것이다. 〈계사전〉의 말을 통하여 좀더 상세하게 살펴보자.

"공자가 말하기를, 역이란 무엇인가? 대체로 역이란 사물을 그대로 놓아두고서 일을 이루게 하는 것으로, 천하 사물에 관한 모든 도리가 망라되어 있는 그러한 것일 뿐이다. 이 때문에 성인은 천하의 사람들이 바라는 것을 이루어 주고, 천하의 일들을 이루어주고, 천하의 사람들이 의혹하는 것을 판단하여 준다. 그러한 까닭에 시초의 덕에는 자유자재로 변화하는 공덕이 있고, 괘의 덕은 방정하고도 지혜롭다. 6효의 뜻은 여러 가지로 변화하여 알려준다. 성인은 그것을 사용함에 있어서 마음을 맑게 씻어서 마음 깊숙한 곳에 고요히 물러나 있는다. 점을 쳐서 길흉을 백성과 함께 하여 신묘하게 올 것을 알고 지나간 것을 안다. 도대체 어떤 사람이 이런 경계에 도달할 수 있을까? 헤아릴 수 없이 많은 무용(武勇)의 덕과 지혜를 갖추고서도 (사람을) 죽이지 않는 성인만이 그와 같이 될 수 있다."[39]

"대저 역이란 것은 가는 것을 드러내고 오는 것을 살피며, 나타나기를 적게 하고 어두운 것을 드러내며, 열어놓아서 이름을 그 실제에 상당시켜 사물의 구별을 분명하게 한다. 말을 바르게 하고 문장을 판단하는 것을 완전무결하게 구비하고 있다. 사용하는 명칭은 비록 적으나 상징하는 류의 범위는 매우 넓고 그 뜻은 심원하고 문장은 훌륭하다. 그 말하는 바는 매우 자세하여 하나같이 도리에 맞고, 그 일은 벌려 있어도 은밀하다. 두 가지 도리(길흉 혹은 천지)에 근거하여 사람들이 행하는 것을 성취하도록 해주고, 선악득실의 응보를 분명하게 해준다."[40]

그것들을 다시 나누어 설명하겠다.

1) 길과 흉
「길」과 「흉」의 의미를 〈계사전〉에서는 아래와 같이 말하고 있다.

"이런 까닭에 길흉이란 것은 잃고 얻는 것의 상을 말한다."[41]
"길흉이란 것은 잃고 얻는 것을 말하는 것이다."[42]
"길흉이란 것은 바른 도를 굳게 지키면 이기는 것이다.[43] (즉 도를 떠나 단순히 화복에 대해서만 말하는 것이 아니다.)"
"이런 까닭에 애정과 미움이 서로 공격하여서 길흉이 생긴다."[44]

나중의 두 문장은 결코 「길」과 「흉」에 대해서 어떤 정의를 내린 것은 아니다. 음양이 서로 부딪히고 움직여 서로 이기려 함에 의해서 조화도 있고 어그러짐도 있어서 길, 흉이 생긴다는 것으로 유래를 설명하고 있다. 이런 이유에

---

39) 〈계사전〉「子曰, 夫易, 何爲者也? 夫易, 開物成務, 冒天下之道, 如斯而已者也. 是故聖人以通天下之志, 以定天下之業, 以斷天下之疑. 是故蓍之德圓而神, 卦之德方以知, 六爻之義易以貢, 聖人以此洗心, 退藏於密, 吉凶與民同患, 神以知來, 知以藏往, 其孰能與於此哉? 古之聰明睿知神武而不殺者夫!」
40) 〈계사전〉「夫易, 彰往而察來, 而微顯闡幽, 開而當名辨物, 正言斷辭則備矣. 其稱名也小, 其取類也大, 其旨遠, 其辭文, 其言曲而中, 其事肆而隱, 因貳以濟民行, 以明失得之報.」
41) 「是故吉凶者, 失得之象也.」
42) 「吉凶者, 言乎其失得也.」
43) 「吉凶者, 貞勝者也.」
44) 「是故愛惡相攻而吉凶生.」

서 길흉의 의미는 당연히 앞의 두 문장의 「실득(失得)」이라는 것으로 말해야 한다. 「실득」으로 길흉을 말한다면 당연히 「득」은 「길」과, 「실」은 「흉」과 관련하여 말하는 것이다.

후대인들은 「길」「흉」을 말할 때 대부분 《설문해자》에서 말하는 「선」「악」을 가지고 해석한다. 그러나 《역경》에서는 득과 실을 통하여 길흉을 말한다. 여기에는 상당한 근거가 있다. 첫째, 《역경》에서 말하는 선이란 개념은 바로 「생생」의 뜻이다. 역도에서는 불생이란 개념이 없기 때문에 《역경》은 「선」과 상대되는 「악」의 개념을 말하지 않는다. 둘째, 길흉을 말하는 것은 결코 역도 자체에 대해서 말하는 것이 아니라 사람의 입장에서 말하는 것이다(도의 유행에는 길도 흉도 없다. 인간의 행위와 인간이 만든 사태에서 비로소 생기는 것이다). 인간의 입장이라 하더라도 선악을 가지고 길흉을 말하면 「역도생생(易道生生)」이란 뜻과는 합치하지 않는다. 여기에서 우리는 옛 사람들이 하나의 명칭을 세우거나 정의를 내리는 것에 대해 얼마나 신중한가 하는 것을 느낄 수 있을 것이다. 만약 「길」을 「득」이란 것으로 말하면 그 뜻은 「얻는 것이 있다」라는 뜻이 되고, 인간의 역도의 법칙에 따라서 행위하면 그것이 통하게 되고 통하면 얻게 된다는 것이다. 흉을 「실」로 보면 「잃어버림이 있다」는 것이 된다. 인간이 역도에 위배하여서 행위하면 그것은 통할 수 없게 된다. 그 일이 불통한다는 것은 뜻이 달성되지 못하여 잃어버리는 것이 있게 되는 것이다. 만약 〈계사전〉에서 몇 번이나 말하고 있는 「하늘에서 도우니 길하여 이롭지 않은 것이 없다(自天佑之, 吉無不利)」라는 것을 보면 바로 이해가 될 것이다. 「길무불리(吉無不利)」하는데 왜 「자천우지(自天佑之)」하는가? 왜냐하면 역도에 순응하였기 때문이다. 여기에서부터 우리는 《주역》에서 말하는 「길」「흉」이란 것이 역도에 「따르는」가 「위배」하는가 라는 근본입장에서 말하는 것이지 결코 《설문해자》의 입장에서 말하는 것이 아니라는 것을 알 수 있다. 《설문해자》에서 선악으로 길흉을 해석하는 것은 《주역》의 원의가 아닌 것이다.

길흉 중 길은 역도에 순응해서 행하는 것이고, 흉은 역도에 위배해서 행하는 상반된 양 극단이다. 전자는 인간이 마땅히 힘써 추구해야 하는 것이고, 후자는 인간이 마땅히 힘써 피해야 하는 것이다. 지금 다시 몇 개의 괘를 예로 들어서 살펴보도록 하자.

☷☰ 泰 육오 "제을이 누이를 시집보낸다, 그로써 복이 있고 크게 길하다."[45]

　　태괘는 건이 아래이고 곤이 위에 있는 것으로 천지가 교감하는 상황을 표현하고 있다. 육오는 유(柔)로서 최고의 존귀한 자리에 있기 때문에 아래로 구이의 강과 상응한다. 남자가 여자 밑에 있고 속으로 강하고 바깥으로는 부드럽다. 또 괘상의 2에서 5까지는 귀매괘의 호체가 되어 여러 가지 점에서 왕녀(王女)가 시집가는 뜻에 부합하고 있기 때문에 「제을귀매」라고 말하는 것이다. 천지가 교감한다는 것은 천도이고, 또 인도의 입장에서는 역도의 바름에 따르는 것이기 때문에 복이 오고 크게 길한 것이다.

☰☱ 履 구사 "호랑이의 꼬리를 밟아도 경계하고 또 경계하면 끝내는 길하다."[46]

　　리괘는 행위하고 몸소 실천하는 것을 중하게 여긴다. 구사는 원래 진퇴가 의심스러운 자리인데 여기에서 어떤 일을 행하려 하면 더욱 경계하는 마음이 생긴다. 이러한 경계하는 마음을 가지고 너무 강한 기를 낮추어 위험을 평상의 것으로 변화시키면 「끝내 길함」을 얻게 되는 것이다. 괘상으로 보면 구사는 양으로 음의 자리에 처하여 위가 바르지 않지만, 여기에서의 실위(失位)는 물러서고 두려워할 줄 알고 강(剛)으로 강을 사용하지 않는다. 도를 알고서 경계할 줄 알면 「끝내는 길하다.」

☶☵ 蒙 육오 "어리고 어리석은 자이다. 길하다."[47]

　　몽괘의 네 개의 음효는 몽매한 사람을 상징하고 있다. 그런데 구이, 상구의 두 효는 계몽한 사람을 상징한다. 육오는 음으로서 존위에 거하여 몽괘의 주된 효로 계몽을 기다리기 때문에 「어리고 어리석은 자」라고 하는 것이다. 이 효는 아래의 구이와 상응하고 상구를 이어받아 그 자체가 또 유순한 성질을(3에서 5까지의 호체는 곤의 유순의 덕이다) 가지고 있어서 바로 마음을 비우고 현자에 가까이 하여 가르침을 받는 상이기 때문에 「길」하다.

☲☳ 噬嗑 상구 "형틀을 짊어져 귀가 보이지 않기 때문에 흉하다."[48]

　　서합괘는 벌을 내리고 벌을 집행하는 괘이다. 「하(何)」는 짊어진다(荷)의

---

45) 泰卦 六五「帝乙歸妹, 以祉, 元吉.」
46) 履卦 九四「履虎尾, 愬愬, 終吉.」
47) 蒙卦 六五「童蒙, 吉.」
48) 噬嗑卦 上九「何校滅耳, 凶.」

뜻이고, 교(校)는 형구(刑具)이다. 상구의 일 양은 너무 높이 올라가 있고, 하음의 효는 양분하여 귀(혹은 3에서 5의 호체는 감으로 귀가 됨)를 상징한다. 그러므로「하교멸이」라고 한다. 죄를 다스리는데 형구를 엎어서 귀가 보이지 않게 하는 것은 그 죄가 극악하여 용서할 수 없는 상태를(상구는 양이 음의 자리에 거하여 정위를 잃어버린 것이다) 말한다. 이 때문에 공자는 〈계사전〉에서 이 효의 뜻을 강조하여 말하기를, "선이 쌓이지 않으면 이름을 이룰 수 없고 악이 쌓이지 않으면 몸을 멸할 수 없다. 소인은 작은 선이라도 무익하다 생각하여서 행하지 않고, 작은 악은 해롭지 않다 하여서 버리지 않아 악이 쌓여서 다 덮을 수도 없고, 죄가 커서 모두 풀 수가 없는 것이다. 역에서 말하기를, 형틀을 짊어져 귀가 보이지 않기 때문에 흉이다 라고 하는 것이다."[49]

䷟ 恒 육오 "그 덕이 항상하여 바르다. 부인은 길하고 남편은 흉하다."[50]

이 효사는 가장 분명하게 길흉의 뜻을 설명하고 있다. 앞에서 건, 곤의 작용을 설명할 때 이미 말한 것처럼 건의 길은「견군룡무수(見群龍無首)」에 있고, 곤의 이로움은「영정(永貞)」에 있다. 항괘는 바로 남녀의 도로서 항상(恒常)의 뜻을 가지는데, 부인은 곤의 덕을 갖추고 있고 남편은 건의 덕을 갖추고 있기 때문에 부인은 영원히 그 바른 것(암말의 바름)을 지켜서 벗어나지 않고 남편을 끝까지 따르면「길」하다. 만약 남편이 강건을 덕으로 삼아 하나의 틀만 고수하고 상황의 변화를 무시하게 되면「군룡무수」의 뜻을 잃어버리게 되어 흉하게 된다. 그러므로 이 효의 〈상전〉에서 말하기를, "부인은 정하여 길하다 한 것은 하나를 쫓아 끝나기 때문이다. 남편은 의를 가지고 임해야 하기 때문에 부인을 쫓는 것은 흉하다."[51]

䷋ 否 육이 "포용하고 순순히 이어받는다. 소인은 길하고 대인은 막히나 통한다."[52]

포(包)는 포용하는 의미이고, 승(承)은 괘의 양을 이어받는다는 뜻이다. 육이는 음으로 하괘의 중에 자리하여 하괘의 여러 음을 포용하여 양을 이어받기 때문에 소인이 오직 자기의 이익만을 생각하는 입장에서는「길」이라고 할 수 있다. 그러나 막히는 때이므로 천지가 불변하고 상하가 통하지 않아

---

49) 〈계사전〉「善不積不足以成名, 惡不積不足以滅身, 小人以小善爲无益而弗爲也, 以小惡爲无傷而弗去也, 故惡積而不可掩, 罪大而不可解. 易曰, 何校滅耳, 凶.」
50) 恒卦 六五「恒其德, 貞, 婦人吉, 夫子凶.」
51) 「婦人貞吉, 從一而終也. 夫子制義, 從婦, 凶也.」
52) 否卦 六二「包承, 小人吉, 大人否亨.」

대인의 입장에서는「천지와 덕을 합하는」뜻을 행할 수 없기 때문에「비형(否亨)」이라고 말하는 것이다. (비괘는 천지가 불교(不交)하는 괘이기 때문에「응(應)」이라는 입장에서는 말할 수 없다.)

☰☷ 遯 구사 "잘 피한다. 군자는 길하고 소인은 막힌다."[53]

둔의 괘는 양이 줄어들고 음이 자라는 모습으로 군자의 도는 쇠하고 소인의 도는 자라난다. 이때는 이치상으로는 마땅히「군자비, 소인길」해야 할 것이다. 그러나 군자는 처음부터 시를 알기 때문에 구사는 양으로 음의 자리에 처한 것으로 뜻을 얻지 못한 것을 상징하여 강을 사용하지 않아야 함을 깨달아 물러나서 숨어 있다. 바로「세상을 떠나 숨어 살면서도 언짢아하지 않으며 옳다고 알아주지 않아도 불평하지 않는다(遯世無悶, 不見是而无悶)」라는 뜻이다. 만약 소인이라면 숨어사는 것을 모를 것이다. 공자의 이른바「소인은 궁하여서도 날뛴다」라는 것으로「소인은 막히는」것이다.

2) 회와 린
〈계사전〉에서는 회(悔)와 린(吝)의 뜻에 대해서 말하기를,

"회린이라는 것은 걱정 근심의 상이다."[54]
"회린이라는 것은 작은 결점을 말하는 것이다."[55]
"회린을 걱정하는 것은 마음에 그 지키는 바를 가지기 때문이다."[56]

「회」와「린」이라는 것은 모두 과실을 범하였지만, 큰 과실을 범한 것은 아니기 때문에「소자(小疵 : 작은 결점)」라고 말하는 것이다. 이미 과실을 범한 것을 알면 걱정이 생기기 때문에「근심 걱정하는 모습」이라고 말하는 것이다. 그러나 회와 린은 다르다. 회는「心」의 회의자에서 나왔고, 린자는「口」에서 나온 것이다. 과실을 범한 후에 마음에 걱정이 생겨서 과실을 보충하여 선으로 향하려는 생각이 바로「회」이다. 과실을 범한 후에 과실을 보충하여야 한다는 사실을 알면서도 성실하게 행동하지 않고 다만 입으로만 말하는 것이나,

---

53) 遯卦 九四「好遯, 君子吉, 小人否.」
54) 「悔吝者, 憂虞之象也.」
55) 「悔吝者, 言乎其小疵也.」
56) 「憂悔吝者, 存乎介.」

혹은 입으로만 자신의 과실을 치장하여 계속 잘못을 저지르게 되어 작은 잘못이 큰 잘못으로 되는 것이「린」이다. 그러므로 하나는 길로 향하는 경향이 있고, 다른 하나는 흉으로 향하는 경향이 있다. 네 가지의 관계를 도표로 그리면 다음과 같다.

吉 ←── 悔・吝 ──→ 凶

회와 린이라는 것은 본래 작은 과실이지만 작은 과실은 왕왕 큰 과실의 전주가 되기가 쉽다. 또한 작은 과실일수록 더욱 쉽게 소홀히 여기게 된다. 그러므로 나중에 생기게 될 큰 과실을 만들지 않으려면 작은 과실 속에서 많은 노력을 기울여야 한다. 어떻게 하면 작은 과실이 생기지 않게 할 수 있는가? 바로「회린을 걱정하는 것은 마음에 그 지키는 바를 가지기 때문이다」에 있다.「개(介)」의 뜻은 나눈다는 뜻을 가지고 있다. 그것의 뜻은 옳음과 그름의 기미가 처음 생길 때에 분명하게 분별하여야 함을 말하는 것이다. 이렇게 처음부터 조금의 과실도 없어야만 나중에 천리의 차이가 나는 실수가 생기지 않는 것이다. 이것이 바로 《역경》이 강조하는 지기(知幾 : 기미를 아는 것)의 뜻이다.

몇 가지의 예를 들어서「회」「린」의 다른 상황과 뜻을 살펴보도록 하자.

☰ 乾 상구 "높이 날아가는 용은 후회가 있다."[57]
　이 효의 뜻은 이미 앞에서 말하였는데, 상구는 너무 강건하고 진취적인 데에 이르러, 움직이면 도리어 음이 된다. 역도는 움직이지 않을 수 없기 때문에 과실이 이미 생겨나서 후회가 있게 되는 것이다.

☷☳ 豫 육삼 "쳐다보고 즐긴다. 뉘우쳐 고치는 일이 늦으면 후회가 있다."[58]
　예괘는 5음1양이기 때문에 구사는 예괘의 주된 효가 된다. 육삼은 음으로 정위를 잃어버리고 위의 구사와 친하여 괘주와 친한 것을 이용하여 기쁨을 누린다. 아래의 여러 음들 위에 자리하여 하괘의 상의 위치이다. 위로는 아첨하고 굽신거리면서도 오히려 아래에 대해서는 오만하여 기쁨 속에 빠져 있기 때문에 반드시 후회함이 있을 것이다. 그러나 육삼은 음으로 양을 이

---

57) 乾卦 上九「亢龍, 有悔.」
58) 豫卦 六三「旴豫, 悔遲, 有悔.」

어받고 있는데(承) 역도의 올바름이다. 만약 잘못을 고칠 줄 알면 후회가 없을 것이다. 그러므로 《역경》은 회개하기를 권장하여 만약 「잘못을 뉘우치는 것이 늦으면」 「후회가 있다」라고 말하는 것이다.

☶ 蠱 구삼 "아버지로부터 흐트러진 집안의 기강을 바로잡으려 한다. 조금 후회하는 일은 있으나 큰 허물은 없다."[59]

고괘는 일을 이미 망쳐놓고서 바로잡으려는 것을 말한다. 구삼의 효는 하괘의 상이고, 강으로 강에 위치하고 있고, 또한 위에서 대응되는 것 역시 강으로서 너무 강으로만 처리하려는 느낌이 든다. 또 3에서 5까지의 호체는 진(震)괘인데 진은 장자이기 때문에 구삼을 「아버지로부터 흐트러진 집안의 기강」으로 말하는 것이다. 너무 강한 것으로 아버지에 의해서 흐트러진 집안 기강을 잡으려고 하면 「조금 후회하는 일이 있게」 마련인 것이다. 그러나 재주가 있고 위가 올바르다. 또한 현실적으로나 이치상에서 모두 위배되지 않기 때문에, 비록 작은 후회가 있을지 모르지만 끝내는 「큰 허물은 없게 되는 것」이다.

☲ 家人 초구 "집안을 막는다. 후회가 없다."[60]

「閑」자는 門과 木으로 이루어진 글자로, 문의 입구에 나무를 가로놓는다는 것으로 방지하고 제한한다는 뜻이다. 초구는 강이 강에 자리한 것으로 뜻은 집안을 다스림에 엄정해야 함을 의미한다. 집안의 기강이 다스려지지 않는 것은 보통 너무 관대한 태도를 가지다가 그렇게 되는 수가 많다. 엄정하게 집안을 다스리면 비록 감정을 상하는 경우가 있을지 모르나, 나중에 집안의 기강이나 규율이 완전히 무너져 후회하는 일을 방지할 수 있는 것이다. 그러므로 「후회가 없다」라고 말하는 것이다.

☵ 未濟 초육 "그 꼬리를 적신다. 후회한다."[61]

초육은 유로서 강에 자리하여 실위(失位)이다. 미제의 때에 몸이 매우 위험한 상황에 놓여 있다. 비록 위의 구사의 리(離)괘가 상징하는 밝음과 상응하나 오직 마음뿐이고, 실제 행동이 따라가 주지 못하여 반드시 실패하게 된다. 이것이 바로 어린 여우가 강을 건너는데(괘사에 「小孤汔濟」로 비유함) 그 꼬리가 물에 젖어 힘이 부족하여 끝내는 건너가지 못하는 것을 말한

---

59) 蠱卦 九三「幹父之蠱, 小有悔, 无大咎.」
60) 家人卦 初九「閑有家, 悔亡.」
61) 未濟卦 初六「濡其尾, 吝.」

다. 그러므로 「린」이라고 말하는 것이다. 〈상전〉에 말하기를, "그 꼬리를 적신다는 것은 또한 한계를 몰랐기 때문이다."⁶²⁾하여 스스로 그 힘을 알지 못하고 있음을 말하고 있다.

☱☶ 咸 구삼 "넓적다리로 느낀다. 그 따르는 것에 집착하여 가면 후회한다."⁶³⁾

함괘의 2에서 4까지의 호체는 손(巽)이고 손은 고(股 : 넓적다리)를 상징한다. 구삼의 양은 정위에 있고 또 호체(3에서 5까지)가 건이다. 또한 위와 상응하고 있기 때문에 움직이는 효이다. 그러나 구삼의 움직임은 결코 스스로 위로 움직이는 것이 아니라, 육이에 집착하여 움직여 양의 강이란 성질을 위배하고 있다. 이 때문에 「왕린(往吝)」이라고 말하는 것이다. 왕이란 것은 이와 같이 육이의 동에 의하여 움직인다. 〈상전〉에서 말하기를, "그 넓적다리로 느낀다 함은 있어야 할 곳에 머물지 못하고 있다는 것이다. 마음이 자기를 따르는 사람에 있다. 아래에 있는 자를 쫓는다."⁶⁴⁾

☴☷ 觀 초육 "아이가 보는 것 같다. 소인은 허물이 없고 군자는 부끄럽다."⁶⁵⁾

관괘를 위로 말하면 구오는 중정으로 아래의 만민을 대하고 있고, 아래로 말하면 대관(大觀 : 大人의 행실 혹은 임금의 자리)이 위에 있어서 만민이 모두 우러러본다. 초육의 음은 괘의 가장 아래 위치에 있어서, 주된 효인 구오의 대관(大觀)에서 멀리 떨어져 있어서 구오의 중정의 덕을 살릴 수가 없다. 이것은 마치 소인이 성현의 도와 친할 수 없는 것과 같다. 이와 같이 정위을 얻지 못한 소인(초육의 실위)은 본래 「무구」한 것이지만, 그러나 성현이 되려고 하는 군자의 입장에서는 「부끄러운」 것이다. 그러므로 〈상전〉에서 "초육의 아이가 보는 것과 같다는 것은 소인의 도를 말하는 것이다."⁶⁶⁾

3) 무구

「무구(無咎)」의 뜻을 〈계사전〉에서는,

"무구라는 것은 잘못을 잘 보충해 가는 것을 말한다."⁶⁷⁾

---

62) 「濡其尾, 亦不知極也.」
63) 咸卦 九三 「咸其股, 執其隨, 往吝.」
64) 「咸其股, 亦不處也. 志在隨人, 所執下也.」
65) 觀卦 初六 「童觀, 小人无咎, 君子吝.」
66) 「初六童觀, 小人道也」
67) 「无咎者, 善補過也」

"두려워하여 신중히 행동하면 허물이 없다는 것은 잘못을 후회하여 고치기 때문이다."[68]

「구」는 과실의 의미로, 「회」「린」「흉」은 모두 「구」라고 말할 수 있는데, 다만 정도의 차이만 있다. 《역경》은 특별히 「무구」라는 것을 통하여 은연중에 사람들이 잘못을 범하지 않아야만 한다는 사실에 엄격한 것이 아니라, 도리어 잘못을 저지른 후에 「그것을 보충함(補過)」을 강조하여 「선보과(善補過)」함이 바로 「무구」라는 사실을 말하고 있다. 현실적으로 사람은 과실을 전혀 범하지 않을 수는 없다. 만약에 인간이 어떤 일을 하려할 때, 잘못을 범하는 것이 피할 수 없는 것이라고 한다면, 어떤 상황에서 잘못을 저지르는 것은 경험의 흡수이고 유익한 것인지도 모른다. 그러나 잘못을 범하고서 보과를 모르거나 혹은 잘못을 알고서도 잘못을 저지르는 것은 인격상의 훼손이 될 것이다. 《논어》에서 공자가 말하기를, "잘못하고서 고치지 않는 것이 바로 잘못이다(過而不改, 是謂過矣)."라고 했다. 「개과」가 바로 「보과」이다. 《역경》에서는 「보과」에다 「선」이라는 글자를 하나 더 추가하여 의미가 더 깊어진 느낌을 가지게 한다. 그러나 보과의 출발점은 어디까지나 「후회」하는 마음에 있는 것이다. 자기가 잘못을 저지르는 것을 후회하면 자연히 「선보과」할 수 있게 되는 것이다. 그러므로 〈계사전〉에서는 「두려워하여 신중히 행동하면 허물이 없는 것은 잘못을 후회하여 고치기 때문이다」라고 한다.

「무구」의 뜻에 대하여 왕필(王弼)은 매우 분명하게 이야기하고 있다.

"무릇 무구를 말하는 것은 본래 모두 잘못이 있기 때문이다. 더 이상의 잘못을 막아서 도를 얻기 때문에 무구를 얻는 것이다. 길무구라고 말하는 것은 본래 또한 허물은 있지만, 길 때문에 그것을 면하게 되는 것이다. 무구길이라는 것은 먼저 허물을 벗어난 후에 길함이 이것을 따라오는 것이다. 혹은 시를 얻은 때에 있으면, 길이란 것은 힘쓸 필요가 없이 오고, 허물을 범하지 않으면 길을 얻게 되는 것이다. 혹 죄를 스스로 초래하여서 허물을 탓하는 바가 없으면 무구라고 이야기할 수 있는 것이다. 그러므로 절(☵☱)괘의 육삼에서 말하기를, 절도를 지키지 않아 한탄한다. 허물이 없을 수 있다. 〈상전〉에 말하기를,

---

68) 「震无咎者 存乎悔」

절도를 지키지 않아 한탄하는 것은 대체 누구를 탓할 수 있겠는가? 라고 말하는 것은 이것을 말한다."[69]

위의 것들을 예로 들어 말하면,

☲☳ 噬嗑 초구 "형구가 채워져 발목을 상한다. 허물은 없다."[70]
　　초구는 서합괘의 가장 아래에 처하여 강으로 강에 자리하고 있고 위와 상응하는 것이 없다. 괘의 체는 진(震)의 움직임(하괘가 진임)이기 때문에 강하여 망동하는 천민을 말하고 있다. 또 하나의 양이 두 개의 음 아래에 있어 형구를 발에 채워놓은 형상이기 때문에 「형구가 채워져 발목을 상한다」라고 말하는 것이다. 형구를 발에 채우는 것은 좋은 일이 아니지만, 그러나 강하기만 하여 망동하는 천민들에 대해서 말하면 그것으로 징계하여 잘못을 회개하도록 할 수 있기 때문에 「무구」이다. 즉 왕필이 말하는 「더 이상의 잘못을 막아서 도를 얻기 때문에 무구를 얻는다」는 것이다. 공자가 〈계사전〉에서 그 뜻을 응용하여 말하기를, "소인은 불인을 행하면서도 두려워하지 않는다. 불의를 두려워하지 않고 자신에게 이익이 없으면 노력하지 않는다. 형벌로서 위협하지 않으면 반성하지 않는 자이다. 가벼운 형벌을 주어 반성하게 해서 크게 경계하고 두려워하게 하는 것이 오히려 소인을 위해서는 복이 되는 것이다. 《역》에서 말하는 형구가 채워져 발을 상해도 허물이 없다 라는 것은 이것을 말한다."[71]

☲☳ 噬嗑 육삼 "말린 고기를 씹는 데 독을 만난다. 조금 곤란을 당하지만 허물이 없다."[72]
　　육삼의 효는 음으로 양에 자리해 있어서 실위하여 위의 일 양의 강과 친하다. 서합의 괘상은 입속에 씹는 물건이 있는 것으로, 육삼은 씹고 있는 물건과 서로 가까이에 있다. 입속에서 씹고 있는 물건은 강하고 치아는 부드

---

69) 왕필, 《주역주》「凡言无咎者, 本皆有咎也, 防得其道, 故得无咎也. 言吉无咎者, 本亦有咎, 因吉故得免也. 无咎吉者, 先免於咎而後吉從之也. 或亦處得其時, 吉不待功, 不犯於咎, 則獲吉也. 或有罪自己招, 无所怨咎, 亦曰无咎, 故☲☳節六三曰, 不節若, 則嗟若, 无咎. 象曰, 不節之嗟, 又誰咎也? 此之謂矣.」
70) 噬嗑卦 初九「屨校滅趾, 无咎.」
71) 〈계사전〉「小人不恥不仁, 不畏不義, 不見利不勸, 不威不懲, 小懲而大戒, 此小人之福也. 易曰, 屨校滅趾, 无咎. 此之謂也.」
72) 「噬腊肉遇毒, 小吝, 无咎.」

러워 즉시 그것을 씹어서 끊지 못하기 때문에 「말린 고기를 씹는 데 독이 있다」라고 말하여 「조금 곤란한 것」을 말한다. 그러나 서합괘가 가지는 괘의 뜻은 벌을 밝히고 형량을 판결해내는 것으로 비록 잠시 동안 그것을 판단하는 일이 어려움에 봉착하게 되지만 끝내는 결단하게 되기 때문에 「무구」라고 말하는 것이다.

☷☷ 萃 구사 "크게 길하고 허물이 없다."[73]

효사 중에서 이미 「대길」이라고 말했기 때문에 당연히 「무구」이다. 이와 같은 것이 바로 왕필이 말하는 「본래 잘못은 있지만 길 때문에 그것을 면하는 것이다」의 뜻이다. 구사의 효는 양으로 음에 거하여 위로는 구오와 통하고 있다. 췌의 때에는 아래의 유순한 백성들(하괘가 곤임)이 서로 모여서 구오에 돌아간다. 구사는 구오의 존위에 근접하여 있어서 구오가 여러 백성들을 받아들이려 하면 겸손하게 양보하여 때를 얻기 때문에 「대길」이라고 말한다. 이러한 대길이 있으면 마침내 실위의 잘못을 면하기 때문에 「무구」라고 말한다.

☱☴ 大過 상육 "강을 건너는데 머리 꼭대기가 보이지 않는다. 흉이나 허물은 없다."[74]

《주역》의 64괘·384효 중에 「흉, 무구」를 말하는 것은 이곳 하나뿐이다. 왜 「흉」이라고 말하고 또 「무구」라고 말하는가? 대과의 괘상은 하나는 관(棺)을 말하고 또 하나는 큰 웅덩이를 상징한다. 그러나 상육은 유로서 대과의 극에 처하여 있는데, 재능이 부족한 데도 위험을 무릅쓰고 물을 건너면 바로 「강을 건너는데 머리 꼭대기가 보이지 않는다」의 어려움이 있게 되는 것이다. 이것은 흉이다. 비록 상육이 음으로 음에 거하고 하괘와 정응하였으나 머리 보이지 않는 흉은 마치 충신이나 의사(義士)가 국가나 민족을 위하여 몸을 희생하는 것이 자기의 잘못에 의한 것이 아닌 것과 같다. 그러므로 머리 끝이 보이지 않는 일은 비록 흉하지만 일을 행하는 뜻은 「무구」이고, 다른 사람도 이것을 허물로 보지 않을 것이다. 이것이 「무구」의 또다른 뜻이다.

---

73) 萃卦 九四 「大吉, 无咎.」
74) 大過卦 上六 「過涉滅頂, 凶, 无咎.」

제 3 절 위(位)

중국인들은 시간과 공간을 말할 때 습관적으로 「우주」라는 말을 사용한다. 이것이 가장 먼저 보이는 곳은 《장자》의 〈경상초편〉이다.

"세상에 태어나서도 근본이 없고 죽음에 들어간다 해도 구멍이 있는 것은 아니다. 다만 실상은 있어도 그 근원을 찾을 곳이 없으며 영겁의 시간만 있고 시작과 끝은 발견할 수 없는 것이다. 생겨난 것만 있고 구멍이 없는 것이 실상이다. 실상은 있으나 일정한 곳에 머물지 않고 모든 곳에 있는 것이 우(宇)이며, 긴 시간은 있으나 시작과 끝을 알 수 없는 것이 주(宙)이다."[75]

다른 판본에서는,

"태어나서도 근본이 없고 죽음에 들어가서도 구멍이 있는 것은 아니다. 생겨난 것만 있고 근본이 없는 것이 실상이다. 죽음에 들어간다 해도 구멍이 없는 것이 기나긴 시간이다. 실상은 있으나 일정한 곳에 머물지 않고, 긴 시간은 있으나 시작과 끝을 알 수 없다. 실상은 있으나 일정한 소재가 없는 것이 우이다. 긴 시간은 있으나 시작과 끝을 알 수 없는 것이 주이다."[76]

후대에 《회남자》의 고유(高誘)주에서 말하기를,

"사방과 상하를 일러 우라고 하고, 옛날의 지나간 것과 현재의 오는 것을 일러 주라고 한다."[77]

---

[75] 《장자》〈庚桑楚篇〉「出無本, 入無竅. 有實而無乎處, 有長而無乎本剽, 有所出而無竅者有實. 有實而無乎處者宇也, 有長而無乎本剽者宙也.」

[76] 馬叙倫의 校本「出無本, 入無竅. 有所出而無本者有實, 有所入而無竅者有長. 有實而無乎處, 有長而無乎本剽. 有實而無乎處者宇也, 有長而無乎本剽者宙也.」

[77] 「四方上下謂之宇, 古往今來謂之宙.」

위의 두 인용문은 매우 분명하게 요점을 드러내고 있는데 그중에서 장자의 말이 더욱 깊이가 있는 것 같다. 그러나 그 둘은 모두 공통적으로 시간과 공간에 대해서 객관적인 관찰을 통한 정의를 내리고 있다. 참으로 시간과 공간이란 것 속에 들어가서 그것의 작용을 천명하고 있는 것이 바로 《역경》이다. 《역경》은 「시, 공」이라 말하지 않고 「시, 위」라고 말한다. 「위」라는 것은 공간이 인간이나 실재사물에 놓여 있는 것을 말한다. 《주역》에 의하면 시간, 공간, 물원질은 동시에 나타나는 것이다. 「물(物)」(즉 물원질)이 없으면 시간과 공간은 드러나지 않고, 「물」이 있고 난 후에라야 시간과 공간이 나타나는 것이다. 어떤 「물」이 있다고 하는 것은 그것이 비록 「물」의 최초의 형태인 「물원질」이라 하여도 이미 유한한 존재가 된다. 시간과 공간이라는 것도 그 유한성에 따라서 나타나는 것이다. 즉 시간에는 어떤 고정된 시간이 있고, 공간에도 어떤 고정된 위치가 있는 것이다. 이 때문에 역경철학의 「위」라는 것은 바로 「공간」이다. 「공간」이라 말하지 않고 「위」라고 말하는 것은 두 가지의 의미를 가지고 있다. 첫째 「공간」과 「물」은 불가분의 존재이다. 둘째 《역경》에서 말하는 「공간」은 순수한 이성적 사고의 대상이 아니라, 「공간의 실재적 작용」을 가리켜 말하는 것으로 즉 「물」과 합일한 공간성을 말한다.

「시」와 「위」는 변화하는 현상세계의 양대 조건으로, 각각의 사물은 이 두 가지를 벗어날 수 없다. 만물에 종류는 각각 다르고 형태도 제각기로 복잡하지만, 「위」의 변화는 더욱 복잡하게 느껴진다. 만물이 형태를 드러내는 것에는 똑같은 「시간」은 있으나 똑같은 「위」는 없다. 똑같은 「위」가 없기 때문에 만물은 각각의 입장을 가지는 것이다. 만물들이 각각 자신의 입장을 가지고 있기 때문에 만물은 각각 그 생존활동의 근거를 가질 수 있는 것이다. 이런 것들을 통하여 우리는 「위」의 중요성을 충분히 파악할 수 있을 것이다. 바꾸어 말하면 만물이 각각 자기가 가지고 있는 본성을 살리고 생존의 도를 유지하기 위해서는 반드시 「위」의 당(當)과 부당(不當)을 살펴보아야만 한다는 것이다. 즉 입장이 정확한가 그렇지 않은가를 살펴보아야 하는 것이다.

《논어》의 〈자로편〉에서 자로가 공자에게 묻기를, "위(衛)나라의 임금이 선생님을 모셔다 정치를 맡기면, 선생님께서는 무엇부터 하시겠습니까?"[78] 이것에 대해 공자는 대답하기를, "반드시 이름부터 바로잡겠다!(必也正名乎!)"여

---

78)「衛君待子而爲政, 子將奚先?」

기에서 말하는 「정명(正名)」은 바로 「정위(正位)」라고 말할 수 있다. 어떤 이유에서 그렇게 말할 수 있는가? 「군군(君君), 신신(臣臣), 부부(父父) 자자(子子)」라는 것의 「명」이 다르다는 것은 실재로는 「위」가 다르기 때문이다. 명위가 다르기 때문에 다른 일을 행하는 준칙이 또한 달라진다. 군주, 신하, 아버지, 아들, 남편, 아내, 형, 동생, 장, 유, 존, 비 등의 명위를 분명히 하여, 그것이 가지는 이름에 대한 실질적 책임을 따져, 천하의 모든 사람이 그 직분을 다하면 국가와 사회는 자연스럽게 올바로 다스려지는 것이다. 이와 반대로 만약 임금이 임금답지 못하고, 신하가 신하답지 못하고, 아들이 아들답지 못하여, 이름이 모두 혼란하게 되어서 위가 서로 침해받게 되면 국가와 사회는 자연히 혼란스럽게 되는 것이다. 공자의 말은 매우 근거가 있는 것이다.

여기에서 우리는 〈계사전〉에서 왜 처음부터 「천지의 위」를 먼저 말하려고 하는지를 알 수 있을 것이다. 〈계사전〉에서 말하기를,

"하늘은 높은 곳에 있고 땅은 낮은 곳에 있다. 이렇게 하여 건과 곤의 두 괘가 정해졌다. 낮고 높은 것을 늘여 세워 귀한 것과 천한 것이 자리한다. 동정에는 일정한 법칙이 있고, 강유는 각각 그 특징이 구별된다. 그 방향에 따라서 같은 것이 모이고, 사물은 무리로 구분되어 길흉이 생긴다. 하늘에는 해와 달 등의 형상이 있고, 땅에는 동식물 등의 형태가 있어서 변화가 드러난다."[79]

천지・건곤으로부터 천도의 위치가 나타나고, 비고(卑高)・귀천에서부터 인도의 위치가 드러나고, 동정・강유로부터 지도(地道)의 위치가 드러난다. 먼저 「위」를 바르게 한 후에 다시 변화를 말한다. 그러므로 〈계사전〉은 이어서 "강과 유가 서로 움직이고 팔괘가 서로 뒤섞인다……"[80]라고 말한다. 이런 내용이 바로 유가철학의 대원칙이 되는 것이다.

그러나 《주역》에서 반드시 지적해야 할 것은 바로 앞에서 말한 만물은 각각 위가 다르다는 문제이다. 만약 가장 먼저 위의 구분에 대해서 말한다면 위의 구분이라는 것은 무궁하여 하나의 정해진 규칙이 있을 수 없다. 그것을 억지로 말하면 위에서 말한 〈계사전〉의 「방이류취, 물이군분(方以類聚, 物以群分)」

---

79) 〈계사전〉「天尊地卑, 乾坤定矣. 卑高以陳, 貴賤位矣. 動靜有常, 剛柔斷矣. 方以類聚, 物以群分, 吉凶生矣. 在天成象, 在地成形, 變化見矣.」
80) 〈계사전〉「是故剛柔相摩, 八卦相盪……」

의 방법이다. 만물은 비록 각각 위가 다르지만 그것이 가지고 있는 본성은 음양이라는 두 가지 성질을 벗어나지 않는다. 즉 이 두 가지 성질이 표현하는 방향에 따라서 여러 부류로 나누어진다. 군주와 군주 간의 개별적인 위도 다르고, 신하와 신하 피차간의 위도 비록 다르지만 군주와 신하 간의 대원칙은 똑같다. 신하가 임금을 공경하는 것은 천하가 모두 같은 것이다. 아버지와 아버지의 관계는 각각 다르고 아들과 아들 사이 역시 그러하지만, 그러나 아들이 아버지에게 효도해야 하는 것은 천하의 모든 사람이 이것을 벗어날 수는 없는 것이다.

《역경》은 「상(象)」에 근거하여서 위의 구분을 표현하는데, 모든 괘는 아래에서 위로 올라가는 초, 2, 3, 4, 5, 상의 육위의 순서가 있다. 만약 전체 괘를 인생의 발전과정으로 본다면 육효의 위는 여섯 개 단락의 과정을 표현하는 것이다. 인생의 역정은 물론 여섯 단계로만 나눌 수 있는 것은 아니다. 그러나 "상이라는 것은 형상하는 것이다(象者, 像也)."라고 하여 괘상은 다만 상징부호일 뿐이고, 인간은 자신의 처지를 상이 가지는 뜻을 파악하여 짐작하는 것이다. 여기에서부터 "그것을 응용하고 확대하여, 동류에 접촉하여 넓혀서 천하의 모든 일이 그곳에 들어가 있게 되는 것이다."[81]

《주역》에서 위를 정하는 기본원칙은 음양의 개념을 통하여 나누는 것이다. 하나의 괘는 여섯 효로 구성되고, 초, 3, 5는 양의 위이고, 2, 4, 상은 음의 위이다. 양의 자리 중에서 5효는 상괘의 중에 있는 것으로 양위 중에서 가장 존귀한 자리이다. 음의 자리 중에서 2효는 하괘의 중에 자리하기 때문에 음의 자리 중에서 가장 존귀한 자리이다. 5효의 양과 2효의 음이 각각 정위를 얻어서 상하가 서로 상응하는 것은 보통 천자와 왕비(后)로 서로 비견한다. 초효는 보통 백성의 위이고, 3효는 하괘의 상으로 제후의 위이다. 4효는 천자에 가까이 있어 공경(公卿)의 위에 해당된다. 상효는 종묘 혹은 태상황(太上皇)의 위이다. 양효로 양의 위에 있거나 음효로 음위에 있는 것을 일러 「당위(當位)」 「득위(得位)」 혹은 「정위(正位)」라고 한다. 이와는 반대로 만약 양효로 음위에 있거나 혹은 음효로 양위에 있는 것을 일러 「부당위(不當位)」 「실위(失位)」 혹은 「비기위(非其位)」라고 한다. 「당위」의 효는 의미상으로는 본래부터 길한 것이지만, 반드시 길한 것만은 아니다. 왜냐하면 다른 기타의 「시

---

81) 〈계사전〉「引而伸之, 觸類而長之, 天下之能事畢矣.」

(時)」「응(應)」「승(乘)」「승(承)」 등의 영향을 받고 있기 때문이다. 마찬가지로「부당위」의 효는 비록 뜻으로는 흉하지만 또한 반드시 흉한 것만은 아니다. 이것이야말로 인간사회의 실정이다. 어떤 사람이 몸을 가지런히 하여 행위하는 것은 분명히 군자의 태도이지만 그렇다고 모든 일이 순조롭게 풀려 해결되는 것만은 아니다. 어떤 사람이 비록 소인의 행위를 하여도 뜻대로 모든 일이 형통하는 경우가 있는 것이다. 이러한 복잡한 변화를 일일이 다 서술할 수는 없지만 뒤에서는 몇 개의 괘를 예를 들어 설명하도록 하겠다.

이외에 역괘를 풀이할 때 8괘의 정위가 있는데 그것은 위에서 말한 음양효의 당위, 부당위에 근거하여서 생긴 것이다. 8괘의 정위는 아래와 같다.

☰ 건괘 정위는 5에 있다. (양효로 양의 존위에 있음)
☷ 곤괘 정위는 2에 있다. (음효로 음의 존위에 있음)
☳ 진괘 정위는 초에 있다. (진은 양괘이고 초는 양효로 양위에 있다)
☴ 손괘 정위는 4에 있다. (손은 음괘이고 4는 음효로 음위에 있다)
☵ 감괘 정위는 5에 있다. (감은 양괘이고 5는 양효로 양위에 있다.)
☲ 리괘 정위는 2에 있다. (리는 음괘이고 2는 음효로 음위에 있다)
☶ 간괘 정위는 3에 있다. (간은 양괘이고 3은 양효로 양위에 있다)
☱ 태괘 정위는 상에 있다. (태는 음괘이고 상은 음효로 음위에 있다)

아래에서는 「당위」「부당위」「승(乘)」「승(承)」이라는 네 가지 주요한 위(位)의 구별을 괘효상과 괘사의 실례를 들어서 길이나 흉한 각종 상황들을 설명하도록 하겠다.

(1) 당위(當位)의 괘

1) 당위로서 길한 것

☲ 賁 구삼 "장식이 화려하고 생기가 있어 아름답다. 항상 바르면 길하다."[82]

---

82) 賁卦 九三「賁如, 濡如, 永貞, 吉.」

비의 뜻은 장식한다는 것이다(〈서괘전〉에 비라는 것은 식(飾)이다). 구삼은 하괘의 상에 있고 양효로 양위에 자리하고 있다. 상하의 여러 음이 모두 친하려 하여 더욱 빛이 난다(상괘는 리의 밝음이다). 그러나 2에서 4효까지의 호체는 감의 위험으로 여러 음에 빠져 있기 때문에 효사에서는 먼저 「비여」라고 말하고 다음에 「유여」 그리고 「영정」으로 경계한다. 즉 여러 음의 포위 속에서 양강(陽剛)의 바름을 지켜서 함몰되지 않으면 「길」하게 된다는 것이다. 〈상전〉에서는 이것을 더욱 넓혀서 말하기를, "영정의 길이라 한 것은 언제까지나 그것을 범하여 깔보는 자가 없기 때문이다."[83] 만약에 양강의 정을 고수할 수 있으면 주위의 여러 음도 끝내는 그 뜻을 약화시키지 못할 것이다. 구삼은 양효로 양의 위에 있기 때문에 〈상전〉에서 그와 같이 말하는 것이다.

☲☴ 家人 육이 "사사롭게 이루는 것은 아무것도 없다. 집안에서 음식을 만든다. 올바르면 길하다."[84]

가인괘는 구오가 강건중정으로 이른바 「남자가 바깥에 바로 자리하는 것」이다. 육이는 유순함으로 하괘의 중에 머물러 「여자가 안에서 바로 자리하는 것」을 상징하고 있다. 바깥의 일은 모두 구오가 책임지고, 육이가 처하는 내괘의 초구, 구삼은 모두 당위하는 양효인데 모두 몸을 바르게 하여 일을 행하기 때문에 육이는 「사사롭게 이루는 것이 없다」라고 할 수 있는 것이다. 「사사롭게 이루는 것이 없다」라는 것은 결코 일을 행하여 이루지 못한다 라는 말이 아니라, 자연스럽게 억지로 하지 않는 것을 말한다. 「사사롭게 이루는 것이 없다」는 곤도의 바름으로 즉 곤괘 육삼의 「무성(无成)」(無成有終 : 이루는 것은 끝이 없다는 것을 말함)의 뜻이다. 「사사롭게 이루는 것이 없다」하기 때문에 「음식을 만드는」 집안일에만 전념할 수 있는 것이다. 「정길(貞吉)」의 정은 「암말의 올바름(牝馬之貞)」을 말하고 육이가 유순하고도 정숙한 부덕을 지키기만 하면 저절로 「길」하게 되는 것이다.

☴☵ 渙 구오 "환의 때는 큰 명령을 땀을 흘리는 것처럼 발한다. 환의 때는 왕이 거하여도 허물이 없다."[85]

환의 뜻은 이산(離散)하는 것이다. 천하가 이산하는 때에 구오는 강건한 재주를 가진 자로 중정의 위치에 자리하고 있다. 이때 큰 호령을 반드시 선

---

83)「永貞之吉, 終莫之陵也.」
84) 家人卦 六二「无攸遂, 在中饋, 貞吉.」
85) 渙卦 九五「渙汗其大號, 渙王居, 无咎.」

포하여(汗은 바깥으로 드러낸다는 뜻으로 宣告한다는 말이다) 천하의 흩어진 인심을 한곳으로 집중시켜 천하의 사람들이 천자를 중심으로 하여 뭉치는 것을 알게 한다. 이러한 「큰 호령」을 선고하는 일은 평소에는 약간의 허물이 있을 수 있다. 그러나 천하의 인심이 흩어질 때는 큰 뜻과 책략을 가진 한의 광무(光武) 같은 사람이 있어서 천하의 인심을 수습하여 천자로 즉위하면 「무구」가 된다. 그러므로 〈상전〉에서 말하기를, "왕으로 거하여도 허물이 없으므로 정위이다."[86]

2) 당위이면서 실시(失時)하여 불길한 것들

☷☳ 屯 구오 "은택을 크게 베풀 수 없다. 음의 소정은 길하고 양의 대정은 흉하다."[87]

준은 막 생겨나서 위험을 무릅쓰는 괘로서 이 괘의 초점은 초구의 하나의 양이 혼란을 무릅쓰고 생하는 데 있다. 그러므로 괘사와 초구의 효사는 모두 「제후를 세움에 이롭다(利建侯)」라고 말한다. 구오는 괘상으로 보면 중정의 존위에 있어서 아래의 육이와 상응하고 있다. 이치상으로는 천하에 큰 일을 할 수 있어야 함에도 어려운 시기를 만났기 때문에 위험 속에 놓여 있다(상괘가 감임). 이런 가운데에서 은택을 백성들에게까지 베풀기는 매우 어렵게 되어서 시운의 기회라는 것은 초구의 시생에 놓이는 것이다. 구오는 비록 존위에 머물러 있으나 시를 위배할 수 없기 때문에 다만 곤의 순한 덕만 행사하여야 한다. 만약 양의 강한 행사를 하게 되면 흉하게 된다.

☷☰ 泰 상육 "성이 물이 없는 못으로 돌아간다. 군대를 사용하지 말아라. 읍의 사람에게 명한다. 정하면 린하다."[88]

태괘는 천지가 서로 교호하고, 상하가 조화하여 천하가 평화로운 것을 상징하고 있다. 상육의 효는 음으로 음에 위치하여 정위이지만, 이미 괘상의 극에 도달하여 평화로운 상태가 너무 오래 되어서 화란이 생기려 하기 때문에 「성이 물이 없는 못으로 돌아간다」라고 말하는 것이다. 이런 시기에 있어서 천하가 어지럽게 될 가능성이 보이면 비록 자기 자신은 정위에 있고 덕을 가지고 있지만, 군대를 일으켜 난을 평정하려 하여서는 아니 된다. 그

---

86) 「王居无咎, 正位也.」
87) 屯卦 九五 「屯其膏, 小貞吉, 大貞凶.」
88) 泰卦 上六 「城復于隍, 勿用師, 自邑告命, 貞吝.」

렇게 군사를 일으키고 백성을 동원하여 부역을 하게 하고 재산을 낭비하게 하면 화란이 생기는 것을 더욱 가속화 시키게 되는 것이다. 오직 신중하게 처리하여 가까운 곳에서부터 민중들이 도의를 깨닫도록 교화하여 나가야 하는 것이다. 평화로운 시기가 오래 가면 어지럽게 되는 것은 역도 변화의 대원칙이다. 백성들을 무마하는 것은 다만 일시적 효과는 볼 수 있지만, 결코 지속적으로 혼란을 그치게 할 수는 없는 것이다. 때가 이와 같기 때문에 「정린(貞吝)」이라고 말한다.

☰ 同人 육이 "같은 종족의 사람들과만 화합한다. 부끄러워한다."[89]

동인의 괘는 건의 천이 하늘에 있고, 리(離)의 불이 아래에 있어서 마치 해와 달이 하늘과 서로 친한 모습이다. 이것을 인간에 적용하여 동인이라고 말하는 것이다. 육이는 음으로 음위에 자리하여 중을 얻고 있고, 위로는 구오와 상응하여 이치상으로는 분명히 길한데 왜 「린」이라고 말하는가? 왜냐하면 괘는 비록 인도의 이름으로 만들었지만, 구오는 여전히 상괘 건의 중효로 뜻을 건의 천에서 취하고 있고 구오의 한 효만을 취하지 않았다. 육이가 위와 친한 것은 마땅히 천덕을 큰 것으로 보기 때문이다. 만약 다만 구오의 한 효와만 친하다면 사사로움에 빠져서 「대동(大同)」의 뜻을 잃어버리게 된다. 그러므로 육이는 비록 정위에 자리하고 있지만, 시를 분명하게 보지 못하였기 때문에 여전히 「린」한 것이다.

3) 당위이지만 상응하지 못하여 불길한 것

☷ 蒙 육사 "몽매함에 갇혀 있다. 부끄럽다."[90]

몽괘는 산 아래에 샘이 나오는 것으로 무지몽매한 것을 표현하고 있다. 인간의 입장에서 말하면 어린아이가 사리를 판단하지 못하는 것을 말하기 때문에 「계몽(啓蒙)」을 그 뜻으로 삼고 있다. 육사는 음이 음의 자리에 있어서 비록 당위이지만, 그러나 상하가 음으로 친하고 아래의 양효와 상응하는 것이 없어서(양효는 계몽하는 사람으로 비유됨) 몽매함에 갇혀서 현명함을 계몽해주지 못하기 때문에 「린」이라고 말한다. 〈상전〉에서 말하기를, "몽매함에 갇혀 부끄럽다는 것은 혼자 차 있는 것에서부터 멀리 떨어져 있기 때문이다."[91]라는 것은 양에서 멀리 떨어져 있음을 말한다.

---

89) 同人卦 六二「同人于宗, 吝.」
90) 蒙卦 六四「困蒙, 吝.」
91) 「困蒙吝, 獨遠實也.」

☲☶ 頤 육이 "거꾸로 부양받는다. 상도에 어긋난다. 위의 부양을 받으려 한다. 가면 흉하다."[92]

이괘의 상은 구(口)로서 위는 고정되어 있고, 아래가 움직여 마치 입이 음식물을 씹는 모습이다. 이 때문에 부양(養)을 그 뜻으로 삼는다. 육이는 비록 중정의 위에 있지만 음의 유는 혼자 부양할 수 없고 양이 오기를 기다려 부양하여 정응하는 것이 없다. 위로 나아가서 부양을 구하려 하지만 상응하는 것이 없기 때문에 상도와는 어긋나게 된다(「전(顚)」은 이마로 상효를 말한다. 「불경」은 상도에 어긋남을 말한다). 〈상전〉에서 말하기를, "육이로 가면 흉하다 라고 한 것은 가면 동류를 잃어버리기 때문이다."[93] 「유(類)」자는 육삼, 육사, 육오를 말하고 2, 3, 4, 5는 모두 음효이지만 육삼이 상구와 응하고 육오는 상구를 이어받아서 모두 그 부양을 받는다. 오직 육이만 제자리를 잡지 못하기 때문에 「실류(失類)」라고 하는 것이다.

☱☰ 夬 초구 "강하게 앞으로 나아간다. 가서 이기지 못하면 허물이 된다."[94]

쾌괘의 한 음은 위에 있고 다섯 양은 위로 올라가서 척결한다. 초구는 하위에 비천하게 머물기에 비록 정위에 있어도 위와 상응하지 못하게 된다. 그 강하고 올바른 것을 가지고서 나아가는데, 음의 세력이 비록 약해졌으나 여전히 높은 자리에 있고 또한 상응하는 바가 있어서 그 나머지 세력은 여전히 강하다. 초구의 사람들이 척결할 수 있는 것이 아니라는 사실을 간과하면 반드시 이기지 못한다. 이기지 못할 것을 알면서 나아가는 것은 「구(咎)」이다.

4) 기타의 당위이면서 불길한 것

당위이면서 불길한 것은 「시(時)」와 「응(應)」의 영향에 의한 것이 가장 크다는 사실은 위의 예를 통하여 이미 분명해졌다. 이외에 다른 요인에 의한 것도 매우 많다. 인간사회라는 것은 복잡하다. 몇 가지 예를 들어보면 상황의 다변이란 것을 분명하게 알 수 있을 것이다.

☱☰ 履 구오 "실천할 것을 결단하다. 고집하면 위험하다."[95]

---

92) 頤卦 六二「顚頤, 拂經. 于丘頤, 征凶.」
93) 「六二征凶, 行失類也.」
94) 夬卦 初九「壯于前趾, 往, 不勝爲咎.」
95) 履卦 九五「夬履, 貞厲.」

리란 것은 예(禮)라는 의미로 인간의 행위와 실천을 뜻한다. 구오는 강건함으로 중정의 지위에서 아래로는 정응이 없고, 또한 상하가 친비하는 것이 모두 양효이다. 재주가 높고 뜻이 강한 군주가 세력 있는 자리에서 행세하고 있다. 비록 아래로 태(兌)괘를 대하고 있어서 신하들이 모두 즐겨 순종하지만 끝내는 너무 강하여 과실을 범하게 될 것이다. 이와 같이 행하면 비록 바름을 가지고 있으나, 위험한 도에 속하기 때문에 「고집하면 위험하다」라고 부른다. 「려(厲)」는 위험이고 비록 「린(吝)」이나 「회(悔)」 등의 상태로 빠지지는 않으나 「길(吉)」은 아니다.

☷ 剝 육이 "침대를 부수려고 다리가 붙어 있는 부분부터 부수기 시작한다. 정을 멸한다. 흉하다."[96]

박괘는 다섯 음의 세력이 자라고, 하나의 양이 줄어드는 것을 상징하여 「소인의 도는 자라고 군자의 도는 줄어드는」 때라고 말한다. 「변(辨)」이란 것은 침상의 동체부분으로 육이가 양의 세력을 줄이는 것이 침대의 발의 위에까지 미친다. (박의 전체 괘상은 침대와 비슷하기 때문에 그것을 상으로 삼고 있다.) 이때의 육이는 위로는 상응하지 않고 상하에서 서로 친한 것이 모두 음으로, 몸이 여러 음 속에 놓여져 바른 도를 얻지 못한다. 「멸(蔑)」은 멸(滅)과 같다. 「멸정」은 바로 정도를 소멸시키는 뜻으로 흉하다. 〈상전〉에서 말하기를, "침대를 부수려고 다리가 붙어 있는 부분인 동체를 부수기 시작한다는 것은 육이에는 정응이 없기 때문이다."[97]라고 한다. 「정응이 없다」는 것은 바로 상응하는 것과 친비하는 것에 모두 양효가 없다는 것을 말함이다.

☱ 大過 구삼 "용마루가 휘었다. 흉하다."[98]

대과괘에는 네 개의 양이 중간에 있고 두 개의 음은 상하에 있어 양은 무겁고 음은 가벼운 상을 취하고 있다. 양이 과도하게 성하여 본말이 약하기 때문에 용마루로 비유하여 「용마루가 휘었다」라고 말하는 것이다. 구삼은 용마루의 중간에서 강으로 강의 자리에 놓여 있기 때문에 너무 무거워 휘어진 부분이 된다. 비록 득위하고 위와 상응하나 위가 약하여 구조할 수 있는 책임을 맡기에는 부족하다. 굽어진 힘이 너무 세고 왕성하여 집이 전복되는 우려가 있기 때문에 「흉」이라고 말하는 것이다. 〈상전〉에서 말하기를, "용

---

96) 剝卦 六二 「剝牀以辨, 蔑貞, 凶.」
97) 「剝牀以辨, 未有與也.」
98) 大過卦 九三 「棟撓, 凶.」

마루가 휘어져 흉하다 라는 것은 아무도 구삼을 도울 수가 없기 때문이다."⁹⁹⁾라고 하여 구삼이 비록 상응함은 있으나 도울 수가 없음을 말한다.

☳☱ 歸妹 상육 "여자가 광주리를 받았는데 속이 비었다. 선비가 양을 베었는데 피가 나오지 않는다. 유리할 바가 없다."¹⁰⁰⁾

귀매괘는 여자를 시집보내는 괘이다. 상육은 비록 정위에 자리하나 괘의 극에 자리하고 있어 위로부터 이어받는 것이 없기 때문에 「여자가 텅 빈 광주리를 받는 것」(상괘 ☳는 광주리의 모습으로 바닥이 있고 중간은 비어 있는 모습임)으로 말한다. 아래에는 정응함이 없기 때문에 「양을 베었는데 피가 나오지 않는다」(하괘 ☱는 양(羊)이고 육삼 역시 음으로 상육과는 적으로 응한다)라고 하는 것이다. 아래나 위에서 얻는 바가 없기 때문에 「유리할 바가 없다」라고 한다.

(2) 부당위(不當位)의 괘

☰☵ 訟 상구 "반대라는 띠를 하사받을지 모르나, 하루 아침에 세 번씩 그것을 빼앗긴다."¹⁰¹⁾

송의 괘상은 건이 위에, 감이 아래에 있는 상으로 하늘은 위로 향하고 물은 아래로 향하는 성질을 가지기 때문에 서로 합하지 못하여 송사가 생긴다. 또한 내괘는 위험을 말하고, 외괘는 강건하여 소송하는 모습이 되어버린다. 상구는 양으로 음의 자리에 있어서 송의 극단에 이른 것을 말한다. 즉 소송을 하기 좋아하고 심하게 경쟁하는 사람을 말하고 있다. 그런 사람은 강건함으로 소송에 이길 수 있다. 그 위가 바름을 잃었고 소송을 통하여 얻은 것을 오랫동안 유지하기는 힘들기 때문에 「반대라는 띠를 하사받을지 모르나, 하루 아침에 세 번씩 그것을 빼앗긴다」라고 말하는 것이다. 〈상전〉에서 말하기를, "송으로서 옷을 받은 것은 존경할 만한 가치가 없다."¹⁰²⁾라 하였다.

☷☵ 師 육삼 "전쟁에서 시체를 운반할지도 모른다. 흉하다."¹⁰³⁾

---

99)「棟橈之凶, 不可以有輔也.」
100) 歸妹卦 上六「女承筐无實, 士刲羊无血, 无攸利.」
101) 訟卦 上九「或錫之鞶帶, 終朝三褫之.」
102)「以訟受服, 亦不足敬也.」
103) 師卦 六三「師或輿尸, 凶.」

사괘에서 군대를 지휘하는 장수는 구이이고, 육삼은 음으로서 군대를 지휘하여서는 실패할 수밖에 없는 사람을 말한다. 즉 실위하여 하괘의 상에 자리하고 있는 재주는 없고 뜻만 있는 사람이다. 강한 뜻에만 따라 일을 행하고, 또 위와 정응하는 것 없이 군대를 지휘하면 전쟁에 패하여, 시체를 수레에 싣게 되는 필연적인 결과만 가져오기 때문에 흉이라고 말하는 것이다.

☵ 坎 초육 "감의 어려움이 겹쳐 웅덩이 속에 빠져 흉하다."[104]

감은 험난함 혹은 위험함을 말한다. 초육은 음효로서 양위에 머물러 있어서 부정하다. 상하 모두 겹치는 위험 속에 있기 때문에 「웅덩이 속에 빠졌다」라고 말하는 것이다. 나약하고 실위한 몸으로 위험 속에 빠져 있고 위로부터의 응원이 없기 때문에 사실 이 위험을 탈출하는 것은 어렵다. 이 때문에 흉이라고 말하는 것이다. 〈상전〉에서 말하기를, "위험이 겹쳤다. 감에 들어간다는 것은 정도를 잃어서 흉하다는 것이다."[105]라 하였다.

☲ 離 구사 "갑자기 위로 온다. 불에 태워진다. 죽는다. 시체가 버려진다."[106]

리괘의 상하는 모두 불[火]이다. 그 중에서 구사는 불 속에 빠져 바른 자리를 잡지 못하고 몸둘 바를 모르는 것을 말하고 있다. 효사에서 비록 「흉」하다는 말은 없어도 그 흉한 것은 문장을 살펴보면 자연히 드러난다. 「갑자기 위로 온다」는 아래의 불이 위로 올라간 것을 말하고, 「불에 태워진다」는 상하의 불이 서로 맞붙어 타는 것을 말한다. 「죽는다」는 2부터 5까지의 호체인 대과(大過)가 관(棺)을 의미하고 있고, 구사가 그 속에 있기 때문이다. 「시체를 버린다」는 아래와 정응하는 것이 없음을 말한다. 그러나 흉하게 되는 주요한 원인이 부당위에 있기 때문에 〈상전〉에서는 "갑자기 위로 올라온다 함은 몸둘 바가 없다는 것이다."[107]라고 말한다.

☷ 豫 육삼 "쳐다보고 즐긴다. 뉘우쳐 고치는 일이 늦으면 후회가 있을 것이다."[108]

예괘의 일양은 지상으로 나와 우뢰가 진동하는 소리를 내어(하괘는 땅, 상괘는 우뢰를 말함) 순순하게 움직이고 조화하여 기뻐하는 상이다. 괘중에

---

104) 坎卦 初六「習坎, 入於坎窞, 凶」
105) 「習坎入坎, 失道凶也.」
106) 離卦 九四「突如其來如, 焚如, 死如, 棄如.」
107) 「突如其來如, 無所容也.」
108) 豫卦 六三「盱豫, 悔遲 有悔」

는 다만 하나의 양효만 있고 여러 음들이 즐겨 집결하기 때문에 구사가 주효가 된다. 육삼은 음으로 하괘의 상에 자리하여 큰 재능도 없으면서 뜻만 강하여 올바른 자리를 상실하고 있다. 위의 구사와 친하여 그것에 순종하고, 위로는 아부하고 아래에 대해서는 교만하는 상으로 분명히 후회하는 때가 있을 것이다. 그러므로 효사에는 빨리 후회하라는 것을 경계하여 만약 「뉘우침이 늦으면」 「후회할 것」이라고 말하는 것이다. 〈상전〉에서 말하기를, "쳐다보고 즐기면 후회할 것이다. 자리가 부당하다."[109]라고 하여 실위하였으면서도 구사의 패주와 친화하고 있는 것을 말하고 있다.

위에서 든 예들은 모두 부당위하여서 길하지 못한 것들을 말한 것이다. 부당위하여서도 길한 것들은 많이 발견된다. 그것들은 대부분 득시(得時), 득응(得應), 득중(得中)한 까닭 때문이다. 뒤에서 시, 응, 중을 논하는 곳에서 이야기하도록 하고 여기에서는 더 이상 예를 들지 않겠다.

(3) 승강(承剛)과 승강(乘剛)의 괘

효의 위에는 「당」과 「부당」 이외에 또 「승강(承剛)」과 「승강(乘剛)」, 즉 「승(承)」과 「승(乘)」이 있다. 「승」과 「승」은 효와 효가 서로 가까이하려는 가운데에서 생긴 것이다. 역도의 이치라는 것은 양이 앞서고 음은 뒤에 있고, 양은 강건하고 음은 순한 성질을 가지고 있다. 이 때문에 양이 위에 있고 음이 아래에서 이어받는 것이 올바른 것으로 이를 「승강(承剛)」이라 하는데 대부분 길하다. 이와는 반대로 양이 아래에 있고 음이 위에 있는 것들은 대부분 흉하다. 이러한 것들은 인간과 사물의 세계에 있어서 가장 보편적인 현상으로 우주 속의 만물과 인간은 무리를 떠나서는 독존할 수 없는 것이기 때문에 음양이 서로 가까이 친하는 것은 필연적인 사실이다. 서로 가까이 친하면 그 두 가지 음양의 성질은 「주종(主從)」 「선후(先後)」의 위치가 구분되지 않을 수가 없는 것이다. 그렇지 않으면 만물은 실위(失位)하고 정도(正道)도 존재하지 않게 될 것이다. 아래에서 예를 들어 설명하겠다.

---

109) 「盱豫有悔, 位不當也.」

1) 승강(承剛)하는 것들은 대부분 길하다.

☴☶ 漸 육사 "큰 기러기가 나무에 나아간다. 만약 평평한 나무를 얻는다면 허물이 없을 것이다."[110]

    점의 뜻은 나아간다는 뜻이다. 기러기는 시위를 알아 계절에 따라서 움직인다. 즉 남쪽으로 날아가서 북쪽으로 돌아오기 때문에 기러기로 비유한다. 육사의 효가 상괘 손(巽)에까지 나아가는데, 손은 나무이기 때문에 「큰 기러기가 나무에 나아간다」라고 말한다. 손은 또한 순(順)의 뜻을 가지고 있다. 육사는 정위로서 그 체는 순하다. 위로는 구오의 양을 이어받기 때문에 아래로 비록 정응하는 것이 없으나 구오의 신임을 얻고 있어 「무구」하다. 「평평한 나무를 얻는다는 것」은 바로 기러기가 깃들여 살 장소를 얻었다는 뜻이다.

☲☶ 旅 육이 "여행하여 좋은 여사에서 머무를 수가 있다. 그 여비를 가지고 하인을 얻는다. 바르다."[111]

    여괘는 산위에 불이 있는 형상으로 여관살이 하는 상이다. 비록 정응함이 없으나 중에 자리하여 정을 얻은 것으로, 위로는 구삼의 강을 이어받아 여행중에 돌보아 줄 사람을 잃어버린 것은 아니다. 하괘의 멈추는 곳에 머물러 있기 때문에 「여행중에 좋은 여관에 머문다(旅卽次)」(「卽次」는 여사에 들어감을 말함)라고 말하는 것이다. 2에서 4까지의 호체는 손괘로 장사가 잘되는 상을 취하고 있다. 그러므로 「여비를 지니고」라고 말하는 것이다. 하괘의 간은 소남이고 육이는 부드러움 중에 덕을 가지고 있고 그것을 이어받고 있는 구삼 또한 당위이기 때문에 「하인을 얻고 바르다」라고 말한다.

☴☵ 渙 초육 "튼튼한 말을 타고 구제한다. 길하다"[112]

    괘가 어려움을 해소하는 때에 초육은 음으로 아래에 자리하여 정위를 얻지 못하였을 뿐만 아니라, 또한 위와 정응하지 못하여 모든 어려움을 완전하게 해소하지는 못하고 있다. 다행히 위의 구이의 중(감은 말이 살쪄 아름다운 것을 말한다.〈설괘전〉을 참조 바람)과 가까이 지낸다. 초육은 구이를 순순하게 이어받아서 함께 어려운 때를 벗어나기 때문에 「길」이라고 말하는 것이다. 〈상전〉에 말하기를, "초육의 길은 순순히 따르기 때문이다."[113]라 하였다.

---

110) 漸卦 六四「鴻漸于木, 或得其桷, 无咎」
111) 旅卦 六二「旅卽次, 懷其資, 得童僕貞.」
112) 渙卦 初九「用拯馬壯, 吉.」
113) 「初六之吉, 順也.」

☷☱ 節 육사 "마음 편안히 절도를 지킨다. 형통한다."¹¹⁴⁾

절은 절제를 말한다. 육사는 음으로 음에 자리하고 있는데 올바른 자리를 얻어서 절도에 편안히 따르는 것을 말한다. 그런 유순한 성질로 위의 구오를 이어받았기 때문에「형통한다」라고 말하는 것이다. 〈상전〉에서 "마음 편히 절도를 지켜 형통한다라는 것은 위의 도를 이어받았기 때문이다."¹¹⁵⁾ 라고 말하는 것이다. 육사는 아래의 초구와 정응하는데 〈상전〉에서는 왜 초와 응하는 것을 말하지 않고 위를 이어받는다(承) 라고 말하는가? 왜냐하면 초구와의 상응은 사사로운 감정에 의한 것이고, 위의 구오를 이어받는 것은 공익에 의한 것이기 때문이다. 사사로움에 의하여 공공적인 도를 배반하지 않는 것이 절제의 덕이다.

☴☱ 中孚 육사 "보름에 가깝다. 말의 짝을 잃었다. 허물이 없다."¹¹⁶⁾

중부는 마음속에 진실함이 있음을 말한다. 괘상은 양의 강함이 바깥에 있고 음의 부드러움이 속에 있는 것을 말한다. 마치 과실의 핵 속에 부드러운 인(仁)을 내함하고 있는 것과 같기 때문에 중부라고 말하는 것이다. (노자가 말하는「그 정미함은 참된 진수이고, 그 속에는 진실함이 있다(其精甚眞, 其中有信)」와 같다.「신(信)」이라는 것이 바로 부(孚)이다.) 육사는 음으로 음의 자리에 있어서 손체의 바른 자리를 얻었고, 위로는 구오의 존엄을 이어받아 진실한 마음으로 순순히 따라서 행한다.「보름에 가깝다」란 것은 참된 마음으로 임금에 충성을 다하는 덕이 거의 완전한 경지에 이르렀음을 찬양하는 것이다. 음효이기 때문에「달」로 비유하고 있다.「말의 짝을 잃었다」란 것은 초구와 상응하는 사사로운 감정과 연계되어 있지 않고, 군주에 가까운 높은 벼슬의 자리에 있음을 말한다. 그는 공익을 위하여 사사로움을 돌보지 않아서 칭찬받을 만하기 때문에「허물이 없다」(초구의 양효는 강건하기 때문에 말로 비유함)라고 하는 것이다. 〈상전〉에서 말하기를, "말의 짝을 잃는다 라고 하는 것은 동류를 버리고 위를 섬기는 것이다."¹¹⁷⁾고 하여 같은 편끼리 응하는 것을 단절하고 위를 순순하게 섬기는 것을 말한다. 이 효와 위에서 말한 절(節)괘의 육사효는 같은 덕이다.

☳☶ 小過 육이 "그 할아버지를 지나서 그 할머니를 만난다. 그 임금에게

---

114) 節卦 六四「安節, 亨.」
115)「安節之亨, 承上道也.」
116) 中孚卦 六四「月幾望, 馬匹亡, 无咎.」
117)「馬匹亡, 絶類上也.」

미치지 못하고 그 신하를 만난다. 허물이 없다."[118]

육이의 위는 중정이고 위의 구삼의 양을 이어받고 있다. 「할아버지」는 구삼, 구사이고 「할머니」는 육오이다. 육오는 또한 음효로 육이와 상응하지 않기 때문에 「그 임금에게 미치지 못하고」라고 말한다. 그러나 구삼의 양강은 득위하여 육오의 임금과 상응하는 바가 있고, 정도(正道)를 굳세게 행하는 사람이고, 자신을 받드는 사람을 얻고 있는데, 3은 제후의 자리이기 때문에 「그 신하를 만난다」라고 말하는 것이다. 이와 같이 비록 직접적으로 상응하는 것은 없어도 중정하여 이어받는 것이 있기 때문에 허물이 없는 것이다.

☷☶ 謙 육이 "겸손함이 밖에 나타난다. 곧으면 길하다."[119]

겸괘는 곤이 위에, 간이 아래에 있는 상이다. 즉 산이 땅 아래에 있는 것으로, 다른 사람에게 자신을 낮추는 상이기 때문에 겸이라고 하는 것이다. 육이는 중정의 자리에 있으나, 위의 정응함이 없고 구삼을 순순히 이어받고 있을 뿐이다. 구삼은 양으로 득위하여 「수고롭게 일하는 군자」(구삼의 효사에 나타남)가 된다. 그러므로 양자는 각각 정도를 얻어서 길하게 된다. 〈상전〉에 말하기를, "겸손함이 밖으로 나타나서 길하다는 것은 마음으로 얻었기 때문이다."[120]라고 하여 육이와 구삼이 서로 정도를 얻어서 내심의 겸손하고 진실함을 드러내는 것을 말하고 있다. 겸괘는 소과(小過)괘와 같이 날아가는 새의 모습과 비슷하기 때문에 「명(鳴)」이라고 말하는 것이다.

2) 강을 승(乘)하는 것은 대부분 흉하다.

☳☷ 豫 육오 "고질병이 오래 가지만 죽지 않는다."[121]

예괘는 구사의 양을 주효로 삼고 있다. 육오는 비록 존귀한 자리에 있으나 여러 음들이 모두 구사에 애정을 가지고 있기 때문에, 육오는 허위(虛位)로서 권력을 가지지 못한다. 비록 군신이 서로 화순(和順)함으로 대하나 끝내는 권신을 옆에 두어 문제를 만들게 되는 것이다. 그러나 육오는 음으로서 중의 덕을 얻었으나 권신에 의해서 죽음을 당하는 상태로는 되지 않는다. 「항(恒)」이란 것은 바로 곤의 용육에서 말하는 「영원히 바르고 견고한

---

118) 小過卦 六二爻辭 「過其祖, 遇其妣, 不及其君, 遇其臣. 无咎.」
119) 謙卦 六二 「鳴謙, 貞吉.」
120) 「鳴謙之吉, 中心得也.」
121) 豫卦 六五 「貞疾, 恒, 不死.」

덕을 지키는 것이 좋다(利永貞)」의 「영(永)」으로 육오가 영원히 음의 중의 덕을 지켜야 비로소 구사에 의해 받아들여지는 것으로 육오의 위태로움이 어떤지를 알 수 있을 것이다. 〈상전〉에서 말하기를, "육오의 고질병은 강(剛)을 타고 있는 것이다. 오래 가지만 죽지 않는다 라는 것은 중에서 그 위치를 잃지 않았기 때문이다."[122) 이른바 「중(中)」이라고 말하는 것은 바로 「시」「위」를 알아야 권신이 온 힘을 다하여 따르는 것이다.

☱☵ 困 육삼 "돌에 부딪쳐 곤궁하다. 가시에 앉아 있다. 집에 들어가 아내를 보지 못한다. 흉하다."[123)

곤괘는 태가 위에, 감이 아래에 있는 상으로 물이 못 아래에 있기 때문에 연못에 물이 모두 말라 곤궁하게 된 것을 상징하고 있다. 또 이 괘의 세 양효는 모두 음효에 의해 덮혀져 군자가 어려움을 당하고 있음을 말하고 있다. 육삼의 소인은 군자의 도가 중을 얻지 못하고 부정(不正)하여 쇠잔한 때를 틈타서 하괘의 상에까지 나아가 스스로 시를 얻었다고 생각하여 제멋대로 날뛰지만 도리어 상하가 양인 불리한 세력 속에 빠져버린다. 「돌에 부딪쳐 곤궁함」이란 것은 구사에 의해서 고생하는 것을 말한다. 「가시에 앉아 있다」라는 것은 구이의 강을 말한다. 구이는 비록 어려움에 처해 있어도 중의 덕을 가지고 있기 때문에 육삼에 의해서도 위협받지 않는다. 「집에 들어가 아내를 보지 못한다」라는 것은 육삼과 상육이 상응하지 않는다는 것을 말한다. 또한 3에서 상(上)까지의 호체는 대과(大過)괘로서 관(棺)을 말하여 이미 죽음에 이른 것을 말하는데, 그 흉함이 어떤지를 알 수 있을 것이다. 〈상전〉에서 말하기를, "가시 위에 앉아 있다는 것은 강을 타고 있는 것이다. 들어가 아내를 보지 못한다는 것은 상서롭지 못한 것이다."[124)라 한다.

☳☳ 震 육이 "진이 오는 것이 격렬하다. 재화를 많이 잃고 구릉에 오른다. 찾으러 가지 말라. 칠일이 지나면 얻을 것이다."[125)

진은 동(動)으로 상하가 진의 괘상이어서 움직임이 매우 심하다는 것을 말하고 있다. 육이는 비록 중정의 자리에 있지만 음이고 또한 상응하는 것이 없다. 이런 천하가 크게 어지러운 시기에서 재화를 크게 잃는 것은 너무나 당연한 것이다(「億喪貝」의 「億」은 많다는 뜻이고, 「貝」는 재화를 뜻한다.

---

122) 「六五貞疾, 乘剛也. 恒, 不死, 中未亡也.」
123) 困卦 六三 「困于石, 據于蒺藜, 入于其宮, 不見其妻, 凶.」
124) 「據于蒺藜, 乘剛也, 入于其宮, 不見其妻, 不祥也.」
125) 震卦 六二 「震來厲, 億喪貝, 躋于九陵, 勿逐, 七日得.」

옛날에는 조개를 교역하는 물건으로 삼았다). 그러나 육이는 재화를 잃는 재앙을 스스로 막을 수 없고 다만 중정의 덕을 지켜 때를 기다려야만 한다.「구릉에 오른다. 찾으러 가지 말라. 칠일이 지나면 얻을 것이다」의 몇 구절은 반드시 역도의 변화유행이라는 측면에서 생각해야 할 것이다. 역의 도라는 것은 원래가 하나의 변화와 유행의 작용이다.「득(得)」과「상(喪)」은 역도의 유행 아닌 것이 없는 것으로 역도의 유행은 바로 원도의 주류이다. 육이 자체는 유순중정하여 완전히 역도의 유행에 따르는 것이다. 그렇기 때문에 막힘(否) 혹은 통함(泰)이 극의 때에 이르면 반동(反動)하여서 돌아온다. 그 돌아오는 과정은 방통하는 괘의 육효로 원래의 곳으로 돌아오는 수는 7이다. 즉 막힘이 통함으로 바뀌고 통함이 막힘으로 바뀌는 수이다.「구릉에 오른다」는 것은 막힌 것이 극도에 이르른 것을 말한다.「찾으러 가지 말라. 칠일이 지나면 얻을 것이다」란 것은 육이가 이미 유순하고 중정함에 처하여 더 이상「잃어버린 재화」를 찾으려 하지 않는 것을 말한다.「칠일」이후에 역도가 반복하여 좋은 운이 다시 와서「잃어버린 재화」를 찾기 때문이다. 이 효사는 매우 깊이가 있는 것으로 역경철학의 본질적 의미가 여기에 들어 있다. 복괘의「그 도를 반복하여 칠일 만에 다시 돌아온다」[126)]라는 것과 같은 뜻이다. 〈상전〉에서 말하기를, "진이 오는 것이 격렬하다는 것은 강을 타고 있기 때문이다."[127)] 진은 동이고, 초구의 양은 움직임의 주체이고, 육이는 초구를 타고 있기 때문이다.

☳☵ 解 육삼 "짐을 짊어지고 마차에 탄다. 도적을 스스로 불러들인다. 바름에도 후회롭다."[128)]

해괘는 진이 위에, 감이 아래에 있는 상으로「해는 험한 것으로서 움직인다. 움직임으로서 험한 것을 면하는 것이 해이다」[129)] 즉 험난함을 해제하는 것이 바로 해의 뜻이다. 그러나 육삼은 이런 어려움을 해결하는 때에 너무 욕심을 부려서 위험이 있음을 망각하고 있다. 육삼은 재능도 부족하면서 또 부정의 자리에 위치하여 위로는 구사를 지고 아래로는 구이의 강을 타고 있다. 괘상의 구조는 초에서 5까지의 호체는 습감(習坎)이고, 육삼은 이미 많은 어려움 가운데 빠져 있으면서도 자신은 모르고 있다. (어려움을 해결하는 때에 위험이 있다는 것을 《주역》에서는 편안하게 있을 때 위험을 생각

---

126) 復卦「反復其道, 七日來復.」
127) 「震來厲, 乘剛也.」
128) 解卦 六三「負且乘, 致寇至, 貞吝.」
129) 解卦 〈단전〉「險以動, 動而免乎險.」

하지 않는 것을 경계하고 있다.) 육삼은 위로 구사를 승(承)하고 있으나 구사는 부정하다. 또 육삼은 아래로 구이를 승(承)하고 있는데 구이는 육오에 상응하나 그것에 의해 조정되어지는 것은 아니다. 또 상응함이 없어 육삼의 처지는 고립무원한 상태이기 때문에 정도를 지킨다 하더라도 여전히 위험하다. 하물며 정위가 아닌 입장에서는 어떠하겠는가? 〈상전〉에 말하기를, "짐을 짊어지고 마차에 탄다 함은 부끄러운 일이다. 스스로 도적을 부르게 된다. 누구를 원망할 수 있겠는가?"¹³⁰⁾라고 하여 허물을 스스로 초래하는 것으로 말하고 있다. 〈계사전〉에서는 또한 공자가 이 효의 뜻을 풀어서 말한 것을 다시 설명하여 말하기를, "공자가 말하기를, 역(易)을 지은 자는 도둑을 아는 자이다. 역에 말하기를, 짐을 지고 수레를 타면 도둑을 오게 하는 것이라고 했다. 짐을 진다는 것은 소인의 일이다. 탄다는 것은 군자의 기구이다. 소인으로서 군자의 기구에 탈 때에는 도둑이 이것을 빼앗으려 한다. 윗사람이 교만하고 아랫사람이 사나우면 도둑이 이것을 치려고 생각한다. 간직하기를 산만하게 하는 것은 도적을 가르치는 격이 되고, 얼굴을 치장하면 음탕한 일을 가르치는 격이 된다. 역에 말하기를, 짐을 지고 수레를 타니 도둑을 오게 만드는 것이다."¹³¹⁾라고 하여 육삼이 그 스스로 도둑을 부른다는 것을 말하고 있다.

이른바 「승강(承剛)」은 대부분 길하고 「승강(乘剛)」은 대부분 흉하다는 것은 당연히 일반적인 입장에서 말하는 것일 뿐이다. 그러나 「시」 「응」 「중」 등의 영향을 받기 때문에 반드시 이러하다고 볼 수는 없다. 전체적인 관점에서 각각의 괘효가 처한·여러 가지 조건들을 살펴본 후에 결정되어지는 것이다.

「위」에 대한 서술은 대체적으로 위와 같다. 결론적으로 「당위」 「부당위」 「승(承)」 「승(乘)」의 뜻은 모두 현실세계의 모습에 비유하여 성립된 것이기 때문에 《역경》을 읽는 사람들은 절대로 괘효의 위를 고정되어 움직이지 않는 것으로 간주할 수는 없는 것이다. 역도라는 것은 항상 변화하고 유전하는 것으로 영원히 하나의 점에 머무는 때가 없기 때문에 「위」의 변화 또한 시시각각으로 변화하는 것이다. 64괘의 384효는 각각의 괘효가 모두 다르기 때문에

---

130) 「負且乘, 亦可醜也. 自我致戎, 又誰咎也.」
131) 〈계사전〉「子曰, 作易者, 其知盜乎! 易曰, 負且乘, 致寇至. 負也者, 小人之事也, 乘也者, 君子之器也. 小人而乘君子之器, 盜思奪之矣. 上慢下暴, 盜思伐之矣. 慢藏誨盜, 冶容誨淫. 易曰, 負且乘, 致寇至. 盜之招也.」

위의 변화에 대하여 더욱 집착할 필요가 없다고 생각한다. 다만 괘효사의 뜻을 깊이 판단하고 해석하여 역경철학의 본의를 체득하여야 할 것이다. 효의 득위(得位)가 진실로 길한 것은 득위 자체를 가지고 논하는 것이 아니며, 실위(失位)가 진실로 흉한 것은 실위 자체를 가지고 논한 것이 아니다. 승(承), 승(乘) 역시 그러하다. 실제로는 인간사회와 사물세계의 변화는 무궁하고 여러 가지 요인이 있기 때문에 하나의 고정된 형식으로 포괄할 수는 없는 것이다. 이러한 상황은 한 개인이 생명과정 속에서 동시에 부모형제, 상사, 부하, 친구, 국민 등의 직위와 의무를 동시에 가지고 있기 때문에 어떤 상황에서 판단하려 하면, 가정 속에서는 가정의 관계를 위주로 하고, 사회에는 사회관계를 위주로 하는 것이다. 이러한 변화는 한꺼번에 모두 서술하기가 부족할 것이다. 그러므로 위에서 말하는 「당위」「부당위」「승」「승」이 길하고 흉한 것들은 다만 《주역》을 지은 성인이 인간과 사물의 현상과 변화를 전체적으로 통관하여서 정립한 개연적(概然的)인 의미이지, 필연성을 가지는 그런 것은 아니다.

비록 전체적인 「위(位)」에 대해서 말하면, 《역경》은 하나의 기본적인 요령을 제시하고 있다. 그것은 바로 〈계사전〉에서 말하는,

"천지의 큰 덕을 일러 생이라고 하고, 성인의 큰 보물을 일러 위라고 한다. 무엇으로 위를 지켜야 하는가? 인(仁)이다."[132]

「위」라는 것이 「성인의 큰 보물이다」라는 뜻은 성인이 일을 행할 때에 어느 곳, 어느 때에나 성인의 입장과 직분을 벗어나지 않는다는 것을 말하는 것이다. 성인과 천지는 같은 덕을 가지고 있기 때문에 천지의 생생(生生)의 덕이 바로 성인의 위 속에 속하는 것이다. 성인은 천지처럼 만물을 생하지는 못하지만, 천지처럼 만물을 아낄 줄 아는 것은 바로 「인」의 마음에 있다. 어떤 지위에 처해 있던지 간에 「인」은 본질적으로 모두 갖추어야 하는 덕이다. 이 말은 비록 성인을 가리켜 하는 말이기는 하지만 또한 사람들이 모두 체득하여 실행하여야 하는 것이다.

---

132) 〈계사전〉「天地之大德曰生, 聖人之大寶曰位, 何以守位? 曰仁.」

제 4 절 시(時)

「시」와「위」는 일체적 존재(「사물」에 근거하여 말함)를 가리켜 말한다. 인간이나 사물의 입장에서 보면「시간」의 변동이 하나의 큰 물줄기 같다라면,「위」의 변화도 무궁하고 복잡하다. 그러나「위」라는 것은 시간에 근거하지 않은 것이 없다.「위」가 있는 곳이 바로「시간」이 있는 곳이고, 심지어 일반인들의 입장에서 본다면「위」를 떠나서 시간은 생각할 수 있지만,「시간」을 떠나서는「위」를 생각할 수 없는 것이다. 이것은 시간이 인간의 마음속에서 가지는 영향력이「위」보다 크다는 것이 하나의 원인이다. 두번째로 어떤 사람이「위」를 잃어버렸을 때는 다시 회복할 수 있다. 즉 위를 다시 옮겨 새롭게「위」를 상실하지 않을 수 있다. 그러나 만약 시를 위반하고 행동하였다면 뒤돌아보았을 때, 시간은 이미 지나가버려 회복하려 하나 더 이상 도달할 수 없는 것이 되어버린다. 세번째 변화유행에 있어서「시간」의 작용은「위」보다 훨씬 중요하게 표현되어진다.「시간은 큰 강줄기가 흘러가는 것과 같고, 위는 강물 중에 어떤 물건이 떠내려가는 것」으로 표현하는 것은「위」를「시간」속에서 전개하고 있기 때문이다. 위의 세 가지 논점에 근거하면「시」와「위」는 비록 일체로서 떨어지지 않지만 《주역》은「시」의 의미를 더욱 중요하게 보고 있다. 64괘·384효가 길흉을 판단할 때, 괘의 의미는「시」의 뜻에 대부분 의존하고, 효의 뜻은「위」에 근거한다. 즉 각 효의 길흉에 관한 판단은 각 괘의「시」의 의미를 배경으로 한다는 것이다. 아래에서는 괘의와 효의 두 방면으로 나누어 《역경》의 시를 알아보기로 한다.

(1) 시의 뜻이 중대한 12괘

역경철학에서는 특히「시(時)」를 중시하는데 〈단전〉의 문장을 읽으면 그런 것을 바로 알 수 있을 것이다. 64괘 중에는 특히「시(時)」「시의(時義)」혹은「시용(時用)」이란 것을 말하여 그것의 중대함을 역설하는 괘가 12개 이상이다. 그것들은 아래와 같다.

☷☳ 豫의 〈단전〉 "예의 시의는 중대하도다!"
☱☳ 隨의 〈단전〉 "수의 시의는 중대하도다!"
☶☳ 頤의 〈단전〉 "이의 시간은 중대하도다!"
☱☴ 大過의 〈단전〉 "대과의 시간은 중대하도다!"
☵☵ 坎의 〈단전〉 "위험의 시용은 중대하도다!"
☰☶ 遯의 〈단전〉 "둔의 시의는 중대하도다!"
☲☱ 睽의 〈단전〉 "규의 시용은 중대하도다!"
☵☶ 蹇의 〈단전〉 "건의 시용은 중대하도다!"
☳☵ 解의 〈단전〉 "해의 시간은 중대하도다!"
☰☴ 姤의 〈단전〉 "구의 시의는 중대하도다!"
☱☲ 革의 〈단전〉 "혁의 시간은 중대하도다!"
☲☶ 旅의 〈단전〉 "여의 시의는 중대하도다!"

이외의 기타 괘의 〈단전〉 속에 나오는 것을 예를 들면 건(乾)괘 〈단전〉의 "시가 여섯 마리의 용을 타고서 하늘을 주재한다."[133] 몽(蒙)괘 〈단전〉의 "통한다는 것은 때에 알맞게 행한다는 것이다."[134] 대유(大有)괘 〈단전〉의 "천에 응하여 시에 행한다."[135] 손(損)괘 익(益)괘 〈단전〉의 "시간과 더불어 같이 행한다."[136] 승(升)괘 〈단전〉의 "부드러움이 때를 기다려 올라간다."[137] 간(艮)괘 〈단전〉의 "동정이 그 시를 잃지 않는다."[138] 풍(豐)괘 〈단전〉의 "천지의 차고 비는 것은 시간과 더불어 소식하는 것이다."[139] 소과(小過)괘 〈단전〉의 "시간과 더불어 행한다."[140] 등은 모두 「시」의 중요성을 말하는 것이다. 공자가 이와 같이 「시」를 중시하는 것은 맹자가 공자를 「성지시자(聖之時者)」라고 말하

---

133) 「時乘六龍以御天」
134) 「以亨行時中也」
135) 「應乎天而時行」
136) 「與時偕行」
137) 「柔以時升」
138) 「動靜不失其時」
139) 「天地盈虛, 與時消息」
140) 「與時行也」

는 것이 결코 헛됨이 아님을 알 수 있을 것이다. 동시에 「시」라는 것이 《주역》속에서 얼마나 중요한 지위를 가지고 있는 것인가를 단적으로 보여주는 것이다.

아래에서는 위에서 인용한 12괘의 「시의」「시」「시용」이라는 각각 다른 표현에 따라 그것의 괘사와 〈단전〉의 원문을 하나하나씩 설명하여 세 가지 표현의 같고 다른 점이 어떠한 것인가를 살펴보도록 하겠다.

1) 「시의(時義)」를 말하는 네 괘

☷☳ 豫 "제후를 세워 군대를 출동시키기가 이롭다."[141]
〈단전〉에서 "예는 강이 응해서 뜻이 행해진다. 순리로서 움직이는 것이 예이다. 예는 순리로서 움직인다. 천지도 이와 같은데, 하물며 제후를 세우고 군대를 행하는 일이야! 천지는 순리로서 움직인다. 그러므로 일월이 잘못되지 않고 사시가 어긋나지 않는다. 성인은 순리로서 움직이므로 형벌이 공정하여 백성이 복종한다. 예의 시의는 중대하기도 하구나!"[142]

「강이 응해서 뜻이 행해진다」의 「응(應)」이라는 것은 특정한 하나의 효를 가리키는 것이 아니라 전체 괘를 가지고 말하는 것이다. 예괘의 음효에 만약 구사의 하나의 양이 없으면 다섯 음은 서로 중지를 모아서 뜻을 행하지 못했을 것이다. 구사의 양강이 있기 때문에 다섯 음이 따라 움직이고 중지도 이것을 통하여 행해지는 것이다. 또 이 하나의 양에 이르러 여러 음들은 순종하여 어지럽지 않게 되므로 예이다. 다시 상하의 괘상을 가지고 말하면 아래의 곤은 순하고 위의 진은 움직이는 것으로 순리를 쫓아 움직여 위에서 말한 전체의 괘상의 뜻과 합치한다. 「순리로 움직이는 것」이란 것이 바로 예괘의 대의이다. 괘사의 「제후를 세워 군대를 일으키기에 유리하다」에서 「제후를 세우고」와 「군대를 일으키는 것」의 두 가지 일은 모두 「순리에 따라서 움직」여야만 성공할 수 있는 것이다. 공자는 〈단전〉에서 더욱 이 뜻을 발휘하여 인간사만 이러한 것이 아니라 우주의 질서 역시 그러하다고 말한다. 「일월이 잘못되

---

141) 豫卦「利建侯行師」
142) 「豫, 剛應而志行, 順以動, 豫. 豫順以動, 故天地如之, 而況建侯行師乎? 天地以順動, 故日月不過而四時不忒, 聖人以順動, 則刑罰淸而民服. 豫之時義大矣哉!」

지 않고」「사시가 어긋나지 않음」이란 것은 모두「순리에 따라 움직이는 것」과 연결되어 있다. 성인이 천하를 다스리고 백성을 교화시키는 일들은 모두「순리에 따라 움직여야」효과가 있는 것이다. 여기에서 공자는「시의」의 중요함을 찬양한다. 그것은 천도, 인도 모두「순리로서 움직임」을 잊어버릴 수 없고,「순리로서 움직이는」시기를 파악하는 일이야말로 모든 일을 성공시키는 가장 중요한 관건이 된다는 것을 강조한다. 이것의 중요성은 생각할수록 더욱 깊이 있게 느껴진다. 공자가「중대하도다(大矣哉)」라고 말하는 것은 이미 그것에 들어 있는 깊은 뜻을 한꺼번에 말할 수 없음을 드러내고 있는 것이다.

☰ 遯 "통한다. 작은 일이라도 바르면 좋다."[143]
〈단전〉에서 "둔은 통한다 라고 함은 물러나는 것에 의하여 형통한다는 것이다. 강은 당위하고 상응하여 시에 따라 행한다. 작은 일이라도 바르면 좋다는 것은 점점 소인의 세력이 왕성해지기 때문이다. 둔의 시의는 참으로 중대하도다!"[144]

둔은 음이 막 성하게 자라나고 양이 줄어드는 괘이다. 인간사로 말하면 소인의 도가 자라나고 군자의 도가 쇠퇴하는 때이다. 구오의 양이 존위에 자리하여 육이와 상응하고 있는 것은 두 가지 의미를 포함하고 있다. 첫째, 둔괘의 양이 줄어들고 음이 자라나는 역도의 변화하는 일반적 이치를 말하고 있다. 군자는 천명을 위배할 수 없다는 사실을 알기 때문에 쇠퇴하는 시운 속에서는 절대로 강만을 행하지 않고 막 성해가는 육이와 상응한다. 이것이「군자가 시중(時中)하는」뜻이다. 둘째, 비록 물러나야 할 때를 당하여서도 군자는 여전히 자신의 위치를 올바로 하여 행동한다. 때를 얻었다 하여 자리를 빼앗거나, 때를 잃었다 하여 자신이 해야 할 일을 포기하거나 정도를 버리지 않아야 한다. 이 괘를 이해하는 가장 중요한 것은 바로「강이 당위」하여서「시에 따라서 행」하는 데 있다. 소인의 도가 강성하면 군자는 제자리에 있기가 힘든 때이고, 이때의 군자는 마땅히 지금의 위치가 가지는 세력으로 소인을 교화하여 정도를 행하도록 교도하여야 하는 것이다. 이것은 바로 구오가 아래의 육이와 상응하는 뜻으로, 괘사의「작은 일이라도 발라야 한다」의 작은 것이 바로 하

---

143) 遯卦「亨, 小利貞.」
144)「遯亨, 遯而亨也. 剛當位而應, 與時行也. 小利貞, 浸而長也. 遯之時義大矣哉!」

패의 음효이다. 둔패의 「둔」은 세상을 피하여 은거하는 「둔」이 아니라, 군자의 위치에서 둔하는 때로서 매우 힘든 자리이다. 그러므로 공자는 「둔의 시의 뜻은 매우 중요하다」고 말하는 것이다.

☰ 姤 "여자가 씩씩하다. 그런 여자를 얻지 말라."[145]
〈단전〉에서 "구는 만난다는 뜻이다. 유가 강을 만나는 것이다. 그런 여자를 얻지 말라는 것은 함께 자라지 말라는 뜻이다. 하늘과 땅이 서로 만나서 만물이 모두 아름답다. 강은 중정을 만나서 천하의 대도를 행하는 것이다. 그러므로 구의 시의는 중대한 것이다."[146]

문왕의 괘사는 단순히 인간사의 입장에서만 말하고 있다. 하나의 음이 처음 괘에 들어가서 다섯 양을 만나는 것은 씩씩한 여장부가 아니면 그러지 못했을 것이다. 또한 음은 「순종」「뒤로 하는 것」을 덕으로 삼고 있는데, 지금 초육이 솔선해서 오는 것은 바로 여장부의 모습이다. 또 하나의 음이 다섯 양을 만날 때 어떻게 순종하게 하겠는가? 문왕의 괘사는 여기에 근거하여 말한다. 즉「씩씩한 여자를 얻지 말라」라고 하는 것이다. 공자의 〈단전〉을 더욱 확대하여 생각해 보면 하나는 구괘의 「유가 강을 만나는」 것에서 나온 것이고, 한편으로는 구오, 구이의 「중정을 만나는」 입장으로 말하는 것이다. 전자는 구괘의 하나의 음이 다섯 양을 만나는 것으로 괘사에서 말하는 것과 같다. 그러나 우주만물의 근본입장에서 말하면 「만물이 모두 아름답다」라는 것은 바로 이런 음양의 「만남(遇)」에 있는 것이다. 구오가 중정을, 구이가 중을 얻는 것을 말하는데 바로 음양의 「만남」(전통적으로 강이 중정을 얻는다는 것은 구오효를 지칭하는데 필자의 생각으로는 공자의 뜻은 분명히 구오와 구이의 두 효를 가리키는 것으로 본다)이다. 구오는 강건의 중정으로 존위에 자리하여 참으로 그 도를 크게 행할 수 있다. 구이는 하괘의 중을 얻어서 음에 비하여 또한 매우 보기 힘든 「만남(際遇)」이 된다. 그러므로 문왕, 공자 두 사람은 구괘의 괘사를 괘상에 근거하여 설명하고, 인사의 입장에서 구괘가 가지고 있는 경계의 측면을 말한다. 그리고 또 한편으로는 괘상에서 철학적인 근본의미를 말하여

---

145) 姤卦「女壯, 勿用取女.」
146)「姤, 遇也, 柔遇剛也. 勿用取女, 不可與長也. 天地相遇, 品物咸章也. 剛遇中正, 天下大行也. 姤之時義大矣哉!」

구괘의 가치 있는 측면들을 부각시키고 있다. 위의 두 가지 입장들을 깨달아야 비로소 음양이 서로 만나는 완전한 의미를 얻었다고 할 수 있을 것이다. 그러므로 공자는 다시 양이 중정을 얻은 만남이라는 것이 「천하의 대도를 행하는」 관건이 된다고 말한다. 어찌 이런 「만남」이 중요하지 않겠는가? 그러므로 공자는 「구의 시의가 중요하다」고 말하는 것이다.

☶☲ 旅 "조금 형통한다. 여행하는 데는 마음이 곧으면 길한 것이다."[147]

〈단전〉에서 "여는 조금 형통한다. 유가 밖에서 중정을 얻어 강에 순종한다. (아래의) 산은 밝은 것(위의 불의 괘)에 잘 머물러 멋대로 움직이지 않고 현명하면 조금 형통하다는 것이고, 여행할 때 마음이 곧으면 길하다는 것이다. 여가 가지는 시간의 의미는 참으로 크도다!"[148]

「소형(小亨)」의 「소」는 육오를 말한다. 육오는 음으로 존위에 자리하여서 아래로 정응하는 것이 없기 때문에 「형통하다」고 말할 수 없다. 그럼에도 「형」이라고 말하는 것은, 첫째로는 「시」를 얻었고, 둘째로는 「중」을 얻었기 때문이다. 여괘의 시는 육오가 부드러움을 가지고서 강에 따르고 밝은 것에 머물러 있어서(상괘 리(離)의 밝음에 있음), 「시」에 밝은 여행자가 이와 같이 행위하면 자연히 형통하게 될 것이다. 여괘를 응용한 뜻은 〈상전〉을 보면 바로 알 수 있다. 〈상전〉에 말하기를, "산 위에 불이 있는 것이 여이다. 군자는 이것을 보고 형벌을 처리하는 데 밝게 하고 삼가해서 옥사를 보류해 두지 않는다."[149] 「형벌」과 「감옥」을 가지고 말하는 것은 여괘가 풍(豐)괘의 반대괘이며, 풍괘는 「옥사를 판결하고 형벌을 집행하는(折獄致刑)」 것이기 때문이다. 사람은 여행중에 일을 판단할 때 반드시 「밝고 신중해야 한다(明愼)」. 형벌을 처리하는 데 신중하고 분명하면 옥중에는 오랫동안 남아 있는 범죄자가 없을 것이다. 이른바 「형벌이 깨끗하면 백성이 복종한다」라고 말하여 「옥사를 보류해 두지 않는다」는 것이 바로 「여」의 뜻이다. 인생이 어찌 여정과 같지 않겠는가? 그러므로 사람들은 일을 행할 때에 항상 「밝은 것에 멈추어 있어야 하고」 「명신」을 유지해야 하고, 항상 「여행중에 있음」의 시간의 의의를 깨달으

---

147) 旅卦「小亨, 旅貞吉.」
148) 「旅, 小亨, 柔得中乎外而順乎剛, 止而麗乎明, 是以小亨, 旅貞吉也. 旅之時義大矣哉!」
149) 「山上有火, 旅, 君子以明愼用刑而不留獄.」

면 자연히 헛된 것은 하지 않게 되어서 자연히 「밝은 곳에 멈추어 있음」의 「명신」으로 향하게 되는 것이다. 여괘의 괘상을 통하여 말하는 「유가 바깥에서 중을 얻어서 강에 순종한다. 산은 밝은 것에 멈추어 서 있다」라는 것에서 「형벌을 처리하는 데에 분명하게 하여 삼가해서 옥사를 보류해두지 않는다」라는 것을 추론한다. 나아가서 인생여정에 대해서 생각하기 때문에 여괘의 시에 대한 의의는 자연히 의미심장한 것이 되어버리는 것이다.

2) 「수시(隨時)」를 말하는 한 괘

☱☳ 隨 "크게 통한다. 곧으면 이롭다. 허물이 없다."[150]

〈단전〉에서 "강이 와서 유의 아래에 자리하여 움직여 즐거워하는 것이 수괘이다. 크게 형통하여 곧으면 허물이 없고 천하가 시를 따른다. 시의 뜻을 따르는 것이 크도다!"[151]

수괘의 뜻은 「움직여서 즐겁다」라는 말에 있다. 괘는 태가 위에, 진이 아래에 있는 상으로 진은 움직이는 것이고 태는 기뻐하는 것인데, 어떻게 하여야 움직여 기뻐할 수 있는가? 그것은 「시간에 따라야만(隨時)」이 가능하다. 왕숙(王肅)은 「수시지의(隨時之義)」를 「수지시의(隨之時義)」로 쓰고 있는데 이것은 잘못된 것이다. 「수시지의」는 자연스런 역도의 흐름을 따르는 것으로 어떠한 인력(人力)도 빌리지 않기 때문에 괘사가 건(乾)과 곤(坤)괘처럼 똑같이 「원형이정」이라고 쓰는 것이다. 만약 「수지시의」라는 말로 바꾸어 버린다면 말이 통하지 않게 된다. 이미 자연스런 역도의 흐름을 따르고 있고 항상 그렇기 때문에 다시 「수」의 「시간의의(時義)」를 말할 필요가 있겠는가? 앞의 예괘 〈단전〉의 「예지시의」에서 인심이 적극적으로 따라 움직여 나라를 일으키고, 군대를 일으키는 좋은 계기가 되기 때문에 그 시를 분명하게 살펴서 뜻을 잘 포착하여야 한다고 해석하였다. 그러나 수괘에서는 어떤 특정한 시간을 가리켜 말하는 것이 아니라, 시간의 자연스러운 흐름에 따라서 움직여야 기쁜 결과를 얻을 수 있다고 말한다. 이렇듯 양자는 분명히 다르기 때문에 왕숙의 견해는 따를 수 없다. 독자들이 이 문제에 대해서 조금만 주의를 기울이면 바

---
150) 隨卦「元亨, 利貞, 无咎.」
151) 「隨, 剛來而下柔, 動而說, 隨. 大亨貞, 无咎, 而天下隨時. 隨時之義大矣哉!」

로 알 수 있을 것이다. 또 괘의 명칭을 수로 하였는데 만약 인위적인 힘으로 움직이게 되면 그것은 스스로 힘을 가하게 되어 자연스럽게 따를 수 없게 된다. 다만 「수시」라는 두 글자를 연결시켜야 비로소 어떤 인위적인 힘도 가하지 않고 움직이는 것을 따를 수 있게 되는 것이다. 공자가 이 「수시」의 뜻에 대해서 말하는 것은 《논어》에서 "하늘이 무엇을 말하겠는가? 사계절이 운행하고 만물이 생하는데 하늘이 무엇을 말하겠는가?"[152] 라는 것이다.

3)「시(時)」를 말하는 네 괘

☶☳ 頤 "바르면 길하다. 이를 보고서 스스로 입에 찰 것을 구한다."[153]
〈단전〉에서 "이는 바르면 길하다. 바르게 기르면 길하다. 이를 본다 라는 것은 자신이 기르는 사람을 관찰한다는 것이다. 스스로 입에 찰 것을 찾는다는 것은 어떻게 스스로를 양육하는가를 관찰하는 것이다. 천지는 만물을 기르고 성인은 현자를 길러 만민에까지 미치게 하니 시의 때는 참으로 위대하다."[154]

이괘의 상은 입이고, 뜻은 기른다는 의미로서 바로 〈단전〉에서 말하는 「스스로 양육함(自養)」의 의미이다. 천지는 하나의 큰 이괘로서 천지가 만물을 기르는 것이 바로 「자양」이다. 성인의 덕이 천지와 합하여 만민(萬民)을 대하는 것을 자기처럼 하기 때문에 「성인은 현자를 길러 만민에까지 미치게 한다」는 것은 또한 스스로 기르는 마음에서 나온 것이기도 한 것이다. 한 개인의 덕행과 존양(存養)이라는 것은 자양의 귀함을 말하는 것이고, 사람들이 스스로 자양할 수 있고 바른 정도에 따라서 그것을 실천하여 잠시도 쉬지 않고 높고 밝은(高明) 덕으로 나아가려고 정진하기 때문에 공자는 「이의 시는 위대하다」라고 감탄하는 것이다. 「이의 시가 위대하다」고 감탄하여 말하는 것은 「이의 시」의 중요함을 말하는 것이다. 스스로 자양하여 나가는 때를 가진다는 것은 바로 번창함과 발전을 가진다는 의미인 것이다.

☱☴ 大過 "용마루가 휘었다. 나아가는 것이 좋다. 통한다."[155]

---

152) 《논어》〈陽貨篇〉「天何言哉! 四時行焉, 百物生焉, 天何言哉!」
153) 頤卦「貞吉, 觀頤, 自求口實.」
154) 「頤, 貞吉, 養正則吉也. 觀頤, 觀其所養也. 自求口實, 觀其自養也. 天地養萬物, 聖人養賢以及萬民, 頤之時大矣哉!」
155) 大過卦「棟橈, 利有攸往, 亨.」

〈단전〉에서 "대과의 대는 양으로 양이 너무 많다는 뜻이다. 용마루가 휘었다고 한 것은 근본(처음)과 끝이 약하기 때문이다. 강한 것이 지나쳐도 중을 얻고 있으며 온화한 기쁨으로 행한다. 가면 이롭고 형통한다. 대과의 때는 매우 중요하다."[156]

「용마루가 휘었다」라는 것을 전체 괘상으로 보면 중간의 네 효는 양으로 양은 크고, 강하고, 무겁다. 제일 위와 아래의 두 효는 음인데 음은 작고, 약하고, 가볍다. 이 때문에 괘를 용마루로 비유하여 「용마루가 휘었다」고 하는 것이다. 「가면 이롭다」라는 것은 「용마루가 휘었다」라는 말과 서로 연결되는 것이 아니라 양이 너무 과도하게 성하다는 한 측면만 가지고 말하는 것이다. 《주역》에서는 양을 군자에, 음을 소인에 비유하기 때문에 양이 과도하게 성하여도 결코 잘못된 것은 아니다. 다만 음이 과하게 성하면 문제가 되는 것이다. 양의 네 효가 괘의 중심에 자리잡고 있는데 음양의 조화라는 입장에서 말하면 사실 양이 과하게 성하고 음이 극도로 쇠퇴한 모습이다. 그러나 구오는 위대한 군주가 중정의 존귀한 자리에 있고, 구이는 올바르고 뛰어난 재주를 가진 신하가 중도를 실천하는 상이고, 구삼과 구사는 똑같이 같은 길을 가는 모습이다. 천하가 이런 것을 얻어서 높이면 「온화한 기쁨으로 행하는」(아래괘의 巽, 위괘의 兌) 것이 된다. 즉 군신이 한마음으로 통하여 엄격하고 신속하게 치도(治道)를 시행하면 음유(陰柔)의 소인은 자연히 낮은 말단의 자리로 물러나게 되는 것이다. 바로 천하가 태평의 시대로 나아가는 것이기 때문에 공자는 이 시의 중요함을 찬양하는 것이다.

☷☳ 解 "서남에 있으면 좋다. 나아갈 바가 없으면 돌아오는 것이 길하다. 나아갈 바가 있으면 빨리 하는 것이 길하다."[157]
〈단전〉에서 "해가 서남에 있으면 좋다고 한 것은 가서 많은 사람을 얻기 때문이다. 돌아오는 것이 길하다 함은 중을 얻기 때문이다. 나아가는 바가 있으면 빨리 하는 것이 길하다 라고 함은 가서 공을 이루기 때문이다. 천지가 풀려 우뢰와 비가 생기고 우뢰와 비가 생겨서 온갖 초목의 싹이 튼다.

---

156) 「大過, 大者過也. 棟橈, 本末弱也. 剛過而中, 巽而說行, 利有攸往, 乃亨. 大過之時大矣哉！」
157) 解卦「利西南. 无所往, 其來復, 吉. 有攸往, 夙吉.」

해의 시는 참으로 중대하다."[158]

해괘의 괘사를 살펴보면 당시의 문왕이 천하의 현자들의 뜻을 받아들이고 있음을 분명하게 표현하고 있음을 알 수 있을 것이다. 해괘의 괘상은 하괘는 위험을 말하는 물이고, 위의 괘는 진동하는 우뢰를 나타내어, 움직여 위험을 벗어나가는 것을 말하는 것이 해괘의 첫번째 뜻이다. 그것의 두번째 의미는 위의 괘상에 따라서 「우뢰와 비가 생겨 초목의 싹이 튼다」라고 말하는 것이다. 문왕은 이 괘에 근거하여 그 뜻을 펼쳐 뭇 백성이 주의 학정에서 벗어나려 하는 호소에 따른 것이다. 이 문장을 현대의 말로 바꾼다면 즉,

"오시오, 서남방의 기주(岐周)는 당신들이 오는 것을 환영합니다.(利西南), 갈 데 없는 사람은 기주로 오면 모든 것이 잘 될 겁니다.(无所往, 其來復, 吉), 오기로 결정하려면 빠르면 빠를수록 좋습니다.(有攸往, 夙吉)"

문왕의 이런 의미의 괘사 내용을 공자는 매우 잘 이해하고 있었다. 이 때문에 그는 〈단전〉에서 말하기를, "그 돌아오는 것은 길하다. 바로 중을 얻는 것이다."라고 하였는데 여기에서 구이가 중을 얻는다는 뜻으로 어진 인사들이 주나라로 귀순하는 것을 길하다고 말하는 것이다. 「나아가는 바가 있으면 빨리 하는 것이 길하다. 가서 공을 이룸이 있다」라는 말에서 주나라에 귀순한 사람이 길함을 얻는 이유는 등용되어서 재능을 펼칠 수 있는 기회를 얻을 수 있기 때문이다. 성인들간에 서로의 마음이 통하고 있음을 말한다. 문왕은 「천하를 위해 난국을 풀어보려는」 것을 자신의 의무로 생각하여 해괘의 괘사를 지었는데, 그것은 바로 하나의 위대한 호소였다. 은나라 주(紂)의 통치하에 있던 백성들은 이런 호소에 한 명 한 명씩 주나라에 귀순하기 시작했다.《사기》의 〈주본기〉에는 당시의 은의 현사들이 주나라로 귀순하는 상황을 기술하고 있다. "백이, 숙제는 고죽에 있었는데, 서백(西伯)이 노인을 잘 공경하고 있다는 소문을 듣고 함께 귀순하였다. 태전, 굉요, 산의생, 국자, 신갑대부의 무리들이 모두 귀순해 왔다."[159] 당시에 은의 인사들이 주나라에 귀순하는 것은 마

---

158) 「解, 利西南, 往得衆也. 其來復, 吉, 乃得中也. 有攸往, 夙吉, 往有功也. 天地解而雷雨作, 雷雨作而百果草木皆甲坼. 解之時大矣哉!」

159) 「伯夷, 叔齊在孤竹, 聞西伯善養老, 盡往歸之. 太顚, 閎夭, 散宜生, 鬻子, 辛甲大夫之徒, 皆往歸之.」

치 홍수를 이루는 것과 같았다. 이것은 문왕이 천하 사람들을 위해 노력하는 시대였고 선과 악이 서로 교차하는 시기였기 때문이다. 이에 공자는「해의 시는 위대하구나」라고 말하는 것이다.

☱☲ 革 "혁은 사(巳)의 날에야 비로소 신뢰를 받을 수 있다. 크게 통한다. 바르게 지켜야 길하다. 후회할 일이 없을 것이다."[160]
〈단전〉에서 "혁은 물과 불이 서로 망하고 두 여자가 동거하여 그 뜻을 얻지 못하는 것을 혁이라 한다. 사의 날에 신뢰를 얻을 수 있다고 말하는 것은 개혁함을 믿는다는 것이다. 문명으로서 하니 기뻐하고 크게 형통하나 바르다. 개혁하여 온당하니 후회함이 없다. 천지가 변화하여 사계절을 이루고, 탕과 무는 명을 바꾸어 하늘에 따르고 백성의 뜻에 응하니 혁의 시는 참으로 위대하도다!"[161]

혁이라는 것은 변화를 말한다. 물론 우주만물은 변화 속에 있지 않은 것이 없지만, 혁으로 말하는 변화는 돌변(突變)의 뜻으로 짧은 시간내에 큰 변화가 일어나는 것을 말한다. 괘의 상으로 보면 위에는 택(澤)의 물이고, 아래는 리(離)의 불이다. 물이 기울어져 불이 꺼지고, 불이 붙어 물이 끓는 것으로 모두 돌변하는 것이다. 또 상괘는 소녀이고 아래는 중녀를 말하여 여자 둘이 함께 있기 때문에, 서로 뜻을 얻지 못하여 반드시 변화가 생기는 것이다. 변혁에 관해서 우리는 두 가지 면으로 나누어 볼 수가 있다. 즉 변혁하여서 옳은 것과 변혁하여서 옳지 못한 것이다. 변혁하여서 옳지 못하면 반드시 다시 변혁되고, 변혁이 온당할 때까지 계속되는 것이다. 변혁하여서 옳아도 돌변하는 까닭에 즉시 그것이 받아들여지지 않기 때문에「사의 날에야 신뢰를 받을 수 있는 것이다」라고 말하는 것이다.「사(巳)」자는 천간(天干)의 여섯번째 수이다. 이것은 중의 자리를 벗어나서 자리하는 것으로, 뜻은 변혁이 처음 일어났을 때에는 사람들이 불신하지만, 중간을 넘어섰을 때, 비로소 사람들은 변혁의 진상을 살펴보고서 믿게 되는 것을 말한다. 이것은 실제로 역사상에 있었던 혁명을 통하여 쉽게 알 수 있는 것들이다. 손문(孫文) 등이 혁명을 시작하였던 초기

---

160) 革卦「革, 巳日乃孚, 元亨利貞, 悔亡」
161)「革, 水火相息, 二女同居, 其志不相得, 曰革. 巳日乃孚, 革而信之. 文明以說, 大亨以正, 革而當, 其悔乃亡. 天地革而四時成, 湯武革命順乎天而應乎人, 革之時大矣哉!」

에 사람들은 그들을 「네 명의 큰 도적」으로 말하였다. 나중에야 사람들은 그들이야말로 참된 애국애민의 뜻을 가진 자로 믿게 된 것이다. 역대의 모든 혁명은 거의 이와 같다. 괘상으로 보면 혁괘의 상은 변혁되어야 마땅한 괘이다. 왜냐하면 하괘는 리(離)의 밝음을 말하고, 상괘는 기쁨을 말하고 있다. 구오는 강건중정하여 아래의 육이의 유순중정함과 상응하기 때문에 〈단전〉에서 "천지가 변화하여 사계절을 이루고 탕과 무임금은 명을 바꾸어 하늘에 따르고 백성의 뜻에 부응하였다."는 비유를 하는 것이다. 비록 「변혁하여서 마땅하다」고 말하였다면 이치상으로는 응당 「회」가 없는 것인데, 또 왜 「후회가 없다(悔亡)」라고 말하는가? 왜냐하면 변혁에 관한 일이란 것은 우주자연 속에서 늘 상 있는 일반적인 일이 아니기 때문에 분명히 후회할 만한 일이 있기 마련이다. 그러나 변혁하는 이유라는 것은 올바른 정도가 밝혀지지 않았기 때문에 변혁하여서 정도를 밝히려는 것이다. 그러므로 변혁하는 일에 대해서 말하면 「후회함이 있고(有悔)」, 변혁하는 뜻에 대해서 말하면 「후회함이 없는(悔亡)」것이다. 문왕이 「원형이정」이라고 말한 것은 변혁하려 정도로 돌아갔기 때문이다. 즉 혁은 바로 바르지 못한 도를 올바른 정도로 바꾸는 하나의 큰 시간의 변화를 말하기 때문에 공자는 「시는 위대하다」라고 말하는 것이다.

4) 「시용(時用)」을 말하는 세 괘

☵ 坎 "감을 겹친 것은 성실함이 있다. 이 마음이 통하여 행동하여야 존경을 받을 수 있다."[162]

〈단전〉에서 "습감이라고 한 것은 위험이 겹친 것을 말한다. 물이 흘러감으로 넘쳐 흐르지 않는다. 위험한 일을 행하여도 진실함을 잃지 않아야 한다. 마음이 통한다라는 것은 강이 중에 있음을 말한다. 어떤 일을 행하면 존경을 받는다는 것은 가면 공을 이룬다는 말이다. 하늘이 세운 위험은 오를 수 없다. 땅이 세운 위험은 바로 산천과 구릉이다. 왕공은 위험한 것을 설치하여 나라를 지킨다. 험의 시용은 크도다."[163]

---

162) 坎卦 「習坎, 有孚, 維心亨, 行有尙.」
163) 「習坎, 重險也. 水流而不盈, 行險而不失其信. 維心亨, 乃以剛中也. 行有尙, 往有功也. 天險, 不可升也, 地險, 山川丘陵也. 王公設險以守其國. 險之時用大矣哉!」

감괘는 위험이 겹쳐 있는 것을 말한다. 만약 마음속에 거짓을 가지고 어려운 일을 하려 하면 사도(邪道)에 빠지게 된다. 감괘의 2와 5효는 모두 양으로서 중위에 자리하고 있기 때문에 마음속에 진실함을 가지고 위험을 당하여서도 정도에 입각하여 위험한 일을 처리하는 것을 상징하고 있다. 정도에 입각하여 위험한 것을 이용하는 것은 위험의 올바른 쓰임을 발휘하는 것으로 해로움이 없고 공만 있는 것이다. 그러므로 위험함 자체에는 선악이 없다. 다만 그것을 어떻게 사용하느냐에 따라 달라지는 것이다. 천, 지, 인 삼극은 모두 험도(險道)를 이용하고 있는데, 천의 험한 것은 오를 수 없고, 지의 험함은 산천구릉이고, 인간은 험한 것을 만들어 나라를 지키는 것이다. 하늘이 만약 오를 수 없는 험한 것을 설치하지 못하면 천의 존엄은 보존할 수 없고, 땅이 산천과 구릉의 깊음을 가지지 못하면 땅의 존재를 귀하게 여기지 않을 것이고, 왕이나 제후가 위험하고 험한 것을 설치하여 나라를 지키지 못한다면 스스로 보존할 수가 없을 것이다.

☲☱ 睽 "규는 작은 일에는 길하다."[164]

〈단전〉에서 "규는 불이 움직여 위로 가고, 택이 움직여 아래로 내려간다. 두 여자가 함께 있어 그 뜻이 함께 움직이지 않는다. 기뻐하여 밝음에 붙고 부드러움이 위로 올라가 중을 얻어 강과 응한다. 이 때문에 작은 일에는 길하다. 하늘과 땅이 서로 등져 어긋나나 그 일은 같다. 남자와 여자가 서로 등져 떨어지나 그 뜻은 통한다. 만물이 서로 등져 어긋나나 그 일은 비슷하다. 규의 시용은 크도다!"[165]

규괘는 불이 위로 올라가고 물이 아래로 내려오는 모습을 가지고 있고, 중녀와 소녀가 같이 자리하여 그 뜻이 다르기 때문에 규라고 말한다. 하괘는 기쁨을 나타내는 괘이고, 상괘는 밝음을 나타내는 괘이다. 그중 육오는 중에 자리하여 아래로 구이의 강과 상응하여 유가 득위하고 상응하는 바가 있기 때문에 「작은 일」은 길하다고 말하는 것이다. 공자는 〈단전〉에서 천지만물의 생성

---

164) 睽卦「睽, 小事吉.」
165) 「睽, 火動而上, 澤動而下. 二女同居, 其志不同行. 說而麗乎明, 柔進而上行, 得中而應乎剛, 是以小事吉. 天地睽而其事同也, 男女睽而其志通也, 萬物睽而其事類也. 睽之時用大矣哉!」

을 통하여 철학적 입장을 드러낸다. 비록 규괘의 상이 드러내는 어긋남의 뜻은 일상사에서는 비록 그 뜻이 다른 것, 도와 맞지 않은 것으로 말하고 있으나, 만물의 생성이란 것은 바로 천지의 어긋남에 의한 것이고, 인류 역시 남녀의 어긋남에 의해서 인 것이다. 바꾸어 말하면 천지가 어긋나지 않으면 만물이 어떻게 있을 수 있으며, 남녀가 어긋나지 않으면 어떻게 서로 즐거울 수가 있겠는가? 우리는 이것을 통하여 우주 속에는 어떤 절대적 어긋남이라는 것은 있을 수 없다는 것을 파악할 수 있을 것이다. 이것이 바로 역경철학에서 말하는 「대립하면서 통일하는」 의미이다. 음양의 어긋나는 대립이라는 것은 또한 서로 합하고 서로 통하는 통일이라는 뜻을 분명히 가지는 것이다. 대립 후에 통일하고, 통일한 후에 다시 대립하는 나눔과 합이 쉬지 않기 때문에 변화가 나타나는 것이다. 보통 우리들은 일상사 속에서 어떤 일의 성패에 집착하여 어긋나는 것 자체를 옳지 않은 것으로 본다. 그러나 사실 《주역》에서는 어긋나는 것 자체를 하나의 큰 쓰임으로 삼고 있다. 어긋남의 작용 혹은 이용이라는 것은 도의 이치를 파악하려는 사람에게는 필수불가결한 것이기 때문에 공자는 「위대하다」라고 말하는 것이다.

☵☶ 蹇 "건은 서남으로 가면 좋고 동북으로 가면 불리하다. 대인을 보면 좋고 바른 도를 굳게 지키면 길하다."[166]
〈단전〉에서 "건은 어려움을 말한다. 위험이 앞에 있다. 위험이 앞에 있는 것을 보고 잘 멈추는 것이 지혜롭다. 건은 서남 방향으로 가면 좋다고 하는 것은 가서 중을 얻기 때문이다. 동북으로 가면 좋지 않다는 것은 그 도가 막히기 때문이다. 대인을 보면 좋다 라는 것은 가서 공을 이루기 때문이다. 자리가 마땅하고 바르게 지키면 길한 것은 그것으로 나라를 바르게 하기 때문이다. 건의 시용은 위대하다."[167]

건괘는 감이 위에 간이 아래에 있는 상을 말하는 것으로 위험이 앞에 있는 것을 보고서 멈춘 것이기 때문에 「지혜롭다」라고 말하는 것이다. 지자(智者)는 어려운 때를 당하여서도 시세를 잘 판별하여 바른 도를 지키는 자이다. 문왕의 괘사 역시 이것에 근거하여서 말하는 것으로 해(解)괘에서 천하의 지자

---

166) 蹇卦「蹇, 利西南, 不利東北. 利見大人, 貞吉.」
167) 「蹇, 難也. 險在前也. 見險而能止, 知矣哉. 蹇利西南, 往得中也. 不利東北, 其道窮也. 利見大人, 往有功也. 當位貞吉, 以正邦也. 蹇之時用大矣哉!」

와 현사들에게 주나라로 귀순하기를 호소하는 의미와 같다. 「서남 방향으로 가면 유리하다」란 것은 기주로 돌아가는 것이 유리하다고 말하는 것으로, 그것을 공자는 「가서 중을 얻는다」로 말하는 것이다. 「동북 방향으로 가면 불리하다」는 은에 있으면 불리하다는 뜻으로 그것을 공자는 「그 도가 궁하다」라고 말한다. 「대인을 보는 것이 유리하다」는 것은 주나라에 귀순하여 정도를 널리 펼 수 있기 때문에 대인의 덕을 드러내기에 유리하다고 하는 것이다. 이것을 〈단전〉에서는 「가서 공이 있다」라고 말하는 것이다. 공자의 문왕의 괘사에 대한 해석을 자세히 살펴보면 한 구절 한 구절이 모두 문왕의 마음과 딱 들어맞는다는 것을 보여주고 있다. 마지막에 건의 「시용」을 말하는 뜻은 어려운 때를 당하여 보통 사람들에게는 어려운 시기이지만 지혜로운 자들에게는 오히려 그들의 지혜를 쓸 수 있는 시기이다. 즉 그들은 어려운 때를 당하여 도리어 어려움을 이용, 스스로를 드러내어 도를 존귀하게 하기 때문에 「시용이 크다」라고 말하는 것이다.

(2) 시를 얻어서 길한 괘의 예

앞의 12괘는 공자가 특별히 찬양한 것이기 때문에 따로 한 절을 만들어 설명하였다. 나머지 괘효상 중의 「시」는 「위」처럼 변화하는 상태가 일정하지 않다. 「시」의 작용은 매우 크기 때문에 시에 어긋나면 흉하고, 그것에 따르면 길하게 되는 결정력 또한 크다. 예를 들어 아래에서는 크게 세 부분으로 나누어 설명하려 한다. 「올바른 시간을 얻어서 길한 경우」와 「부당위」「무위」가 득시(得時)하여 길한 경우, 「시를 잃어서 흉한 경우」 또 「당위」「유응(有應)」이 실시(失時)하여서 흉한 경우가 있다. 또 「시변에 잘 처하는 것」은 시간의 유행변동에 잘 처하여 비록 실시(失時)하였으나 무사하게 대처하여 비록 길하다고 말하지는 않았지만 그것이야말로 대길(大吉)한 의미를 가진다. 먼저 앞에서 말한 경우를 보면,

☷☳ 屯 초구 "주저한다. 올바른 태도를 가지니 유리하고 나라를 세움에 유리하다."[168]

---

168) 屯卦 初九 「磐桓, 利居貞, 利建侯.」

준은 지극히 험난함을 뚫고 막 생겨나려는 괘이다. 초구는 비록 가장 낮은 데 있으나 양의 강으로 양의 자리에 있기 때문에 험난함을 돌파하려는 자질과 뜻을 가지고 있다. 또한 몸이 곤의 아래(2에서 4는 곤의 호체)에 있어서 백성을 얻는 상이고, 또한 위와 정응한다. 주·객관적인 조건이 이처럼 구비되어 있기에 갓 험난함을 무릅쓰는 시대를 당하여서도 자신의 포부를 펼 수 있는 것이다. 「주저함」이란 것은 어려움을 당한 초기에 생기는 필연적인 현상으로 다만 바른 도에 따라서 행하기만 하면 나라를 새로 세우는 공도 이룰 수 있는 것이다. 《맹자》의 〈공손추편〉에서 말하는 "비록 지혜가 있다 하여도 시세를 타는 것보다 못하다(雖有智慧, 不如乘勢)."의 의미이다. 초구가 바로 시세를 타고 일어나는 것을 말한다.

☵☳ 節 초구 "문밖에 나가지 않아야 허물이 없다."[169]

절의 초구는 위를 얻고 또한 상응함이 있는데, 앞에서 말한 준괘의 초구와 같다. 그러나 준괘의 초구는 모험과 어려움을 감수하여 나라를 세우고 공을 세우는 데 유리하다. 이에 비해 절괘의 초구는 문밖으로 나가지 말라고 하여, 완전히 절의 시와 준의 시가 다름을 말하고 있다. 절괘는 제한하고, 망동하지 말라는 의미를 가지고 있다. 이때에 초구는 아래에 있기 때문에 나아가면 구이에 막혀서 어려움 속에 빠지게 된다. 여기에서는 마땅히 절제를 알아서 자신의 위치를 분명히 파악하여야 비로소 「무구」할 수 있는 것이다. 〈상전〉에서 말하기를, "문밖에 나가지 않고도 통함과 막힘을 안다."[170]라고 말하는 것은 바로 때가 막힘을 만나면 절제를 알아야 한다는 것이다.

☰☲ 同人 구사 "그 담에 올라가도 공격할 수가 없다. 길하다."[171]

동인괘의 뜻은 「다른 사람과 같이 한다(與人同)」는 뜻이다. 구사효는 올바른 위를 가지지 못하여 상응함이 없는데, 육이가 구오와 상응하는 것을 보고서 구오와 적이 된다. 「그 담에 올라간다」의 「용(墉)」은 성벽을 말한다. 그것은 하괘가 리(離)로서 중간이 비어 있기 때문에 성(城)을 상징하는 것이고, 구사는 리의 위에 있기 때문이다. 그러나 구오는 강건중정하고 천덕의 자리에 위치하고 있기 때문에 구사 스스로 느끼기에 적이 되지 못함을 안다. 이에 끝내는 공격하지 않고 물러나서 때를 기다려 「동인」하려는 의도를 가지기 때문에 길하다. 〈상전〉에 말하기를, "그 성에 올라가도 의당 공격할

---

169) 節卦 初九 「不出戶庭, 无咎.」
170) 「不出戶庭, 知通塞也.」
171) 同人卦 九四 「乘其墉, 弗克攻, 吉.」

수가 없다. 그 길함은 스스로의 어려움을 알아서 올바른 도리로 돌아가기 때문이다."[172] 「어려움을 알아 올바른 도리로 돌아간다」란 것은 스스로 구오의 적이 되지 못함을 알고 후퇴하여 오히려 「그들과 함께 하려는」 정도(正道)로 돌아가려는 것이다. 이것은 바로 깊이 생각하여서 시(時)를 알고 따라야 한다는 의미이다.

☷☳ 豫 구사 "구사로 말미암아 즐겁다. 크게 얻음이 있다. 의심하지 말아라. 같은 뜻을 가진 사람들이 모일 것이다."[173]

구사는 양효로 다섯 음 사이에 자리하여 예괘의 주효가 되기 때문에 「구사의 한 양으로 말미암아 즐거움을 얻는다」라고 하는 것이다. 이때는 모든 음들이 즐겨 그를 쫓는다. 구사는 이렇게 크게 얻는 가운데에 여러 음들이 그곳에 모이는 것을 의심하지 않아야 하는 것이다. 구사는 원래 실위의 효지만 시(時)를 얻은 까닭에 그렇게 되는 것이다.

☰☱ 履 구이 "도를 행함이 당당하여 밝은 덕을 가지는 자는 바르기 때문에 길하다."[174]

리괘는 행위, 실천을 말하는 괘이다. 구이는 실위하여 상응함이 없으나 밝은 것의 아래(2에서 4까지는 리(離)의 호체이다)에 있기 때문에 「밝은 덕을 가진 사람」이라고 말하는 것이다. 그러나 구이는 중의 덕을 가지고 있고, 즐거움을 상징하고 있어서 비록 숨어 있으나 바른 도를 잃지 않기 때문에 「길」이라고 하는 것이다. 〈상전〉에 말하기를, "은자는 바르고 길하다. 중을 얻어 스스로 어지럽지 않기 때문인 것이다."[175]라고 하여 어두운 때에 처하여서도 중을 잃지 않은 것은 바로 통하고 막힘을 아는 사람이라고 말한다.

☶☰ 大畜 육오 "거세한 돼지 새끼를 묶어놓은 이빨이다. 길하다."[176]

「분시(豶豕)」는 거세(去勢)한 돼지로 마구 돌진하여 제어하기가 힘들다는 뜻을 가지고 있다. 「이빨」은 가지처럼 뻗어난 이빨로서 이것을 말뚝에 묶어놓는다. 그 이빨은 비록 작으나 통제할 수 있다. 즉 멧돼지를 묶어놓은 것은 줄을 벗어나지 못하기 때문에, 작은 것으로 큰 것을 조절하는 의미로서 대축의 뜻과 합치한다. 육오는 음으로서 존위에 자리하여 아래로 건의 강건함

---

172) 「乘其墉, 義弗克也. 其吉, 則困而反則也.」
173) 豫卦 九四 「由豫, 大有得, 勿疑朋盍簪.」
174) 履卦 九二 「履道坦坦, 幽人貞吉.」
175) 「幽人貞吉, 中不自亂也.」
176) 大畜卦 六五 「豶豕之牙, 吉.」

을 주재한다. 또 육오는 간(艮)괘의 멈춤이라는 의미를 가지고 있어서 정(靜)으로 동(動)을 조절하는데 마치 「이빨」로서 「돼지를 제어하는 것」과 같다. 능히 조정하는 것은 기를 수 있는 것으로, 육오는 시의 이용을 알아서 작은 것으로 큰 것을 기를 수 있기 때문에 「길」한 것이다.

(3) 시를 잃어서 흉한 괘의 예

☰☰ 恒 초육 "항의 도를 깊이 구하려 하면 곧아도 흉할 것이다. 이로운 것이 없다."[177)

항괘는 남녀가 함께 오래도록 살아가는 도리를 말한다. 초육이 아래에서 위의 구사와 상응하여 남녀가 서로 교제하는 때를 말한다. 남녀의 교제라는 것은 의당 처음에는 감정적인 것에서 시작하여 이성적인 것으로 넘어가는 것이다. 지금 초육이 구사와 교제를 시작하자마자 바로 부부의 항구적 도리를 깊게 구하려 하는 것은 비록 틀린 것은 아니라 할지라도 장차는 「흉」하여서 「이익되는 바가 없을」 것이다. 공자의 「빨리 가려 하면 도달하지 못한다(欲速則不達)」라는 말이나 맹자의 「이삭을 당겨서 조장하는(揠苗助長)」 등의 비유가 바로 이 효의 뜻으로 하나같이 시에 어두워서 그런 것들이다.

☰☰ 艮 구삼 "분계선에 머문다. 등의 살이 분열되어 마음을 애태운다."[178)

「한(限)」은 분계를 말하는데 구삼이 상하괘가 교차하는 데 있기 때문에 「한」이라고 말한다. 「인(夤)」 혹은 「인(臏)」은 척추의 살이고 「열(列)」은 분열한다는 뜻이다. 「등의 살이 분열된다」의 뜻은 일체의 분열을 말하는 것이다. 간괘의 뜻은 머뭄(止)을 말한다. 그런데 마땅히 〈단전〉에서 말하는 "머물러야 할 때는 머무르고 가야 할 때는 가고, 동정이 때를 잃지 않으면 그 도는 빛이 난다. 등에 머문다 함은 머물러야 할 곳에 머무른다는 뜻이다."[179) 구삼은 양의 강건함으로 상하괘의 교차점에 자리하여 머무르면, 간을 상하로 나누게 되고 또 구삼은 움직이는 곳(3에서 5까지의 호체는 진(震)으로 움직임을 의미)에 자리하게 되는 것이다. 이런 객관적인 형세와 주관적 조건들은 모두 머물러서는 안 된다. 비록 간의 뜻이 머무르는 의미

---

177) 恒卦 初六 「浚恒, 貞凶, 无攸利.」
178) 艮卦 九三 「艮其限, 列其夤, 厲薰心.」
179) 「時止則止, 時行則行, 動靜不失其時, 其道光明. 艮其止, 止其所也.」

이지만 현재의 상황을 명확히 파악하여야 한다. 이곳에 머무르게 되면 머물지 말아야 할 곳에 머무르는 것이 되어서 자연히 마음이 불안하게 되므로 「마음을 애태우게 되는 것」이라고 하는 것이다. 이 효의 예를 통해서 《역경》이 사람들에게 가르치는 것은 바로 변동이 가장 중요하다는 것이다. 역경은 비록 「시간」을 필연적인 법칙으로 보고는 있지만 더욱 중요한 것은 「만물을 하나하나 다 완성시키는 것(曲成萬物)」에 있기 때문이다.

☲ 節 구이 "문 바깥으로 나가지 않아서 흉하다."[180)

앞에서 절괘 초구의 「집 바깥으로 나가지 않아서 흉하다」는 바로 시간에 따라서 마땅히 절제하여야 하는 곳에서 절제함을 알아야 하지만, 지금 말하는 구이는 절제하지 않아야 하는 곳에서 절제하기 때문에 흉하다. 구이가 처한 곳은 비록 중이나 정위는 아니다. 첫째로 그것은 진의 움직임(2에서 4까지는 진의 호체로 움직임이다)이고, 둘째로는 앞의 문에 면해 있어서 (艮은 門임) 앞에 가로막고 있는 것이 없다. 셋째로는 이런 상황 속에서 비록 위와 상응하지는 않지만 또한 강건한 성질을 수렴하여서 문안의 뜰에서 안심하고 있을 수 없기 때문에 「흉」하다. 〈상전〉에 말하기를, "문앞의 뜰에도 나가지 않으면 흉하다 한 것은 시의 중을 잃었기 때문이다."[181) 라고 하였다.

☳ 小過 초육 "새가 난다. 그로써 흉하다."[182)

소과괘는 날아가는 새의 모습이기 때문에 「비조(飛鳥)」로 말한다. 네 개의 음이 상하에 있고, 2와 5가 중위를 얻고 있으나 두 개의 양은 중간에 모두 모여 있어서 바깥으로 펼치지 못하는 형상이다. 이 때문에 소인이 득세하고 군자가 실의한 때를 드러내고 있는 모습이다. 괘사에서 말하기를, 「작은 일은 가능하지만 큰 일은 불가능하다」거나 「위로 가지 말고 마땅히 아래로 내려가야 한다」는 것은 바로 이런 연유에서 이다. 초육은 음으로 양의 자리에 있으면서 위로는 구사와 상응하여, 소인으로서 군자의 뜻을 가지고 위로 군자의 도를 쫓으려 하나 「위로 가지 말고 마땅히 아래로 내려가야 하는」 소인의 도리를 위반하는 상이다. 소인의 무리 속에서 이런 뜻을 실현하려 하지만 자연히 소인들에 의해서 용납되지 못하는 까닭에 「흉」하게 되는 것이다. 〈상전〉에서 말하기를, "새가 난다. 그로써 흉하다 한 것은 어떻게도 할 수 없기 때문이다."[183) 라고 하였다. 공자가 초육에서 「어떻게 할 수

---

180) 節卦 九二「不出門庭, 凶.」
181) 「不出門庭凶, 失時極也.」
182) 小過卦 初六「飛鳥以凶.」
183) 「飛鳥以凶, 不可如何也.」

가 없다(不可如何)」라는 말을 한 것은 은연중에 「소인이 선으로 향하려 하나 불가능한」것을 애석하게 생각하여 깊은 동정심을 보여주는 것이다.

또 소과의 구삼에서 "넘지 못한다. 막는다. 쫓거나 해치면 흉하다."[184] 구삼은 비록 양으로 올바른 자리를 가지나 음에 밀려서 세력이 음을 당하지 못한다. 이때를 당하여서는 오직 바른 위에 처하여 신중히 방비하여야 한다. 만약 정을 잃어버리고 음을 쫓거나 의기의 강함을 뽐내어 해치면 분명히 적수가 되지 못하고 치욕만 당하게 된다. 소인의 도가 성하기 때문에 군자가 「오로지 그 몸만 바르게 하는 것(獨善其身)」은 시에 의해서 그런 것이다.

☲☵ 旣濟 구삼 "고종은 오랑캐를 쳐서 삼 년 만에 정벌하였다. 소인은 쓰지 못한다."[185]

기제의 뜻은 완성을 의미하는데 치도(治道)로 말하면 천하가 이미 통일되어 태평한 때를 말한다. 그러나 구삼은 강으로 강에 있으나 앞에 어렵고 험한 일이 도사리고 있어서 태평한 시대에 전쟁이 있을 상(구삼의 체는 리(離)인데, 리는 군대를 의미함)이다. 고종은 은나라의 무정(武丁)으로 은나라를 중흥시킨 군주로 부열(傅說)을 재상으로 삼았다. 말하자면 고종의 자질로서 오랑캐를 치는 데 무려 삼 년이 걸렸는데 하물며 보통 사람은 어떠했겠는가? 태평한 시대에 천자는 대부분 사치와 즐거움에 빠져서 소인을 등용할 가능성이 높기 때문에《주역》은 그것을 경계하는 것이다.

(4) 시간의 변천에 잘 처하는 괘의 예

☷☰ 泰 구삼 "평평하기만 하고 기울어지지 않은 것이 없다. 가기만 하고 돌아오지 않는 것이 없다. 어려운 데도 바르게 하면 허물이 없을 것이다. 근심하지 말고 성실하면 복이 있을 것이다."[186]

「평평하기만 하고 기울어지지 않은 것이 없다. 가기만 하고 돌아오지 않는 것이 없다」의 두 구절은 역도 변화의 기본적 법칙으로, 전자는 공간의 기본적 법칙을 말하고 후자는 시간의 기본적 법칙을 말하는데, 그 뜻은 이미 앞의 제2장에서 말하였다. 구삼은 하괘의 위에 있어서 움직이면 음으로

---

184) 小過卦 九三「弗過, 防之. 從或戕之, 凶.」
185) 旣濟卦 九三「高宗伐鬼方, 三年克之, 小人勿用.」
186) 泰卦 九三「无平不陂, 无往不復, 艱貞, 无咎. 勿恤其孚, 于食有福.」

들어가는 때이다. 역도라는 것은 가만히 있지 못하고 움직여야만 하기 때문에 구삼이 처한 때는 바로 태(泰)로부터 비(否)로 들어가는 힘든 시기이다. 음양과 태비가 두루 흘러 변동하는 것이 역도의 본래 모습이다. 구삼은 다만 그「바름」을 지켜서 도와 더불어 행하면「무구」할 수 있는 것이다.「근심하지 말고 그것에 성실하면」에서「그것」은 위의「평평하기만 하고 기울어지지 않은 것은 없다. 가기만 하고 돌아오지 않는 것은 없다」의 법칙을 가리키는 것으로 구삼이 이런 상도의 법칙에 대해 의심을 가지지 말라고 경계하는 것이다. 즉 통함이 가면 막히고, 막히는 것이 지나가면 다시 통함이 온다는 사실을 파악하게 하여 마음이 더 이상 태비에 의해 이끌리지 않게 한다. 다만 시와 더불어 행하게 하면 길흉이 나에게서 더 이상 큰 영향을 미치지 못하게 되어 영원히 행복을 보존할 수 있게 되는 것이다.

☷☰ 否 구오 "비에 처해 있어도 대인은 길하다. 없어질까? 없어질까? 뽕나무 뿌리에 묶여 있다."¹⁸⁷⁾

위의 태괘 구삼은 태로부터 비로 바뀌어가는 것인데, 비의 구오는 이미 막혀 있는 것 속에 들어간 때를 말한다. 이때의 구오는 비록 강건한 것으로 중정의 존위에 자리하고 있으나, 천지가 서로 교통하지 못하고 상하가 통하지 못하여, 위의 내림이 밑에 전달되지 못하고 아래의 사정을 위에서 모르는 상황이 되어버린다. 즉 구오라는 것은 바로 어찌할 수 없는 때인 것으로 오직 비의 도리에 순순히 대응하고 시에 순응하여 자리를 지켜야 한다. 그러나 이것은 대인이 아니면 할 수 없기 때문에「대인은 길하다」라고 말하는 것이다. 구오는 존귀한 위치에 있기 때문에 한시라도 아래의 국민들을 잊어서는 안 된다. 항상 대인의 덕에 근거하여서 정도가「없어짐(其亡)」을 생각하여야만 한다. 공자는 〈계사전〉에서 이 효를 다시 부연 해석하여 대인이「기망, 기망」하는 뜻을 잊지 말 것을 분명히 말하기를, "항상 위험하다고 생각하여 경계하는 사람은 그 위치를 안정시키고, 망하는 것을 염두에 두고 경계하는 자는 항상 보존할 수 있고, 어지러움을 항상 생각하여 경계하는 사람은 평화를 유지할 수 있다. 이 때문에 군자는 편안해도 위태로움을 잊지 않고, 보존하여도 망할 것을 잊지 않고, 다스려도 어지러운 것을 잊지 않아야 몸을 편안히 하고 국가를 보존할 수가 있게 되는 것이다."¹⁸⁸⁾

---
187) 否卦 九五「休否, 大人吉. 其亡, 其亡, 繫于苞桑.」
188) 〈계사전〉「危者安其位者也, 亡者保其存者也, 亂者有其治者也, 是故君子安而不忘危, 存而不忘亡, 治而不忘亂, 是以身安而國家可保也.」

☲☱ 睽 초구 "후회가 없다. 말을 잃어도 쫓지 말라. 스스로 돌아온다. 악인을 보면 허물이 없을 것이다."[189]

초구는 양강으로 스스로 정위를 지키고 있고 낮게 은거하고 있으나(2에서 상은 리(離)의 호괘이고 초구는 리(離)의 아래에 있기 때문에 유(幽)이다. 리(履)괘 구이에서도 「幽人」이란 말이 보인다) 위와는 정응하지 않는다. 이런 사정으로 얼핏 「후회」가 있을 법하나 오히려 「후회가 없다」라고 한다. 무슨 까닭인가? 규의 시에 처해 있기 때문이다. 시가 어긋날 때는 걸핏하면 허물을 얻기 때문에 초구는 낮게 은거하여 있어서 시를 매우 잘 알고 대응하는 태도를 보여주고 있다. 이것뿐만 아니라 잃어버린 말(초가 음으로 변하면 감이 되어 말이 된다. 또 위의 감 중의 구사와 적대하고 있기 때문이다. 두 가지 해석 모두 가능하다)은 쫓아가지 말고, 스스로 돌아오게끔 놓아둔다. 나쁜 사람이 와서 보는 것(위의 리(履), 감과 친비하고 있는데, 리괘는 무기를 말하고 감은 도적을 말한다)도 거절하지 않는다. 이처럼 시에 따라서 바름을 잃지 않고 규의 시에 처하기 때문에 「무구」이다.

☵☲ 旣濟 육이 "부인이 수레 덮개를 잃어버렸다. 쫓지 말라. 칠일이 지나면 얻는다."[190]

육이는 구오와 상응하여 음의 바른 자리에 있기 때문에 구오의 부인이 된다. 「덮게」는 차를 덮는 것을 말한다. 육이는 리(離)괘로 중간이 비어 있기 때문에 차를 덮는 것을 말한다. 육이는 또한 감의 체이고(2에서 4는 감의 호체이다) 감은 도적이다. 육이는 구오와 만나려고 하나 차를 덮는 덮개를 잃어버렸기 때문에 갈 수가 없다. 그러나 기제의 때[時]를 만나서 다시 인위적으로 찾으려 할 필요가 없다. 자연의 도에 맡겨서 스스로 돌아오기를 기다리면 된다. 「칠일」이란 것은 역의 도가 극에 이른 후에 변하는 수이다. 음이 변하여 양이 되거나, 양이 변하여 음이 되는 것은 육효를 지나면 다시 돌아오기 때문에 「7」에 이르러 돌아온다고 말하는 것이다. 여기에서의 「쫓지 말라. 칠일이면 얻는다」란 것은 일이 완전히 성공한 후에 마땅히 순치(順治 : 무력이 아닌 덕치에 의한 것)하여야 하는데 역사적인 사실로 미루어보면 한대의 문제(文帝)와 경제(景帝)의 시대에 해당한다. (진(震)괘 육이의 「쫓지 말라. 칠일이면 얻는다」 역시 같은 뜻이다.)

---

189) 睽卦 初九「悔亡. 喪馬勿逐, 自復. 見惡人. 无咎.」
190) 旣濟卦 六二「婦喪其茀, 勿逐, 七日得.」

제 5 절 감응(感應)

「시(時)」와 「위(位)」이외에 우주 속에는 만물을 규범짓는 하나의 큰 힘 혹은 세력이 있다. 서양철학은 이런 세력에 관해서 언급하지 않는다. 《주역》의 철학에서는 그것을 아주 중요하게 언급하고 있는데, 그것이 바로 「응(應)」이다. 일반적으로 말하는 「감응(感應)」이다.

「응」이란 힘은 눈으로는 볼 수 없지만 어떤 사람이라도 그것의 존재를 부인할 수는 없을 것이다. 앞에서 이미 말하였지만 전체 우주의 본래 모습은 하나의 태극이고, 그것은 음양으로 나누어졌지만 둘이면서 하나인 것이다. 어떻게 음양은 둘인데 하나라고 말하는가?「응」이란 개념을 통하여 가장 효과적으로 증명할 수 있을 것이다. 천과 지는 둘이지만「천지가 서로 섞여 만물의 형태를 이루게(天地絪縕, 萬物化醇)」되어 천과 지가 둘이면서 하나가 되는데, 이것은「감응」이라는 입장을 통하여 나타난다. 남과 여가 각각 다르나「남자와 여자가 서로 결합하여 만물이 화생하는(男女構精, 萬物化生)」것은 남과 여가 다르면서도 하나인 것으로「감응」이라는 측면으로 말하는 것이다. 이런 맥락으로 강과 유, 추위와 더위, 움직임과 정지함, 가는 것과 오는 것 등은 나누어서 보면 비록 다른 모습이나 합하여 보면 서로「감응」하여서 하나이다. 천지가 광대하고 만물이 번성하여 크나큰 변화가 서로 교차하여 엄청나게 복잡하지만「감응」이라는 관점에서는 하나로 융합되고 관통되는 것이다.「감응」의 힘이란 것은 우주의 가장 오묘한 것 중의 하나일 뿐만 아니라 또한 그것은 우주라는 하나의 큰 태극의 가장 힘있는 권력자 같다고 할 수 있을 것이다. 이런 권력자가 있음으로 해서 우주만물은 복잡하게 얽혀 있음을 걱정하지 않는 것이고 끝내는 고도의 통일성을 유지할 수 있는 것이다.

예를 들어서 말하면 동쪽의 성인과 서쪽의 성인이 그 마음이 같고, 그 주장하는 이치가 모두 같은 것은 인간과 인간 간에 서로 감응하는 것이 있기 때문이다. 원숭이가 우는 것을 듣고서 눈물을 흘리는 것이나 푸른 산의 아름다움을 보고서 웃는 것은 인간과 사물 간의 상응(相應)이다. 나뭇가지에 꽃이 피면 나비와 벌이 날아와 희롱하고, 이름모를 초목 밑에 뱀이 숨어서 엎

드려 있는 것은 사물과 사물 간의 상응이다. 봄이 오면 겨울잠을 자던 벌레가 나오고 동풍이 불어와 백화가 만발하는 것은 자연과 사물 간의 상응이다. 밝은 해가 푸른 하늘에 떠 있는 것을 보고 마음이 부풀어오르고, 빠른 바람과 우뢰소리를 듣고서 놀라는 것은 자연(天)과 사람 간의 감응이다. 천지와 인간과 사물의 모습들은 모두 다르나 그 마음은 서로 통한다. 그것은 감응의 힘이 그 사이를 관통하기 때문이다. 그러므로 상응의 중요성은 결코 시간과 공간보다 못하지 않다.

「감응」과「시간」「공간」을 구별하면 시간과 공간은 만물의 존재를 드러내주는 것이고,「감응」이라는 것은 만물 상호간의 관계를 말하는 것이다. 만물이 생성한다는 것은 한편으로는 스스로 존재하는 것이고, 또 한편으로는 다른 사물과의 관계 속에 있는 것이다. 시간과 공간은 만물의 존재를 결합하여 소멸하지 않게 하고, 감응은 만물의 행위양식을 규범화하여 정해진 방향으로 운동하게 한다. 우리가 생존하고 있는 이 세계는 시간과 공간에 의지하여 존립하고 있으나, 이 세계를 질서 있고 조리 있게 하는 것은 오히려「감응」의 힘 때문이다.

감응의 역량이란 것은 이처럼 매우 중요한 것이기 때문에 《주역》의「상응」에 대한 설명은 한마디로 근본적이고도 본질적으로 긍정하는 태도이다. 음양의 감응이란 것은 필연적 경향으로 감응하면 길하고, 그렇지 않으면 흉하다. 아래에서 몇 가지 예를 들어서 분명히 설명하여 보겠다.

☱☰ 태괘 〈단전〉 "작은 것은 가고 큰 것이 온다. 길하고 통한다. 이는 천지가 교차하여 만물이 통하는 것이다. 상하가 서로 교통하면 그 뜻이 똑같다."[191]

☰☷ 비괘 〈단전〉 "큰 것이 가고 작은 것이 온다. 천지가 교차하지 않아서 만물이 통하지 않는다. 상하가 서로 교통하지 못하여 천하에 나라가 없어진다."[192]

☷☶ 겸괘 〈단전〉 "겸은 통한다. 천도가 아래에까지 모두 이르러 빛난다. 지도는 낮은 데 있으면서도 위로 올라간다."[193]

☷☳ 복괘 〈단전〉 "그 도를 반복하여 칠일 만에 다시 돌아오는 것은 천의 운행이다. 나아가기에 유리하다는 것은 강이 성해지기 때문이다. 복을 통하여

---

191) 泰卦 〈단전〉「小往大來, 吉, 亨. 則是天地交而萬物通也. 上下交而其志同也.」
192) 否卦 〈단전〉「大往小來, 則是天地不交而萬物不通也, 上下不交而天下無邦也.」
193) 謙卦 〈단전〉「謙, 亨. 天道下濟而光明, 地道卑而上行」

천지의 마음을 볼 수가 있다."¹⁹⁴⁾

☷☶ 함괘 〈단전〉 "함은 감이다. 유가 올라가고 강이 내려와서 두 기가 감응하여 만물이 화생하고 성인이 인심과 감응하여 천하가 평화로워진다 …… 그 감응하는 것을 살펴보면 천지만물의 실정을 알 수가 있게 된다."¹⁹⁵⁾

☲☱ 규괘 〈단전〉 "천과 지는 서로 어긋나나 그것이 하는 일은 똑같고, 남녀가 등을 돌려 어긋나나 그 뜻은 서로 통하고, 만물이 서로 어긋나나 그 일은 비슷하다."¹⁹⁶⁾

☰☴ 구괘 〈단전〉 "구는 만난다는 뜻으로 유가 강을 만나는 것이다 …… 천지가 서로 만나서 만물이 왕성히 자란다."¹⁹⁷⁾

☳☱ 귀매괘 〈단전〉 "귀매는 천지의 대의이다. 천지가 교감하지 않으면 만물은 일어나지 않는다. 귀매는 사람의 시작과 끝이다."¹⁹⁸⁾

위에서 말한 것들은 음양의 뜻을 비교적 분명하게 드러내는 것들이다. 공자는 〈단전〉 속에서 「천지」라는 것을 말하지 않는 경우가 없는데, 그것은 바로 우주 속에서 감응의 법칙을 가장 중요한 문제로 생각하고 있기 때문이다. 또 〈단전〉의 문장들을 통해서 우리들은 《주역》이 「감응」이라는 문제를 얼마나 중시하고 있는가를 충분히 파악할 수 있었을 것이다.

문왕의 64괘의 괘서(卦序)를 통해서 나타나는 감응의 문제는 더욱 깊은 느낌을 줄 것이다. 64괘의 상경(上經)은 천도를 말하여 건곤괘에서 시작하고 있고, 하경(下經)은 인도를 말하여 함항(咸恒)괘에서 시작하고 있다. 만물의 화생은 건곤의 양대작용이 서로 감응하고 교감하는 데 근거하고 있고, 인류의 번성이라는 것은 남녀 두 성의 감응과 상열(相悅)에 의한 것이다. 이 때문에 《역경》의 이런 관점은 더욱 진일보한 설명을 필요로 하게 된다. 오늘날의 심리학이나 생리학에서 생명의 기원을 추구하여 최후의 결론으로 나온 것은 부

---

194) 復卦 〈단전〉 「反復其道, 七日來復, 天行也. 利有攸往, 剛長也. 復其見天地之心乎!」
195) 咸卦 〈단전〉 「咸, 感也. 柔上而剛下, 二氣感應以相與 …… 天地感而萬物化生, 聖人感人心而天下和平, 觀其所感而天地萬物之情可見矣.」
196) 睽卦 〈단전〉 「天地睽卦而其事同也, 男女睽卦而其志通也, 萬物귀而其事類也.」
197) 姤卦 〈단전〉 「姤, 遇也, 柔遇剛也. …… 天地相遇, 品物咸章也.」
198) 歸妹卦 〈단전〉 「歸妹, 天地之大義也. 天地不交而萬物不興. 歸妹, 人之終始也.」

모의 정자와 난자라는 자연과학적인 관점이다. 그러나 《주역》에서는 이렇게 말하지 않는다. 부모의 난자와 정자에 이를 뿐만 아니라, 부모가 서로 감응하는, 더 정확하게는 부모가 감응하던 그 순간적인 마음의 움직임에까지 소급된다. 남녀가 서로 만나서 기뻐하던 그 순간의 진실함으로 곧 서로 사랑에 빠지게 되고, 이 이후에 두 생명은 「서로 감응하여서 하나가 되는」 공통적인 심리상태에 들어가게 되는 것이다. 부모의 정자와 난자는 그 이후의 것이기 때문에 생명의 근원을 찾으려 한다면 마땅히 젊은 남녀가 서로 감응하는 그 순간에서부터 보아야 할 것이다. 이런 관점들은 비록 현대과학의 방법으로 증명할 수는 없지만, 이치상으로 말하면 결코 그것이 부정확하다고 말할 수는 없을 것이다. 그것은 아마도 고대에 자연과학이 발달하지 못했던 관계로 철학적인 사색을 통하여 설명했을 가능성도 있었을 것이다. 문왕이 함괘와 항괘를 하경의 처음에 놓고 있는 이유가 바로 여기에 있는 것이다.

「감응」의 세력은 괘효상을 통하여 표현되는데 당연히 양효(—)와 음효(- -)가 서로 합하려는 힘으로 나타난다. 그러나 「감응」은 「위」나 「시」가 효위(爻位)의 상하에 의거하여 설명하는 것처럼 분명하지는 않다. 만약에 음양의 효가 상응하는 것으로 법칙을 삼는다면 괘 가운데에 효의 숫자가 하나가 아니기 때문에 너무 복잡하게 된다. 동시에 인간과 물리세계의 현상 속에서 「감응」의 세력은 또한 자연적 규범을 가진다. 이 때문에 고대의 역학자들은 다만 효의 위를 구분하여 규칙을 정립하게 되는 것이다.

  초와 4효의 상응
  2와 5효의 상응
  3과 상효의 상응

 물론 이런 규칙은 「대체적으로 이럴 것이다」라는 개연적 입장에서 정립된 것으로, 당연히 인간과 사물세계의 복잡함 속에서 하나의 규칙으로만 제한하여 어떠한 예외를 허용하지 않을 수는 없는 것이다. 그러나 이런 규칙의 정립은 세심한 관찰과 체험을 통하여 나온 것으로 나름대로는 확고한 입장을 가지고 있다. 이 넓은 우주 속에는 각기 다른 무수한 종류의 사물들이 있지만 분명히 비슷한 종류끼리는 쉽게 상응하는 것이다. 거시적인 각도에서 보면 인간과 인간, 조수와 조수, 초목과 초목 등의 비슷한 종류끼리는 쉽게 감응하는 것이다. 작은 범위로 말하면 인류 중에서 소년과 소녀, 학자와 학자, 노동자와 노동자 등의 생활환경, 연령, 직업, 취향이 비슷한 사람들끼리는 쉽게 감응하는 것이다. 이 때문에 하괘의 초와 상괘의 초, 하괘의 중과 상괘의 중, 하괘의 상과 상괘의 상은 서로 감응하는 것이다. 공자가 건(乾)괘의 〈문언전〉에서 말하는 것이 바로 이런 것이다.

"같은 소리끼리 서로 응하고 같은 기운끼리 서로 짝한다. 물은 습한 곳으로 흐르고 불은 마른 곳으로 번진다. 구름은 용을 쫓고 바람은 호랑이를 쫓는다. 성인이 나면 만물이 우러러본다. 하늘에 근본하는 자는 위를 좋아하고 땅에 근본을 둔 자는 아래를 좋아하기 때문에 같은 종류끼리 서로 따른다고 말하는 것이다."[199]

이론적인 관점에서나 사물의 실정을 따져보아도 괘효에서 초와 4, 2와 5, 3과 상이 상응하는 것은 나름대로 이유가 있는 것이다.

음양감응이라는 것은 비록 선천적인 성명에 해당하는 것이지만 괘효 중의 상응은 인간이 추측하여 정한 대체적인 법칙이기 때문에, 《주역》을 해석할 때 결코 초와 4, 2와 5, 3과 상 이외의 음양감응이라는 것이 없다고 생각하여서는 안 된다. 상하의 효가 서로 친비(親比)하여 가까운 것끼리 감응하는 것은 매우 보편적인 경향이다. 여기에서 준(屯)괘를 예로 들어 그런 상황들을 설명하면 매우 분명해질 것이다.

☷ 屯

육이 "앞으로 나아가지 못하고 머뭇거린다. 말을 타고서 나아가지 못한다. 도둑이 아니고 혼인하러 온 자이다. 여자가 곧아서 결혼을 허락하지 않으나, 10년 후에 허락한다."[200]

육사 "말을 타고서도 나아가지 못하고 머뭇거린다. 혼인하려 하면 길하고 불리한 곳이 없다."[201]

상육 "말을 타고서도 나아가지 못하고 머뭇거린다. 피눈물이 흐른다."[202]

---

199) 乾卦〈문언전〉「同聲相應, 同氣相求, 水流濕, 火就燥, 雲從龍, 風從虎. 聖人作而萬物覩. 本乎天者親上, 本乎地者親下, 則各從其類也.」
200) 屯卦 六二「屯如邅如, 乘馬班如, 匪寇, 婚媾. 女子貞不字, 十年乃字.」
201) 屯卦 六四「乘馬班如, 求婚媾, 往吉, 无不利.」
202) 屯卦 上六「乘馬班如, 泣血漣如.」

위의 준괘의 세 음효는 「시」와 「위」가 모두 다르기 때문에 길흉도 모두 다르다. 그런데 똑같이 「왔다갔다하여 나아가지 못하고 머뭇거린다」는 것은 모두 양효와 가까이 있기 때문인 것이다. 육이는 비록 구오와 정응하지만 구오는 험난함 속에 있고, 초구가 막 생동하는 힘을 믿고 밀어붙여 자기에게 다가오니 감응하려는 감정을 벗어나기 힘들게 되는 것이다. 육사도 비록 초구와 정응하지만 위의 존귀한 자리인 구오 때문에 그 정을 뿌리치지 못하게 된다. 상육 역시 아래에 정응하는 것이 없으나 구오에 끌리게 되는 것은 가히 짐작할 수 있을 것이다. 이런 괘의 예를 통하여 음양감응의 상태를 짐작할 수 있을 것이다. 그러나 위에서 말한 세 가지 음효는 비록 모두 가까운 데 있는 것들에 감정을 느끼면서도 「말을 타고 머뭇거린다」라고 하여 결국에는 각각 그 정응하는 것으로 가게 된다. 즉 육이의 경우로 말하면 「여자가 곧아서 결혼을 허락하지 않으나 10년 후에 허락한다」라 하고, 육사는 「혼인하려 하면 길하고 불리한 곳이 없다(가는 곳은 초구이다)」 하고, 상육은 정응함이 없이 「피눈물을 흘린다」라고 한다. 이러한 「감응」에 의해서 생기는 고충들은 우리의 현실적 시공간 속에서 언제라도 발생하는 것이기 때문에 《주역》은 이 문제를 매우 분명하고 생동적으로 말하고 있다.

「응」의 힘이라는 것은 결코 음양이라는 이론적인 문제에만 제한되는 것이 아니라, 한 개인과 다른 사람과의 마음의 감통이라는 문제와도 관계된다. 인간의 삶이란 현실세계 속에서 마치 거미줄 속에 있는 것처럼 주위의 수많은 종류의 감응하는 힘들에 의하여 연결되고 있다. 이 때문에 「응」은 인간의 삶 속에서 성공의 여부와 관련되는 중요한 요소 중의 하나가 되는 것이다. 인간이 어떤 일을 할 때 「시」와 「위」를 얻지 못하였지만 강한 「감응력」 때문에 성공할 수도 있고, 어떤 때에는 비록 「시」와 「위」를 얻었으나 상응함을 얻지 못하여 실패하는 경우도 있는 것이다. 〈계사전〉에서는 공자의 말을 인용하여 "두 사람이 같은 마음이면 그 날카롭기가 쇠를 자를 수도 있다."[203]라고 「감응」의 중요성을 말하고 있다. 「시」와 「위」라는 것은 사람이 일을 할 때에 있어서의 주관적인 조건이고, 「응」은 비교적 객관적인 조건에 속하는 것이다. 객관조건의 결핍이라는 것은 주관적 조건에 영향을 쉽게 미치는 것이다.

아래에서는 몇 개의 예를 들어서 「감응」이 길, 흉, 회, 린에서 어떻게 변화

---

203) 〈계사전〉「二人同心, 其利斷金.」

하고 있는지를 설명해 보겠다.

(1) 감응을 얻어서 길한 괘

☷ 需 상육 "구멍 속에 들어간다. 청하지 않은 손님이 셋이나 온다. 그들을 잘 대접하면 길하다."[204]

수괘는 물이 하늘 위에 있으면서 땅으로 내려오지 않는 상으로, 기다리는 뜻을 가지고 있다. 비록 험난함이 앞에 놓여 있지만 굳건하게 나아가면 그 뜻은 곤궁하게 되지 않는다. 상육은 험난함이 극도로 달한 곳에 자리하고 있기 때문에,「구멍 속에 들어간다」라고 말하는 것이다. 그러나 상육과 구삼은 서로 감응하고 또 세 개의 양은 일심동체로 힘을 합하여 나아가기 때문에 충분히 어려움을 돌파할 수 있는 것이다. 상육은 정응하는 것이 다만 구삼 밖에 없는데 구이와 초구가 함께 힘을 합하여 오기 때문에 예상할 수가 없는 것이다. 그러므로「청하지 않은 손님이 온다」라고 하는 것이다. 〈상전〉에서 말하기를, "청하지 않은 손님 셋이 와도 공손하게 대하면 끝내는 길하다. 당위는 아니지만 크게 잃은 것은 아니다."[205] 상육은 음으로 음의 자리에 있어서 실위한 것은 아니고 구삼과 감응하고 있기 때문에「부당위」라고 말해서는 안 된다. 이 때문에「부당위」라는 것은 바로 구이와 초구이다. 상육은 원래 구삼이 와서 구해주기를 기대했는데 예상 밖으로 구이와 초구가 함께 오는 것이다. 구이와 초구는 상육의 구멍에 들어가는 것이 비록 당위는 아니지만 구삼과 함께 들어왔기 때문에 이치상으로 잘못된 것은 없다. 상육의 입장에서 본다면 구이와 초구는 비록 자기와 상응하지는 않지만 자기를 구해주러 왔기 때문에 당연히 공경해야 하는 것이다. 이 사이에 「시간」에 따라서 융통성 있게 대처하는 의미가 숨어 있는 것으로 보면 《주역》 철학은 결코 하나에만 치우쳐 고집을 부리지 않는다는 것이다.

☱ 履 상구 "실천한 것들을 돌아본다. 자세히 검토하여 돌아갈 것을 생각한다. 크게 길하다."[206]

리(履)라는 것은 예(禮)이고, 행위하고 실천하는 것을 말한다. 상구는 리

---

204) 需卦 上六「入于穴, 有不速之客三人來, 敬之, 終吉.」
205)「不速之客來, 敬之, 終吉. 雖不當位, 未大失也.」
206) 履卦 上九「視履, 考祥其旋, 元吉.」

의 극에 처해 있어서 예의를 엄수하고 동정 중에 나름대로의 규범이 있음을 말한다. 또한 건의 자리에 있어서 실천하는 데 용감하다. 또 중요한 것은 아래로 육삼과 정응하고 있는데 육삼은 리(2에서 4의 호체는 리(離)괘로서 밝음을 의미)의 중효로서 자기가 실천한 것이 올바른 것인가를 되돌아본다. 예의를 행하는 데 열심이고 스스로를 반성하는 사람은 당연히 「크게 길한(元吉)」 것이다.

☷ 剝 육삼 "제거하여도 허물이 없다."[207]

박괘는 여러 음들이 양을 밀어내는 것으로, 군자의 도가 소멸해 가고 소인의 도가 자라나는 때를 말한다. 그러나 육삼은 여러 음의 사이에서 유독히 상구와 감응하여서 소인의 무리 중에서 유일하게 군자의 도로 향하여 가는 자이기 때문에 「허물이 없다(无咎)」라고 말하는 것이다. 이런 육삼은 주위의 소인들에게 미움을 사게 되어 〈상전〉에서 말하기를, "제거하는 것은 허물이 없다. 아래와 위를 잃어버린다."[208]라고 하여 상하의 여러 음의 지지를 잃어버림을 말하고 있다.

☷ 復 육사 "중도를 행하여 유일하게 양과 응하여 복의 도를 이룬다."[209]

이 효와 박괘의 육삼은 아주 비슷하다. 즉 다섯 음 사이에서 오직 이 음만이 양과 상응한다. 「중행(中行)」의 뜻은 「중도를 행한다」는 뜻으로 여러 음 사이에서 이 효만이 유일하게 초구와 상응하여 「중도의 실천」을 밝히기 때문에 〈상전〉에서는 "중도를 행하여 유일하게 복의 도를 이루는데 도를 따르기 때문이다."[210]라고 말하는 것이다. 「도」라는 것은 초구를 말하는데 「양」이라고 말하지 않고 「도」라고 말하는 것은 제거하는 것을 다하고(剝盡) 다시 돌아오는 역도의 본질을 말하고 있다. 그러므로 〈단전〉에서 "그 도를 반복하여 칠일 만에 다시 돌아오는 것은 천의 운행이다."라고 말하는 것이다.

☶ 咸 초육 "그 엄지발가락으로 느낀다."[211]

함은 감을 말한다. 괘에서는 젊은 남녀가 서로 감응하는 것을 말한다. 초육은 아래에서 위로 구사와 상응한다. 「무(拇)」라는 것은 엄지발가락을 가

---

207) 剝卦 六三 「剝之, 无咎.」
208) 「剝之, 无咎. 失上下也.」
209) 復卦 六四 「中行獨復.」
210) 「中行獨復, 以從道也.」
211) 咸卦 初六 「咸其拇.」

리키는데 감응의 첫단계를 말하는 것이다. 괘의 체가 멈추어서(止) 마음으로 기뻐하는 것(하괘의 艮은 止이고, 상괘의 兌는 悅이다)은 젊은 남녀가 처음에 사랑에 빠진 것을 매우 적절하게 표현하고 있다. 〈상전〉에 말하기를, "엄지발가락으로 느끼는 것은 마음이 바깥으로 향해 있음을 말한다."²¹²⁾「바깥」은 구사를 말한다.

☷☱ 困 구사 "천천히 온다. 금차에 막혀 오지 못한다. 어려우나 끝은 좋다."²¹³⁾

구사의 위는 바르지 않으나 초육과 감응한다. 막혔을 때 초육은 구이(금차는 구이를 말함)에 막혀서 바로 만나지 못하기 때문에「서서히 온다」「어렵다」라고 말하는 것이다. 음양이 서로 상응하여서 끝내 서로 합하기 때문에「끝이 좋다」라고 말하는 것이다.

(2) 감응하여서도 불길한 괘의 예

☷☳ 豫 초육 "멋대로 즐기는 것을 표현하면 흉이다."²¹⁴⁾

예괘에서 초육과 구사는 정응한다. 구사는 전체괘 중에서 유일한 양이고, 임금 가까이에 있는 권신(위로 육오의 군주와 친하려 함)으로 권세가 세고 덕망이 높아서 여러 음들이 즐겨 친하려 한다. 그러나 초육의 위는 비천하고 바르지 않으면서 구사와 응하여 남의 권세를 이용하여 그 즐거움을 드러낸다. 이것은 바로 다른 사람의 귀한 것에 의지하여 스스로를 잊어버리는 가장 비천한 류의 사람이기 때문에 흉하다고 말하는 것이다. 〈상전〉에 말하기를, "그 즐거움을 말로 표현하는 것은 뜻이 궁색한 것으로 흉함을 말한다."²¹⁵⁾「뜻이 궁하다」는 것은 바로 보통 말하는 기개가 없는 사람을 말한다.

☲☴ 鼎 구사 "솥의 다리가 부러진다. 왕공이 먹을 고기로 끓인 죽을 엎지른다. 무거운 형벌을 받게 되어 흉하다."²¹⁶⁾

정괘는 솥의 형상을 하기 때문에 이름붙인 것이다. 솥은 음식을 만들어 먹을 것을 제공하는 작용을 하기 때문에 그 뜻 역시 여기에서 나온 것이다.

---

212)「感其拇, 志在外也.」
213) 困卦 九四「來徐徐, 困於金車, 吝, 有終.」
214) 豫卦 初六「鳴豫, 凶.」
215)「鳴豫, 志窮, 凶也.」
216) 鼎卦 九四「鼎折足, 覆公餗, 其形渥, 凶.」

구사효는 양으로 음의 자리에 있어서 바른 자리가 아니다. 그러나 육오가 나약하고 구사는 양강으로 가까이에 있는 측근이기 때문에 권세를 한몸에 지니고 있다. 아래에서 감응하는 초육 또한 음으로 부정하다. 그 자체가 바르지 못하고 또 다른 사람에게 맡겨놓으니 뒤집어지는 것은 당연한 결과이다. 〈상전〉에서 말하기를, "왕공이 먹을 음식을 엎지르니 무엇을 믿을 것인가."[217] 라는 것은 초육은 믿을 만한 사람이 못되는 데도 믿어서 결국 이런 일이 생겼다는 것을 말한다.

☰ 同人 육이 "종친들과 화합하여 후회한다."[218]

괘의 상은 해와 달이 빛나서 위로 천과 화합하고, 인도의 입장에서는 다른 사람과 화합하는 뜻을 나타내고 있다. 육이의 효는 음으로 중정한 자리에 있으면서 위로는 구오의 강건함과 감응하여 본래는 「후회함(吝)」이 없는 것이다. 그러나 전체적인 괘의 대의로 말한다면 다섯 양과 하나의 음으로 구성되어 있기 때문에 육이가 만약 사람들의 뜻과 모두 화합하려 한다면 구오 하나의 효에만 감응해서는 안 된다. 즉 육이가 구오에 상응하는 것은 뜻으로는 비록 옳지만은 다른 사람들과 대동(大同)하려 하면 사사로운 감정에 빠지기 때문에 「어려움」이 생기는 것이다. 〈상전〉에 말하기를, "종친의 사람들과만 화합하면 후회하게 될 것이다."[219] 「종(宗)」이란 것은 육이의 동인을 말하는데 사사로움에 빠지게 되고, 작은 것에 빠지게 되는 것이다.

☶ 蠱 구이 "어머니에 의해 잘못된 것을 바로잡으려 한다. 너무 엄정하면 좋지 않다."[220]

일이 잘못되어 손상된 것을 고라고 한다. 이 괘는 잘못된 것을 고치는(幹은 治의 뜻) 뜻을 가지고 있다. 구이는 양으로 음의 중자리에 있으면서 육오와 상응하는 것으로「어머니에 의해 잘못된 것을 시정하는」상이다. 그런데 구이는 양의 강한 성질로서 음의 뜻을 이어받고 있기 때문에 반드시 중도에 따라서 신중히 처리해야 하지 너무 강하면 안 됨을 효사에서 경계하고 있다.

---

217)「覆公餗, 信如何也.」
218) 同人卦 六二「同人于宗, 吝.」
219)「同人于宗, 吝道也.」
220) 蠱卦 九二「幹母之蠱, 不可貞.」

(3) 감응하지 않는 응괘의 예

☶☳ 无妄 초구 "허위가 없는 진실함이다. 나아가면 길하다."[221]

무망괘는 진하건상으로 하늘까지 감동시킨다. 즉 조금의 인위도 없이 천도의 순수한 자연스러움에 합한다는 말이다. 사람의 입장에서 말하면 참으로 진실하여 조금의 허망도 없는 것이다. 초구는 양으로 양의 자리에 거하여 진괘의 정위를 얻어서 움직임의 주체가 된다. 감응으로 말하면 구사와는 응하지 않으나 대체적으로 보면 상괘는 건의 양으로 천도가 크게 형통하기 때문에 초구가 움직여 가려는 것은 사사로이 응하려는 것이 아니다. 그것은 천과 응하려는 것으로 줄곧 천과 합하려는 것을 생각하여 사사로운 상응과는 크게 대별되는 것이다. 그러므로 「나아가면 길하다」라고 말하는 것이다. 〈상전〉에서 말하기를, "허위가 없이 진실되게 나아가는 것은 뜻을 얻었기 때문이다."[222] 라고 하여 초구가 위의 건의 천과 감응하여 양의 본성을 얻었다는 것을 말하는 것이다.

☴☵ 渙 육사 "무리를 해산하면 크게 길하다. 해산하여 모은다. 보통사람은 생각하지 못하는 바이다."[223]

환은 흩어진다는 뜻으로 괘의 의미는 천하의 흩어진 것들을 모으는 뜻을 가지고 있다. 육사의 효는 음의 자리에 거하여 정위이면서 군주의 측근에 있다. 천하가 불안정하게 흔들려 흩어질 때 군중이 결당하여 반기를 들게 된다. 그러나 육사는 정위에 자리하여 아래와 사사로이 응하지 아니하고 구오를 받들어 흩어진 무리를 수습하는 역할을 하기 때문에 「크게 길하다」라고 말하는 것이다. 아래의 「해산하여 모은다. 보통사람은 생각하지도 못하는 바이다」라는 구절은 육사의 뛰어난 식견을 찬양하는 것이다. 육사는 사사로이 파당을 만들지 않았지만 그러나 천자를 위해서 인심을 수습하는 입장만은 가진다. 「구(丘)」는 고대의 씨족 부락시대의 백성들이 함께 거주하는 높은 지대를 말하는데, 이것은 스스로의 입장을 가지고 있음을 말하는 것이다. 육사의 이런 생각은 보통사람들이 감히 생각하지 못하는 것이다. 이것은 비록 상응하는 것이 나타나지는 않지만 세상사람들의 마음과 응하는 것으로

---

221) 无妄卦 初九「无妄, 往, 吉.」
222) 「无妄之往, 得志也.」
223) 渙卦 六四「渙其群, 元吉. 渙有丘, 匪夷所思.」

이른바 「응함이 없는 응(無應之應)」이다.

☲ 中孚 구이 "울고 있는 학이 산 아래에서 웃고 있다. 화답한다. 나에게 훌륭한 술잔이 있으니 나와 함께 듭시다."[224]

중부괘는 마음속의 진실함으로 서로 감응하는 뜻을 가지고 있다. 괘상은 날아가는 새의 모습을 「우는 새」로 비유하고 있다. 구이는 비록 실위하여서 응함이 없으나 중에 자리하고 있어서 중부의 뜻과 통한다. 그러므로 구이는 비록 괘상으로는 음양의 상응함은 보이지 않으나, 뜻으로는 분명히 상응하는 것이 있는데 그것은 마음이 진실하기 때문이다. 「작(爵)」은 술잔으로 술을 말한다. 좋은 술을 친한 친구들과 함께 마시는 것이 바로 상응의 즐거움이다. 구이와 구오는 똑같이 양효로 본래 상응하는 것은 아니지만 "유덕자는 외롭지 않다. 반드시 이웃이 있다."[225] 라고 하여 참된 마음이 있으면 저절로 함께 응하여 참여하기 때문에 괘상에 집착할 필요는 없는 것이다. 공자는 〈계사전〉에서 이 효의 뜻에 대해서 더 분명하게 말하고 있다. "군자가 방안에서 무엇인가를 말했을 때 그것이 좋은 말이라면 천리 바깥에서도 그것에 호응하는데 하물며 가까이 있는 자들에게는 더더욱 그러한 것이다. 방안에 앉아서 좋지 않은 말을 한다면 천리의 바깥에서도 그것에 반발하는데 하물며 가까운 곳에 있는 사람에게서야? 말이란 몸에서 나오지만 다른 백성들에게 영향을 미치고, 행동이란 가운데에서 나오지만 멀리에까지 나타난다. 말과 행동은 군자의 지도리와 문지방과 같이 가장 중요한 관건이다. 그 가장 중요한 것이 나타남으로 인하여 영예와 치욕이 정해지는 것이다. 언행은 군자가 천지까지도 감동시킬 수 있는 것이므로 신중히 하지 않을 수 없는 것이다."[226] 위에서 인용한 〈계사전〉의 말은 「응」의 작용을 사람의 주관적인 언행문제와 연결시키는데, 언행의 선함과 불선함에 대해서만 말하고 응과 무응에 대해서는 말하지 않았다. 즉 언행이 선하면 자연히 상응하는 것이 있고, 언행이 불선하면 상응함이 없는 것으로 말하고 있다. 공자의 이런 말들은 바로 유가가 강조하는 「반구제기(反求諸己 : 자신의 잘못을 돌이켜 스스로에서 찾음)」의 참정신이다. 또 여기에서 우리는 괘상에서의 응과 무응이라는 것은 다만 사리를 설명하는 부호에 지나지 않고, 진정한 「응」의 힘은

---

224) 中孚卦 九二 「鳴鶴在陰, 其子和之, 我有好爵, 吾與爾靡之.」
225) 《논어》〈里仁篇〉「德不孤, 必有鄰.」
226) 〈계사전〉「君子居其室, 出其言善, 則千里之外應之, 況其邇者乎? 居其室, 出其言不善, 則千里之外違之, 況其邇者乎? 言出乎身, 加乎民, 行發乎邇, 見乎遠. 言行, 君子之樞機, 樞機之發, 榮辱之主也. 言行, 君子之所以動天地也, 可不愼乎?.」

괘상에 의해서 제한되어지지 않는다는 사실을 알 수 있게 될 것이다.

☰☱ 履 구이 "중도를 실천함이 당당하다. 은자는 바르면 길하다."[227)]
리괘는 실천행위를 말한다. 구이는 양으로 음의 자리에 있으면서 위로는 정응하는 것이 없고, 리(2에서 4는 리(離)괘의 호체임)의 밝음 아래에 있기 때문에 「은자」라고 말하는 것이다. 구이는 하괘의 중에 자리하여서 양으로서 중도를 행한다. 비록 위와는 사사로이 응하는 것이 없으나, 상괘의 전체가 건 즉 천의 강건한 성질이기 때문에 천과 합하고 본받으려 한다. 상괘는 내용적으로 구이와 응하는 것으로 이른바 「무응지응」이다.

「응」의 변화는 매우 다양하고 많아서 일일이 모두 다 들 수가 없다. 위의 (1) (2) (3)의 예들은 다만 독자들이 그것들을 통하여 대략적인 것을 파악하기를 바랄 뿐이다. 그러나 필자가 여기에서 강조하려는 것은 바로 감응이란 것이 「감정」에 속하는 것이고 감정은 쉽게 넘친다는 것이다. 만약 음양의 감응이 제멋대로라면 인간사회는 매우 문란하게 될 것이다. 이 때문에 부득불 그것을 이성으로 규범화할 수밖에 없는 것이다. 괘효상의 초와 4, 2와 5, 3과 상의 상응이란 것은 바로 실제 사회상의 각종 예법제도와 같은 것이다. 사람들이 한편으로는 선천적인 감정을 잃지 않게 하고, 한편으로는 감정의 범람을 없애서 이성적인 것으로 전환시켜 감정과 이성이 서로 상응하게 만드는 것이다. 이 때문에 《역경》의 「응」에 대한 해석에는 거의 모두 도덕적 의미가 부여되고 있는데, 이런 도덕의미는 실은 「응」의 범람을 방지하기 위해서 부득이하게 그런 것이다. 이런 인식은 필요한 것이다. 다시 몇 가지 예를 들어서 설명해 보겠다.

☳☱ 歸妹 구사 "여동생을 출가시키려는데 시기를 넘겼다. 천천히 때가 오기를 기다려라."[228)]
귀매는 여자를 시집보내는 괘인데 구사의 양효는 정응하는 것이 없기 때문에 「시기를 넘긴 것」이다. 그러나 괘상으로 볼 것 같으면 육삼이라는 것은 결코 상응하는 것이 없고 위로는 구사를 위에다 두고 있어서 자연히 음양이 서로 가까워지게 되는데도 육삼과 구사가 결혼하지 못하는 이유는 무

---
227) 履卦 九二「履道坦坦, 幽人貞吉.」
228) 歸妹卦 九四「歸妹愆期, 遲歸有時.」

엇인가? 그런데 효사에서는 이것을 해석하지 않고「천천히 때가 오기를 기다려라」라고 말한다. 〈상전〉에서 말하기를, "시기를 지내버린 뜻은 좋은 배우자가 나타나기를 기다려 결혼하려는 것이다."[229]라고 했다. 육삼과 구사가 서로 친하면서 결혼하지 못한 것은 때를 기다려서 그런 것이기 때문에 역시 도덕적인 의미가 들어 있음을 알 수 있을 것이다.

☲ 中孚 초구 "편안히 거하면 길하다. 다른 마음을 가지면 안심할 수가 없다."[230]

초구는 자체가 양으로서 양에 처해 있어서 바른 자리를 차지하고 있고, 위로 육사와 상응하면서도 겸손함의 바름을 가졌기 때문에「편안히 거하면 길하다」라고 말하는 것이다. 그러나 육사는 위로 감응하지 못하는 구오를 받들고 있고, 육삼은 또한 육사에 비해 초구에 더 가까이 있으며, 초구는 아래에 낮게 있는 상황 속에서 육사를 버리고 육삼에게로 갈 가능성이 있다. 효사에서는 이것을 고려하여 분명하게「다른 마음을 가지면 안심할 수 없다」라고 말하는 것이다. 〈상전〉에서 말하기를, "편안히 거하면 길하다는 것은 뜻이 아직 변하지 않음을 가리킨다."[231]

☳ 屯 육이 "앞으로 나아가지 못하고 머뭇거린다. 말을 타도 나아가지 못한다. 도둑이 아니고 구혼자이다. 여자가 바르게 마음먹어 결혼을 허락하지 않는다. 10년 후에 혼인을 허락한다."[232]

이 효사는 앞에서 이미 예를 들어서 설명하였다. 그러나 여기에서는 「감응」 중의 도덕적인 힘을 설명하기에 가장 적합하기 때문에 다시 거론하였다. 육이가 초구의 교란을 받는 것은 어쩌면 필연적인 것인지도 모른다. 그러나 육이는 중에 자리하고 올바름을 가진 여자로서 곤란 속에 빠져 있는 구오(구오는 위험 속에 있음)를 기다려서 차라리 10년을 혼인하지 않고 기다린다. 올바른 감응으로 돌아가려는 힘이 얼마나 큰 것인가를 알 수 있을 것이다.

그러나 어떤 때는 일반적인 규칙과 맞지 않는 특수한 상황도 있다. 예를 들어 살펴보면 다음과 같다.

---

229)「愆期之志, 有待而行也.」
230) 中孚卦 初九「虞吉, 有他不燕.」
231)「初九虞吉, 志未變也.」
232) 원문은 앞의 주 200) 참조.

☴ 姤 구이 "짚으로 만든 꾸러미 속에 물고기가 있다. 허물이 없다. 손님을 대접하면 좋지 않다."[233]

초육은 위의 구사와 상응하여 이치상으로 본다면 마땅히 구사와 합하여야 한다. 그러나 구괘는 다섯 양과 하나의 음으로 음양이 만나는 것을 뜻으로 삼는다. 초육이 처음 와서 구이와 먼저 만나는 것이 첫번째 뜻이다. 두번째는 초육이 위를 잃은 부정한 여자로서 정응과는 거리가 매우 멀어 서로 만날 수가 없게 되는 것이다. 이 때문에 구이가 초육을 만나는 것은 「별 큰 허물이 없는 것」이 되는 것이다.

결론적으로 말하여 「응」의 변화는 갖가지 인정(人情)이 얽혀 있는 세계 속에서 이성원칙을 세우는 것이다. 이러한 점들에 유의하여 괘효상을 다시 한번 조심스럽게 탐색하여 헤아려보아야 할 것이다.

제 6 절 중(中)

「중(中)」의 뜻은 중국문화의 가장 정채로운 부분이다. 중국인이 말하는 「중용의 도」로부터 중국문화를 보면 중국문화의 높은 품격을 볼 수가 있을 것이다. 희랍의 아리스토텔레스 역시 「중용」을 말하는데 서양에서는 유일하다. 그런데 아리스토텔레스가 말하는 「중용」은 이론적인 측면에 치우쳐 있다. 그것은 형이상학적인 주장을 근거로 하여 설명하고 있다. 인간은 높은 단계의 이성과 낮은 단계의 저급한 정욕을 동시에 가지고 있다. 만약 인간이 이성만 가지고 있다면 현실적인 실존적 의미를 잃어버리고, 다만 정욕만 가지고 있다면 보통의 동물로 타락하기 때문에 양자는 둘 다 필수 불가결한 것이다. 그러므로 인간의 행복한 생활이란 반드시 이성으로 정욕을 조절하여, 정욕이 너무 과도하거나 혹은 결핍하지 않게 하여야 한다. 이 때문에 그는 용감은 비겁과 만용의 중용이고, 후함은 인색과 낭비의 중용이고, 고상함은 천박과 비굴의 중용이라고 말하였다. 아리스토텔레스의 이런 입장은 언뜻 보기에는 타당한 것

---

233) 姤卦 九二 「包有魚, 无咎. 不利賓.」

같지만, 조금만 깊이 생각해 보면 문제가 있음을 발견할 수가 있을 것이다. 우선 「중」의 의미를 이런 식으로 한정하는 것은 너무나 틀에 박혀 있는 규정이다. 비겁과 만용의 사이에 있는 중간을 일러서 「용감」이라고 한다면 그것은 「용감」의 살아 있는 활용을 잃어버린 것이다. 두번째, 무엇이 비겁이고, 만용인가? 알렉산더 대제가 죽었을 때, 아리스토텔레스는 아테네 사람들이 그에게 해를 끼칠까 두려워하여 리케이온(Lykeion) 학원으로 도망가면서 말하기를, "나는 아테네인들이 소크라테스에게 한 것처럼, 두 번 다시 철학에 해를 끼치게 놓아두지는 않겠다."고 하였다. 이것은 비겁이 아니고 무엇인가? 나라를 위하여 전장에서 적을 살해하고 생존을 보장하는 것이 「만용」인가? 이런 정의는 사실상 분명하지 못하다. 세번째, 아리스토텔레스의 이런 정의는 다만 이론적인 측면에서 말하는 것으로 실제의 삶 속에서는 적용하기가 곤란하다. 한 개인의 행위가 의식적이던 무의식적이던, 선택의 결과가 도둑질을 하였던 강도질을 하였던 모두 자신의 행위에 대해서 변호의 여지가 있게 되는 것이다. 비겁 또는 비겁하지 않음, 만용이란 것은 모두 다른 사람들에 의한 평가이다. 위에서 예를 든 것처럼 아리스토텔레스가 아테네를 도망칠 때 스스로 비겁하다고 말할 필요는 없는 것이다. 왜냐하면 아테네 사람들이 그를 비겁하다고 말할 것이기 때문이다. 이처럼 동요하여 흔들리는 정의로는 인간행위의 지표가 되기에는 부족하다. 이런 아리스토텔레스의 「중용」 학설이 서양사회에 큰 영향을 미치지 못하는 것을 통하여서도 알 수 있을 것이다. 그가 일찍이 중용설을 말하였으나 중국인들의 눈으로는 그것은 다만 정밀함이 없는 대략적인 것으로 밖에 보이지 않을 것이다. 오히려 중국인들은 그들이 말하는 「과불급(過不及)이 없는」 이런 의미야말로 중용의 의미를 온전히 표현하고 있는 것으로 보는 것이다. 그런데 중국인들이 말하는 「중」의 개념은 이미 이런 인식을 초월하여 깨달음의 경지에까지 이르고 있다. 그들이 말하는 「중」의 의미는 대체적으로 두 가지 입장에서 강조되고 있다.

첫째 : 중의 활용 ──「집중용권(執中用權 : 저울추를 통한 중의 파악)」
둘째 : 중의 작용 ──「건중입극(建中立極 : 중을 세워 표준을 건립함)」

이런 문제들은 여러 책에서 나타나는데 예를 들면 《논어》〈요왈(堯曰)편〉에 요임금이 천하를 순임금에게 넘겨주려 할 때 말하기를, "순이여! 천하의 왕이 되는 운수는 너에게 있다. 너는 진실로 참된 중을 잡아야 한다……"[234] 라고 하였고,《상서》〈대우모편〉에서도 순임금이 천하를 우임금에게 넘겨줄 때 역시 말하기를, "하늘의 운수가 그대에게 있으니 마침내 그대의 임금의 자리에 오르리라. 사람의 마음은 위태롭기만 하고, 도를 지키려는 마음은 희미하기만 하니, 오직 정성을 하나로 모아 진실로 중도를 잡아라……"[235] 이것은 이미 아리스토텔레스보다 시간적으로는 2000여 년이나 앞선 것이다.

(1) 중의 활용 —— 집중용권(執中用權)

중(中)의 활용 ——「집중용권」이란 무엇인가? 이것은 「중」을 고정된 것으로 보지 않는다는 것이다.《주역》의 철학에 의하면 우주만물은 영원히 변화하고 있는 것으로 한번도 고정되어 있거나 변화하지 않은 채 있은 적은 없다. 만물변화 속에서 시공에 따라 그 자연스러움을 얻어서 도와 어긋나지 않는 것이 바로 「중」이다. 「집중용권」이라는 것은 하나의 비유이다. 「권(權)」이라는 것은 물건의 경중을 달 때 저울대에 달아놓은 추를 말하는데, 이 추는 다는 물건의 무게에 따라 이동되는 것이다. 만약에 고정되어 움직이지 않으면 물건을 다는 기능을 잃어버리는 것으로 옛 사람들은 이것을 이용하여 「중」의 활용을 이야기하고 있다. 이런 예를 통하여 우리는 「중」의 활용의 의미를 파악할 수 있을 것이다. 왜냐하면 추가 저울대에서 이동하는 것은 가장 가벼운 곳에서 가장 무거운 곳으로 이동하는데, 어떤 경우에 매우 무거운 물건을 달 때 추는 반드시 가장 무거운 쪽의 극단에 놓여져야 한다. 이와는 반대로 가장 가벼운 부분의 극단에 치우칠 수도 있는 것이다. 추를 놓는 위치란 것은 결코 가볍고 무거운 양극단을 벗어날 수 없다. 가볍고 무거운 것을 평형하게 하여야 비로소 그 기능을 다 발휘할 수 있기 때문이다. 왜냐하면 어떤 때는 비겁한 것도 「중용」이 될 수 있다. 예를 들면 한신(韓信)이 다리 사이를 기어나간 경우이다. 어떤 때는 흉폭한 것이 「중용」이 될 수도 있는데, 예를 들면 생존을 위하여 적을 살해하는 것 등이다. 다만 여기에서 중요한 것은 시간과 공간

---

234)「咨, 爾舜! 天之曆數在爾躬, 允執其中……」
235)「天之曆數在汝躬, 汝終陟元后, 人心惟危, 道心惟微, 惟精惟一, 允執厥中.」

적인 요소이다. 예를 들어서 설명하면 평상시에 시속 60킬로미터를 넘어설 수 없지만 사고를 피해야 하는 경우에는 오히려 시속 100킬로미터가 중인 것이다. 갑자기 적이 쳐들어와 재빨리 적과 대항하여 싸워야 할 경우에는 주어진 규칙에 반드시 따를 필요는 없다. 「중」이란 것은 일종의 가장 적당한 상황을 만드는 것을 말하며 인간의 생각을 고정된 집착에 빠지지 않게 만드는 것이다. 아리스토텔레스도 말하였지만 이른바 「중」이란 것은 결코 일직선을 둘로 나누어서 그 중간점을 가리키는 것이 아니라, 개인의 명석한 판단과 날카로운 감수성에 근거하는 것이라고 하여 그는 그것을 「통찰력(insight)」이라고 말하였다. 그러나 이렇게 말한다면 사람들로 하여금 「중도」를 행하도록 인도하지 못하게 하고, 또 그가 말하는 용감은 비겁과 만용의 「중」이라고 하여 사람들을 쉽게 집착에 빠뜨리게 하는 것이다.

《주역》의 괘상에서 나타나는 「중」은 2와 5의 두 효이다. 일반적으로 사람들은 이 두 효가 각각 상하괘의 중간에 자리하고 있기 때문에 중이라고 말한다. 이 말도 틀린 말은 아니다. 그러나 사실상 《주역》에서 2와 5의 중효를 「중」이라고 명명하는 것은 단순히 「상하의 중간을 취한」 고정된 위치로 말하는 것은 아니다. 그러면 중의 의미는 무엇인가? 중요한 것은 「시간」과 「위치」 「감응」 「승(承)」 「승(乘)」과 관계하고 있는 것이다. 즉 어떤 사람이 행동할 때에 시간과 공간에 잘 맞추고, 「응」 「승」 「승」의 관계를 잘 이용하는 것이 바로 「중」이다. 괘상에서 다만 2와 5의 두 효를 빌려서 말하는 것은 그 중의 한 의미만 말하고 있을 뿐이다. 아래에서 예를 들어 설명해 보겠다.

☲☵ 蒙 〈단전〉 "몽은 통한다. 시중에 따라서 행하기 때문에 통한다."[236]
 공자의 이 말은 괘사 중의 「몽은 통한다」라는 말을 해석한 것으로 몽이 형통하는 것은 「시중」에 따라서 행하기 때문이라고 말한다. 「시중」은 무엇인가? 바로 「시와 더불어 함께 행하는(與時偕行)」것이고, 「동정이 그 시를 잃지 않기」때문이다. 몽괘는 아무것도 모르는 어린이에게 무지를 계몽하는 것을 그 뜻으로 하고 있다. 몽매한 어린이에 대한 계몽이란 것은 어디까지나 적절한 시간에 따라 하여야 하는 것이다. 예를 들면 초육의 「채찍으로 가르침(利用刑人)」이란 것도 「시중」을 따라서 행하지 못하면 「통한다」라

---

236) 「蒙亨, 以亨行時中也.」

는 의미는 없게 되는 것이다. 여기에서 말하는 「시중」의 「중」이란 말은 시기를 파악하는 것을 말하는데 적당히 시간을 이용하는 것을 말한다. 《주역》의 다른 곳에서 말하는 「군자이시중(君子而時中)」이란 말도 역시 이와 같다. 후대인들이 몽괘를 해석할 때에 이 시중의 뜻을 괘상으로만 해석하여 구이와 육오의 두 효가 각각 중의 자리에서 서로 상응하는 것으로 해석하고 있는데 이것은 다만 상에만 근거하여 말하는 것이다. 상에 집착하여 대의를 잃어버리지 않아야 한다.

☷☵ 蹇 〈단전〉"건은 서남으로 가면 좋다는 것은 가서 중을 얻기 때문이다. 동북으로 가면 좋지 않다는 것은 그 도가 궁하기 때문이다."[237]

건괘에서 말하는 몇 구절의 말들은 앞에서 시를 논할 때에 이미 말하였다. 여기에서는 「가서 중을 얻는다」의 「중」에 대해서 다시 말하겠다. 여기에서 말하는 중이란 것은 매우 분명한데, 서남 방향으로 가면 「중을 얻고」 동북으로 가면 「도가 궁해지는」 것으로 여기에서 말하는 「득중」의 의미는 실은 마땅함(宜, 當)을 얻었다는 뜻이다. 이것은 당시에 주문왕이 천하의 현명한 인사들을 불러모으는 시대로서 사람들이 모두 어려운 시대에 처해 있기 때문에 가야할 것인지 남아 있어야 할 것인지를 분명히 하여 자신의 몸을 깃들일 가장 적당한 곳을 찾아야만 하는 시기이다. 괘상에서 말하는 구오와 육이가 상응하는 것은 바로 이런 본의를 잃어버리지 않음을 말하는 것이다. 해(解)괘의 〈상전〉에서 말하는 "돌아오는 것이 길하다. 중을 얻었기 때문이다."[238]라는 것 역시 같은 뜻이다.

☷☳ 復 육사 "중도로 행하여 홀로 돌아온다."[239]

괘상에서 말하는 중이란 것은 보통은 2와 5의 두 효이다. 3과 4의 두 효를 가지고 「중행」이라고 말하는 것도 있는데, 복괘 이외에 익(益)괘의 육삼과 육사가 있다. 이 괘의 「중」은 통상 「여러 음 가운데의 중(在群陰之中)」으로 해석하는데 이것 역시 가능하다. 그러나 이렇게 되면 깊은 뜻이 드러나지 않기 때문에 필자는 달리 생각한다. 여기에서 말하는 「중행」이란 것은 중도의 행이다. 여러 음들이 여전히 왕성하여 하나의 양이 막 돌아올 때에 육사의 효만이 유독 초구의 효와 상응하고 있다. 이것은 바로 육사가

---

237) 원문은 앞의 주 167) 참조.
238) 「其來復, 吉, 乃得中也.」
239) 復卦 六四 「中行獨復.」

시간의 변화를 잘 관찰하여 양의 도가 장차 일어날 것을 알고서 사악한 것을 버리고 선한 것을 쫓아가는 것 이것이 바로「시중」의 군자이다. 여기에서「중」자를 사용한 것은 매우 적당한 것이다. 이런 입장에서 우리는 《주역》에서 말하는「중」이라는 것은 바로 올바른 시간에 근거하여 가장 합당한 조치를 취하는 것이라는 사실을 알 수 있을 것이다. 결코 괘상에서 나타나는 2와 5의 두 효에만 집착해서는 안 된다는 것이다. 익괘의 육삼과 육사에서 말하는「중행」역시 똑같이「중도의 행」이란 의미이기 때문에 여기에서는 다시 거론하지는 않겠다.

위에서 말한 것들은 모두 2와 5, 3과 4의 효로써「중」을 말한 것이 아니라, 그 뜻이「시중(時中)」에 있음을 말하였다.「위의 중」(즉 득위의 중으로 정위 혹은 득위)이라는 것은 매우 많다. 문자로 나타난 것을 계산해 보면 〈단전〉에 나타난 것만 보아도 양이 중을 얻은 것이나 음이 중을 얻은 것 모두 합하여 36괘인데, 이런 중은 두 가지 양태로 나타난다. 하나는 양효가 5에 있거나 음효가 2에 있어서 정위를 얻는 경우와, 또 하나는 양효가 2에 있거나 음효가 5에 있어서 정위를 얻지 못하는 경우이다. 전자는 정위를 얻어서「중」이라 한다. 양이 5에 있을 때는 〈단전〉에서는「중정(中正)」혹은「정중(正中)」이라고 말한다. 음이 2에 있을 때는 대부분「득위, 득중」이라고 말하거나, 다만「득중」이라고 말한다. 예를 들면,

☵ 需 〈단전〉 "천자의 위치에 있어서 정중이다."(구오를 말함)
☱ 訟 〈단전〉 "대인을 보면 이롭다. 중정을 존중하기 때문이다."
  (구오를 말함)
☰ 同人 〈단전〉 "음의 부드러움이 중을 얻어서 건과 응한다."
  (육이를 말함)
☵ 旣濟 〈단전〉 "음이 득중하였다."(육이를 말함)

후자는 양의 효가 2에 있거나 음의 효가 5에 있는 것으로,「위」라는 입장에서 말하면 정위는 아니지만 여러 곳에서「중」이라고 말하는 것은, 그 괘가 처한「시」가 그 위와 들어맞기 때문이다. 예를 들면,

☷☵ 蒙 〈단전〉 "처음 점칠 때는 가르쳐준다. 양이 중을 얻었기 때문이다."[240]
「강중(剛中)」이라는 것은 구이를 가리키고, 2는 양의 자리가 아니다. 그러나 계몽하려 할 때에는 양이 2에 자리하여서 정위가 아닌 초육을 가르치기 때문에 「중도의 행」이라고 하는 것이다.

☷☱ 臨 〈단전〉 "양의 강이 중의 자리에 있으면서 응하고 있다. 크게 통하여 바르니 바로 하늘의 도이다."[241]
「강중」이라는 것은 구이를 말한다. 임(臨)괘는 양의 세력이 막 자라나서 음을 몰아내는 형상으로 음양의 성쇠와 소장(消長)이라는 것은 자연의 법칙인데 괘상으로 분명하게 표현되어 있다. 구이는 양의 세력이 자라날 때에 솔선하여 앞으로 약진하여 음을 소멸시킨다. 비록 음의 자리에 있으나 「시」의 거동을 분명하게 파악하고 있기 때문에 「중」이라고 말하는 것이다.

☲☰ 大有 〈단전〉 "음이 존위에 자리하여 중을 얻고 있고, 상하가 응하고 있다."[242]
대유의 뜻은 가지고 있는 것이 크고, 많이 가지고 있다고 하여도 스스로 크다고 생각하지 않아야 한다. 만약 스스로 많다고 생각한다면 설령 많이 가지고 있다 하여도 많이 가진 것이 아니게 된다. 육오는 음으로 존귀한 자리에 있으면서 상하의 다섯 양과 응하고 있다. 그는 가진 것이 많으면서도 그렇게 여기지 않기 때문에 「대유」의 참뜻을 잘 발휘하고 있다. 육오가 중하다고 말하는 것은 이런 이유에서이다.

☲☶ 旅 〈단전〉 "작은 것은 통한다. 음이 바깥에서 중을 얻고 강을 따른다."[243]
「음이 바깥에서 중을 얻는다」라는 것은 육오를 가리켜 말하는데, 육오는 음으로 양에 자리하여 정위가 아니다. 그러나 여행할 때에는 음의 행위가 적당하기 때문에 육오의 음이 존위에 있어도 「중」이라고 말하는 것이다.

결론적으로 말하여 「중」의 의의는 《주역》 중에서는 「활용」하는 의미를 가지고 있는 것으로 절대로 괘상에 집착하여서는 곤란하다. 고대의 많은 학자들

---

240) 「初筮告, 以剛中也.」
241) 「剛中而應, 大亨以正, 天之道也.」
242) 「柔得尊位大中而上下應之.」
243) 「小亨, 柔得中乎外而順乎剛.」

이 여기에 집착하고 있는데 이것은 장자의 말을 빌려서 말해 보겠다.

"통발은 고기를 잡기 위해서 있다. 고기를 잡았으면 통발은 잊어버려야 한다. 올가미는 토끼를 잡기 위해서 있다. 토끼를 잡았으면 올가미는 잊어버려야 한다. 언어란 것은 뜻을 전달하는 데 있다. 뜻을 얻었으면 언어는 잊어버려야 한다."[244]

통발을 가지고 고기를 잡고, 올가미를 가지고 토끼를 잡고, 언어를 통하여 뜻을 전달하는 것은 틀린 말이 아니다. 그러나 고기는 통발의 바깥에 있고, 토끼는 올가미의 바깥에 있고, 뜻은 언어의 바깥에 있음을 알아야 한다.《주역》의「중」의 의의라는 것 역시 상을 통하여 얻는 것이기 때문에 마찬가지로 상의 바깥에서「중」을 구할 수 있는 것이다. 이것이 바로 중의 활용이다.

(2) 중의 작용 ── 건중입극(建中立極)

먼저「극(極)」자부터 이야기한다면「극」자의 본의는「기둥」을 뜻하는데, 집의 정중간의 위치에 자리하고 있는 동량을 말한다. 이 때문에 목(木)자가 붙게 되는데, 이 극자의 뜻은「중(中)」이란 글자에서 생긴 것이다.「중」이란 글자를 보면 갑골문에서 그것은 ⿳ 혹은 ⿳의 형으로 흩날리는 것이 왼쪽으로 혹은 오른쪽으로 두 개 혹은 하나로 나타난다. 여기에서 흩날리는 것은 바람의 방향을 나타내는 신호기의 기능을 가지고 있다. 옛 사람들은 여기에 반대 측면을 다시 더 묘사하기 위하여 중간에 선을 하나 더 그어서 기울어지지 않게 하였다. 사각형의「□」의 음은 위(圍)로서 사방의 경계를 상징하고 있다. 중간에 세로로 그은 획「│」은「□」를 반으로 나누어 위에서 아래로 죽 그은 것이다. 이러한 자형을 통하여「중」의 의미를 분석해 보면,

1) 중간에 가로로 위에서부터 아래로 그은 모습은 매우 당당하다. 위를 향하여서 제한되지 않고 관통하고 있다는 것은 탁월함을 나타내어 정신의 상승을 드러내고 있다. 아래로 무한하게 관통하고 있다는 것은 안정되고 착실할

---

244)《장자》〈外物篇〉 참조.

뿐만 아니라, 아래로는 결코 스스로를 뽐내지 않는다.

2) 사각형의 「□」는 천하와 국가를 표시하는 것으로 중도를 표현해야 하는 범위를 말한다. 이것은 중의 포용하는 덕을 표현하고 있는데 결코 혼자만 선한 것을 구하고자 하는 것이 아니라, 민중과 함께 나아가는 도리를 드러내고 있다. 동시에 「덕이 있는 자는 외롭지 않다. 반드시 그를 지지하는 이웃이 있다(德不孤, 必有鄰)」의 의미를 가지고 있다. 천하의 국가는 이런 중도의 의미에 따라서 수립된 것으로 「대중(大中)」의 뜻도 여기에 있다.

3) 좌로도 우로도 치우치지 않고 정도(正道)에 홀로 서 있다.

이것을 통하여 우리는 「중」의 의미가 왜 요·순 이래로 줄곧 정치사상에서 가장 중요한 위치를 점하고 있는가? 라는 원인을 분명히 알 수 있을 것이다. 중국인들은 중의 신념과 정치를 결합하여 천자는 천하의 극이고 천자의 극은 천하의 「황(皇)」(황은 大)에서 수립되는 것으로 보고 있다. 그러나 천자의 극은 백성들을 떠나서 높은 곳에 자리하고 있는 것이 아니라, 천하와 인민들이 서로 관통하고 있는 것이다. 상하가 하나의 극에 서로 통하고 있는 것이 바로 위에서 말한 중의 의미이다. 천자의 극에서 일반 백성들에 이르는 것은 바로 중간의 일획이고, 천자의 「황(皇)」은 사각형의 「□」이다. 여기에서 《상서》〈홍범(洪範)〉편에서 말하는 것을 통하여 「정치의 중도」와 중도의 작용을 살펴보도록 하자.

"다섯째, 황극이다. 황제가 대권을 통일하고 오복을 내려서 백성들에게 나누어주면, 백성들은 황권의 표준에 따라서 다스려지고 그러면 영원히 그 권한을 유지할 수 있을 것입니다. 무릇 그 백성들에게 무리를 짓는 일이 없어야 하고, 서로 이기적인 권력을 다투는 일이 있어서는 안 됩니다. 오로지 황제만이 이것을 만들 수 있습니다. 그러나 백성 중에는 좋은 계획을 내어놓는 자도 있고, 뜻 있는 일을 하는 자도 있고, 자기 행실을 지키려는 자도 있기 때문에 이것을 잘 유념해야 합니다. 이러한 표준에 일치하지 않는 경우가 있더라도 표준을 범하는 허물에 이르지 않는다면 황제는 이를 받아들여야 합니다. 그리하여 편안한 얼굴로 나는 덕을 좋아한다라고 말씀하시면 그것은 곧 그들에게 녹을 내리는 것입니다. 그러면 그들은 저절로 황제의 표준을 받들며 따르게 될 것입니다. 약한 사람들을 학대하지 말고 훌륭한 사람들을 멀리하고 꺼려서는 안 됩니다. 관리들 가운데는 유능한 자들이 있기 때문에 그들에게 맡겨서 실행하게 한다면 나라는 융성하게 될 것입니다. 무릇 올바른 사람들은 부하고 녹을 받도록 해주어야 합니다. 당신께서 그들로 하여금 국가에 공헌을 하게 하지 않는다면 그것은 그들에게 허물을 만들어주는 결과가 됩니다. 덕을 좋아하지 않는 자에게 녹을 내려준다면 그것은 당신이 허물을 만들어주는 결과 이외에 아무것도 아닙니다. 기울어지고 치우침이 없이 임금의 의리를 따르며, 혼자만 즐기는 일이 없이 임금의 도를 따르고, 혼자만 싫어함이 없이 임금의 길을 따를 것입니다. 편협함도 파벌도 없이 왕도는 호호탕탕하고, 파벌도 편협함도 없이 왕도는 공평합니다. 배반함도 치우침도 없이 왕도는 바르고 곧기 때문에 왕의 표준에 모이고 왕의 표준에 돌아가야 합니다. 황극에 의하여 포고된 말은 항상 불변하고 교훈적인 것이며, 하늘의 뜻으로 교훈한 것입니다. 모든 백성들은 천자의 이름으로 포고된 말을 교훈으로 하고 실행함으로써 천자의 광명정대한 덕에 가까워지는 것입니다."[245]

여기에서 말하는 것을 두 방면으로 나누어 설명하면 첫째는 천자가 천하의 극의 입장에서 어떻게 「중도」를 힘써 행하고, 백성들로 하여금 중도를 실행하게 하는가 라는 문제이다. 두번째로는 서민들이 어떻게 천자를 천하의 「극」으로 보아서 중도를 따르는가의 문제이다. 이렇게 하여서 전체 천하의 군주와 백성들이 하나의 중 속으로 모이게 하는 것이 바로 「황극을 세우고 이용하는 것(建用皇極)」이다. 중도의 이런 작용은 어떤 다른 철학에서도 발견되지 않는 것이다.

위에서 말한 것들은 아직 괘사에 관해서는 말하지 않았고 다만 중의 사상배경에 관해서만 말하였다. 왜냐하면 육효의 괘상은 문왕이 만든 것이고, 64괘에서 말하는 「중」의 의의 또한 문왕에서 시작하는 것이다. 위에서 인용한 〈홍범편〉의 문장은 대신인 기자(箕子)가 문왕의 아들인 무왕(武王)에게 말한 것이다. 이런 중의 사상은 사실은 문왕이 64괘를 만들기 이전에 이미 있었던 것

---

[245]「五, 皇極. 皇建其有極, 斂時五福, 用敷錫厥庶民. 惟時厥庶民于汝極, 錫汝保極. 凡厥庶民, 無有淫朋人, 無有比德, 惟皇作極. 凡厥庶民, 有猷有爲有守, 汝則念之, 不協于極, 不罹于咎, 皇則受之. 而康而色, 曰予攸好德, 汝則錫之福. 時人斯其惟皇之極. 無虐煢獨而畏高明. 人之有能有爲, 使羞其行而邦其昌. 凡厥正人, 旣富方穀. 汝弗能使有好于而家, 時人斯其辜. 于其無好德, 汝雖錫之福, 其作汝用, 咎. 無偏無陂, 遵王之義. 無有作好, 遵王之道. 無有作惡, 遵王之路. 無偏無黨, 王道蕩蕩. 無黨無偏, 王道平平. 無反無側, 王道正直. 會其有極, 歸其有極. 曰皇極之敷言, 是彛是訓, 于帝其訓. 凡厥庶民, 極之敷言, 是訓是行, 以近天子之光, 曰天子作民父母, 以爲天下王.」

이고, 문왕은 다만 위에서 말한 「중」의 내용을 괘상에다 표현하였을 뿐이다. 아래에서는 괘상에 나타난 「중」에 대해 살펴보도록 하겠다.

괘상에 나타난 중의 위는 두 곳인데 바로 2와 5이다. 즉 상괘의 중효와 하괘의 중효이다. 「중」을 두 개로 한 이유는 64괘가 표시하고 있는 것이 음양의 두 작용이 서로 상호작용하여서 물(物)을 낳은 것이기 때문에 음양의 두 작용이 각각의 중을 가지는 것은 필연적인 것이다. 5효는 양의 위이고 양으로 이곳에 자리하면 존귀하고, 2효는 음의 위이고 음으로 이곳에 자리하면 귀하게 된다. 그러므로 하나의 괘에 두 개의 중을 말하고 있지만 실은 하나의 중이다. 그러나 여기에서 우리가 분명하게 알아야 할 점은, 어떤 때에 양의 효가 2에 있으면서도 「강중(剛中)」이라고 하고, 또 음의 효가 5에 있으면서도 「유중(柔中)」이라고 말하는 것은 도의 변화작용 때문이다. 그것은 시간과 공간 그리고 사안에 따라서 그렇게 되는 것이다. 예를 들면,

☶ 蒙 〈단전〉 "강으로서 중이다."[246] (이것은 구이를 말하는 것으로 계몽을 맡은 책임을 말한다.)

☵ 訟 〈단전〉 "강이 와서 중을 얻었다."[247] (구이를 가리키는데 앞뒤 보지 않고 싸움한 것에 대해서 근신하는 중에 있다.)

☷ 師 〈단전〉 "강이 중을 얻고서 응하고 있다."[248] (구이를 가리키는 것으로 장군이 군사를 통솔하는 것을 말한다.)

☲ 大有 〈단전〉 "유가 존의 자리에 있으면서 대중(大中)하여 상하가 응하고 있다."[249] (육오를 말하는데 강의 양이 과도하게 성하여 유의 덕으로 조절하고 있다.)

☶ 旅 〈단전〉 "유가 바깥에서 중을 얻고 강에 따르고 있다."[250] (육오를 말하고 있는데 여행중에는 마땅히 유의 덕을 사용하여야 함을 말하고 있다.)

---

246) 「以剛中也.」
247) 「剛來而得中也.」
248) 「剛中而應.」
249) 「柔得尊位大中而上下應之.」
250) 「柔得中乎外而順乎剛.」

☰☲ 未濟〈단전〉"유가 중을 얻었다."[251] (육오를 말하는데 미제의 때에는 마땅히 유를 지켜야 한다.)

64괘 중에서 이런 예들은 수없이 많다. 바꾸어 말하면 「강중」의 정위는 비록 5효이지만 아래에서 충분히 그 작용을 다 할 수 있고, 「유중」의 정위는 비록 2효이지만 위에서도 충분히 그 작용을 다 할 수 있음을 말한다. 구오는 양의 극이고 육이는 음의 극으로 음양이 상하에서 그 작용을 다 하는 것이 바로 위에서 말한 「중」자를 상하로 관통하여 그은 의미이다.

5효의 위는 양의 정위이고 상괘의 중이기 때문에 전체 괘에서 가장 존귀하다. 2효의 위는 음의 극이지만 음의 성질 자체가 유순하여 뒤에서 따라가는 성질이 있어서 양의 5를 존중하는 것이다. 괘상은 인간과 만물을 대표하여 드러내는 것이기 때문에 5효의 위치라는 것은 전괘의 극이다. 64괘 중에서 5효가 「흉」하다고 말하는 것은 없다. 이런 것들은 어떤 하나의 합리적인 설명을 하여 주는 것이다. 그것은 바로 5효의 위는 천자의 존위이고, 이 자리에 있는 사람이 강이건 유이건 간에 모두 「중」을 행할 수 있고 결코 과도한 강이나 과도한 음에 빠지는 경우가 없음을 말하는 경우이다. 5효에서 「흉」을 말하지 않는 것은 완전히 중도 때문이다. 2효에서 흉을 말하는 것은 박(剝), 이(頤), 절(節)의 세 괘인데 모두 상황이 특수하다. 박(☷☶)괘의 육이는 여러 음에 막혀서 상하가 모두 양과 친하지 않고 정응되지 않기 때문에 전혀 양의 소식을 얻지 못하고 있는 경우이다. 이(☶☳)괘의 육이는 위와 정응하지 못하고 3, 4, 5의 효가 모두 부양받지 못하는 음이다. 상구가 스스로 응하여 부양하는 것도 아니기 때문에 「나아가서」는 안 된다. 절(☵☱)괘의 구이는 「시」에 집착하여 변통을 모르고 있다. 강건한 성질을 위배하고 「수시(守時)」에 집착하여 「실시(失時)」의 결과에 이르게 된다.

다른 하나의 특징은 2와 5의 두 효가 「무회(无悔)」 혹은 「회망(悔亡)」을 말하는 곳이 많다는 것이다. 「무회」는 마땅히 후회가 있어야 하는데 어떤 연유로 인하여 그 후회됨을 없애는 것을 말한다. 「회망」은 장차 후회하게 되어야 함에도 어떤 연유에 의해서 후회를 없애는 것을 말한다. 전자는 「후회」와는 거리가 비교적 멀고 후자는 비교적 가까운데 양자의 뜻은 거의 비슷하다.

---

251)「柔得中也.」

2와 5의 효에서 「무회」와 「회망」을 자주 말하는 것은 「중」 때문에 그런 것이다. 이러한 괘를 예를 들면,

☷☳ 復 육오 "정도로 돌아가려는 것이 돈독하다. 후회 없다." 〈상전〉에서 "정도로 돌아가려는 것이 돈독하다. 후회 없다는 것은 중용의 도에 근거하여 스스로를 돌아보기 때문에 가능하다."[252]

☳☴ 恒 구이 "후회할 일이 없어진다." 〈상전〉에서 "구이에서 후회할 일이 없어진다 라는 것은 중의 덕을 오래 지속하기 때문이다."[253]

☳☰ 大壯 육오 "양을 논둑에서 잃어버렸다. 후회 없다." 〈상전〉에서 "양을 논둑에서 잃어버렸다는 것은 위가 부당하기 때문이다."[254] (「양을 논둑에서 잃어버렸다」고 하고서 다시 「후회 없다」라고 말한 것은 위는 비록 부당하지만 중을 얻었기 때문이다.)

☲☷ 晉 육오 "후회 없다. 득실을 걱정하지 않아도 좋다. 나아가면 길하고 불리할 것이 없다."[255] (이 효의 〈상전〉에서는 중을 말하고 있지는 않으나 실은 육오의 「회(悔)」라는 것이 강(剛)을 타고 있으면서 「회망(悔亡)」한 것은 중을 얻었기 때문이다.)

☲☱ 睽 육오 "후회 없다. 부드러운 살을 씹는다. 나아가서 어찌 허물이 있을 수 있겠는가?"[256] (강을 타고 있어서 「회」이지만 중을 얻었기 때문에 「회망」이다.)

☶☶ 艮 육오 "그 뺨에 머무른다. 말에 순서가 있다. 후회할 일이 없어진다." 〈상전〉에서 "그 뺨에 머무른다 라고 한 것은 중정의 도를 가지고 있기 때문이다."[257]

☱☱ 兌 구이 "진실한 마음이 있어 기쁘고 길하다. 후회할 일이 없어진다." 〈상전〉에서 "진실한 마음이 있어 기쁘고 길하다는 것은 진실한 뜻 때문이다."[258] (「신지(信志)」라는 것은 마음이 진실한 것을 말한다.)

---

252) 復卦 六五 〈상전〉「敦復无悔, 中以自考也.」
253) 恒卦 九二 〈상전〉「九二悔亡, 能久中也.」
254) 大壯卦 六五 〈상전〉「喪羊于易, 位不當也.」
255) 晉卦 六五「悔亡, 失得勿恤. 往吉, 无不利.」
256) 睽卦 六五「悔亡, 厥宗噬膚, 往, 何咎.」
257) 艮卦 六五 〈상전〉「艮其輔, 以中正也.」
258) 兌卦 九二 〈상전〉「孚兌之吉, 信志也.」

☴☵ 渙 구이 "환의 때에는 기댈 곳으로 달려간다. 후회할 일이 없어진다." 〈상전〉에서 "환의 때에 기댈 곳으로 달려간다는 것은 소원을 이룬다는 말이다."[259] (중에 있기 때문에 소원을 이룬 것이다.)

☲☵ 未濟 육오 "바르면 길하다. 후회할 일이 없다. 군자의 덕이 사방에 빛난다. 진실함이 있어 길하다." 〈상전〉에서 "군자의 덕이 빛난다는 것은 주위의 사람들도 길하다는 것이다."[260] (육오가 상하로 친하는 것이나 응하는 것은 모두 양의 효이고 중에 자리하고 있기 때문이다. 고로 「군자의 빛」이라 하고, 「무회」라고 하는 것이다.)

☱☶ 咸 구오 "그 등심으로 느낀다. 후회할 것이 없다." 〈상전〉에서 "그 등심으로 느낀다 함은 뜻이 끝(상육)에 있음을 말한다."[261] (함의 때에 육이는 간(艮)으로 움직이지 않는 것이다. 구오는 존위의 자리에 있어서 위로는 상육과 친하기 때문에 상육과 서로 감응한다. 그러나 중정이기 때문에 끝내는 정응하여서 「무회」이다.)

☱☷ 萃 구오 "존위에 모인다. 허물이 없다. 진실하지 않은 자가 있다. 굳게 선으로 바름을 지키면 후회할 일이 없어진다."[262] (천하의 인심이 모여 들 때에 구오는 태(兌)에 자리하여 위로는 상육과 가까이 하고 아래로는 권력 있는 신하들과 합심하여 후회할 일이 생겨도 「굳게 선으로 바름을 지키고」 양의 덕을 떨치면 「회망」이다.)

☴☴ 巽 구오 "바른 도를 굳게 지키므로 길하여 후회할 일이 없어진다. 좋지 않은 일이 없다. 처음은 좋지 않으나 끝이 있다. 경(庚)의 앞선 3일, 경 뒤의 3일을 심사 숙고하면 길하다."[263] 〈상전〉에서 "구오의 길함은 위가 정중하기 때문이다." (구오는 강건중정하여 후회함이 당연히 없다. 「회망」이라고 하는 것은 손괘의 대의가 명령에 따라서 하기 때문인데, 구오는 아래와 정응하지 않고 명령이 아래로 전달되지 않기 때문에 「회」이다. 그러나 중정의 덕이 끝내 「회망」하기 때문에 「불리함이 없는 것」이다. 「경의 앞선 3일」은 처음이 좋지 않음을 말하고 「경 뒤의 3일」은 끝이 좋음을 말한다.)

---

259) 渙卦 九二 〈상전〉 「渙奔其机, 得願也.」
260) 未濟卦 六五 〈상전〉 「君子之光, 其暉吉也.」
261) 咸卦 九五 〈상전〉 「咸其脢, 志末也.」
262) 「萃有位, 无咎. 匪孚, 元永貞, 悔亡.」
263) 巽卦 九五 「貞吉, 悔亡, 无不利, 无初有終, 先庚三日, 後庚三日. 吉.」

분명히 후회할 일이 있는데「중」때문에「후회가 없게」되는가? 이미 후회할 일이 있는데「중」때문에「회망」하는가?「중」의 힘은 왜 그렇게 중요한가? 여기에서 중요한 것은,「중」과 시·위는 다르고, 시와 위는 인간의 입장에서 말하면 객관성이 비교적 크기 때문에, 그것을 완전히 자기의 것으로 파악하기는 힘이 든다. 다만 자기가 가지고 있는 모든 것을 다 동원하여서 시위를 이용하여야 하는 것이다. 그러나 중은 완전히 다르다. 사람의 입장에서 말하면 그것은 주관성이 비교적 크다. 사람은 힘써 중을 실천할 수 있는데 자기의 능력이 미칠 수 있는 최대 한도로 발휘하여야 가능한 것이다.「시」를 얻지 못하였다고 하여도「중도(中道)」를 행사하는 데 장애가 되지 않고,「위」를 얻지 못하였다고 하여도「중도」를 행사하는 데 아무런 지장이 없다. 그러므로「중도」라는 것은 바로 인간이 힘써 진보하려는 일종의 노력이라고 말할 수 있다. 다만「중도」를 얻기만 하면 비록 시와 위를 얻지 못하여 흉을 초래하여도 스스로는 마음이 편안하다. 마음이 편안하다는 것은 바로「무회」이고「회망」이다.

또한「중도」의 실천이란 것이 모두 인간 스스로의 힘에 의한 것이다. 그러므로 괘상의 2와 5의 효사에서 길흉을 가장 자주 사용하는 목적은 사람들로 하여금「중」을 선택하게 하기 위한 것이다. 예를 들면,

䷂ 屯 구오 "은혜를 널리 베풀 수 없다. 양의 바름은 길하고 음의 바름은 흉하다."

䷋ 否 육이 "포용하고 따른다. 소인은 길하고 대인은 막히나 통한다."

䷞ 咸 육이 "그 장딴지로 느낀다. 흉하다. 기다리고 있으면 길하다."

䷟ 恒 육오 "그 덕이 항상 일정하고 바르다. 부인은 길하고 남편은 흉하다."

䷨ 損 구이 "바른 도를 굳게 지키는 것이 좋다. 가면 흉하다. 줄이지 말고 늘려라."

䷬ 萃 구오 "존위의 자리에 모여서 허물이 없다. 진실하지 않은 자가 있다. 굳게 바른 덕을 지키면 후회할 일이 없어진다."

䷮ 困 구이 "술과 음식으로 괴로워한다. 붉은 옷을 입은 사람(天子)이 찾아온다. 제사지내는 것처럼 극진히 대한다. 가면 허물이 없다."

효사에서 이와 같이 길과 흉을 동시에 거론하는 배경은 바로 인간의 마음속에서 중이란 것을 인식하고 있음을 인정하는 것이다. 이런 「중」의 인식은 인생의 극치이다. 인간이 자신의 처지를 잘 판단하여 괘효사가 제공하는 길 혹은 흉의 의견을 참조하게 되면 자연히 길을 향하고 흉은 피하게 되는 것이다.

「중」의 의미는 매우 심오하여 말하기가 쉽지 않다. 위에서 말하였지만 이야기 해야 할 것이 더 많이 남아 있기 때문에 독자들 스스로 그것을 체득하여야 할 것이다. 이 때문에 여기에서는 경전 속에 나타나는 몇 구절을 통하여 그것을 해석하는 것으로 이 절을 끝맺도록 하겠다.

《대학》에서 "대학의 도는 명덕을 밝히는 데 있으며, 백성과 친하는 데 있고, 지극한 선에 머무는 데에 있다."라고 하였다. 「지어지선(止於至善)」이라는 것을 후대의 많은 사람들이 「하나의 고정된 지선의 경지에 도달하여 머무는」뜻으로 해석하는데 이것은 크게 잘못된 것이다. 우주는 무한히 변화하여 가는 큰 과정으로 어떤 곳이 「지선」의 경지인가? 또 어떤 곳이 고정된 지선의 경지인가? 「지선」이 무엇인가를 분명히 알아야 한다. 즉 시와 위, 처한 사태와 사람에 따라서 일체가 타당한 것을 말한다. 간단히 말하면 「도」와 어긋나지 않는 것을 말한다. 이 「지어지선」이라는 것은 바로 「중도를 유지하는 것」을 말하는데, 《대학》의 이 말은 바로 공자의 「중도」를 계승하여 나온 것이다.

《중용》에서 "희노애락이 아직 발하지 않은 것을 일러 중이라고 한다. 발하여서 모두 절도에 들어맞는 것을 일러 화라고 한다. 중이라는 것은 천하의 가장 큰 근본이고, 화라는 것은 천하가 모두 함께 가야 할 도이다. 중화에 이르게 되면 천지는 바른 자리를 찾게 되고 만물은 올바로 성장할 수 있다."[264]

《중용》의 작자는 「중」을 성정(性情)의 선천적 자연상태 즉 「도」의 본래적 상태로 보고 있고, 「화」는 후천적인 인간의 성정이 「도」에 합한 상태로 보고 있다. 「중화에 이르게 되면 천지는 바른 자리를 찾게 되고 만물은 올바로 성장할 수 있다」라는 말은 선천과 후천을 관통하여 「중」 아닌 것이 없음을 말하는 것이다.

---

264) 「喜怒哀樂之未發謂之中, 發而皆中節謂之和. 中也者, 天下之大本也., 和也者, 天下之達道也. 致中和, 天地位焉, 萬物育焉.」

《맹자》〈진심편〉에 "맹자가 말하기를, 공자가 중도를 얻은 자와 함께 하지 못하였다면 그들은 분명히 제멋대로 자유분방한 사람과 고집이 센 사람이었을 것이라고 하였다. 자유분방한 사람은 진취적인 면이 있고, 고집이 센 사람은 아무것도 하지 못한다. 공자가 어찌 중도를 행하려 하지 않은 사람이겠는가? 반드시 얻을 수 있는 것이 아니기 때문에 그 다음 단계를 생각한 것일 뿐이다."[265] (맹자의 이 말은 《논어》〈자로편〉에서 나온 것이다.)

「중도」의 뜻은 이론상으로 완전하게 설명하기가 쉽지 않고 행위상에서도 쉽게 실천하지 못하는 것이다. 인간이 큰 지혜를 가지고서 그것에 대한 정확한 인식을 통하여 「도」의 핵심을 파악하여야 하고, 이 「도」라는 표준을 통하여 일상적 행위를 올바르게 할 수 있게 되는 것이다. 이 때문에 공자의 문하에는 많은 제자들이 있었지만 공자는 그들이 모두 중도를 가지고 있다고는 보지 않았다. 이것은 결코 공자가 말하는 인간에 대한 표준이 너무 높아서 그런 것이 아니다. 인간은 근본적으로 심신의 장애를 받고 있는 존재이기 때문에 모든 인간존재가 자연과 합일하고 도에 합치한다는 것은 결코 쉬운 일이 아니다. 「중도」는 아마도 인간이 영원히 노력하고 추구해야 할 정신적 목표이고, 또 영원히 도달할 수 없는 것일지도 모른다. 그러나 영원히 도달할 수 없다는 것이 바로 「중도」의 무상(無上)한 가치일지도 모르는 것이다.

---

[265] 「孟子曰, 孔子不得中道而與之, 必也狂獧乎, 狂者進取, 獧者有所不爲也. 孔子豈不欲中道哉? 不可必得, 故思其次也.」

제 6 장
인성의 자각과 천명으로의 복귀

제 1 절 도덕적 인격의 제기

세계의 인류 문화사에서 흥미 있는 하나의 공통적 사실은 중국, 인도 그리고 희랍이라는 세 지방에서 거의 동시에 혁명적인 도덕적 자각운동이 펼쳐졌다는 것이다. 중국의 공자가 태산(泰山)의 기슭에서 인(仁)을 제창하고 있을 무렵에, 인도의 석가모니가 갠지즈 강가에서 설법을 펼치고 있었다. 이보다 조금 뒤에 소크라테스는 아테네의 거리에서 「지식이 바로 덕이다」라는 것을 웅변하고 있었다. 공자가 인도(人道)를 제창한 것은 바로 입세(入世)적인 것으로 인류사회의 실제생활을 통한 지행(知行)의 합일을 말한다. 그 학설은 매우 평이하고 실질적인 것으로 인간의 심신 두 방면의 행위와 수양의 핵심을 명확하게 말하고 있다. 아울러 도덕인격의 구체적인 모습 즉 군자와 소인을 제시하여 사람들이 힘써 실천하도록 격려하고 있다. 석가모니는 불법을 선양하여 출세(出世)의 길을 말하고 있다. 그는 종교신앙을 통하여 인간들이 인위적인 욕망을 타파하고 깨달은 자(佛)가 되기를 정진하도록 하여 최고의 정신경계를 보여주고 있다. 소크라테스는 이론적 사변의 길을 보여주고 있는데, 그는 그것을 통하여 당시의 선악과 시비가 혼란한 풍조를 바로잡으려 하였다. 그는 비록 실제생활에서 사람들이 실천하여야 할 구체적인 방법은 제시하지 않았으나, 인류이성에 「덕(德)」이라는 공통적인 목표를 제시하고 있다. 그는 최후에 스스로의 죽음을 통하여 도덕인격의 모범을 보여준다. 공자의 생졸연대는 분명하게 기록에 남아 있지는 않다. 석가와 소크라테스의 생졸연대 역시 분명하지는 않으나 연구에 의하면 대부분 100년 이내의 차이이다. 《사해(辭海)》의 연표에 근거하여 보면,

    석 가 모 니 기원전 557 —— 477년
    공   자 기원전 551 —— 479년
    소크라테스   기원전 469 —— 399년

 100년의 시간은 역사적인 입장에서 볼 것 같으면 그렇게 긴 시간이 아니다. 그러므로 거의 동시대에 동서양의 도덕인격을 제시한 위인들이 나타났다고 할 수 있을 것이다.
 이런 일이 단순한 우연의 일치라고 쉽게 말할 수는 없을 것이다. 또 마찬가지로 이런 것이 가능한 정확한 원인을 구체적으로 설명할 수도 없다. 만약 과학적인 분석에 근거하여 연구하려 한다면, 고대인류를 연구하는 일체의 유관한 학문을 모두 동원하여 해답을 얻는 것 역시 쉽지 않은 일이다. 이 때문에 철학적인 방법을 이용하는 수밖에 없다. 《주역》의 입장에서는 이것을 어떻게 해석하는가?
 《주역》에서는 그것을 두 가지의 입장에서 말한다.
 1) 태극이 음양을 생하고 음양이 만물을 낳는다는 입장에서 보면 만물과 인간은 모두 똑같이 하나의 태극에서 근원한다. 그러므로 그것이 동양인이건 서양인이건 간에 「성명(性命)」을 받은 것은 같다. 성명 중에 자연히 공통된 감응을 가지게 되는 것이다. 또 인간이 거처하는 환경은 동양과 서양이 서로 차이가 있지만 그러나 지구상의 일체의 사물은 도의 변화유행이 아닌 것이 없다. 이른바 태극 속의 변화로서 이 지구상에 살고 있는 일체의 사물은 시시각각으로 조화하여 변화한다. 그러므로 인간이 비록 지역적인 차별은 가지지만 실제로는 하나의 서로 교통하는 환경 속에 살고 있는 것이다. 다음으로 인간과 인간은 같은 종류로서 동양이건 서양이건 간에 생리조직이 비슷하고 심리활동도 비슷하고 사상능력 역시 큰 차이가 없다. 여기에서 위에서 말한 세 가지 조건을 귀납하여 보면 인간은 같은 종류이고, 똑같은 생명의 근원을 가지

고 있고, 공통된 감응을 하고 있다는 사실을 발견할 수 있을 것이다. 또한 거의 공통된 환경 속에서 교류하고 있기 때문에, 인간의 정신능력의 발전이 거의 비슷하게 보조를 맞추어 나가고 있다는 사실은 그렇게 놀라운 일이 아닌 것이다. 바꾸어 말하면 공자, 석가모니, 소크라테스 세 사람의 방향은 일치하고 있다. 그들은 다만 똑같은 한 길로만 가지 않았다 뿐이지 그들은 약속한 것 없이도 똑같은 공동의 사명을 행하였던 것이다.

2) 역의 도가 변화하고 있다는 사실에 비추어 말하면 우주의 모든 만물은 도의 변화하는 모습이다. 무생물의 생성훼멸(生成毁滅)과 생물의 생장쇄사(生長衰死)는 도의 작용의 왕반래거(往反來去) 아닌 것이 없다. 모든 사물은 이와 같다. 형태가 있는 사물이 이와 같을 뿐만 아니라, 무형의 정신 역시 이러하다. 이런 문제들은 이미 앞의 제2장에서 말하였다. 여기에서부터 우리는 인간의 생명의 과정을 통하여 자연스럽게 공자, 석가, 소크라테스가 똑같이 도덕인격을 말하는 이유를 찾아낼 수 있을 것이다. 필자가 《선진역학사》에서 말한 것처럼, 태극이 움직여 인간에 이르는 것은 「도에서 기(器)로 화생(化生)한」 과정이다. 인간이 물성(物性)에 의해서 오염되어 있음을 자각하여 스스로를 수양하고, 심성을 닦아서 태극이 움직이던 처음으로 돌아가는 것은 「기에서 도로 돌아가는」 과정이라고 말하였다. 「기」와 「도」를 말하는 근거는 〈계사전〉의 "형이상자는 도라 부르고, 형이하자는 기라고 한다."[1]에서 나온 것이다. 명칭을 무엇으로 정하든 간에 역도의 일왕일반(一往一反)의 법칙은 충분히 수긍이 되는 것이다. 그러나 여기에서 반드시 주의하여야 할 것은 인간의 지혜이다. 「인간은 만물의 영장이다」라는 말은 인간의 생리적 생명은 다른 생물과 다를 것이 없지만 인간은 지혜를 가지고 있다는 것을 의미한다. 태극이 움직여 인간의 지혜를 성숙하게 만드는 것은 「도에서 기로 생화하는」 과정의 극치이다. 인간의 지혜가 성숙하여 갈 때에 인간은 다시 도(道)로 복귀하여야 할 때를 자각하게 되는 것이다. 역의 도가 원만하게 변화유행하는 입장에서 본다면 이것을 자연스런 반응이라고 말하여도 이상할 것은 없다. 그러나 인간의 입장에서 본다면 그것은 큰일일 수밖에 없다. 인간이 인간다운 본질은 바로 이것의 자각에 있는 것이다. 공자, 석가와 소크라테스의 입장 역시 이런 것이다.

---

1) 「形而上者謂之道, 形而下者謂之器」

세 위인이 거의 동시대에 도덕을 말한 문제를 두 가지 입장에서 너무 단순화시켜 말한 것으로 많은 비판이 제기될 수 있다라는 생각이 든다. 왜냐하면 빠뜨리고 이야기하지 못한 부분이 너무나 많기 때문이다. 그러나 설령 더 많이 이야기하여 보았자 여전히 분명하게 해결될 수 있는 문제가 아니라는 점 역시 필자도 알고 있기 때문에 문제의 성격상 여기에서는 원칙적인 입장으로만 이야기하려고 한다. 아래에서는 몇 개의 문제를 더 이야기하여 참고로 삼도록 하겠다.

① 인간이란 다른 것이 아니라 도의 변화현상 중의 하나일 뿐이다.
② 인간의 생각은 크게 두 가지의 성격으로 구분할 수 있다. 하나는 본성이 부여받은 자연적인 것과 또 하나는 생겨난 형체로부터 파생된 경향이다. 전자는 가벼운 정신으로 언제든지 도에로 복귀할 수 있는 상승하는 경향이고, 후자는 오염된 물욕으로 아래로 추락하는 경향을 가지고 있다. 「상승(上升)」과 「하강(下降)」의 추세는 일반적으로 말하는 「선」「악」이다. 공자가 말하는 「군자는 위를 향하여 가고, 소인은 아래를 향해 치닫는다」의 뜻은 바로 여기에서 나온 것이다.
③ 사람이 본성에 부여받은 정신작용은 사람들의 마음속에 보편적으로 들어 있다. 이것 때문에 사람들은 공통되는 점들을 가지고 서로 교감할 수 있는 것이다. 그러나 육체로부터 파생되는 물욕의 경향들은 사람마다 다른 개별적인 것이기 때문에 함께 교감하지 못한다.
④ 이런 이유에서 사람들이 누구나 모두 「도」에로 돌아갈 수 없는 것은 물욕의 경향이 각자 다르기 때문이다. 정신작용이 강성한 자라야 자각하여 돌아갈 수 있는 것이다.

공자, 석가, 소크라테스라는 동서양의 삼대 성인이 어떻게 동시에 출현하였으며 또한 어떻게 똑같이 도덕적인 인격을 추구하였는가? 라는 문제를 하나의 비유를 통하여 설명하고 끝맺고자 한다. 그것은 바로 대도(大道)가 유행하고 변화하는 것은 마치 봄의 햇빛이 두루 비치어 여러 들꽃이 피어나는 것이 계절이 그러해서 그런 것처럼 지극히 자연스런 현상이다. 다른 것은 이르고 늦은 차이뿐이고 그들은 다만 먼저 피어났다는 것이다. 아래에서는 「도덕인격」이라는 문제를 본격적으로 다루어 보도록 하겠다.

「도」의 의미는 이미 제 1 장에서 상세하게 살펴보았고, 또 기회 있을 때마다 언급하였기 때문에 분명하게 알고 있으리라 믿는다.「덕(德)」의 의미와「도」의 의미는 서로 통한다.《노자》에서 "도로 말미암아 생겨나고, 덕이 이것을 기른다. 물로서 형태를 만들고 세력으로 완성시키기 때문에 만물은 도를 존중하고 덕을 귀하게 여기지 않을 수 없다."라고 하였고, 왕필은 "도라는 것은 만물이 말미암은 곳이고 덕은 만물이 얻는 곳이다."[2]라고 해석하였다. 여기에서 우리는「덕」의 뜻이「득(得)」이고, 만물은 도에 의해 생기고, 도에서 얻는 것이 바로 덕임을 알 수 있을 것이다. 그러므로 도와 덕은 본질적으로 같은 것이다.「도」는 전체와 일(一)의 입장에서 말하는 것이고,「덕」은 나눔과 다(多)의 입장에서 말하는 것이다. 철학적 단계로 말하면 당연히 도는 첫번째 단계이고, 덕은 두번째 단계이다. 〈십익〉의 건괘〈상전〉에 "천의 덕은 우두머리로 나타나지는 않는다."[3]라고 하였다. 천덕(天德)은 바로 천도(天道)이다. 그러나 천도가 6효의 위에 내려오면 여러 개로 분산되기 때문에「천덕」이라고 하는 것이다. 또 〈문언전〉의 "군자는 진덕수업해야 한다."[4]라고 말하는 것에서「덕」이라는 것은 인간에 있는 도를 가리킨다. 그러므로「도덕」이라는 말은 실은 사람이 태어나서 품수 받은 정신을 말하고, 사람은 모두 도로부터 생겨나고, 사람은 모두 이런 정신을 가지고 있다. 모든 사람이 품수 받아서 마음 속에 내재하고 있는 정신이 바로「도덕심」이다. 그러나 사람들은 이런 정신을 가지고 있을 뿐만 아니라 또한 육체로부터 파생된 물욕(物慾)도 가지고 있다. 인간과 동물이 다른 점은 동물이 가지고 있는 욕망이 너무 강하여 그 속에 「도덕심」을 가지고 있는지 의심스럽다는 데에 있다. 그러나「만물의 영장」인 인간은 모든 동물들 가운데에서 욕심이 가장 적을 뿐만 아니라 마음속에 가지고 있는 도덕심을 자각할 수 있다. 이런 자각심이 인간과 다른 동물의 경계를 구분하는 것이다. 인간은「도덕심」의 존재를 자각하여 욕망을 줄이고 도덕심의 세력을 더욱 강성하고 활발하게 하여 도덕심의 세력이 자연스럽게 변화유행하는「도」와 합일하게 한다. 이런 사람을 우리는「도덕적인 사람」이라고 말하는 것이다.

사람이 자신이 가지고 있는 도덕심을 자각하여 도덕영역에 들어가서 도덕적

---

2) 《노자》제 51 장 (王弼 注)「道者物之所由也, 德者物之所得也.」
3) 乾卦〈상전〉「天德不可爲首也」
4) 乾卦〈문언전〉「君子進德修業」

인 존재가 되는 것은 수양의 필수적인 과정이고, 「인격」의 의미라는 것 역시 여기에서 시작된다. 「격(格)」이라는 말은 송명 이래로 대부분 《대학》의 「격물(格物)」이라는 말에 근거하여 해석하는데 제각기 다른 해석을 하고 있다. 필자가 생각하기에 「격」이라는 글자는 木과 各이라는 글자로 이루어져 있는데, 그것의 본의는 마땅히 木자에 있다고 본다. 오늘날도 여전히 사용하는 「격자창(格子窓)」이란 말이 그것의 본의를 나타낸다고 본다. 그러므로 「격」이란 글자는 등급으로 나눈 것을 말한다. 대체로 높고 낮은 등급의 구별은 모두 「격」이란 말을 사용한다. 「인격」이란 말은 도덕적 수양이 된 사람을 일러서 말하는 것이다. 그러나 도덕적 수양이 된 사람도 도덕수양에 있어서 높고 낮고, 깊고 얕은 차별이 있다. 「선비는 현인이 되기를 희망하고, 현인은 성인이 되기를 희망하고, 성인은 하늘이 되기를 희망한다(士希賢, 賢希聖, 聖希天)」라는 것은 모두 「도덕인」이지만, 높고 낮은 격이 있음을 말하는 것이다.

인간이 도덕심을 자각하고 발양하여 「도덕적 존재」가 되고, 다시 도덕적인 인간을 단계별로 나누는 것은 인간이 내재적 본성을 자각한 후에 분투하여 본원으로서의 도에 돌아가려는 노력이다. 「만물의 영장으로서」의 인간은 이런 기초에 근거하는 것이다. 이른바 「인생의 의의」라는 것 역시 이런 노력을 말하는 것이다. 이런 인식하에서 우리가 이해한 공자, 석가, 소크라테스의 지위라는 것은 그들이 사람들로 하여금 분명하게 「도덕」의 가치를 인식하게 하고, 도덕적 인격의 귀중함을 깨달아 그것을 목표로 하여서 분투하게 만든 것에 있다. 그 세 사람은 각각 다른 방식으로 도덕적 자각운동을 펼친 것이다. 당연히 그들이 한 일이란 것은 어렵고 힘들었다. 그들은 사람들이 수만 년 전부터 가지고 있었던 욕망의 습성으로부터 해방되어 사람다워지기를 강조하였다. 공자가 중국에서, 석가가 인도에서, 소크라테스가 희랍에서 만났던 경우는 충분히 그런 상황을 설명해주고 있다. 그들 세 사람이 조우한 시대야말로 인류 역사상 가장 의미 있는 생동적이고 활발한 시대였다.

이상은 본론의 시작에 해당하는 것이고, 아래에서는 《주역》의 철학이 어떻게 사람들을 「반어도(反於道 : 도에로 돌아감)」의 길로 들어서게 하는가? 라는 문제와 어떻게 「고상한 인격」을 만들어 나가는가?의 문제를 토론하려 한다.

제 2 절 존양(存養)

《주역》철학이 사람들에게 제시하는 「반어도(反於道)」의 길은 간단히 말하면 「도로부터 사람이 생겨남(道生人)」의 반대이다. 그러나 여기에서 말하는 일왕일반(一往一反)의 변화는 다르다. 결론적으로 말하면 두 가지 사항은 꼭 알아두어야 한다.

1) 태극·음양에서부터 만물과 인간을 화생하는 것은 자연적인 「도의 변화」로서 인위적인 역량이 들어간 것은 아니다. 그러나 인간에서 「도」에 이르는 과정에서 인위적인 역량의 개입은 필수적인 것이다.

2) 태극·음양에서 만물과 인간을 화생하는 것에서는 먼저 순수한 정신적인 「성명」을 낳고, 다음에 「형체」가 있게 되고, 그 다음에 형체로부터 「욕망」이 파생되어 생겨나는 것이다. 인간은 「성명」의 순수함과 「욕망」의 혼잡함을 「형체」속에 함께 가지고 있는 존재이다. 인간이 도의 단계를 회복하려고 한다면 욕망을 제거하고 형체의 구속을 벗어나서 순수한 정신적 「성명」의 영역으로 들어가야 하는 것이다. 이 때문에 인간의 태어남은 「더하여」서 되는 것이고, 「도로 돌아감」은 「줄여서」 되는 것이다.

인간은 어떻게 스스로를 수양하여 자아를 끄집어 올릴 수 있는가? 《주역》에서는 이것에 대해 매우 핵심적인 말을 하고 있다. 그중 하나는 〈계사전〉에서 말하는 것이다.

"본성을 이루고 잘 보존하는 것이 바로 도의의 문이다."[5]

또 하나는 〈설괘전〉에서 말하는 것으로,

"이치를 궁구하고 본성을 온전히 다하면 천명에 도달할 수 있다."[6]

이 두 구절의 말은 거의 비슷하지만 차이가 있다. 전자는 바로 심성의 존양

---
5) 「成性存存, 道義之門.」
6) 「窮理, 盡性, 以至於命.」

(存養 : 보존하고 기름)이라는 점에서 말하는 것이고, 후자는 심성의 존양 이전에 더욱 관찰하고 사고하여야 한다는 것이다. 그러나 이 두 구절의 말들이 후대에 이르면 중국 사상계의 양대 파벌을 만들기 때문에 구분하여 설명하지 않을 수 없다. 그러나 먼저 여기에 나오는 「성(性)」「명(命)」「리(理)」「도(道)」「의(義)」의 개념들을 분명하게 살펴보아야 할 것이다.

 먼저 「성」이라는 개념부터 설명하면 〈계사전〉에서는 그것을 "한번 음하고 한번 양하는 것을 일러 도라고 하고, 이것을 이어받는 것을 일러 선이라 하고, 이것을 이루는 것을 일러 성이라고 한다."라는 말을 통하여 두 가지를 설명하고 있다. 첫째로 「성」은 음양의 화생에서 생긴 것이고, 둘째로 성이라는 것은 모든 만물이 공통적으로 가지고 있다는 사실이다. 왜냐하면 만물은 음양의 화생에 근거하고 있기 때문이다. 그러나 이렇게만 말하면 불충분하다. 「성」의 함의는 반드시 「명(命)」의 개념과 함께 설명하여야 분명해진다. 건(乾)괘의 〈단전〉에서 말하기를, "건도의 변화는 각각 성명을 바르게 한다."라고 하였는데 성명의 시작은 건도의 변화에서 시작한다. 건도로부터 변화하여 「성명」이 생기고 아래로 곤에 이르고, 곤은 건을 이어 건도의 변화가 일으킨 「성명」을 이어받아 다시 변화하여 형체를 만든다. 여기에서 비로소 만물이 발생하는 것이다(이런 과정은 이미 제 3장에서 상세히 설명하였다). 그러므로 위의 〈계사전〉에서 말하는 일음일양하여서 성을 이룬다는 것은 물이 생기고 난 후의 일을 말한다. 상세하게 분별하여 말하면 곤도변화 이전의 건도변화에까지 소급하여야 하는 것이다. 그러나 건괘 〈단전〉에서 「성명」을 합하여 말하고 있지만 실제로는 「성」과 「명」은 구분된다. 「성」이라는 글자는 生과 心이라는 글자로 구성되어 있고, 「명」이라는 글자는 口와 令이라는 글자로 구성되어 있다. 生과 心으로 구성되어 있는 것은 아래에서 받은 것을 말하고, 口와 令으로 구성되었다는 것은 위에서 준 것을 말한다. 그러므로 건괘의 〈단전〉에서 말하는 「성명」이라는 말은 실은 같은 하나의 「명」이다. 「성」이라고 말하는 것은 본질적으로 「명」과 같은 것으로 「명」이 만물에 내려간 것을 말한다. 물이 생겨난 이전의 것을 일러 「명」이라 하고, 물이 생긴 이후의 것을 일러 「성」이라고 하는 것이다. 그런데 건괘 〈단전〉에서 「성명」을 같이 연결하여 사용할 뿐만 아니라 또한 성을 명의 위에 놓고 사용하는 것은 인간의 입장에서 말하는 것이다. 「인성」의 시초를 곤도변화 이전의 건도변화에까지 소급하여 「인성」이란 근거를 근원적인 곳에서부터 말하고 있다. 우리는 이 두 마디의 말을 통하여 공자가 말하는 입장을 충분하게 파악할 수 있을 것이다. 여기에서 우리는 확실한 성명의 분별을 할 수 있다. 즉「명」이 제 1 단계이고「성」은 두번째 단계의 의미이다. 즉「천(天)」의 입장에서 말하는 것이「명」이고,「인간」의 입장에서 말하는 것이「성」이다(천이라는 것은 생하기 이전이고, 인간이라는 것은 이미 생한 후를 말하는 것이다).《중용》의「천명지위성(天命之謂性)」이라는 말은 성명을 둘로 나누어 가장 분명하게 설명해주고 있다.「명」이란 글자도《주역》의 여러 부분에서 분명하게 설명해주고 있다. 예를 들면 혁(革)괘 구사의 "진실함이 있으면 명을 바꿀 수 있다."[7] 무망(无妄)괘 〈단전〉에 "크게 통하여서 바른 것은 천의 명이다."[8] 정(鼎)괘 〈상전〉에 "군자는 그것을 본받아 위를 바르게 하고 명을 완수한다."[9] 등이다.

「리(理)」에 관해서 말해 보자. 주희는 〈설괘전〉의「궁리진성」을 주석하여 말하기를, "리라는 것은 일에 따라서 그 조리를 얻는 것"[10]이라고 하였다. 또《중용》의「천명지위성」이라는 말을 주석하여 말하기를,「성은 곧 이치(性卽理)」라고 하였다. 리(理)자는 원래 옥을 다듬는 데에서 나온 말이다. 옥에는 무늬가 있는데「리」자는 바로 여기에서 무늬의 조리, 이치라는 의미에서 그것을 사리(事理), 도리(道理) 등의 뜻으로 광범위하게 전용하게 되는 것이다. 만물에는 이미 천부적인 성이 있으므로 자연히 성을 따라서 변화하는「이치」가 있게 되는데, 이「이치」가 바로 만물이 성에 따르는 것이고 도에 따라서 변화하는 법칙인 것이다. 주자가「성이 곧 이치」라고 말한 것은 타당한 것이다.「성」과「리」의 구별은「성」은 만물의 본연적인 바탕에 내재하는 것이고,「리」는「성」의 바깥에 표현된 자취를 말하는 것에 있다. 그러므로 만물의「리」를 통하여 만물의 성을 관찰할 수 있는 것이다.

「의」에 대해서 말하여 보자.「의라는 것은 마땅함이다(義者宜也)」라는 것은 어떤 일을 처리하여 마땅함을 얻은 것을「의」라고 말하는 것이다. 〈계사전〉에서는「의」의 해석을 국민을 다스리는 입장에서 말한다.

"성인의 큰 보물을 일러 위라고 한다. 어떻게 그 자리를 지킬 수 있는가?

---

7)「有孚改命」
8)「大亨以正, 天之命也」
9)「君子以正位凝命」
10)「理謂隨事得其條理」

인이다. 어떻게 사람을 모을 수 있는가? 재물이다. 재물을 많이 생산하여 생활의 안정을 도모하고, 시비를 분명하게 해주고, 국민이 비행을 저지르지 않게 하는 것을 의라고 하는 것이다."[11]

「재물을 많이 생산하여 생활의 안정을 도모하고, 시비를 분명하게 해주고, 국민이 비행을 저지르지 않게 하는 것을 의라고 하는」것이 결코「의」의 본의는 아니다. 그러나 성인이 국민을 다스리는 데 마땅히 하여야 하는 일이 바로「의」인 것이다. 즉「의」는 바로「마땅히 하여야 하는 일」을 말한다.「의」와「인(仁)」이란 것 역시 구별된다. 이것은 〈설괘전〉에서 분명하게 구별하고 있다. "이것으로 하늘의 도를 세워서 음과 양이라 하고, 땅의 도를 세워서 유와 강이라 하고, 사람의 도를 세워서 인과 의라고 한다."에서 인은 음과 유의 성질과 통하고, 의는 양과 강의 성질과 통한다. 음과 유의 성질이라는 것은 정태적 작용이고, 양과 강의 성질이라는 것은 동태적 작용을 말한다. 그러므로「인」의 작용은 대부분 덕의 감화라는 측면에서 표현되고,「의」의 작용은 대부분 힘을 통한 일의 처리라는 측면에서 표현된다.「인」이라는 것은「도」의 자연스러움에 가까운 것으로서 힘을 가지고 그 기능을 발휘하는 것은 아니다. 「의」는 인위에 가까운 것으로 의도적으로 어떤 일을 하려는 것이다. 노자가 말하기를, "최상의 인은 하여서도 함이 없고, 최상의 의는 하여서 함이 있는 것이다."[12] 〈문언전〉에서 말하는 "군자는 인을 체득하여서 사람을 지도하여 기르고 …… 물을 이롭게 하여서 의를 조화롭게 하고"라는 것과 같은 구별이다.「의」와「리」도 구별되는데《맹자》〈고자편〉에 "리와 의는 우리의 마음을 기쁘게 하고 맛있는 고기는 우리의 입맛을 즐겁게 한다." 손석(孫奭)은 소(疏)에서 말하기를, "대개 리는 성명에서 나온 것으로 천이 하는 것이고, 의는 도덕에서 나온 것으로 인간이 하는 것이다."[13]라고 하여「의는 도덕에서 나온 것으로」보아서 인간이 천도에 응하여 마땅한 마음을 얻는 것으로 말하고 있다. 손석의 해석은 매우 타당하다.

이상은 성과 명의 뜻에 대한 설명인데 아래에서는 〈계사전〉과 〈설괘전〉에서 말하는「성성(成性)」과「궁리(窮理)」에 대해서 이야기하겠다.

---

11)「聖人之大寶曰位, 何以守位? 曰仁. 何以聚人? 曰財. 理財正辭, 禁民爲非曰義.」
12)《노자》제 38장「上仁爲之而無以爲, 上義爲之而有以爲.」
13)「蓋理出於性命, 天之所爲也, 義出於道德, 人之所爲也.」

(1) 「성성존존(成性存存), 도의지문(道義之門)」의 의미

　도(道)자와 의(義)자를 합하여 설명하기로 하겠다. 위에서 말한 것에 의거해 보면 「도」는 태극변화의 자연스런 작용이다. 「의」라는 것은 후천적인 인위에 의해서 생긴 것이다. 두 자를 하나로 연칭하여 사용하는 것은 보기에는 잘 맞지 않는 것 같다. 그러나 이것을 함께 연결시켜 말하는 이유는 바로 「인간」의 입장에서 말하는 것으로 뜻은 「자연의 도에 들어맞는 인위적인 행위」를 말한다. 즉 인간이 만약 「본성을 이루고 잘 보존」할 수 있으면 일체의 모든 행위는 자연의 도에 합할 수 있게 되는 것이다. 「성성」은 당연히 앞에서 인용한 「한번 음하고 한번 양하는 것을 일러 도라고 하고, 이것을 이어받는 것을 선이라 하고, 이것을 이루는 것을 일러 성이라 한다」라는 말에서 나온 것이다. 「존존」의 두 자를 겹쳐 사용하는 것은 「보존하고 또 보존한다」는 뜻으로 심성의 존양을 게을리 하여서는 안 된다는 말이다. 인간이 내심에서 선천적인 「성」을 받아서 그것을 잃지 않고 존양하는 시간이 점점 오래되면, 이 「성」은 마침내 삶의 지표가 되어 인간의 행위를 점점 인도의 자연스러움에로 합치하기 때문에 「도의지문(道義之門)」이라고 말하는 것이다. 그러므로 여기에는 몇 가지의 수양방법이 필요하게 되는 것이다.

1) 내성(內省)

　「내성」이 있어야 선천적으로 부여받은 「성성(成性)」을 발견할 수 있는 것이다. 이것이 바로 유가에서 내성을 중시하는 원인이다.

　　"공자가 말하기를, 나는 안회와 하루 종일 말하였으나, 그는 바보처럼 한번도 반문하지 않고 다만 듣고만 있었다. 그가 가고 난 뒤에 가만히 그와 개인적으로 말한 것을 생각하여 보니 그는 충분히 의리의 대체를 알고 있는 것 같았다. 그는 결코 바보가 아니다."[14]

　　"공자가 말하기를, 옛날의 학자들은 자기를 위한 공부를 하였고, 지금의 학자들은 다른 사람에게 보이기 위해서 공부한다."[15]

---

14) 《논어》〈위정편〉「子曰 吾與回言終日, 不違如愚, 退而省其私, 亦足以發, 回也不愚.」
15) 《논어》〈헌문편〉「子曰, 古之學者爲己, 今之學者爲人.」

"공자가 말하기를, 군자는 자기를 나무라고 소인은 다른 사람을 나무란다."[16]

이것과 비슷한 말들을 공자는 자주 말하였는데「자기를 위한」것이나「자기를 나무란다」라는 것은 모두 내성공부를 벗어나서 말하지 않는다. 공자는 평상시에는 결코 제자들에게 심성의 존양에 대해서 직접적으로 말하고 있지는 않지만 다른 사람을 꾸중할 때에는 자주 스스로의 내성을 통한 내용들을 말하고 있다.

장저(長沮)와 걸닉(桀溺)이 공자가 쓸데없이 돌아다닌다고 비판하였을 때, 그는 "사람은 숲속의 금수와 함께 무리 지을 수는 없는 것이다. 내가 이세상의 사람들과 함께 하지 않으면 누구와 함께 있겠는가? 천하에 만약 도가 있다고 한다면 왜 내가 나서서 그것을 바꾸려 할 것인가?"[17] 공자는 자신의「성」과 천하 사람들의「성」이 공통적으로 하나라는 사실을 자각하여 천하의 사람들에 대해 깊은 관심을 가지는 것이다.

하조(荷蓧)라는 은자가 공자가 일은 하지 않고 돌아다니면서 벼슬을 구한다고 비판하자, 그는 자로를 보내어 말을 전하였는데, "국가를 위해서 일하지 않는 것은 의가 아니다. 어른과 어린이들에 있어서 예절이란 것은 버릴 수가 없다. 군신간의 예의라는 것을 어떻게 버릴 수 있는가? 자신을 고결하게 하기 위해서 인륜의 관계를 어지럽히겠는가? 군자가 나와서 국가를 위해서 일하는 것은 군신의 대의를 실행하는 것이다. 지금 도가 실현되지 않고 있는 것은 이미 알고 있는 일이 아니겠는가?"[18] 그는 다만「의를 실천하기」위하여 인간이 마땅히 가야 할 길을 가기 때문에 내성공부가 은연중에 언어 속에 숨어 있는 것이다.

풀로 만든 악기를 든 은자가 지나가면서 공자를 비판하여「도가 행해지지 않으면 나가지 말아야 한다」라고 하자 공자는 탄식하여 말하기를, "과연 그런가? 그를 비판하지 않을 수 없구나."[19]라고 하였다. 이 말은 비록 마음속의

---

16) 《논어》〈위령공편〉「子曰, 君子求諸己. 小人求諸人.」
17) 《논어》〈미자편〉, 원문은 제 2 장 주 30) 참조.
18) 《논어》〈미자편〉「不仕無義. 長幼之節不可廢也, 君臣之義如之何其廢之? 欲潔其身而亂大倫. 君子之仕也, 行其義也, 道之不行已知之矣.」
19) 《논어》〈헌문편〉「果哉, 末之難矣!」

의미를 충분하게 다 표현하지는 못했지만 상대방의 의견을 받아들일 수 없다는 것을 표명하고 있다. 그는 이미 내성의 공부를 깊이 있게 하여 도에 들어가서 사람을 구하고 세상을 바로잡는 일을 멈추지 않는 것이다.

《논어》에는 또한 사람들로 하여금 깊이 반성하게 하는 말이 있는데, 즉 어느날 공자가 자공(子貢)에게 말하기를, "나는 말을 하지 않으려 한다."고 하였다. 자공은 이 말을 듣고서 어떻게 된 일인지를 몰라서 "선생님께서 말씀을 하지 않으려 하신다면 저희들에게 어떻게 가르침을 전하려 하십니까?"라고 하였다. 공자가 대답하기를, "하늘이 무엇을 말하겠는가? 사시가 돌아가고 만물이 생성하는데 하늘이 무엇을 말하겠는가?"[20] 이것은 자기의 본성이 천도와 깊이 합일해 있음을 말하는 것으로 그 속에는 깊은 내성과 존양의 공부가 이미 들어 있음을 말하는 것이다.

위에서 인용한 말들은 필자가 공자의 말을 빌려 내성공부의 중요함을 설명하려 하는 데에 뜻이 있다. 사실상 공자 이후에 내성은 유가들에 있어서 가장 중요한 문제였으며, 그것을 통하여 욕념을 제거하여 내심에서부터 천성의 밝음을 찾아낸다. 그것을 확충하여 도덕인격의 높은 곳을 향하여 매진하여야 하는 것이다. 맹자는 특히 이런 문제들에 대해서 매우 강조하고 있는데, 말하는 관점들 역시 치밀하다. 「인간의 사단(四端)」에 대한 분석이나 「평단지기(平旦之氣 : 청정결백한 정신을 이름)」를 말하는 것들은 모두 그가 반성의 입장에서 진정한 수양을 말하고 있음을 증명[21]하고 있다. 그는 "만물은 모두 나에게 다 갖추어져 있다. 나를 반성하여서 진실하게 하면 이것보다 큰 기쁨은 없다."[22]라고 하였다. 이것은 내성을 통하여 「만물이 나에게 갖추어져 있는」 인식에 도달하게 되고 「도에 들어가는(入於道)」 경계에 도달하여 「큰 기쁨」을 자연스럽게 맛보게 되는 것이다.

《주역》은 주로 「상(象)」을 통하여 철학적 의미를 전달하기 때문에 직접 「심성」을 말하는 경우는 적다. 그러나 괘효상의 길흉을 통하여 보면 쉽게 그것을 발견할 수 있다. 대부분 내성의 함의를 가지는 괘나 효는 길한 것이다. 예를 들면 건(乾)괘 구삼의 "저녁까지 근신하면 힘들어도 허물이 없을 것이

---

20) 《논어》〈양화편〉, 원문은 제5장 주 152) 참조.
21) 「人之四端」은 《맹자》〈공손추〉에 보이며, 「平旦之氣」는 〈고자편〉에 보인다.
22) 《맹자》〈진심편〉「萬物皆備於我矣, 反身而誠, 樂莫大焉.」

다."송(訟)괘의 "근심하는 중에 길하다." 동인(同人)괘 구사의 "성벽을 타고 있어도 공격하지 않으면 길하다." 등에서 볼 수 있다. 〈계사전〉에서 말하는 "회(悔)나 린(吝)을 걱정하는 것은 변화하는 그 사이에 있다."라는 것은 바로 내성공부이다. "기(幾)라는 것은 움직임이 막 시작하려는 처음을 말하여 아직 희미한 것으로 길흉을 앞서서 먼저 드러낸다. 군자는 그 기미를 보고서 일에 처하는데 하루 종일 기다리지 않는다."[23]는 것은 사물의 「기미(幾)」를 관찰할 뿐만 아니라, 내성심성의 「기미」를 포함하여 말하는 것이다.

내성이 중요한 이유는 사람들이 「도」로 복귀하려 하기 때문이다. 선천적으로 부여받은 성에 따라서 그것을 파악하여 자기 내심을 성찰하여야 하는 것이다. 내성의 공부라는 것은 결코 버릴 수 없는 필수 불가결한 것이다.

2) 조지

조지(操持 : 심신을 잘 관리하고 경영함)라는 것은 내성을 이어서 하는 공부이다. 내성으로 마음속의 「성」을 체득하고, 이 성이 항상 맑은 상태에 있게 하며 이런 상태를 잃어버리지 않게 하는 것이다.

조지의 요령은 성의 자연스러움에 따르는 것이다. 왜냐하면 성은 원래 선천적인 변화의 도가 사람에게 들어간 것으로, 본래 유행하는 법칙을 가지고 있다. 사람은 욕망에 의해서 그가 가지는 본래적인 상태를 가지지 못하여 자신의 변화하는 원칙을 상실하게 되는 것이다. 내성을 통하여 참된 본성을 발견하고, 조심하여 다시는 인위적인 욕망에 의해 손상당하거나 간섭당하지 않게 하여야 하는 것이다. 전심전력을 기울여 얻으려 하지 않고 다시 욕망 속에 빠뜨려버리는 것은 물론 잘못된 것이고, 또 너무 과분하게 기대하여 즉시 그것을 확대발양하여 급히 「도」로 들어가려는 것 역시 잘못된 것이다. 이런 일련의 조지공부는 사실 가장 힘든 단계이다. 바로 《논어》에서 공자가 말하는 "빨리 하려 하지 말라 …… 빨리 하려 하면 이르지 못한다."[24]는 것이다. 후대에 맹자가 말하는 「물망물조(勿忘勿助)」의 말 역시 같은 의미이다. 맹자가 말하는 비유는 매우 합당한 것으로 그것을 인용하면 아래와 같다.

---

23) 〈계사전〉「幾者, 動之徵, 吉之先見者也. 君子見幾而作, 不俟終日.」
24) 《논어》〈자로편〉「無欲速 …… 欲速則不達.」

"일은 반드시 때에 따라서 진행하여야 한다. 한시도 잊지 말고 다른 방법을 사용하여 그것이 빨리 자라도록 하지 말라. 송나라 사람처럼은 하지 말라. 어떤 송나라 사람이 그의 모가 빨리 자라지 않자 그것을 모두 빼내어 올리고는 피곤해서 집으로 돌아왔다. 그리고는 사람들에게 나는 오늘 모를 크게 자라도록 하였더니 병이 났다 라고 하였다. 그의 아들이 그 말을 듣고 황급히 달려가 보았더니 모는 이미 모두 말라 죽어 있었다. 천하의 사람들 중에는 이렇게 모를 빨리 자라도록 도와주는 사람이 적지 않다. 양기(養氣)가 무익하다고 하여 버려두는 자는 밭을 매지 않는 자와 같고, 도와서 빨리 자라게 하는 자는 모를 뽑아올리는 자와 같이 도리어 무익하여 해만 되는 것이다."[25]

맹자의 이 말은 심성을 잘 관리하고 처리하는 가장 적합한 비유이다.

맹자가 말하는 이런 입장은 공자에서 증자(曾子), 자사(子思)에 이르는 정통 유가의 전통이라는 맥락에서 보아야 할 것이다. 《대학》에서는 「명명덕(明明德)」을 해석하는데 특히 「자명(自明)」을 중시한다. 「자명」은 바로 인위적인 간섭을 통하여 심성의 밝음을 드러내는 것이 아니다. 《중용》은 명칭상으로 이미 「물망물조」의 의미를 드러내고 있고, 문장 가운데서는 「군자는 보통의 자리에서 천명을 기다린다」 등의 의미를 자주 말하고 있다. 송대의 학자들이 《대학》을 증자가 지은 것으로, 《중용》을 자사가 지은 것으로 보는 입장은 타당하다. 공자에서 맹자에 이르면 심성에 관한 연구가 본격적으로 시작되는데, 이것은 바로 맹자가 공자를 가장 잘 이해하고 있다는 증거이다.

조지의 공부는 한마디로 말한다면 성의 자연스러움을 따르는 것이다. 이런 자연스러운 본성을 마음속에 보존하여 바깥으로 발휘하면 그의 「도덕과 사업」은 날로 성하게 되는 것이다. 여기에서 특별히 주의해서 보아야 할 것은 《주역》에서 말하는 「성성존존」과 후대의 송명 유가들이 말하는 심성은 다르다는 것이다. 《주역》에서는 「성」을 덕과 업에 연결시켜 말한다. 왜냐하면 「성」의 근원은 비록 건도의 변화에까지 소급해야 하지만, 「성」이 드러나는 것은 곤도의 변화에 의해서 알게 되는 것이기 때문이다. 인간은 건과 곤이 합해서 된

---

[25] 《맹자》〈공손추 上〉「必有事焉而勿正, 心勿忘, 勿助長也. 無若宋人然, 宋人有閔其苗之不長而揠之者, 芒芒然歸, 謂其人曰, 今日病矣, 予助苗長矣. 其子趨而往視之, 苗則槁矣. 天下之不助苗長者寡矣. 以爲無益而舍之者, 不耘苗者也, 助之長者, 揠苗者也, 非徒無益, 而又害之.」

것이기 때문에 건만 말하고 곤은 말하지 않는 것은 곤란하다.「성성존존」의 문장과「건지대시(乾知大始)」의 문장을 둘 다 열거하여 비교하여 보면《주역》에서 말하는「성」의 조지가 어떻게「덕」과「업」에 연결되는가 라는 문제를 알 수 있게 될 것이다.

"건은 시작을 주재하고 곤은 그것을 받아들여 만물을 완성한다. 건은 쉽게 알고 곤은 조금의 어려움도 없다. 쉬우면 쉽게 알고 간단하면 쉽게 따른다. 평이하여 쉽게 알면 친밀히 따른다. 쉽게 따르면 공적이 있게 되고, 친함이 있으면 오래 가고, 공적이 있으면 크게 될 수 있다. 오래 보존할 수 있는 것은 현인의 덕에 의한 것이고, 크게 되는 것은 현인의 대업에 의해서 이다. 역간(易簡)에 의해서 천하의 도리를 얻을 수 있다. 천하의 이치를 얻으면 그 중에 자리할 수 있다."[26]

"공자가 말하기를, 역은 지극하여 다함이 없다 라고 하였다. 대저 역이라는 것은 성인이 자기의 덕을 닦아 숭고하게 하여 사업을 확대하기 위한 것이다. 지혜를 고명하게 하고 예를 낮추려면 위로는 하늘을 본받고 아래로는 땅을 본받아야 한다. 하늘과 땅이 자리를 차지하고 있는 그 사이로 역은 행하고 있다. 주어진 본성을 본받고 보존하는 것이 바로 도의의 근본이다."[27]

위에서 인용한 말들은 사실상 분리할 수 없는 것들이다. 건과 곤의「성(性)」이라는 것은 일자(一)로서의 태극에서 나온 것으로, 건과 곤을 분리하여「역(易)」과「간(簡)」으로 형용하고 있다. 여기에서「쉽게 안다」는 건의 성질을 표현하고,「간단히 한다」는 곤의 성질을 표현한다. 건의「쉽게 아는 것」은 인간의 덕이란 문제와 연결되고, 곤의「간단히 한다」는 것은「업(業)」이란 문제와 연결되는 것이다. 뒷부분에서 인용한 것은 앞의 내용을 이어받아 인간 노력의 길 즉「성성존존, 도의지문」이라는 것을 분명하게 밝히고 있다. 이 성에는「덕」과「업」의 성질이 있는데, 그것들은 단순히 눈을 감고 앉아서 내관(內觀)만 하는 성은 아니다. 공자와 맹자는 모두「명심견성(明心見性 : 마음을

---

26) 〈계사전〉「乾知大始, 坤作成物. 乾以易知, 坤以簡能. 易則易知, 簡則易從. 易知則有親, 易從則有功, 有親則可久, 有功則可大. 可久則賢人之德, 可大則賢人之業. 易簡而天下之理得矣. 天下之理得, 而成位乎其中矣.」
27) 〈계사전〉「子曰, 易其至矣乎! 夫易, 聖人所以崇德而廣業也. 知崇禮卑, 崇效天, 卑法地, 天地設位, 而易行乎其中矣. 成性存存, 道義之門.」

밝혀 본성을 보는 것으로, 불교의 용어를 빌려 왔음)」한 사람들로서 그들은 모두 여러 나라를 주유하여 할일을 찾았다. 이것은 바로 선진 이래의 심성의 조지공부로 《역경》철학의 참정신을 드러내고 있다. 중세 이후에 불학의 영향으로 송대의 유가가 말하는 심성은 이미 「덕」에 치우쳐 있고, 「업」을 말한 것은 적다.

3) 존성

「성성존존」의 공부 중에서 절대로 결핍할 수 없는 조건이 바로 「성(誠)」이다.

건괘 〈문언전〉에 "사악함을 버리고 그 진실함을 보존한다."[28]라고 하여 사람이 본성을 보존하는 데에 성실하면 욕념은 자연히 생기지 않는다고 말한다. 또 "언사를 조심스럽게 닦아서 진실함을 세운다."[29]라고 하여 사람이 바깥으로 나가는 언사를 조심하여 마땅히 내심의 본성과 합일하여야 함을 말하고 있다.

위의 두 구절의 말들은 〈문언전〉 중에서는 비록 건(乾)괘의 구이와 구삼을 해석하고 있지만, 사실은 「덕」과 「업」 두 방면으로 나누어 설명하는 것으로 「성」의 「안에서의 보존」과 「바깥으로의 작용」이 모두 하나의 「성(誠)」을 벗어나지 않는다는 것을 말하고 있다. 〈문언전〉의 이런 심성존양의 요령은 《중용》에 이르러 크게 발휘된다.

"오직 천하의 지극한 성인이라야 그 본성을 온전히 발휘할 수 있고, 그 본성을 온전히 다 발휘할 수 있다는 것은 다른 사람의 본성을 모두 발휘하는 것이고, 다른 사람의 본성을 모두 발휘할 수 있으면 사물의 본성도 발휘할 수 있다. 사물의 본성을 다 하면 천지의 화육을 도울 수 있고, 천지의 화육을 도울 수 있으면 천지에 참여할 수 있다."[30] ──「숭덕(崇德)」을 말함.

"오직 천하의 지성스러운 사람이라야 천하의 윤리를 다스리고, 천하의 큰

---

28) 「閑邪存其誠」
29) 「修辭立其誠」
30) 「唯天下至誠, 爲能盡其性, 能盡其性, 則能盡人之性, 能盡人之性, 則能盡物之性, 能盡物之性, 則可以贊天地之化育, 可以贊天地之化育, 則可以與天地參矣.」

근본을 세우고, 천지의 화육을 알 수 있는데 어찌 다른 의지할 데가 있겠는가? 정성스러운 것은 인의 표현이고, 깊고 고요한 것은 연못과 같고, 당당한 모습은 하늘과 같다. 본래 총명한 성인이 아니면 누가 천의 덕을 알겠는가?"[31]——「광업(廣業)」을 말함.

《중용》의 사상은 〈역전〉에서 나온 것이 분명하다.

「성(誠)」이 귀한 이유는 그것이 단순하고 하나에로 집중하는 데에 있다. 「단순」이라는 것은 속을 충실히 하여서 잡한 것이 없음을 말하고, 「하나에로 집중」한다는 것은 바깥으로 두 가지를 구하지 않는다는 것이다. 이는 반드시 근본적인 입장에서 이해하여야 한다. 건원이 처음에 태극에서 움직일 때는 너무 희미하여 묘사하기가 무척 까다로운 순수한 작용으로 나타나기 때문에 《역경》에서는 「기(幾)」라고 말하는 것이다. 그것이 움직여 곤원으로 나아가도 조금의 흩어짐도 없기 때문에 《역경》에서는 「방행이불류(旁行而不流 : 두루 행하여도 흩어지지 않음)」라고 하여 건원이 처음 움직여 하나의 「성」의 정신이 되는 것이다. 곤원이 건원을 이어받아 두텁게 싣고 광대한 것을 함유하여 하나도 빠뜨림이 없는 것은 똑같이 「성」의 정신이다. 건곤은 이 성에 의해서 작용하고 만물은 이로서 생명을 얻는다. 이 때문에 「성」의 의미라는 것은 《역전》의 역의 도에 대한 깊은 탐구를 의미하고 있는 것으로 「성」은 결코 도가 인간을 낳거나 인간이 도로 복귀하는 과정 중의 하나를 말하는 것이 아니라, 전체과정을 관통하는 정신을 말하는 것이다. 이런 정신은 형이상학적인 것에서부터 형이하학적인 것에 이르는 모든 것에 내재적이고 결정적인 요소를 제공하는 것이다. 《중용》은 이런 의미를 드러내어 「성하지 않으면 어떠한 사물도 없다(不誠無物)」라고 하고, 또 「참으로 진실한 자는 신과 같다(至誠如神)」라고 말하는 것이다. 맹자 역시 그의 심성에 관한 존양공부를 「성」이라는 하나의 글자에 두고 있다. 그는 "몸을 되돌아보는 데 진실하면 기쁨이 가장 크다."라고 말하는 것이다. 이 「성」이란 글자는 후대의 유가철학에서 가장 중요한 지위를 가지게 되는 것이다.

---

31) 「唯天下至誠, 爲能經綸天下之大經, 立天下之大本, 知天地之化育, 夫焉有所倚? 肫肫其仁, 淵淵其淵, 浩浩其天, 苟不固聰明聖知達天德者, 其孰能知之?」

(2) 「궁리진성(窮理盡性), 이지어명(以至於命)」

「궁리(窮理), 진성(盡性), 이지어명(以至於命)」이란 말은 〈설괘전〉에서 나온 말이다. 필자는 일찍이 《선진역학사》에서 〈설괘전〉은 〈계사전〉이후에 완성된 것으로 말했는데, 대략 전국 중기의 오행(五行)사상이 유행하던 시기로 보았다. 〈설괘전〉 사상의 핵심은 세 가지로 나눌 수 있다. 앞의 두 장은 의리를 말하고, 중간의 네 장은 괘도(卦圖)를, 뒤의 부분은 상(象)을 말하고 있다. 앞에서 의리를 말하는 부분은 사상적 내용과 문자가 모두 〈계사전〉과 비슷하고, 「궁리, 진성, 이지어명」이란 말은 제 1 장 중에 기재되어 있다.

만약 전체적인 《주역》철학의 입장에서 본다면 「성성존존, 도의지문」이란 말과 「궁리, 진성, 이지어명」이란 말은 억지로 구분지어 설명할 필요는 없다. 왜냐하면 둘의 문자는 비록 다르나 간략하게 말하고 세밀하게 말하는 차이일 뿐이다. 원래 학술의 변천이란 입장에서 보면 후대에 일어난 것들이 더욱 정밀할 수밖에 없는데, 처음 시작할 때와 후대에서 말하는 것은 엄청난 차이를 보이게 되는 것이다. 전자는 「성(性)」이란 말에 대해서 강조하고 있고, 후자는 「성」 이전의 「리(理)」를 다시 드러내어 강조하는데, 이것이 나중의 송명시대에 일어난 주·륙(朱·陸)의 차이를 낳게 하는 시발점이 되는 것이다.

문장상으로 「궁리, 진성, 이지어명」으로 나누어 말하면 분명하고, 논리적이다. 즉 인간의 도덕적 과정을 「리」 「성」 「명」의 세 단계로 나누어 보고 있다. 그러나 여기에서 「성성존존, 도의지문」이란 것이 다만 「성」만 있고 「리」는 없는 것으로 보아서는 안 된다. 앞에서 우리가 인용하였던 "건은 쉽게 알고 곤은 까다롭지 않다 …… 역간에 의해서 천하의 도리를 얻을 수 있다. 천하의 이치를 얻어서 그 속에 자리를 잡는다."라는 말에서 이미 「성」을 완전히 실현하면 「리」를 분명하게 알 수 있는 것이라고 말했다. 「역」과 「간」은 건과 곤의 성질로서 인간이 건곤의 그런 성질을 체득하여 그것을 아래로 펼치게 되면, 천하의 이치가 모두 그 속에 들어오게 된다는 것이다. 〈계사전〉의 이 문장을 통하여 보면 사람은 「진성」을 먼저 하여야 하고, 「성」을 통하여 「리」를 얻어야 한다고 말한다. 왜냐하면 이른바 「리」라는 것은 「성」을 통하여 드러나기 때문이다.

그러나 「궁리, 진성, 이지어명」에서 리를 성이란 것 속에서 분석하는 것은 또 하나의 의미를 가진다. 여기에는 나름대로의 의미를 가지고 있는데 필자가 생각하기에 이것은 〈계사전〉에서 〈설괘전〉에 이르는 시간을 통하여 발전된 사상의 흐름이다. 그것은 아래와 같다.

1) 〈계사전〉에서 말하는 「역간에 의해서 천하의 도리를 얻을 수 있다(易簡而天下之理得矣)」에서 「리」를 건곤의 「성」에 넣은 것은 위에서 아래로 내려오는 진로를 말하지만, 사실상 인간의 입장에서 도를 인식하려 하면 먼저 접촉하여 아는 것은 마땅히 만물의 관찰에서부터 시작한다. 만물을 관찰하는 과정은 바깥에서 안으로 들어오는 과정이기 때문에 바깥에서 만물의 이치를 얻는 것이 앞선다. 복희씨가 처음에 「위를 관찰하고」「아래를 관찰하고」「가까이에서 취하고」「멀리서 취하고」하는 것들은 관찰로부터 시작하여 만물의 이치를 관찰하고 만물의 성을 귀납하는 것을 말한다. 그런 후에 다시 아래를 향하여 전개하고 건곤의 성질을 통하여 만물의 이치를 반조(反照)하여 하나도 남김없이 분명하게 살핀다. 그러므로 〈계사전〉의 「역간에 의해서 천하의 도리를 얻을 수 있다」라는 말은 이치를 통하여 성을 얻은 후에 다시 성을 통하여 이치로 돌아가는 것을 말한다. 〈설괘전〉에서는 처음에 인간의 입장에서 말하였는데 바로 「리」로부터 시작한다. 바깥의 이치로부터 안의 성으로 진입하여 다시 인간, 사물의 성으로부터 천의 명(命)에 들어가는 것이다. 이런 과정은 누구나 쉽게 이해할 수 있는 것이다.

2) 리→성→명의 과정은 복희씨를 예로 들어 설명할 수 있는데, 이는 〈계사전〉에 이와 같이 문장이 기록되어 있기 때문이다. 복희씨는 중국철학의 본질적 단초를 제시한 첫번째 사람이다. 복희씨 이후로 「성명」의 통로가 열리게 되는데, 이런 방식은 높은 근기와 지혜를 가진 사람이라면 단박에 쉽게 파악할 수 있는 것이다. 〈계사전〉의 「성성존존, 도의지문」이란 것에서 「리」를 말하지 않는 것은 「성」에서 공부를 하라는 의미이다. 〈설괘전〉에서 말하는 「궁리, 진성, 이지어명」이란 것은 보통사람들이 행하는 존양의 방법이다. 〈설괘전〉의 작자는 「리」에서부터 공부하는 것이 가장 쉽다는 판단하에서 「리」를 앞세우는 입장을 말하는 것이다. 이런 구별은 마치 불가에서 말하는 「돈오(頓悟)」와 「점오(漸悟)」의 구별과 흡사한데, 사실 송나라 유가인 주·륙이 한 명은 궁리에서 시작하는 것을 강조하고, 또 한 명은 단박에 파악하는 것을 강조

하는 것은 확실히 불가의 영향을 받은 것임에 틀림없다. 왜냐하면 당시에 불학이 매우 유행하여 돈과 점의 논쟁이 사람들에게 준 인상도 매우 깊었으며, 불학의 관점을 통하여 중국철학을 검증하려한 의도 역시 매우 자연스러운 현상이기 때문이다.

3) 또 하나의 문제는 「성」 자체로부터 생겨난다. 단박에 마음속의 「성」을 파악하는 것은 말하기에는 쉽지만 그러나 어떻게 마음속의 「성」이 바른지 그렇지 못한지를 알 수 있겠는가? 인간의 올바른 성은 선천적인 건도의 변화로부터 받은 것이다. 그러나 곤도변화를 통하여 육체가 생겨난 이후에 육체로부터 욕망이 생겨나 마침내는 욕망이 성이 되는 결과를 초래하게 되어, 성과 욕망이라는 것의 경계가 인간의 마음속에서 더 이상 분리되어질 수 없게 되는 것이다. 높은 근기와 지혜를 가진 사람은 자신의 뛰어난 직각을 이용하여 욕망을 버리고 성을 취하지만, 중간 이하의 근기를 가진 사람은 욕망과 본성을 구분하지 못하고 존양한다. 이렇게 되면 도에로 복귀하지 못하고 깨닫지 못하게 된다. 〈설괘전〉의 작자는 이런 이유에서 「성」의 앞에 「리」를 하나 더 붙여, 그 리의 표현이 자연스러운지, 마음에 잘 상응하고 합하는지, 순조로운지에 따라서 성의 옳고 그름을 알 수 있게 하였다. 이런 이론은 비록 단박에 바로 파악해 들어가는 방법에 비해 느리지만 그러나 훨씬 안정되고 올바른 방법이다. 이런 「궁리」의 방식은 교육방법상의 발전을 말해주는 것이다.

이상의 세 가지 관점에서 논한 입장들은 〈계사전〉과 〈설괘전〉에서 말한 내용들의 차이라는 것이 각기 그럴 만한 이유가 있음을 말하였다. 아래에서는 《대학》《중용》《맹자》 등을 통하여 위에서 말한 두 인용문의 영향에 대해서 살펴보기로 하자. 앞에서 말한 것처럼 공자를 필두로 하여 《대학》《중용》《맹자》는 유가사상의 정통이다. 또 「성명」에 관한 입장들이야말로 유가철학의 핵심이기 때문에 언급하지 않을 수 없는 것이다. 위에서 언급한 세 가지의 경전에서 우리는 이러한 주장들을 볼 수가 있었을 뿐만 아니라, 또한 이 문제가 점차적으로 두 가지 사상노선으로 발전하고 있는 단서들을 분명하게 발견할 수 있었을 것이다. 먼저 《대학》에서 말하는 것을 보자.

《대학》의 첫머리에서 대강을 말하기를,

"대학의 도는 명덕을 밝히며, 민중을 친애하며, 지선의 경지에 이르는 데 있다. 멈춤을 안 후에 정함이 있고, 정함이 있은 후에 고요할 수 있고, 고요한 후에 안정할 수 있다. 안정하여야 생각할 수 있고, 생각하고서야 얻을 수 있다. 물에는 본말이 있고, 일에는 시작과 끝이 있고, 선후를 알아야 도에 가까이 갈 수 있다. 옛날에 명덕을 천하에 구현하려는 사람은 먼저 그의 나라를 다스린다. 나라를 다스리려는 사람은 먼저 그의 몸을 닦는다. 몸을 닦으려는 자는 먼저 그의 마음을 바로잡는다. 마음을 바로잡으려는 사람은 먼저 그의 의지를 진실되게 한다. 의지를 진실되게 하려는 자는 먼저 그의 지혜를 증진시킨다. 지혜를 증진시키려면 사물의 이치를 탐구해야 한다. 사물의 이치가 밝혀진 뒤에야 지혜가 찾아오고, 지혜가 찾아온 뒤에야 의지가 진실해지며, 의지가 진실해 진 뒤에야 마음이 바로잡히며, 마음이 바로잡힌 뒤에야 몸이 닦여지고, 몸이 닦여진 뒤에야 집안이 고르게 되고, 집안이 고르게 된 뒤에야 나라가 다스려지고, 나라가 다스려진 뒤에야 천하가 태평해진다. (이하 생략)"[32]

첫번째 단락은 총강령이고, 두번째와 세번째 단락은 분석한 부분이다. 첫번째 단락의 총강에서는 「대학의 도」를 세 가지 방향에서 이야기하고 있다. 첫번째 「명명덕(明明德)」은 속의 심성을 밝히는 것으로 「숭덕」이고, 두번째 「재친민(在親民)」은 심성의 바깥으로의 작용을 말하여 「광업」이고, 세번째 「지어지선(止於至善)」은 안과 바깥을 함께 닦는 것으로, 덕과 업이 모두 왕성한 이상을 말한다. 이것은 바로 《주역》의 사상이 《대학》에 직접 영향을 미친 것을 말한다.

두번째 단락은 더욱 주의해야 한다. 이것은 「이름을 아는 것(知止)」에서 시작하는데, 「지(止)」는 「지어지선」이고, 「지지」라는 것은 먼저 「리(理)」로부터 시작하여 「정(定)」「정(靜)」「안(安)」하여 내심으로 들어가고, 그런 후에 「려(慮)」와 「득(得)」이 내심으로부터 다시 바깥으로 작용한다(「려」는 일을 생각하는 것이고, 「득」은 일의 마땅함을 얻는 것으로 바로 「지어지선」의 이치를 얻는 것이다). 이러한 과정은 「리」로부터 「심성」으로 들어가서 다시 사리(事

---

[32] 《대학》「大學之道, 在明明德, 在親民, 在止於至善. 知止而后有定, 定而后能靜, 靜而后能安, 安而后能慮, 慮而后能得. 物有本末, 事有終始, 知所先後, 則近道矣. 古之欲明明德於天下者, 先治其國, 欲治其國者, 先齊其家, 欲齊其家者, 先修其身, 欲修其身者, 先正其心, 欲正其心者, 先誠其意, 欲誠其意者, 先致其知, 致知在格物. 物格而后知至, 知至而后意誠, 意誠而后心正, 心正而后身修, 身修而后家齊, 家齊而后國治, 國治而后天下平. (以下略)」

理)에로 나아간다.

세번째 단락은 더욱 분명하다. 「성의」「정심」은 내부적 수양을 말하고, 「수신」「제가」「치국」「평천하」는 외부적 작용이다. 성과 정(正)의 앞에 격물, 치지를 먼저 말하는 것은 분명하게 바로 심성에서부터 시작하는 것이 아니고 「궁리」로부터 시작하고 있음을 말하는 것이다. 이런 순서는 두번째 단락과 같이 「리」로부터 시작하여 나중에 내심으로 들어간 후에 다시 바깥으로 작용을 발하는 것이다.

만약에 증자가 《대학》을 지은 것이 믿을만 하다면, 증자는 〈설괘전〉의 「궁리, 진성, 이지어명」이라는 사상맥락에 놓여 있다. 다시 《중용》의 「성(性)」「도(道)」「교(敎)」라는 문제에 대해서 살펴보도록 하자.

"하늘이 명한 것을 일러 성이라 하고, 성을 따르는 것을 일러 도라고 하고, 도를 닦는 것을 일러 교라고 한다."[33]

성은 선천적으로 부여받은 것을 말하고, 교는 후천적으로 생긴 것이다. 이것은 바로 선천과 후천이 서로 상응하고 있는 《중용》의 뜻을 말해주는 것이다. 그 책의 제 20 장 이전에는 공자의 말을 많이 인용하고, 제 21 장에서부터 「성(誠)」을 사상의 중심으로 하여 말하고 있다. 다시 성(性)과 교(敎)의 구별을 설명하면,

"지성하여서 자연스럽게 선한 도를 밝히는 것을 일러 성이라 하고, 후천적인 노력을 통하여 지성에 이르는 것을 일러 교라고 한다. 지성이면 밝아지고 밝아지면 지성해진다."[34]

《중용》의 작자는 「성(誠)」의 개념을 가장 중시하고 또 그 책의 가치도 이곳에 있다. 「자성명(自誠明)」이라는 것은 건곤이 만물을 낳는 정신을 단박에 파악하여 그 정신 속에 들어가서 도리가 자명해지는 것을 말한다. 「자명성(自明誠)」이라는 것은 이치의 분석을 시작하여 점차적으로 정신의 영역에 들어가

---

33) 《중용》 제 1 장 「天命之謂性, 率性之謂道, 修道之謂敎.」
34) 《중용》 제 21 장 「自誠明, 謂之性. 自明誠, 謂之敎. 誠則明矣, 明則誠矣.」

는 것이다. 이 두 가지 노선은 최후에는「지성이면 밝아지고, 밝아지면 지성해지는」하나의 것으로 된다. 그러나 결국은 두 가지 노선을 가지게 되는데,《역전》《대학》에서 아주 분명하게 구별하고 있다.

《중용》이「성(誠)」을 끄집어낸 것은 매우 자연스럽게 바로 심성을 파악하는 노선을 보여주는 것이다. 바꾸어 말하면 이것은 또한 당장에 심성을 파악하기 때문에「성(誠)」이란 것을 깊이 체득하여야 하는 것이다. 제22장의 "오직 천하의 지성한 사람이라야 그 본성을 완전하게 다 발휘할 수 있다."[35] 제24장의 "지성한 도는 앞을 내다볼 수가 있다."[36] 제25장의 "성이란 것은 스스로 인격을 완성해야 할 조건이고, 도라는 것은 스스로 실천해야 할 길이다."[37] 제26장의 "지성은 끊어짐이 없이 영원하고, 끊어지지 않으면 항상 있다. 항상 가지고 있으면 밖으로 드러난다."[38] 등은 모두 좋은 증명들이다. 《중용》은 일반적으로 자사가 지었다고 말하는데 자사의 주장은 확실히 증자와는 달리, 〈계사전〉의「성성존존, 도의지문」의 맥락에 놓여 있다.

자사 이후에 맹자는 자사의 입장을 이어받아 당장에 바로 심정을 파악하는 노선을 따르게 된다. 그는 "만물은 모두 나에게 갖추어져 있다. 나를 반성하여 진실하면 이보다 더 큰 즐거움은 없다."라고 하여 만물의 이치를 나의 마음속에 집어넣어 하나의「성(誠)」을 통하여 바로 직접적으로 마음속에 들어가 파악하는 것을 말하는 데 가장 분명하다. 더욱이 〈진심편〉에서 말하기를,

"맹자가 말하기를, 자기의 본심을 모두 발휘할 수 있는 자는 그 본성을 아는 자이고, 그 본성을 알면 하늘을 아는 것이다. 그 마음을 보존하고, 본성을 기르는 것이 바로 하늘을 섬기는 도이다."[39]

「심성」으로부터 직접「천(天)」을 알게 되면「천」은 바로「명(命)」이다.「심성」의 앞에「리(理)」를 드러내지 않는 것은 맹자와 자사가 같은 맥락에 있음

---

35)「唯天下至誠, 爲能盡其性.」
36)「至誠之道, 可以前知.」
37)「誠者, 自成也, 而道, 自道也.」
38)「故至誠無息, 不息則久, 久則徵……」
39)《맹자》〈진심편〉「孟子曰, 盡其心者, 知其性也, 知其性則知天矣. 存其心, 養其性, 所以事天也.」

을 말하는 것이다.

공자 이후 맹자까지의 인간의 도덕수양의 방법에 관하여 살펴보았는데 여기에는 두 가지의 분명한 주장이 있음을 보았다. 그러나 그것들의 출발점은 다르지만 하나로 돌아가고 있음을 알 수 있었다. 후대의 정(程)·주(朱)와 육(陸)·왕(王) 두 학파의 차이라는 것도 실은 이것과 관련되어 있음을 알았다. 이것을 도표로 만들어보면 아래와 같다.

육·왕계열 ── 〈계사전〉의 「成性存存, 道義之門」── 《중용》의 「至誠盡性」┐
　　　　　　└《맹자》의 「盡其心者, 知其性也, 知其性則知天矣.」┘

정·주계열 ── 〈설괘전〉의 「窮理, 盡性, 以至於命」── 《대학》의 「格, 致, 誠, 正, 修, 齊, 治, 平.」

위에서 말하는 두 가지 입장들은 서로 비교하여 우열을 가릴 수 있는 것은 아니다. 다만 개인의 입장에 따라서 행하여야 하는 것이다. 양자는 모두 「성명」에 따라서 「도」로 돌아가는 것으로 개인의 도덕인격은 이것으로부터 수립되는 것이다.

제 3 절 법천지(法天地)

존양(存養)의 공부는 주로 내재적 수양을 강조하여 「성명(性命)」의 근본에서부터 인간이 가야 할 방향을 찾는 것이다. 그러나 인간의 일이란 복잡하고 다단하여 어느 곳 어느 때를 불문하고 모두 심성의 인도를 받아야 하는 것이다. 더욱이 《주역》은 모든 사람을 교화하는 것을 주제로 삼고 있으나, 심성의 존양이라는 것은 보통사람의 입장에서 보면 사실상 실현하기가 쉽지 않은 것이다. 이 때문에 일상생활에서 비교적 구체적으로 파악할 수 있는 법칙을 세워 개인의 외부행위의 지침으로 삼는 것을 필요로 하는 것이다. 본절의 「법천지(法天地 : 천지를 본받음)」나 뒤에서 말하는 「선보과(善補過)」「지기(知幾)」

「수겸(守謙)」 등은 그중에서도 제일 중요한 몇 가지의 항목들이다. 이런 것들의 정리를 통하여 인간의 행위와 내부적 수양을 서로 하나로 상응하게 하여 도(道)의 길로 나아가게 이끄는 것이다. 「존양」의 공부는 인간의 심성을 건전하게 하여 「올바른 생각」을 얻게 하고, 「법천지」나 「선보과」 등의 법칙은 인간의 행위를 건전하게 하여 「올바른 행위」를 하게 만든다. 올바른 생각과 행위라는 것을 똑같이 실행하게 하여, 올바른 생각으로 올바른 행위를 인도하고, 올바른 행위로 올바른 생각을 보조하면 사람은 갈수록 높고 명석하게 되는 것이다.

조금 과장해서 말하면 《주역》이 사람들에게 보여주려 하는 것은 「법천지」라는 이 의미 속에 모두 포함되어 있다고 하여도 틀린 말은 아닐 것이다. 왜냐하면 천지가 바로 건곤이고, 건곤으로부터 생성되는 우주만물 자체는 자연히 건곤이라는 음양의 변화법칙 속에 들어 있기 때문이다. 인간은 만물의 하나이고 또 반드시 이 법칙에 따라서 생존하기 때문이다. 그러므로 만약에 인간이 우주와 하나로 화합하기 위해서 천지를 본받는다고 말한다면 엄격하게 말해서 이것은 틀린 말이다. 그것은 마땅히 인간이 천지를 본받지 「않을 수 없고」, 우주와 서로 일치하여 조화하지 「않을 수 없다」라고 하여야 할 것이다. 도도하게 강물이 흘러가는데 한 방울의 미미한 힘으로 그 큰 흐름에 저항하는 것은 불가능한 것이다. 《주역》의 철학은 이런 기본입장에 근거하여, 인간은 마땅히 천지를 본보기로 삼아야 하고 천도와 지도가 바로 인도이고, 인간은 천지 사이에서 구체적으로 관찰하여 본받을 만한 것을 취하는 것이다. 이렇게 하면 인간은 어디에서나 어느 곳에서나 행위상의 지도를 받을 수 있기 때문이다. 《주역》철학은 이런 것에 많은 부분을 할애하고 있는데, 사실 인류사회가 「법천지」라는 의미를 통하여 받은 혜택이라는 것이 어쩌면 가장 많을지도 모른다.

64괘 384효 중에서 천지의 도를 말하지 않는 괘가 없고, 길흉회린을 판단하는 표준 역시 천지를 「법하고」 「법하지 않고」의 차이에 있는 것이다. 그러나 가장 분명하게 「법천지」의 의미를 말하는 것은 역시 〈대상전(大象傳)〉의 말이다. 64괘의 〈대상전〉의 말들은 대부분 비슷한 어투를 가지고 있다. 즉 먼저 괘상을 드러내고 난 다음에 인간은 마땅히 이것이 드러내는 상징의 의미를 본받아 어떻게 행위하라고 말하는 것이다. 천지의 도라는 것을 구체적으로 완전히 드러내기란 쉽지 않고, 인간사의 번잡함을 일일이 구체적으로 열거하기란 불가능하다. 《역경》을 지은 작역자(作易者)가 64괘의 〈상전〉에서 말하려는 것은 그것을 통하여 사람들이 스스로 계발할 수 있게 하려는 것이다. 그러므로 우리는 64개의 〈상전〉의 내용 속에서 작역자의 고심을 충분히 느낄 수 있을 것이다. 즉 각각의 상황과 심신에 관련되는 것들을 통하여 참된 인격을 이루려면 어떻게 하여야 하는가를 드러내려 하기 때문이다. 이런 64괘의 〈대상전〉에서 말하는 것들을 「사람이 마땅히 지켜야 할 법칙」이라고 말하여도 틀린 것은 아니라고 생각한다. 모두 중요하기 때문에 이 절에서는 64개의 「사람이 지켜야 할 법칙」을 수록하여서 《주역》이 사람들로 하여금 「법천지」하라는 의미를 드러내려고 한다.

64괘의 〈대상전〉

「상경 30괘」

☰ 乾 : "천도의 운행은 건전하고, 군자는 그것을 본받아 스스로 강건불식한다."[40]
(건의 작용은 강건하고 적극적으로 움직이는 생생(生生)의 시작으로, 천은 그것과 짝하고 있다. 군자는 천도의 운행이 멈추지 않고 부단함을 보고 당연히 인생의 자강불식을 생각하는 것이다.)

☷ 坤 : "땅의 태세는 순하고 두텁다. 군자는 그것을 본받아 두터운 덕으로 모든 것을 받아들인다."[41]
(「勢」자를 쓴 것은 땅이 본래 하나의 세력작용을 말하기 때문이다. 여기에서의 「곤」자는 넓고 두텁고 펼쳐져 있음을 말한다. 군자는 이것을 보고서 마땅히 넓고 포용력 있는 덕에 힘써야 하는 것이다.)

☳ 屯 : "구름이 우뢰 위에 있는 것이 준이다. 군자는 그것을 보고 기강을 확립하여 다스린다."[42]
(물이 하늘에 있는 것은 구름이다. 괘는 감괘를 상괘로 진괘를 하괘로 하여

---

40) 「天行健, 君子以自强不息.」
41) 「地勢坤, 君子以厚德載物.」
42) 「雲雷, 屯, 君子以經綸.」

구성되어 있기 때문에 운뢰라고 한 것이다. 준은 방금 태어나서 위험을 뚫어야 하는 괘로서 뜻이 있는 인사가 나라를 처음 창건하였을 때를 말하기 때문에 「경륜」이라고 하는 것이다.)

☰ 蒙 : "산 아래에 샘이 솟는 것이 몽이다. 군자는 그것을 본받아 행동을 과감히 실천하고 덕을 길러야 한다."[43]

(괘는 간괘를 상괘로 감괘를 하괘로 하여 구성되어 있기 때문에 샘이 처음 나온다 라고 말하여 어린 시기를 비유하여 말하는 것이다. 아무것도 모르는 어린아이를 가르치는 데에는 마땅히 과단성 있는 행동으로 그 덕을 길러야 한다. 초육의 효사에 "몽을 깨우치다. 그로써 사람을 가르치고 채찍하여 질곡을 벗기면 이롭다. 놓아두면 허물이 생긴다."[44] 라고 하는 것이다.

☰ 需 : "구름이 하늘에 있는 것이 수이다. 군자는 그것을 본받아 먹고 마시면서 심신을 편안히 하여 기다린다."[45]

(수의 뜻은 기다린다는 의미이다. 괘의 구조는 감이 위에 있고, 건이 아래에 있는 것으로 구름이 하늘에 있어서 아직 비로 변하지 않았기 때문에 인사에서는 아직 때가 되지 않아서 더 기다려야 함을 말하는 것이다. 군자는 시중을 알아서 시와 더불어 행하여야 하고, 때가 아직 오지 않음을 보고서는 역에 근거하여 천명을 기다려야 하는 것이다. 「음식연락(飮食宴樂)」이란 의미는 걱정도 두려움도 없이 때를 기다린다는 의미이다.)

☰ 訟 : "천과 수는 가는 길이 다르기 때문에 송이다. 군자는 일을 시작함에 있어서 그 시초에 소송이 일어나지 않도록 하여야 한다."[46]

(괘의 구조가 건이 위에 있고 감이 아래에 있는 것으로, 천기는 상승하고 물의 성질은 아래로 흐르기 때문에 위행(違行)이라고 하여 송사를 상징하고 있다. 송사가 발생하기 때문에 하는 일을 처음부터 잘 도모하여야 한다. 그래야 송사할 일이 생기지 않는 것이다.)

☰ 師 : "땅 속에 물이 있는 것이 사이다. 군자는 이것을 본받아 백성을 용납하고 길러야 한다."[47]

---

43) 「山下出泉, 蒙, 君子以果行育德.」
44) 「發蒙, 利用刑人, 用說桎梏. 以往, 吝.」
45) 「雲上於天, 需, 君子以飮食宴樂.」
46) 「天與水違行, 訟, 君子以作事謀始.」
47) 「地中有水, 師, 君子以容民畜衆.」

(괘에서 구이의 한 효가 여러 음을 통솔하고 있는 모습으로 구이는 하괘의 중간에 자리하고 있어 장군이 군사를 통솔하고 있는 모습이다. 장수가 병사를 모으면 강해지고, 국가가 백성을 모으면 번창해지기 때문에 군자는 사괘를 통하여 천하와 국가를 다스리는 것을 생각하여야 하는 것이다.)

☷☵ 比 : "지상에 물이 있는 것이 비이다. 선왕은 이를 본받아 만국을 세워 제후와 친밀히 대한다."[48]

(이 괘의 상괘는 감이고 하괘는 땅으로 물이 지상에 있으면서 매우 친하기 때문에 비라고 하는 것이다. 구오의 양이 천자의 존위에 있으면서 다섯 음과 붙어 있다. 여기에서 「군자」라고 말하지 않고 「선왕」이라고 말하는 것은 구오가 천자의 위치에 있기 때문이다.)

☴☰ 小畜 : "바람이 하늘 위에서 부는 것이 소축이다. 군자는 그것을 본받아 문덕을 아름답게 한다."[49]

(이 괘의 상괘는 손이고 하괘는 건으로 바람이 천상에 있는 것을 알지만은 형체를 볼 수 없다. 왜냐하면 바람은 흘러 오래 머물러 있지 않기 때문이다. 또 하나의 음이 다섯 양을 모으게 하기 때문에 「소축」 혹은 「덕」이라고 하는 것이다. 「의문덕」은 바로 문덕의 아름다움을 더욱 구하라고 하는 것이다.)

☰☱ 履 : "하늘을 위로 하고 못을 아래로 하는 것이 리이다. 군자는 그것을 본받아 상하를 구분하고 백성의 뜻을 안정시킨다."[50]

(리는 예(禮)인데 예는 상하를 분명히 하기 때문이다. 괘는 건이 상괘로 위에 있고 백성은 아래에서 기뻐하여 상하가 자기 위치에서 안락하기 때문에 리이다. 군자는 이 상을 보고 마땅히 상하의 위치를 분명히 함과 민심의 안정을 생각하여야 하는 것이다. 「민지(民志)」의 「지」는 매우 타당하게 사용하고 있는데, 민심을 즐겁게 하는 것이다.)

☷☰ 泰 : "천지가 섞이는 것이 태이다. 군주는 그것을 본받아 천지의 도를 알맞게 하고 천지의 마땅함을 서로 도와서 백성을 돕는다."[51]

(「후(后)」는 옛날에는 「사(司)」라는 글자와 같았다. 그러므로 후직(后稷)이

---

48) 「地上有水, 比. 先王以建萬國親諸侯.」
49) 「風行天上, 小畜. 君子以懿文德.」
50) 「上天下澤, 履. 君子以辨上下定民志.」
51) 「天地交, 泰. 后以財成天地之道, 輔相天地之宜, 以左右民.」

란 말과 사직(司稷)이란 말은 동의어였지만 후대에 분화된다. 여기에서의 「후」는 천하를 다스리는 것을 관장하는 것으로 복(復)괘의 「후불성방(后不省方 : 천자는 지방을 순시하지 않는다)」의 「후」와 뜻이 같다. 「재(財)」는 재(裁)와 뜻이 같다. 태괘에서 말하는 천지가 섞이어 만물이 통한다는 뜻은 상하가 교통하여 뜻이 같다는 뜻이기 때문에 천하를 다스리는 자는 태괘를 보면 어떻게 자기 몸을 재제(裁制)하여 천지의 도와 합하여야 하고, 어떻게 인민을 교화하여 천지의 화육에 참여하여야 하는가를 생각하는 것이다.)

☷☰ 否 : "천지가 섞이지 않아서 비이다. 군자는 이것을 본받아 조심스러운 덕으로 어려움을 피하고, 녹으로 영달을 꾀하지 않는다."[52]
(비는 태와는 반대로 천지가 교류하지 않아서 상하의 뜻이 서로 다른 것을 말한다. 군자는 이때에 처하여서는 마땅히 그 덕을 수렴하여 소인의 해로움을 멀리 한다. 「록」은 벼슬하는 것을 말하고 「영이록」이란 것은 천하가 안정될 때에는 따를 만한 것이지만, 비의 때는 시운이 막히어 녹을 구하는 것은 스스로 미움 받기를 자초하는 것이기 때문에 「녹으로 영달을 구하지 않는다」라고 하는 것이다.)

☰☲ 同人 : "하늘과 불은 동인이다. 군자는 이것을 본받아 종족과 사물을 나눈다."[53]
(이 괘는 건이 위에, 리(離)가 아래에 있는 것으로 불의 성질은 위로 올라가서 천과 함께 하는 것으로 인도의 입장에서 말하면 「동인」이다. 「변물(辨物)」은 선악과 시비를 나누어 사물을 구분하고, 악을 멀리하고 선을 가까이 하는 군자의 행위이다.)

☲☰ 大有 : "불이 하늘 위에 있는 것이 바로 대유이다. 군자는 이것을 본받아 악을 막고 선을 높여 천의 큰 명령에 따른다."[54]
(이 괘는 불이 하늘 위에서 빛나고 만물의 존재를 비추기 때문에 「대유」라고 하는 것이다. 이때 사악함이란 것은 하나도 보이지 않고 천명의 선함만이 있다. 「휴」는 아름답다는 뜻이다. 천명의 아름다움을 따라서 악을 제거하고 선을 높이는 것은 바로 군자가 뜻을 얻고 일을 행하는 때이다.)

---

52) 「天地不交, 否. 君子以儉德辟難, 不可榮以祿」
53) 「天與火, 同人. 君子以類族辨物.」
54) 「火在天上, 大有. 君子以遏惡揚善, 順天休命.」

☷☶ 謙 : "땅 속에 산이 있는 것이 겸이다. 군자는 그것을 본받아 많은 것을 줄여 부족한 것을 메운다. 물의 경중을 달아 고르게 베푼다."⁵⁵⁾

(산은 땅보다 높기 마련인데 겸괘에서는 산이 땅속에 있다고 하여 사람으로 말하면 다른 사람보다 낮추어 스스로를 낮추는 것을 비유하고 있다. 군자는 겸괘를 보고는 마땅히 자기의 많은 것을 작은 사람에게 나누어주어야 하는 것이다. 덕이 두터운 자는 다른 이들을 독촉하여 덕을 함께 하여야 하고, 재물이 많은 자는 궁핍한 자를 돕고 재주가 많은 사람은 다른 사람이 재주를 가지도록 하여야 하기 때문에「물의 경중을 달아 고르게 베푼다」라고 하는 것이다.)

☳☷ 豫 : "우뢰가 땅에서 나와 움직이는 것이 예이다. 선왕은 이것을 보고 음악을 만들어 덕을 숭상하고, 성대히 그것을 신에게 바치고 조상께 제사한다."⁵⁶⁾

(괘상은 상괘가 진이고 하괘가 곤이다. 진은 뢰이고 움직임이다. 곤은 백성의 뜻에 따르는 의미를 가지고 있다. 만민이 순종하고 환성이 소리 높아서 왕도의 다스림에 의하여 천하가 화락한 모습을 말하고 있다. 그러나 괘상에는 구오의 존자가 없기 때문에 모두 화락한 모습이다. 그러므로「성대히 그것을 신에게 바치고 조상께 제사한다」라고 말하는 것이다.)

☱☳ 隨 : "연못 속에 우뢰가 있는 것이 수이다. 군자는 이것을 본받아 저녁에 들어가 편히 쉰다."⁵⁷⁾

(상괘가 태이고 하괘가 진이다. 움직여 기쁜 것으로 도의 자연스러움을 따라서 움직이는 것을 말한다.「저녁에 들어가 편히 쉰다」라는 것은 바로 천도의 자연스러움을 따라서 움직이는 것이다.)

☶☴ 蠱 : "산 아래에 바람이 있는 것이 고이다. 군자는 그것을 본받아 민중을 고무하고 도덕을 양성한다."⁵⁸⁾

(일이 실패한 것을 일러 고라고 한다. 산 아래에 바람이 있다는 것은 산에 찢어진 구멍이 있는 것으로, 파괴되어 있다는 뜻을 말한다. 군자는 여기에서 이것을 다시 재건할 도를 생각하여야 하기 때문에「민중을 고무하고 도덕을

---

55)「地中有山, 謙. 君子以裒多益寡, 稱物平施.」
56)「雷出地奮, 豫. 先王以作樂崇德, 殷薦之上帝, 以配祖考.」
57)「澤中有雷, 隨. 君子以嚮晦入宴息..」
58)「山下有風, 蠱. 君子以振民育德.」

양성한다」라고 말하는 것이다.)

☷☱ 臨 : "못 위에 땅이 있는 것이 임이다. 군자는 이것을 본받아 가르쳐 이끌려는 마음이 다함이 없고 백성을 포용하여 안심시키는 것이 한이 없다."[59]
(상괘는 곤이고, 하괘는 태로서 두 개의 양이 아래에 있고, 네 개의 음이 위에 있다. 일을 행하는 데 백성을 위로하여 가르치고, 포용하여 보호하는 데 한이 없는 애정을 가지고 있음을 말한다.)

☴☷ 觀 : "바람이 땅 위를 불어가는 것이 관이다. 선왕은 그것을 보고 사방의 나라를 돌아보고 백성을 살펴 가르침을 베푼다."[60]
(괘상은 바람이 지상에 부는 것을 표현하고 있다. 왕이 사방을 순시하여 민속을 관찰하고 교화를 베푸는 뜻을 가지고 있다. 그러므로「선왕」이라고 말한다.)

☲☳ 噬嗑 : "우뢰와 전기가 만나는 것이 서합이다. 선왕은 이것을 본받아 벌을 명백히 하여 법을 정리한다."[61]
(상괘는 리(離)의 밝음으로 전기를 말하고, 하괘는 진으로 우뢰를 상징한다. 우뢰와 전기는 바로 천자의 위엄을 나타내는 것이기 때문에 벌을 명백히 하여 법을 정리하는 것이다. 이것은 왕에 관계되는 일이기 때문에「선왕」이라고 말하는 것이다.)

☶☲ 賁 : "산 아래에 불이 있는 것이 비이다. 군자는 그것을 본받아 여러 가지 정사를 분명히 하고 옥사를 무리하게 판결하지 않는다."[62]
(「서정(庶政)」이라는 것은 일상적인 사무 등의 작은 일을 말한다.「절옥(折獄)」은 사실 중대한 일이다. 괘의 속은 밝고 바깥은 멈추어 있다. 서무는 대부분 내부적인 일이고, 옥사에 관한 것은 바깥으로 호령하는 것이다. 그러므로「여러 가지 정사를 분명히 하고 옥사를 무리하게 하지 않는다」고 하는 것이다.)

☶☷ 剝 : "산이 땅에 붙어 있는 것이 박이다. 군주는 그로써 아래를 풍족하게

---

59)「澤上有地, 臨. 君子以敎思无窮, 容保民无疆.」
60)「風行地上, 觀. 先王以省方觀民設敎.」
61)「雷電, 噬嗑. 先王以明罰勅法.」
62)「山下有火, 賁. 君子以明庶政, 无敢折獄.」

䷖　復 : "우뢰가 땅 속에 있는 것이 복이다. 선왕은 이를 보고 동지일에 문을 닫아 상인과 여행자를 지나다니지 못하게 하고 천자는 지방을 순회하지 않는다."[64]
(양이 처음 돌아와서 세력이 아직 성해지지 않았을 때 백성을 다스리는 자는 일이 장차 일어날 것을 고려하여 양이 성할 때를 기다려 행동을 삼가는 것이다.)

䷘　无妄 : "하늘 아래 우뢰가 울리어 만물이 여기에 화답하는 것이 바로 무망이다. 선왕은 이를 보고 본받아 시절에 따라서 만물을 키운다."[65]
(건도가 변화하여 각각 성명을 바르게 하는데, 무망괘는 건괘를 상괘로, 진괘를 하괘로, 움직여서 건의 천에 합한다. 천하를 다스리는 자는 그 성한 때를 타고서 시절에 따라서 만물을 기른다. 「대(對)」는 배(配)의 뜻으로 《시경모전(詩經毛傳)》에 보인다.)

䷙　大畜 : "하늘이 산중에 있는 것이 대축이다. 군자는 이것을 본받아 옛 성현의 말과 행동을 기억하여 그 덕을 기른다."[66]
(산으로 사람을 비유하고 천으로 덕을 비유한 것이다. 하늘이 산중에 있음은 기른 것이 큼을 말한다. 군자는 여기에서 마땅히 덕을 스스로 닦음이 부족함을 깨달아 노력하는 것이다.)

䷚　頤 : "산 아래에 우뢰가 있는 것이 이괘이다. 군자는 이를 본받아 말을 신중히 하고 음식을 절제한다."[67]
(언어와 음식은 입을 통하여 출입하는 것이다. 이괘의 상괘는 간으로 멈추어 있는 것이고, 아래는 진으로 움직이는 입의 모습이다. 음식을 절제하지 못하면 몸을 상하게 하고 언어를 절제하지 못하면 덕을 이루지 못한다.)

---

63) 「山附於地, 剝. 上以厚下安宅.」
64) 「雷在地中, 復. 先王以至日閉關, 商旅不行, 后不省方.」
65) 「天下雷行, 物與无妄. 先王以茂對時育萬物.」
66) 「天在山中, 大畜. 君子以多識前言往行, 以畜其德.」
67) 「山下有雷, 頤. 君子以愼言語節飮食.」

☷☰ 大過 : "연못의 물이 나무를 멸하게 하는 것이 대과이다. 군자는 이로써 독립하여 두려워하지 않고, 세상을 피해 숨어도 번민하는 일이 없다."[68]
(상괘는 태괘로 연못이고 하괘는 손괘의 나무이다. 연못이 나무를 멸하게 한다는 것은 자리가 뒤집혀 도움이 되지 않음을 말한다. 그러나 군자가 세상에 처하여 그 귀한 바는 선한 도를 지키고 몸을 바로 하여 어떤 경우에도 안정되어 있다는 것이다. 그러므로 비록 뜻이 궁하여도 두려워하지 않는 것이다.)

坎 : "물이 끊임없이 흐르는 것이 습감이다. 군자는 이것을 본받아 덕행을 영구히 행하고 학문을 되풀이하여 행한다."[69]
(「천(洊)」은 재(再)의 뜻으로 「천지」는 바로 오고 또 오는 것으로, 위와 아래 모두 감이라는 것을 말하는 것이다. 군자는 물이 끊임없이 흐르는 것을 깨달아 덕행을 부단히 유지해야 함을 생각하는 것이다. 또 물의 성질은 아래로 흐르기 때문에 당연히 가르치는 일에도 게을리 하지 말아야 하는 것이다.)

離 : "밝음이 다시 일어나는 것이 리이다. 대인은 그로써 밝은 빛을 계속하여 사방에 비추어야 한다."[70]
(상하의 괘가 모두 리의 밝음이기 때문에 「밝음이 다시 일어나는 것」이라고 하는 것이다. 건의 문언에 「대인이란 것은 천지와 그 덕을 합하고 일월과 그 밝음을 합한다」라고 하여 덕이 이미 해와 달의 밝음에 이르렀기 때문에 「대인」이라고 하는 것이다.)

「하경 34괘」

咸 : "산 위에 못이 있는 것이 함이다. 군자는 이를 통하여 자신을 비워 다른 사람을 받아들인다."[71]
(산은 연못보다 더 높은데 또 그 위에 못이 있어서 지위가 높고 덕이 두터운 사람이면서도 높다고 자처하지 않는다. 이것은 반드시 「자신을 비워 다른 사람을 받아들인다」는 마음을 가지고 있다.)

---

68) 「澤滅木, 大過. 君子以獨立不懼, 遯世无悶.」
69) 「水洊至, 習坎. 君子以常德行習敎事.」
70) 「明兩作, 離. 大人以繼明照于四方.」
71) 「山上有澤, 咸. 君子以虛受人.」

제 6 장 인성의 자각과 천명으로의 복귀

䷟ 恒 : "뢰풍이 바로 항이다. 군자는 이를 본받아 의연히 홀로 서서 방향을 바꾸지 않는다."[72]
(상괘는 진의 움직임이고 하괘는 손의 순함이다. 어긋남이 없이 움직이는 것은 바로 천지자연의 도로서 항이다. 「의연히 홀로 서서 방향을 바꾸지 않는다」란 것은 선을 고집하여 지키는 것으로 항구의 뜻을 취하고 있다.)

䷠ 遯 : "하늘 아래 산이 있는 것이 둔이다. 군자는 이것을 본받아 소인을 멀리 하는데 미워서가 아니라 자신을 엄격히 지키는 것이다."[73]
(간의 산이 천의 아래에 있기 때문에 「둔」이다. 산은 비록 땅보다 높으나 그곳에 머물러 위용을 뽐내어 군자의 모습을 보여주고 있다.)

䷡ 大壯 : "우뢰가 하늘 위에 있는 것이 대장이다. 군자는 이를 본받아 예가 아니면 행하지 않는다."[74]
(상괘는 진이고 하괘는 건으로 곧고 바르게 움직이므로 「예가 아니면 행하지 않는다」라고 하는 것이다.)

䷢ 晉 : "밝음이 지상에서 나온 것이 진이다. 군자는 이것을 본받아 스스로 명덕을 밝힌다."[75]
(「진」의 뜻은 나아간다는 뜻이다. 해와 달이 지상에서 올라와 크게 밝게 된다. 군자는 여기에서 「스스로 명덕을 밝히는 것」을 생각하여야 하는 것이다.)

䷣ 明夷 : "밝은 빛이 땅 밑에 있는 것이 명이이다. 군자는 그것을 보고 여러 사람 앞에 나설 때 그 총명을 감춘다."[76]
(해와 달이 땅 속으로 들어간 것은 인도의 입장에서 말하면 「대중 앞에 나가는」 뜻이다. 일월이 떨어진 것은 회(晦)이고, 대중 앞에서 민심을 얻으면 오히려 「총명을 감추어야」 하는 것이 바로 이 괘의 〈대상전〉이 말하려는 의도이다.)

䷤ 家人 : "바람이 불에서 나온 것이 바로 가인이다. 군자는 이것을 보고 본

---

72) 「雷風恒, 君子以立不易方.」
73) 「天下有山, 遯. 君子以遠小人, 不惡而嚴.」
74) 「雷在天上, 大壯. 君子以非禮弗履.」
75) 「明出地上, 晉. 君子以自昭明德.」
76) 「明入地中, 明夷. 君子以蒞衆, 用晦而明.」

받아 말을 신중히 하고 행동을 일관성 있게 한다."⁷⁷⁾

(상괘는 손괘로 바람을 말하고 하괘는 리괘로 불을 말한다. 불이 움직여 바람을 내는 까닭에 「바람이 불에서 나왔다」라고 하는 것이다. 여기에서 강조하고 있는 것은 바로 「연유하는 곳(所自出)」에 있다. 즉 천하의 근본은 가정에 있고, 가정의 근본은 사람에게 있고, 사람의 핵심처는 바로 「말」과 「행동」에 있다. 공자가 말하기를, "말과 행동은 군자에게 있어서 가장 중요한 것이다. 말과 행동이 바깥으로 나타나는 것에 의해서 명예와 치욕이 초래되는 것일 뿐만 아니라, 언행은 군자가 천지를 감동시키게 할 수도 있으니 신중하지 않을 수 있겠는가?"⁷⁸⁾라고 했다.)

☲☱ 睽 : "불이 위에 있고 못이 아래에 있는 것이 규이다. 군자는 이를 보고 같은 것 속의 다름을 안다."⁷⁹⁾

(불의 성질은 위로 올라가고 물은 밑으로 흐른다. 또 상괘의 리(離)는 중녀이고 하괘는 소녀로 여자 둘이 함께 있어서 그 뜻이 서로 같지 않기 때문에 「규」이다. 비록 "천지가 서로 등져 있으나 그 일은 같다. 남녀가 서로 등져 있으나 그 뜻이 통한다. 만물은 서로 등져 있으나 그 일은 같다."⁸⁰⁾라고 하여 군자는 그 다름을 구분하여 같음을 알아야 한다.)

☵☶ 蹇 : "산 위에 물이 있는 것이 바로 건이다. 군자는 이것을 보고 본받아 스스로를 반성하고 덕을 기른다."⁸¹⁾

(물이 산 위에서 흐른다는 것은 유행이 어렵다는 것을 말한다. 군자가 일이 잘 풀리지 않고 막혀 있음을 당했을 때 스스로 덕행이 부족함을 생각하여 「스스로를 반성하고 덕을 길러야」 하는 것이다. 바로 공자가 말하는 "군자는 스스로에게 구해야 한다."라는 의미이다.)

☳☵ 解 : "우뢰와 바람이 일어나는 것이 해이다. 군자는 이것을 보고 본받아 잘못을 용서하고 죄를 관대하게 대한다."⁸²⁾

(〈단전〉에 "우뢰와 비가 일어나 온갖 초목의 싹이 튼다."라고 하는 것은 천

---

77) 「風自火出, 家人. 君子以言有物而行有恒.」
78) 〈계사전〉「言行, 君子之樞機, 樞機之發, 榮辱之主也. 言行, 君子之所以動天地也, 可不愼乎?」
79) 「上火下澤, 睽. 君子以同而異.」
80) 睽卦〈단전〉「天地睽而其事同也. 男女睽而其志通也. 萬物睽而其事類也.」
81) 「山上有水, 蹇. 君子以反身修德.」
82) 「雷雨作, 解. 君子以赦過宥罪.」

도의 해(解)를 말하는 것이다. 인도의 입장에서 말하면 「잘못을 용서하고 죄를 관대하게 대하는 것」이다.)

☶☱ 損 : "산 아래에 못이 있는 것이 손이다. 군자는 이것을 보고 본받아 분노를 경계하고 사욕을 막는다."[83]
(「분」과 「욕」은 모두 선천적인 성명의 올바름이 아니기 때문에 군자는 마땅히 이것들을 줄여나가야 하는 것이다. 군자는 못이 산을 줄인 것을 보고서 인욕을 줄이고 성명을 보존하는 것을 생각한다.)

☴☳ 益 : "바람과 우뢰가 바로 익이다. 군자는 그것을 보고 본받아 선을 보면 배우고 과실이 있으면 고친다."[84]
(「선을 보면 배우라」는 것과 「잘못이 있으면 고친다」는 것은 같은 것으로 모두 사람의 도덕을 증진시키고 성명의 바름을 얻게 하는 것이다.)

☱☰ 夬 : "연못이 하늘 위에 있는 것이 쾌이다. 군자는 이것을 보고 본받아 봉록을 아래에 베풀면서 덕을 자랑하면 미움을 받게 된다."[85]
(괘상을 보면 연못이 하늘에 있어서 아래에까지 미치지 않기 때문에 군자는 이것을 경계로 삼아 일을 행한다. 「봉록을 베푸는 것」과 「덕을 자랑하는 것」은 다르고 봉록을 아래에 베푸는 것은 아랫사람들에게 미움을 사지 않으나 만약 스스로 덕을 가지고 있다고 생각하여 아래에 베풀면 「덕을 가진척 하는」 자라고 비웃음을 당하게 될 것이다. 노자가 말하는 "낮은 덕을 가진 자는 덕을 잃지 않으려 하기 때문에 덕이 없게 된다."[86]는 것이나 마찬가지이다.)

☰☴ 姤 : "하늘 아래 바람이 있는 것이 구이다. 군주는 그것을 보고 사방에 명령을 내려 만민과 접촉한다."[87]
(하늘 아래 바람이 인다는 것은 천하를 다스리는 자가 사방의 관속과 백성들에게 명령을 발하는 것을 말한다.)

☱☷ 萃 : "연못이 땅 위에 있는 것이 췌이다. 군자는 그것을 본받아 무기를

---

83) 「山下有澤, 損. 君子以懲忿窒欲.」
84) 「風雷, 益. 君子以見善則遷, 有過則改.」
85) 「澤上于天, 夬. 君子以施祿及下, 居德則忌.」
86) 《노자》제 38 장 「下德不失德, 是以無德.」
87) 「天下有風, 姤. 后以施命告四方.」

정비하고 만일의 사태에 대비한다."⁸⁸⁾

(괘상은 상괘는 택이고 하괘는 곤이다. 땅 위에 연못이 있다는 것은 백성이 모여들고 있다는 말이다. 「제(除)」라는 것은 옛것을 버리고 새것을 취한다는 의미이다. 「계(戒)」는 경계하여 준비한다는 의미이다. 백성을 다스리고 백성을 애호하는 일 역시 중요하지만 만일의 사태에 대비한다는 것 역시 중요한 일이다.)

☷☴ 升 : "땅 속에 나무가 생기는 것이 승이다. 군자는 그것을 본받아 덕성을 쫓아 작은 것을 쌓아 높고 크게 한다."⁸⁹⁾

(땅의 성질은 원래 순종하는 것이다. 나무가 땅 속에서 자란다는 의미는 순종하면서 점차적으로 자라난다는 것이다. 곤괘〈상전〉에서 말하는「그 도를 길들인다」는 것이 바로 이것이다.)

☱☵ 困 : "못에 물이 없는 것이 곤이다. 군자는 그것을 보고 신명을 바쳐 뜻을 성취한다."⁹⁰⁾

(괘는 상괘가 태이고 하괘가 감으로 물이 이미 못에서 새어나가 못에 물이 없는 것으로, 도의 곤궁한 상태를 말한다. 군자는 이런 곤궁의 때를 맞이하여 있는 힘을 다하고서 천명을 기다리는 것이다.)

☵☴ 井 : "나무 위에 물이 있는 것이 정이다. 군자는 그것을 본받아 백성을 위로하고 서로 돕게 한다."⁹¹⁾

(옛날에는 나무통으로 우물의 물을 끌어올려 식용으로 사용하였다. 이것에는 두 가지 뜻이 있는데 하나는 나무와 물이 서로 도와 하나의 쓰임을 완성하는 것이고, 또 하나는 아래 위로 물을 끌어올려 먹을 것이 끊어지지 않는다는 것이다. 앞의 것이「서로 돕는」의 뜻이고, 후자는「백성을 위로하는」뜻이다.)

☱☲ 革 : "못 속에 불이 있는 것이 혁이다. 군자는 그것을 본받아 책력을 바르게 하고 사시를 분명히 한다."⁹²⁾

(괘상으로 보면 물과 불이 서로 부딪히니 그 세력은 반드시 바뀐다. 고대에

---

88)「澤上于地, 萃. 君子以除戎器, 戒不虞.」
89)「地中生木, 升. 君子以順德積小以高大.」
90)「澤无水, 困. 君子以致命遂志.」
91)「木上有水, 井. 君子以勞民勸相.」
92)「澤中有火, 革. 君子以治曆明時.」

있어서 가장 큰 변혁은 새로운 국가를 세우고 난 뒤에 역법을 새로 반포하여, 책력을 바로잡고 사시를 분명히 하는 것이었다.)

☲ 鼎 : "나무 위에 불이 있는 것이 정이다. 군자는 그것을 본받아 자리를 바르게 하고 천명을 완수한다."[93]

(「응(凝)」은 하나에 집중하고 고정되어 있다는 뜻이다. 정괘의 상은 솥의 모양으로 그 작용을 삼는다. 먼저 그 자리를 바르게 하고 담은 내용물을 끓임으로 군자는 자리를 바르게 하고 천명을 완수하는 것을 소임으로 생각한다. 「명」은 하늘로부터 받은 성명을 말한다.)

☳ 震 : "계속해서 우뢰가 있는 것이 진이다. 군자는 그것을 보고 두려워하여 스스로 자성한다."[94]

(상하괘가 모두 우뢰의 모습이기 때문에 그렇게 말한다. 우뢰가 움직여 하늘에서 소리를 내어 사람들을 놀라게 하므로 군자는 이것을 본받아 스스로 노력하고 반성하여 욕망을 제거하고 천리를 드러내야 한다.)

☶ 艮 : "산이 겹쳐 있는 것이 간이다. 군자는 이것을 본받아 직분 이외의 것은 생각하지 않는다."[95]

(산이 겹쳐 있다는 것은 상하괘가 모두 간이기 때문에 그렇게 말한 것이다. 간은 멈춘다는 뜻이 있는데 〈단전〉에 "멈출 때는 멈추고, 갈 때는 가고, 동정이 그 때를 잃지 않으면 그 도는 빛난다. 머무를 곳에 머물러야 하고 멈추어야 할 곳에 멈추어야 한다는 것이다."라고 말했다. 「직분 이외의 것은 생각하지 않는다」는 것은 바로 그 마땅히 멈추어야 하는 곳에 멈춘 것이다. 군자는 멈춤을 알아야 한다.)

☴ 漸 : "산 위에 나무가 있는 것이 점이다. 군자는 이것을 본받아 현덕을 가지고서 풍속을 선량하게 한다."[96]

(상괘는 손이고 하괘는 간으로서 나무가 산 위에서 자라는 모습으로 점점 높아지는 것을 말하기 때문에 「점」은 바로 나아가는 의미이다. 「거(居)」는 처한다는 의미이다. 나무가 산 위에 있으면서 점점 높아져 가는 것은 사람이 큰 덕을 가지고 풍속을 선량하게 하면 덕이 날로 높아지는 것을 말하는

---

93) 「木上有火, 鼎. 君子以正位凝命.」
94) 「洊雷, 震. 君子以恐懼修省.」
95) 「兼山, 艮. 君子以思不出其位.」
96) 「山上有木, 漸. 君子以居賢德善俗.」

것이다.)

☱☳ 歸妹 : "못 위에 우뢰가 있는 것이 귀매이다. 군자는 이것을 보고 오래된 후의 잘못을 안다."[97]

(상괘는 진이고 하괘는 태로서 장남이 위에서 활동하고 소녀는 밑에서 기쁘게 따르는 상이다. 남자가 여자의 아래에 있지 않고, 양자의 합이라는 것은 일시적인 정욕의 사사로움에 의한 것이기 때문에 결코 오래 갈 수가 없다. 「영종(永終)」은 오래된 후의 뜻이다. 군자는 이것을 보고 후일의 잘못됨을 알아서 사람들로 하여금 처음을 신중하게 하도록 한다.)

☳☲ 豐 : "우뢰와 전기가 한꺼번에 오는 것이 풍이다. 군자는 이것을 본받아 소송을 판결하고 형벌을 집행한다."[98]

(풍괘와 서합괘는 뜻이 비슷하다. 서합괘는 상괘가 리(離)이고 하괘는 진으로 움직여 밝은 상이기 때문에 「벌을 분명히 하여 법을 집행한다」고 말하는 것이다. 상벌과 법령의 반포는 누구나 보고서 분명하여야 하는 것이다. 풍괘는 상괘가 진이고 하괘가 리로서 밝은 가운데에서 움직이는 것을 말한다. 그러므로 먼저 어떤 일을 분명히 관찰하고 난 후에 행동에 옮기기 때문에 「소송을 판결하고 난 후에 형벌을 집행한다」라고 하는 것이다.)

☶☲ 旅 : "산 위에 불이 있는 것이 여이다. 군자는 이것을 보고 형벌을 분명하고 신중히 하여 재판을 오래 끌지 않는다."[99]

(괘에 산 위에 불이 있다는 것은 여행자가 있다는 뜻이므로 여라고 이름지은 것이다. 형벌을 받아서 옥중에 있는 것은 마치 여행중에 있는 것과 같다. 여행자가 불에 의지하여서 길을 가는 것은 죄인이 올바른 판결을 받아서 공정한 벌을 받는 것과 같기 때문에 군자는 마땅히 「형벌을 분명하고 신중히 하는」의미를 파악하고 여행하는 사람의 입장을 통하여 형벌과 재판을 분명하게 처리한다.)

☴☴ 巽 : "계속해서 바람이 부는 것이 손이다. 군자는 이것을 본받아 명에 따라서 실천한다."[100]

(상하의 괘가 모두 손이기 때문에 계속해서 바람이 부는 것이라고 말하는

---

97) 「澤上有雷, 歸妹. 君子以永終知敝.」
98) 「雷電皆至, 豐. 君子以折獄致刑.」
99) 「山上有火, 旅. 君子以明愼用刑而不留獄.」
100) 「隨風, 巽. 君子以申命行事.」

것이다. 「신명」은 명령을 널리 펌을 말한다. 「행사」는 명령에 따라서 실행하는 것이다. 명령과 실행은 마치 바람이 앞 뒤에서 서로 따르는 것과 같아서 그 뜻은 언행의 일치를 의미하는 것이다.)

☱ 兌 : "연못이 붙어 있는 것이 태이다. 군자는 이것을 본받아 친구와 더불어 학문을 연구하고 닦아야 한다."[101]
(《논어》에 "배우고 때로 익히면 즐겁지 아니한가."라고 했는데 「붕우강습(朋友講習)」은 바로 가장 즐거운 일이다. 상하괘가 모두 즐거움을 말하는 것은 이런 이유에서이다.)

☴ 渙 : "물 위에 바람이 부는 것이 환이다. 선왕은 이것을 보고 하늘에 제사지내고 사당을 세운다."[102]
(상괘는 손이고 하괘는 감으로 바람이 불어서 물이 흐르듯 모두 불안정한 것으로 인심이 흩어지고 혼란한 정국을 상징한다. 고대의 성왕들은 모두 천하를 안정시키고 백성을 어려움 속에서 구제하려는 데 뜻을 두었기 때문에 이 괘상을 보고서 난국을 수습하고 인심을 안정시키기 위해 하늘에 제사지내고 사당을 세워 천지와 조상을 모실 것을 생각하였던 것이다.)

☵ 節 : "못 속에 물이 있는 것이 절이다. 군자는 그것을 본받아 예제를 정하고 덕행을 헤아려야 한다."[103]
(상괘가 감이고 하괘는 태로서 못 속에 물이 한정되어 있기 때문에 절이라고 이름하는 것이다. 「예제를 정한다」는 것은 이른바 절제이다. 「덕행을 헤아린다」는 것은 이른바 예절이다. 인간의 삶 속에 「절」이 있다는 것은 바로 질서가 있고 평화가 있고 행복이 있다는 의미이다.)

☴ 中孚 : "못 속에 바람이 있는 것이 중부이다. 군자는 그것을 보고서 소송을 깊이 논의하고 죽일 죄를 경감한다."[104]
(괘에서 네 개의 양은 바깥에 있고 두 개의 음은 속에 있으므로 마치 복숭아와 은행의 씨와 같이 마음속에 진실성이 있다는 것을 상징하고 있다. 진실성으로 사람을 감동시키는 것이 무서운 형벌을 가하는 것보다는 훨씬 나

---

101) 「麗澤, 兌. 君子以朋友講習.」
102) 「風行水上, 渙. 先王以享于帝立廟.」
103) 「澤上有水, 節. 君子以制數度議德行.」
104) 「澤上有風, 中孚. 君子以議獄緩死.」

은 방법이다. 감옥 속의 사형수에 대해서는 다시 논의하여 감형하거나 죽음을 늦춘다. 이것이 바로 참으로 진실되고 인자한 마음이다.)

☷☶ 小過 : "산 위에 우뢰가 있는 것이 소과이다. 군자는 이것을 보고 행동하는 데 지나칠 정도로 공손해야 하고, 상사를 당했을 때는 지나칠 정도로 슬퍼해야 하고, 비용을 쓰는 데에는 지나칠 정도로 절약해야 한다."[105]
(우뢰소리가 산중에서 나오고 더욱이 산의 신비로움이 더하는 것은 바로 상하의 괘상을 가지고 말하는 것이다. 효상을 말하면 네 개의 음효가 중의 자리에 있어서 두 개의 양을 덮어버리는데 음은 작은 것이기 때문에「소과」라고 하는 것이다. 자연계에는 이런 소과의 상황이 있고 인간사에 있어서도 소과의 행위가 있다.「행동하는 데 지나칠 정도로 공손해야 하고, 상사를 당했을 때는 지나칠 정도로 슬퍼해야 하고, 비용을 쓰는 데는 지나칠 정도로 절약해야 한다」는 것이 바로 이것이다. 비록 소과의 행위가 일반적인 상도는 아니지만, 괘상전의 뜻은 결코 소과의 행위를 본받으려 한 것이 아니라 위에서 말한 세 가지의 행위가 매우 쉽게「미치지 못하기」때문이다. 행동은 쉽게 공손하지 못하게 되고, 상을 당했을 때는 매우 쉽게 형식적으로 슬퍼하게 되고, 돈을 쓰는 데 쉽게 낭비하게 되는 이런 세 가지로 말하면「미치지 못함」의 잘못이「조금 과한 것」보다는 훨씬 못한 것이다. 그러므로 군자는 이 상을 보고 위의 세 가지 문제에 대해서 차라리 소과를 생각하여 미치지 못함의 잘못은 저지르지 않으려 하는 것이다.)

☵☲ 旣濟 : "물이 불 위에 있는 것이 기제이다. 군자는 이것을 본받아 환란을 생각하여 예방한다."[106]
(「환란을 생각하여서 예방한다」는 것은 환란이 아직 닥치지 않았는데 먼저 준비하는 것으로 환란이 생기지 않게 하거나 생겨도 피해를 입지 않으려 한 것이다. 기제괘는 역도의 발전적 순환의 완성이다. 나라를 다스리는 자는 이때 이미 나라가 다스려졌고, 일을 도모하는 자는 이때 이미 일이 완성된 때이다. 그러나 역도의 발전이라는 것은 끝나서 또한 다시 시작되는 것으로써 다스려지는 것 속에 혼란함의 기미가 숨어 있고, 완성됨 속에 파괴의 시작이 숨어 있는 것이다. 군자는 이것을 분명히 파악하여 예방하는 것을 잊지 말아야 한다.〈계사전〉에서 공자가 비(否)괘의 구오를 해석하여 말하기를, "위험하다고 생각하여 자리를 안정시키고, 잃어버릴 것이라고 생각하여 가

---

105)「山上有雷, 小過. 君子以行過乎恭, 喪過乎哀, 用過乎儉.」
106)「水在火上, 旣濟. 君子以思患而豫防之.」

진 것을 보존하고, 어지럽다고 생각하여 다스림을 가지는 까닭에 군자는 평안하여서도 위기를 잊지 않고, 보존하고서도 잃어버릴 것을 잊지 않고, 평화로움 속에서도 어지러움을 잊지 않는다. 이렇게 하여 몸을 편안히 하고 국가를 보존할 수가 있는 것이다.")

☱ 未濟 : "불이 물 위에 있는 것이 미제이다. 군자는 그것을 본받아 사물을 바로 변별하여 바른 자리에 처한다."[107]
(상괘는 리(離)이고 하괘는 감이다. 불의 성질은 위로 올라가고 물의 성질은 아래로 내려가기 때문에 두 성질이 서로 섞이지 않는 상이다. 또 여섯 개의 효가 모두 정위가 아니고 음양이 서로 자리를 빼앗고 있기 때문에 미제라 하는 것이다. 「변물(辨物)」은 사물을 구분 하는 것을 말하고, 「거방(居方)」은 자기의 자리를 바로하는 것을 말하여 혼란 가운데에 처하여서도 올바르고 신중하게 변별하여 바른 자리에 처하는 것을 말한다.)

제 4 절   선보과(善補過)

문장과 구절을 주석하는 류의 역학서적 중에서 청나라 때 이도평(李道平)의 《주역집해찬소(周易集解纂疏)》는 매우 가치 있는 책이다. 이 책은 사상적인 연원을 중시하면서도 매우 분명한 주석을 하고 있으며, 여러 군데에서 매우 뛰어난 관점들을 제시하고 있기 때문에 《주역》 해석에 있어 이 책이 가진 중요성이란 것은 결코 무시할 수 없는 것이다. 그는 〈계사전〉의 "허물이 없다는 것은 잘못을 잘 보충한 것이다."[108]라는 구절을 해석하여 말하기를,

"잘못하여서도 고칠 수 있기 때문에 선보과(善補過)라고 하는 것이다. 공자가 말하는 물러나 생각하여 잘못을 보충하는 것이라는 말 등은 《효경》과 《좌전》에서도 보인다. 《논어》에서 말하기를, 나에게 몇 년이 더 주어져 오십이 되어 《주역》을 공부한다면 큰 과실이 없을 수 있다 라고 하는 것은 《주역》이

---

107) 「火在水上, 未濟. 君子以愼辨物居方.」
108) 〈계사전〉「无咎者, 善補過者也.」

잘못을 보충하는 책이라는 것을 말하는 것이다. 잘못을 보충하는 도라는 것은 무구(无咎)에 있다. 무구의 도는 후회할 수 있는 데에 있다. 후회라는 것은 허물이 없어지는 것에 의한 것이고, 잘못하여서도 보충되어 진다는 것을 말한다. 384효는 한마디로 말하여 선보과이다."[109]

「선보과」라는 세 글자는 도덕인격의 형성이라는 첫단계를 말하는 것이다. 인간을 교화하여 도덕인격을 실천하도록 하는 것은 《주역》의 가장 중요한 문제이다. 앞에서 이미 말하였지만 《주역》의 철학은 인간을 일반적인 동물적 야만성으로부터 정신문명의 새로운 단계로 들어가게 하는 데 그 핵심이 있는 것이다. 그것은 철학사상과 행위실천이라는 두 가지 입장에서 동시에 실행되어야 하는 것이다. 고대사회는 현대사회처럼 교육의 보급이라는 것이 되지 않은 상황에서 다양한 생각과 행위라는 것은 생각하기 힘들었다. 이런 까닭에 고대의 성현들은 자신의 이상을 실현하기가 매우 힘들었다. 그들은 직접 훌륭한 생각을 짜내어야 했을 뿐만 아니라 또한 개개의 사람들을 만나서 직접 가르치고 인도했다. 왜냐하면 당시 사람들은 모두 무지하여 어떻게 해야 할까를 모르기 때문에 성인들은 직접 스스로 행위하고 실천하는 것을 보여주어 언어를 통한 가르침의 부족을 보충한 것이다. 그러나 이런 성인들을 우리가 몇 명이나 볼 수가 있었는가? 설령 성현의 모범이 우리들 앞에 있다고 하여도 개개의 입장이 모두 다르고, 생각도 다르기 때문에 그들을 진정으로 따르는 자는 매우 적은 것이다. 이러한 상황하에서 필연적으로 사람들은 항상 잘못을 범하는 것이다. 그러나 고대인들이 잘못을 범한 것은 현대인들처럼 자신의 사사로운 지혜를 뽐내어 잘못을 알고서도 범하는 것이 아니라, 진정으로 올바른 도를 알지 못하여 잘못을 범한 경우가 더 많다. 그러므로 고대인들이 잘못을 범한 경우라는 것은 대부분 용서할 수 있는 것들이다. 바로 이런 이유에서 《주역》은 결코 잘못을 범한 것을 큰 죄악으로 여기지 않는다. 사람이 잘못을 범하는 일은 항상 있는 일이고, 중요한 것은 잘못을 알고 난 이후에 「보충」과 「보충하지 않음」에 있다는 것이다. 그 잘못을 잘 보충할 수 있으면 그것은 잘

---

109) 이도평 《주역집해찬소》「過而能改, 故曰善補過者也. 孔子曰退思補過, 孝經及宣十二年左傳文. 論語曰, 假我數年, 五十以學易, 可以無大過矣. 是周易爲補過之書. 而補過之道在乎无咎, 无咎之道存乎能悔, 悔則咎之所由无而過之所由補者也. 三百八十四爻, 一言以蔽之曰, 善補過.」

못이 없는 것과 같다. 잘못하고서 보충하지 않는 것이 비로소 잘못을 범한 것이라고 볼 수 있는 것이다. 이것이 바로 공자가 《논어》에서 말하는 "잘못하고서 고치지 않는 것을 일러 잘못이라고 한다."[110]는 것이다.

    이론적으로 말한다면 사람이 자신의 과실을 분명히 안 이후에 잘못을 보충하고 선을 행하려고 하는 것은 그렇게 어려운 일이 아니다. 왜냐하면 이른바 「과(過)」라는 것은 바로 본성 중의 자연스러움을 위반한 것이므로 사람이 다만 본성의 자연스러움을 따라서 자신의 행위를 수정하기만 한다면 바로 잘못을 보충할 수 있는 것이다. 본성의 자연스러움이라는 것은 모든 사람이 공통적으로 가지는 것이므로 잘못을 보충하여 선으로 향하려는 경향은 모든 사람의 마음속에 존재하고 있는 것이다. 이미 잘못하였음을 발견하는 그 순간에 올바른 도를 회복할 수 있는 것이다. 바로 공자가 말하는 "내가 인하려 하니 그 인이 다가오더라."[111]는 것이 바로 이것이다. 이와는 반대로 사람이 잘못을 범하고서 선을 향하여 잘못을 보충하지 않는 것은 이론적으로 말하면 오히려 어려운 일이다. 왜냐하면 그것은 억지로 스스로 계속해서 본성의 자연스러움을 위반하여 행위하기 때문이다. 그러나 이론적으로는 그러하지만 실제로는 그렇지 못하다. 사람들이 후천적인 욕망에 의해서 본성이 덮혀지는 까닭에 그 자신의 잘못을 알고서도 고치는 데에 주저하기 때문인 것이다. 다만 소수의 사람들만이 의연하게 욕망을 깨뜨리고 본성의 올바른 도로 돌아가는 것이다. 이들 소수의 사람들이 바로 역사에 나타난 성현들이다. 공자의 일생을 예를 들어 보면 우리를 가장 감동하게 만든다. 그가 살던 시대라는 것은 인간의 욕망이 멋대로 쏟아져 나온 때로서 어떻게 그렇게 큰 용기와 신념을 가지고서 인의 도를 선양할 수 있었겠는가. 그것은 바로 그 스스로 인도를 행하는 것이야말로 인간의 본성을 따라서 행하는 것임을 믿었기 때문이다. 공자의 입장에서 말하면 사회를 올바른 것으로 돌아가게 하는 것은 마치 개인이 잘못을 보충하여 선으로 향하는 것과 같은 것으로 사람들이 다만 자각하여 마음속의 착한 본성을 발견하기만 한다면 사회는 바로 올바르게 될 수 있다고 믿었기 때문이다. 그러나 공자의 도는 끝내 실천되지 못하였다. 공자의 도가 실천되지 못한 것은 결코 이론적으로 문제가 있어서가 아니라, 당시 사회의 사람들이

---

110) 《논어》〈위령공편〉「過而不改, 是謂過矣.」
111) 《논어》〈술이편〉「我欲仁, 斯仁至矣.」

잘못을 알고서도 그것을 보충하려 하지 않았기 때문인 것이다.

 주역철학에서「선보과」의 문제는 여러 방면에서 생각할 수 있다. 먼저 기본적인 입장은 사람들에게 잘못을 범한다는 것은 피할 수 없는 것이라는 점이다. 우리가 이미 앞에서 말했지만 《주역》은「득실(得失)」의 경중에 따라서 인간의 행위를 다섯 단계로 분류한다.「길」「흉」「회」「린」「무구」이다. 이 다섯 가지 중에서「길」을 제외한 나머지 네 개는 모두 잘못을 범한 것들에 해당된다. 흉은 잘못이 큰 것을 말하고, 회는 작은 잘못을 범하여서 잘못된 것을 고치려는 마음이 일어나는 것을 말한다. 린은 작은 잘못을 범하고서 잘못을 고치려는 마음이 일어나지 않는 것을 말하고, 무구는 잘못을 범하고서 잘못을 잘 보충하려고 하는 것이다. 잘못을 범하지 않는 상황은 다섯 가지 중에서 단 하나 뿐이기 때문에 《주역》에서 사람이 잘못을 범하는 것을 항상 있을 수 있는 일반적인 것으로 보고 있음을 알 수가 있을 것이다. 여기에서 우리는 《주역》이 인간이 잘못을 범하고서 생기는 자괴감과 두려운 심리를 없애고 난 후에 사람들이 잘못을 고치기를 권하고, 잘못을 범하지 않기를 예방하고, 잘못을 알고서도 보충하지 않는 자에게 경계심을 주고 있음을 알 수 있을 것이다. 아래에서 예를 들어서 설명하도록 하겠다.

 1) 잘못을 보충하려는 것

  ☷☳ 復 초구 "멀리 가지 않고 돌아오는 것은 후회함에 이르지 않는다. 크게 길하다."[112]

  초구의 양은 괘의 초에 있어서 잘못을 알고서 바로 올바름에로 돌아가는 것을 상징하고 있다. 멀리 가지 않는다는 것은 초를 말하고, 후회함에 이르지 않는다는 것은 올바른 자리를 얻고 있음을 말한다. 인간이 실천하는 데 있어서 잘못을 보면 고치고 정도로 돌아가는 것을 《주역》에서는 특별히 크게 길하다 라고 말하는 것이다. (이와는 반대로 복괘의 상육에서「돌아갈 방법을 모른다」는 것은 잘못을 범하고서도 잘못을 보충하는 것을 모름을 의미한다. 그러므로「흉하여 재앙이 있다」고 말하는 것이다.)

  ☰☵ 訟 구사 "재판에 이기지 못하고 올바른 명에 돌아가야 한다. 소송을 변

---
112)「不遠復, 无祇悔, 元吉.」

경하여 정도에 자리하면 길하다."[113]

송괘는 구사가 양으로 음의 자리에 있어서 중정을 얻지 못하고 있다. 양은 송사하는 능력은 가지고 있지만 자리가 중정하지 못하여 송사하여도 이기지 못한다. 그러나 구사는 상괘의 건에 자리하고 있어서 천명의 정도로 돌아가는 것을 알고 있고, 송사를 변경할 수 있기 때문에 정도에 자리하면 길하게 된다.

☷ 剝 육오 "물고기를 꿰듯이 궁인을 거느리고 왕의 총애를 받아서 해로울 것이 없다."[114]

박의 괘는 여러 음이 양을 제거하지만 육오는 여러 음의 우두머리로서 여러 음을 이끌고서 상구를 받들어 음 속에 빠지지 않고 선으로 향하는 것을 알기 때문에 해로울 것이 없는 것이다.

2) 잘못을 범하는 것에 대한 예방

잘못을 보충한다는 것은 잘못을 범하고 난 이후의 보조적 행위일 뿐이다. 그러나 가장 좋은 방법은 잘못을 범하기 이전에 잘못을 범하지 않는 것이다. 여기에서 《주역》은 특별히 「려(厲)」라는 말을 사용하고 있다. 「려」의 뜻은 위험으로 이미 과실의 가까이에 가 있어 자칫 잘못하면 잘못을 범할 수 있는 것이다. 괘의 세번째 효는 일반적으로 「여위(厲位)」라고 말하는데 세번째 효는 하괘의 상에 있어서 제후를 상징한다. 제후는 아래로는 민중에 대해서 추앙받는 윗자리에 있는 나라의 군주이고, 위로는 천자의 명령을 받는다. 민중의 신임을 얻지 못하면 그들에게 버림받게 되고, 위로 신임을 얻지 못하면 천자의 미움을 받게 된다. 그러므로 건(乾)괘의 구삼에서 경계하여 말하기를, "군자는 하루 종일 노력해야 한다. 저녁까지 두려워하여 위험하지만 허물이 없다."고 했는데 기타의 괘에서도 「려」를 가지고 경계하는 곳이 많다. 예를 들어서 설명하면 아래와 같다.

☰ 大畜 초구 "위험하여 그만두는 것이 좋다."[115]

초구는 양으로 앞으로 나아가는 성질이 있으나 대축의 괘는 하괘의 건의

---

113) 「不克訟, 復卽命, 渝, 安貞吉.」
114) 「貫魚以宮人寵, 无不利.」
115) 「有厲, 利已.」

삼효가 음에 의해서 저지당하고, 상괘는 멈추는 뜻을 가지고 있어서 건이 마땅히 나아가지 않아야 함을 말하고 있다. 초구는 건의 아래에 처하여서 나아가려고 하나 반드시 실패할 것이다. 그러므로 〈상전〉에서 말하기를, "위험하니 그만두는 것이 좋다. 재앙을 범하지 말라."[116]라고 하는 것이다.

☲☶ 旅 구삼 "여행하는 중에 여관이 불타고 어린 시동의 충성을 잃으니 위험하다."[117]

여행하는 중에 일을 과도하게 처리하고, 구삼이 양으로 하괘의 상에 있으면서 아래의 두 음을 무시하고 잘난 체하여 「어린 시동의 충성을 잃게 되는」 상이 된다. 위로 불에 가깝게 있어서 여관이 불타게 되니 위험한 것이다.

☷☵ 師 상육 "군주가 명을 받아 나라를 열고 집을 계승하여도 소인은 등용하지 않는다."[118]

상육은 괘의 끝에 있다. 군대를 이용하여 전쟁을 완수하고 국가를 건설하는 때이다. 전쟁을 치를 때에는 소인이라도 그 용기를 감안하여 등용할 수는 있으나, 국가를 건설할 때에는 지혜로운 군자가 아니면 그 책임을 맡길 수 없다. 위의 상괘의 곤은 땅을 나타내고, 토지를 분봉하는 것은 국가를 건립하는 중요한 일이기 때문에 《주역》에서는 토지를 소인에게 봉하지 않고 토지 이외의 다른 것으로 상을 주기를 경계하여 말하는 것이다. 이것은 후일에 소인의 반란을 예방하는 것이다. 〈상전〉에서 말하기를, "군주가 명이 있어 공을 바르게 한다. 소인은 반드시 나라를 어지럽게 하기 때문에 등용하지 않는다."[119]

☴☲ 家人 초구 "집안을 엄격히 막는다. 후회가 없을 것이다."[120]

초구는 양으로 정위이며 가인괘의 초에 자리하여 있고, 하괘는 밝은 것을 의미하므로 그 뜻은 가정을 바로잡는 길의 처음을 말하는 것이다. 바로 선견지명을 가지고 올바른 도로서 엄격히 하여 후일에 집안이 어지러움을 방지한다. 이렇게 엄격히 집안을 다스리면 후회가 없을 것이다.

---

116) 「有厲, 利已, 不犯災也.」
117) 「旅焚其次, 喪其童僕貞, 厲.」
118) 「大君有命, 開國承家, 小人勿用.」
119) 「大君有命, 以正功也. 小人勿用, 必亂邦也.」
120) 「閑有家, 悔亡.」

3) 잘못을 범하는 것에 대한 징계

아직 잘못을 범하지 않았을 때에는 예방에 힘써야 하고 이미 잘못을 범하였을 때에는 잘못의 보충(補過)에 힘써야 한다. 그러나 어떤 사람들은 무지하여서 보과를 모르거나 혹은 우둔한 사람들은 잘못을 하고서도 보과하지 않는다. 이런 사람들에 대해서 《주역》에서는 벌을 주라고 말하는 것이다. 벌을 통하여서라도 잘못을 고치고 선으로 향하게 하려는 것이다. 예를 들면,

☷☶ 蒙 초육 "무지함을 깨우친다. 형벌을 이용하여서 사람을 가르치고 질곡을 벗기니 이롭다. 그렇지 않으면 허물이 있을 것이다."[121]

몽의 초육은 음으로 양에 자리하여 착하지 못한 어린아이를 상징하고 있다. 구이는 중정한 사람으로 어린아이를 깨우쳐주는 사람이다. 형벌을 이용하여 사람을 가르친다는 것은, 필요할 때는 마땅히 벌을 내리고 징계하여야 함을 말하는 것이다. 질곡을 벗긴다는 것은 장래의 잘못을 범하여 형벌을 받는 것을 면하게 해준다는 것이다. 그렇지 않으면 허물이 있을 것이라고 말하는 것은 지금 징계를 내리지 않고 멋대로 놓아두면 결과적으로는 흉하게 되기 때문이다.

☲☳ 噬嗑 초구 "형구가 채워져 발목을 상하게 한다. 허물이 없을 것이다."[122]

서합괘의 전체 상으로 보면 입 속에 음식물이 들어 있는 형상으로 그것을 씹어서 자르고, 끊는다는 의미를 가지고 있다. 상하의 괘상을 나누어서 말하면 하나는 우뢰가 움직여 번개가 번쩍이는 것으로 위험을 나타내고, 또 하나의 의미는 움직여 밝은 까닭에 밝다 라는 의미를 가진다. 위의 세 가지의 의미를 종합하여 보면 「분명함」과 「판단함」과 「위험이 있는 자」라는 세 가지 의미를 합하여 괘를 설명하고 있다. 법을 온당하게 집행하여 형벌을 내리는 것에 관해서 말하는 것이다. 초구는 아래에 있어 육삼과 육이가 아래를 향하여 보기 때문에 마치 형틀을 발에 채우는 모습으로 발목이 보이지 않기 때문에 「발목을 상하게 한다」라고 하는 것이다. 사람이 형틀을 몸에다 차는 것은 좋지 않은 일인 데도 불구하고 아래에서 무구라고 하는 것은 바로 형을 받는 것은 좋지 않은 일이지만, 형을 사는 사람이 이것을 통하여 잘못을 알고 회개하여 다시는 잘못을 범하지 않기 때문인 것이다. 그러므로 〈계사전〉에서 이 효의 뜻을 더욱 분명하게 말하기를, "소인은 불인함을 부

---

121) 「發蒙, 利用刑人, 用說桎梏, 以往, 吝.」
122) 「屨校滅趾, 无咎.」

끄러워하지 않고, 불의를 두려워하지 않고, 이익이 없으면 힘쓰지 않는다. 형벌로서 위협하지 않으면 반성하지 않는 자이다. 가벼운 형벌을 주어 반성하게 해서 크게 꾸짖는 것은 오히려 소인에게는 행복이다. 역에 말하기를, 형구를 차고서 발목이 보이지 않아도 허물이 없다는 것은 바로 이것을 가지고 말하는 것이다."[123]

제 5 절 지기(知幾)

중국문화 속에는 누구나 한번쯤은 들어본 적이 있는 무궁무진한 철학적 개념들이 있다. 예를 들면 「일(一)」「도(道)」「수(數)」「명(命)」등을 들 수 있다. 그러나 일반적으로 이런 것들은 사람들이 일상생활 속에서 누구나 사용하는 것이지만, 그것에 대한 정확하고도 올바른 의미를 파악하고 있지는 못하다. 이런 개념들은 모두 《주역》의 철학에서 나온 것들이다. 「기(幾)」라는 개념 역시 그중의 하나이다. 위에서 말한 것들이 그렇게 오묘하고 깊이 있는 이유는 다름아닌 철학적인 것에 바탕을 두고 있기 때문이다. 인간의 일상적인 지식의 관점에서 이런 개념들을 보면 모두 황당한 느낌만을 줄 것이다. 그런 것들은 모두 인간세상과 접근해 있으면서도 또한 그것을 벗어나 있는 느낌을 다분히 주기 때문이다. 아래에서는 「기」자에 대해 상세히 설명하도록 하겠다.

주역철학에서는 이 「기」라는 글자를 매우 중시하고 있는데 〈계사전〉에서 말하기를,

"역이란 것은 성인이 도리를 철저히 규명하고 미미한 징조를 연구하기 위해 있는 것이다. 심오한 도리를 연구하여 천하의 만민이 뜻을 이루게 해줄 수 있다. 미미한 징조를 연구하여 천하의 모든 일을 성취할 수가 있다."[124]

"공자가 말하기를, 미미한 징조를 아는 자는 신비로운 지혜를 가진 자가 아

---

123) 〈계사전〉, 원문은 제5장 주 71) 참조.
124) 〈계사전〉「夫易, 聖人之所以極深而研幾也. 唯深也, 故能通天下之志! 唯幾也, 故能成天下之務.」

닌가? 군자는 윗사람과 교제할 때 아첨하지 않고 아랫사람과 교제할 때 업신여기지 않는다. 그러므로 군자는 미미한 징조를 잘 아는 자가 아닌가? 「기」라는 것은 움직임의 미미한 징조로서 길흉에 앞서서 그 징조 속에 나타나 있는 것이다."[125]

「기」라는 말의 정의는 움직임의 미미한 징조이다. 움직임의 미미한 징조라는 것은 움직임이 시작되는 것을 가리켜 말하는 것이다. 천하의 만물은 움직이지 않는 것이 없고, 만물이 발생할 때 움직임의 미미한 징조가 비로소 보이는데 이것이 바로 기이다. 여기에서 우리는 기의 중요성을 알 수 있다. 왜냐하면 우주의 모든 만물은 연속적인 발전과정으로, 우리가 일찍이 그 움직이는 방향에 대해서 주의를 기울이고 그 동향을 바르게 하여 올바른 도로 들어가게 하면, 나중에 나쁜 길로 들어서는 잘못을 면할 수 있기 때문이다. 위의 〈계사전〉에서 기에 대해 「길한 것에 앞서서 징조가 나타난다」고 말하고 「흉에 앞서서 징조가 나타난다」고 말하지 않는 것은 바로 이런 이유에서이다. 사물이 처음 발생할 때의 기를 바르게 하면 흉의 요소는 제거되기 때문에 오직 길할 따름인 것이다. 만약 완전하게 기를 파악하여 사물이 올바른 길을 따라서 발전하게 만들면 천하의 모든 일은 완성될 것이다. 그러므로 「기」를 아는 자는 신비한 지혜를 가진 자라고 말하는 것이다.

위의 〈계사전〉에서 또 말하기를, "오묘한 도리를 파악하여서 천하 만민의 뜻을 이루어준다."라고 한 것에서 기와 심(深)을 같이 말하는 이유는 무엇인가? 만물이 움직여 생하는 것은 한마디로 간단하게 말할 수 있는 것이 아니라는 의미이다. 그것은 먼저 건원의 움직임이 태극에서 시작하고 곤원이 그것을 계승함에 의해서 생겨난 것이다. 건원이 시동하는 곳으로 소급해서 말하면 만물의 생명이라는 공통적인 의미가 나타나게 되고 기의 유래 역시 그와 같이 심원한 곳에까지 미치기 때문에 깊다 라고 말하는 것이다.

이론적으로 말하면 「지기(知幾)」의 뜻은 인과관계에 근거하고 있는 것으로 결과가 드러나기를 기다리지 않고서 먼저 그 원인을 관찰하는 것이 바로 「지기」이다. 근대 이래 철학에서 인과문제를 다루는 것은 대부분 논리적인 입장

---

125) 〈계사전〉「子曰, 知幾其神乎! 君子上交不諂, 下交不瀆, 其知幾乎! 幾者動之微, 吉之先見者也. 君子見幾而作, 不俟終日.」

에서 다루는 것으로 「원인 중에 결과가 있는가 없는가?」 「원인과 결과가 동시인가 아닌가?」라는 문제가 제기되었다. 이러한 방식을 만약 주역철학의 입장에서 본다면 그것은 「다(多)」 혹은 「분(分)」의 집착에 떨어진 것이다. 원인과 결과라는 것은 원래 하나의 큰 변화작용으로, 그것은 결코 나눌 수 없다는 것을 알아야 한다. 만약에 건을 원인으로 곤을 결과라고 말한다면 억지로 둘로 나눌 수는 있을 것이다. 그러나 실제로는 같은 하나이기 때문에 건을 「시생(始生)」이라 하고 곤을 「순승(順承)」이라 하는 것이다. 한번 건하고 한번 곤하는 것은 영원한 하나의 변화 속에 있는 것이다. 변화라는 의미에서 본다면 우리는 하나의 작용을 몇 개의 단락으로 나누어 나중의 결과가 앞선 부분과 전혀 관계를 가지지 않는다고는 말할 수 없을 것이다. 이렇게 되어버리면 「변화유행」이라는 의미는 상실되고 마는 것으로 「근본을 잃어버리고 껍데기를 쫓는 결과」가 되어버리는 것이다. 그러나 인과의 작용은 비록 나눌 수는 없지만 그러나 그곳에는 움직이는 방향과 변화가 있고, 원인과 결과의 관계도 바로 그 움직이는 방향과 그 변화 위에서 성립되는 것이다. 공자가 〈문언전〉 중에서 대인의 덕에 관해 말할 때 「천에 앞서서도 천과 어긋나지 않는다」라고 하였다. 천이 대인과 어긋나지 않는 이유라는 것은 바로 대인이 천도변화의 방향을 분명히 알고 있어서 그 방향에 따라서 실천하였기 때문에 천과 어긋나지 않는 것이다. 공자는 또 〈문언전〉에서 말하기를,

"선을 쌓는 집에는 반드시 경사가 남아돌고, 불선을 쌓는 집에는 반드시 재앙이 남아돈다. 신하가 그 군주를 시해하고 아들이 그 아버지를 시해하는 것의 원인은 일조일석에 생긴 것이 아니다. 그 원인은 오랫동안 쌓이고 모인 결과이다. 이것을 일찍 분별하여 처리하지 못했기 때문이다."[126]

「경사가 남아돈다」는 것은 「선을 쌓은」 방향에 따라서 일어난 변화이고, 「재앙이 남아돈다」는 것은 「불선함을 쌓은」 것에 따라서 일어난 변화로서 이것이 바로 인과관계이다. 변화의 동향을 일찍이 판별하여서 방지하거나 추진하는 것이 바로 「지기」이다. 이런 문제에 관해서 분명히 언급해야 할 것은 바로 인과변화에는 「순접적(順接的)인 상태」와 「역접적(逆接的)인 상태」의 구분

---

126) 〈문언전〉, 원문은 제5장 주 31) 참조.

이 있다는 것이다. 예를 들면 위에서 말한 「선을 쌓는 집에는 경사가 남아돌고, 불선을 쌓는 집에는 반드시 재앙이 남아돈다」는 것은 바로 순접적 상태의 인과변화이다. 순접적 상태라는 것은 소양에서 노양으로, 소음에서 노음으로의 변화를 말하고, 역접적 상태라는 것은 노양에서 소음으로, 노음에서 소양으로 바뀌어 변화하는 것을 말한다. 이곳에서 말하는 것은 일음일양이라는 역도의 유행과 대립하면서 통일하는 의미를 벗어나지 않는 것이다. 기의 신비로움도 바로 여기에 있다.

「지기」의 가치는 힘을 조금만 사용하면서도 매우 큰 효과를 얻는 데 있다. 마치 불이 조금 일었을 때는 발로서도 끌 수 있지만, 불이 달아오르고 크게 번졌을 때에는 아무리 물을 부어도 효과가 없는 것이다. 순접적 상태의 인과변화의 기를 알면 한마디의 격려하는 말로서 후일에 큰 덕과 사업을 완성할 수 있고, 역접적 상태의 인과변화의 기를 알면 한마디의 경계하는 말로서 나중의 큰 재앙을 면할 수 있다. 노자도 《주역》의 이 기를 매우 중시하여 말하기를, "재앙은 복 속에 기대어 있고, 행복은 재앙 속에 잠복해 있다."[127]라고 하였고, 또 말하기를, "편안할 때에 위태한 것을 잊지 않으면 보존하기가 쉽고, 징조가 나타나기 전에 미리 대책을 세우면 도모하기가 쉽다. 취약한 것은 깨뜨리기가 쉽고 미세한 것은 흩어버리기 쉽다. 그러므로 나타나기 전에 대책을 세우고 어지럽게 되기 전에 미리 다스려야 하는 것이다. 아름드리의 나무도 터럭만한 작은 것에서 생기고, 구층의 높은 누대도 한 줌의 흙을 쌓아서 세운 것이며, 천리의 먼길을 가는 것도 한 걸음부터 시작하는 것이다."[128]라고 하는 것들은 모두 「기」자와 관련하여서 말하는 것이다. 아래에서는 《주역》 중의 괘의 예를 통하여서 살펴보기로 하자.

☷ 坤 초육 "서리를 밟는다. 단단한 얼음이 (어는 계절이) 옴을 안다."

곤괘는 순음의 괘로서 얼음과 서리는 음기를 응결한 것이므로 이렇게 비유한 것이다. 초육은 괘의 아래에서 금방 생겨난 것으로 추위의 시작을 말하기 때문에 「서리」라고 하는 것이다. 그러나 미미한 것을 보고서 현저하게 드러날 것을 아는 것 즉 추리를 통하여 매우 춥고 단단한 얼음이 어는 계절

---

127) 《도덕경》 제 58 장 「禍兮福之所倚, 福兮禍之所伏.」
128) 《도덕경》 제 64 장 「其安易持, 其未兆易謀, 其脆易泮, 其微易散, 爲之於未有, 治之於未亂. 合抱之木生於毫末, 九層之臺起於累土, 千里之行始於足下.」

이 장차 옴을 알 수 있는 것이다.

☷☳ 屯 육삼 "사슴을 쫓는 데 몰이꾼이 없다. 단지 숲속을 헤맬 뿐이다. 군자는 조짐을 보고서 일을 해야 한다. 가면 후회할 것이다."

몰이꾼은 산림을 관장하는 사람으로 둔괘의 3에서 5까지의 호체가 간(艮)이고, 육삼은 이미 산비탈로 접어든 것을 말한다. 그런데 육삼은 위와 상응하는 것이 없기 때문에 몰이꾼이 없다는 것으로 말하는 것이다. 상괘의 감은 위험을 말하는 것으로 앞길이 험악함을 상징하고 있다. 기를 아는 사람이라면 이런 상황하에서 마땅히 입산하는 것을 그만두고 하산할 것이다. 그렇지 않고 고집스럽게 산 속으로 들어간다면 반드시 흉할 것이다.

☶☰ 大畜 육사 "송아지의 뿔에 횡목을 다는 것은 크게 길하다."[129]

상괘는 간으로 멈추는 뜻을 가지고 있고 하괘는 건이다. 건은 비록 나아가는 성질을 가지고 있으나 대축의 때에는 반드시 멈추어야 한다. 육사는 아래의 초구의 양과 상응하고 초구는 아래에 있기 때문에 어린(童) 것으로 표현한다. 괘의 상을 크게 보면 리(離)이기 때문에 소라고 말하는 것이다. 육사는 음으로 정위에 있고 아래의 초구의 양을 막아서 앞으로 돌진하려는 성질을 누르고 있어서 마치 송아지의 뿔에다 횡목을 걸쳐 물건에 부딪치는 것을 방지하는 것과 흡사한 것이다. 이것은 모든 일을 함에 있어서 처음부터 조심하여 재앙이 아직 나타나지 않았는 데도 기미를 보고서 방지하여 재앙이 아직 드러나기 이전에 막아버리는 것이다. 이것이 바로 힘을 조금만 쓰고서도 이룬 일이 큰 것을 말하는 것으로 크게 길한 것이다.

☳☶ 小過 구사 "허물이 없다. 넘지 못하고 이것을 만난다. 가면 위험하기 때문에 반드시 경계하여야 한다. 쓰지 말고 평생동안 바른 도를 지켜야 한다."[130]

소과의 괘는 음이 성하고 양이 약한 괘이기 때문에 구삼, 구사의 두 효에서 모두 그 강함을 과도하게 사용하지 말라고 경계한다. 처한 시기가 불리하기 때문에 과도하게 강하면 부러지기 때문이다. 구사는 양으로 음의 자리에 있어서 위를 잃어버려 평상시에는 허물이 있지만, 소과의 때에는 지기하여서 음의 자리로 물러나 있는 것이기 때문에 「무구」라고 하는 것이다. 또

---

129) 「童牛之牿, 元吉.」
130) 「无咎. 弗過, 遇之. 往厲, 必戒. 勿用永貞.」

구사의 위치는 아래의 초육과 상응하고 위의 육오와 친비하여 편안히 한 자리에 머물러 있지 못하여 반드시 음과 더불어 왔다갔다 하기 때문에 「이것을 만난다」고 하는 것이다. 뜻을 얻지 못한 군자가 소인과 더불어 행동하는 것은 위험한 일로 「가면 위험하기 때문에 반드시 경계하여야 한다」라고 말하는 것이다. 마지막의 효사에서 「함부로 사용하지 말고 바름을 지켜라」라고 말하는 것은 양의 올바른 품덕을 가지고 항상 변통적으로 일을 행하라는 의미이다. 이 효의 뜻은 《논어》에서 양화(陽貨)를 만난 일을 통해서 알 수 있을 것이다. 공자가 양화를 만난 것은 예제에 구속되어서 가지 않을 수 없는 것이었지만, 사실은 공자는 기를 보고서 행한 것으로 반드시 가야만 했던 것이다. 가지 않았더라면 화를 자초할 것이고, 가면 화를 적게 할 수 있는 것으로 임기응변의 예를 잘 보여주는 것이다.

괘 가운데에는 지기의 뜻을 포함하고 있는 것이 매우 많기 때문에 일일이 예를 들 수가 없다. 역사적인 사실 속에서도 이런 유의 고사는 더욱 많은데 역사서적을 즐겨 읽는 사람이라면 매우 쉽게 이것의 의미를 파악할 것이다. 「지기」라는 덕목은 「지혜」에 속하는 것이고, 바로 안다는 사실은 하나의 도덕적 기초로, 이성적 판단과 인을 가지고 보충하여야 완전한 덕을 성취할 수 있는 것이다. 이 세계는 복잡하고 우주의 이치라는 것은 무궁하여 기의 의미를 말하면 말할수록 더욱 이야기하기가 힘듦을 느낄 것이다. 이 책에서도 다만 이것에 대한 의미를 분명하게 밝히지 못했기 때문에 독자들이 나머지 부분들은 더욱 분명하게 체득하기를 바랄 뿐이다.

제 6 절 수겸(守謙)

《주역》의 철학에서 도덕인격을 이루기 위한 노력 가운데에서 또 하나의 중요한 덕목은 바로 겸손의 덕이다. 겸손이라는 덕목을 강조하는 것은 인류문명의 찬란함을 가장 잘 드러내는 것이다. 인간이 이것을 가지는 것은 마치 나뭇잎과 동물의 가죽으로 만든 원시적인 옷들을 벗어버리고 아름답고 우아한 새옷으로 갈아입는 것이나 마찬가지다. 나는 역사책을 읽을 때 은나라와 상나라 시기에 주나라의 문왕과 은나라의 주 두 사람의 행적을 통하여서 느끼는 바가 가장 컸다. 주문왕은 "인을 돈독히 실현하고 노인을 우대하고 어린이를 따뜻하게 보호하여 아랫사람에게도 예로서 대하지 제멋대로 대하는 그런 사람은 아니었다."[131] 그러나 주는 "구변이 좋고 민첩하였으며, 듣고 보는 데에 매우 민첩하여 재질이 다른 사람을 앞서고, 힘은 짐승을 손으로 때려잡을 수 있을 만큼 세었다. 그의 재기는 다른 사람의 충성스런 말을 거절하고 자기의 잘못을 충분히 덮을 수 있을 만큼 뛰어났다. 재능으로서 다른 신하들을 항상 앞섰기 때문에 그의 이름은 천하를 뒤덮어 스스로 천하의 모든 사람들을 자기의 발 아래 있는 사람으로 생각하는"[132] 그런 사람이었다. 두 사람을 서로 비교하면 한 사람은 겸손한 군자이고, 한 사람은 거칠기 짝이 없는 불량배로서 분명히 「문(文)」과 「야(野)」의 전형적인 모습을 보여준다. 《주역》에서 8괘를 64괘로 발전시킨 것은 문왕의 공이다. 문왕이 주에 의해서 유리의 감옥에 갇혀서 생명의 위협을 받을 때에도 그는 여전히 《주역》을 연구하는 그런 마음을 가지고 있었다. 또한 64괘 중에서 겸(謙)괘를 들어서 겸손한 덕을 말하고 있다. 인류문화에 대한 그의 인식이라는 것은 매우 위대하다. 주는 비록 오만하고 사나웠지만 문왕을 유리의 감옥에 집어넣고서도 문왕의 도덕에 의해서 감화된 지지자들의 힘을 무서워하여 그를 더 이상 해롭게 하지 못하고, 끝내는 그를 석방시켜 돌려보내고 천하의 삼분지 이를 문왕에게 돌려줄 수밖에 없었던 것이다. 천하의 대세가 도덕인격의 완성이라는 방향으로 나아간다는 것은 문왕과 주의 이야기로부터 분명하게 파악할 수가 있다. 문왕은 일생동안 스스로 겸손의 덕을 지키고 겸괘를 만든 것은 바로 이런 도덕인격의 시대조류가 다가옴을 표시하는 것이다. 주문왕 이후에 주공은 겸의 덕을 모든 사람들이 지키고 따라야 하는 「예」로 변화시켰다. 예악을 제정하여 세상에 보급시키고, 예절을 통하여 겸손의 덕을 확충시켜 세상의 모든 사람들이 보편적으로 실천하여야 할 규범으로 삼은 것이다. 문왕에서부터 공자에 이르는 500여 년 간은 중국인들이 겸손의 미덕을 가장 많이 추구한 시기이고, 또한 중국문화상에서

---

131) 《사기》〈周本紀〉「篤仁, 敬老, 慈少, 禮下賢者, 日中不暇食以待士.」
132) 《사기》〈殷本紀〉「資辨捷疾, 聞見甚敏, 材力過人, 手格猛獸, 知足以距諫, 言足以飾非, 矜人臣以能, 高天下以聲, 以爲皆出己之下.」

가장 적극적으로 도덕인격을 수립하려는 단계이다. 우리는 공자가 문왕과 주공 두 사람을 칭찬하는 말을 예로 들어서 보기만 해도 겸손이라는 덕목이 이 시기에서 차지하는 지위가 얼마나 중요한가를 쉽게 파악할 수가 있을 것이다. 공자는 문왕을 칭찬하여 말하기를, "천하를 삼분하여 주나라가 둘을 가지면서 여전히 예로서 은나라를 섬기니 주문왕의 덕은 가장 완전하다고 이야기할 수 있는 것이다."[133] 주공을 칭찬하여 말하기를, "만약에 사람들이 주공과 같은 재덕을 겸비하면서 교만하고 인색하다고 할 것 같으면 그 나머지의 덕이라는 것은 살펴볼 필요도 없는 것이다."[134] 공자가 그들을 칭찬한 것은 모두 다 그들의 겸손한 덕목을 중시한 것으로 바로 공자가 겸괘의 〈단전〉 중에서 특별히 그것의 의미를 드러낸 것과 일치하는 것이다.

그러나 《주역》이 겸손의 덕을 강조하는 것은 결코 인류가 스스로 야만적인 기질을 제거하였기 때문이 아니라, 실은 「겸손」이란 것이 천지의 정신에 의한 것이기 때문이다. 역도의 변화와 운행이라는 것은 한번 가서 다시 돌아오지 않는 것이 아니다. 건을 가지고 말한다면 건도의 성질은 강건하지만 노양은 변하여 음이 되고 강건한 성질은 유순함으로 변하는 것이기 때문이다. 우주만물의 생성이라는 것은 음양 두 가지 성질의 조화에 있고, 하늘과 땅에 의해서 만물은 생하고, 일월의 교차에 의해서 밤낮이 생겨나는 것이다. 그러므로 하늘은 항상 높기만 하고 낮지 않음이 없거나 해와 달은 항상 떠오르기만 하고 떨어지지 않는 것이 아니라면 천지와 일월의 존재는 없을 것이다. 또 만물은 어떠한가? 현상의 생멸 아닌 것이 없다. 인간이란 것은 또 어떠한가? 만물의 생명현상 중의 하나일 뿐인 것이다. 우주의 광대함과 만물의 복잡함과 음양 두 가지 힘의 위대함, 태극의 무궁함에 비하면 인간은 아무것도 아닌 것이 아닌가? 인간이 스스로 그 위대함을 자랑하여 겸손하지 않을 여지가 어디에 있단 말인가? 결론적으로 말하여 우주만물은 하나의 큰 조화로운 전체이고, 인간은 이 전체 가운데에서 사실 인간이 인간답다는 자기 스스로의 오만함을 가지기는 하지만 이 스스로의 오만함이라는 것은 한계가 있고, 이 한계를 벗어나면 그 큰 조화로움을 깨어버리는 것이 된다. 겸손이라는 것은 바로 인간으로 하여금 자기도취적인 오만함에 빠져서 멋대로 날뛰지 못하게 하여 적당한

---

133) 《논어》〈태백편〉「三分天下有其二, 以服事殷, 周之德其可謂至德也已矣.」
134) 위와 같은 곳「如有周公之才之美, 使驕且吝, 其餘不足觀也已.」

정도의 「우주의 크나 큰 조화 속의 인간」이라는 지위를 유지하게 하여 주는 것이다.

겸괘의 여섯 효는 모두 길하여 64괘 중에서 유일하게 여섯 효가 모두 길한 괘이다. 여기에서 《주역》이 겸손의 덕을 얼마나 중시하고 있는가를 알 수 있을 것이다. 사실상 《주역》에서 겸손의 덕을 강조한 이후로 겸손은 이미 중국민족의 중요한 문화정신의 하나로 된다. 중국문명이 수천 년 동안 빛날 수 있었던 것은 이러한 겸손의 정신과 크게 관계가 있는 것이다. 아래에서는 겸괘의 문장을 예를 들어서 간단하게 설명하도록 하겠다.

☷☶ 謙 : "형통한다. 군자는 끝이 좋을 것이다."[135]

〈단전〉에 "겸은 통한다. 천도는 아래로 내려와 빛나고 지도는 낮은 곳에 있으면서 위로 올라간다. 천도는 가득 찬 것을 줄여 겸손함을 더하고, 지도는 가득 찬 것을 변화시켜 겸손함에 흘려보낸다. 귀신은 가득 차서 교만한 자를 해하여 겸손한 자에게 복을 내리고, 인도는 가득 찬 것을 싫어하고 겸손함을 좋아한다. 겸손함은 존귀하면서도 빛나고 낮아도 그것을 따를 것이 없다. 군자는 겸손의 덕을 끝까지 유지한다."[136]

(겸괘는 간의 산이 곤의 땅 아래에 있어서 다른 사람의 아래에 있음을 말하고 있다. 위에 있는 것이 아래에 있으려 하여, 아래에 있는 것과 위에 있는 것이 서로 통하기 때문에 공자는 천도와 지도를 통하여 겸의 정신을 밝히고 문왕의 괘사에 나오는 「형」을 해석하고 있다. 공자는 〈단전〉에서 겸의 덕을 드러내어 밝히려는 것은 천, 지, 귀신과 인도의 여러 방면에서 겸덕의 귀함을 증명하려 하는 것이다. 「존귀하면서도 빛난다」는 것은 겸의 덕이 존귀한 자리에 있는 사람이 사용하면 더욱 빛이 난다는 뜻이고, 「낮아도 그것을 따를 자가 없다」는 말은 겸의 덕을 낮은 위치에 있는 자에게 사용하면 다른 사람의 존경을 받을 수 있음을 말하기 때문에 「군자는 끝이 좋을 것이다」라고 말하는 것이다.)

〈상전〉에 말하기를, "땅 위에 산이 있는 것이 겸이다. 군자는 이것을 본받아 많은 것을 줄여 부족한 것을 메운다. 물의 많고 적음을 따져 고르게 베푼다."[137]

---

135) 「亨. 君子有終.」
136) 謙卦〈단전〉「謙, 亨, 天道下濟而光明, 地道卑而上行. 天道虧盈而益謙, 地道變盈而流謙, 鬼神害盈而福謙, 人道惡盈而好謙. 謙, 尊而光, 卑而不可踰, 君子之終也.」
137) 謙卦〈상전〉「地中有山, 謙, 君子以裒多益寡, 稱物平施.」

(상전에서 말하는 것은 이미 앞에서 이야기하였다.)

초육에, "겸손하고 겸손한 군자이다. 큰 내를 지나가도 길하다."[138]

〈상전〉에 말하기를, "겸손하고 겸손한 군자는 자기를 낮추어서 스스로 덕을 기른다."[139]

(초육의 음효는 성질이 본래 유순하고 또 괘의 초에 자리하여 겸손함의 지극함을 드러내주고 있다. 이런 정신을 가지고 일을 행하면 비록 위험하고 어려운 일이라도 평안하게 처리할 수 있다.「내를 건넌다」는 것은 위험을 지나간다는 의미이다. 괘의 2에서 4의 호괘는 위험을 상징하고 있기 때문이다.)

육이에, "겸에 상응한다. 바르고 길하다."[140]

〈상전〉에 말하기를, "겸에 상응한다. 바르고 길하다 라는 것은 참된 마음을 얻었기 때문이다."[141]

(육이는 음효로 음의 자리에 있기 때문에 중과 정을 얻어서 마땅히 옳은 것에 의거하여 상응하여야 한다.)

구삼에, "겸손한 군자이다. 끝이 좋아 길하다."[142]

〈상전〉에 말하기를, "겸손한 군자이다. 만민이 모두 복종한다."[143]

(전체 괘는 이 양효에 멈추어 상괘를 버리고 하괘의 위에 자리한다. 하괘에 자리하는 것은 겸손함을 말하는 것이다. 하괘의 상에 자리하는 것은 온종일 노력하여 저녁에도 근신하는 사람을 말한다. 양은 정위를 얻어 상하의 여러 음이 모두 그곳에 돌아가기 때문에「끝이 좋다」라고 말하는 것이다.)

육사에, "불리할 것이 없다. 겸손하게 행하라."[144]

〈상전〉에 말하기를, "불리할 것이 없다. 겸손하게 행하라는 말은 법칙에 어긋나지 않기 때문이다."[145]

(육사는 음으로 바른 자리에 있어서 비록 강을 타고 있는 모습이나, 구삼이

---

138) 「謙謙君子, 用涉大川, 吉.」
139) 「謙謙君子, 卑以自牧也.」
140) 「鳴謙, 貞吉.」
141) 「鳴謙貞吉, 中心得也.」
142) 「勞謙君子, 有終, 吉.」
143) 「勞謙君子, 萬民服也.」
144) 「无不利, 撝謙.」
145) 「无不利撝謙, 不違則也.」

「겸손에 힘쓰고」 덕행이 강하고 바르기 때문에 「불리함이 없다」라고 말하는 것이다. 그러나 끝내는 강을 타고 있기 때문에 더욱 겸손한 덕을 발휘하여야 하는 것이다. 〈상전〉에서 말하는 「법칙을 위반하지 않는다」는 것은 육사가 비록 강을 타고 있는 상태이지만 여전히 바른 자리에 머물러 있기 때문에 역도를 거스리지 않는다는 뜻이다.)

육오에, "부귀를 의식하지 않고 그 이웃과 함께 한다. 복종하지 않는 자에게는 책임을 물어 징벌한다. 불리할 것이 없다."[146]

〈상전〉에 말하기를, "책임을 물어 침벌한다는 것은 복종하지 않는 자를 정복한다는 의미이다."[147]

(육오는 음이면서 존귀한 자리에 있는데 음은 소인으로 부자가 아니다. 비록 존귀하면서도 그 이웃과 더불어 부를 나누는 것을 말한다. 「책임을 물어 징계한다」는 것은 3과 5가 같은 작용을 가지고 있으면서도 자리는 달리 있는 것을 말하는 것이다. 3은 겸손함에 힘쓰는 것이고, 5는 겸손하면서도 포용할 줄 아는 것으로, 만약 복종하지 않는 자는 책임을 물어 정벌하는 것이다.)

상육에, "겸손에 상응한다. 군대를 출동시켜 읍과 나라를 정벌하는 데에 이롭다."[148]

〈상전〉에, "겸손에 상응한다는 것은 아직 뜻이 충분하지 못함이 있다는 말이다. 군대를 출동시켜 읍과 국을 쳐야 한다."[149]

(상육은 겸손함의 극치에 있다. 겸손하여서 명성을 가지기 때문에 「겸손함에 상응한다」라고 하는 것이다. 아래로는 구삼의 정응함을 얻고 있기 때문에 「군대를 출동시킨다」라고 말하는 것이다. 상육은 음으로 존귀한 자리에 있을 수 없기 때문에 「뜻을 얻지 못했다」라고 하여 「읍과 국을 정벌한다」는 것에만 미치는 것이다(상괘는 곤의 땅이기 때문에 읍국이라 하는 것이다). 다만 사유(私有)에 속하는 읍을 다스리는 것을 말한다.)

겸괘 이외에 다른 63괘에서 「겸」을 말하는 곳도 많다. 이것으로 인해서 잘못을 면하여 허물이 없거나 혹은 위험을 없애거나 하는 예들은 수없이 많다.

---

146) 「不富以其鄰, 利用侵伐, 无不利.」
147) 「利用侵伐, 征不服也.」
148) 「鳴謙, 利用行師, 征邑國.」
149) 「鳴謙, 志未得也, 可用行師, 征邑國也.」

예를 들어 보면 아래와 같다.

≡ 大有 구사 : "그 성대함을 극대화하지 않는다. 허물이 없다."[150]

이 괘는 다섯 양과 육오의 음으로 구성되어 있다. 구사는 다섯 양 중에서 군주에 가장 가까이 있으면서 뜻을 받들고 있다. 그러므로 구사는 다섯 양 중에서 명성과 세력이 가장 센 자이다. 이런 상황에서 구사 역시 기타의 다른 양들에 의해서 쉽게 미움을 받기가 쉬워서 걸핏하면 비난을 받는다. 그러나 구사는 이런 상황을 분명하게 파악하여 음의 자리에 거하여 가볍게 강건한 성질을 표현하지 않기 때문에「허물이 없다」라고 하는 것이다. 이것이 바로 겸손한 덕을 잘 사용하는 경우이다. 〈계사전〉에서 공자가 "겸은 덕의 자루이다."라고 한 것은 바로 이것을 가리키는 것이다.

≡ 臨 육오 : "지혜로서 임한다. 대군의 마땅함이다. 길하다."[151]

육오는 음으로 존자의 자리에 위치하여 천하에 임하여서는 구이의 총명함에 맡겨서 다스리기 때문에「지혜로 임한다」라고 하는 것이다.「지(知)」라는 것은「지혜」를 말하는 것이다. 지혜로운 천자는 능력 있는 신하를 등용하여 자신은 자리에만 있으면서 힘쓰지 않는 것은 천자가「겸」의 덕을 사용할 줄 아는 것을 말하는 것이다. 그러므로「대군의 마땅함이다」라고 하는 것이다.

≡ 大壯 구삼 : "소인은 시세에 맡겨 마구 나아가고, 군자는 함부로 강력하게 밀고 나아가지 않는다. 바른 도를 지켜도 위험하다. 수컷의 양이 울타리를 들이받아 그 뿔이 파리해진다."[152]

대장은 양이 자라고 음이 줄어드는 괘로서 양의 세력이 이미 장성하다. 구삼은 양으로 양의 자리에 있고 또 하괘의 위에 처하여 과도하게 양을 사용하고 있다. 양이 대장의 상태에 처하여 강한 것은 자연스런 이치이다. 그러나 강을 타는 세력이 더욱 강건한 것을 더하면「겸」의 덕은 아니다. 그러므로 효사에서는 특별히 이것을 경계하여 말하기를, "소인은 시세에 맡겨 마구 나아가고 군자는 함부로 강력하게 밀고 나아가지 않는다. 바른 도를 지켜도

---

150)「匪其彭, 无咎.」
151)「知臨, 大君之宜, 吉.」
152)「小人用壯, 君子用罔, 貞厲. 羝羊觸藩, 羸其角.」

위험하다."고 하여 강성함을 자랑하는 것은 소인이 하는 짓이고 군자는 그렇지 않음을 말하는 것이다. 만약 강성함을 자랑하면 비록 정도라도 위험한 것이다. 강성함을 자랑하는 결과는 장차 수컷의 양이 울타리를 들이받아 뿔이 울타리에 박혀 진퇴양난의 어려움을 스스로 자초하는 격이나 마찬가지라는 의미이다.

제 7 장
천지합덕의 대인

역사적 조류의 큰 물결에 의해 태동한 인문주의(人文主義)운동은 바로 일반 정치나 교육에서 만든 구호나 슬로건처럼 하나의 목표를 세워야만 한다. 목표가 앞에 놓여 있어야 사람들이 그것을 바라보고, 그것을 향하여 나아가는 데 머뭇거리거나 의심하지 않게 되는 것이다. 《주역》의 철학은 시대적 요구에 의해서 도덕인격의 확립이라는 하나의 운동에 참여하고 있다. 그것은 하나의 사상적 이론의 틀을 제공해줄 뿐만 아니라, 더욱이 인간이 올바로 실천하도록 교화하는 데 주력하고 있다. 이 때문에 여기에서는 그 이상적(理想的) 목표를 수립하는 것을 빠뜨릴 수가 없는 것이다. 앞에서 말한 시(時), 위(位), 중(中), 응(應) 등의 이론들과 존양(存養), 법천지(法天地), 선보과(善補過), 지기(知幾), 수겸(守謙) 등은 인간행위의 길을 제시해주고 있다. 그러면 그 길이란 것은 도대체 어디로 향해 가는 것인가? 이 길을 따라갔을 때 어떠한 결과가 있을 수 있는가? 하나의 도덕인격은 어떤 모범을 보여주는가? 이런 것들을 일러 목표라고 한다. 《주역》철학은 여기에서 두 가지 목표를 제시하고 있다. 가까운 것으로는 「군자」이고 멀리 있는 것은 「대인(大人)」이다. 사람들은 모두 「군자」가 되도록 노력하여야 하고, 더 나아가 「대인」이 되어야 하는 것이다.

제1절 군자

(1) 군자와 소인

「군자(君子)」라는 말이 가리키는 범위는 매우 광범위하기 때문에 그것을 한정시켜서 말하는 것은 매우 어렵다. 《예기》의 〈곡례편〉에서 "견문과 지식이 넓고 깊으면서도 겸손하고, 선행을 돈독히 하면서도 나태하지 않는 것을 일러 군자라고 한다."[1] 라고 하여 군자를 다만 보통사람들이 생각하는 재주와 덕이 있는 사람으로 말하고 있다. 그러나 어떤 때는 또한 지극히 고매한 도덕적 수양을 한 사람으로도 나타난다. 《논어》에서 "군자는 세 가지 도를 가지고 있다. 인자는 걱정하지 않고, 지자는 미혹하지 않고, 용감한 자는 겁내지 않는 것인데 나는 하나도 가지고 있지 않다."[2]고 공자는 말했다. 이것은 결코 보통 사람들이 생각하는 재주와 덕을 가진 사람은 아니다. 심지어 공자까지도 감히 가지지 못한다고 말하는 높은 수양을 한 사람을 말한다. 동시에 군자는 직위를 가지고 있는 사람으로도 표현된다. 예를 들면 "공자가 자산에게 이르기를, 군자의 도는 네 가지가 있다고 했는데 스스로 입신하여서도 겸손하고, 윗사람에 대해서는 공경하고, 백성들을 사랑으로 부양하고, 백성들이 이에 합하도록 하는 것이다."[3] "계강자가 공자에게 정치의 도리를 물으면서 말하기를, 만약 무도한 사람을 죽이고서 도가 있게 한다면 어떻습니까? 그러자 공자가 정치를 하는데 왜 살상을 하는가? 그대가 착한 일을 하면 다른 사람도 그렇게 따르기 마련이요, (높은 자리에 있는) 군자의 덕은 바람과 같고 (낮은 곳에 있는) 소인은 풀과 같소. 풀은 바람이 불어오면 바람부는 방향으로 불게 되어 있는 것이오 라고 말하였다."[4]

---

1) 「博聞彊識而讓, 敦善行而不怠, 謂之君子.」
2) 《논어》〈헌문편〉「君子道者三, 我無能焉, 仁者不憂, 智者不惑, 勇者不懼.」
3) 《논어》〈공야장편〉「子謂子産, 有君子之道四焉, 其行己也恭, 其事上也敬, 其養民也惠, 其使民也義.」
4) 《논어》〈안연편〉「季康子問政於孔子曰, 如殺無道以就有道, 何如? 孔子對曰, 子爲政, 焉用殺? 子欲善而民善矣, 君子之德風, 小人之德草, 草上之風必偃.」

이전에도 많은 학자들이 고대의 「군자」라는 개념이 지위나 계급을 말하는 것이 아닌가에 대해서 많은 토론을 하였으나 분명하게 구분하지는 못하였다. 고대의 군주는 또한 스승이었다. 군주는 가르치는 일까지도 겸해서 하였다. 갑골문 중의 「君」자는 [그림]으로 尹과 口로 구성되어 있다. 尹이란 글자는 손으로 일을 하는 것을 뜻하고, 口라는 것은 말로 가르침을 행하는 의미를 드러내고 있다. 이 때문에 「군」이란 글자의 뜻은 백성을 다스리고 또 가르치는 두 글자의 뜻을 동시에 가지고 있다. 이와 같은 「군(君)」이란 글자에 「자(子)」라는 말을 합성하여 「군자」라고 말하면 자연적으로 군주라는 뜻은 없어지게 되는 것이다. 「자」라는 글자는 고대에서는 매우 보편적으로 응용되는데, 스승·부친·자녀·어떤 상대방을 공경할 때에 모두 이 말을 사용하였다. 그러나 갑골문 중의 「자」자는 [그림]로서 어린아이의 모습으로 원래의 의미는 어린아이이고, 나머지의 의미는 후대에 파생된 것들이다. 「군」과 「자」의 뜻은 이미 분명해졌다. 여기에서 우리는 「군자」라는 뜻이 아직 「군」에 이르지 못한 사람이고, 비록 「군」에 이르지는 못하였다고 하여도 이미 「군」의 덕을 구비하고 있는 사람이라는 것을 알 수 있었다. 이미 「군」의 자격을 가지고 있다고 한다면 언제라도 「군」이 될 수 있는 것이다. 이런 맥락에서 「군자」의 의미는 여전히 덕을 근본으로 하고 있고, 결코 지위를 가지고 있는가의 여부에는 있지 않다고 하는 점을 알 수 있을 것이다. 자로(子路)가 공자에게 물었던 말에서 우리는 이런 점을 더욱 분명하게 알 수 있으리라 믿는다.

"자로가 군자에 관해서 묻자 공자는 '스스로를 엄정히 다스리는 것이다'라고 하였다. 자로가 말하기를, '이와 같으면 군자가 됩니까?' 하고 말하자 공자는 '자기를 잘 다스리고 다른 사람을 편안하게 하는 것이다.'라고 하였다. 자로가 다시 '그렇게 하면 되는 것입니까'라고 하자 공자는 또 '자기를 잘 다스리고 백성을 편안하게 하는 것이다. 이런 일은 아마도 요순조차도 쉽게 하지 못한 것들인 것이다.'라고 하셨다.[5]

위의 인용문에서 공자는 세 단계의 도덕 측면을 통해서 자로에게 말하고 있다. 첫째는 자신을 엄정하게 닦아 나가는 단계, 둘째는 자신을 엄정히 하고서

---

5) 《논어》〈헌문편〉「子路問君子, 子曰, 修己以敬. 曰, 如斯而已乎? 曰, 修己以安人. 曰, 如斯而已乎? 曰, 修己以安百姓. 修己以安百姓, 堯舜其猶病諸!」

다른 이들을 편안하게 도와주는 것, 셋째는 자신을 엄정히 하고서 백성을 평안하게 하는 것 등이다. 위의 세 가지는 모두「군자」에 관한 것들이다. 그러나 전자는 다만 스스로 덕을 닦아 나가는 것으로 직위와는 관련이 없다. 두번째의 것은 자신의 도덕을 충실하게 한 후에 자기와 가까운 사람들을 교화하는 것으로, 어떤 직위에 있을 수도 있고 없을 수도 있다. 마지막의 것은 천하의 일을 도모하는 것으로 반드시 높은 지위를 가져야 가능한 것들이다. 위의 인용문 속에서 공자가 한 말을 통하여 우리는「군자」가 벼슬에 있거나 그렇지 않을 수도 있지만 기본적으로「군자」는 반드시「유덕자(有德者)」라야 한다는 사실을 발견할 수 있었을 것이다.

《주역》에서도 위와 같은 의미로 말하고 있다. 문왕의 괘와 사 중에서「군자」라는 말은 약 열 군데에서 보이는데 괘사에서 나타나는 것으로는,

    坤 : "군자는 가는 바가 있다."[6]
    否 : "군자가 바름을 지키는 데는 불리하다."[7]
    同人 : "군자가 바름을 지키는 데 유리하다."[8]
    謙 : "군자는 좋은 끝을 가진다."[9]

초효의 효사에서 보이는 경우

    明夷 : "군자는 세상을 피해 삼일 동안을 먹지 않는다."[10]

세번째의 효사에서 보이는 경우

    乾 구삼 : "군자는 하루 종일 노력한다."[11]
    屯 육삼 : "군자는 조짐을 보고 일을 해야 한다. 가면 허물이 생긴다."[12]
    謙 구삼 : "수고하고서도 자랑하지 않는 것이 군자이다."[13]

---

  6)「君子有攸往.」
  7)「不利君子貞.」
  8)「利君子貞.」
  9)「君子有終.」
 10)「君子于行, 三日不食.」
 11)「君子終日乾乾.」
 12)「君子幾, 不如舍, 往吝.」
 13)「勞謙君子.」

大壯 구삼 : "소인은 기운을 이용하나 군자는 그것을 사용하지 않는다."14)
夬 구삼 : "군자는 결단해야 할 일은 결단한다."15)

네번째의 효사에서 보이는 경우

遯 구사 : "잘 피한다. 군자는 길하고 소인은 막힌다."16)

다섯째의 효사에서 보이는 경우

觀 구오 : "나의 덕행이 어떤가를 반성하고 살펴보아서 군자는 허물이 없다."17)
解 육오 : "군자는 어려움을 푼다."18)
未濟 육오 : "군자의 덕이 빛난다."19)

상구효의 효사에 보이는 경우

小畜 상구 : "군자는 가면 흉하다."20)
觀 상구 : "자신의 덕행을 살피고 관찰하면 군자는 허물이 없게 된다."21)
剝 상구 : "군자가 수레를 얻는다."22)
革 상구 : "군자는 표범처럼 개혁한다."23)

여섯 개의 효가 위치는 각각 다르지만 두번째 효를 제외한 모든 효에서 「군자」라는 말이 나타나는데, 이것은 바로 「군자」라는 말이 결코 벼슬 있는 직위를 말하는 것이 아니라는 것을 나타내는 것이다. 「군자」라는 말은 특히 〈역전〉의 〈대상전〉에서 가장 많이 보인다. 64괘의 〈대상전〉에서 선왕(先王)을 말

---

14) 「小人用壯, 君子用罔.」
15) 「君子夬夬」
16) 「好遯, 君子吉, 小人否.」
17) 「觀我生, 君子无咎.」
18) 「君子維有解.」
19) 「君子之光.」
20) 「君子征凶.」
21) 「觀其生, 君子无咎.」
22) 「君子得輿.」
23) 「君子豹變.」

하는 곳은 모두 7괘, 상(上)을 말하는 곳은 1괘, 대인(大人)을 말하는 곳은 1괘, 후자(后者)를 말하는 곳은 2괘이고, 군자를 말하는 곳은 53괘다. 「선왕」은 고대의 천자, 「상」은 지금의 천자, 「대인」은 천자의 지위에 있으면서 더욱 도덕적인 측면을 드러내는 사람, 「후」는 한 나라의 군주를 말하는데 《상서》에서의 이른바 방백(方伯)으로 후직(后稷) 같은 자들이다. 위의 네 가지는 모두 직위에 있는 것으로써 군자와 대비되는데, 군자는 비록 직위에 있지 않으나 장차 미래의 천자나 군주로 기대할 만한 사람들이다. 이와 같이 53군데의 〈상전〉 속에서는 하나같이 모두 덕을 쌓아서 천자와 군주가 되는 준비를 하라고 강조한다.

결론적으로「군자」라는 말의 주요한 의미는 도덕에 기초하여 사람들이 도덕적 행위를 하도록 하는 데 있다. 도덕의 길로 매진해 가면 그는 군주가 되는 것이다. 「군자」라는 것의 기본적인 의미는 바로 도덕적 인간이다. 비록 군자라는 말이 여러 가지 의미로 사용되고 있지만 도덕을 가장 필수적인 조건으로 삼고 있기 때문이다.

다음에는 「소인(小人)」에 대해서 말하겠다. 「소인」과 「군자」는 서로 상대되는 개념이다. 《주역》의 경과 전에 나타나는 소인이란 개념은 문왕에서부터 공자에 이르는 동안에 그것의 의미는 갈수록 나빠진다. 즉 효사 중에서 「소인」은 다만 견문과 지식이 좁아서 도덕과 대업을 감당할 수 없는 서민이었던 것이 〈역전〉에 이르면 완전히 그 의미가 달라진다. 이때 「소인」이란 개념은 대부분 도덕성을 결여한 사람이란 의미로서, 「군자」와 상대하여 선과 악의 대명사로 쓰이게 되는 것이다. 효사에 소인이라는 말이 자주 보이는데 대표적으로 몇 개만 추려보자.

　　師 상육 : "나라를 세우고 가를 이어받는 데 소인은 등용하지 말라."[24]
　　大有 구삼 : "공후가 천자에게 제사를 올리지만, 소인은 감당할 수 없다."[25]
　　觀 초육 : "어린아이가 보는 것이니 아무것도 모르는 소인에게는 허물이 될 수 없고, 군자라면 허물이 있다."[26]
　　否 육이 : "포용하고 따른다. 소인은 길하고 대인은 막혀도 형통한다."[27]

---

24) 「開國承家, 小人勿用.」
25) 「公用亨于天子, 小人弗克.」
26) 「童觀, 小人无咎, 君子吝.」
27) 「包承, 小人吉, 大人否亨.」

解 육오 : "군자는 어려움을 풀어서 길하다. 소인이 진실한 마음을 가지게 된다."[28]
剝 상구 : "군자는 수레를 얻고 소인은 집을 헌다."[29]
革 상육 : "군자는 완전히 표변하나, 소인은 안색만 변한다."[30]
大壯 구삼 : "소인은 기운을 이용하나 군자는 그것을 사용하지 않는다."[31]
遯 구사 : "잘 피한다. 군자는 길하고 소인은 막힌다."[32]
旣濟 구삼 : "고종이 오랑캐를 정벌하였으나 3년 만에 평정하였다. 그러나 소인은 등용하지 않았다."[33]

사(師)괘 상육의 「소인은 등용하지 말라」는 말은 소인은 큰일을 맡을 수 있는 재주나 덕망이 없음을 말한다. 비(否)괘의 육이에서 말하는 「소인은 길하다」라는 말은 소인은 자신에 대해서만 알고 상하가 통하지 않음에는 관심이 없다는 의미이다. 대유괘 구삼의 「소인은 감당하지 못한다」는 소인은 자리가 없음을 말한다. 관괘 초육의 「소인은 허물이 없다」는 소인은 천하의 뜻을 관철하지 못했음을 이른다. 위의 대관(大觀)을 알지 못하므로 허물이 없다. 박괘의 상구에서 말하는 「소인은 오두막을 허문다」는 것은 소인이 군자의 덕을 가지지 못하고 나쁜 운을 만나서 피할 수 없음을 말한다. 둔괘 구사의 「소인은 막힌다」라는 것은 소인은 시간의 변화를 모른다는 말이다. 대장괘 구삼의 「소인은 기운을 이용한다」라는 것은 소인이 쉽게 의기를 뽐내어 일을 처리하는 것을 말한다. 해괘 육오의 「소인이 진실한 마음을 가지게 된다」는 소인은 아래 백성을 말한다. 위에서 인용한 「소인」은 모두 「도덕성을 결여한」 의미를 농후하게 가지지는 않고 있다. 그러나 〈역전〉에서 나타나는 「소인」은 완전히 「도덕성을 결여한」 인간의 의미를 가지게 된다. 예를 들면 사괘 상육의 「소인을 등용하지 말라」의 경우이다. 〈상전〉에서 해석하기를, "소인을 등용하지 말라. 반드시 나라를 어지럽힐 것이다."[34] 대유괘 구삼에서 「소인이라면 감당하

---

28) 「君子維有解吉, 有孚于小人.」
29) 「君子得輿, 小人剝廬.」
30) 「君子豹變, 小人革面.」
31) 원문은 앞의 주 14) 참조.
32) 원문은 앞의 주 16) 참조.
33) 「高宗伐鬼方, 三年克之, 小人勿用.」
34) 「小人勿用, 必亂邦也.」

지 못한다」라는 것을 〈상전〉에서는 "소인은 해롭다."라고 하여 모두 원문의 뜻과는 약간씩 거리가 있는 것처럼 보인다. 〈계사전〉의 서합괘 초구와 상구를 해석한 곳에서는 더욱 강하게 소인을 사악한 사람으로 규정하고 있다.

"공자가 말하기를, 소인은 어질지 않은 것을 부끄러워하지 않고, 의롭지 않은 것을 두려워하지 않는다. 이익됨이 있음을 보지 않으면 힘쓰지 않고, 위엄으로 누르지 않으면 징계할 수가 없다. 조금 징계하여 크게 두려워하게 하는 것이 소인을 위해서는 복이 되는 것이다. 《역》에 말하기를, '발에 형구를 채워 발꿈치가 없어진다. 그러면 다시는 허물이 없을 것이다'한 것은 이것을 말한 것이다. 착한 일이 쌓이지 않으면 이름을 세상에 낼 수 없다. 악한 일이 쌓이지 않으면 몸이 망치는 데까지 이르지는 않는다. 소인은 아무리 작은 선행도 이익이 없으면 하지 않는다. 조그만 악행도 해로울 것이 없으면 그만두지 않는다. 이 때문에 악한 일들이 쌓여서 가릴 수가 없고, 죄가 커져서 풀 수가 없다.《역》에 말하기를, 형틀을 지고 귀가 덮힌다. 흉할 것이다."35)

《논어》에서 말하는「군자」「소인」이라는 말과 대조하여 보면 그것은 완전히「옳고」「그름」의 대명사로 쓰이고 있다는 것을 발견하게 될 것이다.

"군자는 두루 사랑하고 편당(偏黨)하지 않으며, 소인은 편당하고 두루 사랑하지 않는다."36)
"군자는 도로서 조화하나 이해로서는 함께 하지 않고, 소인은 이해로서 조화하나 도의로서는 함께 하지 않는다."37)
"군자는 태연하되 교만하지 않고, 소인은 교만하되 태연하지 못하다."38)
"군자가 아는 것은 의에 있고, 소인이 아는 것은 이익에 있다."39)
"군자는 남의 아름다움을 이루어주고 남의 악을 이루어주지 않으나, 소인

---

35) 〈계사전 下〉「子曰, 小人, 不恥不仁, 不畏不義, 不見利不勸, 不威不懲, 小懲而大誡 此小人之福也. 易曰, 屨校滅趾, 无咎. 此之謂也. 善不積, 不足以成名, 惡不積, 不足以滅身, 小人以小善爲无益而弗爲也, 以小惡爲无傷而弗去也. 故惡積而不可掩, 罪大而不可解. 易曰何校滅耳, 凶.」
36) 《논어》〈위정편〉「君子周而不比, 小人比而不周.」
37) 《논어》〈자로편〉「君子和而不同, 小人同而不和.」
38) 《논어》〈자로편〉「君子泰而不驕, 小人驕而不泰.」
39) 《논어》〈이인편〉「君子喩于義, 小人喩于利.」

은 이와 반대이다."⁴⁰⁾

　여기에서 든 것들은 일부분에 해당되는 것이지만 이들을 통해서 충분히「소인」이 어떤 사람이라는 것을 알 수 있을 것이다. 결론적으로 문왕에서 공자에 이르기까지 소인의 의미는 많은 변화가 있었다. 즉 문왕 때의 소인은 다만 견식이 없고 군자의 덕을 가지지 못한 서민에 불과하였지만, 공자 때에는 완전히 도덕성을 결핍한 사람으로 나타난다.

　이러한 변천은 시대적 요구에 의한 것이다. 왜냐하면 문왕에서 공자에 이르는 시대는 도덕사상이 활발하게 전개되는 시대였기 때문이다.「소인」의 뜻은 공자 때에 이르면 더욱 비천한 것으로 전락한다. 그것을 둘로 나누어 설명하면, 첫째는 사람들이 도덕가치의 중요성을 분명히 파악하면 할수록 오직 군자의 행위를 하는 것만이 인간의 바른 길이라는 사실을 파악하게 되는 것이다. 사람들은 모두 군자가 되려고 하기 때문에 소인은 점점 낮게 평가받게 되는 것이다. 또 한편으로 성인이 사람들에게 군자가 되도록 장려하기 위하여 소인을 상대적으로 낮게 평가함으로써 모든 사람들이 군자가 되도록 장려하려는 것이다.

(2) 군자의 도

　「군자의 도」에 관한 글을 쓴다는 것은 매우 어렵게 느껴진다. 선진 이전의 유가경전 속에서 군자의 도에 대하여 논한 것들은 어떤 다른 개념들에 비해 많다. 이 때문에 그것을 파악하여 정리하는 것이 더욱 힘들게 느껴지는 것이다.《주역》《예기》《논어》《시경》《상서》등을 읽어본 독자들은 그 속에「군자」라는 말이 가득 차 있는 것을 보면 내가 말한 것에 동의할 것이다. 그러므로 본절에서 군자의 도가 무엇인가?에 대해서 하나도 남김없이 다 말하기는 사실상 어렵다.

　대체적인 입장에서 군자의 도에 대해서 말하기에 가장 적합한 것은《논어》에서 말하는 "군자는 천도를 향하여 위로 상승하는 것이고, 소인은 사욕을 쫓

---

40)《논어》〈안연편〉「君子成人之美, 不成人之惡. 小人反是.」

아 날로 타락하는 것이다(君子上達, 小人下達)."라는 말이다. 이 두 구절 즉 「상달」과 「하달」로 군자와 소인을 구별하는 것은 공자의 빼어난 말들 중의 하나이다. 앞의 「존양」의 절에서 이미 간단하게 말하였지만, 인간의 생(生)이란 것을 인간의 입장에서 말하면 태극, 음양의 작용에서 발전된 것이다. 그 후에 인간이 도덕을 보존하고 닦아서 태극의 경계로 다시 돌아가는 길이 바로 위로 상승하여 돌아가는 것이다. 여기에서 분명히 알아야 할 것이 하나 있다. 그것은 바로 인간이 건도의 변화를 통하여 성명을 얻고 곤도의 변화를 통하여 육체가 생긴 후에 육체에 집착하여 후천적인 욕망의 세력이 점점 강해지게 된다는 것이다. 그러므로 한 개체로서의 인간의 마음속에는 이미 두 가지의 세력 즉 하나는 선천적인 「성명」의 세력, 또 하나는 후천적인 「욕망」의 세력이 함께 존재하게 되는 것이다. 「군자」는 자기의 마음속에 「성명」이 들어 있음을 깨달아 그것을 보존하고 길러서 세력을 날로 증가시키고 「욕망」을 점점 줄여 나간다. 이것이 바로 도덕이 날로 융성하여 「참된 본성」의 길을 따라 상승하는 것으로 이른바 「상달」이다. 「소인」은 「참된 본성」이 자기의 마음속에 있음을 알지 못하기 때문에 밤낮 「욕망」의 소용돌이 속에서 헤어나지 못하고 날로 아래로 타락하여 돌아가지 못한다. 이것이 바로 「하달」이다. 공자가 말하는 이 말을 도표로 그리면 아래와 같다.

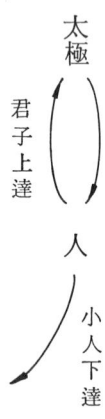

그러므로 「군자의 도」는 인간이 상달하는 도라고 할 수 있다.
그러나 군자의 길은 결코 하나밖에 없는 것은 아니다. 왜냐하면 「인간」은

제 7 장 천인합덕의 대인   445

결코 단순한 생명체가 아니기 때문이다. 사람들이 가지고 있는 성격도 각각 다르고, 처해 있는 환경과 상황이 다르기 때문에 이르는 길도 각각 다른 것이다. 「상달」이라는 것은 다만 하나의 전체적인 방향일 뿐이다. 이런 방향에 따라서 나아갈 수 있는 길 역시 수없이 많다. 각 개인의 본성에 대한 깨달음과 개인의 조건에 따라서 실천하는 것은 다를 수밖에 없는 것이다. 위에서 말한 「천지를 본받음」이라는 절 속에서 인용한 53곳의 「군자이(君子以)」라는 말은 바로 53개의 군자의 길을 말하는 것일 뿐이다. 그외의 수많은 곳에서도 군자가 가야할 길이 있을 것이다. 고대의 성인들이 군자가 가야할 길에 대해서 그렇게 많이 언급한 이유는 갖가지의 군자의 길을 제시하여 모든 사람들이 함께 「상달」의 길을 가기를 희망하기 때문인 것이다. 그러므로 위에서 제시한 도표를 조금 수정하여 더 구체적으로 그리면 아래와 같다.

그러나 여기에서 독자들이 가지는 의문은 아마도 아래의 문제일 것이다. 바로 태극이 우주만물을 하나로 통틀어 말하는 것이라면 「하달」하는 소인의 길이라는 것이 비록 하강의 길이라고 하여도 그것은 결국 태극 내에서 일어나는 일이고, 태극은 본래 하나의 전체적인 변화작용이 아닌가?라는 문제이다. 그러면 군자가 상달하여 태극에 도달한다면, 소인의 「하달」이라는 것은 어디를 향하여 가는 것인가? 설마 태극이라는 전체 변화의 바깥을 벗어나는 것은 아닌지? 이 문제는 당연히 「일물일태극(一物一太極)」이라는 의미에서 이해하여야만 공자가 말하는 「상달」과 「하달」이라는 의미를 파악할 수 있을 것이다. 「인간」의 입장에서 말하면, 「인간」은 만물의 영장으로 위로는 태극, 아래로는 만물을 대하고 있다. 군자가 돌아갈 것을 알아서 「상달」하는 것은, 태극의 도로 돌아가야 함을 일찍 체득하였기 때문이다. 소인이 돌아감을 모르고 「하달」하는 것은 하강하여서 물질 혹은 물화(物化)의 단계로 떨어진 것이다. 물화의 단계에 들어가서도 최후까지 여전히 태극으로 돌아가려 하는 것은 군자가 아닌 사람들이 자각하여서 돌아가려는 것을 말한다. 이런 것들을 분명하게 파악하면 전체우주가 무수한 태극의 부단한 변화과정이라는 사실을 알 것이다.

「군자의 도」에 대한 대체적인 철학적 의미는 이미 위에서 말하였다. 여기에서는 다시 《주역》은 그것을 어떻게 말하고 있는지를 살펴보도록 하자. 《주역》의 괘, 효사 중에는 다만 「군자」와 「소인」이란 말만 있고, 「군자의 도」「소인의 도」라는 말은 보이지 않는다. 그것은 〈역전〉에서 비로소 나타나는데, 그것은 바로 앞에서 말한 것처럼 공자가 특히 도덕가치를 중시하기 때문이다. 「군자의 도」라는 것은 인간이 도덕을 향하여 부단히 나아가는 경향을 말하고, 「소인의 도」라는 것은 인간이 도덕을 벗어나서 끊임없이 타락하여 가는 경향을 말한다. 우리는 공자가 해석한 괘사의 〈단전〉 중에서 이런 것들을 발견할 수 있을 것이다. 예를 들면,

☷☰ 泰의 괘사에 "작은 것이 가고 큰 것이 온다. 길하여 통한다."[41]
〈단전〉에 "군자의 도는 자라나고 소인의 도는 줄어든다."[42]

☰☷ 否의 괘사에 "군자가 바름을 지키기에는 불리하다. 큰 것이 가고 작은 것이 온다."[43]
〈단전〉에 "소인의 도는 자라나고 군자의 도는 줄어든다."[44]

☶☷ 剝의 괘사에 "나아가는 데에 불리하다."[45]

---

41) 「小往大來, 吉亨.」
42) 「君子道長, 小人道消也.」
43) 「不利君子貞, 大往小來.」
44) 「小人道長, 君子道消也.」
45) 「不利有攸往.」

〈단전〉에 "나아가는 데 불리하다는 것은 소인의 힘이 자라나기 때문이다."[46]

태괘의 「군자의 도가 자란다」는 것은 양이 자라나고 음이 줄어드는 것을 말한다. 비괘의 「소인의 도가 자라난다」는 것은 음의 세력이 올라오고 양의 세력이 줄어드는 것을 말한다. 박괘 역시 비괘와 같이 「소인장」이라고 말하는 것은 바로 「소인의 도가 자라는 것이다」. 〈계사전〉에서 말하기를, "하나의 군주인 양이 두 백성의 음을 다스리므로 군자의 도이고, 두 개의 군주인 양이 하나의 음인 백성을 차지하려 하는 것은 소인의 도이다."[47]

8괘 중에서 양의 괘는 건 이외에 진, 감, 간이 있는데 모두 일양이음(一陽二陰)이다. 음의 괘는 곤괘 외에 손, 리, 태가 모두 일음이양(一陰二陽)이다. 하나의 양과 두 개의 음은 양의 세력이 점차로 자라나서 음이 줄어드는 것을 말하고, 하나의 음과 두 개의 양은 이것과 반대이다. 그러므로 〈계사전〉에서 「군주」와 「백성」으로 말한 것은 실제로는 음양이 소장(消長 : 줄어들고 자라남)하는 뜻으로 같은 도리를 말하는 것이다.

그러므로 여기에서 필자는 다시 보충설명을 하지 않을 수 없다. 왜냐하면 주역철학에 의거하면 음양이 가고오는 서로 반대되는 흐름이라는 것은 다만 태극변화의 양측면일 뿐이다. 양이 자라나서 솟아나는 것은 저쪽에서 보면 음이 뒤로 물러나는 것이다. 이쪽에서 양이면 저쪽에서는 음이다. 이런 상황하에서 어떤 사람들은 《역》에서 양은 군자를 상징하고 음은 소인을 상징하는 것으로 말하는데 그렇게 타당하지 않은 것 같다. 그것은 하나의 이치에만 집착한 까닭에 그러한 것이다. 「양」은 다만 그 움직임에 있어서 앞으로 나아가는 성질이고, 「음」이라는 것은 그 움직임에 있어서 물러나는 성질을 말한다. 인간 자신의 입장에서 말하면, 태극으로 돌아가는 것은 움직여 나아가는 것이므로 양이고 군자의 도이다. 도덕에 어긋나서 타락하는 것은 움직여 물러나는 것이기 때문에 음이고 소인의 도이다. 성인이 음양을 통하여 군자와 소인을 비유한 것은 다만 그 두 가지 성질이 움직여 올라가는 성질과 내려가는 성질이 있음을 가지고 인사를 밝히려 한 것이다. 역학은 하나의 살아 있는 학문으로 결코 고정된 불변의 의미에만 빠져서는 안 되는 것이다.

---

46) 「不利有攸往, 小人長也.」
47) 〈계사전〉「陽一君而二民, 君子之道也, 陰二君而一民, 小人之道也.」

이 절에서는「군자의 도」를 대체적으로 말하고 군자가 마땅히 하여야 하는 문제에 대해서는 구체적인 언급이 없었다. 한마디로 운만 뗀 것이나 마찬가지이다. 사실 이렇게 하지 않을 수 없는 것이다. 왜냐하면 경전 속에 군자의 길에 대해서 언급한 곳이 한두 곳이 아니기 때문이다. 하나하나 모두 열거할 수가 없을 것이다. 또 설령 경전 속에서 말하는 군자의 도를 모두 열거하여도 그 뜻을 다할 수가 없는 것이다.「군자」라고 분명히 말한 것 이외에 구체적으로「군자」라는 단어는 보이지 않았지만, 도덕에 관해서 언급하고 있는 것들은 대부분 군자의 도에 관해서 말하는 것으로 헤아릴 수 없이 많기 때문이다. 그러나 군자의 도가 얼마나 다양하던지 간에「상달」은 하나의 전체적인 방향이고, 사람들이 그것을 상실하지 않는다면, 생활과 언행 속에서 자연스럽게 도덕으로 나아가게 될 것이기 때문이다. 그러므로 독자들께서는 이 절이 너무 내용이 없는 공리공담으로 보지 말기를 바란다.

제2절 군자에서 대인으로

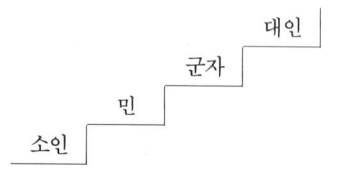

도덕을 표준으로 삼아 인격(人格)을 나눌 때《주역》에서는 네 단계로 나누어 설명한다.「민(民)」이라는 것은 일반적인 보통사람을 말하고,「소인」은 바르지 못하고 비뚤어진 사람으로「민」보다 한 단계 낮은 사람이다.「군자」는 도덕에 뜻을 두고 있는 민이기 때문에 자연히 민보다는 한 단계 높다.「대인」은 군자가 도덕 수양을 크게 성취한 것으로, 도덕적 인격의 최고 단계이다.

이러한 구분은 물론 모든 사람들이 동의하는 입장은 아니다. 예를 들면「성인(聖人)」은 도덕적 경지로 말하면「대인」과 동급이지만, 일반적으로「성인」

은 특별히 그 지혜를 중시하는 특징이 있다. 《상서》〈홍범편〉에 「예작성(睿作聖)」이라고 말하는 부분이 있다. 《서전(書傳)》에 "일에 있어서 막히는 바가 없는 것을 일러 성이라고 한다."[48]라고 하였다. 《설문해자》에서도 「통(通)」으로 해석하고 있다. 그러나 「대인」을 건괘의 〈문언전〉에서는 「천지와 그 덕을 합하고 일월과 그 밝음을 합하고」 등으로 분명하게 정의하여 말하고 있다. 또 「백성」과 「민」을 동의어로 사용하고 있는데, 〈계사전〉에서 "길흉을 백성과 더불어 함께 걱정한다."[49] 또 "백성은 날마다 이용하면서 모른다."[50]라고 말한다. 그러나 백성이라는 말은 고대에는 백관(百官)을 지칭하기도 하였다. 예를 들면 《상서》의 〈요전(堯典)〉에 "백성을 고르게 밝게 하였다(平章百姓)."고 했는데 정현(鄭玄)은 주(注)하기를 「백관」이라고 하였다. 일반적으로 말하는 「성인」은 당연히 「군자」의 단계에 속하는 것이다.

　「군자」라는 단계는 앞에서 말한 것처럼 그 범위가 매우 넓다. 다만 올바른 도를 힘써 구하고, 도덕에 힘쓰는 사람은 모두 군자라고 말할 수 있을 것이다. 이런 이유 때문에 군자는 매우 중요한 역할을 담당하는 것이다. 그들은 다수로 일반 민중과 접근해 있어서 직접적으로 영향을 미친다. 실질적으로 그들은 사회의 많은 민중과 제휴하여 사회를 도덕적인 것으로 이끌어 나가야 하는 것이다. 그러나 이런 실제에 있어서의 중요성 때문에 「군자」를 도덕인격의 최고 목표로 삼지는 않는다. 사람의 마음이란 매우 미묘하여 어떤 분투의 과정 속에서 하나의 목표를 세웠을 때, 그 목표가 너무 멀거나 너무 가까워도 안 된다. 만약 너무 멀리에 있다면 사람들은 그것의 성취가 어렵다고 생각하여 포기해 버릴 것이고, 너무 가까이에 있으면 쉽게 생각하여 태만에 빠지게 된다. 「군자」는 비록 그 의미가 성현의 경계에 도달한 것이기는 하지만, 여전히 「민에 가까운」 의미에서 본다면 크게 대단한 것은 아니다. 이 때문에 「군자」 위에 다시 새로운 도덕적 단계인 「대인」을 세워야 할 필요가 있는 것이다. 「대인」과 「군자」의 구분은 분명한 것은 아니다. 그러나 그 둘을 비교해 보면 다른 점이 드러날 것이다. 건괘 〈문언전〉 중의 공자가 「원형이정(元亨利貞)」을 해석한 문장을 예를 들면,

---

48) 「於事無不通謂之聖.」
49) 「吉凶與民同患.」
50) 「百姓日用而不知.」

"원이란 선의 으뜸이다 …… 군자는 인을 체득하여 사람을 충분히 기르고, 선을 갖추어 예에 합치하고, 온갖 사물에게 마땅한 바를 얻게 하여 의를 조화시키고, 성인의 도를 지켜 근간을 확립한다. 군자는 이 네 가지 덕을 행하기 때문에 건이라 말하고 원형이정하다고 말한다."51)

또 구삼의 효사에 "군자는 하루 종일 노력하고 밤이 되어서도 잘못이 없는지를 걱정한다. 위험한 처지에 있으면서도 허물이 없을 것이다."52)를 해석하여 말하기를,

"군자는 덕을 기르고 업을 닦는다. 참된 진실함은 덕을 기르기 위함이고, 말을 닦음에 진실함을 세우는 것은 업을 닦기 위해서이다. 이를 곳을 알아 그곳에 이르면 거의 완벽함에 가깝게 된다. 끝을 알아 그곳에 이르면 함께 의를 보존할 수 있다. 이런 까닭에 윗자리에 있어도 오만하지 않고 아래에 있어도 걱정하지 않는다. 항상 쉬지 않고 노력하여 삼가하니 비록 위험에 처하여도 허물이 없게 된다."53)

위의 예문을 통하여 「군자」가 하여야 하는 중요한 일은 바로 도덕을 「행(行)」하는 것이다. 공자는 문장의 행간마다 모두 군자의 「행」의 정신을 강조하고 있다. 구오의 「이견대인(利見大人)」을 해석할 때 「대인」을 정의하여 말하기를,

"무릇 대인이란 천지와 그 덕을 하나로 하고, 사계절과 그 순서를 하나로 하고, 귀신과 그 길흉을 합한다. 천에 앞서서 천에 어긋남이 없고, 천에 뒤늦어서도 천시(天時)를 받든다. 천조차 어긋남이 없는데 하물며 사람에 있어서야, 하물며 귀신에 있어서야."54)

---

51) 乾卦〈문언전〉「元者, 善之長也. …… 君子體仁足以長人, 嘉會足以合禮, 利物足以和義, 貞固足以幹事. 君子行此四德者, 故曰乾, 元亨利貞.」
52) 乾卦 九三「君子終日乾乾, 夕惕若, 厲, 无咎.」
53) 乾卦〈문언전〉「君子進德修業, 忠信所以進德也, 修辭立其誠 所以居業也. 知至至之, 可與幾也. 知終終之, 可與存義也. 是故居上位而不驕, 在下位而不憂. 故乾乾因其時而惕, 雖危, 无咎矣.」
54) 乾卦〈문언전〉「夫大人者, 與天地合其德, 與日月合其明, 與四時合其序, 與鬼神合其吉凶, 先天而天弗違, 後天而奉天時, 天且弗違 而況於人乎？ 況於鬼神乎？」

확실히「대인」의 경계는「성덕(成德)」이후 즉 군자의「도덕적 실천」이 이루어진 후의 경계를 말하는 것이다. 이때는 인간과 천지가 그 덕을 함께 하고 해와 달과 그 광명이 함께 하는 단계로「인간」의 단계를 넘어서서「천인합일(天人合一)」의 경계에 올라선 것을 말한다.

64괘의 〈상전〉중에서 오직 리(離)괘만이「대인」을 말하는데, 그것은 상하가 리(離)를 중첩하여 빛을 계속해서 드러내는「성덕」을 표현하고 있다. 건괘의 여섯 효 중에서 2와 5의 효가「대인」을 말하는데, 5효는 존위에 자리하여 중(中)을 얻고 있기 때문에 그렇게 말하는 것이다. 2효는 비록 밑에 있으나 하괘의 중으로서 크게 될 인물의 모습이 이미 드러난 것이다. 여기에서「대인」이라고 하는 것에는 칭찬하고 격려하는 의미가 숨어 있다. 이 때문에 필자는「도덕의 실천」과「도덕의 완성」이라는 것으로「군자」와「대인」을 구분하는 것이 옳다고 생각한다.

그러나「군자」에서「대인」에 이르는 과정은 참으로 힘든 것이다. 그것은 반드시「자아」의 욕망을 빠져 나와 즉「자아」의 사욕과 사념을 감소시켜 거의「무(無)」의 단계에 도달하여야 가능한 것이다.「자아」의 정체와 막힘이 완전히 정화된 후에야 순수한 천지정신이 드러나는「대인」의 경지에 도달하는 것이다. 이것이 바로 앞장에서 말한「존양」「법천지」「선보과」「지기」「수겸」이라는 후천적 노력의 과정이고, 제2장에서 말한「태극」에 도달하는 두 가지 길 즉「군자」에서「대인」으로 올라가는 것을 말한 것이다. 이 때문에 이러한 뛰어오름에는 큰 지혜, 대결단과 큰 용기를 필요로 할 뿐만 아니라, 더욱이 잠시도 쉬지 않고 계속 노력하는 정신을 필요로 하는 것이다. 공자가 건괘 〈대상전〉에서 말하기를, "군자는 스스로 강해서 쉬지 않는다."에서「자강」도 물론 중요하지만,「불식」이 더욱 중요하다. 또, 항괘의 〈대상전〉에서 말하기를, "군자는 굳건히 서서 방향을 바꾸지 않는다."[55]에서「굳건히 서는」것이 군자의 도에서는 물론 중요하지만「방향을 바꾸지 않는 것」역시 더욱 중요하다. 대과괘 〈대상전〉에서 말하기를, "군자는 홀로 서서 두려워하지 않고 세상을 피하여 근심이 없다."[56]에서「홀로 서는 것」과「세상을 피하는 것」은 본래 위대한 정신이지만,「두려워하지 않음」「근심이 없는 것」의 내재적 굳건함이란

---

55) 恒卦 〈상전〉「君子以立不易方.」
56) 大過卦 〈상전〉「君子以獨立不懼, 遯世无悶.」

것도 역시 중요한 것이다. 불교에서 말하는 십지(十地) 중에서 제8지는「부동지(不動地)」인데 금강(金剛)의 부동을 비유한 것이다. 이「부동지」에 들어가는 것은 바로 불(佛)의 경지에 들어가는 것이다.《주역》의「군자」에서「대인」으로 들어가는 과정 역시 이런 입장으로 생각하여도 틀린 것은 아닐 것이다.

제3절 대인은 어떤 사람인가
── 사람을 넘어서는 사람이면서 사람들 중의 사람

본절에서는 이른바「대인」이란 어떠한 사람인가를 논의하도록 하겠다.

앞절에서 우리는 건괘의 〈문언전〉에서 말한「대인」에 대한 정의를 인용했는데, 여러 고전 중에 나타난 인물의 칭찬 중에서 이 문장이야말로 최고의 찬사인 것 같다.

「천지와 그 덕을 합한다」라는 것은 만물을 아끼는 마음을 가지고 있음을 말한다.
「일월과 그 밝음을 합한다」라는 것은 만물을 밝게 비추는 지혜를 가지고 있음을 말한다.
「사계절과 순서를 같이 한다」라는 것은 도의 흐름에 몸을 맡기고 있음을 말한다.
「귀신과 길흉을 함께 한다」라는 것은 일을 처리함에 있어서 마땅한 바를 완전하게 다 실현함을 말한다.
「천에 앞서도 천과 어긋나지 않는다」라는 것은 선견지명이 있음을 말한다.
「천에 뒤늦어도 천시(天時)를 받든다」는 것은 도를 따르고 지키는 덕을 가지고 있음을 말한다.
「천조차 어긋남이 없는데 하물며 사람에 있어서야? 하물며 귀신에 있어서야?」라는 것은 대인의 덕이 천지와 합하고 있고, 인간과 귀신들에 의해서 존경받고 있음을 말한다.

제 7 장 천인합덕의 대인 453

 결론적으로 대인은 이미 「도」의 화신이며, 그는 소아에 집착함을 완전히 버리고 「위대한 도의 작용」 속으로 들어간 것이다.
 그러나 여기에서 우리가 주의하여야 할 것은 「대인」 역시 인간이라는 것이다. 위에서 말한 것은 대인의 정신적인 면을 말한 것이고, 그의 육체는 역시 보통사람과 마찬가지로 던져버릴 수가 없는 것이다. 정신적인 면으로 보면 대인은 「사람을 넘어서는 사람(人上人)」이고, 물질적인 육체라는 입장으로 보면 그는 여전히 「사람들 중의 사람(人中人)」일 뿐이다.
 그러나 그렇게 간단히 말할 수 있는 것도 아니다. 인간은 물질적인 육체를 떠날 수 없고, 세상과 만물을 대하는 태도 역시 모두 다르다. 내재해 있는 정신의 변화는 반드시 외형에 영향을 주는 것이다. 이른바 「마음속에 보존하여 바깥에 드러내는」 것이다. 마찬가지로 개별적인 육체는 서로 다른 감각을 가진다. 「대인」은 내재적인 질적 변화를 통하여 정신이 승화된 사람을 말한다. 마음에 대한 인식이라는 입장에서도 이미 보통사람들과는 다르다. 비록 외형적으로는 보통사람과 다를 바가 없지만 말과 행위에서는 완전히 다르다. 예를 들면 공자가 열국을 주유하는 가운데에 송(宋), 광(匡), 진(陳)과 채(蔡)나라를 지날 때 위험에 직면하여서 조금의 흔들림도 없었던 점이나, 접여(接輿), 장저(長沮), 걸닉(桀溺), 하조(荷蓧) 등이 그를 비판할 때에도 전혀 동요됨이 없었던 점들은 바로 대인의 풍모를 분명하게 보여주는 것이다. 노자가 난세를 당하여 표현했던 그런 깊고도 안정된 모습이나, 공자가 제창한 도가 행해지지 않은 것을 보고서도 맹자가 혼신을 힘을 다하여 의기를 높인 것이나, 장자가 인간세상에 소요유하면서도 빠지지 않은 것이나, 석가가 보리수 아래에서 오도한 후에 수십 년이나 설법하러 다닌 것과 소크라테스가 죽음을 맞이하여서도 당당하고 차분하게 말하는 모습 등은 한결같이 몸뚱이는 보통의 사람들과 다를 바가 없지만 그들과 다른 표현을 하고 있음을 말한 것들이다. 이렇게 본다면 대인의 「사람 속의 사람」이라는 것은 바로 「사람 위의 사람」인 것이다.
 그러면 우리는 「대인」을 「사람들 속의 사람이면서 사람을 넘어서는 사람」이라는 것으로 어떻게 이해해야 할 것인가? 아래에서 한 가지 이야기를 통해 말해 보자.
 이것은 청원 유신(靑原 惟信) 선사에 관한 이야기이다. 그는 법당에 와서 말하기를, "노승이 30년 전 아직 참선을 시작하기 전에도 산을 보니 산이었고 물을 보니 물이었다. 그 후 몸소 참선한 이후에 산을 보니 산이 아니었고, 물은 물이 아니었다. 그런데 지금은 산을 보니 여전히 산이고 물은 물일 뿐이다."라고 하였다.

노선사가 그런 말을 할 때는 이미 60세가 넘었는데, 그는 이미 세 단계를 거친 것이다. 만약 선사의 말을 도표를 빌려 그려보면 아래와 같다.

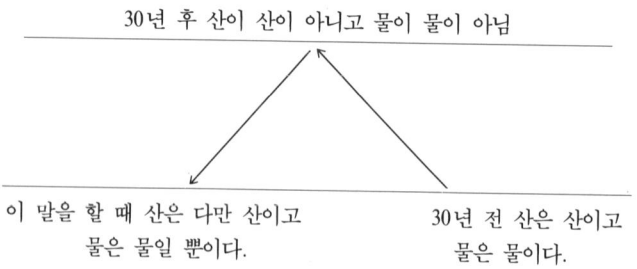

아래에 가로로 그은 선은 인간세상을 말하는 것이고, 위의 가로로 그은 선은 부처의 경지를 말하는 것이다. 선사의 30년 전의 생활은 보통사람과 같이 아직 불법을 깨닫지 못했기 때문에 산수가 그에게 드러내준 것은 다만 현상으로 그것을 실재로 파악하고 있는 것이다. 30년 후에 속세를 벗어나 부처의 경지에 들어갔을 때, 산수가 드러내는 현상은 결코 본질이 아닌 가상이고 환영일 뿐이기 때문에 그렇게 말한 것이다. 그 후 선사가 말을 할 때의 경계는 한층 더 높아서 출세간한 부처의 경지에서 속세로 돌아와 본 가상의 산과 물이 진실한 것이 아님을 알고는 있으나, 그 현상의 존재라는 것 역시 자연스럽지 않은 것이 없다는 것이다. 생성하는 것은 생성하는 대로, 소멸하는 것은 소멸하는 대로 그 변화에 따라서 변화하는 것을 늙은 선사는 이미 파악하여 한가로이 산수 속을 소요할 뿐이다. 자연의 크나 큰 변화와 더불어 함께 하여 부처의 경지와 속세가 일여(一如)하니 진실체가 바로 현상인 것이다.

선종(禪宗)은 비록 인도에서 원류하는 것이지만 당송 이후의 선종정신은 이미 중국의 《주역》철학(유가와 도가)에 융합되어 중국문화의 일부가 되었다. 위에서 말한 노선사의 말은 실제로는 《주역》에서 말하는 군자에서 대인으로 격상한 과정을 말하는 것이다. 다시 도표를 그려서 말하면 아래(455쪽)와 같다.

제 7 장 천인합덕의 대인 455

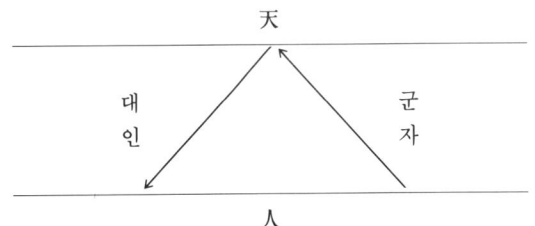

　그림에서「천」과「인간」을 구분한 것은 도덕 수양에 의한 것으로, 결코 인간을 벗어나서 천으로 격상하는 것을 말하지는 않는다.「군자」는 보통사람에서 시작하여「천」의 덕이란 경계로 나아가려 한다.「천」의 경계에 도달하려 하는 것은 군자의 덕과 사업이 이미 크게 성취되었음을 말하는 것이지만 그러나 여기에서 바로「대인」을 말하는 것은 아니다. 이때는 다만 대인의 출발에 불과한 것이다. 천의 덕을 인간의 위치에로 끌어내려 보통의 사람들과 같은 지위에서 행위하면서 다른 사람을 아끼고 집안을 가지런히 하고 나라와 천하를 편안히 할 수 있어야 진정한「대인」이라고 말할 수 있는 것이다.「천」에서 다시「인」으로 돌아가야「천인합일」이라고 말할 수 있는 것이다. 이것을 더 분명히 파악하기 위해 공자의 일생을 예로 들어 설명해 보자. 그는 일생 동안 도덕을 추구함에 있어서 한번도 게으른 적이 없었다. 그는 스스로 그런 과정을 말하기를,

　　"나는 열다섯에 학문에 뜻을 두었고, 삼십에 세우고, 사십에는 의혹됨이 없었고, 오십에는 천명을 알았고, 육십에는 귀가 순해지고, 칠십에는 마음이 하려는 바대로 두어서도 척도에 어긋남이 없었다."[57]

　「열다섯에 학문에 뜻을 두고」「삼십에 세웠다」는 것은 보통사람들이 학문을 구하는 데 분투 노력하는 것을 말한다.「사십에 의혹됨이 없었다」는 것은 마음속의 분투 노력을 통하여 이미 군자의 길에 접어들어 갔다는 것을 말한다.「오십에 천명을 알았다」는 것은「천」의 경지에 들어가고 있음을 말한다.「육십에는 귀가 순해졌다」라고 하는 것은「천(天)」에서「인(仁)」으로 들어가는

---

57)《논어》〈爲政篇〉「吾十有五而志於學, 三十而立, 四十而不惑, 五十而知天命, 六十而耳順, 七十而從心所欲, 不踰矩.」

것을 의미하는데 무엇을 일러「이순」이라고 하는가? 말하자면 듣는 것이 모두 순하다는 의미이다. 왜냐하면 이때는 이미 천명을 알아서 천의 입장에서 만물과 사람을 보고 있고, 인간과 만물이 다르지만 모두 천에 근본하고 있으며, 천이 낳은 것이기 때문에 듣고 보는 것이 모두 순할 수밖에 없는 것이다. 「칠십에는 마음이 하려는 데로 놓아두어도 척도에 어긋남이 없다」라는 것은 「천인합일」이라는 대인의 경계이다. 이때 공자는 비록 보통사람과 같은 위치에 있으면서도 그의 도덕은 이미 천도와 합일하여「천지와 그 덕을 합하고, 해와 달과 그 밝음을 함께 하는」경지에 있는 것이다. 이런 공자의 일생을 도덕적 단계로 구분하여 도표로 그리면 아래와 같다.

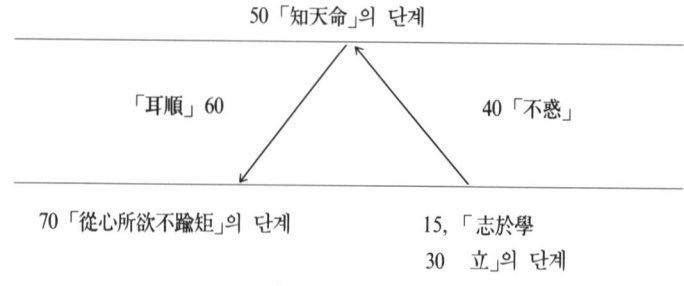

위의 세 가지 그림을 통하여「대인」이「인간을 넘어서는 인간이면서, 인간 속의 인간」이란 뜻을 충분히 설명하였다고 생각한다. 이른바「사람을 넘어서는 사람」이라는 의미는 대인의 정신경계가 보통사람을 넘어선다는 것을 가리키고, 「사람 속의 사람」이라는 것은 대인이 여전히 보통사람의 신분으로 실천함을 가리킨다. 여기에서 우리는 왜 역사상에 나타난 위대한 성인이나 철인들이 평범하기를 애쓰고 드러내지 않으려는가의 이유를 알 수 있을 것이다. 공자가 "내가 아는 것이 있는가? 거의 없다."[58] "나는 태어나면서부터 도리를 안 것이 아니다. 나는 고대의 문물제도들을 좋아하고 열심히 탐구한 것이다."[59] "세 사람이 길을 가면 그중에는 반드시 스승으로 삼을 만한 사람이 있다. 그들의 장점을 택하여 따르고 단점은 나의 잘못을 개정하는 모범으로

---

58) 《논어》〈자한편〉「吾有知乎哉? 無知也.」
59) 《논어》〈술이편〉「我非生而知之者, 好古, 敏以求之者也.」

삼는다."⁶⁰⁾ "만일 내가 성인이고 인자라고 말한다면 내가 어찌 그것을 감당하겠는가? 다만 나는 배우는 것을 싫어하지 않고 가르치는 데에 싫증내지 않을 뿐 그냥 이와 같을 뿐이다."⁶¹⁾라고 하였다. 노자는 "감히 천하의 다른 사람보다 앞서지는 못하겠다."⁶²⁾ "그 날카로움을 누그러뜨리고 번잡한 문제를 풀고 그 빛나는 것을 조화하고 그 티끌과 함께 한다."⁶³⁾ "수컷의 부족함을 알고, 암컷의 덕을 지켜서 천하의 낮은 계곡이 된다…… 흰빛처럼 빛나게 세상에 드러날 길을 알면서 검은 빛처럼 남의 눈에 보이지 않는 자신을 지킨다면 그는 천하 사람들의 모범이 될 수 있다…… 영예를 누릴 길을 알면서 굴욕을 참고 견딘다면 골짜기처럼 천하의 마음이 모일 것이다……"⁶⁴⁾ 평범한 일에만 힘쓰고 스스로를 드러내려고 하지 않는다면 어느 땐가는 보통사람과 다르고 그들을 넘어서는 기상을 나타낼 수가 있는 것이다. 공자가 여러 나라를 주유할 때에 송나라의 환추(桓魋)가 해치려 하자 그는 "하늘이 나에게 이런 덕을 주었는데 환추가 나를 어떻게 할 것인가!"⁶⁵⁾고 하였다. 광(匡)나라를 지날 때 곤경에 처하여서 말하기를, "문왕은 이미 죽었고 전통적 예악은 여기에 더 이상 보이지 않는다. 만약 하늘의 뜻이 이런 예악문화를 잃어버린다면 후대에 태어난 사람들은 이런 것들을 함께 누릴 수 없게 되는 것이다. 만약 하늘이 이런 문화를 잃어버리지 않으려 한다면 광나라 사람들이 나를 어떻게 할 것인가?"⁶⁶⁾ 그는 죽기 전에 담담하게 노래하기를, "태산이 무너지려나! 대들보가 무너지려나! 지혜로운 자가 병들려나!"⁶⁷⁾고 말하였다. 노자의 일생을 우리는 분명히 알 수 없으나 그의 5000어로 된 글을 통하여 평범 속의 비범함을 알 수가 있을 것이다. "세상의 모든 사람들은 기뻐 웃으면서 소나 양의 맛있는 고기를 즐기며 봄동산에 오른 듯하다. 그러나 나만 홀로 텅빈 마음으로 평안하고 고

---

60) 《논어》〈술이편〉「三人行必有我師焉. 擇其善者而從之, 其不善者而改之.」
61) 《논어》〈술이편〉「若聖與仁, 則吾豈敢! 抑爲之不厭, 誨人不倦, 則可謂云爾已矣.」
62) 《노자》 제 67 장「不敢爲天下先.」
63) 《노자》 제 4 장「挫其銳, 解其紛, 和其光, 同其塵.」
64) 《노자》 제 28 장 「知其雄, 守其雌, 爲天下谿 …… 知其白, 守其黑, 爲天下式 …… 知其榮, 守其辱, 爲天下谷 ……」
65) 《논어》〈술이편〉「天生德於予, 桓魋其如予何!」
66) 《논어》〈자한편〉「文王旣沒, 文不在玆乎! 天之將喪斯文也, 後死者不得與於斯文也, 天之未喪斯文也, 匡人其如予何!」
67) 《예기》〈檀弓 上〉「泰山其頹乎! 梁木其壞乎! 哲人其萎乎!」

요하게 있어서 아직 낌새조차도 없어서 마치 어린아이가 웃을 줄도 모르는 것처럼 피로하여 돌아갈 곳이 없구나. 세상 사람들은 모두 남음이 있는데 나만 홀로 모든 것을 잃어버린 것과 같으니 나의 마음은 어리석은 마음인가? 흐리멍텅하여 아무런 분별도 모르는 것 같구나! 세상 사람들은 모두 똑똑하고 분명한 것 같은데 나만 홀로 흐리고 어둡기만 하고, 세상 사람들은 사리에 밝고 빈틈없이 잘 살피는데 나만 홀로 사리에 어둡고 어리석네! 바다처럼 안정되고 고요하여 끝없이 흘러가서 서는 바가 없구나. 세상 사람들은 모두가 쓸모가 있으나 나만 홀로 완고하여 촌스럽기만 하네! 나는 홀로 남들과 달리 생의 근원을 귀중히 여기는 것 같구나."[68] "천하 사람들이 모두 나의 도는 큰 것 같으나 어리석다고 한다. 만약 현명하였다면 그것이 작은 것이 된 지가 이미 오래일 것이다."[69] 이것이 바로 「대인」이다. 대인은 사람을 넘어서는 사람이고 사람들 속의 사람인 것이다.

제4절 대인의 임무
── 천지의 화육(化育)에 참여함

건괘의 〈문언전〉에서 공자가 구오의 「날아가는 용이 하늘에 있어 대인을 보기에 좋다」란 구절을 해석하기를,

"같은 소리끼리 서로 응하고 같은 기운끼리 서로 구한다. 물은 습한 곳으로 흐르고 불은 마른 데로 번진다. 구름은 용을 쫓고 바람은 범을 쫓는다. 성인이 일어나서 만물이 우러러본다. 하늘에 근본을 둔 자는 위와 친하고, 땅에 근본을 둔 자는 아래와 친하다. 즉 같은 종류끼리 서로 따른다."[70]

---

68) 《노자》 제 20 장 참조.
69) 《노자》 제 67 장 「天下皆謂我道大, 似不肖 …… 若肖, 久矣其細也夫.」
70) 乾卦 〈문언전〉 「同聲相應, 同氣相求, 水流濕, 火就燥, 雲從龍, 風從虎. 聖人作而萬物覩. 本乎天者親上, 本乎地者親下, 則各從其類也.」

위의 말을 문자적인 입장에서만 집착하여 보면 공자가 여기에서 말하려는 진정한 대인의 덕은 드러날 수 없을 것이다. 대인의 덕은 천지와 합하고 천지는 만물을 낳고 기르는 데 조금의 사사로움도 없이 음양 두 가지 성질의 교차에 따라서 각각 그 삶을 살아가고 그 동류를 따라갈 뿐이다. 필자가 앞에서 이미 해석하였지만「대인을 보는 것이 이롭다」는 것은 바로 대인의 덕을 표현하기에 가장 적합한 말이다. 구오의 효는 괘의 가장 존귀한 자리에 있기 때문에 대인이 그 자리를 얻어서 천지의 덕을 행하는 때이다. 이때는 천지가 만물을 생장하는 것을 그 마음으로 삼고 있기 때문에 하나의 사사로움도 없이 만물과 만민이 각각 그 종류에 따라서 생활하도록 하는 것이다. 이것이 바로 첫 번째 중요한 뜻이다. 공자의 이 말은 건괘 〈문언전〉 중에서 처음으로 구오를 해석한 것인데 계속해서 해석하기를,

두번째 해석은, "날아가는 용이 하늘에 있다는 것은 위에서 다스린다는 말이다."
세번째 해석은, "날아가는 용이 하늘에 있다는 것은 천덕의 지위에 있음이다."
세번째의 또다른 해석은, "대인은 천지와 그 덕을 합하고, 일월과 그 밝음을 합하며, 사시와 그 차례를 합하고, 귀신과 그 길흉을 합한다."

이 세 가지 해석을 대조해 보면 공자의 첫번째 해석이 얼마나 예리한가를 알 수 있을 것이다. 그는 대인이 존귀한 자리에 있을 때 우주의 만사 만물이 천지 생성의 덕 속에 있게 되는 것이라 설명한다.
〈계사전〉 중에서 공자는 《주역》이 서술의 점치는 것에 사용되는 것이라 말하고 있다.

"《주역》은 무엇을 위해서 만들어진 것인가? 본래 역이란 것은 막혀 통하지 않은 것을 열어서 직무를 성취하게 하고, 천하 사물에 관한 모든 도리를 망라하고 있다. 역은 이러한 것이다. 그러므로 성인은 역을 사용하여 사람들이 바라는 것을 이루어주고 천하 사람들의 일을 안정시키고 의혹하는 바를 판단해 준다. 그러한 까닭에 점치는 시초에는 자유자재로 변화하는 기능이 있다. 괘의 덕은 올바르고 6효의 뜻은 여러 가지로 변화하여 사람들에게 길흉을 알려준

다. 성인은 이것을 이용하여 마음을 깨끗이 하여 조금의 번민도 마음속에 있게 하지 않아 길흉을 다른 사람들과 함께 걱정한다. 신비한 능력으로서 미래를 알고 밝은 지혜를 가지고 과거를 간직하니 도대체 어떤 사람이 그러한 경지에 도달할 수 있겠는가? 옛날의 지혜롭고 헤아릴 수 없이 높은 용기를 가졌던 성인들은 싸움하지 아니하고도 천하를 정복하지 않았던가? 이로써 하늘의 도에 밝으면서 백성의 사정을 잘 관찰하는 까닭에 신비로운 것을 만들어서 백성이 일을 하기 이전에 참고하도록 하였고, 성인은 이것으로 잡념을 버리고 마음을 깨끗이 하여 그 덕을 신성하게 만들었다."[71]

공자는 여기에서 문왕의 「신도로서 가르침을 펴는 것(神道設教)」을 칭찬하여 《주역》이 운명을 점치고 술수를 행하는 것은 다만 하나의 방법일 뿐이라고 하였다. 이 방법을 통하여 「천하의 도」를 얻고, 이 도로서 천하의 바람을 통하게 하고, 천하의 사업을 안정시키고, 천하의 의심을 불식시킨다. 공자가 여기에서 말하려고 하는 것은 성인이 천지를 마음으로 삼아서 사람을 사랑하려는 것이다. 여기에서 말하는 성인이 바로 대인이다.

계사전의 다른 구절에서는 복희씨 이래의 여러 제왕들이 기구를 만들어 백성들을 이롭게 하는 일에 관해서 쓰고 있다.

"옛날 복희씨가 왕노릇 할 때이다 …… 줄을 엮어 그물을 만들어 짐승을 잡거나 물고기를 잡는 것을 가르쳤다. 이것은 리(離)괘에서 나온 것이다. 복희씨가 죽고 신농씨가 왕이 되었다. 그는 나무를 깎아서 쟁기를 만들고 나무를 구부려 쟁기자루로 삼아서 그 쟁기를 이용하여 천하 사람들에게 농사짓는 법을 가르쳤다. 이것은 익(益)괘에서 나왔다. 낮에 시장을 열어 천하 사람들이 이곳으로 오게 하고 천하의 재화를 이곳에 모았다. 서로서로 물건을 교환하여 모두 원하는 바를 얻게 하였다. 이것은 서합(噬嗑)괘에서 나왔다. 신농씨가 죽고 그 뒤로 황제, 요, 순임금이 일어나 천자가 되었다. 그들은 변혁을 통하여 백성이 싫증나는 일이 없게 하였고, 그 변혁의 방법에는 보통사람이 알 수 없는 뛰어남이 있어서 백성 누구나가 다 만족하게 만들었다. 역은 궁하면 변하고, 변하면 통하고, 통하면 영원히 계속된다. 이로써 하늘이 도와서 길하고 불리함이 없을 것이다. 황제와 요순은 옷소매를 걷지 않고서도 천하를 다스렸는데 이것은 모두 건(乾)괘와 곤(坤)괘에서 취한 것이다. 나무를 도려내어서 배를

---

71) 〈계사전〉 상전 제 11 장, 원문은 제 5 장 주 39) 참조.

만들고 나무를 깎아서 노를 만들어 배의 편리함을 백성들에게 가르쳐, 건널 수 없었던 곳을 건너게 하여 먼 곳까지 운반하여 천하를 이롭게 하였는데 이 것은 환(渙)괘에서 나왔다. 소를 이용하여 물건을 끌게 하고 말을 타고 멀리까지 갈 수 있도록 하여 천하를 이롭게 하였는데 이것은 모두 수(隨)괘에서 나왔다. 문을 이중으로 하게 하고 딱딱이를 치면서 도적의 침입을 막았는데 이것은 예(豫)괘에서 나왔다. 나무를 잘라서 절구공이를 만들고 땅에 구멍을 파 절구를 만들어 그것의 편리함을 이용하여 백성을 도왔다. 이것은 소과(小過)괘에서 나온 것이다. 나무를 구부려 활을 만들고 나무를 깎아 화살을 만들었다. 활과 화살이라는 이기로 천하를 복종시켰다. 이것은 규(睽)괘에서 나온 것이다. 태고적에는 사람들이 혈거생활을 하여 들판에서 살았다. 후대에 성인이 나와서 그런 생활을 변화시켜 집을 지었다. 위로 용마루를 세우고 처마를 만들어서 비바람을 피하게 하였다. 이것은 대장(大壯)괘에서 취한 것이다. 옛날에 시체를 묻을 때에는 짚이나 풀을 가지고 의복처럼 하여서 들판의 땅 속에 묻어서 나무를 심어 묘의 표시를 하지 않았다. 상복을 입는 일정한 기간도 없었다. 후대에 성인이 나와서 나무관을 만들고 그 위에 그것을 넣은 바깥관을 만들었다. 이것은 대과(大過)괘에서 취한 것이다. 태고적에는 끈을 묶어서 세상을 다스렸다. 후대에 성인이 나와서 그것을 문자로 만들어 대체하였고, 벼슬의 제도를 만들어 백성들을 가르치고 다스렸으며 백성들은 문자를 통하여 모든 것을 밝게 알게 되었다. 이것은 쾌(夬)괘에서 취하였다."[72]

이 장문의 인용문 속에서 언급한 고대의 성왕으로는 복희씨, 신농씨, 황제, 요, 순 등의 다섯 분이다. 그들은 역사상에서 가장 사람들로부터 존경받는「대인」의 모범이다. 그들이 천하를 이롭게 한 방식이 모두 같지는 않으나, 하나같

---

[72] 〈계사전〉「古者包犧氏之王天下也 …… 作結繩而爲罔罟, 以佃以漁, 蓋取諸離. 包犧氏沒, 神農氏作, 斲木爲耜, 揉木爲耒, 耒耨之利, 以敎天下, 蓋取諸益. 日中爲市, 致天下之民, 聚天下之貨, 交易而退, 各得其所, 蓋取諸噬嗑. 神農氏沒, 黃帝堯舜氏作, 通其變, 使民不倦, 神而化之, 使民宜之, 易窮則變, 變則通, 通則久, 是以自天佑之, 吉无不利. 黃帝堯舜垂衣裳而天下治, 蓋取諸乾坤. 剡木爲舟, 剡木爲楫, 舟楫之利, 以濟不通, 致遠以利天下, 蓋取諸渙. 服牛乘馬, 引重致遠, 以利天下, 蓋取諸隨, 重門擊柝, 以待暴客, 蓋取諸豫. 斷木爲杵, 掘地爲臼, 臼杵之利, 萬民以濟, 蓋取諸小過, 弦木爲弧, 剡木爲矢, 弧矢之利, 以威天下, 蓋取諸睽. 上古穴居而野處, 後世聖人易之以宮室, 上棟下宇, 以待風雨, 蓋取諸大壯. 古之葬者, 厚衣之以薪, 葬之中野, 不封不樹, 喪期无數, 後世聖人易之以棺槨, 蓋取諸大過. 上古結繩而治, 後世聖人易之以書契, 百官以治, 萬民以察, 蓋取諸夬.」

이 천지의 커다란 덕을 자신의 마음으로 삼아서 백성들을 위해 이익을 도모한 것이다. 〈계사전〉의 작자는 괘의 상을 빌려서 그들의 생각을 연결시켜 말하고 있다. 위에서 인용한 글들에 대해서 과거에도 많은 사람들이 논의하였지만, 그 내용이 옳고 그른지에 관해서는 따질 필요가 없다. 왜냐하면 이것은 보기만 하여도 단순한 역사적 사실에 대한 기록이 아니라는 것을 알 수 있기 때문이다. 복희씨가 백성들을 위하여 끈을 묶어 그물을 만든 것은 사실이지만, 그러나 반드시 괘를 통하여 그러한 동기가 생긴 것은 아니다. 신농씨가 백성들에게 농기구를 제작하고, 시장을 열어서 물건을 교역하게 한 것은 사실이지만, 반드시 익괘나 서합괘를 통하여서 동기가 생긴 것은 아니다. 황제나 요, 순이 변통의 법칙을 행하고 배와 수레, 활, 집, 관 등을 발명하였다는 것은 사실이지만, 반드시 환, 규, 대장, 대과 등의 괘로부터 나온 것은 아니다. 〈계사전〉이 이렇게 말하는 것은 필자가 방금 말한 것처럼, 위에서 언급한 여러 성인들이 백성들을 위하여 이익을 도모하는 마음을 《주역》철학의 입장에다 연결시킨 것이다. 왜냐하면 《주역》의 철학은 사람들로 하여금 대인이 되라고 가르치고 있고, 위에서 언급한 여러 성왕들은 모두 대인의 덕을 성취하여 대인의 모범을 보여주고 있기 때문이다.

위에서 말한 〈문언전〉과 〈계사전〉의 인용문은 다만 대인의 직책이라는 것이 천지의 덕을 표현하여 만민을 사랑하고 만물을 애호하는 마음에 있다는 것을 설명하기 위해서 예를 들어 인용한 것이다. 실제로 전체 《주역》은 자주 이와 같은 설명과 격려를 하고 있다. 위에서 인용한 것도 이러한 입장에 따라서 《주역》이 가지고 있는 하나의 정신을 표현하고 있는 것에 불과하다. 《주역》이 드러내고 있는 대인의 직무와 책임에 관해서 후대의 《중용》은 아주 핵심적이고 구체적인 이야기를 하고 있다. 그것이 바로 「천지의 화육을 돕는다(贊天地之化育)」는 것이다. 후대인들은 이것을 「천지의 화육에 참여한다(參贊天地之化育)」라고 말한다.

대인이 천지의 화육에 참여하는 것은 그의 본연의 임무 중의 하나이다. 왜냐하면 대인은 이미 「천지와 그 덕을 합하고」, 천지가 만물을 생하는 것은 바로 자신의 일에 해당하는 것이고, 천지가 만물을 애호하는 것은 자기의 마음이기 때문이다. 그러나 여기에서 분명히 알아야 할 것은 바로 대인의 하는 일은 극단적으로 자신을 버리고 다른 사람만을 사랑하는 정신으로 보아서는 안 된다. 고대에 묵자가 자기를 버리고 다른 사람을 더 소중히 여기는 「겸애(兼愛)」를 온힘을 다 하여 주장하였으나, 맹자가 나와서 이를 배척하여 "양주와 묵적의 도가 사라지지 않으면 공자의 도는 드러날 수 없을 것이다."[73]라고 말한다. 맹자가 결코 묵자의 그런 정신이 귀하다는 사실을 모르는 것은 아니다. 다만 그것은 극단에 치우친 것이기 때문에 결코 온전함을 가질 수 없다고 보는 것이다. 천지의 마음을 자기의 마음으로 삼는 대인은 자기 이외의 다른 사람과 사물을 아끼지만 동시에 가볍게 자신을 버리지도 않는다. 왜냐하면 자기 자신도 원래 천지의 사이에서 존재하고 천지의 만물들 중의 하나이기 때문이다. 그러므로 묵자의 학설은 맹자가 반대할 뿐만 아니라 장자도 반대한다. 묵자에 대해서 장자는 "너무 지나쳐서 한곳에 치우쳐 있다."[74] "성인의 도라고 말하기에는 힘이 든다. 천하의 인심을 배반하는 일은 견디기 힘들다. 묵자 혼자 그렇게 한들 어쩔 수 없는 것이다."[75] 맹자는 묵자와 양주(楊朱)를 함께 비판하고 있는데, 두 사람의 입장이 하나는 너무 지나치고, 한 사람은 너무 미치지 못하는 극단적인 입장들을 가지고 있기 때문이다. 여기에서 우리는 공자와 노자가 완전히 다른 대인의 기질을 가지고 있음을 간파할 수 있을 것이다. 공자는 《효경》 속에서 증자에게 말하기를, "머리카락과 살점 하나도 모두 부모에게 물려받은 것이므로 감히 훼손할 수 없는 것이 효의 시작이다."[76]라고 하였다. 이 말은 일개인의 사사로움에 기인하여 증자로 하여금 건전한 신체를 보존하여 부모의 환심을 사라는 것이 아니라, 인간의 신체발부라는 것이 천지에 의해서 화육되어지는 것이기 때문에 가볍게 손상하면 천지의 도를 위반하게 된다는 것을 말하려는 것이다. 즉 부모는 천지의 축소판이기 때문에 비근한 것으로 말했을 뿐이다.

노자는 천도의 입장에서 말하기 때문에 첫마디가 "낳고서도 소유하지 않고, 하고서도 자랑하지 않고, 생장시키면서도 주재하지 않는다."[77]고 하고, 또 "성인은 배를 위하지 눈을 위하지는 않는다."[78]라고 하였다. 「배를 위한다」라는

---

73) 《맹자》〈등문공 下〉「楊墨之道不息, 孔子之道不著.」
74) 《장자》〈천하편〉「爲之大過, 已之大順.」
75) 《장자》〈천하편〉「恐其不可以爲聖人之道. 反天下之心, 天下不堪, 墨子雖獨能任, 奈天下何?」
76) 《효경》「身體髮膚, 受之父母, 不敢毀傷, 孝之始也.」
77) 《노자》 제10장 「生而不有, 爲而不恃, 長而不宰.」
78) 《노자》 제12장 「聖人爲腹不爲目」

것은 자기를 아끼는 것이다.「성인은 과한 것, 사치스러운 것, 태만한 것을 버린다」는 것에서 과한 것, 사치스러운 것, 태만한 것을 버리지 않으면 그것은 자기를 아끼는 것이 아니다. 이러한 다른 사람을 아끼고 만물을 사랑하는 것과 또한 자기를 아껴야 비로소 천지의 온전한 사랑이라고 할 수 있는 것이다. 그러므로「자신을 아끼는 것」이 어찌 필요하지 않다고 말할 수 있겠는가? 보통사람들은 자기를 아낀다 라는 말을 다른 사람과 만물을 아끼는 마음을 버리고 자기만 사랑하는 것에 탐닉하는 것으로 간주한다. 그러므로「오직 대인만이 자신을 아낄 수 있다」고 말할 수밖에 없는 것이다.

　인도의 불교가 중국에 들어와서 대승불교만이 유행하고 소승불교는 남쪽으로 전해져 중국으로는 유입되지 않았는데 무슨 이유 때문인가? 그것은 대승적 의미와《주역》의 철학이 서로 통하는 바가 있기 때문이다. 불교에서 대소승을 나눌 때 소승의 수행과정은 혼자만 수행하여 완성하는 것에 목표를 두는데 비해, 대승은 다른 사람과 세상을 구하려는 의지를 강하게 보여준다. 그러나《주역》의 수행방법은 보통사람이 군자에 뜻을 두는 것에서부터 시작하여 자기만 닦으라는 입장은 말하지 않는다.《주역》에서 군자나 대인은 항상 다른 사람들과의 관련성 속에서 말한다. 즉「진덕(進德)」과「수업(修業)」이라는 것은 모두 인간과 인간의 관계 속에서 말하는 것이다. 만약 인간사회를 벗어나서 자기 혼자만의 수양을 말한다면「덕」과「사업」이라는 것은 이야기할 수 없는 것이다.《주역》에서「자기를 세우고」서「다른 사람을 세우지」않는 것이나,「자기를 완성하고」서「다른 사람을 완성시켜」주지 않는 것은 있을 수 없는 것이다. 만약 대소승의 입장에서《주역》을 말한다면 완전한 대승의 의미에 해당된다. 물론《주역》에서도 자기 자신만 말하는 경우도 있는데, 그것은「시」와「위」의 조건에 의해서 그런 것이다.「세상을 피하라고」하고 또한「세상을 피하여서도 근심이 없다」고는 하지만 마음속에는 백성과 만물을 사랑하는 마음을 가지지 않은 적이 없다. 혹 어떤 사람들은 도가 가운데에서 적지 않은 사람들이 세상을 버리고 혼자만을 아끼는 경향이 있다라고 말하는데, 이것은 근본적인 관점이 아니다. 도가와 유가가 다른 점은 유가는 몸과 마음이 모두 인간사회를 벗어나지 않는다는 것이고, 도가는 몸은 떠나 있지만 마음은 떠나 있지 않는다는 것이다. 노자의《도덕경》속에서 자주 성인을 이야기한다. 그가 말하는 가장 중요한 세 가지 보물 중의 첫번째가 바로「자비로움」이다. 만약에 세상을 등져버린다고 한다면 자비로움은 어디에서 나오겠는가? 장자는 비록 다른 것의 구속에서 해탈하기를 원하고 있지만, "홀로 천지의 정신과 교감하여서도 만물 앞에서 교만하지 않는다."[79]라고 하였다. 「만물 앞에서 교만하지 않는다」라는 것은 만물과 떨어져 있지 않음을 말하는 것이다. 노자와 장자 이후의 후기 도가의 인물은 여러 가지로 다양하여 통일된 하나의 관접으로 이야기하기는 곤란하다. 그러나 그 근본정신은 입세(入世)의 정신이다. 역대의 정치, 학술, 사회에서 개혁을 주도한 인물 중에는 도가가 비교적 많다. 인간사회에 관심두지 않으면서 어떻게 그것이 가능하겠는가? 결론적으로 중국 문화사상의 근본정신은 주역철학을 계승한 것으로 유가, 도가 혹은 기타의 묵가, 법가, 명가, 음양가들 모두 그 입장들이 약간은 치우쳐 있거나 곡해되어 있지만, 내재적 동기는 「천지와 그 덕을 합한다」는 대인의 정신 아닌 것이 없다. 즉 「천지의 화육에 참여하는」 데 뜻을 두지 않는 것이 없다.

그러나 「천지의 화육에 참여한다」는 것은 사실상 매우 무거운 짐이기 때문에 육체가 떠나 있지 않은 대인이 천지의 도를 실천하려고 할 때 얼마나 고생스럽겠는가? 이 때문에 옛날의 대인들은 도를 실천하는 마음에서는 비록 즐거움이 있을지 모르지만 실천적인 입장에서는 큰 부담을 감내하지 않을 수 없었던 것이다. 바로《논어》의 "하늘을 원망하지 않고 다른 사람들을 탓하지 않는다. 아래에서 배워 위에 도달하여 나를 아는 자는 바로 하늘이구나!"[80] "하늘이 무엇을 말하리오! 사계절이 운행하고 만물이 생장하는데 하늘이 무엇을 말하겠는가?"[81] "금수와는 함께 무리지을 수 없다. 내가 사람의 무리가 아니라면 누구와 더불어 함께 하겠는가? 천하의 도가 있다면 내가 나와서 천하를 변화시키려 애쓰지 않았을 것이다."[82] 등은 모두 많은 느낌을 주는 구절들이다. 대인이라는 것은 실제로 <u>스스로 고생을 자초하는</u> 사람이 아닌가? 그러나 인생의 크나 큰 의의는 바로 여기에 있는 것이다.

---

79)《장자》〈천하편〉「獨與天地精神往來, 而不敖倪於萬物.」
80)《논어》〈헌문편〉「不怨天, 不尤人, 下學而上達, 知我者其天乎!」
81)《논어》〈양화편〉, 원문은 제5장 주 152) 참조.
82)《논어》〈미자편〉, 원문은 제4장 주 15) 참조.

제 5 절 대인의 이상사회
―― 대동세계

　서양의 기독교는 사후의 천국을 세우고, 불교는 세간의 밖에서 부처의 경지를 그리는데 비해 《주역》은 현실의 삶의 입장에서 현실을 논한다. 즉 세계내에서 세간을 편안히 하여 대동세계(大同世界)를 현실사회 속에 세우고 있다. 현실사회라는 것은 결코 이상적인 곳이 되지 못한다. 그러나 《주역》에서 인간은 이런 것들을 변화시킬 수 있는 능력을 가지고 있다고 본다. 또 인간은 만물의 영장으로서 또 그렇게 해야 할 무한한 책임을 가진다. 인간은 스스로 행복을 구하기 위하여 분투하고 스스로의 행복한 낙원을 만들어내야 하는 것이다. 이것이 바로 일반적으로 말하는 중국문화의 「인문정신(人文精神)」이다.
　《주역》을 보아도 결코 이상적인 사회에 대한 어떠한 언급도 발견할 수 없다. 이것은 《주역》의 정신이 철학적 응용이라는 측면만을 강조하고, 직접적인 사회제도의 건립에 대해서는 구체적으로 말하고 있지 않기 때문이다. 《주역》에 있어서 인간이 모르는 것을 알게 교육하고, 천지의 도를 모르는 사람을 교육시켜 알게 하고, 도덕의 존귀함을 모르는 사람을 교육시켜 도덕의 고귀함을 자각하게 하는 것이 가장 중요한 문제로 나타난다. 만약에 모든 사람들이 《주역》의 이치에 따라서 실천하고 군자에서 대인으로 나아가서 고상한 도덕인격을 이루면 인류사회 역시 안정된다는 것이다. 그러므로 공자는 건괘의 〈단전〉에서 말하기를, "만물의 위에 성인이 있으면 온 세계가 편안해진다."라고 하여 인간이 만약 건도변화의 「성명을 바르게 하고」(「태화(太和)」의 자연스러움을 보존하고 조화하여 실천함) 「시간이 여섯 용을 타고서 천을 부리면」 인간세계는 자연히 평화롭고 안정될 것이다. 그러나 공자는 사람들 속에 있는 성인이기 때문에 당연히 인간사회에 대한 희망을 가지고 있다. 비록 〈역전〉 가운데에서 직접적으로 표현하고 있지는 않지만 《예기》의 〈예운편〉에서 말하고 있다.

　"옛날에, 공자가 제사에 참여하여 제사가 끝난 뒤에 누대에 올라가 산책하면서 탄식하였다. 노나라의 예악이 무너졌구나. 언언이 옆에서 선생님께서는 무엇에 대해서 탄식하고 계십니까? 라고 묻자 공자는 대답하기를, 큰 도가 행해지던 삼대(三代)와 인물들에 비해서 나는 미치지 못하나 뜻은 가지고 있다. 대도가 행해지면 천하는 정의롭게 되고 어진 자와 능력 있는 자를 선발하고 믿음과 화목이 생겨난다. 이로부터 사람들은 자기들의 부모만 부모로 섬기지 않고, 자기들의 자식들만 자식으로 여기지 않고, 노인들이 안락하게 수명을 다하도록 하고, 젊은 사람들은 모두 일을 가지게 만들고, 어린이는 건전하게 자랄 수 있게 한다. 홀아비, 과부, 고아, 자식없는 사람과 장애인들이 모두 공양받게 하고, 남자는 직업을 가지고 여자는 모두 돌아가야 할 가정이 있도록 만든다. 재물이라는 것은 그것을 땅에 버리는 것을 싫어하지만 자기만을 위해서 사용해서는 안 된다. 이렇게 되면 나쁜 일을 도모하는 것이 생기지 아니하고, 도적질과 강도질하는 일이 생겨나지 않는다. 이런 곳에서는 바깥문을 잠글 필요가 없는 것으로 이를 일러 대동이라 한다."[83]

공자의 이 말은 의도적으로 드러내려고 하는 말은 아니다. 의도적이지 않다는 점에서 그가 마음속으로 생각하고 있는 진정한 생각을 드러내는 것이다. 그가 제사가 끝난 후에 높은 곳에 올라가 멀리 바라보면서 이런 문제에 관해서 우연히 던진 말들이 결코 순간적인 심경에서 나온 것이 아니라, 오래 전부터 축적되어진 것으로 볼 수 있을 것이다. 그러나 이것들은 결코 중요하지 않다. 중요한 것은, 첫째, 공자가 말하는 이상 속의 사회와 현실에는 결코 큰 간격이 없다. 그중에서 말하는 생활방식은 바로 현실적인 삶 속에서의 생활방식이다. 그 정신적인 측면 역시 현실의 삶 속에서 누구나 충분히 경험할 수 있는 것들이다. 그러므로 모든 사람들이 이런 이상사회를 결코 요원한 것이 아닌 누구에게나 절실한 것으로 보고 있다는 점이다. 둘째, 공자가 여기에서 추구하려는 것은 모두 인간 본성 속에 있는 공통된 요구들이다. 「천하가 정의롭게 되는 것」이란 역도(易道)의 변화에서 나온 것으로, 어떤 개별적인 사사로

---

83) 《예기》〈예운편〉「昔者, 仲尼與於蜡賓, 事畢, 出遊於觀之上, 喟然而嘆. , 仲尼之嘆, 蓋嘆魯也. 言偃在側曰, 君子何嘆? 孔子曰, 大道之行也, 與三代之英, 丘未之逮也, 而有志焉. 大道之行也, 天下爲公, 選賢與能, 講信修睦, 故人不獨親其親, 不獨子其子, 使老有所終, 壯有所用, 幼有所長, 矜寡孤獨廢疾者皆有所養, 男有分, 女有歸. 貨惡其棄於地也, 不必藏於己, 力惡其不出於身也, 不必爲己. 是故謀閉而不興, 盜竊亂賊而不作. 故外戶而不閉, 是謂大同.」

움에 연루되어 있지 않다는 것을 말한다.「어진 자와 능력 있는 자를 선발한다」는 것은 사람은 모두 재주와 능력에 있어서 차별이 있음을 말한다.「믿음과 화목을 말함」이란 것은 사람들의 본성이 서로 같이 통하는 대아의 관점을 말하는 것이다. 이런 것들은 모두 인성 중의 기본적인 감정을 말하는 것이다. 그런데「부모를 섬기고」「자식을 돌보는 것」을 자기에만 해당시키지 않고, 재화와 힘을 사용하는 데 있어서 사사로이 자신에게만 사용하지 않고, 개인과 사회정의를 함께 고려하여야 한다. 그래야만 모든 사람들이 인간사회는 마땅히 이렇게 해야 한다는 것을 느끼기 때문이다.

공자의 위의 말은 주역철학의 정신 즉 위로는 천도와 상응하고, 아래로는 인간사를 살피는 의미를 충분히 실현하여 어떤 하나의 의혹과 공허함도 남기지 않고 있다. 뒤에서「바깥문을 잠그지 않는다」는 말은 옛날에는 주로 위에서 말한「도둑과 강도가 일어나지 않는다」는 것을 연결시켜서 해석하였다. 필자가 생각하기에 이 구절의 의미는 단순히 이런 좁은 의미에만 한정시킬 수 없고, 마땅히 아래의「이것을 일러 대동이라 한다」는 구절과 연결시켜 결론으로 삼고자 한다. 위에서 말한「자기들의 부모만 부모로 섬기지 않고, 자기들의 자식만을 자식으로 여기지 않는다」는 것은 나와 다른 사람의 인정이 통한 것이다.「재물은 반드시 자기만을 위해서는 감추지 않는다」는 것은 나와 다른 사람의 재물이 서로 통용됨을 말하고,「힘은 자기만을 위해서는 사용하지 않는다」는 것은 나와 다른 사람의 재주와 힘이 서로 통함을 말한다. 나와 다른 사람의 인정이 통하고 재물이 서로 통하고 재주와 힘이 서로 통하는데 문을 걸어 잠글 필요가 있겠는가? 이런 대동세계는 대도(大道)가 행해지는 세계이다.

만약에 공자의 이 말을 건의「원형이정」이란 괘사에 적용시키면 서로 상통한다.「큰 도가 행해야 천하가 공정하게 다스려진다」는 것은「원(元)」에 해당된다.「어진 자와 능력 있는 자를 선발하고 믿음과 화목을 말하는 것」「재화와 힘의 통용」이란 것들은「형(亨)」에 해당된다.「노인들이 안락하게 수명을 마치게 하고 여자가 가정을 가지게 하고」등의 말들은「이(利)」에 해당된다.「도적이 일어나지 않는 것」은「정(貞)」에 해당된다. 이상의 비교는 필자가 생각하기에 결코 우연이라고는 생각하지 않는다. 그러나 공자가 우연중에 느낀 바에 따라 우연스럽게 그 마음을 표현한 것이기 때문에 반드시 그것이 의도적으로 이론적인 토대를 갖추어 전후내외의 체계를 가지고 있다고 보기에는 힘들다. 그러나 적어도 《주역》철학이 바라는 인류의 이상사회를 표현하는 것으로 보아도 무리는 아닐 것이다.

공자가 처음부터 "큰 도가 행해지던 삼대와 인물들에 비해서 나는 미치지 못한다."라고 말하고서 바로 이어서 「소강(小康)」의 다스림을 말한다. "지금은 대도가 숨어서 천하를 한집으로 만들어 자신의 부모만 부모로 섬기고 자신의 자식만 자식으로 여겨 재화와 힘을 내는 것도 자기만을 위한다. 군주는 세대를 이어서 예악을 제정하고 성곽에 못을 파서 견고하게 만들었다. 예의로 기강을 삼아 군신관계를 바르게 하고, 부자관계를 돈독히 하고, 부부의 관계를 조화시키고, 제도를 설치하고 정전과 읍을 만들어 자기의 공으로 삼았다. 이 때문에 일을 도모하여 전쟁이 일어나게 된다. 우, 탕, 문, 무, 성왕, 주공이 선발된다."[84)]라고 하였다. 후대인들은 공자의 이 말을 보고서는 공자가 말하는 「대동」은 삼대 이전의 오제가 다스리던 시대(십삼경(十三經)의 정현주소(鄭玄注疏)에 보임)라고 생각하여 「대동」은 「소강」에 비해 더욱 높은 단계에 있는 것으로 생각한다. 지금 보이는 《논어》와 《예기》 중에서 공자는 자주 삼대에 대해서 말하지만, 삼대 이전과 요순에 대해서 언급하는 것은 매우 적다. 그 이전에 대해서 언급하는 것은 매우 적다. 하물며 공자가 일찍이 기나라와 송나라에 가서 하와 은의 예를 구하러 갔을 때 이미 문헌이 부족함을 그 스스로 말하였다. 그런데 오제의 시대는 이것보다 훨씬 이전인데 공자가 어떻게 오제시대를 대동이 행해졌던 시대라고 말할 수 있겠는가? 또 우리가 《사기》를 읽을 때 황제가 천하를 얻은 것은 오직 무력으로서 얻었는데, 무슨 「대동」에 의한 다스림의 흔적을 찾을 수 있겠는가? 이 때문에 공자는 「삼대의 인물」들의 다스림을 다시 설정하여 이상 속의 사회형태로 삼았다는 것을 알 수 있다. 왜냐하면 보통사람들은 모두 무, 탕, 성왕, 주공의 어짐과 지혜로움을 동경하여 더욱 완전한 이상사회를 망라하려 한 것이다. 훈고학자들이 자구에 집착하여 「대동」의 다스림을 오제시대의 다스림으로 말하는데 그것은 훈고학적인 해석일 뿐이기 때문에 철학적인 입장에서는 이같은 것에 집착할 필요는 없는 것이다.

---

84) 《예기》〈예운편〉「今大道旣隱, 天下爲家, 各親其親, 各子其子, 貨力爲己. 大人世及以爲禮, 城郭溝池以爲固. 禮義以爲紀, 以正君臣, 以篤父子, 以睦兄弟, 以和夫婦, 以設制度, 以立田里, 以賢勇知, 以功爲己. 故謀用是作而兵由此起. 禹, 湯, 文, 武, 成王, 周公由此其選也……」

공자와 동시대의 석가모니는 불경 속에서 불국(佛國)에 대해서 말하고 있다. 공자보다 조금 뒤인 소크라테스의 제자인 플라톤도 「공화국」에 대해서 말하고 있다. 그들은 모두 뜻을 가지고 거창하고도 장황하게 논하고 있다. 그러나 공자는 의도적으로 자기의 이상을 드러내려고 하지 않았다. 석가의 불국이라는 것은 세간 바깥에 멀리 놓여져 있어서 실제적인 맛이 없고, 플라톤의 공화국은 사람들로 하여금 끊임없이 사고하고 분석하게 하여 인간의 정리와는 어긋난다. 공자의 대동세계는 겨우 백 마디의 말 뿐인데도 절실하고도 완전한 느낌을 주어, 마치 이미 완성된 하나의 사회를 다 이야기하고 있는 그런 느낌을 주고 있다. 「천하위공」이라는 것에서 이미 이상사회의 질서와 법칙을 모두 다 말하였고, 「믿음과 화목」을 말하여 인간들의 정상적 관계를 모두 다 말한 것이다. 「부모와 자식의 관계」를 통하여 인간의 본성 중의 애정을 모두 말하고, 「재화와 힘의 통용」을 통하여 물건의 쓰임과 일을 처리하는 정신을 모두 말했다. 어떻게 이와 같은 것들이 나올 수 있겠는가? 공자의 이 말은 인간본성에 근거하여서 나온 것으로, 이것이 바로 《주역》의 철학정신이 자리하고 있는 곳이다. 인류가 자신들의 머리 위로 어느 날 원자탄이 떨어질까 두려워 떨고 있는 오늘날, 《예기》〈대동편〉을 일독할 필요성은 더욱 절실해진다. 그것의 일독을 통하여 우리는 인간생명의 활력과 의의를 다시 한번 느낄 수 있기 때문이다.

제 8 장
도가역의 철학체계

사마천(司馬遷)은 《사기》의 〈노자열전〉 속에서 공자가 노자에게 예(禮)에 관해서 묻는 일에 관해 기록하고 있다. 공자는 돌아가서 그의 제자에게 말하기를,

"나는 새가 날 수 있음을 알고, 고기가 헤엄칠 수 있다는 사실을 알고, 금수가 달릴 수 있다는 것을 안다. 달리는 것은 그물망에 걸릴 수 있고, 헤엄치는 것은 낚싯줄에 걸릴 수 있다. 날아가는 것은 주살에 맞을 수 있다. 그러나 용이 바람과 구름을 타고서 하늘로 오른다는 것은 알 수가 없다. 오늘 내가 노자를 보았는데 그는 마치 용과 같더라."[1]

노자라는 인물이 가지고 있는 신비스러움 때문에 공자가 예에 관해서 묻는 이야기는 많은 사람들이 의심하고 있는 문제이다. 그러나 사마천이 이런 사실을 적고 있다는 것은 나름대로 믿을 만한 이유가 있음을 보여주는 것이다. 공자가 말한 내용을 자세히 음미해 본다면 그것은 결코 마음놓고 믿을 수 있는 사실은 아닐지라도, 적어도 나름대로 학술적인 근거는 가지고 있다고 볼 수 있다. 그것을 조금 현대적인 어투로 바꾸어 말하면,

"다른 사람의 학술적 이론체계는 결코 너무 높아서 우리가 도저히 도달할 수

---

1) 《사기》〈노자열전〉「鳥, 吾知其能飛. 魚, 吾知其能游. 獸, 吾知其能走. 走者, 可以爲罔, 游者, 可以爲綸, 飛者, 可以爲矰. 至於龍, 吾不能知其乘風雲而上天, 吾今日見老子, 其猶龍邪!」

없는 것은 아니다. 나 자신 역시 관점을 세워서 그들을 설복시킬 수는 있다. 그러나 오늘 만나뵌 그 선생님은 확실히 바람과 구름을 타고서 승천하는 용과 같은 분으로 도저히 그의 경계에는 도달할 수가 없을 것 같더라."

공자가 노자를 「바람과 구름을 타고서 승천하는 용」으로 비유한 것은 결코 헛되이 한 말은 아니다. 왜냐하면 노자의 도가역(道家易)을 공자의 유가역과 비교해 보면 전자는 천상(天上)의 학문이고, 후자는 지상(地上)의 학문이다. 즉 공자가 「인간」 중심의 입장에서 「도」를 중심으로 하는 노자의 현학적 체계를 이해하기에는 마치 하늘 위에서 움직이는 용처럼 파악하기가 쉽지 않았을 것이다. 또한 노자의 관점은 복희씨, 주문왕으로부터 전승된 정통 역학의 입장으로 볼 때 여전히 역도(易道)의 철학체계 속에서 다루어지고 있다. 그러나 그곳에서 강조하는 이론, 방법과 사상체계의 구성은 매우 새롭고도 독창적인 형태를 가지고 있다. 이런 점이 바로 공자가 노자에 대해서 감탄하는 부분인 것이다.

나는 이곳에서 「체계」라는 말을 사용했는데, 이것은 아마도 오늘날 노자를 연구하는 사람들에게 약간의 새로운 느낌을 줄지도 모른다는 생각이 든다. 왜냐하면 노자의 철학은 분명히 나름대로의 이론적 구조를 가지고 있으나 일반적으로 말하는 노자철학의 이론구조는 「천하만물은 유(有)에서 생하고, 유는 무(無)에서 생한다」 「사람은 땅을 본받고 도는 자연을 본받는다」 「도는 1을 생하고, 1은 2를 생하고, 2는 3을 생하고, 3은 만물을 생한다」는 등의 구절들을 조합해서 구성한 부분적 인식만을 가지고 있다. 여기에서 어떻게 철학적 이론구조의 순서나 혹은 체계가 생기겠는가? 어떻게 그 과정을 설명할 수 있는가? 등의 문제를 묻는다면 사실상 쉽게 대답하기 힘들다. 한걸음 더 나아가 노자는 왜 이와 같은 학설을 만들었으며 그가 말하는 철학적 배경은 어디에 있는가?를 묻는다면 더욱 대답하기가 힘들 것이다. 「체계」라는 말을 철학에서는 하나의 철학사상의 전체적 계통을 분명하고 조리있게 설명하는 데 습관적으로 사용한다. 그러나 이것은 마치 천상에서 노니는 용과 같은 것으로 비유되는 노자철학의 입장으로 말한다면 아마도 그와 같은 구속을 받을 필요가 없을 것 같다. 그렇지만 어떤 누구라도 감히 《노자》의 5000어의 글자로 표현하는 사상체계가 결코 일치성을 가지지 않거나 또 그곳에 숨어 있는 깊고도 깊은 철학성이나 근거들을 완전히 부인할 수는 없을 것이다. 만약에 노자의 철학사상이 성숙한 하나의 체계를 가지지 못한다고 한다면 그것은 결코 어떠한 가치도 가질 수 없을 것이다. 81장으로 구성된 《노자》라는 책을 단순히 「아직도 남아 있는 진귀한 것」으로만 보아서는 안 된다. 마치 밤하늘에 흩어져 있는 빛나는 별들이 빛을 낼 수 있는 것은 하나의 큰 우주법칙에 의한 것과 마찬가지로 《노자》 역시 하나의 큰 철학체계를 구성하고 있는 것이다.

필자가 노자철학에 대해서 나름대로의 심득을 얻은 것은 최근의 일이다. 과거 학생시절에 필자는 이 책을 첫 글자에서부터 마지막 글자까지 완벽하게 암송하였는데, 그것은 알 수 없는 그 무엇이 나로 하여금 이 책을 읽게 만들었던 것이다. 나중에 노자의 철학을 이해하려고 할 때마다 나는 노자철학은 계통적인 체계화가 가능한 것으로 믿었으나 끝내는 하지 못하고 내버려두었다. 근자에 역학을 연구하면서 나름대로의 심득을 통하여 어느 순간에 노자의 이론적 경계를 완전하게 파악하여 다시 그것을 하나하나 조심스럽게 연구하였다. 여기에서 나는 노자의 밝고 깊은 지혜에 대해서 탄복하지 않을 수 없었다. 한대 이후의 학자들이 참으로 귀중한 것을 버려둔 채 본질을 벗어난 쓸데없는 것으로 노자의 진정한 철학정신을 오도하고 있는 것에 대해 비통함을 느꼈다. 한대 이래로 공자와 노자철학의 본래 정신을 상실해버린 것이야말로 중국철학의 가장 뼈아픈 상처라고 말할 수 있을 것이다.

노자철학도 공자처럼 똑같이 가치를 가지지만 양자의 강조점은 다르다. 공자는 인간 중심적이고 노자는 그 근거가 「천(天)」에 있다. 즉 공자는 현실세계의 문제에 관심을 두고 있고, 반면에 노자는 그의 모든 관심을 형이상학적인 세계에 두고 있다. 비록 이론적 사고의 활동에 대해서 노자는 그렇게 큰 관심을 가지고 있지 않으나 약간의 소홀함도 없다. 그의 사상은 허황하지도 않고 가볍지도 않다. 또 가설조차도 사용하지 않고 있기 때문에 형이상학적인 입장으로 보면 그는 참으로 순수한 이성주의자이다. 그의 책 속에는 깊은 의미를 가지는 매우 난해한 말들이 많이 발견된다. 그러나 그의 철학적 이론을 분명하게 파악한다면 그러한 말들은 오히려 매우 자연스럽고 필요한 것이라는 것을 발견하게 될 것이다. 간단히 말하면 노자의 전체 사상은 위를 향하여(向上) 역학의 태극을 탐구하고 있다고 말할 수 있다. 그의 철학적 출발점은 《주역》의 「건원(乾元)」에서 시작한다. 건원에서 위를 향하여 소급해 보면 「유

(有)」가 있고 「유」에서 다시 「무(無)」를 끄집어낼 수 있다. 또 여기에서 「자연(自然)」을 끄집어낼 수가 있는데, 바로 윗방향으로 미루어 나가는 노선이다. 그런 후에 「자연」으로부터 아래의 방향으로 전개하는데, 즉 「자연」에서 「도」를 드러내고 일(一), 이(二), 삼(三)을 낳고 만물을 낳아서 다시 《주역》에서 말하는 「건원」 「곤원」의 변화와 생생(生生)의 의미와 합치한다. 이것은 아래의 방향으로 향하는 것인데, 우주만물의 생성노선을 말하는 것이다. 먼저 위를 향하여 전개하여 나가고 다시 아래로 전개하여 가는, 한번 가고 한번 오는 것은 마치 《주역》에서 말하는 도의 유행변화와 같다. 《주역》의 철학은 공자와 노자 두 사람의 분업(分業)과 합작(合作)을 통하여 하나의 남김도 없이 완전하게 설명되고 있다. 뒤에서는 노자의 도가역학을 두 부분으로 나누어 설명하려 한다. 앞부분에서는 먼저 철학체계 부분을, 뒷부분에서는 주요한 철학정신을 설명하려 한다.

제1절 근본 도에 대한 논의

(1) 「유(有)」의 수립

「유」는 노자철학 체계의 출발점이 된다. 그의 사색활동은 이것으로부터 시작된다. 이 때문에 먼저 「유」에 대한 개념부터 상세히 설명하도록 하겠다. 앞에서는 유가의 역학에 대해서 말하였기 때문에 노자의 「유」에 대해서 말하는 것은 매우 쉽다. 유가역학에서 우주만물이 기원하는 시작은 「건원」이었다. 「건원」이 처음 움직이고, 「곤원」이 이것을 이어받음으로써 음양이 서로 왕복하고 교류하여 만물이 발생하는 것이다. 물론 「건원」에 앞서서 「태극」이 있지만, 그러나 이것은 현상변화 이전의 작용으로 상대되는 것이 없기 때문에 동정하는 부분이 드러나지 않는 것이다. 움직임이 시작되는 곳에 있는 것은 「건원」이다. 바꾸어 말하면 「건원」은 우리가 사고할 수 있는 우주만물의 발생시점인 것이다. 노자가 말하는 「유」가 바로 이것에 해당한다. 인간의 사고 속에서 파악할 수 있다는 것은 즉 사상을 구성하는 개념으로 사고하고 있기 때문에 「유」라고 이름하는 것이다. 그러므로 「유」와 「건원」은 이름은 다르나 사실상 같은 내용을 지칭하고 있는 것이다.

"유라는 것은 만물의 어머니를 이름하는 것이다."[2]
"천하의 만물은 유에서 생긴다."[3]

매우 분명하게 「유」를 만물의 건원으로 간주하고 있는 것이 아닌가?
노자가 「건원」을 「유」로 보고 있다면 유가역에서 말하는 건원 이후의 전개라는 것은 모두 「유」 가운데 포함되는 것이다. 그러므로 노자의 현학적 철학체계로 말하면 유가역의 인간 중심적인 「철학」은 사실상 모습이 작게 보일 것이다. 이것은 이미 노자가 말한 것이다.

"천하의 사람들은 나의 도가 크지만 어리석은 것 같다고 말한다. 오직 크기 때문에 어리석은 것 같다. 만약에 현명하였다고 한다면 이미 작아진 지가 오래일 것이다."[4]

그러나 이것은 다만 노자의 일면만을 가지고 말하는 것이다. 유가역의 입장에서 본다면 건원과 곤원 위에는 태극이 있는 것이 분명하다. 노자가 「유」에서 「무」로, 또 「자연」으로 소급해가는 것은 모두 태극에 해당하는 것이므로 노자의 현학체계는 유가역의 형이상학적 「태극」의 의미 속에 포함되는 것이다. 바꾸어 말하면 노자의 현학은 태극 속으로 깊이 들어가서 정립된 것이다. 이 부분은 아직 탐구되지 않은 것이다.

「유」의 개념은 이미 위에서 말한 것과 같은데, 여기에서 우리가 다루어야 할 문제는 바로 노자는 왜 「유」라는 것으로 건원을 대신하고 있는가? 라는 문제이다. 《노자》라는 책이 만약에 공자 이후에 나온 것이라고 말한다면, 공자가 말한 건원이란 개념은 매우 분명한 것으로 사용될 수 있었을 것이다. 만약에 공자 이전에 나온 것이라고 한다면 「건원」이 가리키는 것은 바로 양의의

---

2) 《노자》 제1장 「有, 名萬物之母.」
3) 《노자》 제40장 「天下萬物生於有.」
4) 《노자》 제67장 「天下皆謂我道大, 似不肖. 夫唯大, 故似不肖, 若肖, 久矣其細也夫!」

부호인 「—」(64괘의 「☰」는 바로 8괘의 「☰」이고 바로 양의의 「—」이다. 64괘의 「☷」는 바로 8괘의 「☷」이고 또 양의의 「--」이다)이고, 부호 「—」은 복희씨 이래 있었던 것이므로 노자도 역시 사용할 수 있었을 것이다. 지금 노자가 「건원」이란 이름을 사용하지 않고, 또 「—」을 사용하지 않고, 달리 「유」라는 것을 사용하는 이유는 무엇인가?

《노자》속에는 다만 사상내용만 이야기하고 있고 그 사상의 기원에 관한 것은 이야기하고 있지 않다. 그러나 우리는 어떤 실마리를 찾을 수 있을 것이다. 《노자》의 제4장을 살펴보도록 하자.

"도는 텅빈 듯하여 쓰여지고 언제나 부족하지 않다. 깊은 못이라 만물의 근원과 같다. 그 예리한 것을 꺾고, 그 어지러운 것을 풀며, 그 빛나는 것을 조화시키며, 그 티끌과 함께 한다. 깨끗하고 맑아서 혹 있는 듯하다. 나는 그것이 누구의 아들인지 모르나 그 모습은 조물주보다 앞서 있다."[5]

이 장은 대부분 도가 있는 듯 없는 듯한 모습을 묘사하고 있는데, 마지막 부분에서는 「도」의 기원이란 문제를 언급하고 있다. 「나는 그것이 누구의 아들인지는 모르나 그 모습은 조물주보다 앞서 있다」는 것은 도의 기원과 도의 출처를 모르지만 그것이 「상제(象帝)」에 앞서서 존재하고 있다는 것을 말하고 있다. 「제(帝)」라는 말은 그 유래를 분명하게 알 수는 없지만 문자적인 의미로는 「조물주」이다. 왕필은 제를 천제(天帝)로 해석하고 있다. 사실 이 말은 노자가 처음 만든 것이지만 사실은 역학에서 나온 말이다. 「상(象)」이라는 것은 바로 《역경》중의 「—」「--」「☷」「☰」등이다. 「제」라는 것은 〈설괘전〉의 「제는 진(震)에서 나온다」의 「제」의 뜻으로, 가장 존귀한 우두머리의 뜻이며, 가장 먼저이고 시작이라는 의미로 해석한다. 「상제」의 두 글자를 합하여 하나의 단어로 사용하면 그것은 볼 것도 없이 복희씨가 처음 만든 일련의 부호 가운데에서 「태극」의 「—」을 상징하는 것이다. 그러나 여기에서 우리는 노자가 말하는 「상제」가 「—」의 부호를 가리킨다는 것에 너무 집착할 필요는 없다. 실제로 복희씨가 「—」을 그린 초점은 유형의 부호로 무형의

---

5) 《노자》제4장 「道, 沖而用之, 或不盈, 淵兮似萬物之宗. 挫其銳, 解其紛, 和其光, 同其塵, 湛兮似或存. 吾不知誰之子, 象帝之先.」

「도」를 표현하려는 첫번째 단계에 있는 것이다. 처음에 복희씨가 「━」「- -」 「☷」「☰」의 상을 그린 것은 원래 그가 먼저 형이상학적인 「도」를 발견하였지만 당시에 문자가 없었던 이유로 그것을 설명할 수 있는 방법이 없었기 때문에 부득이 부호를 통하여 「도」를 드러낼 수밖에 없었다. 복희씨가 그렇게 한 것은 매우 당연한 것이었지만, 노자의 시대에 있어서는 상황이 달라진다. 왜냐하면 이때는 이미 문자가 생겼고, 문자의 서술을 통하여 도를 설명할 수 있었기 때문에 다시 복희씨가 만든 부호를 통하여 형이상학적인 도를 표현하는 것은 의미가 없다고 생각한 것 같다. 비록 「━」은 가장 간단한 부호이지만 노자가 생각하기에는 「도」의 완전한 형이상학적 성질을 표현할 수가 없다고 생각하였다. 왜냐하면 「도」는 어떠한 형상도 드러내지 않기 때문이다. 그래서 「도」와 「상」의 한계를 분명히 하기 위하여 노자는 상(象)을 「유」로 이름하고, 「도」를 「상제」에 앞서는 것으로 말하는 것이다.

  노자의 이런 관점은 매우 타당한 것이다. 이런 사상적 변화는 역사의 발전과정 속에서 시대에 따라서 생기는 필연적인 결과이다. 만약 우리가 고개를 돌려 《역경》철학이 복희씨 이래로 줄곧 발전해온 과정을 살펴보면, 시대에 따라서 발전하지 않음이 없음을 매우 분명하게 알 수 있을 것이다. 복희씨가 먼저 도를 인식하였지만 그는 다만 간단한 부호[象]로 그것을 표현할 수밖에 없었다. 3000년 이후의 주의 문왕은 종교적인 신도사회였던 까닭에 점술에 근거하여 복희씨가 발견한 도를 표현하였다. 공자와 노자의 시대는 이미 인도주의적 사상경향이 주조를 이루는 때였다. 공자는 복희씨와 문왕의 뒤를 이어서 「도」를 인간의 일상생활에 적용시켜 자기확립과, 처세의 지도원칙과 도덕존양의 준칙으로 삼았다. 노자는 이성적 사고와 빼어난 해석을 통하여 「도」를 더욱 분명하게 설명하였다. 말하자면 이러한 것들은 모두 역사적인 발전에 의한 것이다. 즉 위에서 말한 네 사람의 성인이 다같이 높은 지혜를 가지고 있지만, 그들이 한 일이 모두 다른 것은 생존시대가 제각기 다르고 마음을 두는 방향이 모두 다르기 때문이다.

  그러나 우리는 노자가 「상」을 「유」로 해석한 것이 《주역》에서 「상」이 가지는 가치를 얕게 보는 것으로 생각해서는 안 된다. 유가역은 「건원」에서 처음 움직여 아래로 전개된 것을 모두 「상」으로 본다. 그러나 공자는 수시로 사람들이 「상」에 집착하지 말기를 강조하고 있다. 〈계사전〉에서 계속해서 말하기를, "역은 상이고 상은 견주는 것이다."⁶⁾ "8괘는 상으로 나타낸다."⁷⁾ "성인이 천하의 번잡한 것을 살펴서 그 모습을 견주어서 사물의 마땅함을 그리기 때문에 상이라고 한다."⁸⁾ 노자는 형이상학적인 문제들을 탐구하는 입장에서 문자를 통하여 「도」를 설명하기 때문에 「상」을 깨뜨려 제거하지 않을 수 없었다. 그러나 그 역시 만약 「상」을 버리고 문자만을 통하여 「도」를 설명하면 혹시라도 「문자에 빠져버리는 병폐」에 떨어질 것을 염려하여 5000어의 첫마디부터 "도를 도라고 할 수 있는 것은 도가 아니다(道可道, 非常道)."라고 말하는 것이다. 그것은 바로 문자에 집착하지 말라는 뜻이다. 이것과 복희씨가 처음에 「상」으로 「도」를 설명하려 한 것이나 무슨 다른 점이 있는가?

(2)「유」에서「무」로

노자는 「건원」의 시동처로부터 「유」를, 또 그곳에서 다시 「유」의 근원을 추궁해 들어가는 것이다. 이른바 「유」라는 것은 드러나 있는 것을 말하고, 드러나 있는 것은 반드시 드러나 있지 않는 「무」에서부터 드러나는 것이다. 그러므로 제 40 장 중에서 그는 말하기를,

"천하의 만물은 「유」에서 생겨나고, 「유」는 「무」에서 나온다."⁹⁾

만물이 「유」에서 생긴다는 것은 바로 「유」에서부터 「유」가 생긴다는 것이고, 「일자」의 「유」에서부터 「다자」의 「유」가 생기는 것으로 「건원」 이하의 변화를 말한다. 「유」가 「무」에서 생긴다는 것은 「유」가 분별을 통하여 생기기 때문이다. 「무」는 이로부터 근원을 소급하고 추구하여 생겨난 것이다

「유」는 「무」에 대해서 분별되는 까닭에 「유」라고 말하고, 「무」는 아래의 「유」에 대한 것 이외에 더 이상 분별할 수 있는 상위의 것을 말할 수 없는 것이다. 그렇지 않으면 「무」도 「유」로 되어버리는 것이다. 그러므로 「유는 무

---

6)「易者, 象也. 象也者, 像也.」
7)「八卦以象告.」
8)「聖人有以見天下之賾, 而擬諸其形容, 象其物宜, 是故謂之象.」
9)「天下萬物生於有, 有生於無.」

제 8 장 도가역의 철학체계   479

에서 생긴다」는 말은 절대로 아래와 같은 도식의 상생(相生)관계로 그릴 수는 없다.

이렇게 되면 「무」는 「유」로 되는 것이다. 만약에 「무」가 「유」로 되면 그 둘은 반드시 선후관계가 있고 양자는 각기 다르게 분리된 관계가 될 것이다. 이와 같은 것은 결코 노자의 뜻이 아니다. 왜냐하면《노자》의 제 1장 중에서 분명하게 이야기하고 있다.

  "이 두 가지는 같은 곳에서 나와서 다른 이름을 가진다."[10]

두 가지라는 것은 「유」와 「무」를 가리킨다. 같은 곳에서 나왔다는 것은 그 둘이 선후가 없다는 것을 말하고, 「다른 이름」이라는 것은 양자의 본질이 다르지 않고 서로 분리되어 있지 않다는 의미를 포함하고 있는 것이다. 그들이 이미 「같은 곳에서 나와서 다른 이름을 가진다」고 하고 또 「유는 무에서 생긴다」라는 것을 통하여 양자의 관계는 아래의 도표와 같다는 것을 알 수 있을 것이다.

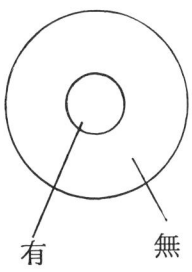

바깥의 원은 도표를 통하여 드러내기 때문에 어쩔 수 없이 그렸지만, 실제

---

10)《노자》제 1 장「此兩者同出而異名.」

로는「무」의 외부는 무한하다. 노자가「유는 무에서 나왔다」라고 하는 것은 실은 양자가 서로 포함하는 관계로 마치 달걀의 노른자가 흰자에 둘러싸여 있는 것과 같다.

위에서 말한 노자의 유와 무의 관계를 분명히 파악하면 노자의 도가역학과 공자의 유가역학이 밀접한 관계를 가지고 있음을 알 수 있을 것이다. 앞절에서 이미 말하였지만「유」는「건원」이고「유」는「무」가 포함하는 것 속에서 생겼기 때문에「유」「무」의 관계는 실제로는「건원」과「태극」의 관계와 같은 것이다.「태극」은 분리할 수 없고 어떤 것으로 형용할 수 없는 하나의 큰 변화유행의 작용이다.「건원」은 하나의 큰 변화유행이 비로소 드러나 움직이는 시초이다. 표현되는 작용이 없는 존재인「태극」으로부터「건원」이 움직여 생기는 작용의 표현의 과정이 바로「유는 무에서 생긴다」는 것이다.「건원」이하의 변화 즉「위대하도다! 건원이여 만물이 모두 이곳에서 시작된다」는 것은「만물은 유에서 생기는 것이다」라는 말이다. 다시 《노자》의 제 6 장을 살펴보도록 하자.

"곡신은 죽지 않는데 이것을 이름하여 현빈이라고 한다. 현빈의 문은 천지의 근본이라고 한다. 끊임없이 존재하는 듯하여 사용하여도 수고롭지가 않다."[11]

「계곡」이 저장하여 담는 뜻으로「신(神)」「불사(不死)」를 말하는 것은「계곡」이 생생의 기미를 저장하여 담고 있음을 형용하는 것이다. 그것이 생생의 기틀을 담아 가지고 있기 때문에「빈(牝)」이라고 하는 것이다. 그러나 이「빈」은 현상계 속의 어떤 사물을 지칭하는 것이 아니라, 형이상학적인 생성의 작용을 말하기 때문에「현빈(玄牝)」이라고 하는 것이다. 이런 생성작용을 가지고 있는「곡신」혹은「현빈」은 말할 것도 없이「유」를 담고 있는「무」이다.「현빈」은「문」을 가지고 있는데, 이「현빈의 문」을 또한 천지의 뿌리라고 말하는 것이다. 천지의 뿌리라는 것은 천지가 스스로 생성한 근원을 말하는 것이다. 그러면 하늘이나 땅은 무엇인가? 우리가 이미 잘 알고 있는 것처럼, 유가역에서 하늘은 건의 작용을 대표하는 것이고, 땅은 곤의 작용을 대표하는 것이다. 그러므로 천지의 뿌리라는 것은 바로 건곤의 뿌리라는 것으로「현빈

---

11)《노자》제 6 장「谷神不死, 是謂玄牝. 玄牝之門, 是謂天地根. 綿綿若存, 用之不勤.」

제 8 장 도가역의 철학체계   481

의 문」으로부터 한 단계 아래의 천지 혹은 건곤의 입장으로 내려와 말하는 것이다. 이로부터 아래의 두 구절은 아주 쉽게 이해될 것이다. 즉「끊임없이 존재하는 듯하여 사용하여도 수고롭지가 않다」는 것에서 앞의 구절은 건곤의 두 작용이 비록 형이상학적인 것이나 실제로는 진실하여 헛되지 않은 존재라는 것을 말한다. 그 다음의 구절은 건과 곤의 두 작용이 서로 작용하여 만물을 생산하는 것을 말하고 있다. 건곤의 상호교차와 작용은 자연스런 성질이다. 비록 이용하여서도「수고롭지 않은 것」이다.「수고롭지 않은 것」이야말로 자연스런 것이 아닌가?《노자》의 제 1 장에서는 매우 적절하게「유」와「무」의 관계와 그들의 작용을 말하고 있다. 이것에 따라서 앞의「유생어무(有生於無)」의 도표를 아래와 같이 바꾸어 그려보자.

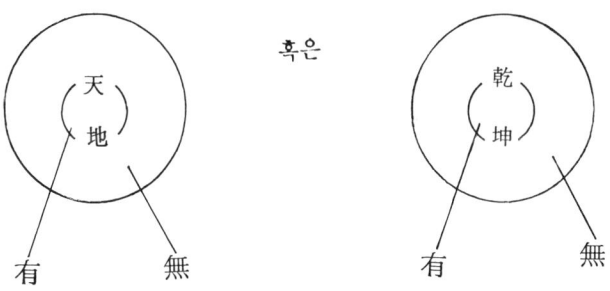

「유」와「무」의 두 개념을 구분하는 것은 노자철학에서 가장 중요하고도 기본적인 것이다. 위에서 말한 것들을 통하여《노자》의 제 1 장에서 말하는 것을 분석해 보도록 하자.

"말로 표현할 수 있는 도는 영원불변의 도가 아니고, 이름으로 표현할 수 있는 이름은 영원불변의 이름이 아니다. 무는 천지의 시작을 말하는 것이고, 유는 만물의 어머니를 말하는 것이다. 그러므로 상무(常無)에서 그 신비로움을 보려 하며 상유(常有)에서 그 돌아가는 것을 보려 한다. 이 양자는 같은 근원에서 나왔지만 이름을 달리하고 있는데 이것을 일러 현이라 한다. 이 신비롭고 신비로운 것을 일러 모든 묘한 것의 문이라고 하는 것이다."

앞의 두 구절에서 말하는「상도(常道)」와「상명(常名)」의 말할 수 없고 이름할 수 없다는 것에 대해서는 더 이상 논할 필요가 없다. 세번째 구절은 반드시「무」와「유」의 두 단계를 분명하게 이해하여야만 해석할 수 있는 것이다.「무」가운데에서「유」를 낳고「유」는「천지의 뿌리」이기 때문에「무는 천지의 시작을 이름」하는 것이다.「유」가「천지의 뿌리」라고 한다면 천지는 바로 건곤이고, 건천(乾天)과 곤지(坤地)가 서로 교차하여 만물을 생하기 때문에「유는 만물의 어머니라고 이름」하는 것이다.「유」「무」「천지」「만물」네 가지 가운데에서 그 근원을 살피고 생성자와 생성되어진 것의 관계를 확립하고 있다. 그 다음의 구별에서 말하는「상무」「상유」의「상(常)」이라는 말은 바로「상도」의「상」으로 영원불변의 의미를 가지고 있다. 또「요(徼)」라는 것은 돌아가는 혹은 동향(動向)의 의미를 지니고 있다.「무」에서「유」가 생하는 것은「도」의 본래 성질이 그런 것으로, 인간의 지각능력으로는 그것의 근거에 있는 오묘함을 볼 수가 없는 것이다. 인간은 오직「무」의 입장에서「유」가 생겨나는 것에 마음을 두기 때문에「상무는 그 묘함을 보려고 한다」라고 하는 것이다.「유」속에는 건곤과 천지가 만물을 생성하고 변화시키는 기능을 가지고 있다. 만물을 생성시키고 변화시키는 것은 역동적인 세력경향으로, 움직이는 방향과 나아가는 귀추가 있기 때문에「상유는 그 돌아가는 것을 보려고 한다」라고 말하는 것이다.「오묘함」이란 말로서「유」가「무」에서 생한다는 것을 형용하고, 「요」라는 말로서 천지와 만물이 움직여 변화하는「유」를 형용하는 것은 매우 뛰어난 설명이다. 그러나「무」는 비록「유」를 낳지만 양자는 실은 같은 곳에서 나왔다. 즉「유」를 포함하고 있지 않은「무」는 없고,「무」에서부터 생성되지 않은「유」는 없다.「유」속에「천지가 만물을 생성시키고 변화시킨다」는 것을 의미하고 있는 것이 바로 이것이다. 왜 이러한가? 이것은 사실 쉽게 이해할 수 없는 것으로 우주의 모든 현묘한 근원이다. 그러므로「이 두 가지는 같은 곳에서 나왔으나 이름을 달리하고 함께 이름하여 현이라 한다. 오묘하고 또 오묘한 것은 모든 묘함의 근원이다」.

　제 1 장에서는 아주 명쾌하게「유」와「무」의 전체적인 상황을 지적해내고 있다. 즉 첫째,「유」는「무」에서 생한다. 둘째,「유」와「무」는 같은 곳에서 나왔다. 셋째,「유」가운데는 만물을 생성시키고 변화시키는 기능을 가지고 있다. 넷째,「유」와「무」의 신비하고 오묘함은 사람의 일반적인 지식으로서는 파악할 수 없는 것이다. 이 때문에 이 제1장은 바로 전체《노자》라는 책의

근본이다.
　이외에 반드시 언급해야 할 것은 제 11 장의 부분이다.

　　"30개의 바퀴살이 하나의 바퀴통에 모여 있다. 그 바퀴통 속에 아무것도 없는 공간이 있음으로 수레의 유용함이 있게 되는 것이다. 진흙을 이겨서 그릇을 만든다. 그 그릇 안의 비어 있는 부분이 그 그릇의 쓸모가 되는 것이다. 그러므로 있는 것이 이로움이 된다는 것은 없는 것으로 쓸모를 삼기 때문이다."[12]

　이 장은 몇 가지 구체적인 사물을 예로 들어 「유」와 「무」가 이익이 되고 쓸모가 되는 것을 설명하고 있다. 차의 바퀴살이나 그릇에서 진흙을 이긴 것과 사방의 벽 모두 「유」이다. 그런데 바퀴살의 이로움은 바퀴통 때문이고, 그것의 이로움이라는 것은 중간의 비어 있는 것에 있고, 방의 이로움이라는 것은 사방의 벽에 있다는 것이다. 바꾸어 말하면 「유」의 이로운 것이란 것은 「무」에 있다. 「무」가 있음으로 해서 「유」는 비로소 그 이로움을 사용할 수 있게 되는 것이다. 이 장은 쉬운 표현의 글로서 깊고 오묘한 생각을 드러내주고 있는데 노자는 이와 같은 표현들을 아주 즐겨하고 있다. 「유」가 「무」에서 생긴다는 것은 「무」에 의거하여서 이로움을 행하는 것이다. 「무」속에서 「유」가 생긴다는 것은 「유」에 근거하여서 그 작용을 드러내는 것이다. 천하의 만물은 하나의 거대한 「유」이다. 만물이 각각 그 이로움을 다투어 드러내는 것은 「무」를 작용으로 삼는 데 있는 것이다. 옛날 그리스의 철학자 파르메니데스는 우주를 하나의 큰 「유(존재)」로 간주하는 입장을 가지고 있다. 그가 말하는 「유」는 단순히 이지적인 입장에서 끄집어낸 것으로, 변동할 수 없고 나눌 수 없는 것으로 보고 있다. 그는 이런 입장을 견지하기 위해서 현상사물이 변화하고 분리된다는 관점을 부정하지 않을 수 없게 된 것이다. 이렇게 되어버리면 자연히 노자가 말하는 식의 「무」라는 관점은 생길 수가 없게 되어 끝내 그 학설은 「반쪽 우주론」(즉 파르메니데스가 말하는 것은 이성적인 측면에서는 통하지만 실제의 현상계 속에서는 통할 수 없는 것이다)이 되어버린다. 파

---

12) 《노자》 제 11 장 「三十輻共一轂, 當其無, 有車之用. 挺埴以爲器, 當其無, 有器之用. 鑿戶牖以爲室, 當其無, 有室之用. 故有之以爲利, 無之以爲用.」

르메니데스의 시대는 노자와 거의 비슷하거나 혹은 약간 뒤이다. 만약 파르메니데스가 노자가 말하는 「유」와 「무」의 이론을 들었다고 한다면 그의 「반쪽 우주론」이라는 것은 아마도 고개를 들고 나오지 못했을 것이다.

(3) 「유」「무」로부터 도에로

「유」와 「무」를 두 단계로 나누는 것은 아래에서부터 위로 올라가는 철학적 추론과정의 분별이다. 만약 존재라는 입장에서 말하면 그 양자의 관계는 서로 포함하면서 근원하는 관계이고 또한 「같은 곳에서 나온 것이다」. 이른바 「무」라는 것은 실은 「유를 포함한 무」를 가리킨다. 이 「유를 포함한 무」라는 것을 나중에 장자는 「유무(有無)」 혹은 「무유(無有)」라고 말한다. 장자의 이 말은 철학적으로 더 분명한 해석을 하는 것으로 볼 수 있다.

「유를 함유한 무」라는 것은 당연히 「일(一)」이라고 말할 수 있을 것이다. 그러나 이 「일(一)」은 순수하고 깨끗한 것은 아니다. 왜냐하면 그중에는 이미 「유」를 함유하고 있기 때문이다. 「유를 함유한 무」 속에는 다만 「유」의 잠재적인 성질만 가지고 있고 아직 「유」의 현실태는 들어 있지 않다. 즉 잠재적인 「유」라는 것은 이미 「무」와 서로 상대되기 때문에 「유를 함유한 무」의 「일(一)」은 결국에는 「이미 상대되는 것을 포함」하게 되는 것이다. 만약 점선으로 잠재적인 「유」를 표시하여 앞에서 말하는 「유생어무」의 관계를 이용하여 보면, 「유를 함유한 무」는 당연히 아래와 같을 것이다.

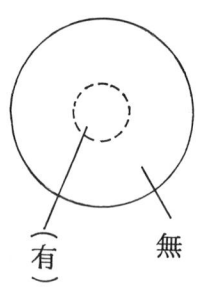

이런 순수하고 깨끗하지 못한 「일(一)」은 근원적인 것을 추구하는 철학적 입장에서는 당연히 그것에 만족하지 않고 더욱 근본적인 것을 찾으려 할 것이

다. 노자 역시 이것보다 더욱 근원적인「도」에까지 추론해 들어가게 되는 것이다.

「도」는 순수하여 아직 어떤 것으로 규정되지 않은「일(一)」이고 우주만물의 입장에서 말하는「도」는 일체의 모든 기능을 가지고 있다. 그러나「도」의 입장에서「도」를 말하면 일체의 모든 기능은 아직 표현되지 않는다. 또한 깨끗하고 맑아서 알 수 없고 이름할 수 없고 말할 수 없는 것이다.《노자》의 제 25장을 살펴보기로 하자.

"혼돈된 상태에서 이루어진 것이 있으니 천지보다 앞서서 생겼다. 고요하고 소리도 없고 형체도 없다. 홀로 서서 변하지 않고 두루 가지 않는 바가 없으면서도 위태롭지 않아서 천하의 어머니라 할 수 있다. 내 그것의 이름을 알 수 없어서 억지로 말하여「도」라 하고, 억지로 이름지어「큰 것」이라고 한다."[13]

「도」는「사물」이 아니지만「사물」을 통하여「도」의 실재성을 밝혀야 하는 것이다.「도」는「혼돈된 상태에서 이루어진 것」은 아니지만 그렇게 말한 것은 그것을 통하여「도」가 일체의 기능을 가지고 있음을 밝히려 한 것이다.「고요하고 형체도 없다」는 것은 그것이 순수하고 고요한 형이상학적인 것임을 말하는 것이다.「홀로 서서 변하지 않는다」는 것은 영원히 절대적인 것으로 상대가 없음을 말한다.「두루 가지 않는 바가 없으면서도 위태하지 않다」는 것은 그것의 변화와 유행을 말하는 것이다.「천하의 어머니가 될 수 있다」는 것은 그것의 생생하는 창조작용을 말하는 것이다.

여기에서 우리는「도」와「유」를 함유하는 무의 구별을 볼 수 있는 것이다. 그 둘은 모두「일(一)」이지만 후자의「일(一)」은「유」와 상대적인 입장에서 말하는 것이다. 그러나 전자는 절대적「일(一)」이다. 또「유를 함유한 무」의「일(一)」은 아래로는「유」「무」의 상대적인 것을 기초로 하여「무」속의「유」의 잠재성을 함유하는 곳에 머물러 있다. 이에 비해서「도」의「일(一)」은 아래로는「유를 함유한 무」의「일(一)」을 기초로 하고 있으면서 위로는「깊고도 깊은」무궁무한의 단계에 들어가 있는 것이다. 결론적으로 말하면「도」

---

13)《노자》제 25장「有物混成, 先天地生. 寂兮寥兮, 獨立不改, 周行而不殆, 可以爲天下母. 吾不知其名, 字之曰道, 强爲之名曰大.」

는 노자의 철학적 관점에서는 「유를 함유한 무」보다는 한 단계 더 높은 것으로 「도」의 참된 의미는 안으로는 장애되는 것이 없고 바깥으로는 무한한 경계를 가지는 것이다.

만약 다시 앞에서 그린 「유생어무」의 도표를 억지로 형용하면 다음과 같다.

「도」는 어떠한 존재인가?에 대한 문제를 《노자》의 여러 부분들을 종합하여 정리해 보자.

"도를 도라고 말할 수 있는 것은 영원불변한 도가 아니다." 「도」는 언어로 설명할 수 없음을 말하고 있다.

"도는 텅빈 듯하지만 쓰여지고 언제나 부족하지도 않다 …… 깨끗하고 맑아서 마치 있는 듯하다."[14] 여기에서 「깨끗함」이란 말을 하고 「있음」이라는 말을 하고 있다. 비록 「있음」이라는 말을 쓰고 있으나 결코 그 「있음」을 설명할 수 없기 때문에 「혹(或)」 「사(似)」 등의 부정사를 사용하는 것이다.

"최고의 높은 선은 물과 같다. 물은 모든 사물에 이득을 주면서도 다투지 않는다. 물은 여러 사람들이 싫어하는 곳에 있기 때문에 거의 도에 가까운 것이다."[15] 물이 「도에 가까이 있다」는 것은 물이 스스로의 존재를 내세우지 않기 때문이므로, 이것을 통하여 「도」가 스스로의 존재를 내세우지 않음을 알 수 있는 것이다.

"도는 항상 이름이 없다. 소박한 것은 비록 작은 것 같지만 천하의 어떤 것도 그것을 신하로 부릴 수는 없다."[16]

"도는 항상 함이 없으면서도 하지 않음이 없다."[17]라고 하여 「도」가 저절로

---

14) 원문은 앞의 주 5) 참조.
15) 《노자》 제 8 장 「上善若水, 水善利萬物而不爭, 處衆人之所惡, 故幾於道.」
16) 《노자》 제 32 장 「道常無名, 樸雖小, 天下莫能臣也.」
17) 《노자》 제 37 장 「道常無爲而無不爲.」

그러함을 말한다.

"도는 무명에 숨겨져 있다."[18]

"도를 실천하면 날마다 줄어든다. 줄고 또 줄어서 하는 일이 없는 데 이르게 된다. 무위하게 되면 하지 못함이 없게 된다."[19]

위의 말들을 통하여 우리는 하나의 전체적인 인식을 얻을 수 있다. 만약 「도」의 표현을 감각계에만 두고 말한다면 그것은 사실상 우리가 평상시에 말하는 「아무것도 없는 것」이다. 그것은 존재하지만 「맑아서 혹 있는 것 같은 것」이다. 도는 일체의 모든 기능을 가지고 있지만 너무나 소박하여서 어떤 것으로 가리킬 수 없는 것이다. 그것은 「하지 못함이 없다」. 그러나 인간의 감각을 통하여 표현할 때는 「무위(無爲)」이다. 도의 존재와 일체의 모든 기능과 「하지 못함이 없는」 것은 모두 감각계의 사물을 통하여서 알 수 있다. 그 본래적 상태에 대해서는 마치 「존재하는 것 같다」라고 알 수 있는 것 이외에는 아무것도 없는 것이다. 이런 것들에 대해서 실제로 노자는 이미 그의 책 제 14 장에서 말하고 있다.

"보려고 하여도 보이지 않는 것을 이(夷)라고 한다. 들으려고 하여도 들리지 않는 것을 희(希)라고 한다. 손으로 잡으려 하여도 잡히지 않는 것을 미(微)라고 한다. 이 세 가지는 말로 표현할 수 없기 때문에 한꺼번에 합해서 하나라고 하는 것이다. 그 위로는 밝지 않고 그 아래로는 어둡지 않다. 면면이 끝없이 이어져서 무엇이라고 말할 수 없다. 그리하여 다시 물이 없는 상태로 돌아가는데 이것을 형체없는 모습이라 하고, 구체적인 물이 없는 상이라서 황홀이라고 이름한다. 맞이하려고 하여도 그 머리를 볼 수 없고 떠나가려고 하여도 그 뒤를 볼 수 없다. 그러나 옛날의 도를 이해하여 지금에 있는 것을 다스리면 그 시작을 알 수 있다. 이것을 도의 기강이라고 한다."[20]

「보고」「듣고」「잡으려」하지만「볼 수 없고」「들을 수 없고」「얻을 수 없는 것」은 도가 감각을 통하여 알 수 있는 것이 아니라는 것이다. 「그 위로

---

18) 《노자》 제 41 장 「道隱無名」
19) 《노자》 제 48 장 「爲道日損, 損之又損, 以至於無爲, 無爲而無不爲.」
20) 《노자》 제 14 장 「視之不見名曰夷, 聽之不聞名曰希, 搏之不得名曰微, 此三者不可致詰, 故混而爲一. 其上不皦, 其下不昧, 繩繩不可名, 復歸於無物, 是謂無狀之狀, 無物之象, 是謂恍惚. 迎之不見其首, 隨之不見其後, 執古之道以御今之有, 能知古始, 是謂道紀.」

는 더욱 밝지 않고 그 아래로는 더욱 어둡지 않다」는 것은 공간적인 입장에서 말하는 것이다. 공간이라는 입장에서 말하면 위의 하늘은 빛나고 아래의 땅은 어둡다는 것이다. 그러나 도가 천지를 낳으면서도 천지가 아니기 때문에 하늘의 밝음은 도의 밝음이 아니고 땅의 어두움은 도의 어두움이 아니다. 도가 「면면이 이어져서 무엇이라 이름할 수 없다」는 것은 분명히 「사물이 없는」 상태이기 때문에 다만 그것은 「형태가 없는 형태이고 구체적인 사물이 없는 모습」의 상태로 말하고, 「황홀」이라고 말할 수밖에 없는 것이다. 「맞으려고 하여도 그 머리를 볼 수 없고 따르려고 하여도 그 뒤를 볼 수 없다」는 것은 시간의 입장에서 말하는 것이다. 시간으로 말할 것 같으면 장차 올 것은 그 옴을 보지 못하고, 이미 지나간 것은 그 지나간 것을 볼 수 없다. 그러나 고금을 살피고 변화를 관찰하여 은연중에 사물의 변화 가운데에서 도의 흔적을 발견하고, 도가 기강을 가지고 있음을 알 수 있게 되는 것이다. 위에서 이야기한 내용들을 종합해 보아도 다만 제4장의 「맑아서 마치 있는 것 같다」라는 구절을 설명하는 것에 불과하다. 그러나 여기에서 노자는 형용할 수 없는 것 속에서 형용하고, 보이지 않는 조리를 통하여 「도」에 대한 인식을 더욱 쉽게 하도록 도와주고 있다.

위에서 말한 내용들을 종합해 보면 우리는 노자가 말하는 「도」라는 경계를 파악할 수가 있을 것이다. 그것은 순수하고 고요한 절대적 「일(一)」이고 그것에서 더욱 위로 추궁해 들어가면 무한하고 무궁한 보편존재를 볼 수 있는 것이다. 그러므로 노자는 「억지로 이름하여 큰 것이라고 한다」고 하는 것이다. 당연히 「억지로 이름하여 큰 것이라고 한다」고 말하는 것에는 이론적 사고의 그림자가 드리워져 있는 것이다. 진정하게 밝고 순수한 것은 「억지로 이름하는」 어떠한 이론적 지식도 가질 수 없는 것이다. 그것은 알 수 없고 감각할 수 없고 말할 수 없는 것이기 때문에 노자는 오직 「오묘하고 또 오묘하다」라고 말할 수밖에 없고, 「면면이 이어져 이름할 수 없고 물이 없는 곳으로 돌아간다」라고 하여 그 뜻을 드러내는 수밖에 없는 것이다. (「현(玄)」이라는 말은 고문에서는 ⅋으로, 원래는 줄의 뜻을 가지고 있다. 「면면이 이어져 이름할 수 없다」는 것은 「신비하고 신비해서 이름할 수 없음(玄玄不可名)」이란 말과 같다.) 후대의 장자 역시 이 문제에 대해서 더 이상 분명하게 표현하지 못하고, (더욱 복잡하게) 비슷한 구절을 중첩하여 사용하는 첩구법으로 표현하고 있을 뿐이다. "시초가 있기 전의 시초가 없었을 때도 있었을 것이다." "유 이전에 무가 있었을 것이고, 다시 그 무가 없었던 상태도 있었을 것이다."[21]라는 말로 표현하고 있다. 그러나 이와 같이 자꾸 설명만 더해가는 것은 불필요한 것으로, 오히려 노자가「오묘하고 또 오묘하다」는 것이나「면면이 이어져 이름할 수 없다」라는 간단한 몇 마디가 훨씬 더 맛이 나는 것이다.

(4)「도는 자연을 본받는다」

「도」의 명칭이라는 것은 이름할 수 없는 것을 억지로 이름한 것이다. 그것이 말하려는 철학적 측면은「맑고 깨끗하여 마치 있는 듯한」의미에서 다시 위로「현지우현」의 단계에로 들어가는 것이다. 그것은 노자의 현학체계에서 가장 높은 단계의 것이기 때문에「도」의 위에다 다른 어떤 것을 세울 필요가 없을 것이다. 그러나 실제는 그렇지 않다. 우리가 《노자》를 읽을 때「도」는 분명히 노자의 철학체계에서 최고의 범주로 말해지고, 또「도가 1을 낳고, 1이 2를 낳고, 2가 3을 낳고, 3이 만물을 낳는다」고 하여 우주생성론 역시「도」에서 시작하는 것으로 말한다. 그러나 그 위에 더 높은 단계가 있는 것처럼 말한다. 바로 제 25 장에서 말하는 것이다.

"사람은 땅을 본받고, 땅은 하늘을 본받고, 하늘은 도를 본받고, 도는 자연을 본받는다."[22]

「자연」이란 말이 중시되어지는 것은 여기에서 뿐만 아니라 여러 곳에서도 발견된다. 예를 들면,

"조심하여 그 말을 소중히 여기고 함부로 말하지 않아야 한다. 공을 이루고 일을 성취하여도 백성들은 모두 우리 자연이 그렇게 했다고 말한다."[23]
"도를 높이는 것, 덕을 귀하게 여기는 것은 누가 명령하지 않았지만 항상

---

21)《장자》〈제물론〉과 뒤의 주 34)를 참조 바람.
22)《노자》제 25 장「人法地, 地法天, 天法道, 道法自然.」
23)《노자》제 17 장「悠兮其貴言, 功成事遂, 百姓皆謂我自然.」

스스로 그러는 것이다."[24]

"이 때문에 성인은 욕심내지 않는 것을 하고자 한다. 그래서 얻기 어려운 보화를 소중히 여기지 않으며, 세상 사람들이 배우지 않는 것을 배운다. 그래서 여러 사람들의 잘못을 도에로 복귀시킨다. 그리하여 만물의 자연을 도울 뿐이고 감히 조작하지 않는다."[25]

「자연」이란 두 글자를 말하지 않아도 실제로는 「자연」이란 뜻에 가까운 것도 매우 많기 때문에 여기에서 모두 들지는 않겠다.

노자가 이와 같이 「자연」이란 관점을 중시하는 이유는 어디에 있는가? 만약 위에서 인용한 「사람은 땅을 본받고, 땅은 하늘을 본받고, 하늘은 도를 본받고, 도는 자연을 본받는다」는 구절을 분석해 보면 「인간」에서 「도」까지 모두 「말미암아 생겨나는」 관계를 가지고 있다. 즉 「천지」는 도에서 나오고 「인간」은 「천지」에서 나온다(천과 지도 선후관계로 말할 수 있다. 왜냐하면 천은 건이고 지는 곤으로, 건은 시작하여 움직이고 곤은 그것을 이어받는 것이다). 그러나 「도법자연」이라는 구절은 「도」가 「자연」에서 나온 것이라고 말할 수는 없다. 왜냐하면 「도」는 이미 더 이상 근원적인 것을 찾을 수 없이 「현지우현」의 경계 속에 들어가 있기 때문이다. 「자연」이라는 말은 사실 하나의 명사가 아닌 형용사이다. 그것의 의미는 어떤 원인에 의해서 그런 것이 아닌 본래 그러한 것을 뜻하여, 불교에서 말하는 「법은 이러한 것일 뿐이다」라는 것처럼 그것은 「도」를 형용하는 것이다. 그러나 노자는 여기에서 그것을 명사형으로 사용하여 「도」보다 한 단계 더 높은 것으로 두고 있다.

노자의 이런 관점을 자세하게 관찰하지 않으면 아주 모호하게 넘어가 버리고 말 것이다. 그것을 다시 자세하게 관찰하면 그의 부단한 탐구정신과 세밀함에 감탄하지 않을 수 없을 것이다. 「도」가 비록 순수하고 깨끗한 「일(一)」이라고 말할 수 없고 이름할 수 없는 것이지만 그것은 여전히 억지로 「깨끗하여 마치 있는 것 같고」 「모습이 없는 모습이고 구체적 사물이 없는 모습」으로 형용할 수 있다. 그것을 끝내 「존재」로 인정할 수 있는 것은 의심할 수 없는 것이다. 이 존재는 이미 위의 「신비하고도 신비한」 경계에 있어서 더 이상 위로 추궁

---

24) 《노자》 제 51 장 「道之尊, 德之貴, 夫莫之命而常自然.」
25) 《노자》 제 64 장 「是以聖人欲不欲, 不貴難得之貨, 學不學, 復衆人之所過, 以輔萬物之自然而不敢爲.」

해 들어갈 수가 없는 것이다. 그러나 그것이 어떠한 존재인지를 물을 수 있는 것이다. 즉 우리는 그 근원을 물을 수 없으나 「도의 존재는 어떤 것인가?」라는 것은 물을 수 있다. 노자의 자연개념은 이런 물음을 통하여 생긴 것이다. 이치상으로 자연이라는 말은 도라는 개념에 의해서 생겨난 것이기 때문에 도보다 높은 위치에 있을 수가 없다. 그러나 자연의 의미라는 것은 완전히 우리의 감각을 벗어나 있기 때문에 감각에 의해 접촉될 수 있는 것은 결코 자연이 아니다. 이런 의미로 도의 존재를 설명하는 것은 「깨끗하고 맑아서 마치 있는 것 같다」「형태가 없는 형태이고 구체적인 어떤 것이 없는 모습」으로 설명하는 것보다는 훨씬 뛰어나다. 그러므로 자연은 도가 도일 수 있는 본질로서 형용사를 명사로 바꾸어 「도법자연」이란 말이 여기에서 성립되는 것이다. 《노자》에서는 특별히 자연을 설명하는 하나의 장이 있는데 인용하여 보도록 하겠다.

"간결하고 담백한 말은 자연스럽다. 그러므로 회오리 바람은 하루 아침을 넘기지 못하고 소나기는 온종일 오는 법이 없다. 누가 이렇게 만드는가? 바로 천지이다. 천지도 오히려 그런 부자연스러운 일은 오래하지 못하는데 하물며 사람이 그런 자연에 어긋나는 일을 할 수 있겠는가? 그러므로 도를 쫓아 행동하는 사람들은 도에 동화되고 덕을 쫓아 행동하는 사람들은 덕에 동화된다. 잘못된 것을 쫓아 행동하는 사람들은 잘못된 것에 동화된다. 도에 동화되는 사람은 도 또한 그를 얻어 즐거워할 것이고, 덕에 동화되는 사람들은 덕 또한 그를 얻어 즐거워할 것이다. 잘못에 동화되는 사람은 잘못 또한 그를 얻어 즐거워할 것이다. 믿음이 부족하면 믿지 못하게 될 것이다."[26]

「자연」의 뜻과 「영원함(久)」의 뜻은 서로 밀접한 관계를 가지고 있다. 《노자》 제16장에 "불변한 것을 아는 것은 포용성이고, 포용성은 공정하고, 공정은 왕도이고, 왕도는 하늘이고, 하늘은 도이고, 도는 영원하다."[27] 제7장의 "하늘은 영원하고 땅은 유구하다. 하늘과 땅이 영원할 수 있는 것은 그 스스로가 살려고 하지 않기 때문이다(「불자생(不自生)」이 바로 「자연」이다)."[28]

---

26) 《노자》 제23장 「希言自然, 故飄風不終朝, 驟雨不終日. 孰爲此者？ 天地. 天地尙不能久, 而況於人乎？ 故從事於道者, 道者同於道, 德者同於德, 失者同於失. 同於道者, 道亦樂得之, 同於德者, 德亦樂得之, 同於失者, 失亦樂得之. 信不足焉, 有不信焉.」
27) 「知常容, 容乃公, 公乃王, 王乃天, 天乃道, 道乃久.」
28) 「天長地久, 天地所以能長且久者, 以其不自生.」

앞의 전반부에서는 「자연」의 「영원성」을 말한다. 「회오리 바람」과 「소나기」는 결코 「자연스러움」이 아니기 때문에 모두 영원할 수 없는 것이다. 「자연」이란 것은 결코 「회오리 바람」 「소나기」와 같이 볼 수 있고 들을 수 있는 것이 아니라, 영원한 존재이기 때문에 「간결하고 담백한 말」이라고 하는 것이다. 이것은 바로 노자가 말하는 「자연」이라는 말이 바로 「상도」의 「상」이라는 뜻임을 알 수 있게 해주는 것이다. 제 16 장에서,

"모든 사물은 다양하지만 각각 그 근원으로 돌아간다. 근본으로 돌아감은 고요함이라 하고 이것을 천명으로 돌아왔다고 말한다. 천명으로 돌아옴을 영원불변한 것이라 하고 영원불변한 것을 아는 것을 밝음이라 하니 영원불변한 것을 모르면 망동하여 흉하게 된다."[29]

기타의 여러 곳에서도 많이 발견되는데 예를 들면 「도를 도라고 할 수 있는 것은 참된 도가 아니다」등이다. 「상」이란 뜻은 사람들이 알 수 있는 한에서 도가 「이러이러하다」는 입장에서만 말하는 것이다. 그러나 「자연」의 뜻은 「도」가 시작도 끝도 없고 조금의 구속도 없는 무한한 것이라는 것을 말해주고 있다. 위의 인용문의 후반부「그러므로 도를 쫓아 행동하는 사람들은 도에 동화된다」이하에서 노자는 「자연」이란 말을 직접 쓰지 않으면서 「자연」이란 뜻을 드러내고 있다. 「도를 쫓아 행동하는 사람은 도에 동화되고, 덕을 쫓아 행동하는 사람들은 덕에 동화된다. 잘못된 것을 쫓아 행동하는 사람들은 잘못된 것에 동화된다」는 말로서 충분하게 모든 뜻을 전달하였다. 여기에서 그는 한 걸음 더 나아가서 「도에 동화되는 사람은 도 또한 그를 얻어 즐거워할 것이고, 덕에 동화되는 사람은 덕 또한 그를 얻어 즐거워할 것이다. 잘못에 동화되는 사람들은 잘못 또한 그를 얻어 즐거워할 것이다」에서 「얻어 즐거워한다」는 것은 참으로 뛰어난 표현이다. 노자의 이런 깊은 뜻을 후대의 장자는 비유의 방식으로 사람들이 쉽게 이해하도록 하였다. 장자는 말하기를,

"술에 취한 사람이 마차에서 떨어지면 다칠 수는 있어도 죽지는 않는다. 그 골절이 남들과 같은 데도 그 상처가 남들과 다른 것은 그 정신이 흔들리지 않

---

29)「夫物芸芸, 各復歸其根. 歸根曰靜, 是謂復命. 復命曰常, 知常曰明. 不知常, 妄作, 凶.」

앉기 때문이다."[30]

"자기의 발을 잊는다는 것은 자기 신발이 꼭 맞기 때문이요, 자기의 허리를 잊는다는 것은 허리띠가 꼭 맞기 때문이요, 앎에 옳고 그름을 잊는다는 것은 마음이 항상 기쁘기 때문이다. 마음의 세계가 변함이 없고, 외부의 사물에 흔들리지 않음은 외부의 사물에 알맞게 적응하기 때문이요, 본래 자적(自適)을 염두에 두면 참된 자적이 아니고, 자적이란 것을 잊고 무의식적으로 적응해야 참된 자적이라 할 수 있는 것이다."[31]

이것에 대해서 필자는 더 이상 설명할 필요가 없다고 본다.

결론적으로 「자연」이란 의미는 「사람」을 떠난 바깥에 있는 것이고, 「도」는 「자연」이란 의미를 통하여 사람들의 입을 봉하게 하고 「언어로 표현할 수 없는」 의미를 분명하게 해주는 것이다. 이런 「도법자연(道法自然)」이란 의미는 노자의 도가역에서 가장 중요한 문제가 된다. 비록 「자연」이란 말이 「도」를 표현하는 형용사에서 나온 것이지만 그것은 도와 같은 것이고 도의 본질적인 성질이다. 그러므로 노자가 우주의 생성이란 문제를 말할 때 「도」에서 시작하여 「도가 1을 낳고, 1이 2를 낳고……」로 말하고 「자연」에서 시작하여 말하지는 않는다. 비록 「자연」에서 시작하지는 않으나, 「도」를 말하는 것은 바로 「자연의 도」이다.

노자에서 「자연」은 최고의 경계로서 이것보다 더 궁극적인 것을 찾을 수는 없다. 더 이상 다른 어떤 것을 가져오면 바로 「자연」이 아닌 것이 되어버리기 때문이다.

제 2 절 우주만물의 생성

제 21 장에서,

"도라는 것은 오직 황홀하여 그 형상을 인식할 수 없다. 볼 수도 없고 잡을

---

30) 《장자》〈달생편〉「夫醉者之墜車, 雖疾不死. 骨節與人同而犯害與人異, 其神全也.」
31) 《장자》〈달생편〉「忘足, 履之適也. 忘要, 帶之適也. 知忘是非, 心之適也. 不內變, 不外從, 事會之適也. 始乎適而未嘗不適者, 忘適之適也.」

수도 없는 그 속에 사물이 있다. 황홀한 그 속에 형상이 있다. 아득히 멀고 어두운 그 속에 정기가 있다. 그 정기는 지극히 진실하고 그 속에 진실성이 있다."[32]

이것은 「도」가 생생의 기미를 가지고 있다는 것을 말하는 것으로, 우리는 이것을 노자의 우주만물 생성론의 기본으로 삼으려 한다. 「황홀」이라는 말은 이미 제 14 장에서 「도」를 「형태가 없는 형태이고 구체적인 어떤 것이 없는 모습」이라는 상태로 형용한 것이다. 그러나 황홀한 가운데에 「모습」이 있는 것이다. 노자가 여기에서 말하는 것은 당연히 발생의 순서이다. 즉 구체적인 모습이나 형태가 없는 가운데에서 형태와 모습을 드러내는 것이다. 이런 발생은 극히 오묘하고 깊이가 있는 것으로 결코 구체적으로 인식할 수 없는 가운데에서 「정(精)」의 기미를 드러낸다. 이 정미로운 기미는 비록 인간의 감각으로 파악할 수 없으나 만물의 생성을 통하여 그 「진실성」을 알 수 있기 때문에 믿을 수 있는 것이다.

우주만물의 발생은 원래 정미한 것에서 거친 것으로 가는 과정을 말한다. 노자가 여기에서 「정미함」「진실함」「믿음」 등의 모습이 생기는 것을 설명하는 것이다. 이러한 입장은 현대과학을 통하여서도 충분히 입증되는 것이다. 현대과학에서 정밀기계를 이용하여 물질을 최소의 입자단위로 분석한 후에 그것을 보아도 그곳에는 분명히 운동에너지가 있다. 운동에너지가 움직이는 것들은 도저히 우리가 완벽하게 추적할 수 없는 하나의 황홀한 세계인 것이다. 노자가 2500년 전에 이만큼 정밀한 묘사를 하였다는 것은 참으로 놀라운 사실이다. 노자는 이런 「도가 사물을 낳는」 과정을 매우 간단하고도 분명하게 설명하고 있는데 바로 제 42장에서 말하는 것이다.

"도는 1을 낳고, 1은 2를 낳고, 2는 3을 낳고, 3은 만물을 낳는다. 만물은 음을 업고, 양을 안고, 충기로 조화를 이룬다."[33]

위에서 말하는 만물 발생의 단계는 매우 훌륭한 것이다. 왜냐하면 그것은

---

32) 《노자》제 21 장 「道之爲物, 惟恍惟惚. 惚兮恍兮, 其中有象. 恍兮惚兮, 其中有物. 窈兮冥兮, 其中有精. 其精甚眞, 其中有信.」
33) 《노자》제 42장 「道生一, 一生二, 二生三, 三生萬物. 萬物負陰而抱陽, 冲氣以爲和.」

제 8 장 도가역의 철학체계   495

위에서 아래로 단계가 분명하고 분할할 수 없는 생생의 작용 혹은 무한히 분할할 수 있는 작용을 몇 개의 구체적인 개념으로 나누고 있기 때문에 보기만 하여도 쉽게 이해할 수 있는 것이다. 이런 설명방식은 앞에서 말한 「근원을 소급하여 도에서부터 시작하는」 방식의 역이다. 「근원을 소급하여 도에서부터 시작하는」 논술방식을 필자는 앞에서 도식을 통하여 철학적 단계로 말했는데, 그 몇 개의 도식을 조합하여 노자의 입장을 설명하도록 하겠다. 노자의 우주만물 생성의 의미를 도표로 그려보면 아래와 같다.

「자연의 도」:
「형상이 없는 형상, 구체적인 것이 없는 모습」
「깨끗하여 마치 있는 것 같은 것」.

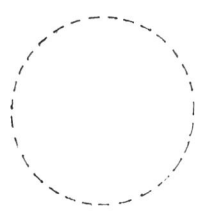

「도가 1을 낳음」:
「무」 속의 「유」가 아직 일(一)로 나타나지 않았을 경우로 「一」이 됨.

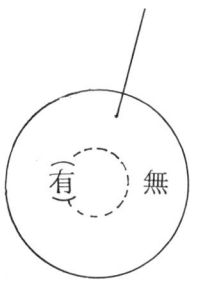

「1이 2를 낳음」:
「무」와 「유」를 둘로 나눈 것.

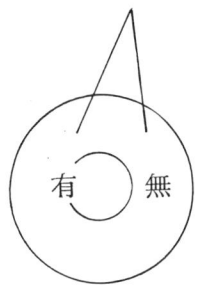

「2가 3을 낳음」:
「유」는 「천」 「지」와 「무」의 삼(三)으로 나눔.

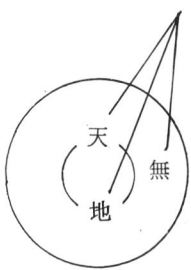

496

「3이 만물을 낳음」: 천지가 서로 교감하여 만물을 생성시키고 기름.

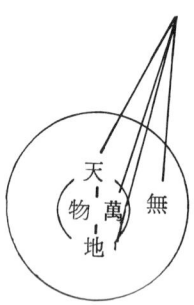

 (필자의 생각으로는 전통적인 입장에서 노자를 연구한 학자들은 「도생일, 일생이」를 「태극생양의」라는 것으로 해석한다. 노자의 현학체계에서 유가의 양의를 「유」에 집어넣어 말하고 있다는 사실을 그들은 모르기 때문에 그 다음의 「이생삼, 삼생만물」이라는 말을 연결시킬 방법이 없어 할 수 없이 오행과 관련시키는 것이다. 이것은 그들이 근본적으로 노자철학의 체계를 모르기 때문이다. 필자가 위의 도표에서 드러낸 것이 감히 노자의 본질적 의미라고 단정할 수는 없지만 다만 노자사상의 이론을 통하여 그려보았다. 많은 지도와 새로운 의견을 구할 뿐이다.)

 위에서 도표를 순서로 정하여 한꺼번에 드러내는 것은 독자들이 노자의 우주만물 생성론에 대하여 전체적인 인식을 가지도록 하기 위해서이다. 다만 이 중에서 토론할 여지가 있는 것은 아래에서 노자가 한 말을 제목으로 삼아 설명하도록 하겠다.

(1)「도가 1을 낳는다」

 여기에서 말하는 도는 이미 도의 「자연」이란 뜻을 포함하고 있다. 근원을 소급하여 나가는 과정에서 도의 존재를 소급하여 가면 그것의 의미는 자연적얻게 된다. 그러나 자연을 도의 성질로 삼고 있기 때문에 아래로 우주만물의 생성에 관해서 말하는 것은 도에서부터 시작하여야 하는데 「도」는 바로 「자연의 도」이다.

 그러나 「도가 1을 낳는다(道生一)」라고 말하면 독자들은 여기에 분명히 어떤 문제가 있음을 느낄 것이다. 왜냐하면 위에서 말한 것처럼 노자의 도는 순수하고 깨끗한 「일(一)」인데 여기에서 다시 「도가 일을 낳는다」라고 말하면 도는 분명히 「일(一)」을 초월하고 있고 또 「일(一)」도 아니기 때문에 서로 모순되지 않는가? 여기에서 우리는 앞에서 한 이야기들을 상기할 필요를 느낄 것이다. 즉 도는 깨끗하고 순수하지 않은 「유를 포함한 무」의 「일(一)」을 기초로 하여서 다시 순수하고 깨끗한 「일(一)」로 소급해 들어가고 다시 「신비하고 또 신비한」 단계로 들어가기 때문에 「도」의 극치는 무엇으로도 이름할 수 없게 된다. 바꾸어 말하면 「도」라는 것은 두 단계로 나누어 설명할 수 있다. 절대적인 입장에서 말하면 「일(一)」이고, 근원적인 곳으로 소급하여 말할 수 없는 입장에서 본다면 「일(一)」을 초월하는 것이다. 「도」가 「일(一)」이라고 말하는 것은 아래로 「유를 함유한 무」에서 말하는 것으로 잘못된 것이 아니다. 「도」가 「일(一)」을 초월하고 있다는 것은 말로 표현할 수 없는 「신비하고 또 신비한 입장」에서 말하는 것으로 역시 잘못된 것은 없다. 지금 노자가 우주만물의 생성에 대해서 말하려는 것은 자연히 최초로 거슬러 올라가서 「일(一)」을 초월한 「도」로부터 「도가 1을 낳는다」를 말하여야 하는 것이다. 즉 한편으로는 「도」의 「신비하고 또 신비한 입장」의 노선에 대해서 설명하여야 하고, 또 한편으로, 「일(一)」도 갑자기 튀어나와서 생긴 것으로 생각하게는 하지 말아야 하는 것이다.

「도가 1을 낳는다」는 이론적 단계에 대해 《장자》에서도 말하는데, 우리의 이해를 증진시키는 데 많은 도움을 줄 것이다. 장자는 다음 세 곳에서 명확하게 언급하고 있다.

① 〈제물론〉 : "시간에 있어서 시초가 있었을 것이다. 아직 시초가 있기 전에는 시초가 없었을 때도 있었을 것이다. 아직 시초가 없었을 때도 있었을 것이다. 유라는 것이 있었다고 한다면 유 이전의 무도 있었을 것이고, 다시 그 무가 없었을 상태도 있었을 것이다. 유와 무는 갑자기 또 나타나 있고 없고의 결과와 누구에게는 있고 누구에게는 없는지를 알 수 없다."[34]

② 〈천지편〉 : "태초엔 아직 무만 있었을 뿐이니 이름이 있을 수 없다. 하나라는 것이 생겼으나 그 하나에는 어떤 물리적인 형태도 나타나지 않았다. 모

---

34) 《장자》〈제물론〉「有始也者, 有未始有始也者, 有未始有夫未始有始也者. 有有也者, 有無也者, 有未始有無也者, 有未始有夫未始有無也者. 俄而有無矣, 而未知有無之果孰有孰無也.」

든 만물은 이것을 얻어 생하니 그것을 덕이라고 하는 것이다."[35]

③〈경상초편〉: "생명이 있고 죽음이 있고 생성과 사멸이 있다. 생명과 죽음이 작용하면서도 그 형태를 드러내지 않으니 이를 일러 천문이라고 한다. 천문이라는 것은 실제로 있는 것이 아니다. 만물은 모두 이 무에서 나온다. 유는 이미 존재하고 있기 때문에 유가 유를 있게 할 수 없고 반드시 무에서 나오는 것이다. 그 무는 절대적인 무이다."[36]

〈제물론〉은 반복되는 구절을 이용하여 도가 이를 생하고 일을 낳는 것을 말하고 있다. 〈천지편〉에서는 유무의 개념을 가지고서「유를 함유한 무」의「일」(많은 주석가들은 이 뜻을 이해하지 못하였기 때문에 해석이 옳지 못할 수밖에 없었다. 만약 유무를 알기만 하면 전체의 의미는 분명하여지는 것이다)을 대신하고 있다. 〈경상초편〉의「무유(無有)」는〈천지편〉의「유무(有無)」와 같은 것으로「유를 함유한 무」의「일」이다. 그러나「절대적인 무」의 의미는 도를 말하는 것이다. 위에서 인용한 장자의 글을 만약 노자가 말하는「도」「일」과 비교하면 아래의 도표와 같다.

편 명	도(道)	일(一)	
제 물 론	시초가 없었을 때 이전 無가 없었을 때	시작 이전에 시초가 없었을 때	시초가 있음 有, 無가 있음
천 지 편	오직 無만 있을 때	이름이 없음 「一」에 의해 생김	사물이 이것으로 생김
경상초편	절대적인 無	천문이란 것은 실재하는 것이 아님	생사와 생멸이 있음

앞에서 이미 분명하게 지적하였지만《주역》철학에서는 우주를 하나의 크나큰 변화와 유행의 작용으로 보고 있기 때문에 원래부터 단계를 설정하여 말하지 않는다. 여기에서「도」가「1」을 생하고「2」를 생하고「3」을 생한다 라고 말하는 것은 우주만물의 생성을 논하기 때문에 나눌 수 없는 것이지만 어쩔

---

35)《장자》〈천지편〉「泰初有無無. 有無名, 一之所起. 有一而未形, 物得以生, 謂之德.」
36)《장자》〈경상초편〉「有乎生, 有乎死, 有乎出, 有乎入, 入出而無見其形, 是謂天門. 天門者, 無有也, 萬物出乎無有. 有不能以有爲有, 必出乎無有, 而無有一無有.」

수 없이 사유의 단계를 몇 가지로 나누어 설명할 수밖에 없는 것이다. 그러나 《노자》는 많은 부분들에서 단계를 나누어 설명하지는 않는다. 예를 들면 제 4장, 제 14장, 제 21장 등은 모두 도를 「일(一)」과 「비일(非一)」로 혼동하여서 말하고 있다. 그러므로 독자 여러분들은 절대로 「도가 1을 낳는다」라는 말에 집착하여서 노자가 「도」와 「일(一)」을 다른 두 가지로 나누고 있다고 생각하지 말기를 바란다. 그렇게 되어버린다면 문자적인 생각에 집착하여서 참된 의미를 잃어버리는 것이나 마찬가지이기 때문이다.

(2) 「1이 2를 낳는다」

「1이 2를 낳는다(一生二)」라는 것은 절대적인 「1」이 「유」와 「무」의 대립적인 상태로 드러나는 것을 말한다. 즉 「유」를 바깥으로 드러내는 것이다. 앞에서 인용한 제 21장에서 「황홀한 가운데에 그 모습이 있고, 황홀한 가운데에 그 사물이 있다」는 것이 바로 이것이다.

노자의 「1이 2를 낳는다」의 사상은 한대 이후에 많은 학자들이 「태극이 음양을 낳는다(太極生兩儀)」라는 문제에다 억지로 연결시킨다. 그리하여 유와 무의 상대적인 것을 음과 양의 상대적인 것으로 바꾸어 놓았다. 송대에 태극도가 출현하였는데 태극도를 통하여 볼 것 같으면 음양이 피차 소장(消長)하는 것이 매우 분명한데도 이런 잘못된 견해를 옳은 것으로 간주하여 오늘에까지 이른 것이다. 이런 잘못된 견해는 노자의 현학체계를 이해하는 데에 큰 장애가 된다. 왜냐하면 「1이 2를 낳는다」와 「태극생양의」는 문자상으로는 매우 비슷하기 때문에 같은 것으로 쉽게 믿어버리게 되면 유가와 도가역학의 한계를 분명하게 설정하지 못하여 양자의 순수함을 모두 잃어버리게 되는 것이다. 뒤에서는 특별히 《십삼경주소(十三經注疏)》의 문장을 인용하여서 그 오류를 바로잡고자 한다.

(3) 「2가 3을 낳고, 3이 만물을 낳는다」

「유」가 「무」에서 생하여 이미 서로 상대되는 이(二)로 된다. 「유」라는 것은

제 6 장에서 말하는 「천지의 뿌리」가 하늘을 낳고 땅을 낳아서 「무」와 합하여 3이 되기 때문에 「2가 3을 낳는다」라고 하는 것이다. 그런 연후에 건곤의 천지가 서로 교합하여 만물을 생하기 때문에 「3이 만물을 낳는다」라 하는 것이다. 「유」는 유가역에서 말하는 「건원(乾元)」에 해당한다. 「유」는 건과 곤으로 이것들이 만물을 생하는데 그것은 이미 유가역의 범위 속에 속하는 것이다. 그러므로 노자가 「삼생만물(三生萬物)」의 아래에서 「만물은 음을 업고 양을 안고 충기로서 조화한다」고 말하는 것은 바로 만물이 모두 건곤과 음양에 의해서 생성되어지고, 음양의 두 성질이 왕복하고 교류하고 화합하여서 생긴 것이다. 「유」가 천지를 생하고 만물을 생하는 오묘한 작용은 바로 앞에서 인용한 제 21 장의 "그윽하고 어둡기만 하지만 그 속에 정기가 있다. 그 정기는 매우 진실하고 그 속에 믿음성이 있다."라고 하는 것이다. 그런데 노자는 더욱 적당한 비유를 통하여 천지가 만물을 생하는 것을 설명하는데 그것은 바로 제 5장에서 말하고 있다.

"천지의 사이는 풀무와 같은 것이라고나 할까? 비어 있으나 다함이 없고 움직일수록 더욱 힘이 나온다."[37]

풀무는 바람을 일으키는 물건이다. 풀무의 속은 비어 있는데, 풀무 속으로 기류가 오고가고 하여서 그 기능을 얻게 되는 것이다. 천지는 하나의 큰 풀무이고 음양의 두 작용이 끊임없이 작용하면 만물은 생생하게 되는 것이다.

위에서는 노자가 말하는 우주만물의 생성에 대해 논하였는데 대부분의 말들은 이미 앞에서 말하였기 때문에 더 이상 언급할 필요가 없을 것 같다. 이 절은 여기에서 끝마치려고 하였으나 공자와 노자의 분명한 철학체계가 한대 이후의 술수가에 의해서 올바른 전모가 드러나지 않았기 때문에, 아래에서 《십삼경주소》본의 〈계사전〉에서 말하는 「태극생양의」의 구절을 인용하여 설명하려 한다. 이것을 통하여 독자들은 분명하게 공자와 노자의 철학이 후대인들에 의해서 어떻게 오해되어지고 곡해되어지는가를 파악할 수 있게 될 것이다.

《주역》의 〈계사전〉: "이런 까닭에 역에는 태극이 있고 태극은 양의를 낳는다."[38]

---

37) 《노자》제 5 장 「天地之間, 其猶橐籥乎! 虛而不屈, 動而愈出.」
38) 「是故易有太極, 是生兩儀.」

한강백(韓康佰)의 주 : "대개 「유」는 반드시 「무」에서 시작되기 때문에 태극은 양의를 낳는다고 말한다. 태극이라는 것은 칭할 수 없는 것을 칭한 것이고, 이름할 수 없는 것으로 유의 극한 바를 취하여 태극이라는 것으로 말하는 것이다."[39]

공영달의 《주역정의》의 소 : "《정의》에 말하기를, 태극은 천지가 아직 나누어지기 전에 원기가 혼일한 것을 말하는 것으로 태초, 태일이라고 말하는 것이다. 그러므로 노자는 도가 1을 생한다고 말했는데 바로 태극을 말하는 것이다. 또 혼일한 원기가 나누어져서 천지가 있게 되기 때문에 태극이 양의를 낳는다고 말하는 것이다. 이것은 노자가 말하는 1이 2를 생한다는 점에 해당되는 것이다. 천지라고 말하지 아니하고 양의라고 말하는 것은 그 물체가 아래의 사상(四象)과 서로 상대된다는 것을 가리킨다. 그러므로 양의라고 말하는 것은 두 물체의 모습을 말하는 것이다."[40]

〈계사전〉의 원문 : "양의는 사상을 낳고 사상은 8괘를 낳는다."

한강백의 주 : "괘의 상으로 말한다."[41]

공영달의 소 : "《정의》에서 말하기를, 양의가 사상을 낳는다 라는 것은 금(金), 목(木), 수(水), 화(火)를 말하는데, 천지에 의해서 있는 것이기 때문에 양의가 사상을 낳는다 라고 말하는 것이다. 토는 사계절의 사이에 각각 나누어 붙어서 운행하고 있고, 또 땅의 구별을 낳는 것이기 때문에 사상이라고만 말하는 것이다. 사상이 8괘를 생한다는 것은 진의 목, 리의 화, 태의 금, 감의 수가 각각 하나의 계절을 주재하고, 또한 손은 진과 같이 목이고 건은 태와 같은 금이기 때문에 여기에 곤과 간의 토를 더하여 8괘로 만든 것 같다."[42]

---

39) 「夫有必始於無, 故太極生兩儀也. 太極者, 无稱之稱, 不可得而名, 取有之所極, 況之太極者也.」
40) 「正義曰, 太極謂天地未分之前, 元氣混而爲一, 卽是太初太一也, 故老子云道生一, 卽此太極是也. 又謂混元旣分, 卽有天地, 故曰太極生兩儀, 卽老子云一生二也. 不言天地而言兩儀者, 指其物體下與四象相對, 故曰兩儀, 謂兩體容儀也.」
41) 「卦以象之.」
42) 「正義曰, 兩儀生四象者, 謂金木水火, 稟天地而有, 故云兩儀生四象. 土則分王四季, 又地中之別, 故唯云四象也. 四象生八卦者, 若謂震木離火兌金坎水各主一時, 又巽同震木, 乾同兌金, 加以坤艮之土爲八卦也.」

502

　이 한 절의 주소(注疏)를 만약 상세하게 비판하려면 아마도 엄청난 지면을 할애하여야 할 것이다. 그러나 이 문제는 독자들이 한번 보기만 한다면 그것의 오류를 대체적으로 인식할 수 있기 때문에 몇 가지의 요점만을 지적하고 끝맺으려 한다.

　첫째, 「역에는 태극이 있고 그것이 양의를 낳는다」는 구절을 한강백이 음양을 버려두고서 「유는 반드시 무에서 비롯된다」는 것으로 주석한 것은 이미 잘못된 것이다. 공영달은 거기에다가 다시 「원기」 「태초」 「태일」 등의 한대 이래의 《역위(易緯)》 혹은 《열자》 등에서 사용하는 명사를 덧붙여 혼잡하게 이론을 전개하고 있다.

　둘째, 한강백은 「유는 반드시 무에서부터 비롯된다」라는 말로 「태극이 양의를 낳는다」는 것을 주석하고, 공영달은 그것이 완전하지 못하다고 생각하여 「혼일한 원기가 나누어져 천지가 있게 된다」라는 것을 덧붙여 더욱 분명하게 이것이 노자의 「도가 1을 낳고, 1이 2를 낳는다」는 것으로 지적해내었다. 이것은 바로 공자와 노자의 철학적 의미를 완전히 혼잡하게 한 것이 아니고 무엇이겠는가?

　셋째, 「양의는 사상을 낳고 사상은 8괘를 낳는다」는 구절을 한강백은 노자의 철학으로서는 해석할 방법이 없었기 때문에 제멋대로 「괘상으로 해석한다」라고 말하여 유치하기 짝이 없게 되어버린다. 공영달은 여기에서 긴 설명을 통하여 사상과 8괘를 오행의 금, 목, 수, 화에 분배하여서 노자의 「2가 3을 낳고, 3이 만물을 낳는다」란 것을 버리고 잡가의 설을 억지로 가져와서 해석하고 있다.

　넷째, 오행의 수는 5이고 사상의 수는 4이기 때문에 딱 들어맞지 않는다. 이 때문에 한대인들의 설을 빌려와서 오행의 「토(土)」를 버려버리고 금, 목, 수, 화 네 개를 가지고 서로 안배하였다. 그러나 한대인들의 설에는 두 가지가 있는데 하나는 「토가 사계절을 주재한다」는 설이고 또 하나는 「중앙토(中央土)」라는 입장이다. 공영달은 여기에서 어느 설을 택해야 할지를 결정하지 못하여 「토는 사계절을 주재한다」는 구절 아래에 또 「지중지별(地中之別)」이라는 말을 하고 있다. 「사상은 8괘를 통한다」라는 말을 〈설괘전〉의 「제출호진(帝出乎震)」이란 구절과 멋대로 연결시키고 있다. 그러나 공영달 자신이 느끼기에도 약간은 타당하지 못하다고 느꼈는지 「……라고 말하는 것 같다(若謂

……)」는 약간은 부정적인 어투를 띠고 있는 것이다.

결론적으로 이들 주소들은 혼잡하고 잘못된 것이 너무 많아서 설령 한강백과 공영달 두 사람이 다시 살아나서 보아도 스스로 완전히 옳다고는 말하지 못할 것으로 필자는 믿는다. 그러나 또 한편 생각해 본다면 이것이 어떻게 그들 두 사람만의 죄이겠는가? 서한시대 이래로 《주역》은 그 철학적인 지표를 잃어버리고 점술과 술수방면에서만 봉사하였기 때문에 이런 한심한 해석이 나타나게 된 것이다.

부록 : 후기 도가역의 우주만물 생성론

제1절 역위(易緯), 열자(列子)의 이론

노장 이후에 도가의 역학에서 우주만물의 생성을 논하여 하나의 체계를 이룬 것으로는 《역위》와 《열자》, 더욱 후대의 「태극도」의 저작 등이 있는데 모두 노장사상의 원의와는 차이가 있다. 철학적 변천이란 입장에서 본다면 노장에서 《역위》《열자》「태극도」에 이르는 차이점은 모두 역사적인 흐름에 의해서 생긴 것이다. 먼저 《역위》와 《열자》의 설을 살펴보기로 하자.

지금의 《열자》는 위진시대에 나온 《장감주(張湛注)》《한지(漢志)》의 〈열자팔편〉의 고본을 말하는 것은 아니다. 〈천서(天瑞)편〉에서는 우주만물의 생성설을 싣고 있는데 몇 구절을 제외하고는 거의 《역위건착도》의 문장과 같다. 《역위》는 서한의 원(元), 성왕(成王) 이후 신망(新莽) 전후에 나온 것으로 주요한 사상은 도가, 유가, 술수가와 역학이 합해져서 이루어진 것이다. 그러므로 《열자》는 분명히 《역위》를 베껴 쓴 것이라고 볼 수 있을 것이다. 즉《열자》의 작자는 《역위》 일파의 사상에 속하는 것이다. 아래에서는 《역위건착도》와 《열자》의 〈천서편〉 제1장의 문장을 수록하고 설명하겠다.

"옛날 성인은 음양에 의거하여서 소식을 정하고 건곤을 세워 천지를 통솔하였다. 무릇 유형한 것이 무형한 것에서 생겼다면 건곤은 어디에서부터 생겨난 것인가? 그러므로 태역(太易)이 있고, 태초(太初)가 있고, 태시(太始)가 있고, 태소(太素)가 있다라고 말하는 것이다. 태역이란 것은 아직 기가 나타나지 않은 때를 말한 것이고, 태초란 것은 기가 시작한 때를 말한 것이고, 태소란 것은 성질이 시작한 때를 말하는 것이다. 기운과 형상과 성질이 갖추어져서 서로 떨어지지 않는 것을 일러 혼륜이라고 말한다. 혼륜이란 것은 만물이 서로 혼성되어서 아직 서로 떨어지지 않은 것을 말하는 것이며, 보아도 보이지 않고, 들어도 들리지 않고, 따라가도 붙잡히지 않기 때문에 역이라 한다. 역이란 것은 형체도 없고 따르는 것도 없다. 역이 변하여 일(一)이 되고, 일이 변하여 칠(七)이 되고, 칠이 변하여 구(九)가 되고, 구란 것은 기가 변하는 궁극으로 다시 변하여 일이 된다. 일이란 것은 형상이 처음으로 변하는 것을 말하며, 맑고 가벼운 것은 올라가 하늘이 되고, 흐리고 무거운 것은 내려와 땅이 된다. 물(物)에는 시작이 있고 장성함도 있고 궁극도 있기 때문에 세 획을 그어서 건이 된다. 건곤이 서로 더불어 함께 생하고, 물에는 음양이 있고, 이것을 다시 중첩하여 여섯 획을 그려서 하나의 괘가 생겨나는 것이다."[43]

"옛날 성인은 음양에 의거하여서 천지를 통솔하였다. 무릇 유형한 것은 무형한 것에서 생겼다면 천지는 어디에서부터 생겨나는가? 그러므로 태역(太易)이 있고, 태초(太初)가 있고, 태시(太始)가 있고, 태소(太素)가 있다 라고 말하는 것이다. 태역이란 것은 아직 기가 나타나지 않은 때를 말하는 것이고, 태초라는 것은 기가 시작한 때를 말한 것이고, 태소란 것은 성질이 시작한 때를 말하는 것이다. 기운과 형상과 성질이 갖추어져서 서로 떨어지지 않은 것을 일러 혼륜이라고 말한다. 혼륜이란 것은 만물이 서로 혼생되어서 아직 서로

---

43) 《易緯乾鑿度》卷上「昔者聖人因陰陽, 定消息, 立乾坤, 以統天地也. 夫有形生於无形, 乾坤安從生? 故曰, 有太易, 有太初, 有太始, 有太素也. 太易者, 未見氣也. 太初者, 氣之始也. 太始者, 形之始也. 太素者, 質之始也. 氣形質具而未離, 故曰渾淪. 渾淪者, 言萬物相渾成而未相離, 視之不見, 聽之不聞, 循之不得, 故曰易也. 易无形畔, 易變而爲一, 一變而爲七, 七變而爲九, 九者氣變之究也, 乃復變而爲一. 一者形變之始, 清輕者上爲天, 濁重者下爲地. 物有始有壯有究, 故三畫而成乾. 乾坤相並俱生, 物有陰陽, 因而重之, 故六畫而成卦.」

떨어지지 않는 것을 말한 것이며, 보아도 보이지 않고, 들어도 들리지 않고, 따라가도 붙잡히지 않기 때문에 역이라 한다. 역이란 것은 형체도 없고 따르는 것도 없다. 역(易)이 변하여 일(一)이 되고, 일이 변하여 칠(七)이 되고, 칠이 변하여 구(九)가 되고, 구란 것은 기가 변하는 궁극으로 다시 변하여 일(一)이 된다. 일이란 것은 형상이 처음으로 변하는 것을 말하며, 맑고 가벼운 것은 올라가 하늘이 되고, 흐리고 무거운 것은 내려와 땅이 된다. 충화의 기운은 사람이 되는 것이므로 천지는 정기를 머금어 만물이 화생되는 것이다."44)

위의 두 인용문은 거의 대동소이한데 앞에서 말한 노자의 철학과는 다르다는 것을 금방 알 수 있을 것이다. 노자는 절대적 「일(一)」이상에 대해서는 「황홀」이라고 하고 「혼륜」이라고는 말하지 않았는데, 다만 「물에 앞서서 혼성해 있고 천지에 앞서서 생하였다」라는 구절에 관해서만 언급하고 있다. 《장자》〈응제왕편〉에서는 「혼돈(渾沌)」이라고 말하는데 혼연히 나누어지지 않은 일체를 의미한다. 《역위》와 《열자》 중의 「혼륜」이란 뜻은 노자의 「황홀」과 장자의 「혼돈」을 의미한다. 그러나 이들 개념의 다름이라는 것은 중요하지 않고 더욱 중요한 것은 《역위》와 《열자》가 혼륜의 형성을 「기의 변화(氣化)」로 설명하여 단계를 나누고 있는데 이것은 노장사상과는 차이가 있다는 것이다.

도가가 「기」를 말하는 것은 노자에서 이미 발견되고 있다. 노자는 음양에 관해 말하고 있는데 「만물은 음을 업고 양을 안고 충기로서 조화를 삼는다」고 하여 음양을 「유」 가운데의 사태로 보고 있다. 유 이상은 완전히 철학적 추리에 의해서만 도달가능한 것으로 기의 흔적을 가지지 않는 것으로 보았다. 《장자》에서 기를 말하는 부분도 많은데 여전히 음양과 천지라는 입장에서 말하고 있다. 예를 들면 〈대종사편〉에서 "음양의 기가 서로 교란을 벌이고 있다." "천지의 일기(一氣) 가운데서 노닌다." 또한 구체적인 사물 속에서 내려와 말하고 있다. 예를 들면 〈소요유편〉에서 "운기를 제치고 푸른 하늘을 업고 있다." 등이다. 《장자》〈대종사편〉에서 「기모(氣母)」라는 것에 대해 말하고 있

---

44) 《列子》〈天瑞〉 제1장 「昔者聖人因陰陽以統天地. 夫有形者生於无形, 則天地安從生? 故曰, 有太易, 有太初, 有太始, 有太素. 太易者, 未見氣也. 太初者, 氣之始也. 太始者, 形之始也. 太素者, 質之始也. 氣形質具而未相離, 故曰渾淪. 渾淪者, 言萬物相渾淪而未相離也, 視之不見, 聽之不聞, 循之不得, 故曰易也. 易无形畔, 易變而爲一, 一變而爲七, 七變而爲九, 九變者究也, 乃復變而爲一. 一者形變之始也, 淸輕者上爲天, 濁重者下爲地, 沖和氣者爲人, 故天地含精, 萬物化生.」

다. "도라는 것은 정리로 보아 믿을 만하지만 어떠한 작위나 형태가 없어서 전할 수는 있어도 주고받을 수는 없는 것이다. 그것은 본래 존재하는 것으로 천지가 생기기 전에 태고적부터 이미 존재한 것이다 …… 복희씨는 그것을 얻어서 기의 이전 도에 들어가게 하였다."[45] 사마표(司馬彪)의 주에서는 「습(襲)을 입(入)」으로 해석하고, 성현영(成玄英)은 「습(襲)을 합(合)」으로 해석하였다. 누구의 주석이던지 간에 이 「기」는 음양 혹은 천지의 기를 말한다. 「도」는 천지가 있기 이전에 있는 것으로 음양 혹은 천지 두 기의 어머니이다. 《장자》의 〈제물론〉〈천지편〉〈경상초편〉에서 우주만물의 생성단계에서 음양 이상의 부분을 토론할 때에는 모두 노자의 순수한 추리활동의 전통을 계승하여 「기」에 대해서는 구체적으로 말하지 않는다. 《역위》와 《노자》에서는 「기」로 「혼륜」의 형성을 말하고 「혼륜」 이상을 「기화」에 의거하여 네 단계로 나누어 설명하고 있다. 이것은 노자가 「유」「무」를 통하여 설명하는 것보다 더욱 치밀하고 체계적인 것 같으나 완전히 노자의 순수한 추리정신을 상실하고 있다. 왜냐하면 「기」는 「유형」과 「무형」의 경계를 갈라주는 것으로 이미 형태를 띠고 있기 때문에 이것으로 순수하고도 형이상학적인 현학의 경계로 들어가는 것은 노장현학사상의 품격(品格)을 손상시키는 것이다.

《역위》와 《열자》의 이론들은 우주만물의 생성을 크게 세 단계로 나누고 있다. 첫째는 「태역」 이상은 「아직 기가 드러나지 않은」 것으로 「도」의 청명하고도 순수한 상태를 말한다. 둘째는 「태역」에서 「태소」의 단계이다. 「태초」는 「기의 시작」, 「태시」는 「형의 시작」, 「태소」는 「질의 시작」인데, 「기」「형」「질」은 모두 형이상학적인 의미이기 때문에 그 아래에 모두 「…… 의 시작(…… 之始)」이라는 말을 사용하여 셋이 모두 「서로 혼륜하여 떨어지지 않는다」고 하여 「혼륜」으로 말하고 「역」이라고 하는 것이다. 셋째는 「혼륜」 즉 「역」 이하로 완전히 유가역의 범위 속에서 말한다. 양수의 칠(七), 구(九)의 변화를 통하여 천지와 만물이 생긴다. 이 과정에서 가장 중요한 것은 「역」이라는 문자이다. 역(易) 이후는 천지만물이 변화하는 현상세계이고, 「태역」 이전은 「아직 기가 드러나지 않은」 순수하고도 깨끗한 단계이다. 《역위》와 《열자》의 작자는 「역」 위에다 다시 「태역」을 하나 더 설정하는데, 「태역」에서

---

45) 《장자》〈대종사〉「夫道, 有情有信, 無爲無形, 可傳而不可受, 可得而不可見, 自本自根, 未有天地, 自古以固 …… 伏犧氏戱得之, 以襲氣母.」

「역」의 사이에 「태초」「태시」「태소」를 세워서 천지만물이 아직 형질을 드러내기 이전의 순수하고도 깨끗한 단계인 「혼륜」의 상태를 형용한다.

이 「역」자의 제시는 매우 중요하다. 왜냐하면 우리는 여기에서부터 《역위》나 《열자》 작자의 사상적 연원을 볼 수가 있는 것이다. 《역위건착도》의 첫머리에 말하기를,

"공자는 역이란 것은 역이고 변역이고 불역이라고 말하였다."[46]

후대에 정현은 「역」을 「이간(易簡)」으로 바꾸는데 여기에서부터 「이간」「변역」「불역」이 역학의 범위 속에 자리잡아서 「역삼의(易三義)」(공영달의 《주역정의》 권 1의 「역지삼명(易之三名)」 속에 보임)가 되는 것이다. 정현은 무엇 때문에 「역」을 「이간」으로 바꾸었나? 그것은 아마도 정현은 《역위》의 작자가 〈계사전〉의 「이간」에 근거하고 있음을 알고서 바꾼 것이다. 〈계사전〉의 원문은 아래와 같다.

"건은 큰 시작을 주재하고 곤은 사물을 만든다. 건은 쉽게 주재하고 곤은 쉽게 할 수 있다. 역간하여서 천하의 이치가 얻어진다."[47]

「이(易)」와 「간(簡)」의 두 글자는 〈계사전〉 중에서 각각 건의 「큰 시작을 주재하고」와 곤의 「만물을 만들어주는」 성질을 형용하고 있다. 만물의 생성에서 건곤의 두 가지 가운데 그 어떠한 하나도 뺄 수가 없기 때문에 〈계사전〉에서 「역간」을 함께 말하는 것이다. 그러나 《역위》의 입장은 다르다. 《역위》는 도가사상을 근본으로 하고 있기 때문에 근원적인 곳으로 근본적 시원을 찾아 들어가는 방식을 취하고 있다. 이런 관점에서 본다면 건은 곤의 앞에 있기 때문에 곤의 「간」을 버리고 오로지 건의 「역」을 취하고 있다. 이것은 너무나 당연한 이치이다. 그러나 정현은 유가의 철학자이기 때문에 「역」을 「이간」으로 다시 바꾸었는데 이것 역시 자연스러운 이치이다.

그러면 《역위건착도》의 작자는 왜 유가역에 속하는 〈계사전〉의 「역」이란

---

46) 「孔子曰, 易者, 易也, 變易也, 不易也.」
47) 〈계사전〉「乾知大始, 坤作成物. 乾以易知, 坤以簡能 …… 易簡而天下之理得矣.」

글자를 취하여 그곳으로부터 근원적인 시원을 찾아들어가는 방식을 취하고 있는가?《역위》의 주요한 사상은 도가적인 것이므로 노자의「유」로부터「무」를 찾아들어가는 체계를 가지고 있으면서도 왜 답습하지 않는가? 이 문제에 대해서 우리는 확실하게 알 수는 없다. 그러나 필자의 추측에 의하면《역위》의 작자는 아마도 노자가 문왕에서 공자에 이르는 정통역학 중의 명칭을 취하지 않고 바깥에서「유」라는 개념을 가지고 와서 근원으로 소급해 들어가는 기초로 삼는 것에 불만을 가지고「역」이라는 글자를 사용한 것 같다.「역」은 건의 성질로서 정통역학에서는 이것을 최고의 개념으로 간주하여 출발점으로 삼고 있다. 마치 노자가「유」를 기초로 하여 더욱 근원적인 것으로 거슬러 올라가 하나의 현학체계를 건립하는 것과 같은 것이다. 그러므로 여기에서 우리는 「건착도」라는 명칭의 유래를 분명히 알 수 있을 것이다. 필자는 건에서 시작하여 더욱 깊이 건의「역」의 유래를 파고들어가는 것이기 때문이다. 이곳에서 추리한 것은 결코 제멋대로 억측한 것이 아님을 알 수 있을 것이다.

　《역위건착도》의 작자는「역」을 기초로 하여 더욱 근원적인 것으로 추리해 들어가는데, 이것을 노자가「유」를 기초로 하여 설명하는 것과 비교하면 철학적인 측면에서는 부족한 점이 많다. 왜냐하면《노자》는 순수 철학적 사유방식을 위주로 하지만《역위》는 그렇지 않기 때문이다.《역위》는 먼저 명칭에서 하나의「역」자를 채용한 후에「역」의 위에다 물질에 비해서 희박한「기화(氣化)」라는 영역을 세우고, 노자가 말하는「현(玄)」을 모방하여「현」대신에 「태(太)」라는 말로「태역」「태초」「태시」「태소」의 4단계로 나눈다. 이런 사상적 체계는 별로 중요한 내용을 가지지 못하고 있는데 철학적 입장으로 본다면 매우 경박하고도 얕은 것이다.

　「역」이하 즉「혼륜」이하의 변화는 바로 유가역에서 말하는 건원의 변화로서《역위》에서는「건원」대신에「7」「9」의 수를 사용한다.「7」과「9」는 양수이고, 7은 소양이고 9는 노양이다. 유가역에서 태극으로부터 건원의 단계라는 것을 역위에서는「혼륜」이 변하여「1」이 되고, 다시「1이 변하여 7이 되고, 7이 변하여 9가 된다」.「9」가 되면 이미 노양의 수가 되어서 반드시 음수로 변한다. 그런데 이것을《역위》에서는「다시 변하여 1이 된다」라고 말한 후에 이 노양의「1」로부터 다시 변하여「천(天)」「지(地)」를 낳고「인(人)」을 낳는다. 이런 변화과정을 만약 도표로 표시한다면 아래(509쪽)와 같다.

太易 ⟶ 太初 ⟶ 太始 ⟶ 太素・渾淪・易 ⟶ 一 ↗↓↗ 七 ↗ 天 ↘ 人・物
(未見氣) (氣之始) (形之始) (質之始)　　　　　　　九　　　地 ↗

　유가역 중에서 「태극」은 첫번째 단계의 것이고, 「태극」에서 「건원」으로 떨어지는 것은 두번째 단계, 아래에서 「건원」을 이어받은 「곤원」은 세번째 단계이다. 이 「건」「곤」이 왕복하는 것으로부터 만물이 생겨나는 것이다. 「건」「곤」이 왕복하는 것은 「태극」이 변화 유행하는 온전한 모습으로 「건원」은 천에 해당하고 「곤원」은 지에 해당되는데, 「건」「곤」의 변화에 따라서 천지가 나누어진다. 《역위》에서는 「역이 변하여서 1이 된다」 이하에서는 다만 「7」「9」의 양수만 사용하고 있다. 노양은 음의 「8」로 변하지 않고 「다시 변하여 1이 된다」고 하여 다시 천과 지로 나누어지는 것은 불합리한 것이다. 이것은 다만 《역위》가 유가와 도가의 역할을 뒤섞어서 다시 그 면모를 다르게 하고 있다고 말할 수밖에 없다. 이것은 바로 《역위》가 유가, 도가와 술수를 혼잡한 사상의 본질을 보여주는 것이다.

　그러나 우리는 이런 사상을 완전히 무시할 수는 없다. 왜냐하면 한대와 위진시대에 술수학이 성행할 때 그것이 비록 얄팍한 것이었지만 분명히 철학적 형태를 띠고 있었기 때문이다. 초기에는 「기화(氣化)」로 그 이후에 역수(易數)를 사용한 것은 시대적인 학술풍토가 그렇게 한 것이지만, 큰 흐름으로 말하면 결코 유가나 도가가 말하는 역학의 기본노선을 완전히 벗어나 있다고는 볼 수 없는 것이다. 「기화」가 아직 드러나지 않는 것에서부터 있게 되고, 형태가 시작되고 성질이 시작된다 라는 것은 노자가 말하는 「황홀」 가운데 「모습이 있고」「구체적 사물이 있고」「정기가 있는 것」과 합치되는 것이다. 「혼륜」의 「1」이 양수의 「7」「9」로 변하는 것은 공자가 말하는 「건원」의 「만물자시(萬物資始)」하는 것과 합치된다. 비록 철학적 내용으로 말하면 부족한 점은 있으나 한 시대를 대표하는 사상으로 말할 것 같으면 나름대로의 위치가 있는 것이다.

제 2 절 태극도의 사상

송대(宋代)는 역학이 매우 성행한 또 하나의 시대이다. 송대역학의 특징은 역에 관한 도표를 그리는 것이 유행한 시대이다. 태극도는 도가사상과 가장 밀접한 관계를 가지는 것으로 알려져 있다. 세상에 전하는 태극도는 두 가지 종류가 있는데 하나는 북송초기의 주렴계(周濂溪)의 《태극도설》에 전하는 것이고, 하나는 조위겸(趙撝謙)이 《육서본의(六書本義)》에서 말하는 것으로 남송의 채원정(蔡元定)이 촉(蜀)의 은자로부터 얻은 「천지자연지도(天地自然之圖)」(명의 조중전(趙仲全)의 「고태극도(古太極圖)」와 래지덕(來知德)의 「태극원도(太極圓圖)」에서 파생되어 나온 것이다)이다.

먼저 전자에 관해서 말하겠다. 주렴계의 《태극도설》에서 전하는 태극도는 진단(陳摶)이 전한 것이라고도 말하고(주진(朱震)의 설), 혹은 염계가 스스로 만든 것이라고도 말한다(주희의 설). 주진의 「한상역도(漢上易圖)」에 실려 있는 것과 《성리정의》의 태극도설에 실려 있는 그림은 약간 다르다. 「한상역도」에 실려 있는 태극도는 아래(511쪽)와 같다.

두 도표의 형식은 비록 약간 다르나 의미는 거의 같다. 뒤의 것은 상하가 서로 연결되어 통하게 되어 있어 더욱 합리적이다. 주렴계는 《태극도설》에서 말하기를,

"무극이면서 태극이다. 태극이 움직여 양을 낳는다. 움직임이 극에 이르러 고요하고 고요하여 음을 낳는다. 고요함이 극에 이르면 다시 움직이고, 한 번 움직이고, 한 번 고요하여 서로 그 뿌리가 된다. 음과 양으로 나누어지면 양의가 그곳에서 세워진다. 양과 음이 변하고 합하여서 수·화·목·금·토가 생겨서 다섯 기가 두루 퍼져 사계절이 행한다. 오행은 하나의 음양이고, 음양은 하나의 태극이고, 태극은 본래 무극이다. 오행의 생은 각각 하나의 성질을 가진다. 무극의 진실함과 음양과 오행의 정기가 묘합하여 응결한다. 건의 도는 남자가 되고 곤의 도는 여자가 되어 두 기가 서로 교감하여 만물을 화생한다. 만물은 생생하여 변화가 무궁해지는 것이다."[48]

---

48) 주렴계 《태극도설》「無極而太極, 太極動而生陽. 動極而靜, 靜而生陰. 靜極復動, 一動一靜, 互爲其根. 分陰分陽, 兩儀立焉. 陽變陰合, 而生水火木金土, 五氣順布, 四時

제8장 도가역의 철학체계 511

《漢上易圖》에 실린 太極圖   《性理精義》에 실린 太極圖

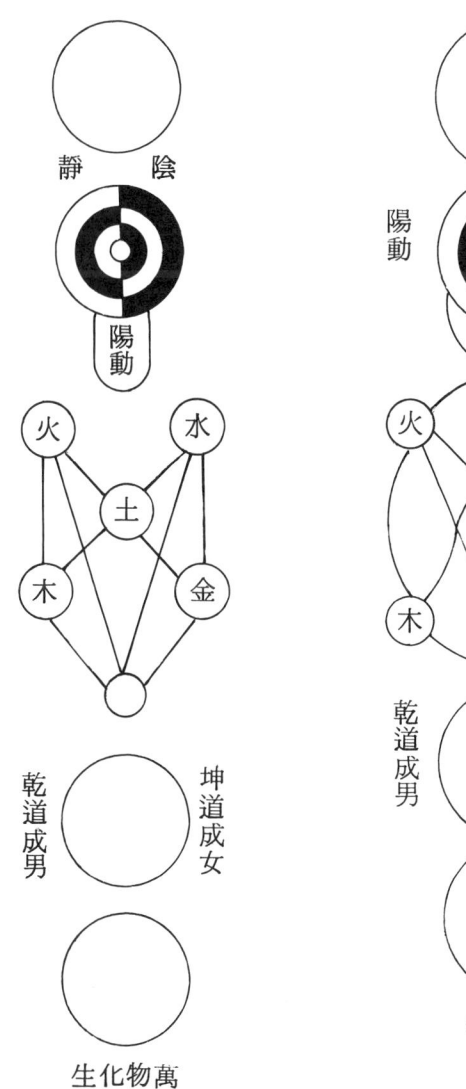
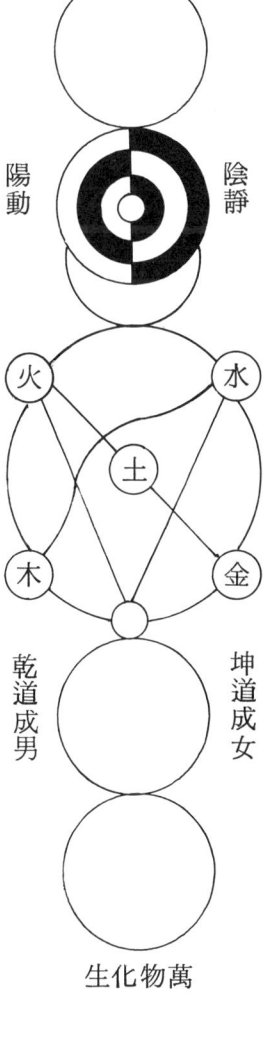

行焉. 五行一陰陽也, 陰陽一太極也, 太極本無極也. 五行之生也, 各一其性. 無極之眞, 二五之精, 妙合而凝. 乾道成男, 坤道成女, 二氣交感, 化生萬物. 萬物生生, 而變化無窮焉.」

주렴계가 《태극도설》에서 말하려는 입장은 결코 노자처럼 「태극」의 오묘한 곳에 들어가 근원적인 것을 탐색하려는 의도는 없다. 오히려 「태극」으로부터 아래로 분화하여 음양을 나누고 오행을 나누어 인간과 사물로 내려가는 것을 말하려는 것이다.

「무극이태극」의 구절에서 「무극」은 바로 「태극」에 대한 형용이다. 바로 주희의 주에서 말하는 것이다.

"무극이라는 것은 바로 어떠한 모습이나 형체도 없는 것을 말하는 것이다. 어떤 사물이 있기 전에도 있고, 사물이 있고 난 후에도 있지 않은 적이 아직 없었고, 음양의 바깥에 있고, 아직 음양의 속에서 행해지지 않은 적도 없어서 전체를 관통하여 없는 곳이 없으면서도 또한 처음부터 소리도 냄새도 그림자도 없는 것이다."[49]

또 말하기를,

"주자의 이른바 무극이면서 태극이라는 것은 태극의 위에 달리 무극이 있다는 말은 아니다. 다만 태극이 어떤 구체적인 사물이 아니라는 것을 말하고 있을 뿐이다. 그러므로 아래에서 무극의 참됨과 이오(二五)의 순정함을 말하여 무극을 말하였기 때문에 달리 태극을 들지는 않았다. 만약 어떤 구체적인 사물로 생각하였다면 여기에서는 태극이란 말이 빠진 것이 아니겠는가!"[50]

주희의 말은 정확하다. 즉 그림의 가장 위쪽 하나의 빈 원은 「무극의 태극」을 대표한다. 그 아래의 흑과 백이 좌우에서 서로 끼어서 교차하고 있는 원은 음양의 구분과 동정이 서로 근거가 되고 있음을 표시하고 있다. 이러한 흑백이 좌우에서 서로 끼어 교차하고 있는 원이라는 것에 대해서 그 원류를 찾아보면 동한(東漢)의 위백양(魏伯陽)이 말하는 「감리광곽(坎離匡廓)」[51]의 단도역

---

49) 《주자 주》「謂之無極, 正以其無方所形狀. 以爲在無物之前, 而未嘗不立於有物之後, 以爲在陰陽之外, 而未嘗不行於陰陽之中, 以爲通貫全體, 無乎不在, 則又初無聲臭影響之可言也.」

50) 《주자 주》「周子所謂無極而太極, 非謂太極之上別有無極也, 但言太極非有物耳, 故下文云, 無極之眞, 二五之精. 旣言無極, 則不復別擧太極也. 若如今說, 則此處豈不欠一太極字邪?」

51) 「坎離匡廓」이라는 말은 위백양의 《주역참동계(周易參同契)》내의 "(천지를 대표

(丹道易)이라는 것을 생각하지 않을 수 없게 된다. 즉 왼쪽의 반원은「백, 흑, 백」으로 바로「☲」이고, 우측의 반원은「흑, 백, 흑」으로「☵」이다.「☲」은 리(離)로 불의 양의 성질이기 때문에「양동(陽動)」으로 말하고,「☵」은 감으로 물의 음의 성질이기 때문에「음정(陰靜)」으로 말하고, 중간의 작은 원은 만들어진 단을 상징하고 있다.

다시 그 아래에는 음양으로부터 생긴 물, 불, 나무, 쇠, 흙의 다섯 기를 말하고 있다. 양이 움직이는 것이 극에 이르면 변하여 음의 고요함이 되기 때문에 왼쪽의 반원의 리(☲)괘는 물을 낳는다. 음이 고요하여 극에 이르면 양이 움직이는 것으로 변하기 때문에 오른쪽의 반원의 감(☵)괘는 불을 낳는다. 그 아래에는 물과 불이 나무, 쇠, 흙을 낳는 것을 말한다. 주자는 그것을 주석하여 말하기를,

"양이 변하여 음과 합하여 처음에는 물과 불을 낳는다. 물과 불은 기로서 흙을 움직이고 번쩍여 타기 때문에 그 체는 허하고 형체는 아직 정해진 것이 없다. 그 다음은 나무와 쇠를 낳는데 그것은 확실히 정해진 형체가 있다. 물과 불이 처음이고, 그곳에서 나무와 쇠가 생겨나는 것은 모두 흙에 근거하고 있다."[52]

"물의 바탕은 음이지만 그 성질은 본래 양이다. 불의 바탕은 양이지만 성질은 음이다. 물의 바깥은 어둡지만 속은 밝기 때문에 물은 양에 뿌리를 두고 있다. 불은 바깥은 밝지만 속은 어둡기 때문에 불은 음에 뿌리를 두고 있다. 태극도의 양의 움직임 가운데 검은 바탕이 있고 음의 고요함 가운데 흰 바탕이 있는 것이 바로 이것이다."[53]

"금, 목, 수, 화는 각각 춘, 하, 추, 동의 사계절에 나누어져 속하는데 토는 사계절이 각각 잘 돌아가게 하는 데 놓여져 있다. 오직 여름의 18일에 토기가 가장 왕성하다. 도상으로 따져본다면 목이 화를 낳고 금이 수를 낳는 등의 것

하는) 건곤은 역의 기본적 모식이고, 다른 괘의 기초인 부모괘이다. (해와 달을 대표하는) 감리괘는 (역의 運行的 모식으로) 해와 달이 천지 사이에서 운행하는 것처럼 인체에서 음양의 기가 올바로 운행해야 하는가를 말하는 것이다(乾坤者, 易之門戶, 衆卦之父母, 坎離匡廓, 運轂正軸)." 라는 말에서 나온 것이다.

52) 《주자 주》「陽變陰合, 初生水火, 水火氣也, 流動閃爍, 其體尙虛, 其成形猶未定. 次生木金, 則確然有定形矣. 水火初是, 自生木金, 則資於土.」

53) 《주자 주》「水質陰而性本陽, 火質陽而性本陰. 水外暗而內明, 以其根於陽也. 火外明而內暗, 以其根於陰也. 太極圖陽動之中有黑底, 陰靜之中有白底是也.」

들은 작은 선으로 서로 연결되어져 있으나, 화가 토를 낳고 토가 금을 얻는 것은 오로지 토가 가운데에 놓여져 있고 나머지는 모두 옆으로 지나가는 것으로 볼 수가 있는 것이다."⁵⁴⁾

이 단계에서 문제가 가장 많다. 그중에서 가장 큰 문제는 음양이 오행을 생하는 것으로 실은 앞에 공영달이 《주역정의》에서 「양의생사상(兩儀生四象)」을 해석한 노선을 따르는 것으로 진정한 유가도 도가도 아닌 한대의 술수학에 불과한 것이다. 작은 문제로는 오행의 배열은 분명히 상생의 순서에 따라 배열하고 있기 때문에 수생목(水生木) 사이의 곡선은 토(土)를 지나칠 뿐이고 토 속으로 들어가지 않는다. 이것은 〈설괘전〉에서 말하는 「제(帝)는 진(震)에서 나온다」하는 것의 변화된 괘도의 모습이다. 그러나 토는 이미 그림에서 중간에 자리하고 있기 때문에 순서상으로는 단지 화와 금의 중간에 있게 되는 것이다. 주희는 이 그림에 대해서 완벽하고도 충분한 해설을 하지 못하고 있다. 다만 「토는 (사계절의 사이에서) 사계절이 각각 잘 돌아가게 하는 데 놓여져 있고, 오직 여름의 18일에 토기가 가장 왕성하다」라고 말했는데 이는 「토왕사계(土王四季)」와 「중앙토(中央土)」라는 설득력이 부족한 관점을 가지고 설명하고 있을 뿐이다.

다시 「건도성남(乾道成男)」과 「곤도성녀(坤道成女)」의 동그라미와 그 아래의 「만물화생(萬物化生)」의 원에 대해서 말하고 있다. 여기에도 문제가 있다. 주렴계가 《태극도설》에서 말하기를, "무극의 참됨과 음양오행의 순정한 기운이 묘합하여 응취한다. 건도는 남자를 이루고 곤도는 여자를 이룬다. 두 기가 교감해서 만물을 화생한다." 아래의 두 원은 위로 태극·음양·오행이 「묘합하여 응취한」 결과임을 알 수 있을 것이다. 「참됨(眞)」은 「무극의 태극」 중에 있기 때문에 보이지 않는다. 순정한 「정(精)」이라는 것은 양의 가운데에서 중간의 작은 원이고, 오행에서는 아래의 작은 원으로 아주 교묘하게 설계되어 있다. 그러나 인도를 만물의 위에다가 놓고 있는 것은 철학적 입장에서 살펴본다면 결코 타당한 것은 아니다. 공자가 〈단전〉에서 "건도가 변화하여 각각

---

54) 《주자 주》「金木水火分屬春夏秋冬, 土則寄旺四季, 惟夏季十八日土氣爲最旺. 以圖象考之, 木生火, 金生水之類各有小畫相牽聯, 而火生土, 土生金獨穿乎土之內, 餘則從旁而過爲可見矣.」

그 성명을 바르게 한다."고 하였다. 이 「성명」은 다만 인간에만 한정되는 것은 아니다. 생명이 있는 모든 존재는 이것을 가진다. 인간은 본래 만물의 영장이지만 생명의 시작이라는 측면으로 말하면 다른 만물과 다를 것이 없기 때문이다. 주렴계가 이 《태극도설》에서 우주만물의 생성에 대해서 말할 때에 먼저 인간의 생성에 대해서 말하고 나중에 만물의 생성에 대해서 말하였는데, 공자와 노자에서는 사실 이러한 입장은 보이지 않는다.

결론적으로 주렴계의 태극도에 대해서 조금만 자세히 살펴보면 그것은 한대의 역학적인 내용들을 무분별하게 받아들인 것으로, 결코 선진의 공자와 도가의 철학적인 내용들을 정통적으로 계승한 것은 아니다. 그것은 비록 나름대로 빼어난 생각을 말하고 있지만 결코 철학적으로 높은 가치를 가지고 있는 것으로는 볼 수 없다.

다시 조위겸의 《육서본의》에서 채원정이 촉나라의 은자로부터 얻었다는 「천지자연지도」는 또 「태극진도(太極眞圖)」라고도 말하는데 아래와 같다.

天地自然之圖

이 도에서 열거한 8괘의 방위와 소강절의 「선천복희팔괘방위도(先天伏羲八卦方位圖)」는 서로 부합되어 같은 노선을 취하고 있음을 알 수 있을 것이다.

소강절의 도에서 왼쪽의 반원은 진, 리, 태, 건의 양의 세력이 자라나는 순(順)의 방향이고, 오른쪽의 반원은 손, 감, 간, 곤의 음이 세력이 자라나는 역(逆)의 방향이다. 이 도표는 바로 이것에 근거하여 괘상(卦象)의 음양소장을 흑백으로 표시하고 있다. 검은 색은「－－」이고 흰 것은「―」으로 흑백의 많고 적음, 상하의 순서가 8괘의 상과 서로 상응하고 있다. 호위(胡謂)는 《역도명변(易圖明辨)》에서 양시교(楊時喬)의 말을 인용하여 말하기를,

"원이 돌아가는 중간은 태극인데 양쪽의 흰 것과 검은 것이 서로 돌아들고 있다. 흰 것은 양이고 검은 것은 음으로, 음은 북쪽에서 성하고 양은 그곳에서 시작되어 생긴다. 그러므로 소강절은 진이 음과 교류하여 양이 생장하고, 진, 리, 태에서 건에 이르는 것이 바로 양이 성해가는 과정이라고 말한다. 진은 동북방향으로 흰 것 하나, 검은 것 둘로서 일기이우(一奇二偶)이다. 태는 동남방향으로 흰 것 둘, 검은 것 하나로서 이기일우이다. 건은 정남방향으로 모두 희기 때문에 삼기의 순양이다. 리는 정동쪽으로 서쪽의 흰 것 사이의 검은 것을 취하여 두 개의 기 속에 하나의 우를 포함하고 있기 때문에 대대되는 것들이 지나가는 사이에 음이 있다 라고 말하는 것이다. 양이 남쪽에서 성하여서 음이 와서 맞이하기 때문에 소강절은 양의 세력이 약해지는 가운데 음의 세력이 생겨나와 손이 시작된다고 말한다. 손, 감, 간에서 곤에 이르는 것은 바로 음이 성해가는 모습이다. 손은 서남방향으로 검은 것이 일분(一分)이고 흰 것이 이분이기 때문에 일우이기이다. 간은 서북으로 검은 것이 이분이고 흰 것이 일분으로 이우일기이다. 곤은 정북방향으로 모두 검은 것으로 셋 모두 우로서 순수한 음기이다. 감은 정서방향으로 동쪽의 검은 것 가운데의 흰점을 취하여 두 개의 우 가운데 하나의 기를 포함하는 것이기 때문에 대대되는 것들이 지나가는 사이에 양이 있다 라고 말하는 것이다. 감리는 일월이고, 건곤의 사이에서 승강하여 정해진 위치가 없고 납갑으로는 무기에 해당된다. 이것으로 인하여 동과 서가 서로 엇갈리고 교환하여 여섯 괘가 달라지는 것이다. 여덟 방향의 세 획의 기우와 흰 것과 검은 것의 바탕은 그 순서가 서로 상응하게 되는 것이다."[55]

---

55) 楊時喬 《易圖明辨》(度文書局, 1977 台北) pp. 205~06「其環中爲太極, 兩邊白黑回互, 白爲陽, 黑爲陰, 陰盛於北而陽起發之, 故邵子曰, 震始交陰而陽生, 自震而離而兌以至於乾, 而陽斯盛焉. 震東北白一分黑二分, 是爲一奇二偶. 兌東南白二分黑一分, 是爲二奇一偶. 乾正南全白, 是爲三奇純陽. 離正東, 取西之白中黑點爲二奇含一偶, 故云對過陰在中也. 陽盛於南而陰來迎之, 故邵子曰, 巽始消陽而陰生, 自巽而坎而艮以至

《역도명변》에서 또 인용하면,

"도체의 학으로서의 희이지학(希夷之學)은《참동계》에서 근원하는 것이라고 말하는 것은 왜 그렇습니까? 하고 주자에게 묻자 대답하기를, 음양성쇠의 수로서 그믐과 초하루, 초승달과 보름달 등이 되는 기를 추측하여 그 이치를 파악하면 마치 부절이 딱 들어맞는 듯한 것이 있을 것이다. 양기는 동북쪽에서 생겨 정남에서 왕성하다. 진·리·태·건이 여기에 속하는데 바로 보름 전 세 절후로 양이 자라고 음이 줄어들어 가는 달의 모습이다. 음기는 서남방향에서 생겨나서 정북방향에서 왕성하다. 손·감·간·곤이 여기에 속하는데 즉 보름 후 세 절후로 양의 세력이 줄어들고 음이 자라나는 달의 모습이다. 북쪽에서 음은 극에 달하여 양이 일어나기 시작하는데 음은 양을 피하여 중궁(中宮)으로 들어가 검은 것 가운데에서 다시 한 점의 흰 것이 있게 되는 것이다. 남쪽에서 양은 극에 달하여 음이 일어나기 때문에 양은 음을 피하여 중궁(中宮)으로 들어가 흰 것 가운데에서 다시 한 점의 검은 것이 있게 되는 것이다. 보름 날에는 달이 동쪽에 있고 해가 서쪽에 있는데 이는 감과 리가 서로 위치를 바꾸어서 검은 곳 가운데 흰점이 바로 태양의 빛이고, 흰 것 속의 검은 점이 달빛이다. 동서가 서로 대조되어 중간에서 교왕하는데, 이 두 가지 작용의 기가 무기라는 간지에 해당하는 까닭이다.《참동계》는 많은 비밀스런 말들을 하나의 도표로 그려서 개괄하고 있는데, 잘 드러나지 않으면서도 분명하고, 간략하면서도 깊은 뜻을 남김없이 포괄하고 있다. 단도를 하는 사람들은 어찌 사사롭지 않은 비밀스럽고 귀중한 의미들을 그렇게 쉽게 다른 사람들에게 드러내 보이겠는가?"[56]

於坤, 而陰斯盛焉. 巽西南黑一分白二分, 是爲一偶二奇. 艮西北黑二分白一分, 是爲二偶一奇. 坤正北全黑, 是爲三偶純陰. 坎正西, 取東之黑中白點爲二偶舍一奇, 故云對過陽在中也. 坎離爲日月, 升降於乾坤之間而無定位, 納甲寄中宮之戊己, 故東西交易與六卦異也. 八方三畫之奇偶與白黑之質, 次第相應.」

56) 위와 같은 책 pp. 207~08「或問朱子, 謂希夷之學源出於參同契, 何以知其然乎? 曰, 卽其陰陽盛衰之數以推晦朔弦望之氣而知其理, 有若合符節者矣. 陽氣生於東北而盛於正南, 震離兌乾在焉, 卽望前三候陽息陰消之月象也. 陰氣生於西南而盛於正北, 巽坎艮坤在焉, 卽望後三候陽消陰息之月象也. 陰極於北而陽起發之, 陰避陽, 故回入中宮, 而黑中復有一點之白. 陽極於南而陰來迎之, 陽避陰, 故回入中宮, 而白中復有一點之黑. 蓋望夕月東日西, 坎離易位, 其黑中白點卽是陽光, 白中黑點卽是陰魄. 東西正對, 交往於中, 此二用之氣所以納戊己也. 擧參同契千言萬語之元妙而括之以一圖, 微而著, 約而賅, 丹家安得不私之爲秘寶而肯輕出示人耶!」

위에서 인용한 글들은 이미 「천지자연지도」를 상당히 분명하게 파악하고 있다. 결론적으로 말하자면 태극·음양·8괘의 도표적 표현이다. 그것이 근거하고 있는 것은 위로는 동한시대 위백양의 《참동계》에서 말하는 「납갑월상설(納甲月象說)」이고 아래로는 북송의 소강절이 말하는 「선천복희팔괘방위도」이다. 이것에 근거하여 약간의 배합과 다른 설계를 보여줄 뿐이고 결코 새로운 철학적 의미는 가지고 있지 못하다. 다만 언급할 만한 것은 오히려 검은 것 가운데의 흰점과 흰 것 가운데의 검은 점인데 이 흑백의 두 점은 분명히 음양 중에 각각 생기를 가지고 있음을 말하는 것이다. 노자가 말하는 "그 아득한 가운데에 근원적인 힘이 있고 진실함이 있다."57)고 하는 것이 바로 이것이다. 그런데 흑백의 점들은 실은 「점」이 아니다. 실은 두 개의 삐침(／과 ＼의 삐치는 필획을 말함)으로 하얀 삐침은 리(離)를 향하고 검은 삐침은 감(坎)을 향하고 있다. 대개 감과 리가 자리를 바꾼 후에 이 중에 감의 음이 있고, 감 속에 리의 양이 있는 것으로 삐치는 방향의 세(勢)로 표시하고 있다.

「천지자연지도」 다음에 또한 「고태극도」가 출현한다. 명대 조중전(趙仲全)의 《도학정종(道學正宗)》에서 말하기를,

"고태극도에서 양은 동에서 생겨나서 남쪽에서 왕성하고, 음은 서쪽에서 생겨나서 북쪽에서 왕성하다고 한다. 양 속에 음이 있고 음 속에 양이 있다. 양의·사상·8괘에 이르기까지 모두 본래 그러한 것이다."58)

「고태극도」는 아래(519쪽)와 같다.

「고태극도」는 실은 앞에서 말한 「천지자연지도」와 같은 것이다. 다른 점은 다만 원을 여덟 개로 나누고 흑백의 삐치는 방향만 바꾸어놓고 있을 뿐이다. 원을 여덟 부분으로 나눈 것은 분명히 도표를 그리는 정확성을 기하며 도상에 8괘의 모습을 분명히 드러내기 위해서인데 큰 의미는 없다. 삐침의 방향을 바꾸어놓은 것은 실은 더 큰 의미가 있다. 왜냐하면 흑백의 삐치는 방향이 만나는 것은 음양이 서로 교환하고 있는 의미를 함유하고 있기 때문이다. 「고태극

---

57) 《노자》 제 21 장 「其中有精, 其精甚眞, 其中有信.」
58) 《도학정종》「古太極圖陽生於東而盛於南, 陰生於西而盛於北. 陽中有陰而陰中有陽, 而兩儀, 而四象, 而八卦, 皆自然而然者也.」

古太極圖

도」는 분명히 「천지자연지도」의 수정이다.

이후에 다시 「태극도」를 개작한 것을 말하면 명대 「래지덕의 원도」가 있다. 래지덕은 흑백의 두 가지 삐침을 하나의 작은 원의 중심에서 합하여 놓고 있다. 이것은 음양이 한 곳에서 교류함을 표시하는 것이다. 래지덕은 역도(易圖)에 관해서 많은 흥미를 가지고 있었다. 그의 《주역》에 대한 주석서 후편에는 여러 종류의 도표가 부록으로 붙어 있는데 이 도표는 책의 앞부분에 있다. 아마도 그는 이 도표에 대해서 매우 자신감을 가지고 있었던 것 같은데 도표 아래에는 자신을 뽐내려는 듯한 글들을 덧붙이고 있다. 그 「원도」는 아래(520쪽)와 같다.

"이것은 성인이 역을 지은 근본이다. 이·기·상·수·음양·노소·왕래·진퇴·상변·길흉은 모두 그 속에 짝지워져 있다. 공자가 찬역을 할 때 첫장에서부터 「역간하여 천하의 이치가 있고」, 「일음일양을 일러 도라고 한다」, 「역유태극」과 형상형하의 몇 장과 「유찬우신명(幽贊于神明)」의 장까지 그리고 의와 명에 귀일되는 것들 모두 이 도표를 벗어나지 않는다. 신명한 한편의

梁山來知德圓圖

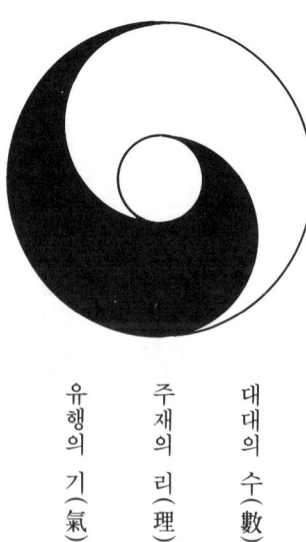

유　　주　　대
행　　재　　대
의　　의　　의
기　　리　　수
(　　(　　(
氣　　理　　數
)　　)　　)

《역경》은 결코 네 성인에게 있는 것이 아니라 나에게 있는 것이다. 혹자는 또 복희씨와 문왕의 도가 있는데 이 도가 왜 더 필요한가 라고 물을 수도 있을 것이다. 내 생각에는 그렇지만은 않다 라고 생각한다. 복희씨의 도가 있고 문왕의 도는 복희씨의 도와 다르다고 하여 복희씨의 도와 차이가 있다고 할 수 있겠는가? 대개 복희씨의 도는 역의 대대를 말하고, 문왕의 도는 역의 유행을 말한다. 나의 원도는 특별히 문자를 통하여 말하지 않았지만 천지간의 이·기·상·수를 이와같이 그렸을 따름이고, 대대·유행·주재의 이치를 겸하여서 도표로 드러낸 것이기 때문에 복희나 문왕에 앞서서 그렸다고 할 수 있을 것이다."[59]

필자가 여기에서 래지덕의 글과 도표를 모두 인용한 목적은 독자들로 하

---

59) 「此聖人作易之原也, 理氣象數陰陽老少往來進退常變吉凶, 皆尙乎其中. 孔子繫易, 首章至易簡而天下之理得, 及一陰一陽之謂道, 易有太極, 形上形下數篇, 以至幽贊于神明一章, 卒歸于義命, 皆不外此圖. 神而明之, 一部易經不在四聖, 而在我矣. 或曰, 伏羲文王有圖矣, 而復有此圖, 何耶? 德曰, 不然, 伏羲有道, 文王之圖不同於伏羲, 豈伏羲之圖差耶? 蓋伏羲之圖, 易之對待, 文王之圖, 易之流行, 而德之圖, 不立文字, 以天地間理氣象數, 不過如此, 此則兼對待, 流行, 主宰之理而圖之也, 故圖于伏羲文王之前.」

여금 그의 자화자찬하는 모습을 한눈에 보여주려는 것이다. 고대의 복희·문왕·공자·노자는 모두 깊고 심오한 사상과 탁월한 창조력을 가지고 있었지만 그들이 지은 괘상이나 문자의 어떤 곳에서도 그런 모습을 발견할 수 없었을 것이다. 그러나 래지덕의 도상은 그 가치가 어떠하든 그 글을 읽어보면 그 사람이 어떠한 성격을 가지고 있는가 하는 것을 분명하게 알게 될 것이다. 또한 그가 그린 도표는 참으로 대단한 가치를 가지고 있는 것인가? 사실 그 도는 결코 그가 스스로 창작한 것이 아니고 그 전의 사람들이 그린 것을 주워 모아서 고친 것으로, 결코 뛰어난 것은 아니다. 또 그 스스로 「이·기·상·수·음양·노소·왕래·진퇴·상변·길흉이 그 속에 짝지워져 있다」고 장담한 것들도 앞에서 말한 몇 명의 태극도 속에서 이미 말하지 않은 것이 없다. 래지덕의 역주는 송명역학사 가운데에서 나름대로의 지위를 가지고는 있지만 그의 태도로 말하면 진정한 철학적 역학이 몰락한 상징으로 밖에 볼 수 없다.

　위에서는 태극도의 사상과 변천과정을 간략하게 살펴보았다. 일반인들은 태극도를 도가역으로 보지만 실은 노자의 현학적인 철학이 아니고 한대 이하의 도가와 술수가들의 설을 종합하여 만든 것이다. 그러므로 그것의 주요내용은 「태극 → 음양 → 만물」의 우주만물 생성의 체계를 표현하고 있다. 이것으로 말하면 어떤 의미에서 그것은 유가역적인 노선이지만 잡가적(雜家的)인 산물이다 라고 말할 수 있을 것이다. 위에서 말한 여러 가지 태극도, 화산의 도사 진

　(이 그림도 래지덕의 역의 주석 뒤에 실려 있는데 주위에 8괘를 배치하고서 「선천화괘도(先天畫卦圖)」라고 이름붙이고 있다.)

단에서 나온 것이나 혹은 기타의 다른 은자들에게서 나온 것들로 인하여 사람들이 그것을 도가역이라고 말하게 되는 것이다. 철학적인 입장에서 말하면 노장적이라고도 볼 수 없을 뿐만 아니라, 심지어 《역위》《열자》의 천박한 현학 계통에도 미치지 못하는 것이다.

오늘날 통용되는 태극도에 관해서 말하면 그것이 누구에게서부터 그림 중에 흑백의 작은 원점을 만들었는지를 알 수가 없다.

제 9 장
도가역의 주요정신

제 1 절 주관적인 입장
──「큰 덕은 모두 도에서 나온다」

앞에서는 도가역의 철학체계를 이야기하였고 여기에서는 도가역의 철학정신에 관하여 토론하도록 하겠다. 먼저 주관적 입장 즉 도의 파악이라는 입장에 관해서 이야기하도록 하겠다.

후세의 사람들이 도가철학에 대해서 오해하는 점들은 대부분 《도덕경》의 「자연」「무위」「청정(淸靜)」이나 《장자》에 보이는 「소요」「인시(因是)」「제물」이라는 개념만을 살피기 때문이다. 또 노자의 일생이 어떠했는가 등의 문제는 살펴보지도 않고, 장자가 초나라 왕의 초빙을 거절하고 박의 강가에서 낚시나 즐기는 사실만을 강조하여, 그들의 철학은 소극적이라고 생각하는 것이다. 이것은 확실히 잘못된 인식이다. 그들은 철학자라는 입장에서 철학적 근본을 철저하게 추구하는 사람들이다. 실제적인 행위와 철학적 이론의 일치라는 점에서는 결코 공자와 맹자에 비견하여 조금의 손색도 없다고 할 수 있을 것이다. 공맹의 적극정신에 대해서 인정하지 않을 사람은 없을 것이다. 노장의 적극정신이 공맹과 다른 점은 그것이 완전하게 형이상학적인 도의 추구와 보존을 내재적으로만 추구하여 인간사의 경영과 추구라는 측면에서는 분명하게 표현하지 않기 때문이다. 즉 공맹의 적극적인 정신은 사회와 인간을 떠나서는 표현되지 않고, 노장의 적극정신은 구석으로 물러나서 사고하고 이해하는 것이기 때문이다. 후대의 사람들이 노자와 장자가 세상을 다스리는 데에 관심을 두지 않고 유유자적하는 것만을 보고 소극적이라고 생각하는 것은 노장철학의 본질을 파악하고 있지 못한 것이다. 그들의 적극적 정신의 노력이나 표현은 오히려 유유자적의 고요함이라는 경지 속에서 찾을 수 있을 것이다. 단순히 노장의 유유자적하는 바깥 모습만을 보고서는 그들이 내심으로 추구하고 보존하려는 이상이 무엇인지를 살필 수가 없을 것이기 때문이다. 그렇게 하여서는 참된 노장의 본질을 발견할 수도 없고, 알 수도 없는 것이다.

내가 《노자》를 읽을 때 첫번째로 받는 큰 느낌은 바로 노자가 「도」를 보존하려는 끈질김이다.

"나는 홀로 남들과 달리 생의 근원을 소중히 여긴다."[1]
"큰 덕의 모습은 오로지 도로부터 나온다."[2]
"무거운 것은 가벼운 것의 근본이 되고, 고요한 것은 시끄러운 것의 근본이 된다. 그러므로 성인은 온종일 경쾌한 무거움과 고요함을 떠나지 않으면서 일을 행한다."[3]
"큰 도의 모습을 알게 되면 천하의 어디를 가든지 방해할 것이 하나도 없다. 그러므로 항상 마음이 편안하고 화평하고 태평하다."[4]

이와 같은 말들이 여러 군데에 산재해 있다. 동시에 그가 다른 사람들과 어울리지 않고 홀로 있는 것에 관해 말하고 있다.

"세상의 사람들은 기뻐 웃으면서 소나 양의 맛있는 고기를 즐기며 봄동산에 오른 듯하다. 그러나 나만은 텅 빈 마음으로 평안하고 고요하게 있다. 세속적인 욕망은 낌새조차 보이지 않는 것이 마치 갓난아이가 아직 웃을 줄도 모르는 것과 같구나. 피로한 모습이 돌아갈 데 없는 것 같구나. 세상 사람들은 모두 똑똑하고 분명한 것 같은데 나만 홀로 흐리고 어둡기만 하다. 세상 사람들은 사리에 밝고 빈틈없이 잘 살피는데, 나만 홀로 사리에 어둡고 어리석다. 바

---

1) 《노자》 제 20 장 「我獨異於人而貴食母.」
2) 《노자》 제 21 장 「孔德之容, 唯道是從.」
3) 《노자》 제 26 장 「重爲輕根, 靜爲躁君, 是以聖人終日行不離輜重.」
4) 《노자》 제 25 장 「執大象, 天下往, 往而不害, 安平太.」

다처럼 안정되고 고요하며 끝없이 흘러가는 매지 않은 배처럼 구속됨이 없구나. 세상 사람들은 모두 쓸모가 있지만 나만 홀로 완고하여 촌스럽기만 하네."5)

"천하의 사람들은 모두 나의 도는 큰 것 같으나 어리석다고 말한다. 오직 크기 때문에 어리석은 것 같다. 만일 현명하였다면 그것이 작은 것이 된 지가 이미 오랠 것이다."6)

"나의 말은 매우 알기 쉽고 또 매우 실천하기 쉽다. 그런데 천하의 사람들은 이것을 알지 못하며 실행하지도 못한다. 나의 말에는 말의 근원적인 것이 있고, 일에는 근본적인 것이 있다. 그러나 오직 무지하므로 나를 알지 못한다. 나를 아는 자는 드물다. 나를 알면 귀하게 된다. 그러므로 성인은 남루한 굵은 베옷을 입었지만 가슴에는 보배를 품고 있다."7)

노자가 부딪힌 이러한 느낌은 공자가 뜻을 얻지 못한 때의 상태와 똑같다. 공자는 뜻을 얻지 못하여서도 인간의 입장을 견지하였고, 노자는 도의 입장을 견지하여 두 사람의 철학적 중심은 다르지만 철학적 연구에 진력을 다하는 정신은 마찬가지이다. 공자의 유가역은 초월로 향하는 데(천인합덕) 있다. 그러나 그 강조점은 인간에 있기 때문에 인간사의 경영이라는 것에 일단 들어가게 되면 계획적이지 않을 수가 없기 때문에 갈수록 복잡하게 되어 사람들은 왕왕 복잡한 세절과 예의에 빠져서 중요함에도 오히려 잊어버리는 것이다. 이런 이유에서 후대의 유가들은 두 가지 나쁜 결과를 만들어놓았다. 하나는 흉금을 좁게 만들어서 시야가 항상 수신(修身)이라는 문제에 고정되어버린 것이고, 두번째로 행동이 항상 구속되어 큰일을 감히 하지 못하는 것이다. 공자가 사람들에게 모든 행위를 예(禮)에 합하라고 한 근본 의도는 사람들이 이러한 기초적인 수신공부를 통하여 더욱 나아가 천도의 경지에 도달하게 하려는 것에 있다. 그러나 대부분의 사람은 평생토록 이러한 일단의 과정을 지나가지 못하고 수신에만 빠져버리게 된다. 수신하는 가운데에서 스스로를 구제하지 못하

---

5) 《노자》 제 20 장 「衆人熙熙, 如享太牢, 如春登臺, 我獨泊兮其未兆, 如嬰兒之未孩, 儽儽兮若無所歸. 衆人皆有餘, 而我獨若遺, 我愚人之心也哉! 沌沌兮, 俗人昭昭, 我獨昏昏, 俗人察察, 我獨悶悶, 澹兮其若海, 飂兮若無止, 衆人皆有以, 而我獨頑似鄙.」
6) 《노자》 제 67 장 「天下皆謂我道大, 似不肖, 夫唯大, 故似不肖, 若肖, 久矣其細也夫!」
7) 《노자》 제 70 장 「吾言甚易知, 甚易行, 天下莫能知, 莫能行. 言有宗, 事有君, 夫唯無知, 是以不我知. 知我者希, 則我者貴, 是以聖人被褐懷玉.」

는 것이다. 사마담(司馬談)은 이것을 비판하여 말하기를, "애쓴 것에 비해서 공이 너무 적다."라고 하였다. 노자의 철학은 이러한 폐단에 대해서 확실히 하나의 방향을 제시하고 있다. 처음부터 그는 도를 파악하라고 말하여 직접적으로 도로 관심을 돌려 도에 합하기를 추구하였다. 눈을 크게 뜨고 도로서 사물을 보고, 일체의 모든 장애를 씻어서 제거하는 것을 일러서 「현람(玄覽)」이라고 하는 것이다. 모든 한계를 넘어서서 물(物)과 합일하여 일체의 모든 것이 크나 큰 작용의 변화 속으로 돌아가는 것을 일러 「현동(玄同)」이라고 한다. 천지가 만물을 생장하고 양육하는 것을 본받아 작은 인의(仁義)에 구애되지 않는 것을 일러 「현덕(玄德)」이라고 한다. 현람, 현동, 현덕의 관점하에서 인간의 자연스러운 정신은 몸뚱이를 초탈하여 대도의 큰 흐름 속으로 들어가게 되는 것이다. 이러한 위로 초월하는 철학정신은 유가역학의 폐단을 보충하여 중국문화를 실제적이면서도 초월적이고, 세밀하면서도 광대하게 만들어주는 것이다. 여기에서 우리는 노자의 위대한 철학정신을 찬양하지 않을 수 없게 되는 것이다.

현람, 현동, 현덕의 「현」이라는 것은 「현빈(玄牝)」의 현과 같다. 이것은 바로 노자의 형이상학적인 의미를 대표하는 말이다. 그가 인간 자아의 정립을 도에서 찾고 도의 입장에서 만물을 살피는 것은 사물의 형상적인 차별을 제거하려는 것이다. 그러므로 현의 의미라는 것은 바로 개별적인 차별에 빠지지 않음을 표시하는 것이다. 현람, 현동, 현덕의 세 가지는 노자가 말하는 「모든 덕은 도에서부터 나온다」라는 입장에서 나오는 필연적인 결과이다. 아래에서는 이것들을 간단하게 살펴보도록 하겠다.

(1) 현람(玄覽)

노자의 제 10 장에서,

"혼백이 하나로 통일되면 서로 떠남이 없지 않겠는가? 기를 전일하게 모으고 부드럽게 하면 어린아이처럼 순진하게 할 수 있지 않겠는가? 더럽혀지고 물들여진 것을 씻어내고 심오한 경지에서 살펴보면 하나의 흔적도 없지 않겠는가?"[8]

---

8) 《노자》 제 10 장 「載營魄抱一, 能無離乎? 專氣致柔, 能嬰兒乎? 滌除玄覽, 能無疵乎?」

이것은 노자가 물음의 형식으로 그의 철학적 주장을 설명하는 것이다. 첫번째 묻는 의미는 도를 지켜서 잃어버리지 말라는 것을 가리키고, 두번째의 물음은 도의 자연스러운 변화에 맡겨서 인위적인 것을 가하지 말라는 것을 말한다. 세번째의 물음은 도의 관점으로 만물을 보아 어떠한 장애도 받지 말라는 것을 말한다.

현람의 「람」자는 감(監)과 견(見)이라는 말로 구성되어 있다. 감의 뜻은 「아래로 향하는」 것으로 아래를 향하여 관찰하는 것을 의미한다. 「더럽혀지고 물들여진 것을 씻어내고 심오한 경지에서 살펴보면 흠되는 것을 찾을 수가 없지 않겠는가?」라는 것은 사물의 모습을 완전히 초탈하여서 사물을 보는 것으로 사물의 본질만을 살피고, 결코 사물의 형태에 구애되지 않는 것을 말한다. 이렇게 되어 드러나는 사물은 이미 형상적인 사물이 아니고 도의 자연스러운 변화인 것이다. 오직 이와 같아야만이 비로소 만물의 본래적인 상태를 통찰할 수 있게 되는 것이다. 또 16장에서,

"지극히 공허한 데 이르고 고요함을 돈독히 지키면 만물은 일제히 일어난다. 나는 만물이 되돌아오는 것을 본다. 모든 사물은 다양하지만 각각 그 근본으로 돌아간다. 근본으로 돌아가는 것을 고요함이라 하고 천명으로 돌아왔다고 말한다. 천명으로 돌아옴을 일러 불변의 것이라 하고, 불변한 것을 아는 것을 밝음이라 한다. 불변한 것을 모르면 멋대로 날뛰어 흉하게 된다. 영원불변한 것을 아는 것을 포용성이라 하고, 그 포용성은 공정하고, 공정함은 왕도이며, 왕도는 천도이고, 천도는 바로 도이다. 도는 영원하여서 이 도를 따르면 죽을 때까지 위태롭지 않을 것이다."[9]

만물의 생생을 통하여 도가 변화하는 상(常)을 보는 것은 바로 「현람」의 기능이다. 다시 도의 보편존재라는 입장에서 본다면 제39장을 예를 들어 설명할 수 있을 것이다.

"옛날부터 일자를 얻은 것이 있다. 하늘은 일자를 얻어서 맑고, 땅은 일자를 얻어서 편안하며, 신은 일자를 얻어서 신령하고, 계곡은 일자를 얻어서 가득

---

9) 《노자》 제16장 「致虛極, 守靜篤, 萬物並作, 吾以觀復. 夫物芸芸, 各復歸其根, 歸根曰靜, 是謂復命. 復命曰常, 知常曰明. 不知常, 妄作, 凶. 知常, 容. 容乃公, 公乃王, 王乃天, 天乃道, 道乃久, 沒身不殆.」

채우고, 만물은 일자를 얻어서 생성하고, 군주는 일자를 얻어서 천하를 정의롭게 한다. 그 극치에 있어서는 하나로 일치하는 것이다. 하늘이 맑을 수 없다면 장차 분열할 것이고, 땅이 편안할 수 없다면 장차 황폐할 것이다. 신이 신령할 수 없다면 장차 정지될 것이고, 계곡이 채워질 수 없다면 장차 고갈될 것이다. 만물이 생성할 수 없다면 장차 소멸될 것이고, 군주가 정의롭지 못하면 장차 전복될 것이다. 그러므로 귀한 것은 천한 것을 근본으로 삼고 높은 것은 낮은 것을 기반으로 삼는다. 이런 까닭에 군주는 스스로 고독(孤獨)·과덕(寡德)·불선(不善)하다고 하니 이것은 그 천한 것으로 근본을 삼는 것이 아니겠는가? 그러므로 지극한 예찬은 없고 사물을 옥처럼 고귀하게만 보고자 하지 않고 돌처럼 천하게만 보려고 하지 않는다."10)

「하늘」「땅」「신」「계곡」「만물」「군주의 맑음」「편안함」「신령함」「가득 참」「생성」「천하의 정의로움」 등은 모두 사물의 성질로서 흔적이 된다. 이러한 흔적을 씻어서 없애고 현람에 들어가서 그것들이 그러한 바를 보게 된다면 이 「일자」 아닌 것이 없는 것이다. 일이라는 것은 비범한 사람들이 보는 것이고 귀하게 여기는 것이다. 보통의 사람들이 귀하게 여기는 것은 맑음, 평안함, 심령스러움, 가득 참, 생성, 정의로움 등일 뿐이다. 이 「일(一)」은 현람에 근거하여서 나타난다. 이 일이야말로 만물의 근본이고 본질이다. 여기에 이르면 노자의 일자라는 것은 이미 말로서 설명할 수 없는 도인 것이다. 하늘의 맑음이나 땅의 편안함이라는 것은 모두 현람의 흔적으로서 이른바 제 38 장에서 말하는 「도의 허황한 외부(道之華)」이다. 즉 노자가 말하는 "이런 까닭에 대장부는 후하게 살며 야박하게 살지 않는다. 진실하게 살고 허황함에 처하지 않는다."11)라는 것이다.

　노자의 「현람에는 흔적이 없다」는 입장은 장자에서 계승되어 더욱 발휘되는데 〈제물론〉 속의 한 문단을 예로 들어 설명해 보겠다.

---

10) 《노자》 제 39 장 「昔之得一者, 天得一以淸, 地得一以寧, 神得一以靈, 谷得一以盈, 萬物得一以生, 侯王得一以爲天下貞. 其致之. 天無以淸將恐裂, 地無以寧將恐發, 神無以靈將恐歇, 谷無以盈將恐竭, 萬物無以生將恐滅, 侯王無以貴高將恐蹶. 故貴以賤爲本, 高以下爲基, 是以侯王自謂孤寡不穀, 此非以賤爲本邪？ 非乎？ 故致數輿無輿, 不欲碌碌如玉 珞珞如石.」

11) 《노자》 제 38 장 「是以大丈夫處其厚不居其薄, 處其實不居其華.」

"설결이 왕예에게 물었다. 선생님께서는 모든 사물이 같다는 것을 알고 계십니까? 내가 어떻게 알겠는가? 라고 대답하였다. 그러면 선생님께서는 무엇을 모르고 있는가를 알고 계십니까? 내가 어떻게 알고 있겠는가? 라고 대답하였다. 그러면 만물도 모르고 있는 것입니까? 내가 어떻게 알겠는가? 그러면 몇마디 해보도록 하지. 내가 안다고 하는 것을 어찌 안다고 할 수 있고 이른바 내가 모른다는 것을 어찌 모른다고만 할 수 있겠는가? 내 너에게 묻겠는데 사람이 습기찬 곳에서 자면 허리병을 앓아서 끝내는 반신불수로 죽게 되는데 미꾸라지도 그렇던가? 사람이 나무에 오르면 버들버들 떠는데 원숭이도 그렇던가? 이 세 가지 중에서 누구의 거처가 옳다고 생각하는가? 사람은 고기를 즐기고, 사슴은 풀을 먹고, 큰 지네는 뱀을 즐겨 먹고, 올빼미와 까마귀는 쥐를 즐겨 먹으니 도대체 이 네 가지 중에서 누가 진정한 맛을 안다고 생각하는가? 원숭이는 편저를 암컷으로 삼고, 숫사슴은 암사슴과 교미하고, 미꾸라지는 고기들과 짝을 지어 자기들끼리 노닌다. 모장과 여희는 절세미인이지만 물고기는 그들을 보고 깊은 물 속으로 들어가버리고, 새들은 그들을 보면 하늘 높이 날아가버리고, 사슴들이 그들을 보면 겁을 먹고 도망쳐버릴 것이다. 그러면 이 네 가지 중에서 누가 천하의 아름다움을 안다고 생각하는가? 내가 보기에는 인위의 분별이나 시비의 길은 복잡하게 헝클어져 내 어찌 그것들을 분별하여 알 수 있겠는가? 하고 대답하였다. 설결이 말하기를, 선생께서는 이해를 모르고 있습니다. 그러면 지극한 덕을 가진 사람도 이해를 모르고 있습니까? 왕예가 대답하기를, 지인은 신비롭다. 온산이 훨훨 타올라도 그를 태우지 못하고, 큰 강이 얼어붙어도 그를 춥게 하지 못하고, 산을 찌르는 우뢰와 바다를 뒤집는 폭풍이 밀려온다 하여도 그를 놀라게 하지는 못한다. 그와 같을 뿐만 아니라 지인은 구름을 타고 해와 달의 고삐를 붙잡고 사해의 바깥에서 노닐어 생사와는 아랑곳없으니, 하물며 이해를 따지겠는가?"[12]

---

12) 《莊子》〈제물론〉「齧缺問乎王倪曰, 子知物之所同是乎? 曰, 吾惡乎知之. 子知子之所不知邪? 曰, 吾惡乎知之. 然則物無知邪? 曰, 吾惡乎知之. 雖然, 嘗試言之, 庸詎知吾所謂知之非不知邪? 庸詎知吾所謂不知之非知邪? 且吾嘗試問于女. 民濕寢則腰疾偏死, 鰌然乎哉? 木處則惴慄恂懼, 猨猴然乎哉? 三者孰知正處? 民食芻豢, 麋鹿食薦, 蝍蛆甘帶, 鴟鴉耆鼠, 四者孰知正味? 猨, 猵狙以爲雌, 麋與鹿交, 鰌與魚游, 毛嬙麗姬, 人之所美也, 魚見之深入, 鳥見之高飛, 麋鹿見之決驟, 四者孰知天下之正色哉? 自我觀之, 仁義之端, 是非之塗, 樊然殽亂, 吾惡能知其辯? 齧缺曰, 子不知利害, 則至人固不知利害乎? 王倪曰, 至人神矣, 大澤焚而不能熱, 河漢沍而不能寒, 疾雷破山風振海而不能驚. 若然者, 乘雲氣, 騎日月, 而遊乎四海之外, 死生無變於己, 而況利害之端乎?」

위에서 인용한 긴 문장은 먼저 현람이 일반적인 지식 속에 놓여 있지 않고 있음을 말한다. 만약에 그런 지식에 놓여져 있다면 그것은 순수한 도가 아니기 때문에 흔적을 가지게 된다. 동시에 만약 무지 속에 빠져들게 된다면 생동적 도가 될 수 없을 것이다. 일체의 흔적 속에 떨어지지 않기 때문에 만물은 각각 바른 자리, 참된 맛, 참된 미인을 얻게 되는 것이다. 아래에서 설결이 「선생님은 이해를 모르십니까?」라고 다시 묻는 말은 바로 설결이 이해의 관점에서 묻고 있음을 말하는 것이다. 왕예의 말을 들어보면 왕예는 이미 이해의 시비를 따지는 지식이라는 것을 버리고 있다. 지인(至人) 역시 왕예처럼 이해 득실을 모르기 때문에 참된 도를 알 수 있고, 사물 가운데에서 놀면서도 사물의 흔적에 구애받지 않게 되는 것이다. 위의 인용문은 처음 볼 때에는 노자가 말하는 현람과 관계가 없는 것 같지만, 자세히 살펴보면 노자의 의미를 완전하게 발휘하고 있음을 알게 될 것이다. 장자야말로 참으로 노자철학을 바르게 알고 이해하는 사람이다.

(2) 현동(玄同)

노자의 제56장에서,

"아는 사람은 말하지 않고 말하는 사람은 알지 못한다. 그 구멍을 막고 문을 닫으며, 그 날카로움을 꺾고 그 어지러움을 풀며, 그 빛나는 것을 부드럽게 하여 티끌과 같이 하는 것을 일러 현동이라고 한다. 그러므로 얻었다고 하여 친근히 할 수도 없고, 얻었다고 하여 소홀히 할 수도 없고, 얻었다고 하여서 이롭게 할 수도 없고, 얻었다고 하여서 해롭게 할 수도 없고, 얻었다고 하여서 귀하게 할 수도 없고, 얻었다고 하여서 천하게 할 수도 없는 것이다. 그러므로 천하에서 귀하게 되는 것이다."[13]

참되게 아는 자는 아는 대상 속으로 들어가서 아는 바의 도와 하나가 되는

---

13) 《노자》 제56장 「知者不言, 言者不知. 塞其兌, 閉其門, 挫其銳, 解其分, 和其光, 同其塵, 是謂玄同. 故不可得而親, 不可得而疏, 不可得而利, 不可得而害, 不可得而貴, 不可得而賤. 故爲天下貴.」

것이므로 얻었다고 하여서 말할 수 없는 것이다. 얻었다고 하여서 말하는 것은 아는 바의 도 바깥으로 나와서 도와 서로 대립되기 때문에 모르게 되는 것이다. 이와 같이 문이나 구멍도 없이 빛을 좋아하고 티끌과 함께 하여야 비로소 도와 현동할 수 있게 되는 것이다. 이미 이와 같이 크게 하나로 통하게 되는 것은 당연히 친소, 이해, 귀천 등을 모두 얻어서 분별하여 상대적인 것으로 만들 수는 없는 것이다. 노자가 여기에서 말하는 현동이라는 것은 바로 제23장에서 말하는 것이다.

"그러므로 도를 쫓아 행동하는 사람은 도에 동화되고, 덕을 쫓아 행동하는 사람은 덕에 동화되며, 잘못된 것을 쫓는 사람은 잘못에 동화된다. 도에 동화되는 사람은 도 또한 그를 얻어 즐거워할 것이고, 덕에 동화되는 사람은 덕 또한 그를 얻어 즐거워할 것이고, 잘못에 동화되는 사람은 잘못 또한 그를 얻어 즐거워할 것이다."[14]

「도를 쫓아 행동하는 사람은 도에 동화되고」라는 것은 도를 추구하는 자와 도가 하나가 되는 것을 말한다. 그러나 도는 결코 절대 부동의 고요한 단계에 있는 것이 아니라, 생동적으로 변화하는 작용이다. 그 현실의 인간이나 물의 세계로 말한다면 얻음도 있고 잃어버림도 있다. 얻음이라는 것도 도이고, 잃어버린 것 역시 도이기 때문에 득실은 도에 어긋나지 않는 것이다. 인용문 중에서 말하는 「얻어서 즐거워한다」는 것은 도에 합치됨이 조금의 어긋남도 없다는 것을 말하는 것이다.

도에 현동하였다는 것은 바로 만물에 현동하고 있다는 것이다. 왜냐하면 도와 만물이라는 것은 분리되어 있지 않기 때문이다. 여기에서 하나를 알아서 많은 것을 아는 것은 하나의 도에 통하여서 천하 만물의 이치를 아는 것으로, 제47장에서 이 현동을 기초로 하여 말하는 것이다.

"문밖에 나가지 않고서도 천하를 알고 창밖을 엿보지 않고서도 천도를 알 수 있다. 멀리 나가면 나갈수록 그 아는 것은 더욱 줄어든다. 그러므로 성인은

---

14) 《노자》 제23장 「故從事於道者, 道者同於道, 德者同於德, 失者同於失. 同於道者道亦樂得之, 同於德者德亦樂得之, 同於失者失亦樂得之.」

가지 않고도 알며, 보지 않고도 말할 수 있고, 함이 없어도 완성한다."[15]

「멀리 나가면 나갈수록 그 아는 것이 더욱 줄어든다」는 것은 탐구라는 말과 연관된다. 만약에 바깥 사물에 대한 탐구라는 것을 강조하게 되면 상대적인 것에 빠지게 된다. 상대적이게 된다면 그 완전함을 얻을 수가 없고 다만 한 부분만을 얻을 수 있게 되는 것이다. 바깥으로 탐구하는 범위가 더욱 멀면 멀수록 더욱 정밀하고 세밀한 것이 요구되지만, 참으로 아는 바는 더욱 줄어들게 되는 것이다. 이와는 반대로 문밖으로 나가지 않고, 창문으로 엿보지 않는다는 것은 바깥으로 탐구하지 않는다는 의미로서 이미 도와 하나가 된 것을 말한다. 도는 없는 곳이 없기 때문에 문과 창문의 제한을 받지 않는다. 이것은 상대적이지 않고 절대적이기 때문에 그 아는 것이란 완전한 것이다. 노자가 몇 구절의 간단한 말로서 그렇게 큰 도를 설명하고 있는 것은 참으로 대단한 것이 아닌가?

노자가 말하는 현동에 대해서 더 이상 이야기할 필요는 없다. 《도덕경》의 5000어 속에서도 이 뜻을 자주 설명하고 있다. 여기에서 이야기하지 않을 수 없는 것은 〈제물론〉 속의 일단의 문장이다.

"손가락으로 가리켜 보이는 것과 같은 종류의 사물을 들어 가리켜 보이는 사물에 대한 판단이 옳지 않음을 밝히기보다는, 다른 종류의 사물을 들어 상대방이 가리켜 보이고 있는 사물에 대한 판단이 정당하지 않음을 밝히는 것이 좋다. 말을 가지고 백마가 말이 아니라고 설명하는 것보다는 말이 아닌 것을 가지고 백마가 말이 아니라고 해설하는 것이 낫다. 천지도 하나의 손가락이 가리키는 사물이고, 만물은 한 마리의 말이라고 할 수 있다. 가한 것을 일러 가하다고 하고, 불가한 것을 일러 불가하다고 하고, 그것은 마치 없었던 길을 사람이 감으로서 길이 이루어지는 것과 마찬가지로 만물도 역시 그러하다. 본래 없었던 이름을 사람이 만들어 부르게 된 것이다. 왜 그렇다고 하는가? 그것은 남들이 그렇다고 긍정하기 때문에 따라서 긍정하게 된 것이다. 그렇지 않다고 하는 것은 남들이 그렇지 않다고 부정하기 때문에 그렇게 된 것이다. 만물 역시 그러하고, 그리고 가하고 불가한 것도 있다. 이것은 또한 옳지 못할

---

15) 《노자》 제 47 장 「不出戶, 知天下, 不闚牖, 見天道. 其出彌遠, 其知彌少. 是以聖人不行而知, 不見而名, 不爲而成.」

것도 없고, 불가할 것도 없다는 것이다. 예를 들어 본다면 가로와 세로로 선 기둥, 문둥이와 서시 이들은 가로와 세로, 아름다움과 추함으로 서로 상대되고 있으나 초월적인 입장에서 본다면 그것은 하나이다. 분산한다는 것은 생성하는 것이요, 생성한다는 것은 소멸하는 것이다. 모든 사물에는 생성과 소멸의 분별없이 하나로 통하는 것이다. 오직 도를 통달한 사람만이 통달하여서 하나라는 진리를 알게 된다. 그러므로 자기의 편견을 버려버리고 도에 맡겨버리는 것이다. 작용이란 것은 자연과 하나로 통하게 되는 것이고 통한다는 것은 얻음을 말한다. 얻게 되었을 때에는 도에 가까워질 수 있게 되는 것이다. 이것은 바로 자연에 맡겨버리는 것이다. 이 때문에 비록 자연 그대로인 도를 따를 뿐인 것이다."[16]

인용문 중의 「통하여서 하나가 된다」는 것은 바로 노자가 말한 현동이다. 현동이기 때문에 「손가락으로 가리켜 보이는 것과 같은 종류의 사물을 들어 가리켜 보이는 사물에 대한 판단이 옳지 않음을 밝히기보다는, 다른 종류의 사물을 들어 상대방이 가리켜 보이고 있는 사물에 대한 판단이 정당하지 않음을 밝히는 것이 좋다. 말을 가지고 백마가 말이 아니라고 설명하는 것보다는 말이 아닌 것을 가지고 백마가 아니라고 해설하는 것이 낫다」는 것이다. 왜냐하면 손가락으로 가리켜 보이는 것과 말을 먼저 든다는 것은 상대적인 것에 빠져버린 것이고, 「다른 종류의 사물을 들어 상대방이 가리켜 보이고 있는 사물에 대한 판단이 정당하지 않음을 밝히는 것」과 「말이 아닌 다른 것을 들어서 백마가 아니라고 하는 설명」은 도의 관점에서 사물을 보는 것으로 절대의 입장에서 보는 것이다. 도로서 사물을 보아야만 비로소 인용문의 뒤에서 말하는 상대를 초월한 입장에서 하나의 분별이 없는 결과를 가질 수 있는 것이다. 문장의 마지막에서 말하는 「도를 따를 뿐이다」라는 것은 고대 희랍철학에서 말하는 「인간은 만물의 척도이다」라는 입장으로 빠져서는 안 된다는 것을 말한다. 장자가 말하는 것은 결코 사람이 감각에 따라서 멋대로 움직이라는 것

---

16) 《장자》〈제물론〉「以指喩指之非指, 不若以非指喩指之非指也. 以馬喩馬之非馬, 不若以非馬喩馬之非馬也. 天地, 一指也, 萬物, 一馬也. 可乎可, 不可乎不可. 道行之而成, 物謂之而然. 惡乎然? 然於然, 惡乎不然, 不然於不然. 物固有所然, 物固有所可. 無物不然, 無物不可. 故爲是擧莛與楹, 厲與西施, 恢恑憰怪, 道通爲一. 其分也, 成也, 其成也, 毁也, 凡物無成與毁, 復通爲一. 惟達者知通爲一, 爲是不用而寓諸庸. 庸也者, 用也, 用也者, 通也, 通也者, 得也. 適得而幾矣. 因是已.」

이 아니라 어디까지나 도의 입장에서 만물을 대하여야 한다는 의미이다. 이와 같이 되었을 때 모든 곳에 통하는 도를 잃어버리지 않게 되는 것이다. 희랍의 궤변론자들은 현동의 도를 깨닫지 못하였기 때문에 바깥 대상에만 부착되어 진리를 개인적인 성향에 따라서 멋대로 말하는 것으로 만들어 참된 진리를 잃어버렸다.

(3) 현덕(玄德)

《노자》에서 「현덕」을 말하는 곳은 세 군데이다. 제 10 장에서,

"생하게 하고 기른다. 생하게 하면서도 소유하지 않고, 함이 있으면서도 자랑하지 않으며, 생장시키면서도 주재하지 않는다. 이것을 일러 신비로운 덕 즉 현덕이라고 한다."[17]

제 51 장에,

"도는 낳고 덕은 기르고 물은 형태를 가지고 형세는 이루어진다. 그러므로 만물은 도와 덕을 존귀하게 여기지 않는 것이 없다. 도를 높이고 덕을 귀하게 여기는 것은 누가 명령하여서 그런 것이 아니라 항상 스스로 그러한 것이다. 그러므로 도는 낳고, 덕은 기르고, 자라게 하며, 키우고, 안정시키고, 양성하고, 보호한다. 낳고서도 소유하지 않으며, 함이 있으면서도 자랑하지 않고, 기르면서도 주재하지 않는 것을 일러 현덕이라고 한다."[18]

제 65 장에,

"옛날에 도를 잘 실천한 사람은 백성을 현명하게 만들지 않고 어리석게 만

---

17) 《노자》 제 10 장 「生之畜之, 生而不有, 爲而不恃, 長而不宰, 是謂玄德.」
18) 《노자》 제 51 장 「道生之, 德畜之, 物形之, 勢成之, 是以萬物莫不尊道而貴德. 道之尊, 德之貴, 夫莫之命而常自然. 故道生之, 德畜之, 長之, 育之, 亭之, 毒之, 養之, 覆之, 生而不有, 爲而不恃, 長而不宰, 是謂玄德.」

들었다. 백성들을 다스리기에 곤란한 것은 그들이 지혜를 가졌기 때문이다. 그러므로 지혜를 가지고 나라를 다스리는 것은 나라의 도적이 되고, 지혜로서 나라를 다스리지 않는 것은 나라의 복이 된다. 이 두 가지는 또한 불변의 법칙이 된다는 것을 알아야 한다. 이 법칙을 아는 것이 바로 현덕이다."[19]

앞의 두 곳에서는 현덕을 「생하여서도 소유하지 아니하고, 함이 있으면서도 자랑하지 아니하고, 길러주면서도 주재하지 않는」 정신으로 말하고 있다. 마지막 구절에서는 「항상 불변의 법칙을 아는 것」으로 말하고 있는데 「불변의 법칙」이라는 것은 도에 합하는 법칙을 말한다. 나라를 다스리는 자는 도에 합하는 불변의 법칙을 항상 알아서 나라를 다스려야 한다. 이것이 바로 현덕이다. 바로 여기에서는 정면으로 현덕의 정신을 드러내고는 있지 않지만 도로 돌아가는 것은 똑같은 이치이다.

현덕과 현람, 현동은 모두 도의 「위대한」 표현이다. (이것은 제 25 장의 "나는 그 이름을 알 수 없어서 억지로 말하여 도라 하고, 억지로 이름하여 크다라고 한다."[20]에서 나온 것이다.) 현람으로부터 도의 크나 큼을 보고, 현동으로부터 도의 변화의 위대함을 보고, 현덕으로부터 도의 기능이 무한함을 보는 것이다. 도가 만물을 생장하는 것은 자연스러운 성질에서 나온 것으로 원래 「덕(德)」이라는 말은 없었다. 왜냐하면 완전히 덕에 근거하지 않고서도 그 큰 덕을 이룰 수 있기 때문이다. 이른바 "큰 덕은 덕이 아니기 때문에 덕이 있게 되는 것이다."[21] 제 34 장에서,

"큰 도는 홍수처럼 범람하여 왼쪽에도 오른쪽에도 모두 있다. 만물은 그것을 믿고서 사는데 도는 그들을 거절하지 않는다. 공덕을 이루고서도 이름을 드러내거나 소유하려고 하지 않는다. 만물을 옷처럼 따뜻이 덮어 기르지만 주재하지 않는다. 항상 욕심이 없어서 작다고 이름할 수 없고, 도는 끝까지 스스로를 크다고 생각하지 않기 때문에 능히 그 큼을 이룰 수 있는 것이다."[22]

---

19) 《노자》 제 65 장 「古之善爲道者, 非以明民, 將以愚之. 民之難治, 以其智多. 故以智治國國之賊, 不以智治國國之福. 知此兩者亦稽式, 常知稽式, 是謂玄德.」
20) 《노자》 제 25 장 「吾不知其名, 字之曰道, 強爲之名曰大.」
21) 《노자》 제 38 장 「上德不德, 是以有德.」
22) 《노자》 제 34 장 「大道氾兮其可左右, 萬物恃之而生而不辭, 功成不名有, 衣養萬物而不爲主. 常無欲可名於小, 萬物歸焉而不爲主可名爲大, 以其終不自爲大, 故能成其大.」

도의 덕은 이와 같다. 성인은 도로서 스스로 처하기 때문에 《노자》에서 말하는 성인은 현덕을 가지고 있지 않는 자가 없다. 서술의 편리를 위해서 잡다한 인용문은 생략해버리고, 아래에서는 몇 개의 중요한 구절만 이야기하도록 하겠다.

"그러므로 성인은 무위로 일을 처리하고 말하지 않는 가르침을 행한다. 만물을 기르는 데 노고를 아끼지 아니하고 만물을 생하게 하면서도 소유하지 않고 함이 있으면서도 자랑하지 않고 공을 이루었으면서도 자처하지 아니한다. 오직 공로를 자처하지 않기 때문에 공로가 사라지지 않는 것이다."[23]

"그러므로 성인은 오직 하나의 도만을 지켜서 천하의 모범으로 삼는다. 스스로 나타내지 않음으로 현명해지고, 스스로 옳다고 주장하지 않음으로 오히려 드러난다. 스스로 뽐내지 않음으로 성공할 수 있고, 스스로 자랑하지 않기 때문에 오히려 그 공은 오래 갈 수 있다. 오로지 다투지 아니하는 까닭에 천하가 그와 더불어 다툴 수가 없는 것이다."[24]

"그러므로 성인은 항상 선으로 다른 사람을 구하기 때문에 버리는 사람이 없다. 항상 선으로 다른 것들을 구하기 때문에 버리는 것이 없는데 이것을 일러 습명이라 한다."[25]

"성인은 고정된 마음이 없고 백성들의 마음을 마음으로 삼는다. 착한 사람을 선함으로 대하고 착하지 않는 사람도 역시 선함으로 대하면 모든 덕은 선하게 되는 것이다. 믿을 만한 사람도 믿고 믿음성이 없는 사람도 역시 믿으면 그 덕은 믿음성이 있게 된다. 성인은 천하에 있어서 무심의 상태로 천하를 위하여 그 마음이 혼연일체가 되므로 성인은 만물을 어린아이로 대하는 것이다."[26]

"그러므로 성인은 함이 있으면서도 자랑하지 않고, 공을 이루었으면서도 자처하지 아니하고, 스스로 현명함을 드러내려 하지 않기 때문에 이러하다."[27]

"성인은 쌓아두지 않고 이미 남을 위하여 다 썼지만, 쓰면 쓸수록 자기에게

---

23) 《노자》 제2장 「是以聖人處無爲之事, 行不言之敎, 萬物作焉而不辭, 生而不有, 爲而不恃, 功成而弗居, 夫唯弗居, 是以不去.」
24) 《노자》 제22장 「是以聖人抱一爲天下式, 不自見故明, 不自是故彰, 不自伐故有功, 不自矜故長. 夫唯不爭, 故天下莫能與之爭.」
25) 《노자》 제27장 「是以聖人常善救人, 故無棄人. 常善救物, 故無棄物, 是謂襲明.」
26) 《노자》 제49장 「聖人無常心, 以百姓心爲心. 善者吾善之, 不善者吾亦善之, 德善. 信者吾信之, 不信者吾亦信之, 德信. 聖人在天下, 歙歙爲天下渾其心, 聖人皆孩之.」
27) 《노자》 제77장 「是以聖人爲而不恃, 功成而不處, 其不欲見賢.」

는 더욱더 있게 되고, 이미 다른 사람을 위하여 주었지만 자기에게는 더욱 많아지게 되는 것이다. 하늘의 도는 이롭게는 하여도 해롭게는 하지 않는다. 성인의 도는 함이 있어도 그 공을 다투지 않는다."[28]

여기에서 인용한 것은 모두 현덕으로서의 성인을 말한 것이다. 이들 문장을 살펴보면 현덕의 의미는 저절로 분명하게 될 것이다. 또한 노자철학이 비록 형이상학적인 도를 탐구하고 있지만 그것이 결코 오늘날과 같은 지식을 위한 지식이라는 입장에서 다루는 형이상학적인 연구가 아니라는 사실이 역시 분명해질 것이다. 노자의 관심은 여전히 현실세계의 문제에 관심이 있는 것으로 이것은 중국철학에서 일관되는 정신이고, 노자 장자 역시 이 범위를 벗어나지 않는다.

제 2 절 노자의 현실에 대한 태도
── 「무위이무불위(無爲而無不爲)」

노자의 현실에 대한 태도는 「도법자연(道法自然)」이라는 것에 근거하고 있다. 전체 우주는 하나의 크나 큰 자연의 도가 조화하여 변화하는 작용이다. 인간과 인간 이외의 다른 모든 만물은 그 속에서 변화하고 있는 것이다. 만약 인간의 작고 작은 지혜를 발휘하여 도에 근거하지 않고 제멋대로 날뛰는 것은 불가능하다. 동시에 노자의 입장에서 본다면 인간은 도에 위배될 수도 없을 뿐만 아니라, 도를 도울 수도 없는 것이다. 인의를 제창하고 성현의 존귀함을 높이는 것은 도에 어떠한 도움도 주지 못하고, 도리어 도의 자연스러움만 어지럽게 만드는 꼴이 되어버릴 것이다. 마치 어린아이가 울고 소란을 떨면서 어머니를 도와 부엌일을 하려는 것은 어떠한 도움도 줄 수 없을 뿐만 아니라, 도리어 방해만 되어서 엄마가 하는 일을 엉망으로 만드는 꼴과 같은 것

---

[28] 《노자》 제 81 장 「聖人不積, 旣以爲人己愈有, 旣以與人己愈多. 天之道利而不害, 聖人之道爲而不爭.」

이다. 그러므로 인간은 도 가운데에서 도라는 하나의 길만 갈 수 있는 것이다. 즉 도의 자연스러움에 따라서 실천할 수 있을 뿐이다. 이런 의미에서 노자는 각기 다른 조건에서 여러 가지 다양한 명칭을 사용하는 것이다. 즉 자연・청정・무위・무사・무욕・부쟁 등이 바로 이런 것들인데, 그중에서 「하는 것이 없으면서 못하지 않는 것이 없는 것(無爲而無不爲)」이 노자의 현실세계에 대한 태도를 대표하는 것으로 볼 수 있다.

먼저 분명한 인식을 위하여 「무위(無爲)」라는 개념에 대해서 설명하도록 하겠다. 이른바 「무위」라는 것은 결코 일반적으로 말하는 어떠한 일도 하지 않는 것이 아니라, 도의 변화에 합치하여서 행하는 것으로, 여기에는 어떠한 인간의 사사로운 지혜가 들어 있지 않는 것이다. 그러면 인간의 사사로운 지혜는 무엇인가? 도의 변화라는 것은 무엇인가?라는 의문을 제기할 수도 있을 것이다. 왜냐하면 《주역》의 철학에 근거하면 인간 역시 도가 변화하고 작용하는 하나의 표현이기 때문에 인간의 사사로운 지혜라는 것은 말할 수 없고, 모두 도에로 귀착하는 것으로 말해야 하는 것이다. 여기에서 독자 여러분들은 앞에서 말한 유가역학 중의 「성명」과 「욕망」의 구별을 기억할 수 있을 것이다. 인간의 마음속에는 본래적인 성명과 욕망이 뒤섞여 있는데, 성명을 따르는 것이 바로 도의 작용을 따르는 것이고, 욕망을 따라서 행하는 것은 인간의 사사로운 지혜를 따르는 것이기 때문이다. 노자의 무위라는 것은 사람들로 하여금 「성명」 속에 있는 사람으로 만들려 하는 것이다. 노자는 다만 성명이라는 말을 사용하지 않았을 뿐이지 결코 다른 내용이 아니다. 그러므로 유가가 천지의 화육에 참여하는 것을 요구하고, 「정도」를 행하라고 요구하지만 노자는 「무위」를 강조하여 사람들이 바르지 못한 도를 행하지 못하게 하는 양자는 실은 똑같은 내용을 말한다.

서양의 희랍 철학에 견유학파(犬儒學派/Cynic School)가 있었는데 이 학파는 어떤 것을 생산해내는 것에 관심을 두지 않았다. 이 때문에 그들의 생활이라는 것은 가장 낮은 수준이었고 심지어 구걸을 하여서도 정신적인 깨끗함과 한가함을 구하려 하였다. 그중 대표적인 학자인 안티스테네스(Antisthenes)는 "나는 물질에 얽매이지 아니하고 물질의 구속에서 해방되었다."라고 말하였다. 그의 가장 유명한 계승자인 디오게네스(Diogenes)는 더욱더 철저하여 그가 가지고 있는 것은 아무것도 없었고, 낮에는 구걸을 하여 연명하고, 밤에는 나무통

속에서 잠을 자고, 물을 마실 때에도 그릇을 사용하지 않고 두 손으로 떠 마시고, 낮에 태양을 쬐는 것을 가장 큰 낙으로 삼는 사람이었다. 이런 인생태도는 중국철학자 특히 유가의 입장에서는 도저히 받아들일 수 없는 입장이다. 노자 역시 그 비자연스러움을 비난할 것이다. 안티스테네스가 물질에 얽매이는 것을 면하여 보자는 동기에서 물질의 구속을 벗어나려는 것은 이미 인위적(人爲的)인 것이다. 하물며 사물과 사물이 교류하는 일상적인 노동을 사물에 구속되는 것으로 보고 있는 것은 더욱 도의 변화와 유행을 파악하지 못한 것이다. 디오게네스의 생활방식은 완전히 타락한 것으로 도와 더불어 변화하지 못하는 장애 속에 들어가 있는 것이다. 견유학파의 사상과 같은 것은 실은 진정하게 자연에 맡겨두고 있는 것이 아니라, 인위적인「마땅히 하여야 할 것을 하지 않는」것에서 나온 것이다. 그것은 인간의 사사로운 지혜에 맡겨서 하지 말아야 할 것을 하는「비도(非道)」이다. 그러나 노자의 무위는 하나의 충실하고도 자족한, 무리 없는 자연스런 생각에서 나온 것이다. 즉 구전되어지는 강구(康衢)노인의 노래와 비슷하다.

"해 뜨면 나아가서 일하고, 해 지면 들어가서 쉬고, 우물을 뚫어서 물을 마시고, 밭을 갈아서 양식을 만드는데, 임금의 힘이 나에게 무슨 힘을 미치겠는가!"[29]

「임금의 힘」이라는 말은 당시에 재위하고 있는 천자의 세력으로 해석할 수 있는데, 더욱 좋게는「도」의 세력으로도 해석할 수 있다. 강구노인은「천자」혹은「도」의 세력이 있음을 느끼지 않고 그 생활과 완전히 합치해 있는 것을 말한다. 강구노인은 매일 매일 일하면서 생활하는데 이것이 바로「무위」이다.

「무위」에서「무불위」를 말하는 것은 당연한 결과이다. 왜냐하면 이미「무위」하여서「도」에 합하면 인간은「도」와 하나가 된다.「도」의 세력은 무궁하여서 그것을 제어할 수 없기 때문에「하는 것이 없으면서 하지 않는 것이 없다」라고 하는 것이다. 바꾸어 말하면 노자의「하는 것이 없으면서 하지 않는 것이 없다」라는 현실에 대한 태도는 역시 그가 말하는「모든 덕은 도에서 나

---

29)「日出而作, 日入而息, 鑿井而飮, 耕田而食. 帝力何有於我哉!」

온다」라는 것에서 근거하는 것이다. 아래에서는 세 부분으로 나누어 살펴보도록 하겠다.

(1) 천하를 다스림

《노자》에서「무위」를 통하여 천하를 다스리는 것에 대한 언급은 여러 곳에서 보인다.

"장차 천하를 얻고자 하여 인위적으로 조작하면 그것은 되지 않을 것으로 나는 생각한다. 천하는 신비로운 그릇과 같아서 인공적으로 조작할 수는 없다. 천하를 인위적으로 조작하려는 자는 그것을 파괴할 것이며, 인위적으로 붙잡으려는 자는 그것을 잃을 것이다. 그러므로 만물은 혹 가기도 하고, 따르기도 하고, 숨을 들이쉬기도 하고 내쉬기도 한다. 강하기도 하고 약하기도 하고, 꺾이기도 하고 떨어지기도 한다. 이러므로 성인은 심한 것, 사치한 것, 교만한 것을 버린다."[30]

"도는 항상 하는 것이 없으면서 하지 않는 것이 없다. 군주가 만약 이 도를 지킨다면 천하 만물은 저절로 화육될 것이다. 화육하지만 조작하려고 하면 나는 이름 없는 순수한 도로 진압할 것이다. 이름 없는 순수한 도로 한다면 반드시 욕망이 없게 될 것이다. 욕심을 내지 않고 고요히 있게 되면 천하는 스스로 안정될 것이다."[31]

"천하를 차지하는 것도 항상 무위로 한다. 하는 일에 이르게 되면 천하는 차지할 수 없게 된다."[32]

"큰 모습을 잡으면 천하가 그에게 돌아갈 것이다. 그에게로 가면 평안하고 평화롭고 태평할 것이다."[33]

"정도로서 나라를 다스리고, 계책으로 군대를 쓰고, 무사로서 천하를 취한다."[34]

---

30) 《노자》 제 29 장 「將欲取天下而爲之, 吾見其不得已. 天下神器, 不可爲也, 爲者敗之, 執者失之. 故物或行或隨, 或歔或吹, 或强或羸, 或挫或隳, 是以聖人去甚, 去奢, 去泰.」
31) 《노자》 제 37 장 「道常無爲而無不爲, 侯王若能守之, 萬物將自化, 化而欲作, 吾將鎭之以無名之樸. 無名之樸, 夫亦將無欲, 不欲以靜, 天下將自定.」
32) 《노자》 제 48 장 「取天下常以無事, 及其有事, 不足以取天下.」
33) 《노자》 제 35 장 「執大象, 天下往, 往而不害, 安平太.」
34) 《노자》 제 57 장 「以正治國, 以奇用兵, 以無事取天下.」

노자의 입장에서 본다면 「도」가 만물을 생성시키고 기르는 것은 바로 성왕이 천하를 잘 다스려 나가는 것과 같다. 도가 만물을 생성시키고 기르는 것은 만물에 맡겨 놓아서 각각의 본성에 따라서 발전하게 하는 것이지 결코 강제하는 것은 아니다. 본성을 방해하여 억지로 하게 하는 것들은 모두 타고난 본성을 왜곡하게 하는 것이다. 도는 그대로 놓아두고서 각자의 본성에 따라서 생하고, 기르고, 자라게 하고, 길러주지만, 만물이 도의 역량이 있음을 느끼지 못하게 한다. 성왕이 천하를 다스리는 것도 마땅히 이와 같아야 한다. 사람은 태어나서 각각 다른 성향을 가지지만 그들의 성향이 다르다는 이유로 인해서 천하가 다스려지는 것을 방해하지는 않는다. 성왕은 다만 모든 것들을 그대로 놓아두고 그들이 자연스럽게 놓아두어 각각의 본성에 따라서 발전하게 만든다. 모든 사람들이 이런 천성의 만족스런 발전을 얻음으로 인하여 천하는 평안하게 되는 것이다. 반대로 천하를 다스리는 사람이 만약에 모든 것들을 그대로 놓아두지 않고, 인위적인 역량을 통하여 변화시키고, 권고하거나 혹은 못하게 하면 아무리 훌륭한 정치적 조치라 하여도 끝내는 모든 백성들에게 만족을 줄 수는 없는 것이다. 사람들의 본성이 발전하는 데 장애가 있다고 한다면 백성들은 따르지 않을 것이고 천하는 불안정하게 된다.

노자의 이런 천하를 다스리는 주장은 이론상으로 매우 설득력이 있다. 그것을 분석해 보면 합리적인 세 가지 입장을 발견할 수 있을 것이다.

1) 천하를 다스리는 데 있어서 인간의 지력이라는 것은 한계가 있고 일반 백성의 개인적 욕구나 성향은 무한하다. 유한한 지력으로서는 무한한 욕구와 성향을 만족시킬 수 없기 때문에 지력을 통한 천하의 다스림은 불가능하다.

2) 천하를 다스리는 자가 유위(有爲)한다면 그것은 바로 하나의 치우침을 생기게 하는 데 비해 일반 백성의 좋고 싫음은 전면적인 것이다. 치우쳐진 것으로는 온전한 것을 모두 포용할 수 없기 때문에 백성의 의지는 강제되어 질 수밖에 없는 것이다.

3) 천하를 다스리는 자가 유위(有爲)를 통하여 일을 처리하려면 명령이 어떻게 전달되던지 간에 모두 고정된 법규로 백성들이 그것을 따르도록 만드는 것이다. 그러나 백성들은 변동중인 생명적 존재이기 때문에 고정불변한 법규로서는 변동에 적응할 수 없게 되는 것이다.

이처럼 천하가 태평하려면 백성들은 각각의 마음이 편안하여야 하는 이런 한 가지 길밖에 없다. 바로 무위이다. 다스리는 위치에 있는 자가 무위하면 국민들은 비로소 각각의 개성적 발전을 얻게 되는 것이다. 이렇게 말한다면 성인이나 왕이 무슨 소용이 있는가? 일반 국민들은 우주 속에서 조수와 초목처럼 저절로 생기기도 하고 멸하기도 하여 원래의 자연스런 상태로 돌아가도록 하는 것 이것이 바로 노자의 본래적인 의도인가? 만약 노자가 진정으로 생각한 뜻을 분석해 보면 결코 이와 같을 수는 없을 것이다. 노자가 자주 성인의 법을 이야기하고 자주 치도(治道 : 제19장에서 말하는 「絕聖棄智」의 유위를 말함)를 말하는 것은, 그가 결코 천하의 경영에 대해서 반대한 것이 아니라 그가 반대한 것은 다만 천하를 경영하는 방식이 「유위적」인 방식이라는 것이다. 그러면 성인과 왕의 직분이라는 것은 어디에 있는가?《노자》를 통해 보면 성인과 왕의 작용은 두 가지가 있다.

① 무위의 다스림을 보장하여 천하가 유위자의 수중으로 들어가지 않게 하는 것.

② 백성들을 교화하여 욕망을 벗어나 도의 불변성과 고요함으로 돌아가게 만드는 것.

이런 두 가지 의미는 이미 앞에서 인용한 인용문 속에서 분명하게 말했다. 제32장에서,

"도라는 것은 항상 이름이 없다. 소박한 것은 비록 작은 것 같지만 천하의 어떠한 것도 그것을 신하로 삼지 못한다. 군주가 만약에 그것을 지킬 수만 있다면 천하의 만물이 스스로 찾아올 것이다. 천지가 서로 화합하여 감로를 내릴 것이며, 백성들은 명령하지 않아도 스스로 조화될 것이다. 제도가 처음으로 생겨서 비로소 명분이라는 것이 존재하게 되고, 명분이 있음으로써 장차 조작하고 바쁘게 된다. 그러므로 멈추어야 할 것을 알아야 하고, 멈춤을 알면 위험하지 않게 된다. 비유하여 말하면 도가 천하에 있는 것은 냇물과 계곡이 강과 바다에 대한 관계와 같은 것이다."[35]

이외에 여러 곳에서 이러한 말을 하고 있다. 노자도 똑같이 천하를 다스리

---

35)《노자》제32장「道常無名, 樸雖小, 天下莫能臣也, 侯王若能守之, 萬物將自賓. 天地相合以降甘露, 民莫之令而自均. 始制有名, 名亦既有, 夫亦將知止, 知止可以不殆. 譬道之在天下, 猶川谷之於江海.」

는 것을 주장하지만 다만 천하를 다스리려는 사람은 반드시 도를 깨달은 자라야 된다고 했다. 그래야만 비로소 무위의 다스림을 보장하여 아래의 백성들이 도와 어긋나는 욕심을 일으키지 않게 할 수 있는 것이다. 이런 문제에 대해서 노자는 많은 말을 하고 있는데 다음절에서 상세하게 이야기하려 한다.

또 하나의 문제는 다스리는 위치에 있는 사람이 무위하여서 사람들이 자기의 개성에 따라 발전하게 놓아둔다면, 사람들의 생각이나 의지라는 것은 다르기 때문에 세계는 매우 혼란스럽게 될 것이 아닌가? 라는 문제이다. 이것에 대해서 노자는 도는 무위를 가지고서 만물을 다스리기 때문에 만물은 결코 공통된 법칙을 잃어버리지 않는다. 백성이 비록 마음과 의지를 달리 하지만 성명이 서로 통하기 때문에 마음과 의지의 다름이라는 것은 개별적인 차이일 뿐이고, 공통된 「도심」이라는 것은 이런 개별적인 차이 위에 놓여져 있는 것이다. 인간은 본래 도의 유행 속에서 드러나는 것이기 때문에 개별적인 차이라는 입장에서는 비록 혼란하게 보이겠지만 도의 큰 변화라는 입장에서 본다면 결코 도의 공통된 방향을 벗어나지는 않는 것이다. 위에서 인용한 제 32장의 말 가운데에서 「천지가 서로 화합하여 감로를 내릴 것이며, 백성들은 명령하지 않아도 스스로 조화하게 될 것이다」라는 것에서 「조화」라는 것은 바로 《주역》의 건(乾)괘 〈단전〉에서 말하는 「보합태화(保合太和)」의 뜻이다. 사람들이 개성껏 발전하는 가운데에서 스스로「보합태화」의 자연적인 경향을 가지게 되면 무위하게 된다. 천하를 다스리는 기초는 바로 이러한 자연적 경향에서 정초되어지는 것이다.

(2) 백성의 교화

무위의 다스림을 펴면 다른 사람들도 다스리는 위치에 있는 사람들의 무위를 보고 자기들 스스로 욕심을 없애고 다툼을 없애게 되는 것이다. 이것은 사실상 이상적인 바람일 뿐이고 현실적으로는 그렇게 간단하지가 않다. 백성들은 복잡하고 변화하는 생존경쟁 속에 놓여져 있기 때문에 욕심부리지 말고 다투지 말라는 입장이 그들에게 통하기가 쉽지 않다. 이렇게 되면 다스리는 위치에 있는 성인은 무위를 사람들에게 이해시킬 수가 없게 되는 것이다. 여기에서 성인은 사람들이 무욕무쟁에로 복귀하도록 하는 책임감을 가지게 되는 것이다. 노자의 「백성의 교화」라는 태도는 아래의 몇 가지 태도로 요약할 수가 있다.

1) 백성에 대해서는 포용성이 있고 공정해야 한다. 왜냐하면 도는 만물에 대해서 포용력과 공정성을 가지기 때문이다.

제 16 장에서 말하기를,

"영원불변한 것을 아는 것은 포용성이고 포용성은 바로 공정성이다. 공정한 것은 왕도이고, 왕도는 천도이고, 천도는 바로 도이다. 도는 영원하기 때문에 이를 따르면 영원히 위험하지 않을 것이다."[36]

또 제 49 장에서,

"성인은 고정된 마음이 없고 백성들의 마음을 마음으로 삼는다. 착한 사람을 착하게 대하고 착하지 않은 사람도 착하게 대하면 모두 선하게 된다. 믿을 만한 사람을 믿고 믿음성이 없는 사람도 믿으면 모두 진실하게 된다. 성인은 천하에 있어서 무심의 상태로 천하를 위하여 백성의 마음과 하나가 된다. 백성들은 모두 그에게 마음을 주고 성인은 그들을 어린아이처럼 대한다."[37]

또 제 5 장에서,

"천지가 어질지 않아서 만물을 하찮은 것으로 여긴다. 성인이 어질지 않아서 백성들을 하찮게 여기는가."[38]

2) 지력을 발전시키지 못하도록 하고 욕망을 금지시켜서 백성을 무지무욕의 상태로 만들어놓으면, 자연히 진실함과 소박함으로 돌아가게 되고 「도」 가운데에서 생활하게 된다. 제 3 장에서,

---

36) 원문은 앞의 주 9) 참조.
37) 원문은 앞의 주 26) 참조.
38) 《노자》 제 5 장 「天地不仁, 以萬物爲芻狗. 聖人不仁, 以百姓爲芻狗.」

"현명한 사람을 숭상하지 아니하면 백성들이 다투지 않게 될 것이다. 얻기 어려운 재물을 소중히 여기지 않으면 도둑질이 없어지게 될 것이다. 욕심낼 만한 것을 보이지 않으면 사람들의 마음은 어지럽지 않게 된다. 이것으로 성인의 다스림은 백성들의 마음을 비우게 하고, 배를 채우고, 뜻을 약하게 하고, 그 뼈를 튼튼하게 만들며, 백성들은 무지무욕하여서 지혜 있는 자들이 감히 그것을 쓰지 못하게 만든다."[39]

또 12장에서,

"오색은 사람의 눈을 멀게 하고, 오음은 사람의 귀를 멀게 하고, 오미는 사람의 입맛을 버려놓고, 말타기와 사냥은 사람의 마음을 미치게 만들며, 얻기 어려운 재물은 사람의 자유로운 행동을 방해한다. 그러므로 성인은 배를 위하고 눈을 위하지 않기 때문에 저것을 버리고 이것을 취한다."[40]

또 65장에서 말하기를,

"옛날에 도를 잘 실천한 사람은 사람들을 현명하게 만들지 않고 어리석게 만들었다. 백성들을 다스리기에 곤란한 것은 그들이 많은 지혜를 가졌기 때문이다. 그러므로 지혜를 가지고서 나라를 다스리는 것은 나라의 적이고, 지혜를 가지고서 나라를 다스리지 않은 것은 나라의 복이다."[41]

3) 백성을 살해하는 것을 금지한다. 노자는 백성의 생사라는 것은 도가 처리하는 것이지 천하를 다스리는 사람이 하는 일이 아니라고 생각하였다. 제74장에서 말하기를,

"백성들이 죽는 것을 두려워하지 않는다면 어떻게 죽이는 것으로 그들을 두렵게 할 수 있겠는가? 만약에 백성들이 죽는 것을 항상 두려워하고 괴상한

---

39) 《노자》 제3장 「不尙賢, 使民不爭. 不貴難得之貨, 使民不爲盜. 不見可欲, 使民心不亂. 是以聖人之治, 虛其心, 實其腹, 弱其志, 強其骨, 常使民無知無欲, 使夫智者不敢爲也.」
40) 《노자》 제12장 「五色令人目盲, 五音令人耳聾, 五味令人口爽, 馳騁畋獵令人心發狂, 難得之貨令人行妨. 是以聖人爲腹不爲目, 故去彼取此.」
41) 원문은 앞의 주 19) 참조.

짓을 하는 자를 잡아다 죽인다면 누가 감히 하겠는가? 사람을 죽이는 것은 항상 죽이는 일을 맡은 자가 마치 목수를 대신하여 나무를 자르는 것과 같은 것으로, 그 목수를 대신하여 나무를 자르는 자는 자기 손을 다치지 않는 자가 드물다."42)

천하를 다스리는 자가 살인을 할 권리가 없다는 것은 다른 어떠한 정치학설 중에서도 없는 것으로 노자만이 말하고 있다. 그러나 노자는 결코 인도주의적인 입장에서 이러한 주장을 하는 것이 아니라, 천도의 입장에서 말하고 있다. 만물과 인간은 모두 자연스럽게 태어나서 자연스럽게 죽음을 맡는다. 어찌 천하를 다스리는 자가 마음대로 살인을 하겠는가?「천도」의 입장에서 이러한 주장을 하는 것은 바로「인도」의 근본이 어디에 있는가를 보여주는 것이다.

(3) 섭생(攝生)

제 50 장에서,

"사람이 사는 것으로 나아가고 죽는 곳으로 들어가는 일이 있을 경우에, 살 곳으로 가는 사람이 열 명 중에 셋이요, 죽을 곳으로 가는 사람이 열 명 중에 세 사람이 된다. 살려고 애쓰다가 도리어 죽을 곳으로 가는 자가 세 사람은 된다. 무슨 이유 때문인가? 그것은 살려고 하는 마음이 너무 많은 때문이다. 섭생을 잘하는 사람은 육지에서 어디를 가더라도 들소나 범을 만나지 않고, 전쟁터에 나가도 무기에 의해서 다치지 않는다고 한다. 들소는 그 뿔로 받을 곳이 없고, 범은 그 발톱으로 할퀼 곳이 없고, 무기는 그 날을 댈 곳이 없다. 그것은 무슨 까닭에서 그러한가? 그에게는 사지(死地)가 없기 때문이다."43)

노자의 뜻은 사람이 영원불멸의 도에 의하여 자연히 생하고 죽는 비율이 십

---

42) 《노자》제 74 장「民不畏死, 奈何以死懼之, 若使民常畏死, 而爲奇者, 吾得執而殺之, 孰敢? 常有司殺者殺, 夫代司殺者殺, 是謂代大匠斲. 夫代大匠斲者, 希有不傷其手矣.」
43) 《노자》제 50 장「出生入死, 生之徒十有三, 死之徒十有三, 人之生, 動之死地亦十有三. 夫何故? 以其生生之厚, 蓋聞善攝生者, 陸行不遇兕虎, 入軍不被甲兵, 兕無所投其角, 虎無所措其爪, 兵無所容其刃, 夫何故? 以其無死地.」

분의 삼이라고 생각하지만 사람은 「유위」하기 때문에 스스로 사지로 가는 자가 또 십분의 삼이라고 생각하였다. 이 유위라는 것은 살려는 의지가 너무 강하기 때문에 생겨난 것이다. 그러나 노자는 여기에서 살려는 의지가 강하다는 것이 사람의 심신을 직접 해친다는 입장에서 말하는 것이 아니고 더욱 깊은 철학적 이론으로 설명하고 있다. 왜냐하면 사람이 살려는 의지를 두텁게 하면 그것에 대해서 죽음 역시도 상응하기 때문에 「사지」가 드러나게 되는 것이다. 이러한 상대관계를 노자는 제2장에서 설명하고 있다.

"천하의 사람들은 모두 아름다움을 아름다움으로 여기고 있는데 그것은 추악한 것이 있기 때문이다. 착한 것을 착한 것으로 여기는 것은 착하지 않은 것이 있기 때문이다. 그러므로 유와 무가 서로 생기게 되고, 어려움과 쉬운 것이 서로 이루어지고, 길고 짧은 것이 서로 나타나고, 높고 낮은 것이 서로 기울어진다. 음과 소리가 서로 조화되고 앞뒤가 서로 따르는 것이다."[44]

바꾸어 말하면 만약에 사람이 그 살려는 의지를 강하게 하지 않으면 상도의 자연스러운 생사에 근거하는 것 이외에 달리 다른 특별한 사지가 없기 때문이다. 사지가 없다는 것은 바로 「들소가 뿔을 갖다 댈 곳이 없고, 범이 발톱으로 할퀼 때가 없고, 무기가 그 날을 댈 곳이 없는 것이다」. 즉 섭생을 잘하는 사람은 무위를 통하여 살기 때문에 죽지 않는 것이다. 죽음의 요소가 없기 때문에 들소나 범 혹은 무기가 그 날카로운 것들을 통해서 죽일 방법이 없게 되는 것이다. 노자의 이러한 관점은 참으로 빼어난 의미를 가지고 있기 때문에 탄복하지 않을 수가 없는 것이다. 여기에서 「무위이무불위」의 무위의 뜻이 분명하게 드러나는 것이다.

이치상으로는 위에서처럼 이야기할 수 있지만 사람은 분명히 구체적인 존재로서의 신체를 가지고 있고 개체를 위하는 마음도 있기 때문에, 무위라는 것을 우리들의 심신에 놓아두고 무불위의 결과를 얻기는 쉽지 않은 것이다. 이것은 어떻게 가능한가? 이것을 몇 가지 점에서 말해보자.

1)「그 몸을 떠나야 한다」혹은「몸을 없애야 한다」. 제7장에서,

---

44) 《노자》 제2장 「天下皆知美之爲美, 斯惡已, 皆知善之爲善, 斯不善已. 故有無相生, 難易相成, 長短相較, 高下相傾, 音聲相和, 前後相隨.」

"하늘은 영원하고 땅은 유구하다. 천지가 그렇게 영원할 수 있는 것은 그 스스로가 살려고 하지 않기 때문이다. 그러므로 영원히 살 수 있는 것이다. 이 때문에 성인은 자신의 몸을 뒤로 하여서 그 자신이 앞서고, 자신의 몸을 떠나서 그 자신이 존재한다. 그것은 사사로움이 없기 때문이 아닌가? 그것을 통해서 그 자신의 사사로움을 성취하는 것이다."[45]

제 13 장에서,

"은총과 굴욕을 무서운 것처럼 하라. 큰 근심을 소중히 여기기를 자기 몸과 같이 한다. 왜 은총과 굴욕을 두려운 것처럼 하는가? 아랫사람으로서 은총을 받아도 두려워하고 잃어도 두려워하는 것이 바로 은총과 굴욕을 두려워하는 것처럼 대한다는 의미이다. 왜 큰 근심을 자기 몸처럼 귀하게 여기라고 하는가? 나에게 큰 근심이 있는 것은 내 몸이 있기 때문이다. 내 몸이 없으면 나에게 어찌 근심이 있겠는가?"[46]

2) 「지족(知足)」「지지(知止)」. 제 44 장에서 말하기를,

"이름과 몸은 어느 것이 더 친근한가? 몸과 재화는 어느 것이 더 중요한가? 얻는 것과 잃는 것은 어느 것이 더 병인가? 그러므로 지나치게 재물을 아끼면 반드시 낭비하게 되고, 너무 많이 간직하면 반드시 크게 잃게 된다. 만족할 줄 알면 욕되지 않게 되고, 멈춤을 알면 위태롭지 않게 되어 영원할 수가 있다."[47]

또 제 46 장에,

"재앙은 만족할 줄을 모르는 것보다 큰 것은 없고, 남의 것을 얻고자 하는 것

---

45) 《노자》 제 7 장 「天長地久, 天地所以能長且久者, 以其不自生, 故能長生. 是以聖人後其身而身先, 外其身而身存, 非以其無私邪? 故能成其私.」
46) 《노자》 제 13 장 「寵辱若驚, 貴大患若身. 何謂寵辱若驚? 寵爲下, 得之若驚, 失之若驚, 是謂寵辱若驚. 何謂貴大患若身? 吾所以有大患者, 爲吾有身, 及吾無身, 吾有何患?」
47) 《노자》 제 44 장 「名與身孰親? 身與貨孰多? 得與亡孰病? 是故甚愛必大費, 多藏必厚亡. 知足不辱, 知止不殆, 可以長久.」

보다 더 큰 불행이 없기 때문에 만족할 줄 아는 만족은 항상 만족하다."[48]

3) 「부드러운 것을 지킴」. 제 52 장에,

"구멍을 막고 문을 닫으면 종신토록 수고롭지 않을 것이다. 그 구멍을 열어놓고 그것으로부터 생기는 모든 일들을 처리하려고 하면 종신토록 구제되어지지 못한다. 작은 것을 잘 보는 것이 밝음이요, 부드러운 것을 지키는 것이 강함이요, 그 빛을 쓰면 다시 그 밝음에 돌아와서 몸에 해를 끼치는 일이 없을 것이다. 이것이 도의 항상함을 배우는 것이다."[49]

또 76 장에,

"사람이 살았을 때는 부드럽고 약하지만 죽으면 굳고 강하게 된다. 만물과 초목도 살았을 때는 부드럽고 연하지만 죽으면 말라서 딱딱해진다. 그러므로 굳고 강한 것은 죽음의 무리이고, 부드럽고 약한 것은 살아 있는 것의 무리이다. 그러므로 군사가 강하면 멸망하고 나무가 강하면 부러진다. 강대한 것은 아래에 있게 되고 유약한 것은 위에 있게 된다."[50]

충분하게 그 몸을 바깥에 두거나 혹은 몸이 없게 하면 분명히 「무위」의 뜻과 일치하게 되는 것이다. 충분하게 지지하거나 지족하면 또한 자기 한 사람의 심신을 다루는 데만 국한되는 것이 아니라, 그 작용에 있어서 부드러운 것을 지켜서 세속과 함께 할 수 있게 되는 것이다. 결론적으로 노자의 섭생을 하나의 방법으로 말한다고 한다면 그것은 바로 섭생하지 않는 것을 섭생으로 삼는 방법이다. 항상 자연스러워서 의도적으로 살려는 뜻을 일으키지 않는 것을 최상으로 여기는 방법이다. 여기에서부터 무위하여 하지 못함이 없게 되는 것이다.

---

48) 《노자》 제 46 장 「禍莫大於不知足, 咎莫大於欲得, 故知足之足常足矣.」
49) 《노자》 제 52 장 「塞其兌, 閉其門, 終身不勤. 開其兌, 濟其事, 終身不救. 見小曰明, 守柔曰強, 用其光, 復歸其明, 無遺身殃, 是爲習常.」
50) 《노자》 제 76 장 「人之生也柔弱, 其死也堅強. 萬物草木之生也柔脆, 其死也枯槁. 故堅強者死之徒, 柔弱者生之徒. 是以兵強則不勝, 木強則兵, 強大處下, 柔弱處上.」

제 3 절 인간의 마음에 대한 구원
──「소박함을 보여주고, 순박함을 안아서 사심과 과욕을 적게 함」

(1) 성(聖)과 지(智)는 해로운 것이다

노자가 보는 이 세계는 인간의 마음이 이미 타락하여 드러난 세계이다. 그 원인은 어디에 있는가? 인간의 지혜가 너무 많기 때문이라고 생각한다. 그러므로 사람들에게 많은 지혜를 가지도록 가르치는 성인이나 지자는 마땅히 그 책임을 가져야 한다. 그는 한편의 빼어난 문장을 통하여 인간의 마음이 점차적으로 성과 지 가운데로 빠져버리는 과정을 설명하고 있다. 그것은 바로 제 38장에서 말하는 내용이다.

"높은 덕을 가진 사람은 덕을 가지고 있다고 생각하지 않는다. 그러므로 덕이 있게 되는 것이다. 낮은 덕을 가진 사람은 덕을 잃지 않으려고 하여서 덕이 없게 되는 것이다. 높은 덕을 가진 사람은 하려고 함이 없어서 인위적으로 함이 없다. 낮은 덕을 가진 사람은 하려고 함으로 인위적으로 조작함이 있게 되는 것이다. 높은 인을 가진 사람은 스스로 하려 하지만 조작은 하지 않는다. 높은 의를 가진 사람은 스스로 하려고 하면서도 조작함이 있다. 높은 예를 가진 사람은 스스로 하려고 하여서 다른 사람들이 그것에 순응하지 않으면 팔을 걷어붙이고 강제로 하게 한다. 그러므로 도를 잃어버린 후에 덕이 필요하게 되며, 덕을 잃어버린 후에 인이 필요하게 되고, 인을 잃어버린 후에 의가 필요하게 되며, 의를 잃어버린 후에 예가 필요하게 되는 것이다. 대개 예라는 것은 참되고 믿을 만한 것이 거의 없어서 어지러워지는 첫 단계이다. 장래의 일을 예견하는 것은 꼭 꽃과 같이 화려한 것이지만 어리석음의 시작이 된다. 그러므로 대장부는 후하게 살며 야박하게 살지 않고, 견실한 것에 처하며 화려하지만 허황한 데에 자리하지 않는다. 그러므로 야박한 예와 허황한 지혜를 버리고 진실한 도의 두터운 덕을 취한다."[51]

---

51) 《노자》 제 38장 「上德不德, 是以有德, 下德不失德, 是以無德. 上德無爲而無以爲, 下德爲之而有以爲. 上仁爲之而無以爲, 上義爲之而有以爲. 上禮爲之而莫之應, 則攘臂而扔之. 故失道而後德, 失德而後仁, 失仁而後義, 失義而後禮. 夫禮者, 忠信之薄而亂之首, 前識者, 道之華而愚之始. 是以大丈夫處其厚不居其薄, 處其實不居其華, 故去彼取此.」

인용문에서는 덕을 도를 벗어나는 첫 걸음이라고 말하고 있다. 도는 혼연한 전체로서 개별적인 것으로 나누어지지 않고 있기 때문에 높은 곳과 낮은 곳이 없게 된다. 덕이란 것은 얻는다는 뜻으로 도를 얻는다는 것을 말한다. 사람과 사물이 태어날 때에는 각각 도의 한 부분을 얻은 것이기 때문에 도로부터 덕에 이르는 과정은 바로 일자로부터 다자에 이르는 과정이다. 다자이기 때문에 상하가 서로 고르지 않고 상덕과 하덕의 구분이 생기는 것이다. 덕으로부터 상하를 나누는 것은 인, 의, 예로 이미 떨어져 있는 것을 말하여 모두 다에 속한다. 여기에서 상하가 갈려지는 것이다. 그러나 「하덕(下德)」의 화려하고 조작함이 있다는 것은 이미 덕이 없어서 취할 수 없는 것을 말하는 것이기 때문에 낮은 인이나, 낮은 의, 낮은 예는 더 이상 말할 필요도 없다. 그러므로 인, 의, 예는 다만 그것의 높은 것만 말하고 그것의 낮은 것에 대해서 말하지 않는다. 「상덕」의 무위하여서도 조작함이 없다는 것은 바로 앞에서 말한 「현덕」이다. 개별적인 덕이 도의 자연스러움과 합치하여서 도의 작용을 얻는다는 것은 바로 「낳았으면서도 소유하지 않고, 함이 있으면서도 자랑하지 않고, 기르면서도 주재하지 않는」 것으로 표현할 수 있다. 여기에서 말하는 낳음, 함, 기름이라는 것은 모두 자연스럽게 하는 것으로, 조작하여 하는 것이 아니기 때문에 비록 낳았으나 소유하지 않고, 함이 있으면서도 자랑하지 않고, 기르면서도 주재하지 않는 것이다. 그러나 「하덕」은 그렇지 않다. 하덕은 인위적으로 하여서 그 함이 조작적으로 하는 것이다. 이렇게 된다면 도의 자연스러움을 상실하고 도의 덕을 벗어나기 때문에 「무덕(無德)」이 되는 것이다. 「상인(上仁)」도 함이 있지만 그 함이란 것은 도를 자각하여서 하는 것이다. 비록 하여서도 억지로 함은 없다. 그러나 상인은 비록 하덕은 아니지만 상덕의 무위하여서도 조작하지 않는 단계에는 미치지 못한다. 「상의(上義)」는 더욱 낮은 단계인데, 하여서 조작함이 있는 것으로 무엇을 하기 위해서 하는 것이다. 여기에서 말하는 「의(義)」는 「의(宜)」의 뜻으로, 그 마땅함을 알고서 하기 때문에 자연적으로 조작하게 되어 도의 자연스러움을 벗어나 애써 인간의 지혜를 통하여 천도와 합하는 기회를 만들려 하는 것이다. 더 아래의 「상례(上禮)」로 내려가면 예의 뜻은 실천한다는 의미로 예법의 제도를 만들어 억지로 사람들을 복종하게 만드는 것으로, 완전히 도의 자연스러운 성질을 상실하여 사람들이 응하지 않게 만들어버리는 것이다. 「사람들이 그것에 응하지 않는다」라는 의미는 사람들이 자연을 버리기를 원하지 않는다는 의미이다. 그러나 백성을 다스리는 자들은 사람들이 상응하거나 하지 않거나를 상관하지 않고「팔을 걷어붙이고 하게 만드는 것」이다. 그러므로「예라는 것은 진실함과 믿음이 약한 것으로 어지러움의 시작」이라고 말하는 것이다. 노자의 시대는 예를 강조하던 시대로「법치」가 아직 크게 시행되지 않는 시대이기 때문에「예」에 대해서만 말하고 있다.

도로부터 덕으로 그리고 인에서 의와 예로 계속 아래로 내려가는 것은 아래의 것들을 만들어 위의 잃어버린 것들을 구하려는 것으로, 즉 도를 구하기 위하여 덕이 있게 되는 것이다. 덕을 잃어버려서 덕을 구하려 하기 때문에 인이 생기고 의와 예가 생겨나는 것이다. 결과적으로 구하려는 마음이 강하면 강할수록 도에서 더욱 멀어지게 되고, 사람들의 마음은 더욱 도가 드러나지 않는 가운데로 빠져들게 되는 것이다. 그러면 누가 이러한 덕과 인, 의, 예를 말하여서 위의 것들을 구하려고 하였는가? 바로 성인과 지자(智者)이다. 성인과 지자는 자신들의 성(聖)과 지혜로서 위의 잃어버린 것을 보려고 하여, 아래의 것으로 위의 것을 구하려 하는 시도를 하게 되는 것이다. 이런 입장에서 본다면 성인과 지자가 예견하는 것은 결코 참된 도의 본질이 아니라, 다만 도의 화려한 겉모습뿐인 것이다. 이렇게 되면 사람들의 마음은 더욱 도에서 멀어지게 되어 어리석음의 시작이 되어버리는 것이다. 이런 이유 때문에 노자는「대장부는 그 두터운 곳에 처하고 그 박약한 곳에 머물지 않는다. 그 진실한 곳에 머물고 화려한 겉모습에는 머물지 않는다」라고 말하는 것이다.

노자의 제38장의 내용들을 종합해 보면 그 주제는 분명히 성과 지의 해로움을 비판하는 데 있다. 세계는 원래 단순한 것임에도 불구하고 그들은 세계를 복잡하게 만들었고, 세계는 원래 자연스러운 것인데 그들은 그 자연스러움을 없애버렸다. 그러므로 이 세계를 올바르게 구원하려 한다면 오직 하나의 방법밖에 없다. 바로 성과 지를 버리고 사람들의 마음을 도로 복귀시켜야 하는 것이다. 노자는 그것을 이름하여「박(樸)」이라고 하였다. 이러한 이유에서 노자는 제18장에서 말하기를,

"큰 도가 없어지니 인과 의가 있게 되고, 지혜가 나와서 큰 거짓이 생기게 되었다. 육친이 화목하지 않으니 효도니 사랑이니 하는 것이 있게 되고, 국가

가 혼란하게 되니 충신이 있게 되는 것이다."[52]

제 19 장에서,

"성을 끊고 지혜를 버리면 백성의 이익은 백 배로 늘어난다. 인의를 끊어버리면 백성들은 효도하고 자애하게 될 것이다. 기교와 이익을 버리면 도적은 없게 될 것이다. 이 세 가지라는 것은 예의로 장식한 것이지만 부족하다. 그러므로 백성들이 지속해야 할 바가 있어야 하고, 소박함을 보여주고 순박함을 안아서 사심과 과욕을 적게 해주어야 한다."[53]

「절성기지(絶聖棄智)」의 성은 결코 노자가 말하는 무위를 통하여 다스리는 성인이 아니라, 유위로 다스리는 성인을 말한다. 즉 인의와 교리로 백성을 계몽하고 지혜를 가지게 만드는 성인이다. 성지(聖智), 인의(仁義)와 교리(巧利) 세 가지는 표면적으로 보기에는 인간의 훌륭한 문화적인 것에 속하지만, 실제로는 사람의 온전함을 이루게 하는 데는 부족하다. 도리어 사람을 추하게 만들기 때문에 이 세 가지를 한꺼번에 버리고 소박함과 사욕을 줄이는 것으로 대신하여야 한다.

노자의 이런 견해가 올바른 것인지 그리고 그의 절(絶)과 기(棄)의 주장이 실현되어질 수 있는 것인지에 대해서는 더 이상 말하지 않겠다. 왜냐하면 여기에서 다루어야 할 문제가 너무 많기 때문이다. 그러나 그의 입장은 노자 자신의 입장을 통하여 본다면 매우 자연스러운 것이다. 즉 그는 도를 통하여 말하고 실천하는 것을 강조하기 때문에 그런 문제에 대해 그를 비판하는 것은 불필요한 것인지도 모르겠다.

(2) 소박함에 돌아가서 헛된 욕망을 억누른다

노자가 인간의 마음을 구원하려는 것을 그 대체적인 방식으로 말하면 불가

---

52) 《노자》 제 18장 「大道廢, 有仁義, 慧智出, 有大僞. 六親不和, 有孝慈, 國家昏亂有忠臣.」
53) 《노자》 제 19 장 「絶聖棄智, 民利百倍, 絶仁棄義, 民復孝慈. 絶巧棄利, 盜賊無有. 此三者, 以爲文, 不足, 故令有所屬. 見素抱樸, 少私寡欲.」

(佛家)와 아주 비슷하다. 양자는 모두 현세계의 사람들의 마음이 오염되어 있기 때문에(불교에서는 「훈습(薰習)」이라고 말한다.) 그 오염된 것을 제거하고 원래의 모습을 회복해야만 올바른 마음을 얻을 수 있다고 말한다. 다만 다른 점은 아래의 두 가지이다.

① 불교에서는 개체적인 인간의 마음의 실상을 인정하지 않는다. 불교에서는 인간의 개별적인 마음을 제거하고 인심(人心)과 불심(佛心)이 합하여지는 하나의 마음에 도달하는 것을 강조하지만, 노자는 도가 만물을 생하는 것은 도의 자연스러운 실상으로 보기 때문에 개별적인 인간의 마음을 제거하려고 하지 않는다.

② 불교의 진여(眞如)의 경계는 부동의 상태로 말하지만, 노자는 도가 생기(生機)의 작용을 가지고 있고 생생불식하는 것을 그 본성으로 하고 있다라고 본다.

이러한 다른 점 때문에 양자의 궁극적인 이상 또한 차이가 있다. 불교에 의하면 만약 사람들이 모두 성불하면 사람들의 세계는 존재하지 않게 되고, 팔식(八識)이 모두 수렴하게 되어서 생멸이 없어진 하나의 원만자족한 부처의 세계가 되어버린다. 그러나 노자는 인간의 현실세계는 여전하고, 일상적인 삶의 방식 역시 달라진 것이 없이 다만 마음이 도와 합해 있는 것으로 본다. 노자철학은 결국 중국철학이기 때문에 현실의 인간세계를 떠나서 멀리 나아가지 않는 것이다.

그러나 노자는 이러한 주장에 의해서 자주 발생하는 하나의 상황에 직면하게 될 것이다. 바로 도가 하나의 생기활발한 작용이라고 한다면 인간이 그 소박함과 진실함을 실현하였다 하더라도 현실의 상황 속에서 행동하려 한다면 항상 그 소박함을 유지할 수는 없을 것이다. 그 소박함을 벗어난 것은 바로 욕망이기 때문에 노자가 인간의 마음을 구원하려는 것도 바로 인간 마음속의 욕심을 제거하려는 것으로 볼 수 있을 것이다. 위에서 말한 절성기지도 바로 성과 지가 사람들의 욕망을 일으키기 때문에 그렇게 말한 것이다. 그러면 어떻게 소박함을 가질 수 있는가? 노자가 말하기를,

"도는 항상 이름이 없다. 소박한 것은 비록 작지만 천하의 어떠한 것도 그것을 신하로 삼을 수는 없다. 군주가 만약 그것을 지킬 수만 있다면 만물은

스스로 찾아올 것이다."[54]

"화육하지만 조작하려고 하면 나는 장차 이름없는 소박함으로 그것을 눌러서 진정시키고 그러면 이 무명의 박은 백성들을 무욕하게 만들어버릴 것이다."[55]

"내가 무욕하려고 하면 백성들은 저절로 소박하게 된다."[56]

소박함이란 것은 어떤 구체적인 사물이 생기기 이전의 것으로 어떤 인위적인 가공이 들어가 있지 않는 것이다. 가공이 들어가 있지 않다는 것은 어떤 구체적인 기물이 되지 않는 것을 말한다. 바로 어떤 하나의 기물이 되지 않는 까닭에 모든 일체의 기물이 될 수 있기 때문에 주요한 의미를 가지는 것이다. 만약 그것을 마음에 적용한다면 욕망이 아직 일어나지 않을 때에는 한마디로 자연스럽고 무위한 상태로서 어떠한 지향도 나타나지 않는데 바로 그것이 소박함이다. 만약 유위하게 된다면 바로 욕망의 상태로 떨어지고, 욕망의 상태로 떨어지면 소박함의 상태를 잃어버리게 된다. 사람으로 말한다면 어린아이가 바로 박이다. 그 어린아이는 아직 어떠한 사람으로 정해져 있지 않아 스스로 조작하지 않고서 다른 일체의 것으로 될 수 있기 때문이다. 그러므로 노자는 어린아이를 칭송하여 말하기를,

"기를 정일하게 모으고 부드럽게 하면 어린아이처럼 될 수가 있는가?"[57]

"나만 홀로 세속적인 어떠한 조짐도 보이지 않는 것은 마치 갓난아이가 아직 웃을 줄 모르는 것과 같구나."[58]

"영원한 덕을 벗어나지 않는다면 갓난아이의 상태로 다시 돌아갈 수 있을 것이다."[59]

"덕을 풍부하게 가진 사람은 갓난아이로 비유할 수 있다."[60]

여기에서 우리는 이미 위에서 인용한 「화육하지만 조작하려고 하면 나는 장

---

54) 《노자》 제 32 장 「道常無名, 樸雖小, 天下莫能臣也, 侯王若能守之, 萬物將自賓.」
55) 《노자》 제 37 장 「化而欲作, 吾將鎭之以無名之樸, 無名之樸, 夫亦將無欲.」
56) 《노자》 제 57 장 「我無欲而民自樸.」
57) 《노자》 제 10 장 「專氣致柔, 能嬰兒乎?」
58) 《노자》 제 20 장 「我獨泊兮其未兆, 如嬰兒之未孩.」
59) 《노자》 제 28 장 「常德不離, 復歸於嬰兒.」
60) 《노자》 제 55 장 「含德之厚, 比於赤子.」

차 이름 없는 소박함으로써 누르려 한다」는 구절의 의미를 분명히 하였는데, 바로 욕망을 제거하고 소박함으로 돌아간다는 뜻이다.

노자는 어떻게 소박함을 가지고서 욕망을 조절하는가 라는 문제에 대해서는 분명하고도 구체적으로는 설명하지 않았다. 다만 책 가운데에서 흩어져 드러나는데, 천하를 다스리는 자는 분명히 백성들의 욕망을 조절할 수 있어야 함을 말하고 있다. 「나는 무위하여도 백성들은 저절로 교화되고, 나는 고요함을 좋아하여서도 백성들은 저절로 바르게 되고, 나는 하는 바가 없어도 백성은 저절로 부유하게 되고, 내가 무욕하여서도 백성은 저절로 소박하게 되는 것이다」는 것은 천하를 다스리는 자가 몸소 모범이 되어야 백성들을 감화시킬 수 있다는 의미이다. 「현인을 숭상하지 아니하여야 백성들이 싸움하지 않고, 얻기 어려운 재화를 귀하게 여기지 않으면 백성들은 도둑질하지 아니하고, 욕심을 드러내지 않으면 민심은 어지럽지 않게 된다」는 것은 천하를 다스리는 자가 백성의 욕심스러운 행동이 일어나지 않게 만드는 것들이다. 「옛날에 도를 잘 실천하는 자는 백성을 지혜롭게 만들지 않고 어리석게 만들었다」는 것은 천하를 다스리는 자가 백성들로 하여금 지혜를 동원하여 욕심을 내지 못하게 만드는 것이다. 위의 것들은 이미 더 이상 설명할 필요가 없지만 또 하나 아주 중요한 문제를 제기하여야 한다. 노자는 욕망을 제거하는 또 하나의 중요한 유효적절한 방법을 말하고 있는데 바로 「관복(觀復)」이다. 제 16 장에서,

"지극히 허한 곳에 이르고 고요함을 돈독하게 지키면 만물은 함께 일어나는데 나는 그것이 돌아가는 것을 본다. 만물은 다양하지만 각각 그 뿌리로 돌아간다. 뿌리로 돌아가는 것을 일러 고요함이라 하고, 명에 돌아간다고 말한다. 명에 돌아가는 것을 일러 상이라 하고, 상을 아는 것을 명이라고 한다."[61]

여기에서 「관복」이라는 말은 「만물이 각각 그 뿌리로 돌아가는 것을 보는 것」으로 해석할 수 있다. 그러나 만물이 뿌리로 돌아가는 것만을 「복」이라고 생각해서는 안 된다. 도는 하나의 변화하는 작용으로 만물은 고요한 뿌리에로 돌아갈 수도 있고, 또한 고요한 것에서부터 생생불식하는 것이다. 물을 낳는다는 입장에서 본다면 고요함으로부터 생생하는 움직임으로 돌아가는 것 역시

---

61) 원문은 앞의 주 9) 참조.

똑같은 「복」이다. 이것이 바로 《주역》철학의 근본적인 의미인 것이다. 이 때문에 노자는 제 58 장에서,

"재앙은 행복 속에 기대어 있고, 행복은 재앙 속에 숨어 있기 때문에 누가 그 극진함을 알겠는가? 바른 것이 없다면 올바른 것은 다시 기이한 것으로 되고, 선은 다시 요사한 것으로 되는 것이다."[62]

재앙・행복・올바름・기이함・선함・요사한 것들은 각각 서로 「복」이 된다. 노자가 말하는 관복이라는 것은 마땅히 이와 같이 이해해야 할 것이다.
「관복」이라는 말의 뜻은 사실은 이미 앞에서 말한 유가역에서의 「지기(知幾)」에 해당된다. 사물이 일어나려 할 때에 조짐이 먼저 보이고 이것을 통해 관찰하여 그 조짐을 파악하면, 적은 노력을 통하여서도 사물의 온전한 것들을 파악하는 데는 이것보다 유용한 것이 없다. 그러므로 노자는,

"작은 것을 잘 보는 것이 밝음이다."[63]
"어려운 일은 쉬운 것에서부터 시작하고, 큰 것은 작은 것에서부터 시작한다. 천하의 어려운 일들은 반드시 쉬운 것에서부터 하고 천하의 큰일은 반드시 작은 것에서부터 하여야 한다. 이 때문에 성인은 끝내 큰 것을 하려고 하지 않는다. 그러므로 능히 큰 것을 이룰 수 있다."[64]
"편안할 때에 위태한 것을 잊지 않으면 보존하기가 쉽고, 그 조짐이 일어나지 않을 때에 도모하면 쉽게 일을 처리할 수 있다. 그 취약한 것은 쉽게 깨어지고 미세한 것은 쉽게 흩어진다. 나타나기 전에 대책을 세우고, 혼란하기 전에 바르게 다스려지고, 아름드리의 큰 나무도 작은 싹에서부터 생기고, 구층의 큰 누대도 몇 줌의 흙에서 생기고, 천리의 먼 길도 한걸음부터 시작하는 것이다."[65]

---

62) 《노자》 제 58 장 「禍兮福之所倚, 福兮禍之所伏, 孰知其極? 其無正邪? 正復爲奇, 善復爲妖.」
63) 《노자》 제 52 장 「見小曰明.」
64) 《노자》 제 63 장 「圖難於其易, 爲大於其細. 天下難事必作於易, 天下大事必作於細. 是以聖人終不爲大, 故能成其大.」
65) 《노자》 제 64 장 「其安易持, 其未兆易謀, 其脆易泮, 其微易散. 爲之於未有, 治之於未亂, 合抱之木生於毫末, 九層之台起於累土, 千里之行始於足下.」

관복의 능력을 가지고 있어야 비로소 시작하는 기미를 알 수 있는 것이다. 만약에 관복하려 한다면 스스로 먼저 비우고 고요하여야 하고, 심신을 도에 함몰하여서 도의 유행하는 상태를 알아야 하는 것이다. 이것에 힘을 써야만 비로소 욕망을 제거할 수 있게 되는 것이다. 이렇게 하여 무명의 소박함을 지켜서 욕망을 조절할 수 있게 되는 것이다.

(3) 도가의 이상국가

공자는 일찍이 철학적 이상의 실현에 대한 인간사회의 청사진을 이야기한 바가 있다. 바로 앞에서 말한 대동세계이다. 노자도 똑같이 이상사회에 대해서 말했는데 제 80 장에서 말하는 내용이다.

"나라는 작고 백성의 숫자는 적어서 비록 많은 기물은 있으나 쓰임이 없고, 백성들의 죽음을 중히 여겨 다른 곳으로 가는 백성들이 없다. 비록 배와 수레가 있으나 타는 자가 없고, 비록 무기와 군대는 있으나 전쟁에 쓰는 자가 없고, 사람들은 문자 대신 다시 끈을 묶어서 사용한다. 그 음식을 달게 여기고 의복을 아름답게 여기고 편안하게 거처하여 풍속을 즐긴다. 이웃나라가 서로 고개를 들어서 바라볼 수가 있고, 닭과 개의 소리가 서로 들려도 백성은 죽을 때까지 서로 왕래하지 않는다."[66]

백성 수가 적은 이 작은 나라는 얼마나 평화롭고 아름다운가! 오늘날의 세계로 돌아가보면, 낙후된 지역에서는 수백만의 굶어 죽어가는 사람들이 있고, 선진국가에서도 수백만의 실업자가 생겨나고 있다. 귓가에는 시끄러운 기계의 소음과 자동차의 무리가 눈앞에서 어지럽게 몰려다니고 있다. 거리에 나서면 목구멍이 아플 정도로 매연이 가득 차고, 견디기 힘든 소음만이 가득 차 있다. 현대인들은 마음속으로 모두 어떻게 하면 다른 사람을 누르고 자신에게 유리할까만을 생각하고 있다. 높은 빌딩과 마치 벌집과 비둘기집 같은 집 속에서

---

[66] 《노자》 제 80 장 「小國寡民, 使有什伯之器而不用, 使民重死而不遠徙. 雖有舟輿, 無所乘之, 雖有甲兵, 無所陳之, 使人復結繩而用之. 甘其食, 美其服, 安其居, 樂其俗, 鄰國相望, 鷄犬之聲相聞, 民至老死不相往來.」

사람들은 살고 있고, 땅을 뒤덮는 자동차의 물결은 길게 꼬리를 드리우고 장사진을 이루고 있다. 이런 것과 비교하자면 노자의 이상국가는 확실히 사람들의 마음을 움직이게 한다. 그러나 우리가 한번 더 깊이 생각해 본다면 노자의 이러한 이상은 현실사회에서 과연 실현되어질 수 있을까? 라는 의문이 생긴다. 사실 여기에는 많은 실제적인 문제들을 빠뜨리고 있다. 예를 든다면 인구의 자연스러운 증가의 문제, 자연재해의 예방문제, 상호내왕의 문제 등등은 도저히 현대인들로서는 납득하기 힘든 것들이다. 이 때문에 「소국과민」의 사회는 비록 성립할 수는 있으나 유지할 수는 없을 것이다. 「많은 기물들이 있으나 사용하지 않고」 「백성들이 다시 새끼줄을 묶어서 글자 대신 사용하는 것」 「백성들이 늙어 죽을 때까지 서로 왕래하지 않는 것」 등은 할 수는 있다. 그러나 이러한 상황하에서 사람들이 「음식을 달게 여기고 편안히 거처하고 풍속을 즐기는 것」이 가능한 것인지 의문스럽다. 여기에 비해서 공자의 대동(大同)이라는 것은 그 속에 결코 인성의 자연스러움을 억제하는 측면도 전혀 없을 뿐만 아니라 또한 실현할 수 있는 비전을 줄 수 있는 것이다. 즉 사람들이 다만 이 방향에 따라서 나아가기만 한다면 가능한 것이다. 그러나 노자가 말하는 소국과민이라는 것은 인류가 추구해야 할 비전은 결코 아니다. 오히려 그것은 이미 지나간 머나 먼 과거의 추억거리에 불과한 것이다. 참으로 인간이 그렇게 하려고 한다면 반드시 인류가 가지고 있는 모든 진보를 포기하여야 하는 것이다. 이러한 위대한 포기를 어떠한 사람들도 원하지 않을 것이다. 이 때문에 우리가 유가와 도가의 철학을 연구하면 반드시 양자의 본질적인 차이를 발견할 수 있게 될 것이다. 공자의 대동세계는 사람들이 끊임없이 추구하고 실천할 수 있는 파라다이스이고, 노자의 소국과민의 이상은 인류가 이미 잃어버린 에덴동산으로, 실제로 인간이 건립하려고 하는 것은 아니다. 그것의 기능은 다만 욕망을 억누르는 데 있다. 그것이 바로 노자가 사람들에게 보여주려고 하는 「소박」의 의미이다. 공자의 입장에서는 반드시 실재 가능한 이상사회의 청사진을 설계하려 할 것이다. 왜냐하면 그의 철학적 중심은 어디까지나 인간세계에 놓여져 있기 때문이다. 만약에 대동세계가 실현할 수 없는 환상이라고 한다면 공자의 전체 철학세계는 바로 헛소리가 되어버린다. 그러나 노자철학은 무위를 지향하고 있고, 인간 지혜의 사용을 반대하고 있기 때문에 그의 철학적 중심은 천(天)에 놓여져 있고, 그의 소국과민의 이상사회 역시도 관념 속의 하나의 동경이고, 목적은 욕망 속에 빠져 있는 인간들이 다시 한번 스스로를 반성하게 만드는 것에 있다. 이처럼 노자의 소국과민의 기본적 관점 역시 실재 성립가능한 것으로 본 것이 아니라, 다만 욕망의 조절이라는 문제에 초점을 두고 있는 것이다.

그러나 우리는 노자의 소국과민의 정치적 이상이 결코 공자가 말하는 대동세계에 비해서 손색이 있는 것으로만 생각해서는 안 된다. 필자가 생각하기에 그 둘은 모두 똑같은 가치를 가지고 있다고 본다. 앞에서 말한 것처럼 공자와 노자의 철학은 마치 해와 달이 《주역》이라는 하늘에서 운행하는 것으로 비유할 수 있다. 한걸음 더 나아가 말한다면 공자철학은 해이고, 노자철학은 달에 해당한다. 해는 가득 차 있는 것으로 사람들에게 진실한 아름다움을 주고, 달은 비어 있는 것으로 사람들에게 환상적인 아름다움을 주는 것이다. 진실한 아름다움은 사람들의 심신에 정면으로 이로움을 주고, 환상적인 아름다움은 사람들의 마음에 무형의 이로움을 주는 것이다. 결론적으로 말해서 음과 양으로 나누어서 생각할 수 있는 두 학파는 각각 그 뛰어남을 다른 방식에서 표현하고 있는 것이다. 이런 입장에서 노자의 소국과민이라는 정치적 이상은 비록 실현되어질 수 없다는 것이지만 결코 가치가 없는 것이 아니고, 허황된 것 같지만 허황하지가 않다. 인류는 이런 소박함을 통하여 스스로의 욕망을 억눌러야 하는 것이다.

노자의 소국과민의 정치적 이상을 장자에서는 「지덕지세(至德之世)」라고 말한다. 〈마제편〉에서,

"그러므로 성덕이 있는 세상에서는 사람의 행동이 느릿느릿하고 눈빛은 담담한 그런 시대였다. 산에는 사람이 만들어놓은 작은 길도 없었고, 못에는 배도 다리도 없었고, 만물은 각기대로 살면서 다만 그 이웃과 사귈 뿐이었다. 금수는 서로 무리를 이루고 초목은 다투어 자라났다. 이 때문에 금수는 한덩어리가 되어서 놀고, 나무 위에 올라가서 새둥우리를 들여다보아도 새들은 무서워하지 않았다. 대개 성덕이 있는 세계에서는 금수와 더불어 거처하여 만물이 한덩어리가 되어서 살았으니 어찌 여기에 군자와 소인을 나누는 것을 알겠는가! 똑같이 무지하였기 때문에 타고난 본래의 덕을 벗어나지 않았고 똑같이 욕심이 없었는데 이것을 일러 소박이라고 한다. 소박하여야 사람들은 본성을 지킬 수 있다."[67]

또, 〈거협편〉에서,

"그대만 홀로 성덕이 있는 세상을 모르는가? 옛날에 용성씨·대정씨·백황씨·중앙씨·율육씨·여축씨·헌원씨·혁서씨·존로씨·축융씨·복희씨·신농씨의 바로 이 시대이다. 백성들은 결승문자를 사용하였고, 그 음식을 달게 먹었고, 아름다운 옷을 입었고, 풍속을 즐겼고, 이웃나라를 서로 바라다볼 수 있었고, 닭과 개 짖는 소리를 서로 들을 수 있었고, 백성들은 서로 늙어 죽을 때까지 서로 왕래하지 않았다. 이 시대가 바로 이상적인 다스림의 시대이다."[68]

또 〈천지편〉에서,

"성덕이 있는 시대는 현인을 숭상하지 않았고 유능한 사람을 부리지 않았다. 위에 있는 군왕은 나뭇가지같이 무심하였고, 일반 백성들은 마치 들판의 사슴과 같았다. 단정하면서도 의가 무엇인지 몰랐고, 서로 아끼면서도 인이 무엇인지 몰랐다. 진실하면서도 충성스러움을 모르고, 성실하면서도 믿음이란 것을 몰랐다. 조용하게 서로 도우면서도 은혜라고는 생각하지 않았다. 이 때문에 행하면서도 자취가 없고, 실재로 하면서도 전하려고 하지 않았다."[69]

장자가 말하는 것은 노자에 비해서 더욱 환상적으로 느껴진다. 위의 인용문에서 말한 인물들이 존재하던 시대는 아마도 노자가 말하는 소국과민이라는 정치적 이상의 모델이 되는 것 같다. 그러나 그것은 결국 이미 지나간 사회의 흔적일 뿐이고, 또 한 번의 빙하시대가 다시 오지 않는 한 다시는 출현할 수 없는 것이다. 장자도 이 점을 알고 있지만 그는 여전히 그것을「지덕지세」라

---

67) 《장자》〈마제편〉「故至德之世, 其行塡塡, 其視顚顚, 當是時也, 山無蹊隧, 澤無舟梁, 萬物群生, 連屬其鄕, 禽獸成群, 草木遂長. 是故禽獸可係羈而遊, 鳥鵲之巢可攀援而闚. 夫至德之世, 同與禽獸居, 族與萬物並, 惡乎知君子小人哉! 同乎無知, 其德不離, 同乎無欲, 是謂素樸, 素樸而民性得矣.」
68) 《장자》〈거협편〉「子獨不知至德之世乎? 昔者, 容成氏, 大庭氏, 伯皇氏, 中央氏, 栗陸氏, 驪畜氏, 軒轅氏, 赫胥氏, 尊盧氏, 祝融氏, 伏羲氏, 神農氏, 當是時也, 民結繩而用之, 甘其食, 美其服, 樂其俗, 安其居, 鄰國相望, 鷄狗之音相聞, 民至老死而不相往來. 若此之時, 則至治已.」
69) 《장자》〈천지편〉「至德之世, 不尙賢, 不使能. 上如標枝, 民如野鹿. 端正而不知以爲義, 相愛而不知以爲仁, 實而不知以爲忠, 當而不知以爲信, 蠢動而相使, 不以爲賜. 是故行而無迹, 事而無傳.」

고 보았다. 그것은 바로 도가에서 말하는 이상국으로 그것 역시 현실세계에서 실재로 건립하려는 의도가 아니라 다만 소박함을 통하여서 욕망을 억누르려는 효과만을 거두려는 데 있다.

제4절 노자의 세 가지 보물
—— 「자애로움, 검약, 감히 천하에 앞서지 않음」

《노자》의 67장에서,

"나는 세 가지 보물을 가지고 있는데 그것을 보존하고 있다. 하나는 자애로움이고, 두번째는 검약이고, 세번째는 감히 천하에 앞서지 않는다는 것이다. 자애롭기 때문에 용감할 수 있고, 검약하기 때문에 널리 베풀 수 있고, 감히 천하에 앞서지 않기 때문에 가장 으뜸되는 그릇으로 될 수가 있다. 만약에 자애로운 것과 용감함을 버리고, 검약함과 널리 베품을 버리고, 뒤에 있음과 앞서 나아가는 것을 버린다면 그것은 죽음에 들어가는 것이다. 자애롭기 때문에 싸우면 이기고 지키려면 견고하여 하늘이 장차 그것을 구하고 자애로움으로 보위해준다."[70]

위에서 말한 삼보를 나누어서 설명하면 아래와 같다.

(1) 자애

「자(慈)」라는 글자는 《노자》 중에서는 매우 드물게 보인다. 제67장 이외에 제18장에서 한 번 보일 뿐이다. 그러나 이 글자는 매우 중요한 의미를 가지

---

[70] 《노자》 제67장 「我有三寶, 持而保之. 一曰慈, 二曰儉, 三曰不敢爲天下先. 慈故能勇, 儉故能廣, 不敢爲天下先故能成器長. 今舍慈且勇, 舍儉且廣, 舍後且先, 死矣. 夫慈以戰則勝, 以守則固, 天將救之, 以慈衛之.」

는 개념이다. 왜냐하면 그것은 노자철학의 핵심적인 정신을 담고 있을 뿐만 아니라, 만약 그것이 없다면 노자철학은 완전히 인간사회를 벗어나서 허공 중에 떠 있게 될 것이다.

자(慈)라는 글자는 《설문해자》에서 「심(心)에서 나온 것이고, 소리는 자(玆)이다」. 그런데 「자(玆)」는 소리뿐만 아니라 또한 뜻을 드러내고 있다. 갑골문 중에서 자(玆)자는 ⁂이고, 소전(小篆)문에서는 艸의 ⁂으로 실을 뽑아내는 것이 끊임이 없음을 말하여 생생의 의미를 표현하고 있다. 소전문은 더욱이 초목의 번식과 생장이라는 것에서 말하고 있는데, 자(玆)는 바로 「생(生)」의 의미와 긴밀하게 관련되어 생겨난 글자이다. 그 아래의 심(心)의 의미는 천지가 만물을 매우 아끼고 있는 마음을 형용하고 있다. 바로 노자가 말하는 「낳아주고 길러주고 하였어도 자랑하지 않고, 뽐내지 않고, 주재하지도 않는다」는 의미에 해당한다. 〈계사전〉에서 「천지의 크나 큰 공덕을 일러서 생이라고 한다」와 「생생하는 것을 일러 역이라고 한다」는 것은 바로 이 자애로움의 뜻에 해당하는 것이다.

자애로움이라는 것이 천지의 생생하는 큰 공덕이기 때문에 「자애롭기 때문에 용감할 수 있다」라고 말하는 것이다. 왜냐하면 천지의 생생이라는 것은 역의 도가 저절로 변화하고 운동하는 경향을 표현하고 있고, 이러한 자연스럽게 유행하는 세력은 전체 우주만물에 모두 관통하여 하나가 되기 때문에 우주의 어떠한 존재도 이것에 저항할 수가 없는 것이다. 《주역》에서 예를 들면 준(屯)괘에서 말하는 위험 가운데에서 움직인다 라고 하면서 「나라를 세우는 데 유리하다」라고 말하는 것이나, 또 복(復)괘의 하나의 양이 다시 돌아오는 것을 말하면서 「천지의 마음」이라고 하는 것이나, 또 괘상에 의거하지는 않지만 노자가 직접적으로 사물 속에서 그러한 역도의 세력을 말하는 것을 들 수 있다. 만약 이러한 역도의 흐름을 분명히 알고 그러한 흐름에 따라서 행위한다면 자연히 용감하게 된다는 것이다. 그러므로 「자애롭기 때문에 전쟁을 하면 이기고, 지키려면 견고하여 하늘이 장차 구하여서 자애로움으로 보위해준다」라고 말하는 것이다. 이와는 반대로 자애롭지 못한 것은 도가 아닌 것으로 바로 역도의 자연스러운 흐름을 거역하고 인위에 의해서 자연스러움을 파괴하기 때문에 분명히 큰 문제가 발생하게 되는 것이다. 그러므로 「자애로움과 용감함을 버리는 것은 죽음에 들어가는 것이다」라고 말하는 것이다.

노자는 제 55 장에서 갓난아이를 통하여 천지의 자애로움을 비유하고 있다.

"덕을 풍부하게 가진 사람은 갓난아이에 비유할 수 있다. 벌과 독충도 쏘지 않고, 뱀도 물지 않는다. 맹수가 와서도 덤비지 않고, 움키는 새도 낚아채지 않는다. 뼈는 약하고 근육은 부드러워도 잡는 힘은 세다. 아직 암수의 교합을 알지 못하여서도 음경이 힘차게 일어나는 것은 정기의 깨끗함 때문이다. 종일토록 울어도 목이 쉬지 않는 것은 조화로움의 지극함 때문이다."[71]

갓난아이가 금방 태어났을 때에는 그 전체가 바로 자연스러움 자체이다. 그 정기와 조화로움의 지극함이나 잡는 힘이 견고한 것은 결코 뼈와 근육의 강건함에서 나온 것이 아니다. 또 음경이 일어남은 결코 암수의 교합이라는 것을 알아서 그렇게 된 것은 아니다. 또 하루 종일 울었어도 목이 쉬지 않는 것 등은 모두 천지의 생생하는 흐름일 뿐이다. 그러므로 독충이나 뱀이 물지 않고, 맹수가 덤비지 아니하고, 맹금이 낚아채지 않는 것은 그 역도의 흐름이 바로 만물변화 자체이고, 천지의 생생하는 자애로움이 모든 만물 속에 들어가 있기 때문이다. 독충이나 뱀, 맹수, 맹금 등이 비록 사람을 해치는 것들이지만, 자애로움을 잃지 않는다면 그 갓난아이의 내재적인 본성과 다 같은 것이기 때문에 해치지 않는 것이다. 그러므로 여기에서 나는 근대의 유명한 소설가 투르게네프의 《참새》라는 소설을 생각하지 않을 수 없다. 언뜻 보기에는 전혀 다른 이야기를 하는 것 같지만 사실은 그곳에 노자가 말하는 자애로움이 가장 잘 표현되고 있기 때문이다.

"막 내가 사냥을 마치고 정원 가운데 큰 길을 따라서 걸어올 때였다. 사냥개는 나의 앞을 걸어가고 있다가 갑자기 걸음을 멈추기 시작했다. 개는 숨을 죽이고 조용 조용하게 앞으로 나아가고 있었는데, 마치 그의 앞에 있는 사냥감을 냄새 맡은 것 같았다. 나는 놀라서 몸을 빼고 길 앞을 살펴보았는데, 땅 위에 아직 어린 참새 한 마리가 앉아 있었다. 그 어린 참새의 부리는 노란색의 테가 둘러져 있었고, 머리의 털은 매우 부드럽게 보였다. 아마도 둥지에서 내려오다가 바람을 만나서 떨어져버린 것 같았다. 어린 참새는 땅위에 누워서

---

71) 《노자》 제 55 장 「含德之厚, 比於赤子, 蜂蠆虺蛇不螫, 猛獸不據, 攫鳥不搏. 骨弱筋柔而握固, 未知牝牡之合而全作, 精之至也. 終日號而不嗄, 和之至也.」

아직 털도 다 나지 않은 날개를 간신히 파닥거리면서 날려는 시늉을 하였지만 힘에 부쳐 보였다.

　사냥개가 천천히 앞으로 걸어나가려고 하였을 때, 갑자기 마치 총알과 같이 나무 위에서 이마가 새까만 참새 한 마리가 개의 입근처를 향해 있는 힘을 다하여 돌진하였다. 그 참새는 슬픈 울음을 내면서 몇 번이나 다시 개의 벌어진 큰 입과 이빨을 향하여 날아가 부딪혔다.

　그 참새의 눈에 그 사냥개는 얼마나 큰 괴물이겠는가? 그러나 그는 안전한 나뭇가지를 버려두고 엄청난 용기와 있는 힘을 다하여 그 스스로를 버리려는 것이다. 사냥개는 꼼짝도 하지 못하고 나중에는 꼬리를 늘어뜨리고 놀라서는 슬슬 뒷걸음을 치기 시작했다. 사냥개는 확실히 그 놀라운 힘을 깨달았던 것 같았다. 나는 그때 사냥개를 불러서 내쪽으로 오게 하였다. 그때 나의 마음속에는 어떤 경건한 마음이 우러나왔다. 그렇다. 비록 사람들이 나를 비웃을지 모르지만 내가 본 그 의롭고 용감한 참새의 뜨거운 자애로움을 느꼈을 때에 내 마음이 느낀 것은 분명한 경건함 자체였다. 죽음보다 더 무서운 것은 죽음을 따라다니는 공포이다. 그러나 죽음보다 사랑이라는 것은 더욱더 큰 힘을 가지고 있다. 사랑이 있기에 생명은 보존되고 유지되어질 수 있는 것이기 때문이다."

　위에서 인용한 내용은 많은 지면을 차지하였지만 그러나 내가 생각하기에 노자가 말하는 자애를 설명하는 데는 어떠한 설명보다도 더 효과적이라고 생각한다. 어미 참새를 나무 위에서부터 끌어내린 엄청난 힘은 바로 자애이다. 그 힘은 바로 생생만물이라는 하나의 큰 흐름을 말하는 것이다. 투르게네프가 소설 속에서 그의 개가 놀라서 뒤로 물러나오면서 그 엄청난 힘을 분명히 알았다 라고 말하는 것은 바로 역의 도리가 천지만물에 관통하고 있음을 말하는 것이다. 그것 때문에 사냥개는 그러한 엄청난 힘을 느낄 수 있는 것이다. 또 마음속에서 경건함이 우러나온다 라는 것은 인간이 역도의 생생하는 흐름을 만났을 때의 자연스러운 표현으로, 그때 주체할 수 없는 경건함이 생겨나는 것이다. 이 이야기는 바로 「자애롭기 때문에 용감할 수 있다」「하늘이 장차 구하고 자애로움으로 보위해준다」라는 의미를 분명하게 설명하고 있다.

　자애로움에 관해서는 여기까지만 이야기하고 다시 다른 문제를 설명하려고 한다. 바로 노자가 「인(仁)」을 무시하고 있다는 문제이다. 위에서 말한 것처럼 노자가 말하는 「자」나 공자가 말하는 「인」은 사실상 구별이 없다. 공자는 「인자는 반드시 용기가 있다」, 맹자도 「인자는 무적이다」라고 말하는 것은 바로 노자의 「자애롭기 때문에 용감할 수 있다」는 것이다. 그러나 노자는 인을 극력 배격하고 있는데 「인을 끊고 의를 버린다」 「대도가 폐하고 난 뒤에 인의가 생겨난다」 등의 말 이외에 더욱 노골적으로 말하기를,

"천지가 불인하여 만물을 추구로 삼는다. 성인이 불인하여 백성을 추구로 삼는다."[72]

노자의 이 말은 확실히 듣기에 따라서는 너무 심한 말을 하고 있다는 느낌까지 든다. 그러나 노자철학을 분명히 파악하고 있다면 그 말은 분명히 일리가 있음을 알게 될 것이다. 그런데 그의 철학을 올바르게 파악하지 못한 사람이 듣기에는 완전히 별개의 느낌을 가질 수밖에 없는 것이다. 노자 역시 이러한 상황을 파악하고 있는 것 같다. 그러므로 그는 「올바른 말은 마치 반대되는 것과 같다(正言若反)」고 말하는 것이다.

「천지불인」이라는 뜻을 이해하기 위해서는 먼저 인이라는 글자에 대해서 알고 있어야 한다. 인의 의미는 원래 인도(人道)를 그 범위로 하고 있는 것이다. 즉 문자상으로 본다면 二와 人이 결합된 글자로 뜻은 인간 간의 관계를 말하고 있는 것이다. 그러므로 공자는 인을 다른 사람을 아끼는 것으로 말하는 것이다. 인도의 입장에서 본다면 인이라는 개념은 매우 의미 깊은 것이다. 왜냐하면 그것은 개별적인 소아를 버리고 인간과 인간 간의 마음이 서로 교감하는 대아의 정신을 표현하고 있기 때문이다. 그러나 이것은 인간의 도덕적 입장에서 말하는 것이다. 만약 천도의 입장에서 본다면 완전히 달라진다(여기에서 말하는 「천도」는 천지인의 삼극지도를 포함하는 것을 말한다). 천도는 포함하지 않는 것이 없기 때문에 인도는 다만 그중의 한 부분일 뿐이다. 천도의 입장에서 인을 보는 것은 결코 소아로부터 대아를 보는 것이 아니라 삼극지도로부터 보는 것으로, 여기에서 인이라는 의미는 자연적으로 큰 비중을 차지하지 못하게 되는 것이다. 인이라는 것은 공자가 강조한 것으로 공자가 인이라는 말을 강조할 때의 관점은 아직 천도라는 문제에까지는 미치지 못하였다. 그러므로 《논어》에서 제자가 인에 관하여 물었을 때, 그는 다만 인도를 범위로 하

---

[72] 《노자》 제 5 장 「天地不仁, 以萬物爲芻狗. 聖人不仁, 以百姓爲芻狗.」

여 말할 뿐이다.「오십이지천명(五十而知天命)」이후에 그의 철학적 영역이 확대되어 천도의 문제에까지 이르게 된 것이다. 즉 천지가 만물을 생장하는 것은 다만 인의 작용일 뿐이라는 것을 인식한 후에야 인의 의미를 인도로부터 천지의 도로 확대해갈 수 있었던 것이다. 그러므로 공자의 인은 작은 것에서부터 큰 것으로, 인간에서 천으로 확대시켜 적용하는 것이다. 이러한 공자의 입장들은 당연히 타당한 것이다. 그러나 노자철학은 공자와 다르다. 노자는 처음부터 초점을 천도에다 두고 있었다. 즉 도 자체로부터 말하기 때문에 당연히 천지가 만물을 생성하고 변화시키는 본질을 단순히 인도적인「인」에다만 놓아둘 수는 없었던 것이다. 만약 그렇게 되어버리면 도의 전체적인 본질과 작용은 크게 손상될 것이기 때문이다. 노자가 도의 본질을「박(樸)」으로 형용하였는데, 박이라는 것은 구체적인「기(器)」가 생기기 이전에 존재하는 것이다. 어떤 구체적인 기로 될 수는 있으나 아직 되지 않은 것을 말한다. 만약 천지의 도를 인으로 말한다면 그것은 인도의 기 가운데 떨어진 것으로 박이 될 수 없는 것이다. 바꾸어 말하면 노자는 인이라는 개념의 범위가 너무 작아서 천지가 만물을 생성시키고 변화시키는 위대한 애정을 형용하기에는 부족하다고 생각한 것이다.

그러면 천도는 어떠한 것인가? 그것은 앞에서도 말하였지만「어떤 것으로 만들 수 있는 것이 아니고 항상 스스로 그러한」것이다. 즉 낳았으면서도 있지 않고, 하였으면서도 자랑하지 않고, 길러주면서도 주재하지 않는 것으로 포용성이 있고, 공평하고, 근원을 가지지 않는 것이다. 천지가 만물을 생장하는 것은 도의 자연스러운 흐름일 뿐으로 결코 생(生)하려는 마음을 가지지 않고 기르려는 뜻도 가지고 있지 않다. 인간의 입장에서 천지가 만물을 생양하는 것은 덕으로 말할 수 있으나, 천지의 도라는 것 자체로 말한다면 실재로는 덕이라고 말할 수 있는 것은 없고 다만 하나의 저절로 그러한 생생하는 흐름의 작용일 뿐인 것이다. 또 이른바 천지만물이라는 것은 무엇인가? 전체 도의 입장에서 말한다면 상대되는 존재란 있을 수 없고, 상대가 없기 때문에 어디에 인이 있단 말인가? 만약에 도가 만물을 아낀다 라고 말한다면 그것은 도가 만물 이외의 것에서 독립해 있는 것으로 말하는 것이 아닌가? 그것이 어떻게 가능한가? 여기에서 우리는 노자의「천지가 불인하여 만물을 추구로 삼는다」는 말을 정확하게 이해하여야 한다. 짚으로 만든 추구는 제사의 의식에 사용하는 것으로 처음에는 존경의 대상이 되지만 그 쓰임이 다하면 버려지는 것으로 다만 그 쓰임에 따라서 달라진다. 그러므로 그 중간에는 실재로 그 쓰임을 좋아하고 쓰임이 없는 것을 싫어하는 그러한 관념을 포용할 방법이 없는 것이다. 그러므로 봄이 오고 가을이 가고 풀이 자라고 낙엽이 지는 일체의 생사와 취산은 모두 자연의 불변적인 법칙 아닌 것이 없다. 이러한 불변적 법칙하에서 봄과 가을은 그 따뜻함과 서늘함에 의해서 길어지고 여름과 겨울은 더위와 추위 때문에 짧아지는 것은 아니다. 또 인간은 이성적인 지혜 때문에 영원히 존재할 수 없고, 금수는 그 흉폭함 때문에 요절하는 것은 아니다. 만물은 다양하고 풍부하지만 모두 도의 법칙 아래에서 유전한다. 천도는 여기저기에서 불인하고, 불인하지 않는 것이 없는 것은 모든 만물에 대해서 모두 그 「인」을 다 포용할 수 없기 때문이다.

　노자의 이러한 철학적 태도를 현대적인 철학개념으로 말하면 한마디로 이성적 자연주의이다. 그러나 「이성」에만 치중하고 「감정」을 버려두는 것은 아니다. 왜냐하면 천지는 비록 불인하여 만물을 추구로 삼지만, 그러나 끊임없이 만물을 생양하는 것은 사실이다. 천도의 이치는 결코 정감이라는 것과 상대되는 것이 아니다. 즉 정감을 포함한 이치 속에 천도는 놓여져 있는 것이다. 이 때문에 노자가 말하는 천지불인의 의미는 표면적으로는 차가운 느낌이 들지만 그러나 천지의 불인이야말로 진정한 「대인(大仁)」이다. 노자가 인을 말하지 않고 「자(慈)」를 말하는 것은 바로 이치 속의 정감을 의미하는 것이다. 그가 인을 말하지 않는 것은 인이라는 개념이 천지생생의 정감을 모두 싣지 못하기 때문이다.

　그러면 공자는 어떠한가? 만약에 노자가 말하는 불인이 우주의 진리를 체득한 것으로 말하면 공자의 인의 철학은 어떤 곳에서 입지를 세울 수 있는가? 그러나 공자 역시 똑같이 우주의 참된 의미를 파악하였다는 사실을 알아야 한다. 왜냐하면 공자의 입장은 인도에 있기 때문이다. 노자는 이치의 참됨을 얻었고, 공자는 정감의 참됨을 얻은 것이다. 천지의 도에서는 이치를 보고 인간의 도에서는 정감을 볼 수 있기 때문이다. 이치는 천지의 이치이고, 정감은 이치가 개개의 인간과 사물에 분산되어 있는 것으로 정감과 이치는 상통하는 것이며 두 가지 모두 참된 것이다.

(2) 검약

　노자의 「검(儉)」이라는 말의 뜻은 이성적 자제, 절약, 사치하지 않음을 말한다. 어떻게 이성이란 말을 할 수 있는가? 왜냐하면 도 자체는 하나의 이성법칙이고, 그것은 변화작용하여서도 결코 맹목적으로 충돌하거나 혼란하지 않고, 영원히 그 질서를 잃어버리지 않기 때문이다. 인간은 우주라는 큰 도 가운데에서 또한 각각 하나의 작은 태극의 도이기 때문에 이성의 법칙을 잃어버리지 않을 수 있는 것이다. 이것을 계속 유지하여서 행위하는 것을 이름하여 검약이라고 하는 것이다.
　노자는 제 59 장에서 「색(嗇)」의 도에 대해서 말하고 있다.

　　"사람을 다스리고 하늘을 섬기는 데에는 농부의 농사짓는 것보다 더 나은 것은 없다. 농사짓는다는 것은 일찍이 자연의 도리에 따르는 것을 말하기 때문이다. 일찍이 도리에 따른다는 것은 덕을 쌓아가고 있음을 말하는 것이다. 덕을 쌓아가면 이기지 못할 것이 없고, 이기지 못할 것이 없으면 자연의 궁극적인 신비를 모르는 것이 없게 된다. 자연의 신비를 모르는 것이 없게 된다면 나라를 세울 수가 있고, 나라의 근본이 있으면 영원할 수가 있다. 이것은 뿌리가 깊고 영원히 오래도록 살아가는 도를 말하는 것이다."[73]

　왕필은 「색」을 농부로 해석하고 있는데 농부가 농사를 짓는 것으로 사람을 다스리고 하늘을 섬기는 문제를 해석하고 있다. 왕필의 그러한 주석은 바로 중국의 고대인들이 농사를 중시하는 입장과 합치하기 때문에 후대인들은 대부분 이 주석을 따르고 있다. 그러나 아래 문장의 「일찍이 도리에 따른다」「덕을 쌓는 것을 말한다」 등의 문장을 연결시켜 본다면 왕필의 주석은 상당한 문제가 있는 것 같다. 필자가 생각하기에 색의 의미는 오히려 「검」의 뜻에 해당된다고 여겨진다. 이것은 《한비자》의 〈해로편〉에서 분명하게 해석하고 있다.

---

[73]《노자》제 59 장「治人事天莫若嗇. 夫唯嗇, 是謂早服, 早服謂之重積德, 重積德則無不克, 無不克則莫知其極, 莫知其極可以有國, 有國之母可以長久. 是謂深根固柢長生久視之道.」

"《노자》에서 말하는 사람을 다스린다는 것은 동정의 절도를 조정하고 쓸데없이 생각하여 정신을 소모하는 것을 감소시키는 것을 말한다. 이른바 천을 섬긴다는 것은 총명한 지력을 모두 다 소모하지 않고, 지식의 기능을 모두 발휘하지 않는 것을 말한다. 만약에 그러한 것들을 모두 다 발휘하려 한다면, 정신의 소모가 과다하게 되고, 정신의 소모가 과다하면 눈을 멀게 하고, 말문이 막히게 할 정도의 엄청난 재앙이 돌아오게 될 것이다. 이 때문에 정신의 소모를 아껴야 하는 것이다. 아낀다는 것은 그 정신을 아끼고 그 지식을 덜 쓰는 것이다. 그러므로 사람을 다스리고 하늘을 섬기는 것은 아끼는 것이 제일이라고 말하는 것이다. 보통의 사람들은 정신을 사용하는 데 조급하고, 조급하면 과도하게 사용하고, 과도하게 사용하는 것을 일러 쓸데없이 사용하는 것이라고 말하는 것이다. 성인은 정신을 사용하는 데 고요하고, 고요하면 적게 쓰고, 적게 쓰는 것을 일러 아낀다 라고 한다. 아낀다는 것은 도리에서 생긴 것이다. 아낄 수 있다는 것은 도에 따르고 이치에 복종하기 때문에 가능한 것이다. 보통 사람들이 우환을 만나고 재앙에 빠져서도 여전히 물러설 줄 모르는 것은 도리에 복종하지 않기 때문이다. 성인은 아직 재앙과 우환이 드러나기 이전에 이미 허정하고 자연스럽게 도리에 복종하는데 그것이 바로 일찍이 도리에 따른다는 말이다. 일찍이 도리에 따른다는 것은 바로 정신을 아끼는 것을 말한다. 사람을 다스릴 줄 아는 자는 그 생각이 고요하고, 하늘을 섬길 줄 아는 자는 감각기관이 허하다. 생각이 고요한 까닭에 덕이 떠나가지 않고 감각기관이 허하면 조화로운 기가 매일 들어오기 때문에 계속 덕을 쌓아간다고 말하는 것이다. 원래 있는 덕을 상실하지 않고 새롭고도 조화로운 기가 매일 들어오는 것은 바로 일찍이 도리에 따르는 것이다. 그러므로 일찍이 도리에 따른다는 것을 계속 덕을 쌓아간다고 말하는 것이다. 덕을 쌓은 이후에야 정신이 고요해지고, 정신이 고요해진 이후에 조화로움이 더욱 많아지고, 조화로움이 많아져야 올바른 계략을 얻게 된다. 계략을 얻은 이후에 만물을 제어할 수 있고, 만물을 제어할 수 있으면 전쟁에서 쉽게 적을 이길 수 있다. 전쟁에서 쉽게 적을 이기면 그의 발언은 세상을 제압할 수 있고, 발언이 세상을 제어할 수 있기 때문에 이기지 못할 것이 없다고 하는 것이다. 이기지 못할 것이 없다는 것은 계속 덕을 쌓아 나아가는 곳에 근본을 두고 있다. 그러므로 계속 덕을 쌓아가면 이기지 못할 것이 없는 것이다. 전쟁에서 쉽게 적을 이기면 천하를 겸병할 수 있고, 발언이 세상을 제압하면 세상 사람들이 그를 따른다. 천하를 겸병하고서 백성들이 따르게 만드는 그 도리는 매우 심오하여서 보통사람들은 그 근본을 모른다. 그 근본을 모르기 때문에 궁극적인 의미를 파악할 수가 없게 되는 것이다. 그러므로 이기지 못할 바가 없기 때문에 그 극치를 알 수 없게 되는 것이다."[74]

한비자는 노자의「농사짓는 것」을 도리(術)로 보아서「농사짓는 것은 도리이다」또「그 도리는 심원하다」라고 하였는데 법가의 입장에서는 이런 입장으로 다루지 않을 수 없는 것이다. 또「계속 덕을 쌓는다」라는 것 아래에「이기지 못할 것이 없다」「그 궁극적인 의미를 파악하지 못한다」라는 것들은 모두 인위적인 것을 언급하고 있는데 법가의 입장에서는 너무나 당연한 것으로 더 이상 논의할 필요가 없다. 여기에서 한비자는「색」을「소모하지 않는 것」으로 해석하였는데 매우 정확하다. 왜냐하면 전체《노자》를 통하여 직접적으로든 간접적으로든 간에 모두 정신을 소모하지 않는 입장을 말하고 있기 때문이다. 예를 들면「성인은 배를 위하지 눈을 위하지 않는다」「스스로를 드러내지 않는다」「스스로 자랑하지 않는다」등은 모두 아끼는 것을 말하는 것이다. 또「성인은 심한 것이나 사치스럽고 교만한 것을 없이 한다」등이나「지족(知足)」「지지(知止)」「부쟁(不爭)」도 마찬가지이다. 심지어「그 구멍을 막고, 문을 닫고, 날카로운 것을 무디게 만들고, 분란한 것을 풀고, 그 빛과 조화하고, 세속과 함께 한다」라고 하는 것 역시 정신을 적게 소비하는 것을 말한다. 심지어 자연, 청정, 무위 역시 같은 의미를 가지고 있다. 그러나 노자는 작게 소비하기 위해서 그 철학체계를 세운 것이 아니라, 그의 모든 것은 도에서 나온다 라는 기본적 전제하에서 정신을 아낀다는 것은 필연적 요구였는지도 모른다. 왜냐하면 사람은 하나를 아끼면 그만큼의 도를 더 얻을 수 있기 때문이다.

---

[74]《한비자》〈解老篇〉「書之所謂治人者, 適動靜之節, 省思慮之費也. 所謂事天者, 不極聰明之力, 不盡智識之任, 苟極盡則費神多, 費神多則盲聾悖狂之禍至, 是以嗇之. 嗇之者, 愛其精神, 嗇其智識也. 故曰治人事天莫如嗇. 衆人之用神也躁, 躁則多費, 多費之謂侈. 聖人之用神也靜, 靜則少費, 少費之謂嗇. 嗇之謂術也, 生於道理. 夫能嗇也, 是從於道而服於理者也. 衆人離於患, 陷於禍, 猶未知退, 而不服從道理. 聖人雖未見禍患之形, 虛無服從於道理, 以稱蚤服. 故曰, 夫謂嗇, 是以蚤服. 知治人者其思慮靜, 知事天者其孔竅虛, 思慮靜故德不去, 孔竅虛則和氣日入, 故曰重積德. 夫能令故德不去, 新和氣日至者, 蚤服者也, 故曰蚤服是謂重積德. 積德而後神靜, 神靜而後和多, 和多而後計得, 計得而後能御萬物, 能御萬物則戰易勝敵, 戰易勝敵而論必蓋世, 論必蓋世, 故曰無不克. 無不克本於重積德, 故曰重積德則無不克. 戰易勝敵則兼有天下, 論必蓋世則民人從, 進兼天下而退從民人, 其術遠, 則衆人莫見其端末. 莫見其端末, 是以莫知其極, 故曰, 無不克則莫知其極.」

이 때문에 노자는 "도를 위하면 날로 줄어들고 줄이고 또 줄여서 무위에 이를 수 있고, 무위하여서 하지 못함이 없게 되는 것이다."[75]고 하는 것이다. 여기에서 줄이는 것은 무엇인가? 바로 「비(費)」이다. 「무위」에 이르게 되면 그의 쓰는 것이 없게 되는 것으로 완전히 도의 경지에 도달한 것으로 볼 수 있는 것이다. 「오직 아끼는 것을 일찍이 도리에 따른다 라고 말하는 것」의 도리는 바로 여기에 있는 것이다. 왜냐하면 적게 쓰는 것을 모르는 것은 도를 알지 못하는 것이고, 도를 아는 사람은 반드시 아낄 줄 아는 것이며, 「조복(早服)」이라는 것은 바로 도에 복종하는 것이기 때문이다. 도에 복종하게 되면 도를 얻는 것이 더욱 많아지기에 「계속 덕을 쌓는다」라고 말하는 것이다. 덕이라는 것은 얻는다는 의미로 도를 얻는 것이 바로 덕이다. 덕을 쌓는 것이 두터운 자는 도에 가깝고, 도의 힘은 무궁하기 때문에 「이기지 못하는 것이 없는」것이다. 「이기지 못할 것이 없는」도와 함께 하면 도가 신비하고 측정할 수 없는 것처럼 다른 보통사람들에 비해서 그의 지혜가 훨씬 높고도 심오하기 때문에 「그 궁극을 알 수가 없다」라고 말하는 것이다. 그런 후에 그 궁극을 알 수 없는 도를 이용하여 나라를 다스리면 나라에 그 근본이 있게 되고 국운은 날로 번영하여서 영원할 수 있는 것이다. 노자의 제59장의 의미는 그의 일관된 철학적 이론을 보여주는 것으로 바로 이런 관점을 가지고 있다. 이로부터 한 비자가 「색」을 적게 쓰는 것으로 해석하는 것은 일리가 있고, 그 의미는 바로 《도덕경》의 제67장에서 말하는 「검」의 뜻에 해당된다. 그러므로 검이나 색은 바로 노자철학의 가장 중요한 개념들이다.

「검약하기 때문에 넓힐 수 있다」라는 노자의 이 말은 언뜻 보기에는 쉽게 이해할 수 없는 말인 것 같으나, 위에서 말하는 내용을 파악한 후에는 매우 분명하게 이해될 것이다. 여기에서 검이라는 말을 몇 가지로 나누어 생각해 볼 수 있다.

첫째, 검의 뜻은 절제한다는 의미이다. 역의 도는 영원한 불변의 법칙을 가지고 있는데 그 법칙을 벗어나는 것은 도가 아니고 또한 검이 아니다. 노자는 인간이 재화를 무한히 얻으려 하여서 만족을 모르는 것을 경계하는 것은 인간이 절제를 벗어나 도의 법칙을 이탈하기 때문이라고 보기 때문이다. 또 가득 차고 채우려고 하는 것은 반대한다. 그것은 절제하지 않고서 도의 불변적 법

---

75) 《노자》 제48장 「爲道日損, 損之又損, 以至於無爲, 無爲而無不爲.」

칙을 벗어나려고 하기 때문이다. 도를 벗어나고 도에 위배하면 그 행하는 것이 이루어질 수 없기 때문에 어떻게 넓힐 수 있겠는가?

둘째,「검」은 그윽히 감추며 드러내지 않는 뜻을 가지고 있다. 바로 역도의 자연스러운 본성으로 만물을 낳고서도 소유하지 않고, 만물을 위하면서도 뽐내지 않고, 만물을 길러주면서도 주재하지 않는 그러한 의미들이 바로 이것이다. 노자는 인간이 그러한 의미를 적용할 때에 더욱 주의하여서 말한다.「말을 많이 하면 자주 막히어 중(中)을 지키는 것보다 못하다」라든가「다른 사람들은 모두 영특하지만 나 혼자만이 바보스럽다. 다른 사람들은 모두 즐거워하지만 나 혼자만 걱정스럽다」라는 것들은 모두 이런 의미들이다. 그윽이 감추고 스스로를 드러내지 않는 것은 도의 근본이고, 감추지 않고서 밖으로 드러내는 것은 도의 바깥 모습이다. 도의 화려한 모습에 빠져버리는 것은 유위(有爲)에 빠지는 것이고, 넓힐 수가 없게 되는 것이다.

셋째, 검은 수축하고 모은다는 의미를 가지고 있다. 천지의 도는 서로 교감하여서 만물을 낳기 때문에「만물은 음을 업고 양을 안고 있다」라고 하고, 〈계사전〉에서「같이 두루 행하여 흩어져 흐르지 않는다(旁行而不流)」고 하는 것이다. 만약에 유산(流散)하여서 잃어버리면 천지는 그 작용을 잃어버리고 만물은 생하지 않게 된다. 인간이나 사물은 각각 하나의 태극이기 때문에 사람은 검의 덕을 가지게 되는 것이다. 바로 인간이 가지고 있는 태극의 응취와 조화를 말하는 것이다. 이것이 우주만물의 도와 통하기 때문에「광(廣)」이라고 하는 것이다.

노자가 말하는 검약의 의미는 바로 공자가 말하는「베풀면서도 헛되이 쓰지 않는다(惠而不費)」라는 말에 해당한다. 공자가 자장에게 그 말의 뜻에 대해서 설명하기를, "백성들이 이롭게 되기 때문에 이롭게 해주는 것은 바로 베풀면서도 헛되이 쓰지 않는 뜻이 아닌가?" 여기에서 백성들이 이롭게 되기 때문에 이롭게 해준다는 것은 바로 이민(利民)의 도를 파악한 것으로, 이익되는 것을 벗어나지 않게 이로움을 준다는 의미이다. 노자가 말하는 검약의 의미는 이런 관점에서 설명하여야 할 것이다.

여기에서 우리는《사기》에서 사마천이 말하는 노자에 관한 기록들을 생각해 볼 수 있을 것이다.

"공자가 주나라에 갔을 때, 노자에게 예에 관해서 물었다. 노자가 말하기를, 그대가 말하는 것은 이미 모두 썩어 있고 오직 그 말만이 귀에 남아 있을 따름이다. 군자는 그 때를 얻으면 벼슬을 하고 때를 얻지 못하면 숨어버린다고 했으니, 내가 듣기에 좋은 물건은 속에 감추고 있으면서도 마치 비어 있는 것처럼 군자가 덕을 가득히 가지고 있으면서도 그 모습은 마치 바보같아야 한다. 그대의 교만함과 욕심스러움, 헛된 뜻과 용모를 없애야만 그대에게 도움이 될 것이다. 내가 그대에게 하고 싶은 이야기는 바로 이와 같은 말뿐이다."[76]

노자가 공자에게 말한 것들은 한마디로 검약이라는 말이다.

실제로 노자뿐만 아니라 도가의 모든 학자들도 검약의 덕을 매우 강조하고 있다. 사마담이 《논육가요지(論六家要旨)》에서 도가에 대해서 말하기를, "성인은 불후(不朽)하고 시기를 기다린다."라고 하였다. 시기를 기다린다는 것은 때가 무르익지 않으면 가볍게 일을 처리하지 않는다는 말로서 시기가 유리할 때를 기다려 일을 한다는 것으로 결코 쓸데없는 낭비를 하지 않는다는 것이다. 이것이 바로 검약의 작용이다.

(3) 감히 천하에 앞서지 않는다

노자가 말하는 세번째 보물은 「감히 천하에 앞서지 않는다(不敢爲天下先)」이다. 앞에서 이미 말하였듯이 노자는 곤(坤)의 덕을 숭상하는 철학체계를 가지고 있는데, 노자가 말하는 세 가지 보물이란 관점에서 살펴보면 더욱 분명해진다. 자애라는 것은 곤덕의 생육에 해당하고, 검약이라는 것은 곤덕의 포용성에 해당하고, 감히 천하에 앞서지 않는다란 것은 곤덕의 순종의 뜻과 합치한다. 그러나 여기에서 반드시 설명해야 하는 것은 복희씨·문왕에서 공자에 이르는 태극으로부터 아래를 향하여 생생해 나아가는 역학의 체계 속에서 건의 움직임은 앞서 나아가는 것이고, 곤의 움직임은 뒤로 물러나는 것이기 때

---

76) 《史記》〈老莊申韓列傳〉「孔子適周, 將問禮於老子, 老子曰, 子所言者, 其人與骨皆已朽矣, 獨其言在耳. 且君子得其時則駕, 不得其時則蓬累而行, 吾聞之, 良賈深藏若虛, 君子盛德, 容貌若愚. 去子之驕氣與多欲, 態色與淫志, 是皆無益於子之身. 吾所以告子, 若是而已.」

문에 곤의 순종하는 덕은 바로 건을 따르는 것으로 말한다. 곤괘의 괘사에서 「먼저 잃어버렸다가 나중에 다시 주인을 얻으면 유리하다」는 것에서 주인이라는 말은 바로 건을 가리켜 말한다. 그런데 노자가 말하는 감히 천하에 앞서지 않는다 라는 것은 결코 건에 순종한다는 것이 아니라, 자연의 불변적 법칙에 순종한다는 의미이다. 즉 복희씨·문왕·공자의 사상체계 중에서 건곤은 서로 상대되는 개념이지만, 노자의 체계 속에서 감히 천하에 앞서지 않는다는 순종의 의미는 도 자체의 입장에서 말하는 것이다. 도의 유행이라는 것은 「무위」 「자연」으로 일단 「유위」하게 되면 성(聖), 지(智), 인(仁), 의(義), 교(巧), 이(利) 등이 생겨나와 자연이 아니게 된다. 자연이 아닌 것은 바로 감히 천하에 앞서는 것이 된다. 그러므로 감히 천하에 앞서지 않는다는 것은 도에 순종하는 뜻으로 노자의 철학에서 가장 중요한 뜻이 된다. 그러나 그것이 다만 곤덕을 숭상하는 것으로만 해석한다면 적당한 해석이 아닐 것이다.

그 점을 분명히 파악하여야만 노자가 말하는 감히 천하에 앞서지 않는다는 의미가 자기의 책임을 던져버리거나, 숨어버리거나, 소극적으로 양보해버리라는 것이 아니라, 도를 따르라는 적극적인 입장을 강조하고 있다는 사실을 알 수 있게 되는 것이다.

노자의 말을 직접적으로 인용하여 살펴보기로 하자. 제 10 장에서 말하기를,

"혼백이 하나로 통일되면 서로 떠남이 있겠는가? 기를 하나로 모으고 부드럽게 하면 갓난아이와 같아질 수 있겠는가? 더러운 것을 씻어내고 심오한 곳에서 살펴보면 흠 되는 것이 있을 수 있겠는가? 백성을 사랑하고 나라를 잘 다스리면 간교한 지식이 있을 수 있겠는가? 하늘의 문이 열리고 닫히는 것처럼 한다면 암컷이 있을 수 있겠는가? 사방을 밝게 비추면 작위함이 있을 수 있겠는가?"[77]

제 28 장에서 말하기를,

"그 수컷을 알고 암컷을 지키면 천하의 인심이 모여드는 계곡이 될 수 있다. 천하의 계곡이 될 수 있으면 덕은 항상 떠나지 않으며 갓난아이의 상태로

---

[77] 《노자》 제 10 장 「載營魄抱一, 能無離乎? 專氣致柔, 能嬰兒乎? 滌除玄覽, 能無疵乎? 愛民治國, 能無知乎? 天門開闔, 能無雌乎? 明白四達, 能無爲乎?」

다시 돌아갈 것이다. 밝은 흰빛을 알고 남의 눈에 보이지 않는 것을 지킬 수 있으면 천하의 모범이 될 수 있다. 천하의 모범이 된다면 덕은 항상 어긋남이 없게 되고 다시 무극에로 돌아갈 수 있다. 영광된 것을 알면서 굴욕을 참고 지킬 수 있다면 천하의 골짜기가 될 수 있다. 천하의 골짜기가 된다면 덕은 항상 풍족하게 되어서 소박에로 돌아갈 수 있다."78)

제 10장의 떠나지 않음, 갓난아이, 흠이 없음, 간교한 지식이 없음, 무위라는 것은 제 64장에서 말하는 그 암컷을 지키고, 보이지 않는 것을 지키고, 굴욕을 참고 견디는 것과 같은 것으로 모두 감히 천하에 앞서지 않는다는 의미를 직접적으로 설명하는 것이다. 간접적으로 설명하는 것은 제 9장에 나타난다.

"이미 가지고 있는데 또 가득하게 채우는 것은 그것을 그만두는 것보다 못하다. 이미 두드려 만든 것을 또다시 날카롭게 만들면 오래 보존하기가 어렵다. 황금과 보물이 집안에 가득하면 그것을 지키기가 힘들고, 부귀하면서 교만하면 스스로 화를 불러들일 것이다. 공을 이루고 몸을 뒤로 하는 것은 하늘의 도이다."79)

제 24장에서,

"발끝을 세우고서는 오래 설 수가 없고 가랑이를 벌리고서는 멀리 걸을 수 없다. 스스로 드러내는 자는 분명하게 밝힐 수 없고, 스스로 옳다고 주장하는 자는 드러나지 않는다. 스스로 칭찬한 자는 공을 이룰 수가 없고 스스로 자랑하는 자는 오래가지 못한다. 그것을 도의 입장에서 본다면 남은 음식같고, 방문을 거절당한 것과 같은 것으로 다른 사람들이 싫어하는 것이다. 도를 가진 사람은 그러한 일을 하지 않는다."80)

---

78) 《노자》 제 28장 「知其雄, 守其雌, 爲天下谿. 爲天下谿, 常德不離, 復歸於嬰兒. 知其白, 守其黑, 爲天下式. 爲天下式, 常德不忒, 復歸於無極. 知其榮, 守其辱, 爲天下谷. 爲天下谷, 常德乃足, 復歸於樸.」
79) 《노자》 제 9장 「持而盈之, 不如其已. 揣而梲之, 不可常保. 金玉滿堂, 莫之能守. 當貴而驕, 自遺其咎. 功遂身退, 天之道.」
80) 《노자》 제 24장 「企者不立, 跨者不行, 自見者不明, 自是者不彰, 自伐者無功, 自矜者不長. 其在道也, 曰餘食贅行, 物或惡之, 故有道者不處.」

제 9장의 가지고 있는데도 더 채우고, 뾰족한 것을 다 날카롭게 하고, 황금과 옥이 집안에 가득하고, 부귀하면서 교만한 것들과 바로 제 24장에서 말하는 발끝을 세운 사람, 가랑이를 벌리고 걷는 사람, 스스로 맞다고 말하는 사람, 스스로 자랑하고 칭찬하는 사람은 모두 천하에 앞서려는 것으로 올바른 도가 아니다.

결론적으로「감히 천하에 앞서지 않는다」는 것은 바로 도의 변화와 유행에 순종하는 것으로 도 아닌 것이 없게 된다. 즉 제 35장에서 말하는「대상을 잡으면 천하가 그에게 돌아갈 것이다」는 것으로 도와 하나가 되어서 자연적으로「도 아닌 것」의 해를 입지 않게 될 것이다. 그러므로 노자는「감히 천하에 앞서지 않기 때문에 능히 그릇을 크게 이룰 수 있다」라고 말하는 것이다. 사람은 태어나자마자 기(器)의 상태에 빠지게 되는데 도를 위배하게 되면 이 기도 바로 훼손되어지게 되고 도에 순종하게 되면 오래도록 존재할 수 있게 된다. 이것은 바로 장자가 말하는「그 천수를 다 누릴 수 있는 것(終其天年)」이다.

여기에서 우리는 노자철학에서의 인생의 의미는 결코 분투하여서 이기는 것을 자랑하는 데 있지 않다는 것을 알 수가 있을 것이다. 인간은 본래 도의 흐름을 파악하는 가운데 자신의 지식을 표현하면 할수록 더욱 도에서 멀어지고, 자연에 맡기면 맡길수록 도에 합치한다는 사실을 알아야 하는 것이다. 자신의 지식을 드러내지 않고 자연에 맡기는 것은 인간의 입장에서 말한다면「유약」이다. 그러므로 노자는 반복적으로 유약을 강조하고「견강」을 배척한다. 이른바「견강이라는 것은 죽음의 무리이고 유약이라는 것은 삶의 무리이다」. 가장 부드럽고 약한 것은 물인데 노자는 특히 이것에 대해 칭찬을 한다. 제 8장에서,

"가장 높은 선은 물과 같다. 물은 만물을 이롭게 하면서도 다투지 아니하고 사람들이 싫어하는 곳에 처해 있기 때문에 거의 도에 가깝다. 거처하는 곳은 좋은 곳에 있어야 하고, 마음은 생각이 깊어야 하고, 인자한 것과 친한 것은 좋다. 말에는 믿음이 있어야 좋고, 바른 것은 잘 닦아야 하고, 일은 잘 처리하여야 하고, 올바른 때에 움직이는 것이 좋다. 오직 다투지 않기 때문에 허물이 없게 되는 것이다."[81]

---

81)《노자》제 8장「上善若水, 水善利萬物而不爭, 處衆人之所惡, 故幾於道. 居善地, 心善淵, 與善仁, 言善信, 正善治, 事善能, 動善時, 夫唯不爭, 故無尤.」

또 제 78 장에서,

"천하에 물보다 부드럽고 약한 것은 없지만 견고하고 강한 것을 공격하는 데는 이것보다 나은 것이 없으니 그것으로 이것과는 바꿀 수 없다. 약한 것이 강한 것을 이기고 부드러운 것이 강한 것을 이긴다는 것은 천하 사람들이 모르는 것은 아니지만 실행하지 않는다. 그러므로 성인은, 나라의 온갖 굴욕을 받아들여 용납하는 자는 사직의 주인이고, 나라의 상스럽지 못한 것을 받아들이는 자는 천하의 왕이라고 말하는 것이다. 올바른 말은 마치 사정과 반대되는 것 같다."[82]

효과면으로 본다면 노자의 「감히 천하에 앞서지 않는다」는 것은 「천하에 앞서려는 것」의 기능이다. 그러므로 후대인들은 노자를 음모와 술수를 말하는 사람으로 말하기도 한다. 물론 노자가 말하는 「정언약반(正言若反)」의 관점이 후대의 병가와 외교가 등에게 깊은 영향을 주었지만 그것은 유위의 마음으로 노자의 철학을 보는 것일 뿐이다. 그러나 노자학의 본래 면목이라는 것은 순수한 철학사상으로 내심의 진실함을 가지고서 우주의 진리를 인간세계에 펼치려는 의도를 가지고 있는 것이다. 5000어의 마디마디마다 모두 깊은 철학적 근거를 가지고 있을 뿐만 아니라, 또한 노자가 형이상학적인 도를 통하여 그것을 현실에 응용하려는 의도를 술수를 논하는 사람들이 어떻게 이해할 수 있단 말인가?

---

82) 《노자》 제 78 장 「天下莫柔弱於水, 而攻堅强者莫之能勝, 以其無以易之. 弱之勝强, 柔之勝剛, 天下莫不知莫能行, 是以聖人云, 受國之垢, 是謂社稷主, 受國不祥, 是謂天下王. 正言若反.」

제 10 장
주역철학의 현대적 가치

　주역철학의 유가와 도가적인 입장들은 위에서 말한 것과 같다. 앞에서 말한 것처럼 중요한 것은 《주역》이 현대에서 어떠한 의미를 가지고 있고, 그것이 현대 인류가 처해 있는 위기를 해결하는 데 어떠한 역할을 할 수 있는가를 살펴보려는 것이 이 책이 가진 또 하나의 목표이다. 《주역》이 어떠한 철학체계를 가지고 있는가를 앞에서 완벽하게 설명하였다고 자신할 수는 없으나 적어도 근본적인 의미를 파악하는 데에는 손색이 없음을 자신하여도 무방하리라 생각한다. 독자들이 이 책을 읽었을 때에 당연히 느꼈겠지만 《주역》은 결코 낙후된 생각만을 포함하고 있지 않다는 것을 파악하였으리라 믿는다. 당연히 낙후되지 않았을 뿐만 아니라 사실상 현대 세계가 요구하는 많은 것들을 포함하고 있다. 이러한 입장에서 이 책을 끝맺기 전에 한 번 더 《주역》의 중요한 정신들을 종합적으로 살펴보고, 가치라는 입장에서 그것이 현대에 있어서 가지는 중요성을 간략하게 살펴보려 한다. 그것은 모두 다섯 가지로 나눌 수 있는데 중요한 의미들은 앞에서 이미 대략적으로 설명을 하였다. 여기에서 다시 언급하는 것은 이 책을 읽는 독자들이 더욱 주의를 기울여 살펴주기를 바라는 뜻에서이다.

제1절 인도의 중시를 통한 인류 구원의 길

《주역》은 삼극(三極)의 도를 모두 포함하여 말하지만, 그러나 그 중심은 어디까지나 인도(人道)이다. 역사적인 발전으로 보아도 복희씨에서 문왕, 공자에 이르는 과정은 한마디로 천도(天道)에서 인도로 옮겨가는 전환의 과정을 말하는 것이다. 철학적 내용으로 본다면 모든 천도의 입장들은 하나같이 인간사에 있어서 인간이 스스로를 실현하여 세상을 대하는 법칙으로 운용되지 않는 것이 없기 때문에 그것의 궁극적 의미는 어디까지나 인도에 놓여져 있는 것이다. 바로「천지와 그 덕을 합하는 것」이야말로 인극(人極)의 확립이라는 최고 경계이다. 노자의 도가역은 그 철학적 내용으로 말하자면 그 중심은 형이상학적인 도의 탐구에 놓여져 있지만, 본질적 의도는 인간의 의미를 확립하는 데 있다. 이른바「자연」「무위」「지족(知足)」「수유(守柔)」 등은 모두 사람으로서 가져야 할 이상적인 태도라고 노자는 말하는 것이다. 그러므로 《노자》에서는 자주「이로서 성인은 어떻게 해야 한다」라고 말하여 인도의 관점을 궁극적인 것으로 보고 있다.

이러한 인도를 강조하는 정신적 특질은 중국문화의 독특한 성격을 형성하고 있다. 세계의 다른 어떤 나라와 비교하여 보아도 오직 중국인들만이 바깥으로 신의 힘에 의존하지 않고, 또한 안으로는 인간의 지혜도 버리지 않고, 형이상학적인 사유를 강조하면서도 현상세계를 버려두지 않고, 현실의 삶을 중시하면서도 그 의미를 알고 있는 유일한 민족이다. 중국인들은 주역철학의 영향을 통하여 삶 가운데에서 삶을 즐기면서 인생을 실현하여 나아가는 입장을 보여주고 있다. 그러므로 중국인들은 몇 가지 불변하는 신념을 가지고 있는데 그것은 아래와 같다.

① 세계는 사실 완전하지는 않지만 인간은 그것을 개선하려고 노력하여야 한다.

② 인간의 마음에 사악한 것이 들어 있는 것은 사실이고, 인간들은 그것을 바로잡는 데 노력하여야 한다.

③ 삶은 힘들고 고생스러운 과정이지만 그것을 극복하여야만 인생의 의미가

드러나는 것이다.

④ 사람과 사람 간의 소통을 이루는 것은 매우 어렵지만 그것을 이루려는 노력을 하여야 한다.

중국문화 속에서 인문주의가 발전한 것은 바로 위의 신념들에 의해서 형성되는 것인데 여기에서 《주역》의 공로가 제일 크다.

《주역》은 이러한 신념을 사람들의 마음속에 주입하였어도 결코 인간이 스스로 자만하는 나쁜 결과를 가지게 될 것이라는 것에 대해서는 두려워하지 않는다. 왜냐하면 《주역》은 동시에 천지의 도와 인간의 도가 하나라는 진리를 드러내기 때문이다. 또 인간이 계승하려는 세계는 도가 없는 세계이고, 인간이 바르게 하려는 마음이라는 것은 도와 합치하지 않는 마음이고, 인간이 개선하고 바르게 하려는 이유는 바로 인간으로 하여금 천지와 일체가 되고 서로 합치하게 되기를 요구하기 때문이다. 그러므로 《주역》이 인간에게 말하고 있는 것은 인간이 우주의 큰 품 안에서 스스로의 힘을 다 발휘하여서 행복을 구하라는 것이다. 이것은 바로 《주역》이 중도(中道)의 철학이기 때문이다.

그러면 지금부터 우리는 현대의 인류가 직면하고 있는 상황들을 살펴보기로 하자. 현재 인류는 위기 속에 놓여져 있다는 사실을 부인할 수가 없을 것이다. 그 위기에 대한 불안의 내용은 여러 가지 다양한 요소들에 의해서 만들어진 것이지만 그 대체적인 것을 나누어보면 아래의 몇 가지이다.

1) 자기 파괴적인 무기에 대한 두려움 : 이것에 대한 위협은 모든 인류가 공통적으로 느끼는 것으로 현대의 많은 뜻 있는 사람들은 인간이 초래한 어려움을 풀려고 하고 있으나, 그것은 중국인들이 말하는 이른바 「호랑이 등을 타고서 쉽게 내려오지 못하는」 그런 경우이다. 어떠한 종족, 지역, 신앙 등을 가지고 있는 사람이라도 모두 이러한 자기 파괴적인 무기의 사용에 대해서는 반대할 것이다. 그러나 또한 자기들이 가지고 있는 것을 먼저 없앨 수는 없을 것이다. 왜냐하면 다른 사람들 역시 그 무기를 가지고 있기 때문이다. 또 피차 모두 그것을 절대로 사용할 수가 없고, 만약 사용한다면 살아남는 것은 아무것도 없을 것이라는 사실을 분명히 알고 있다. 이러한 위기는 과학이 만들어낸 것이다. 그러나 현대의 과학기술문명은 이러한 위기를 해결할 수 있는 어떠한 능력도 가지지 못한다. 다만 철학적인 「인도」의 관점을 통한 것 이외에 어떤 유효한 해결책도 발견할 수는 없을 것이다.

2) 인구증가에 의한 위기문제 : 이 문제는 최근에 와서 전세계적인 홍보와 계몽을 통하여 산아제한을 하였기 때문에 상당히 많은 국가에서 이미 인구조절을 가능하게 만들었다. 그러나 여전히 많은 지역에서는 자손이 많아야 한다는 낡은 관념에 따라서, 여전히 많은 문제를 가지는 상황 속에 있다. 전체적으로 말하면 세계인구는 계속적으로 증가하고 있다. 인구문제는 조만간 그 심각성을 느끼게 될 것이다. 산아제한을 통한 인구조절이라는 문제는 국가와 국가, 민족과 민족 간의 진정한 이해와 화목을 전제로 하지 않는 한 해결할 수 없는 문제로 남아 있게 될 것이다.

3) 자원문제의 심각성 : 물질생활의 향상에 따라 자원의 수요는 대량으로 증가되고 그것에 대한 인간의 의존이라는 것도 해결해야 할 중요한 문제거리로 되었다. 결코 자원을 충분하게 이용하는 것이 나쁜 일은 아니다. 그러나 그것은 현대의 인류가 불안을 가지게 하는 몇 가지 요인을 제공하고 있다. 그 하나는 자원이 조종되어지고 독점되어지는 어려움이다. 얼마 전의 석유파동은 매우 좋은 예이다. 또 하나의 문제는 미래의 대체자원에 관한 문제이다. 이것에 대해서 현재 적극적인 연구가 이루어지고 있지만 아직 뚜렷한 결과는 나타나고 있지 않다. 미래의 대체원료에 대한 개발은 물론 과학기술에 의지해야 하지만, 그러나 새로운 자원을 찾아낸다 할지라도 자원을 조종하고 독점하는 문제를 해결하지 않는 한, 인간의 삶이라는 것은 결코 평안하지는 못할 것이다. 그러므로 근본적인 문제는 인도(人道)를 어떻게 정립하고 운용하는가 라는 더욱 중요한 문제에 있는 것이다.

4) 금융과 재정의 파동 : 인간 간의 교류가 더욱 복잡하게 되어질수록 경제가 사회와 인간의 심리에 끼치는 영향은 더욱 커진다. 금융이나 재화의 교역이라는 것은 원래 인간 삶의 편리를 위한 상호교환을 목적으로 한 것이었으나 현대에 와서 그것은 단순히 인간의 간교함과 재주를 다투게 만드는 것으로 변화하였다. 이로 인하여 인간사회는 거짓과 기만이 가득 차게 되었고, 인간의 대부분의 걱정거리도 여기에서 나오는 것이다. 이 때문에 여기에서도 역시 인도(人道)의 문제가 중요한 것으로 될 수밖에 없는 것이다.

5) 환경파괴에 따른 변동 : 오늘날 인간이 지구를 포함한 전 우주를 파괴할 수 있는 힘은 가지고 있지 못하다. 그러나 인류가 자원을 개발하고 이용함에 의해서 지구라는 환경은 점점 변하여 가고 있다. 남극과 북극에 대한 개발을

서로 경쟁적으로 하는 가운데에서 빙산의 용해는 심각한 결과를 가져오게 되었고, 기후와 지각변동 등이 가져오는 변화는 아마도 인류에게 극복할 수 없는 무서운 재난을 가져올 것이다. 이러한 우려는 현대의 과학자들은 아마도 전혀 개의치 않을지는 모르지만, 그것의 필연적 결과를 우리는 《주역》의 이치를 통하여서도 상상할 수 있을 것이다. 즉 「너무 높이 올라간 용은 후회하게 될 것이다(亢龍有悔)」라는 의미를 분명히 파악하여야 할 것이다.

위에서 말한 다섯 가지 문제들은 모두 인도라는 관점을 통하여 해결을 도모하여야 하고, 그것을 통하여 인간은 스스로를 구한다는 신념을 가져야 한다. 그러한 참된 신념에 따라서 함께 노력하여야만 위기를 구할 수 있게 되는 것이다. 비록 《주역》에서 말하는 방법이나 내용이라는 것이 반드시 현대에 꼭 들어맞는 것은 아니지만, 그러나 그것이 강조하고 있는 인도 즉 인문주의의 중시라는 기본적인 방침은 분명히 인류를 구원할 수 있는 유일한 길이라고 필자는 믿는다. 이 책의 앞부분에서 필자는 이미 서양철학의 큰 흐름에 대해서 개략적으로 말하였는데, 서양철학도 현재 적극적으로 인도를 향하여 방향전환을 하고 있다. 이것은 바로 인류전체가 바라는 경향이기도 하다. 이런 이유에서 《주역》의 철학이 현대에 와서 각광을 받게 되는 것이다.

제 2 절 인류의 도덕기준의 정립

《주역》이 다른 철학과 크게 다른 점은 어느 한곳에 치우쳐 있지 않다는 것이다. 희랍철학과 기독교철학, 불교철학 등과 비교해 본다면 그 특징이 선명하게 드러날 것이다.

희랍철학은 하나의 통일체를 이루고 있지 못하다. 희랍철학의 가장 큰 주류는 관념론의 정신인데 이것은 엘레아학파에서 시작해서 아래로는 플라톤에 의해서 집대성된다. 이 학파에서는 이성의 활동을 절대적인 것으로 간주하여 감각을 통하여 아는 것들은 참된 것이 아니라고 보고 있다. 즉 철학이 탐구하는 진리는 다만 이성적 사유이고, 이런 이성활동을 통하여 형이상학적 사유를 하는 것만이 철학의 올바른 의미라고 생각하였다. 그러나 이러한 발전의 결과로서 형이상학적인 사유를 통한 세계만이 의심할 수 없는 것으로 인정되어져 완전히 눈앞의 현실세계와는 분리되어져 버린다. 그래서 이성활동을 통하여 얻은 형이상학적인 이치와 감각계의 형이하학적인 만물의 실정은 서로 상응하지 않게 되는 것이다. 엘레아학파에서는 이성을 통하여 얻은 것을 유지하기 위해서 현실세계의 실정을 비존재로 보아 부정하였다. 플라톤은 비록 그것을 존재로는 간주하였지만 여전히 가상적인 것으로 보고 배척하였다. 그들의 철학에서는 현실세계의 사물의 실정은 결코 중요하지 아니하고, 이성세계야말로 철학이 힘써야 할 곳으로 말하고 있다.

기독교는 원래 신앙에만 근거하는 종교인데 희랍철학이 쇠퇴한 이후에 유럽에 전파되었다. 수백 년 이후에 점점 나름대로의 철학체계를 이루게 된 것이다. 기독교에서 철학을 이야기하여야 하는 이유는 한편으로는 발전과 교세의 확장을 위하여 필요하였고, 한편으로는 또한 인간사유의 발전과 진보에 따른 것이다. 왜냐하면 신앙이라는 것은 본질적으로 감정에 속하는 문제이고, 인간 사유의 발전이라는 것은 감정에서부터 이성적인 것으로 나아가는 과정이기 때문이다. 즉 기독교철학은 이성활동에 근거하는 교의를 통하여 점차적으로 기독교철학을 형성하게 되어 유럽의 중세기를 풍미한 것이다. 비록 그들이 바깥으로 내건 것은 철학이지만 실제로는 희랍철학에서 분방하게 사고한 자유스러운 것들은 결코 가지고 있지 않았다. 기독교철학 중에서 탐구한 내용은 하나같이 신에 대한 신앙을 벗어나지 않고 신에 향한 믿음을 결코 넘어설 수 없는 한계를 보여준다. 그러므로 만약에 감정과 이성이라는 것으로 논한다면 기독교철학은 다만 감정의 부분에만 속하는 것이다.

인도불교도 하나의 종교이다. 종교로서의 불교는 석가모니가 창교한 이래 처음부터 분명한 철학적 기초를 가지고 있었다. 불교가 말하는 신앙은 결코 그 신을 믿으라고 요구하지 않는다(불교는 무신론이다). 다만 그 철학을 믿으라고 말한다. 불교에서 철학성과 종교성은 둘 다 중요한 것이다. 그러나 불교철학은 희랍철학이 이성적 사고를 통하여 하나의 이념세계를 그려내는 것과는 달리 감정에도 집착하지 않고 이성에도 집착하지 않는 깨끗한 경계를 말하고 있다. 이 깨끗한 진여(眞如)의 경계는 그 깨끗함으로 인하여 정리(情理 : 감정과 이성) 양편에 집착하지 않을 수도 있고, 똑같이 감정과 이성 양쪽에 모두 들어갈 수도 있는 것이다. 왜냐하면 감정과 이성이 모두 장애가 되지 않기 때문인데 바로「세간법이 바로 불법이고」「번뇌가 바로 보리(菩提)이다」라고 하는 것이다. 비록 불교철학의 기본적인 관점은 순수한 철학이라고 말하기가 곤란한 점이 있지만 그곳에서 말하는 진여의 경계는 어떠한 공허한 것도 없는 것으로, 감정이나 이성 양측에 모두 치우치지 않는 철학이라고 말해야 할 것이다.

마지막으로《주역》을 보도록 하자. 주역철학은 앞에서 말한 다른 세 가지와는 다르다. 그것의 정신은 소박하면서도 구체적인 것으로 이치라는 것은 구체적인 사물을 통하여 나타나고, 구체적인 사물의 정세를 종합하여서 이치를 파악하기 때문이다. 이런 이유에서 만물의 이치라는 것은 바로 만물의 정이고, 감정과 이치가 서로 연관되어야 진실한 것이기 때문에 주역철학의 체계는 형이상학적 세계와 형이하학적인 세계가 하나로 일관되어 있다. 또 주역철학이 인간에게 교화를 함에 있어서 반드시 불교식의 제도라든지 기독교에서 말하는 기도나 희랍철학에서 강조하는 변증법과 같은 것들을 필요로 하지 않는다. 《주역》에서 이치를 파악하는 방식은 하나의 사물 속에서 직접적으로 얻는 것이고, 다시 그 이치를 통하여 하나하나의 사물을 설명해가는 것이다. 이러한 일체 사물의 실정을 인정하는 실재적 철학이라는 것은 언뜻 보기에는 너무 간단하고 쉽게 느껴질지 모르지만 오히려 그러한 이유에서 인간과 사물의 실정에 더욱 가까워질 수 있는 것이다.《주역》의 철학 속에서 이치를 벗어난 사물의 실정이라는 것은 보이지 않고, 사물의 실정을 버려둔 이치라는 것은 있을 수 없다.《주역》이 사람들에게 가르치고자 하는 것은 모두 감정과 이성 양쪽 모두이다. 이것이 바로 주역철학의 특징이다.

위에서 말한 감정과 이치의 경중을 두고서 보는 네 가지 큰 철학적 정신을 허(虛)와 실(實)이라는 말로 설명하면 네 가지 주요한 철학적 경향들이 아래와 같이 구별되어질 것이다.

희랍철학 : 감정이 허하고 이치가 실하다(情虛理實).
기독교철학 : 감정이 실하고 이치가 허하다(情實理虛).
불교철학 : 감정이 허하고 이치가 허하다(情虛理虛).
주역철학 : 감정이 실하고 이치도 실하다(情實理實).

필자가 위에서 여러 철학적 경향들을 정리와 허실이라는 개념으로 살펴본 목적은 현대세계가 가지고 있는 위기에 대해서 말하려 하기 때문이다. 철학의 학문적 성격이라는 것을 어떠한 것으로 해석을 하든지 간에 그것은 결코 무용(無用)한 사유의 유희가 아니라는 것이다. 철학의 효용이라는 것은 자기가 생각하는 입장에서 미래를 대비하여 가는 길을 스스로 만들어 나가는 데 있다. 인간은 본질적으로 감정과 이성 가운데에서 생장하고 있다. 여기에서 인간은 어떻게 살아야 하는가? 우주와 자연의 이치라는 것은 본래 이러하고 사람은 모두 감정을 가지고 있다. 이성이라는 것은 감정의 이치이고, 감정은 이성의 감정으로 양자는 서로 통하여 하나가 된다. 그중에 한쪽을 가지고 있지 않다면 인간은 평안하게 생존할 수 없을 것이다. 정허리실(情虛理實)의 철학은 가공적인 것이다. 왜냐하면 이론이 실재의 인생에 적용되어질 수가 없기 때문이다. 이와 같은 철학은 당연히 일반대중들이 보편적으로 받아들이는 데 한계를 가질 수밖에 없다. 정실리허(情實理虛)한 철학은 다만 종교적 신앙의 범위 속에만 적용되어질 수 있다. 왜냐하면 신앙이라는 정서를 떠나서는 이치라는 것이 근거할 곳이 없어지기 때문이다. 그들이 말하는 구세의 정신은 종교가 가장 필요로 하는 조건으로 전체 인류가 보편적으로 받아들이기에 무리가 생기는 것이다. 정허리허(情虛理虛)한 철학경계는 물론 깊고도 높지만 공(空)을 통하여 감정과 이성을 제거하여 버리면 인간이 실천하기가 쉽지가 않고, 또 현실의 삶이라는 것에도 자연적으로 친화감이 상실되어 오히려 인생의 고통만을 더욱 가중시키게 되는 것이다. 이런 것으로 어떻게 세상을 구원할 수가 있겠는가? 그러나 정실리실(情實理實)한 《주역》의 철학체계는 실재의 현실에 바탕하여 우리 눈앞에 존재하는 모든 조건을 진실한 것으로 파악하고 있고 인간의 삶과 깊은 상관성을 가지게 되어서, 인간사회의 개체적 존재자가 그 스스로의 입장에서 감정과 이성의 마땅함을 얻을 수 있는 것이다. 〈계사전〉에서 말하기를,

"인자가 그것을 보고서 인이라 말하고, 지혜로운 자가 그것을 보고서 지혜라고 말하는데, 백성은 날마다 쓰면서도 모른다."[1]

---

1) 〈繫辭傳〉「仁者見之謂之仁, 知者見之謂之知, 百姓日用而不知.」

《중용》에서도 말하기를,

"군자의 도는 드러나면서도 숨어 있다. 부부의 어리석음을 더불어 알 수가 있는가? 그 지극한 데 이르러서는 비록 성인이라도 모르는 바가 있을 것이다. 부부가 어리석어도 행할 수 있지만 그 지극히 어려운 것은 비록 성인이라도 할 수 없는 바가 있을 것이다. 천지의 큰 것에 대해서 사람들은 어떠한 느낌이 있을 수 있을 것이다. 고로 군자가 큰 것에 관해서 말하면, 그것은 천하에 모두 실을 수 없고, 군자가 작은 것에 관해서 말하면, 천하의 어떤 사람이라도 그것의 도리를 식별해내지 못할 것이다."[2]

《주역》의 정실리실한 철학이 인류를 구원할 수 있는 것은 바로 이것 때문이다.

이성을 너무 과도하게 강조하면 감정이라는 것은 거의 없어지게 되고, 감정이 너무 과하면 간사하게 되어버린다. 감정이 거의 남아 있지 않게 되면 인간세상은 냉혹하게 변해버리고, 간사함은 세상의 허위와 기만의 근원이 된다. 오늘날 인류가 위기를 맞이하게 된 근본원인은 바로 소수의 사람들이 이성이라는 것을 빌려와서 인간의 감정을 거의 무시하여 버렸기 때문이다. 또 일부분의 사람들은 감정이라는 것을 빌려와서 허위와 기만을 일삼기 때문에 근본적으로 중요한 문제는 반드시 모든 사람들의 마음속에 감정과 이성의 한편에 치우치지 않는 태도를 가지게 만드는 것이다. 필자는 여기에서 결코 주역철학을 통하여 그 효용성을 현대에 적극적으로 실현시키려는 그러한 큰 의도는 가지고 있지 않다. 다만 객관적인 분석을 통하여 《주역》이 인간의 감정과 이치라는 두 가지 정신을 조화롭게 실현하고 있음을 말하여 인류에게 어떤 하나의 방향을 제시해주고자 하는 것이다. 필자는 서양의 철학자들이 《주역》의 이러한 정신과 그 정신을 통하여 드러내고 있는 교화의 의미를 충분히 주의하기만을 바랄 뿐이다.

---

2) 《중용》「君子之道費而隱, 夫婦之愚可以與知焉, 及其至也, 雖聖人亦有所不知焉 夫婦之不肖, 可以能行焉, 及其至也, 雖聖人亦有所不能焉. 天地之大也, 人猶有所憾. 故君子語大, 天下莫能載焉, 語小, 天下莫能破焉.」

제3절 정신과 물질의 관통을 통하여
인류의 참된 진리를 열어줌

20세기 이래 서양과학의 발전은 물질과 에너지 간의 간격을 없애고 물질과 에너지의 상호변화라는 것을 인정하여 《주역》에서 말하는 정신과 물질의 일원적인 이론은 여기에서 분명한 근거를 얻게 되었다. 이것은 《주역》의 놀라운 깊이를 보여주는 한 단면이다.

정신과 물질이라는 것은 서양철학 특히 고대 희랍철학에서는 그 한계가 분명히 구별되는 독립된 개념이다. 대개 일원론적인 철학을 말하려 한다면 이러한 곤란에 부딪히지 않을 수 없는 것이다. 즉 유물론적 일원론이 직면하는 어려움은 「만약 하나의 물질이 우주만물의 본질이라고 한다면 그 어떤 하나의 물질은 유한한 것이고, 유한한 물질이 어떻게 무한한 만물로 변화할 수 있는가?」라는 문제이다. 유심론적 일원론이 직면하는 어려움은 「만약 초물질적 존재를 우주만물의 본질로 본다면 만물의 질료는 어디에서부터 나오는가?」라는 문제이다. 두 가지 문제는 모두 답하기 곤란한 것들이다. 삼백 년 간의 희랍철학이 어떤 때는 유물을 말하고, 또 유심을 말하기도 하고, 혹은 심물(心物)을 격리하기도 하여 그 문제는 끝내 해결되지 못했다. 희랍철학 이래로 근대과학에서 물질과 에너지의 상호변화라는 것이 증명되기 이전에는 중세의 기독교철학을 제외하고 철학적 입장에 근거하여서 심물일원을 설득력 있게 설명한 이론은 거의 없었던 것 같다. 그러나 이상한 이야기일지 모르지만 중국의 《주역》에서는 일찍이 이 문제로 인한 곤란함은 없었다. 복희씨의 「태극 → 양의 → 사상 → 팔괘」라는 정신과 물질의 일원적 사상체계가 나온 이후로 중국사람들은 결코 만물의 근원이 무엇인가에 대해서 더 이상 따져보지 않고 모두 마음속으로 정신과 물질의 일원적인 이론을 받아들여 의심하지 않았다. 앞에서 이미 말한 것처럼 공자의 유가역에서는 우주만물의 생성은 태극으로부터 건원에 이르는 과정으로 말한다. 건원이 움직여 비로소 성명을 낳고 변화시킨 이후에 곤원이 그것을 계승하여 형체를 만들어내는 것으로 말하고 있다. 노자의 도가역은 자연의 도로부터 무(無)로, 무가 유(有)를 낳는 것으로 설명한다. 즉 「드러나는 상태가 없는 상태, 구체적인 사물이 없는 현상」중에서 정신과 사물, 현상이 드러난다. 위에서 말한 유·도 양가의 철학을 만약 서양인의 관점으로 본다면 모두 하나같이 「질료는 어디에서 나오는가?」라는 질문을 던질 것이다. 그러나 어떠한 중국인들도 그러한 문제를 제기하지 않았다. 이것을 서양의 관점으로 본다면 중국인들의 형이상학적 탐구는 참으로 모호하고 성실하게 탐구하지 않는 것으로 비춰질 수밖에 없을 것이다. 그러나 오늘날에 이르기까지 서양의 과학은 줄곧 기능적인 입장에서 물질의 관찰과 분석을 통하여 물질과 에너지의 상호변화라는 사실을 파악하여 왔다. 이 때문에 그들의 관점은 매우 분명하다. 《주역》에서 말하는 심물일원의 이론은 결코 문제될 만한 것은 없다. 그러나 서양인들은 정신이나 물질이라는 것에 너무 집착하여 문제를 스스로 복잡하게 만드는 것으로 밖에 볼 수 없는 것이다.

만약 서양의 과학이 최근에 와서 물질과 에너지의 상호변화를 증명해낸 것과 대조해서 본다면 《주역》이 기원전 4700년이라는 그렇게 오래 전에 이미 심물일원이라는 이론을 파악하고 있었다는 사실은 참으로 놀라운 일이 아닐 수 없는 것이다. 그러나 우리가 중국인들의 민족성을 이해하고 난 후에는 저절로 그 원인이 어디에 있는가를 알게 될 것이다. 중국인들은 가장 이른 고대에 그들의 문화 속에서 이미 두 가지의 뛰어난 능력을 표현하고 있다. 하나는 만물을 전체적으로 통관(通觀)하는 능력이고, 또 하나는 심성(心性)을 체득하는 능력이다. 우주만물의 관찰을 통하여 그 형상을 파악하고 만물의 공통되는 도를 얻는 것이 바로 통찰이고, 다시 안으로 들어가서 자신을 몸소 관찰하여 심성에서 구하는 것 즉 심성이 동정하는 정미한 곳에서 자기의 심성과 우주만물의 도가 하나라는 사실을 깨닫는 것을 일러 체오(體悟)라고 하는 것이다. 이러한 두 가지 능력은 상호보충하면서 상호증명되는 것으로 중국인들이 학문과 수신(修身)을 하는 데 있어서 중요한 방법이 되었다. 주역철학의 이론 역시 이 두 가지 노선에 따라서 정립되는 것이다. 태극이라는 것은 또 무엇인가? 정신도 아니고 물질도 아니다. 또 정신이면서 물질이다. 태극으로부터 건원에 이르러 성명을 낳는다는 것은 결코 성명이 건원에서 창생된다는 의미가 아니다. 태극에 이미 성명의 앞선 근원이 존재하는 것이고, 건도가 변화하는 데 이르러 비로소 드러나는 것이다. 건원의 부호인「一」은 태극의 부호「一」과 같다는 것이 바로 이 뜻을 설명하는 것이다. 건원에서 곤원에 이르러 형체가 생긴다는 것은 결코 곤원이 형체를 만들었다는 것이 아니라, 태극과 건원에 이미 형체의 앞선 근거들이 있고, 다만 곤도가 변화함에 의해서 나타났을 뿐이다. 건과 곤을 하나의 움직임에 있어서 왕복하는 것으로 말하는 것은 바로 이 뜻이다. 결론적으로 말하면 건원, 곤원 이후로 변화하는 현상세계를 한마디로 말하면 모두 태극이 본래 가지고 있는 것으로, 정신과 물질이라는 것은 후천적인 구분일 뿐이다. 건원과 곤원이 분리되기 이전에는 혼연일체로서 모두 하나의 큰 변화작용이다. 이 변화작용의 정신이라고 말한다면 그것은 물질을 갖추고 있는 정신이고, 만약에 그것을 물질이라고 말한다면 그것은 정신을 속에 가지고 있는 물질이다. 정신과 물질이라는 것은 바로 우주만물의 지위상에서 말하는 것이다. 그러나 본원적인 입장에서 말한다면 그것은 다만 하나의 「태극」, 하나의 「도」 「일(一)」일 뿐이다.

본서는 여기에서 끝을 맺으려 하는데 독자들이 만약 심물관통이라는 관점으로 앞에서 말하는 《주역》의 모든 이치들을 돌이켜 체득한다면, 심물을 관통하는 관점이 《주역》의 철학에 얼마나 큰 영향을 끼쳤는가를 분명히 파악하게 될 것이다. 정신과 물질이 하나로 관통하기 때문에 태극일원론이 성립가능하다. 정신과 물질이 본질적으로는 하나로 관통하지만 그 표현상에서 각각의 다른 모습으로 나타나기 때문에 태극이 변화하고 생성하는 성질을 가지고 있다는 이론 역시 성립가능한 것이다. 정신과 물질이 하나로 관통하기 때문에 천인합일의 이론도 비로소 분명한 근거를 가지게 되는 것이다. 《주역》의 철학이 정신과 물질이 하나로 관통한다는 관점을 인정하는 입장에서 서양철학과 비교하여 본다면 얼마나 피차간의 난점과 이론을 간소화시켰는가를 알 수 있을 것이다. 어떻게 해석을 하던지 간에 고대의 성인들의 지혜는 탁월한 것임에 분명하고 그것은 중국문화를 이루는 기본적인 요소로서 《주역》을 통하여 참된 진리로 나타나는 것이다. 여기에서 오늘날의 과학을 통하여 얻은 보편적인 성과들을 《주역》과 연관시켜 살펴보도록 하자.

천문학에서 우주를 탐색하는 기본적 관점은 태양계의 바깥에 은하계가 있고 은하계의 바깥에 다시 더 큰 대우주가 있는데, 전체 우주는 하나의 엄청나게 큰 측정할 수 없는 운동과 변화의 법칙 속에 놓여져 있다. 별의 운동과 생멸은 마치 바다에 파도가 드러났다가 없어지는 것과 같다. 생겨서 나타나는 것을 일러 물(物)이라 하고, 소멸하여서 드러나지 않는 것은 모두 심(心)으로 돌아간다.

　물리학자들이 아주 미세한 것을 분석하여 발견한 것은 원자 속에 핵이 있고, 핵 속에 전자도 있고 중성자도 있다는 것이다. 전자와 중성자 중에는 끊임없이 움직이며 드러나는 것들이 있는데 인간의 힘으로는 그것을 끄집어낼 수가 없다. 다만 하나의 운동작용으로 돌릴 수밖에 없는 것이다. 이 운동하는 작용은 심도 아니고 물도 아니다. 또한 심이면서 물이다.

　생물학자들이 보는 것도 마찬가지이다. 인간이 생물의 근원을 소급해 들어갔을 때 원숭이나 파충류, 양서류, 어류와 단세포의 조류 등은 모두 변화하고 운동하는 과정 속에서 정신과 형체가 함께 변화하고 생성한다. 만약에 정신은 어디에서부터 나오는가? 또 형체는 어디에서부터 나오는가? 라고 묻는다면 대답은 대자연의 변화하는 작용에 돌릴 수밖에 없는 것이다.

　기타의 심리학과 생리학으로 태아의 발생이라는 문제를 연구하는 데 있어서도 역시 똑같은 결과를 얻을 수밖에 없는 것이다. 즉 심과 물은 원래 다른 두 가지가 아니라 심물에 앞서서 독립하여 있는(여기에서 말하는 독립의 뜻은 절대란 의미로 노자가 말하는 「독립불개(獨立不改)」라고 하는 것이다) 변화하고 운동하는 작용이다.

　20세기 초에 프랑스의 철학자 베르그송은 생명철학을 말했다. 그는 우주의 본질을 생명력의 흐름으로 말하고 있다. 이것은 중국인의 입장에서 본다면 매우 분명한 이론이다. 베르그송이 말한 이 놀라운 주장은 사실상 서양의 전통적인 철학이 정신과 물질이라는 철학적인 내용에 너무나 경도되어져 있는 관점에 대해서 새로운 과학적인 관점을 보여주는 것이다. 이로서 베르그송 자신은 심리학자로서 뿐만 아니라 서양철학이라는 긴 역사의 흐름 속에서 하나의 획을 긋는 중요한 위치를 점하게 된다. 프랑스는 유럽대륙에서 중국학이 가장 활발하게 연구되어지는 곳인데 물론 필자는 자신 있게 그가 주역철학의 영향을 받았다 라고 장담할 수는 없다. 그러나 적어도 그의 철학은 현대과학의 영향을 통하여 이루어진 것이라는 입장에 대해서는 분명하게 말할 수 있다.

　시간·공간의 발생에 대한 《주역》의 입장은 거의 현대과학의 관점과 비슷하다. 《주역》에 의하면 시간과 공간 그리고 원물질은 동시에 생겨난 것이다. (앞의 제3장에서 이미 말하였다.) 건원이 처음 움직였을 때에 위에서 말한 세 가지는 함께 드러나는 것이다. 여기에서 또 한 번 위대한 과학자 아인슈타인의 말을 들어보기로 하자. 프랑크가 쓴 《아인슈타인 : 그의 삶과 시대》라는 책에서 하나의 일화를 소개하고 있는데, 1921년에 아인슈타인이 미국에 갔을 때 뉴욕에서 기자들이 그에게 상대론(相對論)의 요점을 간단하게 설명해달라고 요구하자 그는,

"만약에 여러분들이 진지하지 못하다면 나는 이렇게 말할 수밖에 없습니다. 만약 모든 물질이 우주 가운데에서 소멸한다고 가정한다면 상대론이 아직 출현하기 이전에는 모든 사람들은 시간과 공간이 계속 존재한다고 생각할 것입니다. 그러나 상대론의 입장에서 말하면 물질과 그 운동이 소멸한다면 더 이상 공간과 시간은 존재할 수가 없을 것입니다."

아인슈타인의 말을 살펴본다면 우리들은 마치 《주역》을 증명하기 위해서 그가 말을 하고 있는 것으로 착각할 수도 있을 것이다.

"건과 곤은 역의 근본바탕이다. 건과 곤이 서로 교차하고 역은 그 속에 자리하고 있다. 건곤이 하나라도 늘어서지 않게 된다면 변화는 드러날 수 없게 된다. 역의 변화가 드러나지 않으면 건곤의 작용은 거의 소멸되어 드러나지 않게 된다."[3]

건과 곤은 물(物)의 두 가지 작용으로 표현되어진다. 물이 표현하고 있는 건곤의 작용을 통하여 변화하는 역의 존재를 볼 수 있게 되는 것이다. 만약 건곤의 두 작용을 표현해내는 사물이 존재하지 않는다면 역도도 볼 수 없는 것이다. 그렇게 된다면 우주는 상상할 수도 없는 적막 속에 빠져들게 되는 것이다. 정신과 물질, 시간과 공간은 똑같은 곳에서 나온 것으로 본질이 하나라는 뜻을 그 속에 가지고 있는 것이다.

주역철학의 근본원리와 원칙을 현대과학에 비추어 볼 수가 있다. 예를 들면 하나의 사물 속에 하나의 태극이 들어가 있다는 것이나, 동정의 뜻과 역도의 흐름이라는 의미 등은 현대의 과학과 서로 합치한다고 말할 수 있을 것이다. 이것은 결코 견강부회하는 것이 아니다. 《주역》의 입장들이 최근 300년

---

3) 〈계사전〉「乾坤其易之縕邪！ 乾坤成列, 而易立乎其中矣. 乾坤毁則无以見易, 易不可見, 則乾坤或幾乎息矣！」

간의 과학의 발전을 통하여 증명되고 있다고 말하여도 크게 틀린 말은 아닐 것이다.

여기에서 우리는 앞에서 말한 것에 근거하여 《주역》과 희랍철학, 기독교철학, 불교철학과 대비하여 살펴보도록 하자. 희랍철학은 깊은 이성적 사유를 중시하여 나타난 체계로서 「형이상학적 철학」이라고 말할 수 있을 것이다. 기독교철학은 모두 신의 신앙에 근거하고 있기 때문에 「신학적 철학」이고, 불교철학은 만법(萬法)을 일심(一心)에 귀일시키기 때문에 「심학(心學)적 철학」이라고 할 수 있다. 주역철학의 정신과 학설은 과학적인 입장들과 너무나 합치하는 점들이 많기 때문에 「과학적 철학」이라고 말할 수 있을 것이다. 표로 만들어 말하면 아래와 같다.

희랍철학 : 형이상학적 철학
기독교철학 : 신학적 철학
불교철학 : 심학적 철학
주역철학 : 과학적 철학

그러나 우리가 여기에서 다시 한번 이야기해야 할 것은 과학적 철학으로서의 《주역》이 인류에게 어떠한 공헌을 할 수 있는가의 문제이다. 필자가 생각하기에 《주역》이 현대과학의 정밀한 기능과 이론의 도움을 받는다면 반드시 「통관」과 「체오」라는 두 가지 방법에서 큰 성과를 얻을 수 있으리라 생각한다. 현대의 인류는 과학의 이끌림 속에서 개체에 빠져 전체를 무시하거나, 또 인간의 이성만을 믿고 전체적인 자연을 무시하거나, 물욕에 빠져서 올바른 정신을 상실해버리는 단점을 가지고 있다. 여기에서 《주역》의 철학은 통관과 체오라는 방법을 통하여 과학을 잘 제어하고 인간 기능의 과도한 사용에만 집착하는 단점을 보완하여 우주전체의 만물이 하나의 큰 조화 속에 있다는 것을 분명하게 하여 주고, 인간이나 모든 사물이 똑같이 그 조화 속에서 존재하고 있음을 분명하게 해준다면 일체의 위기는 자연스럽게 없어질 것이기 때문이다.

제 4 절 천지를 존중하고 본받음에 의해서
인류의 위대함을 보장함

　인류가 진보하고 있다는 것은 일반인들이 모두 가지고 있는 통상적인 신념이다. 그러나 이 말은 사실은 분명하게 따져보아야 할 문제이다. 만약에 「진보」라는 말의 문자를 통해 본다면 그것은 인류가 끊임없이 앞으로 나아가고 있다는 것을 의미한다. 그러나 이런 앞을 향하여 매진해 나아간다는 것은 결코 우리들 마음속에서 희망하고 있는 「날로 훌륭하게 되어간다」는 의미는 아니다. 인류가 매진하여 간다는 의미는 결코 앞으로 걸어 나아간다는 뜻만 가지고 있는 것은 아니다. 만약에 인간이 다만 맹목적으로 앞으로만 달려 나아가고 정신과 삶에 있어서 인격의 훌륭함을 추구하지 않는다면 그러한 매진은 참으로 무의미한 행위에 불과한 것이다. 또 진보라는 것은 바로 퇴보일 수도 있는 것이다. 왜냐하면 《주역》에 의하면 일체 사물의 변화는 끊임없이 반복순환하여 자기 스스로는 영원히 앞을 향하여 매진하는 것 같으나 자기도 모르는 사이에 빙 돌아서 돌아오는 것인지도 모르기 때문이다. 인간은 만물의 영장으로 이미 우주의 대법칙을 알고 있다. 이 우주의 법칙은 피할 수 없는 것이기 때문에 반드시 혼신의 힘을 다하여 성실히 실천해 나아가야 하는 것이다.
　위에서 내가 경계하는 마음을 강조한 것은 한편으로는 주역철학의 영향이고, 또 한편으로는 현대 인류의 무분별한 작위성(作爲性)에 대해서 느낀 바가 있었기 때문이다. 내가 보기에 현대의 인류가 표현하고 있는 작위성은 이미 두 가지 잘못을 범하고 있다. 하나는 자기교만이고, 또 하나는 반성할 줄 모른다는 것이다. 자기교만이라는 것은 인간이 끊임없이 노력하여 「항룡(亢龍)」의 자리에 올라간 것을 말하고, 후자는 인간이 항룡의 자리에 올라가서도 후회(悔)할 줄 모른다는 것이다. 항룡에 이른 것은 이미 위험한 지경에 빠진 것이고, 도가 아님을 알면서도 후회할 줄 모르는 것은 멸망을 가속화시키는 것과 다름아닌 것이다. 《주역》의 입장에서 본다면 이것이야말로 크게 흉한 일인 것이다. 먼저 자기교만에 대해서 말하기로 하자.
　인류가 현대에 와서 스스로 교만해진 것은 물론 과학의 신속한 발전결과이다. 근대 이래로 인류는 지상이나 지하의 무분별한 이용과 개발, 해양의 탐색 그리고 심지어는 우주의 진출을 통하여 인간 자신의 야심 만만한 웅지를 불러 일으켰다. 과학적 입장에서 말한다면 그것은 충분한 이유를 가지는 일이다. 그러나 그것을 통하여 인류는 자기도 모르는 사이에 교만한 마음을 가지게 되어 자연은 더 이상 존중할 만하고 본받을 만한 것이 없는 것으로 간주하여 버린다. 여기에서 현대인들은 전통적인 경험이나 과거의 이야기들은 더 이상 믿을 만한 것이 못되는 것으로 생각하여 자기들만이 전부인 것으로 오해하는 것이다. 이 때문에 우리는 과학이 가지고 있는 나쁜 영향을 결코 간과할 수는 없는 것이다. 현대인들은 정복이라는 말을 즐겨 사용한다. 예를 들면 해양을 정복하고 남극과 북극, 우주를 정복하는 등등을 들 수가 있다. 정복이라는 말은 그 자체로서는 훌륭할지 모르나 필자가 생각하기에 그 말은 타당하지 않은 면도 많다고 본다. 만약에 사람들이 정복하려는 마음을 항상 가지고 있다면 그 피해는 말로 표현할 수 없을 만큼 심각할 것이다. 인간이 대양과 우주를 정복하는 것은 가능할 것이다. 왜냐하면 그 자연의 대상들은 인간과 함께 힘을 겨룰 수 없기 때문이다. 그러나 인간의 이런 일방적인 생각들은 오히려 인간 자신의 안위를 위기 속에 빠뜨리게 되는 것이다. 인간과 인간세계의 안락과 평화로움은 어디까지나 인간과 자연의 상호조화에 근거하는 것이지 정복이란 것에 근거하는 것은 아니기 때문이다. 정복이라는 생각은 인류사회의 조화를 파괴하는데 이것보다도 더 무서운 것은 없다. 우리는 현대세계가 직면한 위기가 무엇인가를 살펴보아야 하고, 또다른 사람을 이기려는 정복의 마음을 해소하여야 만이 더 큰 위기에 빠지지 않는 것이다. 만약 그렇지 않다면 과학을 통한 모든 성취는 결국에는 자기파괴로 나아가려는 노력에 불과할 뿐이기 때문이다.

    다음에는 반성할 줄 모르는 입장에 대해서 말하도록 하겠다. 과학은 원래 맹목적인 것으로 앞으로 나아갈 때에 다만 눈앞의 성취만을 중시하고 그것이 미치는 영향에 대해서는 중시하지 않는다. 왜냐하면 그들이 추구하는 것은 새로운 성취일 뿐이고 과거에 있어서의 업적을 버리는 것에 대해서는 조금도 아깝다고 생각하지 않기 때문이다. 이것은 또한 인간이 오직 앞으로 진보하는 것만을 알게 만든 원인이기도 하다. 여기에서부터 올바르지 않는 방향으로 나아가면서도 반성할 줄 모르게 되는 것이다. 인간의 진보라는 것은 반드시 두 가지 상황하에서 서로 보완하여 이루어져야 한다. 하나는 앞뒤를 살펴서 나아갈 길을 결정하는 것이고, 하나는 무조건 앞을 향하여 나아가는 것이다. 철학은 전자에 속하고 과학은 후자에 속한다. 근대 이래로 철학은 쇠퇴한 반면에 과학은 끊임없이 발전하여 철학이 더 이상 과학을 올바른 길로 이끌어 갈 수 있는 힘을 가지지 못했기 때문에 과학은 자기 멋대로 날뛰게 되어버린 것이다. 인류는 이미 철학에 대한 신뢰성을 상실한 지 오래이고, 너 나 할 것 없이 모두 맹목적으로 과학의 전진하는 대열 속에 끼어들려는 것이다. 이런 점들은 매우 중요한 의미를 가지고 있는 것이다. 만약에 인류가 스스로를 돌아보지 않고 부화뇌동한다면 그 결과는 엄청날 것이다. 우주자연의 법칙은 끊임없이 변화하고 생성하는데 인간은 만물과 더불어 이 법칙 속에서 존재하고 있다. 그러나 인간은 고도의 지혜를 가지고 있기 때문에 만물과 함께 할 수 있을 뿐만 아니라 자신의 지혜를 이용하여 만물과 함께 공멸하지 않을 수도 있는 것이다. 자신을 되돌아보고 반성하는 참된 의미는 바로 여기에 있다. 중국인들은 역사를 매우 중시하는데 그들은 역사를 거울에 비유하고 있다. 이것은 매우 깊은 의미를 가지고 있는데, 자기 자신을 되돌아보고 반성하는 가운데 그들이 어디에서부터 왔으며 어디로 가는지를 알게 되는 것이다.《주역》의 리(履)괘 상구에서 "밟아온 길을 되돌아본다. 자세히 검토하여 돌아갈 길을 생각한다. 크게 길하다."⁴⁾ 복(復)괘 초구에서 "멀리 가지 않고 돌아온다. 잘못이 있어도 곧 고치므로 후회함에 이르지 않는다. 크게 길하다."⁵⁾에서 「원길(元吉)」이라고 말하는 것은 바로 되돌아보고 반성할 줄 아는 것을 칭찬하는 것이다. 이렇게 하여야만 인간은 잘못을 알고 올바른 실천을 할 수 있기 때문이다.

《주역》의 철학이 우리들에게 던져주는 가장 큰 의미는 두 가지이다. 첫째는 전체 우주는 하나의 큰 조화로운 존재로서 천, 지, 인물(人物)이 일체로 상관하는 체계라는 것이다. 두번째로 이런 조화로운 체계 속에서 인간의 지위는 천지와 만물의 중간에 자리하고 있다. 전자의 입장을 통해서 사람들은 천지만물과 조화하여야 한다는 올바른 마음을 가져야 하고, 천지만물을 정복하여야 하겠다는 나쁜 마음을 가져서는 안 된다. 왜냐하면 천지만물의 정복이라는 것은 자신을 해치는 것과 다른 것이 아니기 때문이다. 장자가 말하는 와각촉씨

---

4) 履卦 上九「視履, 考祥其旋, 元吉.」
5) 復卦 初九「不遠復, 元祇悔, 元吉.」

와 만씨의 전쟁은 바로 좋은 비유이다.[6] 그러므로 현대인들이 이것을 정복하고 저것을 정복하고 하는 것은 실은 바보스런 짓에 불과할 뿐이다. 왜냐하면 그것은 만물일체의 조화라는 것을 위배하고 있기 때문이다. 후자를 통하여 인간들은 자신이 천지에 의해서 생한 것이면서 만물의 영장이라는 사실을 깨달아 천지에 대해서는 겸손할 줄 알아야 하고, 아래로는 만물에 대해서 관용성을 가지고 있어야만 비로소 일체의 공존이 가능하게 되는 것이다.

제 5 절 인간행위의 준칙을 밝힘

《주역》철학이 제시하고 있는 우주자연의 법칙은 두 개의 단어로 요약할 수 있는데 바로 「상(常)」과 「변(變)」이다. 「상」은 「변화 중의 상」이고 「변」은 「불변적인 상 속의 변화」이다. 변화는 비록 도(道)의 변천과 유전을 통하여 말하기도 하지만, 이 변화와 유전은 영원히 그 자연스런 법칙을 벗어나지 않기 때문에 「상」이라고 말하는 것이다. 우주 속의 만사만물은 모두 이 「상」과 「변」의 도가 표현해낸 것이다. 이것이 바로 《주역》이 말하려는 진리이다.

우주의 만사와 만물이 모두 상과 변의 도 가운데에 놓여 있다고 한다면 역시 만물존재 중의 하나이기 때문에 인간의 일상적 행위 역시 도의 상과 변에 부합하여야 하는 것이다. 전체 《주역》이 사람들에게 강조하는 것 역시 이것을 위배하지 말기를 강조하는 것이다. 인간이 도에 들어맞지 않게 행위를 하였다면 그것은 비록 도 자체를 손상한 것은 아닐지 모르지만, 오히려 그것은 인간 스스로 재앙과 고통을 자초한 일이 되어버린다. 반면에 인간의 행위가 도에 합치하였다고 한다면 행복과 마음의 평안함을 누릴 수 있을 것이다. 이 때문에 《주역》은 인간들이 후자의 노선을 따라가도록 인도하는 것이다.

도의 불변하는 법칙을 알아서 본받으면 안정감을 얻을 수 있고, 변동 가운데에서 동요되지 않는다. 도의 변화를 파악한 사람은 활발하고 생동감이 있는 삶을 살 수가 있는 것이다. 《주역》에서 사람들이 천지의 강건함과 후덕(厚德)

---

6) 《장자》〈칙양편〉 참조.

을 본받으라고 강조하는 것은 바로 「상도(常道)」를 지키라는 의미인 것이다. 또 사람들에게 시공의 변화 속에서 임기응변하라고 요구하는 것은 「변도(變道)」할 것을 강조하는 것이다. 64괘 중에서 건곤(乾坤)의 두 괘와 그 작용은 상도의 법칙을 밝히는 것이고, 뒤의 준, 몽, 수, 송, 사 …… 등 아래의 62괘는 「변도」를 말하는 것이다.

《주역》에서 말하는 상과 변에 대해서는 앞에서 충분히 설명하였다고 생각되기 때문에 여기에서는 다만 《주역》이 인류에게 공헌할 수 있는 점들과 관련해서만 이야기하겠다. 서양철학이 인간의 이성적 활동만 강조하고 현실적인 측면에 약간 소홀하였다면, 불교의 초점은 어디까지나 피안(彼岸)에 놓여 있고, 근본정신 또한 현실생활 속에 있는 것은 아니다. 동서의 고금을 살펴보아도 오직 유일하게 《주역》만이 인생을 인생으로 이야기하고, 생활을 생활 속에서 이야기하여 일상생활 속에서 자구(自救)와 자선(自善)의 방향을 세우고 있다. 그러면 여기에서 필자가 묻고 싶은 말은 "인간은 현실을 무시하고 이성적인 사유의 세계에서만 노닐 수 있는가?" 또 "현실을 무시하고 벗어나 이상적인 다른 세계로 갈 수 있단 말인가?"라는 문제이다. 이른바 이성적 사고라는 것도 현실 속에 있는 사람을 통하여 가능한 것이고, 초월적인 세계 역시 현실세계를 따라서 나온 것이다. 만약 현실세계가 없어지게 된다면 인류는 존재할 수가 없고 모든 것은 사라지게 될 것이다. 지금의 현대가 직면하고 있는 불안감은 다름아닌 세계공멸, 인류멸망이라는 상황에서 나온 것이다. 현대의 몇몇 뜻 있는 사람들이 정치, 경제, 윤리, 군사적인 측면에서 이런 위기를 완화시켜 보려고 노력하고 있다. 이것은 바로 인류와 그들의 현실세계를 구하려는 노력인 것이다. 이런 현대적 상황 속에서 만약 방향을 잃어버린 인류를 지도해야 하는 책임을 가지고 있는 철학자들이 여전히 인간이 직면하고 있는 현실세계를 무시하고 순수한 지적영역이나 정신 속에만 머물러 있다면 그것은 한마디로 「직무유기」이다. 이런 직무유기의 결과는 상상할 수 없을 정도로 매우 심각한 것이다. 왜냐하면 인간은 더 이상 피할 수 없는 존망(存亡)의 기로에 놓여 있기 때문이다.

앞의 서론부분에서 이미 말한 것처럼 지금 인류가 필요로 하는 것은 인도(人道)의 철학이다. 서양철학도 지금 이런 필요성에 의해 자신들의 전통을 벗어나 인문주의적 철학으로 전향하고 있다. 이런 분명한 철학사조의 흐름은 철학을 연구하는 사람들에게 많은 것을 시사해주고 있다. 이런 분위기에 편승하여 인간을 이끌고 지도할 새로운 철학을 세워야 하는 것이다. 필자가 서양철학을 공부할 때 그들이 말하는「인간은 이성적 동물이다」라는 몇 마디 말에 매우 감탄한 적이 있었다. 이 말이 가지고 있는 가치는 단순히 인간에 대한 정의에 머무는 것이 아니라, 이성적 동물로서의 인간이 어떤 일을 하여야 하는가?라는 문제에 있다. 여기에서 중요한 것은 이성의 운용이라는 문제이다. 이성의 사용을 자기 자신에게 옮겨 자신의 마음 씀과 행동이 다른 사람이나 사물을 해치거나 상하게 하지 않아야 하고, 우주자연의 법칙에 위배하지 않는 한에서 행복을 추구하여야 하는 것이다.《주역》이 강조하려는 것도 바로 여기에 있다. 즉「천지의 큰 덕을 일러서 생(生)이라고 한다」라는 기본적 관점하에서 전력을 다하여 생을 올바르게 실현하려고 노력한다. 천지의 도가 드러내는 것과 인사의 법칙이라는 것은 모두 이런 관점에서 나온 것이다.

사람은 태어나면서부터 도의 범위 속에 놓여 있다. 존재의 측면에서 말하면 심신이 병존하고 있다. 사상적인 입장에서 말하면 소아(小我)와 대아(大我)가 병립하고 있고, 실제의 인간의 행위라는 측면에서는 불변적 상도와 변화라는 것을 모두 고려하여야 하는 것이다. 인간의 육신, 소아, 변화라는 것은 당연히 인생의 목표가 될 수는 없고, 이런 것들을 벗어던질 수가 없는 것이다. 인간의 본질적 정신[心]과 대아, 불변의 상도라는 것은 인간이 지향하는 이상적 경계이지만 인간이 가질 수밖에 없는 개별적 육신을 모두 변화시킬 수 없는 한은 그 이상적 경계는 인간이 분투하여 쟁취하여야 하는 영원한 미래로만 남아 있게 되는 것이다. 필자가 생각하기에《주역》의 뛰어난 가치는 바로 여기에 놓여 있다고 생각한다. 즉 한편으로는 본질적 정신, 대아, 상도를 추구하고, 또 한편으로는 육신, 소아, 현상적 변화(變道)를 버리지 못하고 있는 것이다. 사실상 현대의 인류가 위기를 자초한 것은 바로 이런 인식을 결핍하고 있기 때문이다. 현대의 철학이 여러 가지 다양한 내용들을 보여주고 있지만, 끝내는 인간의 마음을 하나로 관통하여 인류를 올바른 행복으로 이끌어 갈 수 있는 것을 제시하지 못한 것은 바로 이런 인식의 결핍에서 나온 것이다.

최근 몇 년 동안에《주역》이 점차 두각을 나타내면서 전 세계인의 주목을 받기 시작하였다. 사실 필자는 사람들이《주역》의 참된 가치를 발견하여 그런 것인지는 분명히 파악할 수는 없지만, 본인의 진정한 바람은《주역》철학이 세계와 인류의 미래를 구체적으로 말하고 있다는 사실을 보아달라는 것이다. 인간의 삶의 방향을 제시하여 준다는 등의 다분히 관념적인 측면으로만 보지 말아 달라는 것이다. 분명히 주의깊게 살펴볼 만한 것은 《주역》은 인간의 삶에 있어서의 구체적인 세칙(細則)과 실제상의 구체적인 방법까지도 제시하고 있다는 것이다. 이것이야말로 다른 철학체계가 가지지 못하고 있는 것이기 때문이다.

결 론

    이 책을 모두 쓰고 나니 마음속에 갑자기 공허감과 형언할 수 없는 두려움이 밀려왔다. 이런 심정은 아마도 천지의 유구함과 성인의 뜻을 논술함에 혹시라도 조금의 곡해라도 있지 않을까 하는 조바심에서 나온 것 같다. 또 스스로 인류의 우환을 자신의 걱정거리로 삼는 꼴이 마치 하나의 「기우」에 지나지 않는 조롱거리로 비치지나 않을까 하는 걱정도 슬며시 든다.
    요 근래에 나는 줄곧 「철학이 무엇인가?」라는 문제를 생각하여 왔다. 옛날 공자가 주유길에 장저, 걸닉과 말하는 가운데 "새나 짐승과 더불어 함께 살 수 없는데 우리가 같은 사람들 아니고 누구와 더불어 살겠는가? 만약 천하가 태평하다면 내 그것을 변화시키려 하지 않았을 것이다."라고 하였다. 천하에 도가 사라져 장저와 걸닉은 피하여 숨어버렸지만 공자는 그렇게 할 수 없었다. 옛날 노자는 주나라가 쇠함을 알고 그곳을 떠나려고 하였을 때, 국경을 지키던 관리의 요청으로 5000어로 된 책을 지었다. 노자가 책을 짓든 그렇지 않든 다른 사람이 어떻게 마음대로 할 수 있는 것은 아니다. 세상을 걱정하고, 천하에 도가 없음을 보고 다른 사람은 말하지 않을 수도 있었으나, 노자는 말하지 않을 수가 없었던 것이다. 맹자는 공자의 철학정신이 발휘되지 못하고 모두 양주(楊朱)와 묵적에로 몰리자 분연히 일어서서 그들을 비판하여 말하기를, "내 어찌 말하기를 좋아하겠는가? 어쩔 수 없어서 이런 것이다."라고 하였다. 유가의 학자들이 많음에도 불구하고 모두 입을 다물고 있었으나 맹자는 그럴 수가 없었다. 장자가 옻 농장의 관리인으로 있을 때, 백가의 학문이 흥하여 모두들 올바른 도덕과 모범을 보여주지도 못하면서 일부분을 전체의 진리인 양 여기면서 돌아다니는 것을 용납하지 못하고 말하기를, "후세의 학자들은 불행히도 천지의 순수함과 고인의 올바른 도를 보지 못할 것이다. 도술이 장차 천하를 분열시킬 것이다."고 하였다. 장자 자신은 비록 숨어 있었으나 마음은 여전히 세상의 도에 놓여 있었던 것이다. 공자, 노자, 맹자와 공자의 행적을 통하여 우리는 인류가 모두 우환을 가지고 있고, 이 우환은 인류의 역사를 통하여 함께 있어 온 것임을 알 수 있었을 것이다. 그러므로 모든 일을 하는 데 있어서 생각이 깊은 사람은 나중의 근심을 예상하는 것이다. 하나의 제도를 만드는 데에도 생각을 깊이 하여 그것의 폐단을 또한 걱정하여야 하는 것이다. 사회도덕의 타락과 인간세계가 부패하지 않기 위해서는 또한 인류의 타락한 마지막 날을 걱정하지 않을 수가 없는 것이다. 철학자가 무엇인가? 바로 역사 이래 있어 온 이런 우환을 생각하는 자가 아닌가?

화강(華岡 : 중국 문화대학이 자리잡고 있는 곳. 산꼭대기임)에 가을은 찾아왔으나 늦여름의 따가움이 여전히 그대로 남아 있다. 가끔씩 들리는 매미소리를 들으며 이 글은 여기에서 끝나게 되었다. 눈을 돌려 창밖을 내다본다. 푸른 하늘과 흰구름, 높은 산과 푸른 나무, 아름다운 집들이 그 속에 놓여 있는 이 아름다운 세계를 사람들은 어떻게 경영하여야 하는가? 여기에서 던진 돌하나에 어떤 감응이 일어날까? 라는 생각이 자꾸만 뇌리 속을 벗어나지 못하고 맴돌았다.

어디선가 은은하게 공자, 노자와 석가가 함께 부르는 도의 노랫소리가 들려왔다.

역자 후기

이 책의 원제목은 《대역철학론(大易哲學論)》이었으나 역자는 편의상 《주역철학의 이해》로 바꾸었다. 저자가 말한 것처럼 이 저서는 처음에 대학에서 전문적으로 철학을 공부하는 학생들을 위한 교재용으로 만들어졌으나 점차적으로 일반인들에게 보급되어 널리 알려지게 된 책으로 《주역》을 철학적인 입장에서 본격적으로 해석한 가장 대표적인 소개서이다.

역자가 작년 8월에 중국 산동(山東)대학의 주역연구(周易研究)센터가 주최한 주역국제학술회의에 참가하였을 때나 연이어 북경에서 열린 제8회 국제중국철학회의 주제 가운데 하나가 바로 다름아닌 이른바 「주역열(周易熱)」 즉 「주역과 주역연구에 대한 열기」라는 문제였다. 그러나 중국대륙을 강타하고 있는 「주역열」의 실체는 다름아닌 점서(占筮)와 연관되는 신비적 의미의 역학(易學)이라는 것이다. 물론 철학적인 입장에서 연구되고 논의되는 주역연구가 전혀 없다는 의미는 아니지만 일반인들이 《주역》에 대해 가지고 있는 열기는 분명히 이 부류를 벗어나지 못하고 있다는 것이다.

역자가 학술회의에 참가한 여러 학자들과의 이야기를 통하여 확인할 수 있었던 것은, 현재의 이런 《주역》에 대한 편면적(片面的)이고도 비정상적인 짝사랑 속에서도 가장 체계를 가지고 철학적으로 해석한 책으로 高懷民 교수의 《대역철학론》이라는 책을 추천하고 있다는 것이었다. 여기에서 역자가 지금까지 이 책에 대해서 가지고 있었던 관점이 단순히 좁은 견문 탓으로 인한 단견(短見)의 소치도 아니고, 저자와의 특별한 관계(사제지간)에 의한 아전인수(我田引水)식의 편견이 아니라는 사실을 확인하였던 것이다. 이것을 계기로 역자는 귀국하여 지지부진하던 번역에 박차를 가하였던 것이다.

사실 처음에 역자가 이 책을 읽었을 때 가졌던 인상 중의 하나는 저자가 너무 역(易)의 관점에 빠져 중국철학을 보고 있다는 느낌이었다. 좀더 구체적으로 말하면 이 책의 제8장, 제9장에서 말하는 도가역(道家易)에 관한 것이다. 즉 저자는 도가를 역의 관점으로 분석하여 이해하고 있다. 이 때문에 역자는 처음에 제8장과 제9장을 제외하고 번역을 할까도 생각하였으나 이내 그런 생각을 바꾸었고, 오히려 그런 관점이야말로 정확한 이해라는 생각을 하게 되었다. 여기에는 陣鼓應 교수나 다른 이른바 현대 신도가(新道家)들의 관점을 끌어오지 않더라도 《주역》과 도가의 관계는 분명히 언급하여야 할 필요성이 있는 것이다. 陣鼓應 같은 학자들은 《주역》을 유가의 것이 아닌 오히려 도가의 창작이라고 보고 있는 데 비해 저자의 관점은 더욱 합리적이고 객관적이라는 생각이 든다.

저자는 이 책을 통하여 먼저 《주역》을 읽을 때 필수적으로 알아야 할 기본적인 개념들에 대한 설명과 주역해석사에 대한 전체적인 조감을 보여주고 있다. 이런 전체적인 조감 이후에 점차적으로 깊이를 더하여 《주역》의 형이상학, 철학적 인간학, 윤리학적인 측면들을 체계적으로 논의하고 있다. 그러나 이런 논의와 기술을 통하여 저자가 보여주려고 하는 기본적인 관점 혹은 주제는 다름아닌 천인합일(天人合一)이라는 대주제를 벗어나지 않고 있다.

일반적으로 《주역》이 가지고 있는 성격에 대해서 학자들은 각각 다른 평가를 하고, 각각의 관점에 따라서 다양한 해석을 가한다. 《주역》이 하나의 통일되고 정리되어진 관점을 가지지 못하는 이유는 아마도 그 책이 가지고 있는 상징체계의 변항적(變項的)인 다양성 때문일 것이다. 이러한 이유 때문에 《주역》에 대한 해석사는 바로 그 시대의 철학적인 주조(主調)를 드러내는 철학사의 흐름과 맥을 공유하는 것이다. 이를테면 한대의 유가들이 원기(元氣)의 관점으로 《역경》을 해석하고, 왕필(王弼)이 노자(老子)의 관점에서 해석한 것이나, 이천(伊川)이 성리적(性理的) 관점으로 해석한 것들은 모두 좋은 예들이다. 한대나 송명시대의 철학자들이 다룬 《역경》의 문제들은 비록 그 방법이나 관점에서는 상이(相異)하나, 그 주제에 관해서는 공통성을 가지는데, 그것은 다름아닌 자연과 인간의 합일 즉 천인합일(天人合一)의 문제이다. 즉 점복(占卜), 상수(象數), 우주론(宇宙論), 도덕형이상학(道德形而上學)의 문제로 《주역》을 해석하는 것은 바로 역학의 발전사이기도 하지만 그 초점은 역시 천인합일의 문제에 놓여 있다는 것을 말하는 것이다. 물론 관점에 따라서 자연과 인간이 각기 다른 형상으로 모습을 드러내지만 본질적인 내용은 이런 주제를 벗어나는 적이 없다. 그것은 바로 《주역》이 다루고 있는 모든 내용들이 자연과 인간이란 문제에 초점을 두면서 인간의 세계와 자신에 대한 이해를 시도하고 있는 것이다. 저자 역시 이런 점을 잘 분석하여 보여주고 있다.

사실 저자인 高懷民 교수는 우리 철학계에 전혀 알려지지 않은 미지의 인물은 아니다. 그의 지도를 받았거나 강의를 들었던 대만에 유학한 동양철학을 연구하는 학자들도 꽤 있을 뿐 아니라, 그의 또 하나의 유명한 저서인 《선진역학사(先秦易學史)》가 곽신환 교수와 숭실대 대학원 동양철학연구회에 의해 《중국고대역학사》(숭실대 출판부)라는 제목으로 번역되었기 때문이다. 그의 또 하나의 저서인 《양한역학사(兩漢易學史)》 역시 신하령, 김태완 선생에 의해 《상수역학》이란 제목으로 번역되었다.

高懷民 교수는 처음부터 철학공부를 하지는 않았고 대학원에서부터 철학을 시작한 경우에 속한다. 청년시절의 그는 한마디로 전쟁의 소용돌이 속에서 전혀 뜻을 펴보지도 못할 뻔한, 대륙에서부터 대만으로 넘어온 국민당 군대의 이름 없는 졸병에 불과하였던 것이다. 그러나 전란의 소용돌이 속에서도 저자는 하남(河南)의 고향에서 축적한 가학(家學)을 바탕으로 하여 학문의 길로 들어서게 된다. 저자의 이야기에 의하면 그는 어린 시절 어머니에게서 《주역》을 배웠다고 한다. 그 후 형편상 국립대만사범대학 중문학과에 진학하여 졸업한 후에 중국 문화대학 대학원에서 본격적으로 철학공부를 하게 된다. 그의 석사논문이 바로 《양한역학사》이다. 대학원을 졸업한 이후에 저자는 중국과 서양철학의 본격적인 비교연구를 위하여 그리스의 아테네대학에 3년간 유학하게 된다. 이런 노력의 결과로 저자는 《중국(中國)의 선진철학(先秦哲學)과 희랍철학(希臘哲學)의 비교(比較)》라는 책을 쓰게 되는 것이다. 본서에서 저자가 《주역》과 고대 희랍철학을 자주 비교하는 것도 바로 이런 연유에서이다.

역자가 처음으로 저자를 만나게 된 것은 1984년 여름이었다. 저자와의 첫 만남은 그야말로 항상 주위에서 만나는 평범한 그런 인상이었으나 어딘지 모르게 친화력을 지닌 그런 느낌을 주었다. 사실 저자와의 만남은 어쩌면 계획되어진 것이나 마찬가지였다. 왜냐하면 역자는 이미 유학을 떠나기 이전에 은 사이신 정인재(鄭仁在) 선생님을 통하여 저자를 알고 있었고, 이미 지도교수로 모실 생각을 하고 있었기 때문이다. 그 후 역자는 중국 문화대학 철학과 대학원 박사반에 입학하여 저자를 지도교수로 모시고 박사논문을 완성하였고 지금까지 인연을 맺게 된 것이다. 역자가 이 책의 번역에 착수하게 된 것은 박사논문을 완성하고 난 후의 1990년 겨울방학 때부터였으나 여러 가지 사정으로 미루다가 작년 말에야 겨우 초고를 완성하게 되었다.

끝으로 이 책을 출판할 수 있도록 도와주고 격려해준 뛰어난 철학교수 중의 한 사람인 이진우(李鎭雨) 박사에게 깊은 고마움을 표하고 싶다. 또 이 책을 기꺼이 출판해주신 문예출판사 전병석 사장님과 처음부터 꼼꼼히 원고를 살피고 애써준 편집부원 여러분께 감사드리며, 컴퓨터 작업을 도와준 계명대 대학원의 이기훈 군과 곽기동 군의 노고도 잊을 수 없다.

鄭 炳 碩

지은이 **鄭炳碩**

1957년 생. 영남대학교 철학과 및 동대학원 졸업.
중국 문화대학 철학과 대학원 졸업.
철학박사.
현 계명대학교 철학과 교수.
주요 논문:〈「易經」之人觀〉(1989);
〈「易經」哲學中人觀與道德理念之硏究〉(1990);
〈「역경」상징체계의 함의〉(1991);〈儒門易脈絡看「易經」之模型論〉(1992);
〈「周易」看道德主體之體認與重建〉(1992);
〈天人合一의 生命觀〉(1993);
저서:《「주역」의 현대적 조명》(공저)
역서:牟宗三 著《중국철학특강》(공역)

周易哲學의 理解

지은이   高懷民
옮긴이   鄭炳碩
펴낸이   전준배
펴낸곳   (주)문예출판사
신고일   2004. 2. 12. 제 2013-000360호
        (1966. 12. 2. 제 1-134호)
주 소   서울특별시 마포구 월드컵북로 6길 30
전 화   393-5681   팩 스   393-5685
이메일   info@moonye.com
블로그   blog.naver.com/imoonye

제1판 1쇄 펴낸날 1995년 1월 20일
제1판 7쇄 펴낸날 2016년 6월 20일

• 옮긴이와의 협약에 의해 검인 생략

ISBN 978-89-310-0244-7   03150